ein Ullstein Buch

PROPYLÄEN WELT GESCHICHTE

Eine Universalgeschichte
Herausgegeben von
GOLO MANN
unter Mitwirkung von
ALFRED HEUSS
und
AUGUST NITSCHKE

Band I
Vorgeschichte · Frühe Hochkulturen
Band II
Hochkulturen des mittleren und östlichen Asiens
Band III
Griechenland · Die hellenistische Welt
Band IV
Rom · Die römische Welt
Band V
Islam · Die Entstehung Europas
Band VI
Weltkulturen · Renaissance in Europa
Band VII
Von der Reformation zur Revolution
Band VIII
Das neunzehnte Jahrhundert
Band IX
Das zwanzigste Jahrhundert
Band X
Die Welt von heute
Band XI
Summa Historica

Elf Bände in zweiundzwanzig Halbbänden

Erster Band
1. Halbband

Vorgeschichte
Frühe Hochkulturen

GERHARD HEBERER

ALFRED HEUSS

RICHARD PITTIONI

HELMUTH PLESSNER

ALFRED RUST

*Karten, Zeichnungen und graphische Darstellungen im Text
von Elisabeth Armgardt, Uli Huber und Dr. Alfred Rust.*

*Das Namen- und Sachregister befindet sich im 2. Halbband und
verweist auf die zwei Halbbände des 1. Bandes.*

CIP-Kurztitelaufnahme der Deutschen Bibliothek

Propyläen-Weltgeschichte
e. Universalgeschichte; 11 Bd. in 22 Halbbd. /
hrsg. von Golo Mann unter Mitw.
von Alfred Heuss u. August Nitschke. —
Frankfurt/M, Berlin, Wien: Ullstein.
  ([Ullstein-Bücher] Ullstein-Buch;
  Nr. 4720)
  ISBN 3-548-04720-3

NE: Mann, Golo [Hrsg.]

Bd. 1. → Vorgeschichte, frühe Hochkulturen

Vorgeschichte, frühe Hochkulturen. —
Frankfurt/M, Berlin, Wien: Ullstein.
Halbbd. 1. Gerhard Heberer... — 1976.
  (Propyläen-Weltgeschichte; Bd. 1)
  ([Ullstein-Bücher] Ullstein-Buch;
  Nr. 4721)
  ISBN 3-548-04721-1

NE: Heberer, Gerhard [Mitarb.]

*Ullstein Buch Nr. 4721
im Verlag Ullstein GmbH,
Frankfurt/M - Berlin - Wien*

*Der Text der Taschenbuchausgabe
ist identisch mit dem der
Propyläen Weltgeschichte*

*Umschlag: Hansbernd Lindemann
Alle Rechte vorbehalten
© 1961 by Verlag Ullstein GmbH,
Frankfurt a. M./Berlin
Printed in Germany 1976
Gesamtherstellung: Ebner, Ulm
ISBN 3 548 04721 1*

INHALTSVERZEICHNIS

Alfred Heuß

11   EINLEITUNG

Helmuth Plessner

33   CONDITIO HUMANA

Die Frage nach der conditio humana *(35)*   Der menschliche Bauplan *(49)*   Elemente menschlichen Verhaltens *(68)*

Gerhard Heberer

87   DIE HERKUNFT DER MENSCHHEIT

Erdgeschichte und allgemeine Evolution *(89)*   Die Evolution des Primatenstammes *(100)*   Die fossile Dokumentierung der Evolution der Hominiden *(111)*   Die humane Evolutionsphase der Hominiden *(127)*

Alfred Rust

155   DER PRIMITIVE MENSCH

Die Entdeckung der eiszeitlichen Kulturen *(160)*   Das Altpaläolithikum *(163)*   Das Mittelpaläolithikum *(181)*   Das Jungpaläolithikum *(194)*   Das Mesolithikum *(218)*

Richard Pittioni

227   DER URGESCHICHTLICHE HORIZONT DER HISTORISCHEN ZEIT

Neolithikum *(229)*   Bronzezeit *(255)*   Ältere Eisenzeit *(283)*   Jüngere Eisenzeit *(304)*

Alfred Heuß

EINLEITUNG

Eine Weltgeschichte wie diese, die Europa nicht mehr im Mittelpunkt sieht, vielmehr die Welthaftigkeit des Geschehens unmittelbar zu erfassen versucht, findet sich heute durch den Kontext mit der Gegenwart selbst bestätigt. So hatte es seinen guten Sinn, unser Werk von der modernen Geschichte her seinen Ausgang nehmen zu lassen. Plan und Ausführung finden hier rasch und unvermittelt zueinander (siehe die Einleitung zum Gesamtwerk von Golo Mann, Band 8, Seite 11). Kein Wunder, denn der Boden der Konzeption ist ja gerade dieser Weltzustand, auf den die geschichtliche Besinnung zurücklenkt. Mit dem 20. Jahrhundert ist die Geschichte welthaft geworden. Schon, oder besser: gerade in ihrer äußeren pragmatischen Verflechtung. Es gibt kaum ein Ereignis der großen Politik, das nicht sofort in allen staatlichen Zentren des Globus aufmerksam registriert würde und die lebhaftesten Reaktionen auslöste. »Weltgeschichte« ist, gemessen am gegenwärtigen Zustand, keine abstrakte Idee mehr. In sehr massiver Weise ist sie konkret geworden, und auch die »Menschheit« stellt sich entsprechend als recht reales Faktum dar, über alle Gegensätze hinweg, genauer, durch alle Antagonismen hindurch, die paradoxerweise zu Medien werden, in denen sich die »Einheit« verwirklicht.

Der Leser wird nicht erwarten, daß dieses auf den ersten Blick plausible Modell historischer Anschauung seinen Blick auch beim Zurückgreifen auf ferner liegende Geschlechter lenkt. Er darf auch nicht damit rechnen, daß ihm nach guter geschichtsphilosophischer Manier jene Geschichte als wohlfeiler Vorspann zur heutigen geboten wird. Nur philosophischer Dogmatismus hätte die entsprechende Auskunft zur Hand.

Die Spuren eines solchen Glaubens – in einer bestimmten Form hat ihn der Osten zur Staatsreligion erhoben – führen bekanntlich weit zurück, über Hegel und das 18. Jahrhundert bis zu Augustin und der Bibel. Die syntaktische Einheit der Weltgeschichte, von der frühere Geschlechter ohne Bedenken sprachen, war nur scheinbar selbstverständlich. In Wirklichkeit beruhte sie auf einer originellen »Erfindung«. Das frühe Christentum hatte sie vom nachexilischen Judentum übernommen und in die Tiefen unseres späteren Bewußtseins eingebaut. Das klassische Altertum der Griechen und Römer wußte davon nichts. Es hatte keine Geschichtsphilosophen und hielt es mit seinen Historikern. Die verfügten jedoch über keine göttliche Offenbarung. Nur einer solchen hätten sie entnehmen können, nicht nur wie die Vielfalt disparater historischer Akteure, die Staaten, Völker und Stämme, geordnet war, sondern vor allem, worauf das unübersehbare bunte Geschehen insgeheim hinauswollte. Die »Einheit der Geschichte« ist nämlich ihrem ursprünglichen Begriff nach stets Einheit des Geschehens überhaupt und nimmt dementsprechend auch die Zukunft in ihren Plan auf.

In dieser großzügigen Denkweise steckt jedoch auch ein Ansatz universaler Geschichte, der von metaphysischen Spekulationen weniger belastet ist und naiveren Überlegungen durchaus Raum gibt. Er ist deshalb auch gar nicht auf das christliche Geschichtsbild und seine säkularisierten Ableger beschränkt, sondern findet sich überall da, wo sich der Mensch zur Welt in ein Verhältnis setzt und damit auch die Frage nach ihrem Ursprung aufwirft. Das Bedürfnis danach ist bekanntlich derart elementar, daß es sich noch vor der Bildung einer literarischen Kultur zu Worte meldet. Die legitime Form ist unter diesen Bedingungen der Mythus; Weltentstehungsmythen nehmen ja allenthalben als Erzählungen von Göttern, Riesen, Helden und Menschen einen festen Platz ein.

Sowenig der Mythus gegenüber rationaler Kritik widerstandsfähig ist und sosehr er sich auf ein »Wissen« beruft, das aus dunklen Quellen hervorgeht und nicht minder »offenbart« ist als alle Mitteilungen über die Ziele der geschichtlichen Entwicklungen, so sehr ist das Bedürfnis, den Ursprung der Geschichte zu erklären, gegen Zweifel an seiner Berechtigung gefeit. Es gibt Grundeinstellungen des Menschen, die sich im Wandel seines geistigen Fortschreitens zu halten vermögen und wohl ihre gleichmäßige systematische Ausbildung vermissen lassen können, aber nicht ihre Berechtigung einbüßen. Geschichtsschreibung ist erfahrungsgemäß ein recht unphilosophisches Geschäft und deshalb wenig auf zwingende und allgemeine Wahrheiten angelegt; aber wo das Problem des ersten Anfanges, das sich oberhalb aller Verstreutheit des menschlichen Geschehens erhebt, ins Spiel kommt, da wird wenigstens das Fragen verbindlich, da ist der Weg zu einer Reflexion beschritten, die auf das Ganze geht und keine von vornherein begrenzten Aspekte duldet. Der erste Anfang ist nun einmal universal, und jede Universalgeschichte findet an diesem Punkt am mühelosesten zu ihrem Begriff, auch die unsrige.

Unser Werk hat die Aufgabe, hier eine dem jetzigen Wissensstand entsprechende Information zu geben, drei verschiedenen Autoren anvertraut. In Helmuth Plessners Beitrag kommt die philosophische Anthropologie zu Wort, Gerhard Heberer schreibt als Naturwissenschaftler und Paläontologe, Alfred Rust stellt die Kenntnisse der frühesten Vorgeschichte zur Verfügung. Diese Aufteilung ist nicht von ungefähr und soll nicht lediglich Tatsachen verschiedener Herkunft kombinieren. Sie dient vielmehr als Index für die Komplexität des Problems. Die einzelnen Mitteilungen wollen deshalb als Teile des Ganzen verstanden sein, deren Verhältnis zueinander nach der Logik des Sachverhalts, auf den sie sich beziehen, bestimmt ist.

Wenn Geschichte eine nicht wiederholbare Abfolge in der Zeit bezeichnet – man wird nicht daran zweifeln können, daß sie dies unter anderem tut –, dann gibt es eine Geschichte sowohl der Natur wie damit auch der physischen Form des Menschen. Und da wir genau wissen, daß es einmal eine Zeit vor dem Menschen gab, ist dessen Existenz mit seinem Auftreten in einer bestimmten »historischen« Phase ein genuiner Bestandteil der »Naturgeschichte«. Heberer hat aus diesem großen Zusammenhang, obwohl er nicht zu seinem speziellen Thema gehört, einige Daten angebracht. Wir erfahren von ihm das mutmaßliche Alter unseres Globus und die Chronologie der Anfänge organischen Lebens im Archaikum (vor etwa drei Milliarden Jahren) sowie seine Differenzierung und Fortbildung in der Zeit (etwa Übergang der Fauna vom Wasser auf das Land vor hundertachtzig Millionen Jahren im Mesozoikum). Diese Zeiträume haben ja geologische »Ausmaße«, nicht nur Benennungen, und verlangen wohl ein eigenes Zeitgefühl. Das gilt auch für den letzten, verhältnismäßig kurzen Abschnitt, in dem der Mensch aus seiner hominiden Vorform, dem von Heberer so genannten »Tier-Mensch-Übergangsfeld« herauswächst. Die Schwierigkeiten, die der naturwissenschaftlich Ungebildete in dieser ihm wenig vertrauten Welt empfinden wird, bremsen wahrscheinlich beim durchschnittlichen Leser ein wenig den Trieb des Wissens und Verstehens, obgleich der eröffnete Prospekt die höchste Teilnahme des Geistes verdient und die nicht alltägliche Erfahrung, daß »Geschichte« auch in den scheinbar statischen und, im Vergleich zu unserem menschlichen Geschehen, jedem Wandel entzogenen Daseinsbereichen möglich ist, schon ein wenig Nachdenken rechtfertigt. Die Möglichkeiten, die sich ihm böten, sind nicht unbeträchtlich. Der Wandel der Erdoberfläche, den wir heute wohl genau kennen, ist ein »geschichtlicher« Ablauf, der sich durch seine Größenverhältnisse seine eigene Ordnung schafft, aber schließlich mit der in unserem geläufigen Sinne »historischen« Zeit ohne besondere Umstellung, soweit die Chronologie in Betracht kommt, verknüpft werden kann. Immer bleiben dabei jedoch die Gesetzmäßigkeiten der physikalischen und chemischen Relationen als Konstanten und »absolute« Größen bestehen. Aber der modernen Physik steht selbst hier die Möglichkeit offen, diese Urverhältnisse der Materie als ein »gesetztes« Datum anzusprechen, das durchaus nicht so sein müßte, wie es in Wirklichkeit ist. »Die Physik handelt von Denkmöglichem (in Einklang mit Erfahrungstatsachen stehendem), und die tatsächliche Natur zeigt eine statistisch ganz unwahrscheinliche Kombination daraus« (Friedrich Hund).

Heberer sind diese Zusammenhänge natürlich nicht nur vertraut, sondern er versäumt mit Recht auch nicht, leichte Hinweise auf sie zu geben. Die zeitliche Abfolge bei der Herausstellung der verschiedenen Arten von Lebewesen in der geologischen Epoche ist seit anderthalbhundert Jahren ein unbezweifelbares Faktum. Schon Cuvier, über den die folgende Zeit dann schnell hinwegschritt, basierte mit seinen Theorien darauf. Die Frage war nur, wie die Entstehung der Lebewesen vorzustellen sei. Gegenüber allen vorausgegangenen Erklärungsversuchen bedeutete Darwins »Entstehung der Arten« (1859) eine geniale Erleuchtung des ganzen Problemkreises. Mag man es dahingestellt sein lassen, ob ein totales Umsetzen der zoologischen Systematik in genetische Ableitungen möglich ist, die Anwendbarkeit des Prinzips auf bestimmten überschaubaren Feldern ist nicht zu bezweifeln. Und die Erklärung der Formenvariationen durch spontane Veränderung einerseits und durch ihre Brauchbarkeit in bezug auf die von einer bestimmten Umgebung gestellten Anforderungen anderseits ist durch die moderne Erblehre und die auf ihr beruhende Züchtung glänzend bestätigt worden. Heberer begnügt sich nicht damit, diese Dinge recht ins Licht zu setzen, sondern geht mit einem gewissen Enthusiasmus an seine Arbeit, der dieser Leistung schon angemessen ist, zumal er bei Heberer aus der Mitte eines

Forschens kommt, das seit Jahrzehnten der Erprobung und dem Ausbau der Darwinschen Theorien gilt. Begreiflicherweise schwingt noch ein wenig von der Atmosphäre mit, die sich seinerzeit im Kampf um und gegen Darwin und den Darwinismus gebildet hatte und von der man offenbar auch heute noch nicht sagen kann, daß sie völlig verschwunden sei. Diese Dinge sind der jüngeren Generation wohl ziemlich unbekannt geworden, und doch sollte man von ihnen wenigstens eine Ahnung haben, um die Untertöne, die nun einmal bei der Behandlung dieses Themas unvermeidlich zu hören sind, richtig zu interpretieren und zur Sache selbst in das richtige Verhältnis zu setzen. Das ist gleichsam eine Auflage, die dem Leser für ein adäquates Verständnis nicht nur des Beitrages von Heberer, sondern, in der umgekehrten Richtung, auch des Plessnerschen Beitrages gemacht wird.

Als Darwin seine Ansichten dem Publikum vorlegte, gab es längst Theorien, welche die Vielfalt der Lebewesen in einem *genetischen* Zusammenhang brachten. Dieser evolutionistischen Auffassung stand eine andere, statische gegenüber, welche die verschiedenen Arten von Anfang an als gegeben betrachtete; Darwin selbst hatte ihr in jungen Jahren angehangen. Auf seiner berühmten Weltreise gewann er die Überzeugung, daß die andere Seite mit ihrer Entwicklungskonzeption recht hatte. Er erkannte jedoch, daß es nun auch einer einleuchtenden Begründung bedürfe. Was man bis dahin vorgebracht hatte, war unbefriedigend und teilweise sogar geeignet, die These des Evolutionismus zu diskreditieren. Von daher betrachtet, war es geradezu eine kopernikanische Wendung, daß Darwin die beiden von der modernen Wissenschaft im allgemeinen auseinandergehaltenen Elemente in seiner Lehre von vornherein zusammenband und daß das epochemachende Werk von 1859 in seiner thematischen Formulierung die neue Lehre klipp und klar zum Ausdruck brachte: »On the Origin of Species by Means of Natural Selection or the Preservation of Favoured Races in the Struggle for Life.« Verstanden wollte dies sein als ein Vorschlag, ein intern wissenschaftliches Problem zu fördern. Und zweifellos war dies auch in einem unerwarteten Ausmaß gelungen. Die Überlegenheit des Selektionsprinzips gegenüber der Notwendigkeit, andernfalls mit einer auf ein bestimmtes Ziel gerichteten »Vorsehung« bei der Entwicklung der Arten rechnen zu müssen, war schon deshalb deutlich, weil es sich auf den Grundsatz der Kausalität berufen konnte und einen Zusammenhang zwischen empirisch einsichtigen Faktoren stiftete. »Gültig« war die Theorie, solange sie durch keine bessere ersetzt wurde. Bei aller Kritik, die ihr widerfuhr und die bestenfalls den ohnehin hypothetischen Charakter einzuschärfen vermochte, ist dies, wie uns die Fachleute versichern, bis heute nicht der Fall gewesen. Eher scheint das Gegenteil eingetreten zu sein und Darwin die überraschende Fähigkeit immer wieder erfahrener Verjüngung verraten zu haben.

So weit, so gut. Wäre der sogenannte Darwinismus auf diesen biologischen Binnensektor beschränkt geblieben, man dächte sich bei ihm dann nichts mehr und nichts anderes als bei den sonstigen Fortschritten der wissenschaftlichen Erkenntnis, und Darwins Name wäre so eindeutig definiert wie der von Robert Mayer und Gregor Mendel. Daß dem nicht so war, lag weniger an Darwin als an der weltanschaulichen Resonanz seiner Lehre bei einem Publikum, das in ihr eine allgemeine geistige Orientierung zu finden glaubte, freilich nicht ohne bestimmte auslösende Motive. Die ideell und politisch unsicher gewordene Kirche sah nämlich in der Einbeziehung des Menschen in die zoologische Abstammungsreihe einen antichristlichen Angriff, eine Empfindlichkeit, die man heute, nachdem in den zwanziger Jahren beide Konfessionen von diesem Standpunkt abgerückt sind, kaum noch versteht. Aber man darf nicht vergessen, daß einst vielgelesene und für die »gebildeten Stände« bestimmte Weltgeschichten (darunter selbst die des bekannten süddeutschen Liberalen Rotteck) ihrer frühen Chronologie die biblischen Daten zugrunde legten und von der »Erschaffung der Welt« von Adam an zählten. Die kirchliche Opposition gegen den Darwinismus trug viel dazu bei, daß er zur aufgeklärten und wissenschaftlichen Gegenposition eines konservativen und traditionalistischen Obskurantismus wurde und daß die politisch und sozial vorwärts drängenden Kreise, vom Liberalismus bis zum Sozialismus, auf ihn sozusagen als antiautoritatives Symbol schworen. Diese Konstellation ergab sich um so leichter, als mit dem Zusammenbruch des deutschen Idealismus das philosophische Feld frei war für Surrogate und sich der westeuropäische Positivismus (Spencer) in schnellem Zugriff des darwinistischen Evolutionismus bemächtigte. Der so entstandene Strom eines weltanschaulichen Vulgärdarwinismus, in Breitenwirkung und Heftigkeit von fachwissenschaftlicher Seite gefördert – der große Zoologe Ernst Haeckel wurde der Präzeptor einer darwinistischen Weltanschauung, die vielerseits die Funktion einer Popularphilosophie für Halbgebildete ausübte –, schlug sich dann gegen Ende des 19. Jahrhunderts an den disparatesten Stellen des aktuellen Bewußtseins nieder, bei den englischen Imperialisten und den deutschen Sozialisten, auf den Höhen von Nietzsches kritischer Lebensphilosophie und etwas später in den geistigen Niederungen von Houston Stewart Chamberlains »Grundlagen des 19. Jahrhunderts«, dem Modebuch und weltanschaulichen Vademecum des wilhelminischen Durchschnittsbürgers am Anfang dieses Jahrhunderts. Kein Wunder, daß intellektuelle Gewissenhaftigkeit sich angesichts einer solchen Trübung des allgemeinen Denkens zur Wehr setzte, wobei es psychologisch verständlich war, daß sich in diese Front auch diejenigen einreihten, die innerhalb der Fachwissenschaft die Darwinschen Hypothesen nicht akzeptierten, und daß umgekehrt von der anderen die Unterschiede zwischen dem weltanschaulichen und dem im engeren Sinne biologischen Darwinismus verwischt wurden. So hatte sich um den Darwinismus eine dichte Zone von Affekten gelegt. Immerhin hatte sich die Diskussion nach dem ersten Weltkrieg allmählich beruhigt, als die nationalsozialistische Herrschaft mit der Afterlehre ihres Rassismus zwar nicht unmittelbar den weltanschaulichen Darwinismus, so doch einen mit ihm durchsetzten Biologismus oktroyierte und unter Berufung auf Darwin seine Ungeheuerlichkeiten rechtfertigte. Wie die ganze sogenannte nationalsozialistische Weltanschauung, ein in die unteren kleinbürgerlichen Schichten abgesunkenes Sediment früherer Generationen und damit ohne jedes sachliche Gewicht, mußte dieses biologistische »Denken« für jeden, der diese Jahre mit Bewußtsein erlebte, zum Alpdruck werden.

Heute braucht der Biologe gewiß nicht mehr den Grundsatz wissenschaftlicher Unvoreingenommenheit gegen christliche Orthodoxie zu verteidigen und sich der Philosoph von einem Begriff des Menschen abzusetzen, der sich in der Erklärung brutaler Vitalität erschöpft. Heberer und Plessner, die sich beide mit dem Darwinismus ins Benehmen setzen müssen, sind auch weit davon entfernt, ihren Lesern mit solchen Erinnerungen zu kommen, aber nichts kann hindern, daß sie sie haben, auch ein Recht dazu besitzen, und deshalb mag es gut sein, wenn auch der Leser etwas davon weiß.

Die Darstellung von Heberer ist so angelegt, daß innerhalb der allgemeinen Entwicklungsgeschichte des (zoologischen) Lebens, von der deshalb eine großzügige Skizze in wenigen Strichen entworfen ist, die Gegend ausfindig gemacht wird, in der morphologisch die Primaten und damit auch der Mensch anzubringen sind. Sehr klar kommt hier der prinzipielle Ansatz des Verfassers zum Vorschein. Der Leser wird vergeblich danach suchen, eine über drei Milliarden Jahre sich hinziehende Entwicklung im Menschen kulminieren zu sehen. In dem ungeheuren Raum der Lebensvarietäten war der Mensch in keiner Weise von Anfang an angelegt, so wenig die Natur überhaupt bei der Ausbildung ihrer Formen einem bestimmten Plan folgte. Sie hat eher experimentiert und ausprobiert, was nach den äußeren Umständen und dem jeweils bestehenden Formenbestand möglich war.

Es wäre denkbar, daß manches anders gegangen wäre. Heberer macht einmal die interessante Bemerkung, daß man sich die Ausbildung der Gliederfüßer (Arthropoden) auch in anderer Richtung verlaufend vorstellen könnte und daß von dieser Basis aus die Voraussetzungen für die Kombination zu einer menschenähnlichen Leistungsfähigkeit gegeben wären. In einer Zeit, in der die Neugier der Öffentlichkeit in besonderer Weise auf die Frage gerichtet ist, wie es wohl anderswo außerhalb unseres Planeten, auf fremden Sternen aussehen mag, und in der selbst Laien in recht unbekümmerter Weise mit der Eventualität außertelurischen Lebens umgehen, hat diese Idee den Reiz des Aparten. Es ist aber auch nicht minder denkbar, und diese Vorstellung hat nicht einmal die Wahrscheinlichkeit gegen sich, daß die Entstehung des Menschen auf anderen Planeten unterblieben wäre. Die moderne Abstammungslehre ist sich ja, wie Heberer eindringlich zeigt, schon längst darin einig, daß der Mensch keine lineare Fortentwicklung der Menschenaffen bedeutet. Die organische Natur verfügt über einen gewissen Spielraum der Beliebigkeit, und die Mutationen folgen im einzelnen keinem »Gesetz«. Auch insofern ist Natur-»Geschichte« kein unsinniger Begriff, noch weniger als wenn man ihn für den Wandel der anorganischen Formationen bemüht. Freilich erschließt sich diese »Geschichte« nur durch Rekonstruktion. Rekonstruktion einmal auf Grund des bestehenden Formbestandes und Rekonstruktion mit Hilfe eines nur fragmentarisch überkommenen Früheren. Erkenntnis und Erkenntnisbasis sind auf diesem Gebiet zu einer Einheit verschmolzen. Unser Berichterstatter trägt dem in weitem Umfang Rechnung.

Dem Leser historischer Darstellungen – und für einen solchen ist diese Weltgeschichte gewiß geschrieben – wird dies manchmal nicht ganz angenehm sein. Doch wie wir noch manchmal festzustellen haben werden, verträgt ein bestimmter Überlieferungszustand keinen völligen Verzicht auf Hinweise, woher die Erkenntnis kommt. Wir wissen heute viel mehr als frühere Generationen, auch in der Geschichte, aber dafür balanciert dieses Wissen in ganz anderer Weise als einst auf der Spitze unserer Überlegungen und Kombinationen und ist ohne diese kaum mitteilbar, geschweige denn dem inneren Verständnis zugänglich zu machen. Bei unserem paläontologischen Beitrag kommt noch die aktuelle Problemlage dazu. Darwin, auf den alle diese Forschungen zurückgehen, hatte viel weniger Material zur Verfügung. Er mußte sich damals in der Hauptsache mit der bestehenden Formenwelt begnügen. Menschliche Fossilien waren ihm im großen und ganzen noch unbekannt. Das hat sich indes längst geändert, seitdem wir nicht nur den Neandertaler, sondern auch den

Peking-Menschen und andere haben. Aber die dokumentarische Belegung der davorliegenden Stufen, die erst eigentlich den »Beweis« liefert, fehlte noch vor wenigen Jahrzehnten. Es ist deshalb ein wenig die Freude des Forscherglücks, welche Heberer die Feder führt und den Leser damit in den Besitz beinahe einer kleinen Monographie über den Australopithecus bringt.

Da es zweifellos eine paläontologische »natürliche« Vorgeschichte des Menschen gibt, hat der Gedanke etwas Verführerisches, die Geschichte des Menschen einfach als ihre Fortsetzung anzusehen. So läge es nahe, unsere Erzählung ohne Umschweife weiter in die, gegenüber der biologischen und Erdgeschichte, kleineren Zeiträume einer im engeren Sinne humanen Geschichte überzuführen. Der weltanschaulich-historische Darwinismus hat eine Zeitlang so gedacht. Evolution sei nicht nur für die subhumane Phase, sondern ebenso für die Menschheitsgeschichte der erleuchtende Begriff. Es ging dabei allerdings schon hinsichtlich der biologischen Entwicklung nicht ohne einige Vergröberungen ab, denn in direktem Wurf ist der Mensch ja nicht entstanden; aber setzte man einmal die Fähigkeit, sich gegenüber einer feindlichen Umwelt zu behaupten, als durchgängiges Kriterium an, dann war er am Ende mit seiner ganzen während der Evolution erworbenen Ausstattung gewiß den anderen Lebewesen überlegen und dazu befähigt, sich ihrer nicht nur zu erwehren, sondern sie sich auch zu unterwerfen. Unbestreitbar ein sauberer »Fortschritt« innerhalb eines bestimmten Bezugssystems und im Grunde eine Weisheit so alt wie die der Bibel, die auch davon erzählt, daß alles Getier dem Menschen untertan sei. Doch so sei es dann, ist die Meinung, in stetigem Prozeß weitergegangen und ginge, der einmal angelaufenen Dynamik entsprechend, so immer weiter. Der geheime, naturwissenschaftlich bewiesene Mechanismus höre nicht auf, sein Werk zu tun; diese Anschauung erschien um so legitimer, als sie im Grunde dem alten Fortschrittsglauben des 18. Jahrhunderts entsprach.

Aber die Naturgeschichte des Menschen bleibt Naturgeschichte, auch wenn sie, wie Heberer dem Leser sehr anschaulich schildert, nicht nur bis zum Beginn der humanen Phase führt, sondern noch ein langes Stück darüber hinaus, bis zum Auftreten des *Homo sapiens* vor vierzig- bis fünfzigtausend Jahren. Sie gibt uns die interessantesten Auskünfte über die Genesis seiner äußeren Gestalt, auch über den Umfang seines Gehirns und über manches andere mehr. Trotzdem sagt sie uns nicht, was für ein Wesen mit dem Menschen ans Licht trat. Seine intrahumane Struktur ist keiner Evolutionsgeschichte zu entnehmen. Und das nicht nur wegen der faktischen Unmöglichkeit, das stumme Material in dieser Hinsicht zu befragen. Auch wenn uns das durch ein Wunder möglich wäre, befänden wir uns immer noch in der Verlegenheit, mit den Kategorien, die uns seine somatische Genesis erschlossen, nichts oder wenigstens nicht genug anfangen zu können. Der Mensch fordert einen Zugang von innen und läßt sich nur apperzipieren, wenn seine Äußerungen als Zeichen einer in ihm liegenden Sinnhaftigkeit verstanden werden. Hier liegt die Nahtstelle zwischen den Beiträgen von Heberer und Plessner und die Notwendigkeit, jenen durch diesen zu ergänzen.

Vom Menschen schlechthin zu handeln ist freilich kein neues und nur auf der eben skizzierten Unterlage zu erreichendes Unterfangen. Es wird sogar schon auf frühester Stufe auch auf die historische Ebene projiziert, denn alle Ursprungsmythen nehmen selbstverständlich den Menschen nicht als zoologisches Wesen, sondern setzen ihn auf ihre Weise in seine humane Bestimmung ein. Für das Abendland ist dann die Reflexion entscheidend geworden, welche die griechische Philosophie auf den Menschen und die menschliche Seele richtete, seit den Tagen der Sophisten und des Sokrates. Wenn man so will, war deshalb von jeher Anthropologie ein Kernstück der Philosophie, obschon die Verbindung zur Geschichte nur in Sonderfällen sich herstellte (etwa in der mittleren Stoa mit Poseidonios). Festgeknüpft wurde sie durch die Aufklärung, und deren Begriff von »Menschheit« war deshalb nicht nur normativ, sondern zugleich auch dynamisch, indem das Menschengeschlecht seine »Bestimmung« in der Zeit verfolgte und ebenso den Einzelnen das Gebot stellte, die Menschlichkeit in sich auszubilden. Die Führung in diesem Prozeß hatte die Vernunft, deren wohltätige Wirkung das Zeitalter in unmittelbarster Evidenz als Index der bereits erreichten Entwicklung betrachten durfte. Sich von einem solchen Standpunkt aus über den Menschen vernehmen zu lassen, hatte den ungemeinen Vorteil, die verschiedenen Elemente des menschlichen Daseins in harmonischer Beziehung aufeinander sehen zu können und die Gegenwart selbst darin aufgehoben zu finden, mit ihrem Gehalt an bereits Erreichtem und ihrem Appell an die Zukunft. Dieser Ansatz stellte sich jedoch als Illusion heraus, und damit wurde die Lage für die philosophische Anthropologie äußerst prekär und kompliziert. Plessner zeichnet nicht von ungefähr in seiner Einleitung eine Skizze dieses Sachverhaltes und stellt dort mit großer Eindringlichkeit heraus, wodurch dieses schöne Konzept so gründlich verdorben wurde. Die Geschichtsforschung des 19. Jahrhunderts mit den ihr eigenen Methoden und Kategorien wurde zur durchschlagenden Gegeninstanz, also gerade diejenige geistige Kraft, der wir auch heute noch die Möglichkeit verdanken, eine weltoffene Universalgeschichte wie diese zu verfassen. Man könnte daraus schließen – und viele Historiker tun das auch, heute und gestern, der Philosoph habe damit seine Kompetenz für die Geschichte eingebüßt, und Plessner wäre der letzte, der die Suggestivkraft einer solchen Folgerung leugnete. Seine fesselnden Analysen der Versuche der Lebensphilosophie, zumal der Diltheys, aus diesem Teufelskreis auszubrechen und das Leben als das schlechthin Undeterminierte und absolut Produktive in den Griff zu bekommen, werden im Sinne des Autors auch eher den Eindruck eines unbewältigten Vorhabens hinterlassen als die Gewißheit eines gesicherten methodischen Ansatzes.

Um so spannender, wie es Plessner dann doch gelingt, auf dem Untergrund eines auf seine Untiefen und Gefährnisse untersuchten Geländes einen klaren Standort zu gewinnen. Er sichert ihn in zwei Richtungen.

Dies geschieht *einmal* gegenüber der Versuchung, den Menschen von vornherein auf die Absolutierung seiner intellektuellen Fähigkeiten zu stellen. Das ist sowohl gegen das Fortschrittsdogma jeder Provenienz als gegen seine darwinistische Erneuerung gewandt und geht in dieser kritischen Sicht zusammen mit Bergsons Lebensphilosophie. Damit richtet er sich nicht von vornherein gegen die Deszendenztheorie, sondern nur dagegen, daß die Anpassung (im Sinne der Existenzerhaltung) zur ausschließlichen Dominante sowohl in der Natur als ganz besonders auch hinsichtlich der menschlichen Kulturleistungen und -normen gemacht wird, wie das im darwinistischen Pragmatismus der Fall ist. Das ist für ihn nämlich eine Festlegung des Blickes, die das Ganze zugunsten eines Teilaspektes (dem man seine

Berechtigung in bezug auf die Entstehung der Arten ruhig zugeben mag) vergewaltigt und obendrein den Menschen gleich im Ansatz zu einem heteronomen Wesen macht.

Dem kritischen Philosophen kann es nach den Erfahrungen mit dem weltanschaulichen Darwinismus gewiß nicht schwerfallen, der Gefahr eines Monismus, zumal wenn er wie hier unvermeidlich utilitaristisches Gepräge hat, gewahr zu werden, und der Leser wird sich deshalb über die stark betonte Reserve, die unser Autor hier beobachtet, nicht wundern. Er würde dies um so weniger tun, wenn er mit der reaktiven Haltung nicht nur der Philosophie, sondern auch der sogenannten Geisteswissenschaften überhaupt vertraut wäre, wie sie – zumal in Deutschland – einst durch den Darwinismus ausgelöst wurde und in den nachdenklichen Kreisen das Bild während des ersten Jahrhundertdrittels beherrschte. Damals wurde eine beinahe ängstliche Distanz zur »Natürlichkeit« der humanen Phänomene beobachtet, nicht ohne Beimischung eines gewissen Snobismus, und, unter Berufung auf den Grundsatz der Methodenreinheit im Zeichen Kants, einer Art von Selbstgenügsamkeit das Wort geredet.

Angesichts der Versuchung, sich solchermaßen auf humane Autarkie zurückzuziehen und diese womöglich »idealistisch« zu unterbauen, sei der Leser darauf aufmerksam gemacht, daß dies hier nicht der Fall ist. Abstand vom Darwinismus bedeutet für Plessner nicht Fremdheit gegenüber der Biologie und ihren Erfahrungen. Das braucht es auch nicht zu sein, denn seit über einer Generation verschaffen sich Betrachtungsweisen Geltung, die ihre Fragen unabhängig von der evolutionistischen Problematik stellen. Eine Biologie der Gestalt besinnt sich darauf, was die Natur in ihrem Formenreichtum an strukturellen Daten mitsetzt, worin sich Wesen von dieser und jener Art zur Darstellung bringen und in welchem Rapport sie zu ihrer Umwelt treten und sich aus ihr einen spezifischen Horizont schaffen oder als mit sich gegeben entgegennehmen. Auf diesem Wege gewannen Begriffe wie »Innerlichkeit« und »Selbstdarstellung«, deren Herkunft auf introspektive menschliche Erfahrung hinweist, in der Biologie Heimatrecht, und die Überlegung, wie es zu den verschiedenen Bauplänen genetisch gekommen sei, rückte an den Rand. Es mag dahingestellt bleiben, ob diese Distanzierung wirklich im letzten Sinne prinzipiell genommen werden kann oder ob sie mehr der Zweckmäßigkeit einer Arbeitsökonomie entspricht. Affektive Momente sind nicht unbeteiligt, was nicht verwundern kann bei einer Haltung, die zum Teil der Abwehr des wirklichen oder vermeintlichen darwinistischen Totalitätsanspruches entsprang. Die sachliche Legitimität des neuen Anliegens ist nicht unberührt von dem phänomenologischen Grundsatz, erst einmal die Erscheinungen auf ihre evidenten Bezüge zu befragen, bevor man sie auf etwas anderes, vor ihnen Liegendes zurückführt. Plessner sind alle diese Gesichtspunkte nicht nur nicht fremd, sondern er darf geradezu einen zentralen Platz innerhalb dieser Bestrebungen für sich beanspruchen. Der Leser mag sich über diese Zusammenhänge, die hier bei der Grundlegung unserer Weltgeschichte auftauchen, in ihr selbst orientieren, nämlich da, wo sie als Gegenstand historischer Betrachtungen begegnen (Adolf Portmann, Biologie und Anthropologie, Band 9, Seite 559 ff.).

Die *andere* Sicherung nimmt Plessner gegenüber den geschichtlichen Formen des Menschen vor und damit gegenüber dem geschichtlich Individuellen, das unter die Domäne des Historikers fällt. Sein Gegenüber ist hier nicht der Fortschrittsdogmatiker, sondern gerade sein Gegenspieler, der im Namen der Wirklichkeit und in Protest gegen ihre, sei es auch »ideale« Verfälschung die Geschichte für sich beansprucht. Eben weil Plessner diese Haltung, vielleicht unter stillschweigender Berufung auf den von ihm nicht nur meisterhaft analysierten, sondern eher sogar rekonstruierten Dilthey, voll anerkennt und keinerlei philosophische »Verfälschung« des geschichtlichen Faktums duldet, wird er nicht müde zu betonen, daß seine Ausführungen sich auf die »Wurzel« und das »Fundament« der tatsächlichen Erscheinungen beziehen und damit eine Stelle bezeichnen, an der sich die Mannigfaltigkeit des geschichtlich Gewordenen noch einklammern läßt, aber trotzdem in ihren allgemeinsten Voraussetzungen mit umfaßt wird. So hat diese anthropologische Betrachtung eine genaue logische Fixierung. Wollte man sie – was freilich nicht geht und nur zur metaphorischen und im Grund unzulässigen Verdeutlichung dienen kann – auf eine zeitliche Skala transponieren, dann entspräche sie dem Nullpunkt, an dem die tierische Existenz des Vormenschen in die humane der Euhomininen (in der Terminologie Heberers) umschlägt und die Unendlichkeit der historischen Figuration als Möglichkeit vor ihr liegt.

Vom Standpunkt des Naturwissenschaftlers Heberer aus liegt bezeichnenderweise die Versuchung zu solcher »Historisierung« näher, eben weil er dem Thema nach »Geschichte« der Natur treibt und ihm bei einer Perspektive, deren Einhelligkeit schon durch ihr lineares Fortschreiten gewährleistet zu sein scheint, Natur auch unbedenklich sogar durch intrahumane Größen (wie etwa die Fähigkeit, sich Zwecke zu setzen) weitergeführt wird, ein Gedanke Julian Huxleys, dem wahrscheinlich kritische Leser mit nicht geringerer Reserve als die Herausgeber begegnen werden. Der Philosoph Plessner hat verständlicherweise ein schärferes Empfinden für begriffliche Grenzüberschreitungen. Deshalb ist er sich bewußt, daß seine Einsichten noch nicht »Geschichte« im üblichen Sinne sein können, sondern eher – kantisch gesprochen – Geschichte als begreifbar ermöglichen sollen. Sie enthalten Reflexionen auf die Voraussetzungen des Geschehens, mit dem wir täglich umgehen, als dem unmittelbar Gegebenen und haben die Form dieses Lebens als seinen inneren Aufriß ans Licht zu heben.

Wer die einführenden Bemerkungen Plessners über die Lebensphilosophie Bergsons und Diltheys aufmerksam liest und sich die zähen und im Programmatischen steckenbleibenden Versuche, lebendige Gestalthaftigkeit zu erfassen, vorstellt, wird die Bedeutung der erst in unserer Generation erschlossenen Möglichkeit begreifen, sich von präzisen Beobachtungen der Biologie und Tierpsychologie (Verhaltensforschung) aus einen Zugang zum Humanen zu schaffen. Der Weg, durch Vergleich der tierischen und der menschlichen Sphären zu Einsichten in die Eigentümlichkeit des Menschlichen zu gelangen, ist gewiß nicht neu und eigentlich philosophisch-anthropologischer Besinnung von jeher vertraut gewesen. Aber wie gewaltig stellt sich der Unterschied in der Ausführung dar. Dort die Fixierung auf disparate, übereinandergelegte Schichten, hier ein sorgfältiges Differenzieren auf der gleichen Ebene und ein plastisches Nachbilden der menschlichen Sonderstellung; nirgends ein verkürzendes Präjudiz durch vorbelastete Begriffe, wie Instinkt, Seele, Geist, sondern durchgängig das Bestreben, hinter solche verfälschende Abbreviaturen zurückzugreifen. Der Leser entbehrt deshalb der Handlichkeit eines ihm durch Gewohnheit vertrauten Sortiments von Modellvorstellungen und muß sich die Mühe machen, die neuen, aus originärer Erfassung des konkreten Lebewesens gewonnenen Figuren unvoreingenommen nachzuzeichnen. Die betreffenden »Erfahrungen« sind von überall hergenommen, von der Ontogenese (Theorie des extrauterinen Frühjahrs beim Menschen), der Tierpsychologie (Triebüberschuß) und der Morphologie (aufrechte Haltung), und ganz von selbst stellen sich da auch Beziehungen her zu dem Material, auf das die Evolutionstheorie zuvorderst zurückgreift. Die Primaten finden in beiden Systemen ihren Platz. Es ist gewiß nicht der gleiche, aber mitunter sind Beobachtungen eines Phänomens doch nicht so weit voneinander entfernt, wie es vielleicht der primären Intention entspräche. Heberer läßt den Hominiden sich kraft seiner Fähigkeit, vorübergehend aufrecht zu stehen und damit ein weites Blickfeld zu gewinnen, vom Baum lösen, und auch Plessner stellt selbstverständlich diese Freigabe des Blickfeldes durch »frontales Gerichtetsein der Augen« nicht nur nicht am letzten Platz in seine Rechnung ein, sondern läßt die Überlegung zwischendurch sogar auch auf die Phylogenetik hinübergleiten, wenn er »die Natur dieser (für den Menschen notwendigen) Bedingungen mit dem Typus des baumlebenden, sich von Früchten nährenden Anthropoiden sehr nahe gekommen« sieht; ein schöner Beweis, daß die beiden Betrachtungsweisen, denen wir uns in dieser Grundlegung der Weltgeschichte anvertrauen, sich nicht ausschließen, sich vielmehr in der gegenseitigen Ergänzung sogar dicht zu berühren vermögen.

Schritt für Schritt wird so von Plessner innerhalb des großen Feldes biologischer Fakten, deren besondere Charakterisierung auf bestimmte zoologische Arten hin zudem jeweils durchscheint und damit die großen Differenzierungsmöglichkeiten der Funktionszusammenhänge schon innerhalb des Tierreiches zu erkennen gibt, allmählich der Umriß eines Sektors gewonnen, der sich deutlich als das spezifisch Humane von seinem zoologischen Umkreis abhebt, gleichzeitig aber die Verklammerungen einer gemeinsamen Basis aufdeckt. Die Signatur, auf die sich die verschiedenen Phänomene hin stilisieren lassen, wird angedeutet durch den Begriff der Weltoffenheit. In der Prävalenz des optischen Sinnes und in der Möglichkeit, durch das Greifen der Hand dem Tastsinn ein weites Gebiet von Sinneseindrücken zu verschaffen, tut sie sich ebenso kund wie in dem großen Spielraum von Bildsamkeit, den der Mensch mit seiner Geburt zur Verfügung bekommt und gleichsam als Äquivalent seiner funktionalen Unfertigkeit erhält. Es läge nahe, an dieser Stelle dem Menschen einen eigenen Sockel unterzuschieben und ihm die Rückverbindung zu den elementaren Grundlagen des Lebens abzuschneiden, ihn sozusagen auf die Reise des absoluten Geistes zu schicken. Es wäre aber ebenso denkbar, umgekehrt den Schritt in den humanen Eigenbezirk wieder zurückzunehmen und durch Interpretation der Weltoffenheit als menschlicher Umweltsituation den Menschen auf ein dem Tier analoges Verhältnis zu seiner Umgebung festzulegen. Hier muß daher auf eine der wichtigsten Feststellungen des Plessnerschen Beitrages mit Nachdruck hingewiesen werden: weder der spiritualistischen Verlockung wird von ihm Raum gegeben, noch erliegt er den Versuchungen eines biologischen Pragmatismus. Insbesondere seine klare Stellung diesem gegenüber verdient hervorgehoben zu werden, da eine Unterstellung des Menschen ausschließlich unter biologische Kategorien den Gewinn aus der Sprengung des darwinistischen Monismus von vornherein wiederum aufs Spiel zu setzen drohte. Plessners Gedanken über das »Welt-Umwelt-Verhältnis des Menschen« kann man deshalb nicht ernst genug nehmen, und seine Beobachtung, daß die Menschen wohl jeweils eine »Umwelt« haben, diese jedoch stets durch eine hinter ihr stehende Welt zu relativieren vermögen, ist schlechthin fundamental.

Nur auf diesem schmalen Grat zwischen den beiden Ausgangspunkten, auf dem sich die Wahrheit gewissermaßen im Widerspiel der Extreme in der Balance hält, ist denn auch die Freiheit des Blickes zu gewinnen, um des inneren Aufbaus der menschlichen Existenz gewahr zu werden. Die Schwierigkeit, die sich hierbei in den Weg stellt, ist nicht unbeträchtlich und liegt vor allem in der Bildung von Begriffen, welche die Grundphänomene zwar umfassen, jedoch ihre Bestimmung nicht von ihrem funktionellen Dasein hernehmen. Das wäre schon etwas Abgeleitetes und würde auf der Voraussetzung ihrer Gegebenheit fußen. Es gilt aber, die Gegebenheit in ihrer elementaren Ursprünglichkeit zu erfassen. Plessner setzt bei der Sprache ein, die im Sinne Wilhelm von Humboldts selbstverständlich ihres verfälschenden instrumentalen Charakters entkleidet ist und zugleich als Seinsweise des Denkens erscheint. Aber der Begriff des Denkens selbst wird von unserem Autor mit Recht konsequent vermieden. Er ist viel zu sehr belastet durch ein Bündel von historischen Assoziationen und weist in seiner Komplexität auch zu weit über sich hinaus, als daß sich mit ihm eine noch durch keine geschichtliche Kulturleistung vermittelte Menschlichkeit verstehen ließe. In der Sprache fächern sich nicht nur Leistungen, die immer auch solche des Denkens sind, auseinander, sondern die Sprache begleitet diese Leistungen auch schon von ihrem Ursprung her, gleichsam als ihr Schatten. Die Stabilisierung eines Gebietes von menschlichen Setzungen, gestiftet durch Etablierung von Dauer über den gelegentlichen »Einfall« hinaus, wird erreicht durch »Gedächtnis«, das heißt durch die Möglichkeit, zu einem vergangenen Moment zurückzukehren; sie beruht aber ebenso auf der kommunikativen Reziprozität, die nicht allein durch die Sprache ins Leben tritt, sich in ihr jedoch am sichtbarsten niederschlägt.

Alle diese Überlegungen bewegen sich noch in einem Kreis, der das menschliche Elementarniveau in seinem Verhältnis zu den Grundlagen des tierischen Bauplans betrifft. Das schließt Durchblicke in sublimere Bereiche nicht aus und eröffnet selbst Zugänge zu der vieldeutigen Größe, die wir mit »Geist« mehr umschreiben als richtig erfassen. Aber für eine Behandlung des mannigfaltigen Spektrums, das sich in diesem Zentrum ansetzt, ist begreiflicherweise im Rahmen einer solchen Skizze kein Raum. Diese Einschränkung gilt ebenso für den anderen Aspekt, den Plessner unter das Thema »Rolle und Darstellung« stellt. Hier wird das Problem der menschlichen Personalität bis zu seiner letzten Voraussetzungslosigkeit vorgetrieben und ihm damit die Aufgabe eines Ausgangspunktes für das Begreifen interpersonaler Verhältnisse schlechthin, das heißt gesellschaftlicher Ordnung, zugespielt. Der Leser hat deshalb zu beachten, daß er in die von Plessner gezeichneten Figuren von Rolle und Doppelrolle, mit denen in allgemeinster Weise das Zueinander von Menschen mit ihren unendlichen Variationsmöglichkeiten angedeutet wird, wichtige Größen, wie Herrschaft und Freiheit, Recht und Vertrag und schließlich auch Staat und Gesellschaft, einzusetzen hätte. Die Beschreibung solch eines bunten Musters verbietet sich dem Verfasser durch das Bestreben, bereits geschichtlich geprägte Formen aus seinen Überlegungen auszuschließen. Von dieser Marschroute weicht er lediglich mit dem Hinweis auf den reinen Funktionsstatus der Person innerhalb der modernen industriellen Gesellschaft ab, allerdings in konsequenter Fortsetzung einer bereits unter anderem Vorzeichen begonnenen Rechnung. Auf sie kommt es ihm denn auch an, es ist das Doppelgängertum des Menschen, das über ihn mit seiner Existenz verhängt ist und das zu erfüllen er sich nicht versagen kann. Mag er auch die Akzente auf die beiden Rollen verschieden verteilen: die eine durch die andere zu ersetzen und sich einer zu entziehen, ist ihm nicht gegeben. Der gesellschaftliche Konnex, in den er eingespannt ist, legt ihn darauf fest, die Verkörperung seiner Menschlichkeit in beiden Richtungen zu suchen. Die Definition des Menschen als soziales Wesen, die damit vollzogen wird, muß uns als Ausgangspunkt für die verschiedenen historischen Gestaltungen dienen, welche diese Urbeziehungen als Möglichkeit in sich tragen.

Der Begriff der Verkörperung wird für Plessner überhaupt zum Schlüssel, um die Struktur des Menschen aufzuschließen und durch bestimmte Elementarmodelle zu erhellen. Dabei kann es ihm – im Rahmen des hier Möglichen – keineswegs um Vollständigkeit zu tun sein. Er gibt der Methode exemplarischer Veranschaulichung den Vorzug. Das Kapitel über »Lachen und Weinen« vermittelt deshalb einen ganz andersgearteten und mit dem vorigen kaum vergleichbaren Ausschnitt aus dem Fragenkreis – wie Plessner selbst weiß, einer gewissen Beliebigkeit folgend, die für den Verfasser des bekannten Buches über diesen Gegenstand nicht unmotiviert ist – und kann sich damit doch in den Besitz des Vorteils setzen, den korrespondierenden und höchst eindrucksvoll geprägten Begriff der Entkörperung wenigstens andeutungsweise anzufügen, um damit das menschliche Verhalten an seiner Grenze noch kurz zu bestimmen. »Grenze« in räumlicher und zeitlicher Hinsicht verstanden, birgt die Erfahrung »Gott« und »Tod« in sich und bezeichnet den Punkt, in dem das Sichbemächtigen der Welt in Versagen und gleichwohl in Behauptung umschlägt.

Anfang und Ursprung des Menschen ist, wenigstens in wichtigen Partien, auch das große Thema des prähistorischen Beitrags von Alfred Rust. Der Verfasser ist eine sehr markante Erscheinung in seiner Wissenschaft. Der Leser wird spüren, in welch anschaulicher Weise er mit den ergologischen Relikten der Frühzeit umzugehen vermag, wie er sie nicht einfach statistisch zur Kenntnis nimmt, sondern sich sowohl über ihre Funktion wie vor allem ihre Herstellung ganz genaue Vorstellungen macht. In diesem großen Vorzug, der diesen Quellen das Maximum von Aussage entlockt, verrät sich der für die Wissenschaft glückliche Umstand, daß der Verfasser einst nicht aus der Stube des Gelehrten heraus, sondern als Handwerker und dadurch in »natürlicher« Weise vertraut mit elementaren Arbeitsvorgängen zur prähistorischen Forschung stieß. Als junger Mensch machte er sich in den zwanziger Jahren ganz allein auf, ohne wissenschaftlich institutionellen Rückhalt, um in Syrien das Nebeneinander von Faustkeilen und Klingen zu klären. Die wichtige historische Stellung von Jabrud, dessen Bedeutung als ein Vorläufer der jungpaläolithischen, unter der Herrschaft des *Homo sapiens* stehenden Epoche dem Leser klargemacht wird, ist so in inniger Weise mit dem Namen unseres Autors verbunden. Besonderen Gewinn hat man auch von der Beschreibung der Ahrensburger Kultur (bei Hamburg), deren Entdeckung und Deutung vor nun bald dreißig Jahren ganz sein Werk ist. Durch Veranlassung geologischer und botanischer Mitwirkung gelang ihm zum erstenmal für diese frühe Zeit (um 10000 v. Chr.) so etwas wie die Lebensform der betreffenden Menschen exakt festzustellen und an die Stelle von bloßen Fundangaben eine historische Rekonstruktion zu setzen.

Diese Tatsache ist in verschiedener Hinsicht wichtig. Wer sich mit der Frühzeit des Menschen vertraut zu machen versucht und sich an die Regeln eines methodisch gesicherten Wissens hält, wird fürs erste sehr enttäuscht sein. Anstatt daß er ein farbiges, nicht zuletzt auch die Innenseite des Menschen beleuchtendes Bild erhält, sieht er sich abgespeist mit einem ganz spärlichen Segment aus dem menschlichen Gesamtvolumen. Wo er Aufklärung über die Art zu existieren, über intellektuelle und religiöse Formen, über den gesellschaftlichen Zustand zu bekommen wünscht, werden ihm scheinbar verwirrende Angaben über verschiedene Arten primitiver Werkzeuge gemacht. Er wird zwar bald einsehen, daß dies nun nicht gut anders sein kann, da sich aus Jahrhunderttausenden nur das Material des Steines erhalten konnte, und andere Quellen, ganz abgesehen von der Frage, in welchem Umfang und in welcher Art sie überhaupt denkbar wären, beim besten Willen nicht zur Verfügung stehen können. Aber dieser Tatbestand hat eben seine Konsequenzen. Daß sich von dem einseitigen Stoff dieser primitiven steinernen Werkzeuge nicht allzuviel an leibhaftigen Vorstellungen gewinnen läßt, liegt auf der Hand und ist natürlich auch der Wissenschaft nicht verborgen geblieben. Dem Notstand hat nun schon vor mehreren Jahrzehnten eine Arbeitsgemeinschaft bestimmter Prähistoriker und Ethnologen abhelfen wollen, die Wiener Schule, in der sich der Prähistoriker Oswald Menghin mit der von Pater Wilhelm Schmidt begründeten Wiener ethnologischen Forschung zusammentat, um das Vakuum, das sich aus dem prähistorischen Quellenstand ergab, mit den der Völkerkunde zugänglichen Erkenntnissen auszufüllen. Zu solcher Hilfestellung war die in großzügigem Wurf angelegte ethnologische Theorie von Wilhelm Schmidt und seinem Mitarbeiter Wilhelm Koppers sehr geeignet. Diese Kulturkreislehre hatte nämlich die völkerkundlichen Tatsachen bereits in eine bestimmte historische Ordnung gebracht, nach der nicht nur bestimmte Kulturelemente als dem gleichen Kulturkreis angehörig und von einem einzigen Zentrum ausgegangen verknüpft wurden, sondern auch eine genetische Relation (Ur-Primär-, Sekundärstufe usw.) zwischen ihnen gestiftet wurde. Wenn man diese Typologie in die leeren Flächen der Vorgeschichte eintrug, erhielt man mit einem Mal ein verhältnismäßig farbiges Bild und konnte mit einer Menge Aussagen aufwarten, für welche die Vorgeschichte selbst gar keine Quellen vorzuweisen hatte.

Es ist hier nicht der Platz, auf die Einwände gegen eine solche Methode einzugehen. Obgleich der bedeutende Historiker Fritz Kern sich zur Wiener Schule bekannte und ihre Lehren grundsätzlich wohl auch heute noch, wenn auch mit Einschränkungen, vertreten werden, sind sie doch nie Allgemeingut der Wissenschaft geworden. Dabei darf ruhig zugegeben werden, daß deswegen der völlige Verzicht auf jede Analogie mit völkerkundlichen Tatsachen selbstverständlich nicht ausgesprochen wird. In vorsichtiger Weise gehandhabt, leistet sie durchaus ihre Dienste. Auch unser Beitrag sperrt sich keineswegs dieser Erkenntnismöglichkeit und macht von ihr an einigen wenigen Stellen einen besonnenen Gebrauch. Aber prinzipiell steht diese Weltgeschichte nicht auf dem Boden der Wiener Schule, worauf der Leser aufmerksam gemacht zu werden wohl verlangen darf.

Anderseits soll das nun nicht heißen, daß hiermit einem dürren Positivismus das Wort gesprochen wird. Sowohl Rust als auch unser anderer Prähistoriker Richard Pittioni haben mit ihm nichts gemein und sind bestrebt, die grundlegenden Fundmaterialien nicht allein und unvermittelt stehenzulassen, sondern aus ihnen so viel an gegenständlichen, den Menschen betreffenden Mitteilungen herauszuholen, wie eine strenge Methode erlaubt.

Es ist schön, daß sich Rust hierbei in grundsätzlichen Feststellungen mit Heberer wie mit Plessner trifft, obgleich er ebenso selbständig an sein Thema herantritt, wie dies auch die beiden anderen tun. Aber die Aufgabe, den Ausgangspunkt der menschlichen Existenz zu fixieren, ist auch ihm gestellt. Obgleich Rust die alleinige Auskunft der morphologisch-anatomischen Daten gleich zu Anfang als ungenügend abweist, findet er sich doch darin mit unserem naturwissenschaftlichen Gewährsmann Heberer, daß erst die Herstellung eines Gerätes, eines Artefakts, den Menschen als Menschen ausweist. Wir sind geneigt, in der hierfür nötigen Kombinationsleistung das spezifische Zeichen von Intelligenz zu sehen, wissen jedoch heute längst, daß auch Affen einen Gegenstand dem Zweck einer Handlung unterzuordnen vermögen und einen Stab oder Stein als »Werkzeug« gebrauchen. Diese berühmten Feststellungen der Tierpsychologie erlauben eine genaue Analyse, wie sie Plessner vornimmt: sobald für den Affen das momentane Ziel erreicht ist, wird der Gegenstand aus seinem Zweckzusammenhang entlassen und fortgeworfen. Der Affe vergißt seine Funktion, weil er sich keine Wiederholung des Zweckes vorstellen kann, oder auch: indem er sich nichts merkt, vermag er auch nicht zu planen. Vergangenheit und Zukunft stehen ihm gleicherweise nicht zu Gebot. Der Mensch bannt beide in dem Gegenstand, den er zum dauernden Werkzeug bestimmt. Offenbar ist dieses Leistungsniveau fundamental und wird deshalb von den verschiedenen Richtungen her als kardinaler Ausweis menschlichen Wesens angegangen.

Für den Prähistoriker sind solche Geräte unter anderem Hilfsmittel der Datierung. Die relevanteste betrifft natürlich den Punkt, um den wir unsere Gedanken nun schon so lange kreisen lassen: Wann ist denn der Mensch nach dieser Definition in Erscheinung getreten? Die Funde liegen im allgemeinen nicht früher als sechshunderttausend Jahre; das gilt sowohl für die Kulturrelikte wie für Fossilien. Selbst die Reste der Australopithecinen sind nicht älter. Aber genetisch ist für sie eine historische Dauer, die bis in das Tertiär zurückgeht, zu folgern. Wenn Rust recht hat, würden nun neuerdings »urkundliche Dokumentationen« und sogar Werkzeughinterlassenschaften bis in diese Zeit zurückreichen, und so fände die zoologisch rekonstruierte Geschichte von der »humanen« Seite her eine überraschende Bestätigung.

Bei rechter Besinnung ist die Jahrhunderttausende währende Tradition der primitiven Gerätformen beinahe noch eindrucksvoller. Die steinernen Artefakte sind zwar nur ein Ausschnitt aus dem Gesamtbestand der Werkzeuge, da die aus organischen Stoffen hergestellten verlorengegangen sind. Rust weist auch auf die technische »Vollkommenheit« hin und damit auf das Fehlen eines äußeren Zwanges, die Form zu ändern. Dennoch ist und bleibt es erstaunlich, wie der Mensch sich auf das Geschöpf seiner eigenen Erfindungskraft festgelegt empfand. Die Variationsbreite seines »geistigen« Habitus war danach unsagbar gering und die Bindung an das einmal Vorgegebene immens. Es sieht so aus, als wenn ihm sein Instrumentarium wie ein Bestandteil seiner Leiblichkeit angewachsen gewesen wäre. Man mag daraus ahnen, wie tief eingefahren die Gleise seiner Vorstellungen überhaupt waren. Das wirkt noch in späteren Phasen nach und macht eine unentbehrliche

Arbeitshypothese der Urgeschichte plausibel. Ergologische Fakten gelten ihr stets als Index fester Gruppen. Mit den nachweisbaren Formen wandert immer ein bestimmter Mensch. Beides bildet sozusagen eine unlösliche Einheit. Die Möglichkeit, daß eine Form kraft Übernahme sich selbständig bewegt, gibt es im allgemeinen nicht. Dieses methodische Indiz, dem auch der Leser dieser Weltgeschichte in den einschlägigen Kapiteln auf Schritt und Tritt begegnet, muß einen Rückhalt in der Wirklichkeit haben. Es weist dann auf ein ganz wesentliches Faktum zurück, geradezu auf eine Ungeheuerlichkeit, wenn man von den uns geläufigen historischen Erfahrungen ausgeht. Das Verständnis hierfür läßt sich vielleicht durch Rückwendung zu den frühesten Formen dieses merkwürdigen Phänomens und seinen zeitlichen Maßen gewinnen. Der Mensch ist offenbar durch Jahrhunderttausende immer der gleiche geblieben, und auch die geringfügigen Unterschiede seines Werkzeuges im Altpaläolithikum verraten keine echte Sonderung des Wesens. Sie werden, wenn wir recht sehen, sogar in den Schatten gestellt durch die enorme Verschiedenheit seiner somatischen Struktur und den Auseinanderfall in morphologische Spielarten, denen gegenüber unsere heute geläufigen Rassendistinktionen eine Kleinigkeit sind. Hier gibt es anscheinend Tatbestände, die dem Nachdenken noch allerhand aufgeben.

Eine gewisse Bewegung kommt in diesen trägen Zustand erst mit der offenbar totalen Verdrängung des Neandertalers durch den *Homo sapiens*, ein Vorgang, der um so bemerkenswerter ist, als jener vielleicht seiner »zivilisatorischen« Ausstattung nach (Rust gibt hierzu interessante Hinweise) den Kulminationspunkt der bisherigen Entwicklung bedeutet (Kälteresistenz, Hüttenbau, Bekleidung). Doch seit dem Eintritt des Jungpaläolithikums vor vierzigtausend Jahren »geschieht« innerhalb viel kürzerer Zeiträume auf einmal viel mehr als vorher. Rust vermag von festen Standlagern der Jäger und von vorübergehenden Sommersitzen zu sprechen. »Künstlerische« Gebilde, wie die »Venus von Willendorf« und die berühmten Höhlenmalereien in Frankreich und Spanien, reißen anscheinend ganz neue Dimensionen menschlicher Möglichkeiten auf. Der ergologische Befund wird unendlich reicher. Der Bogen als Jagdwaffe ist eine Erfindung dieser Epoche. Und wie es scheint, ergibt sich bei wachsender Bevölkerungszahl die Aufspaltung in dichter benachbarte Gruppen.

So kündigt sich in diesem beschleunigten Rhythmus und in der Erhöhung »geistiger« Produktivität die fundamentale Wandlung an, die das menschliche Geschlecht dann mit dem Übergang vom Paläolithikum zum Neolithikum vollzog: die Domestizierung der Natur in Flora und Fauna, die Züchtung von Tier und Pflanze, Hirtenwesen und Bauerntum, die Seßhaftwerdung des Menschen und damit die dauernde Inbesitznahme von Grund und Boden; damit verbunden die Fertigung standortgebundenen Gerätes (Keramik) und eine systematische Gruppenabgrenzung und artikulierte Feindschaft und vielleicht auch Freundschaft. Gemessen an dem zurückliegenden stagnierenden Zustand ist das alles in einem überraschend schnellen Tempo vor sich gegangen, so daß der Begriff einer »Revolution«, den die Wissenschaft mitunter hier heranzieht, begreiflich wird.

Mit dem Neolithikum selbst stehen wir dann in der bedeutungsvollen Übergangszone zur historischen Zeit. Es ist nicht mit einem Wort zu sagen, worum es sich dabei handelt. Wer sich der Führung des lehrreichen Beitrages des Wiener Prähistorikers Richard Pittioni anvertraut, wird auch ohne spezielle Kennerschaft spüren, daß die Atmosphäre allmählich von jenem »Knistern« erfüllt wird, das uns aus der Geschichte vertraut ist. Die temperamentvollen Abgrenzungen des Verfassers gleich zu Anfang lassen erkennen, daß nun ganz andere Differenzierungen notwendig werden, solche regionaler, chronologischer und allgemein qualitativer Art, und daß sich nun nicht mehr ein relativ gleichförmiger Text den Phänomenen unterlegen läßt. Und was den Verfasser selbst betrifft, so erweist sich, daß er trotz seines Wiener Lehrstuhles mit den voraussetzungsvollen Dogmen der »Wiener Schule« nichts zu tun hat. Leitbegriffe wie »Glockenbecherleute«, »Trichterbecherkultur«, »Bandkeramiker« erhalten ein ganz anderes Profil als Acheuléen und Clactonien, und unvermerkt gleiten wir von da über in eine Region, in der die anonymen, mit modernen Kunstbezeichnungen auseinandergehaltenen Erscheinungen echte Namen bekommen. Indogermanische Stämme und Völker, Illyrer, Kelten, Germanen, treten auf. Aus Ur- und Vorgeschichte wird Frühgeschichte. Wir erfahren, beinahe ohne es zu merken, wie die Begriffe sich ändern, und vermögen ohne Mühe festzustellen, daß auf diesem Wege ein ganz fundamentaler Umschlag erfolgt: der Mensch bis zum Neolithikum war in erster Linie, wenn nicht sogar ausschließlich als Gattungswesen zu begreifen und trug auch bei aller Anerkennung seiner humanen Struktur, deren Erkenntnis sich, wie der Leser nun zur Genüge erfahren hat, unsere Weltgeschichte allerhand Mühe kosten läßt, doch eine klassifikatorische Signatur. Das wird jetzt anders. Der Mensch, die menschliche Gruppe, wird zum individuellen Konkretum und zum Wesen mit eigener Steuerung und eigenem Schicksal.

Voll und ganz erreicht wird dieses Stadium in der »Hochkultur«. Mit ihr ist gänzlich der Rahmen einer nur statistisch erfaßbaren Klasse gesprengt. Die historische Individualität meldet ihre Rechte an, und sie kann es wirklich, denn es sind nur ganz wenige Stellen auf unserem Globus, wo dieser entscheidende Schritt originär vollzogen wurde. In ihnen liegt der Ausgang für das, was wir im eigentlichen Sinne »Geschichte« nennen und nach den äußeren und inneren Dimensionen der historischen Zeit messen. Diese neuen Zentren mit ihren Ausstrahlungen und vor allem mit der jetzt erst gegebenen Objektivierung des Bewußtseins verleihen auch der Ur- und Vorgeschichte ein neues Profil. Die Hochkulturen lassen die Ereignisse der Prähistorie zum Horizont ihrer eigenen geschichtlichen Existenz werden und wirken auf sie nicht nur ein, sondern nehmen sie auch schon in ihren Vorstellungsraum auf. So wird uns die Kunde von den vor- und frühgeschichtlichen Völkern ja vornehmlich durch den Filter des neuen zivilisatorischen Bewußtseins vermittelt. Was wüßten wir von den »Barbaren« im Vorfeld der Hochkulturen, wenn diese nicht wären und jene damit in ein dauerhafteres Gedächtnis eingingen, als ihnen selbst zu eigen war.

Unsere Weltgeschichte macht von diesem Rollenverhältnis noch einen besonderen Gebrauch. Es gibt eine Fülle historischer Erscheinungen, die so gleichsam hinter dem Rücken der zivilisatorischen Kristallisationspunkte auftreten und dort beträchtliche Zeit verweilen. Einigen gelingt es dann irgendwann, an deren Herd eine eigene Fackel zu entzünden, andere sind dazu verurteilt, dauernd im Zwielicht zu verharren. Mengenmäßig bezeichnet das einen nicht unbeträchtlichen Stoff, durchaus geeignet, ausgedehnte Aufmerksamkeit auf sich zu ziehen. Aber in unserem Rahmen kann er nur in ganz straffer Raffung gebracht werden. Diese Weltgeschichte ist kein Handbuch, das sich ein Aneinanderreihen vieler

Spezialartikel erlauben kann und dem es gestattet wäre, mit einzelnen Monographien über die Indogermanenfrage, über Illyrer, Iberer, Ligurer, Berber und andere aufzuwarten. Und nicht nur dies: Verzicht auf enzyklopädisches Vorgehen darf nicht heißen, daß die Forderung der historischen Einordnung ignoriert wird. Wir dürfen diese Völker also nicht nur im Vorfeld bestimmter Hochkulturen aufsuchen – wie wichtig das auch ist –, sondern müssen sie von ihren eigenen Voraussetzungen aus verstehen.

Erhalten können sie ihre Eigenständigkeit nur, wenn man sie auf ihr eigenes Lebensniveau und Ursprungsmilieu bezieht. Das ist der Grund, warum der Beitrag von Pittioni weit über den chronologischen Bereich des ersten Bandes hinausgreift und unter dem Thema eines »urgeschichtlichen Horizontes der historischen Zeit« steht, indem er so einen Schlagschatten entlang der gesamten Geschichte des Altertums wirft. Wer etwa auch später über Kelten und Germanen, zumal ihre Herkunft, Auskunft sucht, muß deshalb den Fluchtlinien dieses wichtigen Beitrages folgen.

Mit dem Begriff der Hochkultur stoßen wir überhaupt auf einen zentralen Punkt unserer Weltgeschichte. Es ist leicht gesagt, daß unter diesem Zeichen die »eigentliche« Geschichte sich erst vorstellt; auch ist es keine Frage, daß die Hochkulturen in einer modernen Universalgeschichte allesamt ein Recht haben zu Wort zu kommen. Aber wie ist dann der Gefahr zu entgehen, daß aus diesem Werk ein buntes und uneinheitliches Quodlibet wird? Sollten wir die Weltoffenheit um den Preis einer billig zu beschaffenden Fülle erkauft haben?

Diese Frage bringt uns gleich zu der eng benachbarten, was denn eigentlich für uns »Altertum« bedeutet, in dessen Kreis wir uns augenscheinlich mit solchen Überlegungen aufhalten. Unsere Universalgeschichte macht von diesem Begriff thematisch zwar ebensowenig Gebrauch wie von dem des Mittelalters und der Neuzeit und überspielt mit Absicht sogar die Grenze zwischen den beiden letzten, aber daß die vier ersten Bände zusammengehören, und zwar im Zeichen des »Altertums«, das kann und will sie nicht verleugnen. Die Geschichte des Begriffes Altertum ist wie die all dieser Epochenbezeichnungen ein wenig kompliziert, und es wäre deshalb unhöflich, den Leser hier mit einer weitläufigen Darstellung zu langweilen. Aber eines kann nicht verschwiegen werden: der Begriff ist insofern ganz europazentrisch, als er gegen das Mittelalter abgesetzt wird. Es gibt nur die einzige abendländische Erfahrung, welche dieses gegenwärtige Verhältnis rechtfertigt und damit den Begriff in dieser Hinsicht begründet. Wenn wir deshalb der Abgrenzung von Altertum und Mittelalter folgend die *Welt*geschichte dieser Gliederung unterwerfen würden, dann wäre das gewiß ein recht primitiver Sehfehler.

Zum Glück ist diese für uns nachteilige Feststellung nur die halbe Wahrheit. Der Anfang des Altertums bietet sich nämlich in einer schlechthin verbindlichen Bestimmung: der Anfang der »geschichtlichen Zeit« ist der Beginn der Hochkulturen, der Umschlag der Ur- und Vorgeschichte in »Geschichte« im eigentlichen Sinne. Dieser *Begriff* des Anfanges ist durch die generelle »Menschheitsgeschichte« bedingt und bezieht durch seinen sozusagen »globalen« Untergrund zugleich seine Einheit und Universalität. Wie weit sich dieser Gesichtspunkt dann auch in der Folge durchhalten läßt, ist freilich eine offene Frage, deren Beantwortung wir in dieser Einleitung praktischerweise zurückstellen dürfen. Aber daß wir nicht plötzlich in einem Labyrinth stehen, dafür hat die Geschichte gesorgt, indem sie in der Darbietung dieser höheren Kulturen recht sparsam verfuhr. Mag der Mensch im Paläolithikum ein gleiches Niveau gehabt haben – das jüngere Stadium setzt sich zwar schon ab und besitzt möglicherweise bereits keine Ubiquität mehr –, das Neolithikum ist chronologisch gewiß differenziert und nicht überall gleichzeitig, aber die Hochkultur steht überhaupt außerhalb jedes gleichmäßigen und allgemein verbreiteten Prozesses. Sie ist eine Singularität, und es gibt sie anfangs nur an wenigen Stellen der Erde. »Altertum« ist deshalb in seinem Beginn durch diese privilegierten Erscheinungen bestimmt.

Die Gliederung unseres Werkes wird damit durchsichtig. In den ersten beiden Bänden haben wir es in einem ganz absoluten Sinne mit den ältesten Hochkulturen unserer Erde überhaupt zu tun. Der dritte und vierte Band mit Griechenland und Rom erhalten ihr Gewicht durch ihre besondere Rolle innerhalb der europäischen Geschichte (um deren eigentümliche Position kommen wir aus objektiven und subjektiven Gründen ja auch bei aller Vermeidung naiver Europazentrik nicht herum), sind aber an diesen Gedanken durchaus noch anzuknüpfen. Die beiden ersten Bände sind jedoch wieder in sich eine eigene Einheit, und zwar weil einmal von Europa konsequent abgesehen wird und weil es sich zum anderen (in der Hauptsache) um verhältnismäßig reine Ursprungsphänomene handelt (die präkolumbischen Kulturen Amerikas sind nur aus praktischen Gründen an einen anderen Platz verwiesen). Des inneren Verständnisses wegen wird der Leser gebeten, diesen roten Faden nicht außer acht zu lassen. Dabei wird er auch Gelegenheit haben, einer technischen Maßnahme auf die Spur zu kommen, die allein durch Raumrücksichten diktiert ist: das mesopotamisch-vorderasiatische Kapitel mußte auseinandergeschnitten und beiden Bänden überantwortet werden. Auch der Abschnitt über Ägypten hätte dieses Schicksal haben können, sofern unser Unternehmen den Gesetzen eines synchronistisch angelegten Nachschlagewerkes folgen würde. Wir bringen jedoch die ägyptische Geschichte als Ganzes und lassen sie die in dem ersten Band beobachtete Zeitgrenze im Vorderen Orient überlappen, verzichten dann aber umgekehrt für den zweiten Band auf eine genaue Aufzeichnung ihres Ausklanges. Was unter diesem Thema zu berichten wäre, besitzt kein eigenes Gewicht mehr und ist in der Hauptsache nur interessant wegen der Querverbindungen zu dem Geschehen in anderen Ländern. Die Beigabe eines Datengerüstes über die ägyptische Spätzeit wird unter diesem Gesichtspunkt die nötigen Dienste leisten.

Den Auftakt machen also Ägypten und der Vordere Orient. Das könnte aussehen, als wenn wir doch auf uns naheliegende Assoziationen spekulierten, denn schließlich sind uns zwar der Nil und der Euphrat fern, aber gewiß nicht so weit weg wie der Ganges und der Hoang-ho. Trotzdem haben wir die »Wahrheit« für uns, die »objektivste« sogar, über die der Historiker verfügt, nämlich die Auskunft der Zeittafel. Ägypten und Mesopotamien bedeuten nun einmal den frühesten Aufstieg des menschlichen Geschlechts zur Höhe geschichtlicher Zivilisation.

Eine Einheit waren sie trotz der räumlichen Nähe nicht. Verbindungen haben deswegen zwar nicht gefehlt (sie sind von unseren Berichterstattern gewissenhaft angegeben), aber der unbestreitbare Eindruck zweier verschiedener, selbständiger Welten trügt nicht, und so haben auch die beiden Wissenschaften, die sich mit ihnen beschäftigen, jede ihr eigenes Gesicht. Es sind zugleich diejenigen philologisch-historischen Forschungszweige, welche die auffälligsten Veränderungen am geschichtlichen Horizont unserer klassischen Überlieferung hervorgerufen haben. Seit Anfang des 19. Jahrhunderts sind da, wo nur ganz vage und mythische Umrisse waren, plastische historische Zeiträume von über zwei Jahrtausenden entstanden, also bedeutend mehr an Jahresabläufen, als zwischen uns und dem Kaiser Augustus liegen. Wir wissen heute genau, daß die mesopotamische und ägyptische Geschichte bereits um 3000 v. Chr. ihren festen Körper haben und artikuliert zu uns sprechen und daß eine Vorbereitungsphase von nicht minder konkretem, nur weniger sichtbarem Gehalt in der Größenordnung von ein bis zwei Jahrtausenden vor ihr liegt.

Man könnte deshalb die Geschichte von Ägypten und Mesopotamien als paradigmatisch für das große Problem ansehen, wie es bei dem Übertritt in die Phase höherer Zivilisation zugegangen ist. Und wirklich ist, wenn überhaupt, dann nur hier Auskunft zu erwarten. Unsere beiden Verfasser, der Chikagoer Ägyptologe John A. Wilson und Wolfram Freiherr von Soden, Münster, wissen das selbstverständlich, aber ebenso tragen sie auch Bedenken, genaue Angaben zu machen. Wilson steht der Fragestellung ein wenig näher als von Soden und teilt interessante Überlegungen mit. Daß man hier nur hypothetisch verfahren kann, ist beiden nicht weniger als den Herausgebern klar. Immerhin hat es seine gute Berechtigung, wenn auf diesen Punkt die Aufmerksamkeit besonders gerichtet wird. Der Leser wird deshalb einen eigenen Beitrag zu diesem Thema begrüßen, der im zweiten Band aus der Feder des Göttinger Prähistorikers Herbert Jankuhn erscheinen soll.

Die Verschiedenheit der beiden welthistorischen Größen Ägypten und Vorderasien zeichnen sich in unseren beiden Darstellungen deutlich ab. Dem ägyptischen Kapitel liegt ein Text Wilsons zugrunde, der vor zehn Jahren unter dem Titel »The Burden of Egypt« in Chikago erschien. Es charakterisiert seinen Rang, daß er den Platz einer ägyptischen Geschichte einzunehmen vermag. Freilich ist es eine Geschichte eigener Art, und gerade das motiviert ihre Verwendung in unserem Rahmen. Die äußeren Ereignisse sind nur Gerüst. Der Blick des Erzählers ist nach innen gewandt, auf das Schicksal der Menschen, welche die ägyptische Geschichte darstellten, hervorbrachten und erlitten. Es ist ein Ablauf von einzigartiger Homogenität, über mehr als zwei Jahrtausende hinweg. Mit dem Verfasser dürfen wir darin eine Eigenart des merkwürdigen Phänomens Ägypten sehen und von vornherein einkalkulieren, daß es anderswo dergleichen nicht gegeben hat. Es fehlte da schon an den äußeren Bedingungen.

Bei Mesopotamien und dem Vorderen Orient ist das anders. Eine auch nach außen geschlossene Einheit ist daraus nicht geworden. Die politischen Ereignisse drängen sich viel mehr hervor als in Ägypten. Wolfram von Soden ist diesem Grundzug seines Themas mit großer Gewissenhaftigkeit nachgegangen. Der Leser wird etwas von dem urtümlichen Ethos des Historikers spüren, »reine Daten« mitzuteilen, auf daß sie als unverfälschte und gesicherte Basis weiterer Überlegungen dienen können. Der Autor denkt auch sehr bescheiden, vielleicht zu bescheiden, von den Möglichkeiten seiner Wissenschaft. Doch wer sich seine exakten Mitteilungen plastisch veranschaulicht, wird von selbst merken, in welch erstaunliche Räume der Mensch in seiner geistigen Frühzeit schon eindrang und damit geschichtliche Möglichkeiten freilegte, die für eine weite Zukunft Geltung haben sollten.

Helmuth Plessner

CONDITIO HUMANA

Die Frage nach der conditio humana

Die Absage des Historismus an den Fortschrittsgedanken

Einer Universalgeschichte Gedanken über den Menschen, seine Natur und ihre Möglichkeiten voranzustellen sollte keiner Rechtfertigung bedürfen. Denn im weltgeschichtlichen Rahmen ist das menschliche Geschlecht als solches angesprochen, nicht nur eine bestimmte Zeit, eine Kultur, ein Volk. So hat die Aufklärung gedacht, die es sich freilich zutraute, Gedanken über das menschliche Geschlecht zu einer Theorie der Menschheit zu machen und ihren Gang aus barbarisch-trüben Anfängen zu immer lichteren Höhen nachzuzeichnen. Dem Fortschritt der Sitten und Wissenschaften vertrauend, getragen vom Aufstieg des dritten Standes, die Emanzipation eines vierten kaum ahnend, aber im Prinzip vorwegnehmend, vermochten im 19. Jahrhundert die bürgerlichen und unterbürgerlichen Schichten zu dem Bild eines unwiderstehlichen Weltprogresses keinen Abstand zu gewinnen. Heute ist das Bild zum Deutungsschema einer industriellen Welt verblaßt, in welche die unterentwickelten Länder aus der zerbrochenen Kolonialordnung hineinwachsen.

An Gegenstimmen zu dieser optimistischen Geschichtsvision hat es nie gefehlt. Gegen ihre Simplizität fand sich sehr bald, in Korrespondenz zu den bitteren Erfahrungen der Französischen Revolution, später zu den Erschütterungen des sozialen Gefüges und der europäischen Staatenwelt eine Opposition zusammen aus Repräsentanten der versinkenden Adelsgesellschaft, der Kirche, aus Kennern des menschlichen Herzens, Staatsmännern und Philosophen. Dem Widerstand gegen die *terribles simplificateurs* lieferte die neue Geschichtswissenschaft die schärfsten Argumente. Ihrer ständig verfeinerten Quellenkritik und entwickelten Hermeneutik hielt die Vision nicht stand. Sie erkannte die Fata Morgana des einlinigen Fortschritts als Zwangsvorstellung und Wunschdenken und setzte ihr in dem Bestreben, jeder Epoche, jedem Ereignis, jeder Figur Recht widerfahren zu lassen, eine Kette offener Vieldeutigkeit entgegen, der ein instruktiver Sinn für den Verlauf der Menschheitsgeschichte im ganzen nicht mehr zu entnehmen war. Ließen sich dann Früheres und Späteres in keiner Rangordnung unterbringen, so enthüllte sich der moralisch-dramatische Zusammenhang als eine den historischen Tatsachen aufgezwungene Ordnung aus Hoffnung, Wunsch und Willen, als eine teleologische Konstruktion, zu welcher bloße Erkenntnis, beschränkt sie sich auf rein theoretische Ermittlung von Fakten und Ursachen, auf kritische Analyse der Dokumente und Monumente in ihrem Selbstverständnis, niemals imstande sein kann.

Dieser antiprogressive Realismus, Voraussetzung und Produkt wissenschaftlicher Geschichtsschreibung, läßt sich unbeschadet seiner Frontstellung gegen die These vom weltgeschichtlichen Fortschritt immerhin nicht auf einen Denkstil festlegen. Er verwendet naturwissenschaftliche Kategorien ebensogern, wie er sie bekämpft; wenn es gegen den Geist von Comte, Spencer und Marx geht, finden sich sogar Spengler und Rickert im gleichen Lager. Der gemeinsame Glaube an die Unüberholbarkeit des Individuellen ist das Fundament des Historismus, und es ändert an seinen Konsequenzen nichts, ob er romantischem Konservatismus, demokratischem Liberalismus oder irgendeiner Spielart faschistischen Cäsarentums dienstbar gemacht wird. Was Schiller in seiner Rede »Was heißt und zu welchem Ende studiert man Universalgeschichte?«, ihre sinnlich-sittliche Einheit noch vor Augen, sagt: »Der Mensch verwandelt sich und flieht von der Bühne; seine Meinungen fliehen und verwandeln sich mit ihm: die Geschichte allein bleibt unausgesetzt auf dem Schauplatz, eine unsterbliche Bürgerin aller Nationen und Zeiten«, löst sich durch den Historismus auf, gerade weil er den universalen Auftrag bis an sein Ende bringt. Auch die Geschichte verwandelt sich und flieht von der Bühne, ihre Einheit *formalisiert* sich zu dem szenischen Rahmen, in den die unvergleichlichen Geschichten der Völker und Kulturen durch den gelehrten Berichterstatter hineingestellt werden. Die Menschheit im ganzen verschwindet, und nur das menschliche Geschlecht als solches bleibt.

Eins ist sicher, die Geschichts*wissenschaft* gewinnt durch diesen Verlust erst ihre volle Beweglichkeit und Freiheit gegenüber dem »Material«. Indem sie die Bildhaftigkeit überlieferter Darstellungen durchschaut, ihren sprachlichen Mitteln mit philologischem Rüstzeug zu Leibe geht, den eigenen Standort vom Standort der vergangenen Dinge abhebt und überall bestrebt ist, die Andersartigkeit des scheinbar Gleichen, das Ungewöhnliche des scheinbar Selbstverständlichen aufzudecken, sichert sie dem Betrachter gewissermaßen den gleichen Abstand zum Nahen wie zum Fernen. Aus dem Strom, der zu lauter kausalen Verkettungen erstarrt, wenn wir ihn in Gedanken zu seinen Quellen zurückverfolgen, der uns stromabwärts zur Teleologie verführt, weil er im Heute mündet, werden jeweilige Gegenwarten, die ihre Vergangenheiten und kommenden Möglichkeiten haben, ihre Unausweichlichkeiten, Versäumnisse und Gelegenheiten. Die Kontinuität, im Zeitverlauf gewährleistet, ist dann nicht mehr das Leitseil und herrschende Prinzip der Fragestellung. Was sich hinterrücks begibt und gegen den Willen oder die Befürchtungen der Menschen sich durchsetzt, was institutionell beharrt oder seinem Zweck durch unvorhergesehene Umstände entfremdet wird, die geheimen Verkehrungen des Guten ins Böse, des Bösen ins Gute, die Mechanismen also, welche Hegel die List der Idee nannte, werden von der Wissenschaft höchstens als Bindemittel und Stützsubstanz des Kontinuums, aber nicht mehr als Machinationen eines sich nach einer Phasenfolge stetig entfaltenden Sinnes verstanden.

Die wissenschaftliche Geschichtsschreibung rechnet von vornherein mit einer offenen Mehrdeutigkeit alles Dahingegangenen, die – und das ist methodisch das Neue – ebensosehr durch den fragmentarischen Charakter der überlieferten Zeugnisse wie durch den jeweiligen Standort des Historikers in seiner Gegenwart bedingt ist und die der unvermeidlichen Subjektivität seiner Auffassung eine bis dahin nicht begriffene Wahrheitschance gibt. Geschichte muß immer wieder umgeschrieben werden, weil sie mit jedem Tage, der ihr zuwächst, nicht nur in einem neuen Lichte erscheinen kann, sondern faktisch anders wird. Denn das Vergangene ändert sich vom Kommenden her. Natürlich bleiben davon Fragen der Datierung, der Entzifferung und Rekonstruktion unberührt, die oft eine entscheidende Rolle spielen und nach den allgemeinen Kriterien von Richtigkeit entschieden werden können. Was damit aber erschlossen werden soll: Verständnis für Zusammenhänge, verlangt vom Historiker eine Konzeption, eine bildende Kraft, den szenischen Rahmen. Ohne solche Vorleistung von seiner Seite, die sich in seiner Darstellung zeigt – also nicht wie bei der Beschreibung eines Naturvorganges für das Beschriebene irrelevant ist –, wird der geschichtliche Zusammenhang einfach nicht sichtbar.

Wenn in großem Abstand zu unserer Welt oder ohne erkennbaren Einfluß auf sie etwa altorientalische oder präkolumbianische Geschichte Amerikas in Rede steht, wird die Vorleistung ihres Darstellers weniger durch subjektive Voreingenommenheiten gefährdet sein, als wenn es um uns selber als Nation, Europäer, Erben christlich-griechischer Überlieferung geht. Nur: wo laufen die Grenzen zwischen der angemessenen und der unangemessenen Vorleistung, die ohne Voreingenommenheit keinen Entwurf zustande bringt? Muß etwa deutsche Geschichte von Engländern oder Franzosen geschrieben werden oder von Deutschen? Macht Liebe blind oder sehend? Gibt es geschichtliche Wahrheit ohne eine Perspektive des Willens, der Sehnsucht, der Pietät?

Mag immerhin unsere Schätzung des Historischen – mit Nietzsche zu reden – ein okzidentalisches Vorurteil sein, so setzt dieses uns doch in den Stand, unser Dasein zu erweitern und zugleich in seiner vergänglichen Prägung zu durchschauen. Es gibt den Blick frei auf etwas, was in allen menschlichen Erscheinungen auf immer andere Weise als dasselbe sich durchsetzt: *semper aliter, semper idem.* »Indem sie (die Weltgeschichte) den Menschen gewöhnt, sich mit der ganzen Vergangenheit zusammenzufassen, und mit seinen Schlüssen in die ferne Zukunft vorauszueilen: so verbirgt sie die Grenzen von Geburt und Tod, die das Leben des Menschen so eng und so drückend umschließen, so breitet sie optisch täuschend sein kurzes Dasein in einen unendlichen Raum aus und führt das Individuum unvermerkt in die Gattung hinüber.« Behält aber dieses Schillerwort noch seine Geltung, wenn die Einheit der Weltgeschichte der relativierenden Kraft historischer Analyse nicht mehr standhält, nicht nur der Mensch »von der Bühne flieht«, um der Geschichte als der »unsterblichen Bürgerin aller Nationen und Zeiten« das Feld zu überlassen, sondern schließlich auch die Geschichte als Einheit der Menschheit im ganzen verschwindet?

Es gehört nicht viel Philosophie dazu, um zu begreifen, daß die Erfahrung der Vielfalt und des Wandels der Menschen und ihrer Schicksale nur vor dem einfachen und bleibenden Hintergrund der menschlichen Gattung zustande kommt, weil Variabilität Konstanz in sich schließt. Je reicher und disparater unsere geschichtliche Erfahrung wird, um so dringender meldet sich das Bedürfnis nach Einheit, das allerdings seine Befriedigung nicht in einer generalisierenden Synthese, sondern nur im Rückgriff auf die Bedingungen der Möglichkeit verwirrender Vielfalt finden kann. Wie aber und als was zeigen sich diese Bedingungen der Möglichkeit? Die menschliche Gattung als der beharrliche, aber unsichtbare Akteur, der in Wahrheit unausgesetzt auf der Bühne bleibt, erscheint selbst nicht, es sei denn in ihren Verkörperungen. Diese wiederum kann die Gattung nicht wie Masken von sich abtun, als ginge es bei der Geschichte nur um ein Rollenspiel. Der einzelne Mensch ist nicht nur Exemplar seiner Gattung, wie es der Fall sein müßte, wenn wir bei seiner natürlichen Erscheinung stehenblieben. Als geschichtliches Wesen ist er mehr und sehr oft weniger, weil ihm Menschsein nicht nur Menschenhaftigkeit, sondern auch eine Chance bedeutet, die jeder ergreifen oder verfehlen kann.

An geschichtlich bereits fixierte Auslegungen der menschlichen Natur wird die folgende Betrachtung daher nicht anknüpfen dürfen. Sie muß sich um das Vor-Menschliche bemühen, »Vor« freilich nicht im zeitlichen, sondern im fundamentierenden Sinn verstanden. Denn die Frage nach den inneren Bedingungen des geschichtlichen Werdens hat sich längst dahin radikalisiert: welches sind die Bedingungen der Möglichkeit menschlichen Seins?

Der Widerstand der biologischen Evolutionstheorie

Ungläubig und zurückhaltend aus Methode, wie der wissenschaftliche Historiker zu sein hat, bringt er den Theoremen über allgemeine Verlaufsformen des geschichtlichen Prozesses nur das größte Mißtrauen entgegen. Dabei machen ihm die zuletzt noch von Spengler und Toynbee eindrucksvoll ausgearbeiteten Zyklentheorien weniger zu schaffen als jene Vorstellung von der aufsteigenden Entwicklung, die sich dem allgemeinen Bewußtsein kaum noch als ein Theorem zu erkennen gibt, weil sie als einfache Fortführung der biologischen Vorgeschichte des Menschen erscheint. Gestützt, wie man glaubt, durch die Funde in Erdschichten, die Millionen Jahre alt sind, läßt sich eine Geschichte des Lebens verfolgen, in deren jüngster Phase, dem Quartär, die Gattung *homo sapiens* auftritt. Sind auch die Meinungen über die ihm unmittelbar vorausgegangenen tierischen Vorformen nach wie vor kontrovers, nicht zum wenigsten, weil die Paläontologie in den letzten Dezennien reiche Funde fossiler Primaten gemacht hat (erwähnt sei der sensationelle Fund des Oreopithecus, 1958, der mindestens zehn Millionen Jahre alt ist), so kann die seit Darwin populär gewordene These vom Ursprung des Menschen aus Stammformen der Anthropoiden nicht mehr bezweifelt werden. Nach der Eiszeit sind die Reste spezifisch menschlicher Exemplare, die sich bereits den heute lebenden großen Rassen zurechnen lassen, zahlreich. Die anatomischen Merkmale des Skeletts und die Artefakte sind eindeutige Belege.

Vom Paläolithikum bis zur Gegenwart hat sich dann in einem, verglichen mit der Milliarden Jahren alten Erd- und Lebensgeschichte, fast verschwindenden Zeitraum jene kulturelle Entwicklung vollzogen, deren Leitmotiv zunehmende Differenzierung des gesamten Lebensinstrumentariums bei wachsender Menschenzahl ist. Aus Horden und kleinen Gruppen werden Völker, rassisch kaum noch homogen, und sie werden zu den sichtbaren Trägern der eigentlichen Geschichte. Tradition, durch mündliche, meistens auch schriftliche Fixierung vermittelt, führt an begünstigten Orten in die Phase der Hochkultur und damit in die Dimension der historischen Wissenschaft.

Warum sollte vor diesem Hintergrund unwiderleglicher Kontinuität des Übergangs der Vor- in die Frühgeschichte auf einmal die historische Betrachtung anderen Richtlinien folgen als denjenigen der naturwissenschaftlichen Entwicklungsgeschichte? Was zwingt sie zur Skepsis gegen die Weiterführung der Fortschrittslinie, wenn die Kultur einen hohen

Komplikationsgrad erreicht hat? Im 19. Jahrhundert versuchte denn auch die Ethnologie, am Fortschrittsschema, an der Lehre von der notwendigen Phasenfolge, die alle Völker zu durchlaufen haben, wenn sie es bis zur städtischen Kultur bringen wollen, festzuhalten. Erst die Kulturkreislehre und der Funktionalismus brachten diesen Dogmatismus ins Wanken. Eingehende Analyse des inneren Zusammenhanges primitiver Kulturen, die in relativer Isolierung leben, hat gezeigt, daß auch für jene zweifellos frühen Gesellschaften, die einen alten Lebenszustand bis heute festhalten, die schematische Diagnose nach dem schon und noch nicht Erreichten an den stabilisierenden Strukturen und Kräften vorbeisieht und damit dem inneren Zusammenhang ihrer Lebensverfassung nicht gerecht wird. Das Studium der *patterns*, welche die amerikanische *cultural anthropology* seit einigen Dezennien mit dem Ziel – wir würden sagen: einer Stilanalyse der Kulturen betreibt, nur ohne die Substitution kollektiver Agenzien wie etwa den Volksgeist in Hegels oder die Kulturseele in Spenglers Sinn –, hat der Ausdehnung des Evolutionismus im Gebiet der Kultur- und Sozialgeschichte vor allem der Primitiven einen mächtigen Riegel vorgeschoben.

Immerhin spricht für den Evolutionismus nach wie vor eine Tatsache, die er in seiner Maienblüte für das höchste Resultat, um nicht zu sagen für das Ziel der Entwicklung erklärt hatte, die in jedem Falle aber einen neuen Ansatz für kommende Entwicklungen in sich enthält: der Durchbruch des Menschen zur Rationalität. Er hat sich in historischer Zeit vollzogen, unter sehr verschiedenen Formen und Umständen, immer aber mit den gleichen Symptomen der Auflösung mythischer Weltbilder und der Ausbildung von Philosophie und Wissenschaft. Am weitesten durch die Griechen entwickelt, führte diese Entdeckung des Logos zunächst im begrenzten europäischen Raum eine Wendung für den Gebrauch der menschlichen Kräfte herbei, die ihre immanente Logik in der Folgezeit zwingend entfaltete und mit der Entwicklung der messenden Naturwissenschaft schließlich die Universalisierung der Menschheit anbahnte. Für den Europäer, der zur Hauptsache an dieser Leistung beteiligt war und jahrhundertelang die aus ihr resultierende Vormachtstellung genießen durfte, die sie ihm verschafft hatte, mußte der Siegeszug der rationalen Naturbeherrschung in Wissenschaft, Technik und Industrie das stärkste Argument für den Evolutionismus werden, einerlei ob und wie die Historiker und Philosophen mit ihm fertig wurden. Als Tatsache war die rationale Entwicklung unumstößlich und der Fortschritt eine greifbare Macht geworden. Dachte man sie sich in Fortsetzung früherer »Fortschritte« im früh- und vorgeschichtlichen und im biologischen Bereich, so ergab sich folgendes Bild: Hunderte von Millionen Jahren hat das Leben gebraucht, um die Gattung *homo sapiens* hervorzubringen. Mit ihrer mehr oder weniger erreichten körperlichen Stabilisierung setzt etwas Neues ein: kulturelle Tätigkeit. Eine neue, den Tieren verschlossene Dimension zieht die Lebensenergie an sich, fängt sie ab. In ihr entwickelt sich ein bislang dem biologischen Bereich vorbehaltener Differenzierungsprozeß, bis schließlich die latenten Möglichkeiten der neuen Dimension einen abermaligen Schub zuwege brachten: die Entdeckung der Ratio. Sollte dieses Ergebnis, das dem Menschen die Gabe der Einsicht verlieh, in der also der gesamte bisherige Lebensprozeß seiner selbst ansichtig und einsichtig wurde, nicht vielleicht doch sein heimliches Ziel gewesen sein?

Die Romantiker Schelling und Oken hatten das behauptet und damit einen zentralen Gedanken der »natürlichen Schöpfungsgeschichte« vorweggenommen. Aber die Naturwissenschaft konnte in dieser Form mit ihm nichts anfangen, denn Zielkräfte kennt sie nicht. Erst Darwin glückte es, den Mechanismus ausfindig zu machen, der sie vermeidet und die Annahme einer Präformation für die Entwicklung unnötig macht. Er hatte den Einfall, die Tätigkeit des Züchters zum Modell zu nehmen und ihr, wiewohl als einer blind wirkenden Macht der Natur, die Evolution anzuvertrauen. So vermochte er die Entstehung der Arten als einen Auslesevorgang zu erklären, der ohne Zuhilfenahme lenkender Kräfte die lebendige Substanz in einen Kampf ums Dasein verwickelt, den nur die tüchtigsten, weil am besten den Umständen angepaßten Formen bestehen. Die erworbenen Eigenschaften werden zu Anlagen, die sich vererben. Geringe Varietäten bieten Ansatzpunkte für neue Formen und Chancen. So resultiert die höhere, geschicktere, mächtigere Organisation als ungeplantes Produkt aus der ungehemmten Konkurrenz, treibt sich das Leben von selber durch unmerkliche Übergänge zu qualitativ höheren Stufen, um schließlich jene hochdifferenzierten Gehirntiere hervorzubringen, die durch ihr Vermögen des Gedächtnisses und der Kombination an Intelligenz allen anderen Organismen überlegen sind und in der menschlichen Gattung ihre bisher nicht überbotene Kulmination erreicht haben.

Ein volles Jahrhundert hat sich der Darwinismus, gewichtigen Einwänden von seiten der Vererbungslehre, der Mutationstheorie, der Umweltforschung zum Trotz, behaupten können. Über Anpassung und Auslese als formbestimmende Mächte wird nach wie vor gestritten. Die Tatsache des Überlebens uralter Arten aus längst vergangenen Erdepochen, in denen sie entstanden und führend waren, darf ebensowenig dabei übersehen werden wie die noch kaum erfaßten Gestaltungsgesetze, denen lebendige Systeme durch ihren chemischen Aufbau unterliegen. Das alles hat die alte Lehre in ihrem ursprünglichen Anspruch erheblich reduziert. Ihre Grundidee, die Allmacht der Selektion, findet nur noch wenige Verteidiger. Aber daß der Mensch als höchstes Gehirntier das Spitzenprodukt der gesamten organischen Entwicklung und die Zunahme der Zerebralisierung wenigstens für die Geschichte der Wirbeltiere ihre bis zur Erscheinung des Menschen verschwiegene Pointe ist –, diese gut dokumentierte These gibt bestimmten Axiomen des Darwinismus, darüber hinaus aber der Vorstellung vom Fortschritt als der Grundkategorie aller Geschichte bis heute mächtigen Rückhalt im allgemeinen Bewußtsein. Für die Ausbildung des Historismus war und ist das ein wichtiges, meist übersehenes Faktum und eines der Motive dafür, daß die Geisteswissenschaften gegen naturwissenschaftliche Einsichten in Dinge, die den Menschen betreffen, fast immer eine unüberwindliche Abneigung haben.

Welches sind die Axiome des Darwinismus? Die offene Konkurrenz zwingt alles Lebendige in einen Kampf um die bestmögliche Anpassung nach dem Prinzip der bestmöglichen Zweckmäßigkeit. Die Möglichkeit gleichwertiger, aber schon im Ansatz verschieden gerichteter Wege zur Lösung der gleichen Lebensaufgabe, das heißt die Möglichkeit mehrerer Zweckmäßigkeitsstile, mehrerer Planformen nebeneinander, welche die bunte Erscheinungswelt der Stämme, Gattungen und Arten uns doch vor Augen hält, wird zugunsten einer skalaren Steigerungslinie nach dem Prinzip: reichere Organisation verbürgt größere Zweckmäßigkeit beiseite gelassen. Stämme, Gattungen und Arten sollen als Lösungsversuche an ein und derselben Aufgabe begriffen werden. Die Grundverschiedenheiten des Milieus, Wasser, Luft und Erde sind in eine einzige Welt eingebettet, und je mehr ein Lebewesen dazu ausgerüstet ist, die Chancen *aller* Nahrungsräume zu nützen, den Anforderungen aller Milieus gewachsen zu sein, desto besser ist es angepaßt, desto höher steht es in der Entwicklungsskala. Daß darin gerade ein Argument gegen die Gleichsetzung von Differenzierungshöhe und Lebenszweckmäßigkeit steckt, da wenig differenzierte Organismen wie Bakterien und Protozoen in den verschiedensten Milieus zu Hause sind, und zwar mit hoher Wahrscheinlichkeit, seitdem es Leben auf dem Planeten gibt, ihre bewahrte Primitivität sie zur allergrößten Überlegenheit im Kampf ums Dasein befähigte, zeigt nur um so deutlicher den axiomatischen Charakter der Gleichsetzung.

Auf der höchsten Stufe steht der Mensch, Ergebnis zwar einer blinden Naturmacht, die durch den Selektionsmechanismus zweckmäßige Formen und zweckmäßiges Verhalten produziert, zugleich aber ein richtiges Ergebnis, das für diese Auffassung von organischer Entwicklung gar nicht anders hätte ausfallen können. Ihrer Logik entsprechend mißt sie die Organismen mit dem Maßstab technischer Intelligenz und muß daher ehrlicherweise das höchste Prädikat der Figur zuerteilen, der sie diesen Maßstab verdankt: dem Menschen. In ihm hat die Natur die bisher richtigste Antwort des Lebens auf das Leben gefunden. Wäre es nicht so – aber an diese Eventualität denkt der Darwinismus gar nicht –, wäre seiner Theorie der Boden entzogen. Die universale Weite des Blickfeldes läßt den Blickwinkel, unter dem es steht, vergessen: die Überzeugung von der Macht der Konkurrenz und dem Wert der Industrie. Ohne sich der ungeheuerlichen Zumutung bewußt zu sein, den industriell verstandenen Menschen zum Entwicklungsmaß der ganzen Tierwelt zu machen, beraubt sich die am Manchestertum orientierte Denkweise der Möglichkeit, ihr eigenes Axiom zu erkennen und die pragmatische Intelligenz, deren Steigerung an die Zunahme der Zerebralisierung, jedenfalls an die nachweisbare Zunahme des Großhirns bei den Wirbeltieren geknüpft ist, selber noch einmal zu einem Problem zu machen.

Das haben später andere biologische Theorien versucht, denen allerdings bei weitem nicht die gleiche Stoßkraft gegeben war wie dem Darwinismus. Seinen Auswirkungen auf die Kulturwissenschaften, Ethnologie und Soziologie zur Hauptsache, die vor allem der synthetischen Philosophie Spencers zu verdanken sind, hat die historische Denkweise sehr bald Halt geboten. Aber der Fortschrittsgedanke ist darum nicht tot, weder für die Naturgeschichte noch für die Geschichte der Menschheit. Als universales Deutungsschema für beide Bereiche läßt er sich nicht mehr halten, hat aber immerhin Zusammenhänge innerhalb der Tier- und Menschenwelt aufgedeckt, die als Tatsachen zu respektieren sind: die Zerebralisierung in der Reihe der Wirbeltiere und die Rationalisierung in der Geschichte der Hochkulturen. Beide Prozesse lassen eine reihenmäßige Anordnung in aufeinanderfolgende Phasen zu, um nicht zu sagen: erzwingen sie. Eine Abwertung solcher tierischer oder menschlicher Daseinsformen, die an ihnen nicht teilhaben, ist damit allerdings nicht gegeben. Einlinige Stammbaumkonstruktionen alten Stils gehören für immer der Vergangenheit an.

Versuche einer Philosophie des Lebens
Bergson und Dilthey

Wo es um die Erkenntnis des Menschen geht, sah der Realismus des späten 19. Jahrhunderts nur den Weg der Geschichte. »Der Bau des Menschen als Zeugnis seiner Vergangenheit«, nannte sich ein Buch des Anatomen Wiedersheim, und vom Philosophen Dilthey gibt es das Wort: »Was der Mensch ist, kann er nur aus der Geschichte erfahren.« Immerhin waren die Historiker auf diesem Wege schon wesentlich weiter in ihrer Methode gekommen, damals, als die Biologen durch den Darwinismus Mut bekommen hatten, Entwicklungsgeschichte nach naturwissenschaftlichen Prinzipien anzupacken. Der Darwinismus steckte noch im Geist der Aufklärung, den die wissenschaftliche Geschichtsschreibung, eine Erbin der Romantik, längst hinter sich gelassen hatte. Mit dem wachsenden Zweifel an den Segnungen der industriellen Zivilisation schwand die Resonanzfähigkeit für optimistische Fortschrittstheoreme, es sei denn in den unterprivilegierten Arbeiterschichten der Gesellschaft, die Grund hatten, an ihren Fortschritt zu glauben. Um die harte Revolutionstheorie von Marx dem Entwicklungsbedürfnis der breiten Masse anzupassen, versuchte um die letzte Jahrhundertwende Kautsky noch ihre Verschmelzung mit Darwinschen Gedanken.

Aber das Unbehagen in der Fortschrittskultur allein hätte wenig geholfen, wäre nicht die Biologie selber dem veralteten Fortschrittsschema an die Wurzel gegangen. Die neue Vererbungswissenschaft, die Entdeckung der Mutationen durch de Vries, die – vorläufig wenigstens – unwiderlegte Abweisung der Vererbung erworbener Eigenschaften, die Analyse embryonaler Prozesse durch die Entwicklungsphysiologie unter Führung von Roux und Driesch, vor allem aber die Begründung der Verhaltensforschung durch Jakob von Uexküll und seine Umweltlehre waren fruchtbare Ansätze zu einer Befreiung der biologischen Wissenschaft aus der Vorherrschaft entwicklungsgeschichtlichen Denkens nach Darwinistischem Schema. In allen diesen Zweigen gaben Fragen und Arbeitsweisen den Ausschlag, wie sie die exakte Naturwissenschaft seit jeher verfolgt hat, und die Aussicht, dem Organischen selbst endlich mit sicheren Erkenntnissen, nicht mit scheinkausalen Kombinationen, geistvollen Rekonstruktionen und mit Vergleichen beizukommen, löste die junge Biologie aus dem Banne ihres zudem noch überholten Historismus. Damit aber zerbrach die letzte Gemeinsamkeit zwischen ihr und den historischen Wissenschaften, die in ihrer Endphase immerhin tragfähig genug gewesen war, im biologischen Fortschrittsdenken so etwas wie einen Gegenspieler und ein Ärgernis der disziplinierten geschichtlichen Weltauffassung zu sehen.

An diesem Bruch hat sich der Wunsch nach einer neuen Grundlegung der Wissenschaft vom Menschen gebildet, die nicht wie die Anthropologie des 18. Jahrhunderts zur Hauptsache Themen behandelt, die heute zur Domäne der Psychologie gehören (Theorie der Affekte, Typologie und Charakterologie der Individuen und Völker), und auch nicht wie die Anthropologie des 19. Jahrhunderts einen Zweig der speziellen Anatomie darstellt, welche der Paläontologie der Gattung Homo und ihrer Rassen nachforscht. Daß der Wunsch nicht leicht zu befriedigen sein würde, war von vornherein klar. Er zielte auf ein

Problem, das weder mit den Methoden der Naturwissenschaft noch mit denen der Geisteswissenschaften zu lösen ist, weil der Mensch eben beiden Reichen angehört. Überdies begegnet sich der Mensch im täglichen Umgang zweifach: als körperliche Erscheinung von außen, als ein Für-Sich-Selber von innen. Die übergreifende Einheit, in der beide Sichtweisen zusammengehalten werden, leistet der Objektivierung Widerstand, weil daran traditionelle Methoden beteiligt sind, die psychologische und die physiologische, welche die Kluft offenhalten, statt sie zu überbrücken. Um an diese Einheit heranzukommen, bedarf es einer Philosophie, die nicht den ausgefahrenen Geleisen der einstmals herrschenden Erkenntnistheorien des Positivismus, Pragmatismus und Neukantianismus folgt, vielmehr es wagt, sie zu überholen, ohne dabei in überwundene vorkritische Denkweisen der alten Metaphysik zurückzufallen.

Hierfür bot sich der vieldeutige Begriff des Lebens an, einer anonymen Macht, der man es zutraut, daß sie die Organismen und unter ihnen den Menschen produzieren konnte, ihn umgreift und in allen seinen Äußerungen trägt, wie sie denn auch von ihm begriffen und bewältigt wird. Um eine derartige Sicht des Lebens kreisten bereits die Gedankenwelten Schellings, Schopenhauers und Nietzsches. Sie sind von Einfluß gewesen auf Bergson und Dilthey, die zu den unmittelbaren Vorgängern der philosophischen Anthropologie zählen.

Diesen Spätlingen des 19. Jahrhunderts war also die Aufgabe zugefallen, einen Ausgleich zwischen zwei wissenschaftlichen Traditionen zu finden, deren Vereinbarkeit, wenn auch nicht Vereinigung, früheren Zeiten leichter erschienen war, weil sie vom Menschen noch nicht so viel wußten. Kants Stellung und Lösung des Freiheitsproblems hatte zwar schon den vollen Anspruch der naturwissenschaftlichen Erklärung alles Geschehens, unter Einschluß des menschlichen Geschehens, also auch desjenigen, für das der Mensch die Verantwortung übernehmen zu können glaubt und das er sich als sein Handeln zurechnet, vorausgesehen, lange bevor die Psychologie mit ihrer Verhaltensforschung so weit war. Aber was sich bei ihm durch eine methodische Selbstbegrenzung der Suche nach Ursachen und der Konstruktion von Kausalketten gegen Gewissen und Glauben hatte erreichen lassen, schien der alles entwurzelnden Wucht der biologischen und historischen Tatsachen – Tatsachenbereiche, die der kantischen Gedankenwelt fremd waren – nicht mehr standhalten zu können. Im 18. Jahrhundert gab es die klassische Mechanik, Chemie in ihren ersten Anfängen, Biologie war noch statisch-deskriptiv, Psychologie ein bloßes Programm, und die Vorgeschichte lag ganz im dunkeln. Keine Disziplin vermochte damals Argumente ins Feld zu führen, die dem Anspruch der sittlichen Persönlichkeit auf Freiheit und Ursprünglichkeit den Boden hätten entziehen können.

Das war jetzt, im Ausgang des 19. Jahrhunderts, nach Dezennien fortschreitender Forschung auf den Gebieten der Geschichte, der biologischen Evolutionsgeschichte und der Geistesgeschichte, anders geworden. Jetzt wankte der Boden der für zeitlos gehaltenen Vernunft und der sittlichen Normen, er war zu einem Entwicklungsprodukt geworden, zu einer Spätphase des Millionen Jahre alten Prozesses, den die lebendige Substanz auf der Erde hinter sich gebracht hatte. Ihre Entfaltungsgeschichte ließ sich einigermaßen übersehen. Mit Sicherheit hatte sie irgendwann einmal die Figur des Menschen hervorgebracht, eine

Figur von imposanter Seltsamkeit insofern, als sie sprechen, denken und auf weite Sicht planen konnte: ein Lebewesen mit Haut und Haaren, ein Stück Natur und doch auch wieder nicht ganz Natur, weil es auf eine unerklärliche Weise in seiner physischen Organisation nicht, wie die Tiere, aufzugehen schien, sondern sich ihr überlegen oder unterlegen erwies. Eine vielleicht vorwitzige oder durch die Umstände erzwungene Kreation des Lebens hatte ein Wesen in die Welt gesetzt, das sich von seinen nächsten tierischen Verwandten, den hominiden Affen, körperlich zwar erheblich, aber doch nicht außer aller Vergleichsmöglichkeiten unterschied; als Subjekt aber, das heißt durch die labyrinthische Verwickeltheit der Art und Weise in sich, mit sich, für sich dazusein und damit seiner selbst Herr werden zu können, stellte er für sich selbst, seinesgleichen *und* -ungleichen, ein verständiges, vernünftiges und gewissenhaftes Wesen dar.

Wie war damit für den Philosophen klassischer oder idealistischer Prägung fertig zu werden? Sollte er vor der Übergewalt der Tatsachen kapitulieren und Verstand, Vernunft und Gewissen zu Organen der lebendigen Substanz der Figur Mensch erklären? Dann wurden nicht nur die geistigen Hervorbringungen im Laufe seiner Geschichte zu Fortführungen seiner biologischen Vorgeschichte, sondern ebenso ihre Prinzipien, Axiome und Normen. Mit der Apriorität war es aus, genauer gesagt: sie war als wohltätiger Trug des auf Selbstsicherheit und Selbstverständlichkeit des Daseins verwiesenen Lebens entlarvt. Da sich das Leben beim Menschen labyrinthische Umwege erlaubt hatte, mußte es zugleich dafür sorgen, daß er sich auf ihnen nicht verlor. War ihm durch Natur die Wunde des Selbstbewußtseins geschlagen, hatte sie mit dem gleichen Griff sie zu heilen. Der lebensgefährdenden Entsicherung entsprachen die ursprüngliche Gewißheit seines Selbst, die irreduzible innere Notwendigkeit der logischen Sätze und der moralischen Urteile.

Dieses erkenntnistheoretische Dilemma bildete den Auftakt für Bergson mit seiner Kritik an der biologischen Philosophie Herbert Spencers.

Spencer hatte den Versuch unternommen, die vorgegebenen Beziehungsformen, in denen sich unsere Welt anschaulich und gedankenmäßig ordnet – kantisch gesprochen: die Anschauungsformen und Kategorien unseres Bewußtseins –, für Ergebnisse eines mühsam zustande gekommenen Anpassungsprozesses der menschlichen Gattung zu erklären. Den Generationen, welche von der Jahrmillionen alten Vorleistung ihrer Stammeltern im Kampf ums Dasein auf diese Weise – gut darwinistisch – Nutzen haben, erscheine die primäre Angepaßtheit als das Axiomensystem ihrer Existenz. Das gelte nicht nur für das Denken, sondern mit gleicher Stringenz für das Handeln und Fühlen. Auch das Gewissen, moralisch wie ästhetisch, und seine Normen seien der Niederschlag einer kollektiven Anpassungsleistung vergangener Geschlechter.

Vorschub leistet dieser Synthese aus Kant und Darwin die pragmatische Auffassung von Theorie und Moral, welche die Kriterien von Wahrheit, Güte und Recht in der Nützlichkeit oder Lebensdienlichkeit, in der Praktikabilität oder im Steigerungseffekt für die Gattung findet. Nichtsdestoweniger beruht die Synthese auf einer *petitio principii*. Wenn die Voraussetzungen unseres Weltverständnisses durch Anpassung und Selektion zustande gekommen sein sollen, muß das, woran sich die Anpassung vollzog, die Welt, die Dinge oder was immer, eben *die* Züge schon von sich aus gehabt haben, damit ein solcher Prozeß zweckvoll in Gang und schließlich an sein Ende kam. Die Kategorien für erworbene Anpassungsleistungen zu erklären und sie dadurch zu »angeborene Formen der Erfahrung« gewordenen Organen zu machen, sie also mit Flossen und Federn, Klauen und Zähnen zu vergleichen heißt, die Natur als das vorauszusetzen, was erst die Kategorien ermöglichen. Flossen setzen Wasser voraus, Federn Luft. Wenn aber Kausalität und Substanz, Einheit und Vielheit in der Funktion von Federn und Flossen denkbar sein sollen, erhebt sich die Frage, was ihnen vorgegeben war, damit sie sich bilden konnten. Offenbar doch nur wieder eine Welt, die ihnen entsprach. Es heißt aber, den Denkformen ihre artikulierende Bedeutung zu nehmen und sie zu Spiegelungen oder zu Antworten auf Herausforderungen abzuschwächen, wenn ihnen ein bereits so geordnetes Visavis vorgegeben ist. Die Erklärung setzt mit einem Wort das voraus, was sie erklären will. Einmal erscheint die Kategorienfülle als Welt oder Natur, das andere Mal als ihr Abdruck im Intellekt.

Will man den Gedanken einer Entstehung der Kategorien aber doch festhalten und den Zirkel gleichwohl durchbrechen, dann gibt es nach Henri Bergson nur die eine Möglichkeit: dem Verständnis für die Entstehung eine andere Quelle zu sichern als die, aus welcher das Denken der Naturforscher, der Zoologen und Paläontologen stammt. Dann befindet sich der Philosoph nicht mehr in der von vornherein hoffnungslosen Lage, mit den naturwissenschaftlichen Kategorien, welche dem Mechanismus der Auslese, Anpassung und Vererbung zugrunde liegen, ihre eigene Genese hervorzuzaubern, sondern er weist den genetischen Mechanismen eine Naturauffassung zu, deren Begrenztheit gegenüber einer anderen, dem Verständnis der Kreativität des Lebens als einer *natura naturans*, wir durchschauen. Anstatt es sich bequem zu machen und der naturwissenschaftlichen Erklärungsweise die Tatsachen der vormenschlichen Entwicklungsgeschichte zu überlassen, um sich selber als Philosoph in den Horizont der eigenen Existenz einzuschließen, nimmt Bergson die Tatsache ernst, versteht sie aber zugleich als Hinweis auf eine andere Art von Daseinsgewißheit und Einsicht in den Lebenszusammenhang, in dem wir selbst stehen.

Sie läßt sich nicht im diskursiven Denken, insofern auch nur indirekt in Worte fassen und bezeichnet jenen unmittelbaren Kontakt, den wir intuitiv nennen. Wie eine Bewegung in einem Akt inneren Mitvollzugs als reines Übergehen erlebt wird, so partizipieren wir am schöpferischen Elan des Lebens nur in dem Maße, als wir uns aus dem Zwang der Praxis und ihrer Perspektive befreien. Sie engt uns ein, punktualisiert den Blick, macht uns verständig. Insofern gehört die naturwissenschaftliche Weise, in Modellen zu denken, die der Berechnung und Messung dienen, zur Voraussicht, Sicherung und größtmöglichen Beherrschung praktischen Tuns. Für sie hat der Pragmatismus recht. Der Verstand und seine Kategorien sind, wie immer sie auch »entstanden« sein mögen, Funktionen für das Handeln. In ihrem Netz fängt sich jedoch nicht der spezifisch schöpferische Impuls, der Elan, dessen spielerische Würfe, die Welt der Organismen, in ihren Grundtypen nicht aufeinander zurückführbar sind.

Eine auf den ersten Blick paradoxe Behauptung, denn wo zeigt sich der schöpferische Elan unmittelbarer als in der Tatbereitschaft und im Tun? Steht die Verurteilung des Pragmatismus, der die Wahrheit eines Erkennens an ihrem praktischen Wert, das heißt am Erfolg einer Aktion mißt, nicht in Widerspruch zur Betonung der Kreativität des Lebens? Hat man nicht immer schon zwischen Schellings und Schopenhauers Philosophien des Willens und Bergsons Lehre Wahlverwandtschaft, wenn nicht geradezu Abhängigkeit sehen wollen? Allerdings nimmt Bergson in seiner Abwehr des Pragmatismus nicht den Willen aufs Korn, sondern die ihn einbeziehende Planung, mit der ein berechnender Intellekt dem praktischen Verhalten seinen Nutzeffekt sichert. Zwecksetzende Tätigkeit braucht zur Sicherung ihres Erfolgs ein Schema des Aktionsfeldes, dessen immer weiter vorangetriebene Ausarbeitung das Werk von Mathematik und Naturwissenschaft ist. Ohne Vorwegnahme möglicher Folgen eines Eingriffs gibt es weder planvolles Handeln noch ein Aufspüren von Ursachen einer Wirkung. Experiment und Berechnung, einerlei ob sie einem nutzbringenden, mehr oder weniger ertragverheißenden Zweck der Praxis oder der Theorie dienstbar gemacht werden, setzen den Schematismus voraus, der durch ein Netz von Regelhaftigkeit dem menschlichen Handeln und Wissen die Ausdehnung seines Herrschaftsbereichs gewährleistet.

Eben dieses höchst erfolgreiche Wissen ist Bergson philosophisch suspekt, weil es an dem Wesen organischen Lebens, seiner inneren Dauer und rätselhaften Ursprünglichkeit vorbeiführt. Jede Messung fälscht die nur erlebbare, immerwährende Quellnatur lebendiger Fülle in homogene Anläufe um und verräumlicht, was nur als Zeitigung verstanden werden darf und sich uns allein in der Abkehr von der Vorgriffshaltung des berechnenden Verstandes enthüllt. Die Besinnung als *re-flexio*, das heißt als Rückbiegung des inneren Blicks, läßt uns den Strom der Dauer innerlich erfahren, zu dessen Quellen die Erinnerung – ähnlich der Anamnesis bei Platon – zurückführt. Gegen den Strom, nicht mit dem Strom werden wir seiner Kreativität gewahr.

Die Lehre von der schöpferischen Entwicklung auf Grund der lebendigen Schwungkraft, die keine Kraft im Sinne der Wissenschaft und ihrer Technik ist, sondern nur Schwung, verweist die Modelle des Zusammenhangs von Ursachewirkung und von Zweckmitteln in den Bereich der Rationalität und des diskursiven Verstandes. Leben können sie nicht fassen; es gibt kein teleologisches, aber auch kein kausales Verständnis der Lebenserscheinungen. Aristoteles und Newton, beide versagen vor ihnen. Nur die Intuition, das Vehikel der reinen Erinnerung, die eine schmerzliche Anstrengung und gespannte Rückwendung voraussetzt, wohl zu unterscheiden vom mechanischen Gedächtnis, führt uns auf den Spuren erlebter verlorener Zeit an das grund- und ziellose Wesen der Lebendigkeit.

Mit dieser Abwendung von der proleptischen Geste des tatverwandten Wissens, der methodischen Grundfigur und Domäne der exakten Wissenschaft, entwindet sich Bergson dem Zirkel Spencers und gewinnt zugleich die Freiheit für eine Philosophie der lebendigen Natur und der Stellung des Menschen in ihr. Die Natur der Naturwissenschaft ist das Gegenbild des Verstandes und das Feld für Aktionen. Der Verstand selber wiederum stellt eine mögliche Spielform und Spitze des Lebens dar, einen Kulminationspunkt, neben dem der Instinkt, sein antagonistisches Prinzip, gleichwertig, wenn auch grundverschieden eine andere Kulminationsmöglichkeit in den staatenbildenden Insekten gebildet hat. Von einer auf die Gattung Homo gerichteten Evolution, von einer Parteinahme des Lebens für die Wirbeltiere, Warmblüter, Säugetiere, Anthropoiden ist bei Bergson nicht mehr die Rede. Die Linie der Zerebralisierung weist nur in die eine Steigerungsrichtung. Die andere kulminiert bei den Arthropoden.

Mit der Preisgabe des anthropoklinen Entwicklungsschemas engt Bergson den Menschen als körperlichen Organismus auf das ein, was er *homo faber* nennt. Sein der Verräumlichung auch der Zeit dienender Verstand ist ein Orientierungsmittel, aber kein Organ für die Wirklichkeit, der wir uns kraft reiner Erinnerung bemächtigen, in einer Gegenrichtung zur Praxis, in einer Enträumlichung der Zeit zur reinen Dauer als dem Worin des Werdens und dem »Sinn« von Bewegung. Damit ist das durch Spencer aufgeworfene, aber verfehlte Problem einer Genealogie des menschlichen Verstandes wenn auch nicht gelöst – was Bergson nicht erstrebt hat –, so doch richtig gestellt, allerdings durch Einführung einer neuen Dimension der Betrachtung, in der es gelingt, die Voraussetzungen der Erfahrung in Anknüpfung an sie, die biologische Vorgeschichte des Erfahrungssubjekts, in ein und derselben Richtung zu begreifen.

Die Schwächen, die der Einführung der neuen Dimension des »Lebens« anhaften, können jedenfalls das eine nicht verdecken: mit ihr ist ein Versuch unternommen, ein naturgeschichtliches Faktum, die Erscheinung des Menschen, für die Erkenntnis der Voraussetzungen unseres eigenen Denkens fruchtbar zu machen. Lassen wir uns von den Erfahrungen der Abstammungsgeschichte nicht beunruhigen – und mit dem bekannten Rückzugsmanöver des Denkens auf die Bedingungen ihrer Möglichkeit ist die Ruhe in einer entrückten Sphäre jederzeit zu gewinnen –, dann können wir philosophieren wie Descartes oder irgendein Idealist der Zeitlosigkeit. Denn keine Macht ist imstande, den alten Dualismus von Körper und Geist zu widerlegen und die alte Kerkertheorie des Körpers oder in gemilderter Form die Kostümthese des menschlichen Leibes zu entkräften, wenn Subjekt und Mittel des Denkens für nichtentstandene, nichthistorische, vielmehr absolut vorgegebene Bezugsrahmen unserer menschlichen Stellung in der Welt gehalten werden.

*

Auf ganz anderen Wegen und ohne Inanspruchnahme naturwissenschaftlicher Tatsachen, an Geistesgeschichte interessiert und von Problemen der Interpretation herkommend, ist Dilthey zu derselben Einsicht in die Geschichtlichkeit unseres Selbst vorgedrungen wie Bergson. Thematisch sind beide Lebensphilosophien auf keinen Nenner zu bringen, zumal da sie sich dem »Leben« von ganz verschiedenen Ausgangspunkten her nähern, Bergson von der Psychologie und Biologie, Dilthey von der Geschichte, speziell der Geschichte der Philosophie. Ihre Aussagen über das Wesen von Leben lassen sich also nicht vergleichen. Nur in der Pointe finden sich beide.

Auch Dilthey will Philosophie und Empirie miteinander verbinden, ohne die eine der anderen zu opfern. Ansatzpunkt dazu sieht er in einem Novum des 19. Jahrhunderts, den historischen Geisteswissenschaften. Mit ihrer entwickelten Kunst des Verstehens und Auslegens ist der Selbsterkenntnis eine neue Quelle erschlossen. An die Stelle des Zurückfragens nach dem antiquierten Modell der Metaphysik, Erkenntnistheorie und auch der vergleichsweise jungen Psychologie tritt die Hermeneutik überlieferter Dokumente und Monumente, Gegenstände also, die sich selber aussprechen und ihr Wissen von sich selber mitteilen. In ihnen steht uns Fremdes gegenüber, das wir gleichwohl als Fremdes empfinden und beurteilen können, weil es in seiner Grundart uns verwandt und vertraut ist. Subjekt und Objekt sprechen die gleiche Sprache menschlichen Lebens, das nicht erst wie Sterne und Steine, Pflanzen und Tiere durch Beobachtung, Berechnung und mannigfache Verwendung zu praktischen Zwecken verständlich wird, sondern seine eigenen Objektivationen und Gedanken über sich in Zeugnissen niedergelegt hat und immer wieder produziert, sich also von sich aus zu erkennen gibt. Leben, gelebtes und erfahrenes Leben, bietet sich in seinem sprachlichen und außersprachlichen Ausdruck, in Lage, Werk und Tat dem Verständnis dar als das, was es ist.

Ausdruck und Verständnis füreinander gewähren einen Kontakt zwischen dem Subjekt des Erkennens und seinem Objekt, wie ihn die Naturwissenschaften nicht kennen. Deren Substrat sind Erscheinungen von Dingen, und ihre Methode, sie begreiflich zu machen, ist der Umweg über die Messung ihrer Verhältnisse untereinander. Substrat der Geisteswissenschaften dagegen sind Kundgaben. Die Methode, sie zu begreifen, setzt am Verständnis dessen, was sie meinen, an und bringt sie in dem geschichtlichen Zusammenhang, dem sie angehören, mit anderen Kundgaben und Ereignissen in Verbindung. Hierfür bedarf es einer subtilen und schmiegsamen, verdichtenden Art von Begriffsbildung, die an die Einbildungskraft appelliert. Das anstößige Element von Willkürlichkeit, das jeder Interpretation anhaftet, sobald sie die Ebene sinnlicher Daten von Schriftzeichen, Bildern und Baudenkmälern verläßt, gehört demnach zu den unvermeidlichen Bedingungen einer Exaktheit, welche dem Mathematiker und Naturforscher fremd sein muß. Eben diesen Bedingungen will die Theorie der Hermeneutik nachgehen. Dilthey faßte sie in Parallele zu Kants Kritik der reinen Vernunft, die unter dem Aspekt der Frage nach der Möglichkeit, Erfahrung zu mathematisieren, steht, als eine Kritik der historischen Vernunft. Sie ist durch die wissenschaftliche Eroberung der Geschichte nötig geworden –, wenn Hegels Verklärung der Geschichte nicht der Weisheit letzter Schluß sein soll.

Leben versteht Leben, indem es sich erfährt. Über diese Grenze kommt es mit allen seinen begrifflichen Charakterisierungen nicht hinaus, auch dann nicht, wenn sie in Religion, Theologie und Philosophie vom Gegenteil zeugen und sich auf ein Jenseits des Lebens berufen: auf magische Mächte, Mythen, Metaphysiken. Mit solcher Begrenzung auf den Horizont möglicher Lebenserfahrung erfüllt die Theorie der Hermeneutik ihre kritische Funktion und wiederholt, nur um die Einsicht in die Gewordenheit der Vernunft und ihrer Begriffe bereichert – nicht zu vergessen: auch der kantischen Begriffe –, das Werk Kants, allerdings auf dem breiter und tiefer gelegenen Fundament der geschichtlichen Vergänglichkeit. Konsequenterweise rückt die Hermeneutik nicht nur in die Grundlegung der Geisteswissenschaft, sondern darüber hinaus in den Mittelpunkt der Logik, deren Aufbauelemente Begriff, Urteil und Schluß einem bestimmten und geschichtlich begrenzten Sprachbau entsprechen. Philosophische Sprachkritik trifft also nicht, wie ein dem Bedürfnis des Apriorismus entgegenkommender Kompromiß vorschlägt, von vornherein eine Entscheidung zugunsten der dem Denken vorgegebenen Sprache, als sei sie bloß ein brechendes Medium oder Filter, sondern sie setzt tiefer an: an der Einheit von Sprachleib, innerer Sprachform und kategorialer Struktur.

Im Leben geschaffen, festgehalten und verloren bildet die jeweilige Einheit von Ausdruck und Bedeutung eine selbst nicht mehr notwendige geschichtliche Gestalt, in die menschliches Denken, Wollen und Leiden eingehen, verdichtet zu einem Aspekt von Welt, die sie umgreift. Sie ist die Einheit der Szene, nicht aber die Bühne des Lebens, für die nach einem Diltheywort »die Rückwand der Kulissen einerlei ist«. Auf ihr, vor ihnen begibt sich, »was erscheint, was in qualitativer Wirklichkeit lebendig, blutvoll, schmerzlich und erhebend da ist und so für uns da ist, daß nichts für uns dahinter ist, doch aufgebaut auf etwas, was von der Natur her sich hineinerstreckt in das Leben und in sie zurückdeutet vom Leben aus« (Georg Misch). Natur ist also nicht der bloße Rahmen, das Bühnenhaus und die Rückwand der Kulissen, sondern zugleich eine szenische Macht. Das heißt aber, daß mit einer Grundlegung der geisteswissenschaftlichen Erfahrung die Aufrollung von Problemen verbunden ist, die vor der leibhaften Sphäre des Lebens nicht haltmachen können. Mit einer puren, um nicht zu sagen: purifizierten Existenz, die den Menschen doch nur wieder auf seinen Binnenaspekt zurückwirft, demgegenüber seine faktische Figur und Biologie zur gleichgültigen Äußerlichkeit wird, ist hier nichts gewonnen. Hermeneutik fordert eine Lehre vom Menschen mit Haut und Haaren, eine Theorie seiner Natur, deren Konstanten allerdings keinen Ewigkeitsanspruch gegenüber der geschichtlichen Variabilität erheben, sondern sich selber zu ihr offenhalten, indem sie ihre Offenheit selber gewährleisten. Dilthey selbst hat dieses Programm nur angedeutet, keineswegs scharf formuliert, geschweige denn ausgeführt. In seinen nachgelassenen Schriften finden sich fragmentarische Versuche zu einer Lehre von den Kategorien der historischen Interpretation. Sie kreisen alle um die Erkenntnis der Geschichtlichkeit des Menschen. Legt man an sie den Maßstab einer geschlossenen Darstellung, halten sie gewiß dem Vergleich mit Bergsons Lebensphilosophie nicht stand, abgesehen noch davon, daß die Themenkreise beider Philosophien denkbar weit auseinanderliegen. Nur die Pointe dieser Kategorien ist die gleiche, und ihre Anstrengungen konvergieren auf einen gemeinsamen Punkt, den Menschen in seiner Selbsterkenntnis von ihrer geschichtlichen Prägung zu überzeugen.

Der menschliche Bauplan

Der pluralistische Ansatz: Uexküll

Wie weit die geschichtliche Prägung menschlichen Wesens auch seine körperliche Erscheinung miteinbezieht, ist im Gegensatz zu den gängigen Auffassungen der Stammesgeschichte, die – ob darwinistisch oder nicht – einer Konformität der Erscheinung an das Wesen das Wort reden, gerade durch die Lebensphilosophie als Frage offengehalten. Instruktiv bleibt in diesem Zusammenhang immer die kühne, wenn auch absurde These des um die Paläontologie hochverdienten Dacqué, der – übrigens in der Linie seiner Lehre von den Zeitsignaturen miteinander nicht verwandter Organismen gleichen erdgeschichtlichen Alters – die Möglichkeit erörterte, der Mensch habe in reptilischer oder amphibischer Gestalt existiert und damit in seinen Sagen und Märchen Erinnerungen bewahren können, die ohne jeden Wirklichkeitswert wären, wenn sein geschichtliches Lebensalter nur bis ins frühe Quartär zurückreichte. So etwa möchte sich in der Geschichte vom »hürnenen Seyfried« das Bild des knöchernen Schuppenpanzers aus der Saurierzeit oder in der Sage von Polyphem das des Parietalauges erhalten haben, das als embryonale Anlage übrigens noch heute nachweisbar ist und dessen uns unbekannte Funktion Dacqué mit verlorenen magischen Fähigkeiten in Verbindung bringt – ein vielleicht nicht ganz abwegiger Gedanke, da sich bei manchen primitiven Stämmen die Sitte findet, den Kopf des Neugeborenen so zu wickeln, daß die Fontanellen möglichst lange offenbleiben. An Kentauren und Riesen wäre zu denken, an die versunkene Zeit, als das Wünschen noch half –, wenn Dacqué eben nicht dem ganzen Zaubertheater die These vom Kostümcharakter des Leibes zugrunde legte, welche wissenschaftliche Nachprüfung an Versteinerungen ausschließt, aber auch ausschließen soll, weil die Ratio (und der ihr zuzuordnende Weg der Zerebralisierung, der sich durch die Reihe der Wirbeltiere hin verfolgen läßt) für einen Irrweg gehalten wird.

Dacqué war eine Ausnahme, symptomatisch für jenen in Deutschland einheimischen Irrationalismus, der die Vernunft gebraucht, um sie zu entwerten. Bereit, sie nicht nur auf ihre instrumentale Bedeutung für die Praxis einzuschränken, wie das etwa Bergson getan hatte, sondern sie zum Widersacher der Seele und des Lebens zu machen, waren allein deutsche Philosophen. Nietzsches Aphorismus vom Menschen als dem kranken Tier wurde das Leitmotiv einer Blut- und Bodenromantik, die sich nicht ganz zu Unrecht auf Vorläufer im frühen 19. Jahrhundert berufen konnte. Klages und Schuler etwa, Freunde des frühen Georgekreises, hielten es mit Bachofen und seinen Mythen von Orient und Okzident. Größere Wirkung hat diese Literatur kaum gehabt. Sie brachte mehr eine Atmosphäre zum Ausdruck als tragfähige Argumente. Aber ihr pessimistischer Glaube an die chthonischen Mächte konnte den Programmen der Rassenzüchter als Widerlager dienen. Daß sie einander verachteten, tat der ungewollten Bundesgenossenschaft keinen Abbruch. Wie auch immer, der Mythus von der Dekadenz eint sie und erwies sich am Ende denn auch als ein Wegbereiter nationalsozialistischer Politik.

Nicht nur Christentum und vernunftgläubige Aufklärung, sondern auch ihre gegenwärtig mächtigsten Liquidatoren Marx und Freud sollten daran glauben, von denen jeder auf seine Weise durch die explizite oder implizite Erklärung des Geistes als einer Art vertrackter Spiegelfechterei über ökonomischen Verhältnissen, biologischen Anlagen oder Trieben der Selbstentwertung des Menschen in die Hände gearbeitet hatten, entgegen ihrem ureigensten Humanismus. Die Zerstörung des metaphysischen Monopols des Menschen, Ebenbild seines Schöpfers und Atem von seinem Atem zu sein, die im Dienst der Selbstbefreiung von Individuum und Gesellschaft gestanden, verkehrte sich zu einer Waffe gegen sie. Darin steckt mehr als nur zeitgeschichtliches Ressentiment. An den Karikaturen vitalistischer Propheten wird eine für die Lehre vom Menschen aufschlußreiche Möglichkeit, sich selber zu verzeichnen, sichtbar, von einer den früheren Epochen des Denkens verschlossen gewesenen Härte und Unheimlichkeit.

Sie kann nicht überraschen. Marx und Freud wollten den Menschen der industriellen Epoche über sich aufklären. Soweit ihre biologischen, soziologischen und psychologischen Einsichten nur die von der vorindustriellen Tradition gehüteten Vorurteile angriffen, stellte sich das Aufklärungswerk selbst nicht in Frage. Radikalisierte sich aber die Kritik in dem bewußten Bestreben, auch noch die Fundamente der eigenen gesellschaftlichen Gegenwart in den Griff zu bekommen und ihre humanistischen Residuen zu entlarven, dann ergab sich eine Situation erhöhter Unsicherheit mit einem Gefälle zu unbegrenzter Skepsis, die dem Abenteurertum, der Willkür und der Gewalt den Boden bereiten mußte.

In unserer Tradition war von Gott her dem Menschen als dem mit Logos begabten Geschöpf eine Sonderstellung versichert gewesen. Noch eine entgötterte Welt konnte ihm durch die Gesetze der Natur Rückhalt an einer sinnfälligen Verfassung gewähren. Die Fortschritte der Wissenschaft, ihre Aufsplitterung in viele Spezialdisziplinen konform der wachsenden Arbeitsteilung der Industriegesellschaft haben diese Weltverfassung – wie alle Verfassungen – problematisiert. Unsere Welt ist offen wie unsere Gesellschaft, kein Kosmos, in dem der Mensch zu Hause ist und jedes Ding seinen natürlichen Ort, seine Bestimmung hat, wie früher der Einzelne an seinem Platz, in seinem Stand. Wir denken nicht mehr in Entsprechungen, in Homologien und Analogien zwischen Mikrokosmos und Makrokosmos. »Welt« fällt für uns mit der Perspektive zusammen, in der wir sie sehen: bald als Natur, bald als Geschichte. Die »Entgrenzung des Alls«, wie wir dieses alles noch fromm nennen, verschafft uns eine Überfülle objektiver Erkenntnisse durch das Facettenauge ständig wechselnder Methoden, an deren Entwurf unsere Subjektivität maßgebend beteiligt ist. Zu glauben, die Weltentwürfe der Naturwissenschaft seien zu irgendeinem Zeitpunkt mit denen der Geisteswissenschaften zur Deckung zu bringen, mutet uns die Vorstellung von einem Weltganzen zu, dessen Endlichkeit einen nicht nur raumzeitlichen Charakter, sondern einen Sinn besitzt. Diese Überzeugung hat allein noch der Weltentwurf der Theologie. Im profanen Umkreis dagegen haben wir längst mit dem Pluralismus Frieden geschlossen, dem Welt ein Inbegriff von Welten, mit den gewesenen, gegenwärtigen und zukünftigen Horizonten ist, die über sich ins grenzenlos Unbekannte hinausweisen und ein Dasein umschließen, das unter seinen unausdenkbaren Möglichkeiten auch die des Menschen als einer organischen Figur unter anderen organischen Figuren, als einer exzentrischen Gestalt des Lebens entfaltet.

Für die Erkenntnis der Stellung des Menschen in solcher Welt ist es methodisch von Bedeutung gewesen, daß ein Biologe den Gedanken der offenen Pluralität, wie er sich in der Philosophie Bergsons und Diltheys bereits angelegt findet, zum Ausgangspunkt seiner Forschungen machte: Jakob von Uexküll.

Mit stammesgeschichtlichen Spekulationen haben sie nichts mehr zu tun. Genetischem Denken stehen sie völlig fern, legen vielmehr der Betrachtung des Organismus ein individualisierendes Prinzip zugrunde, das ihn aus sich selber, seinem anatomischen und physiologischen Bauplan, verstehen will. Uexküll interessiert nicht die stammesgeschichtliche Herkunft des Bauplans, sondern die Art und Weise, wie er funktioniert. Organismen als Funktionssysteme studieren ist die spezifische Aufgabe der Biologie, die sich dabei der von der Chemie erarbeiteten Einsichten in die Mechanismen der Funktionen, Ernährung, Verdauung, Bewegung, Nerventätigkeit bedienen muß, sie aber als Mittel begreift, einen bestimmten Funktionsplan in Gang zu halten. So wird, um ein Beispiel zu nennen, die Geschwindigkeit der Nervenleitung bei einem sich langsam bewegenden Kriechtier, etwa einer Schnecke, anders sein als bei einem auf Schnelligkeit angewiesenen Fluchttier, aber auch die Reaktionszeiten ihrer Sinnesorgane, das heißt die Zeiten, die ein Reiz braucht, um die Schwelle seiner Merkbarkeit zu überschreiten, werden ihnen entsprechen. Die Zeitmomente werden für verschieden schnell reagierende Organismen verschieden lang sein. Was für den einen ein Augenblick ist, dauert dem anderen schon eine ganze Weile. Augenblicklichkeit ist also eine relative Größe, relativ auf die je eigene optimale oder maximale Mobilität.

In den weit auseinanderliegenden Stämmen, oft aber noch in ihren morphologisch eng benachbarten Arten (etwa in Frosch und Kröte: sie ein Jagdtier, er ein Lauertier) sind Planordnungen zu sehen, die unverwechselbare Möglichkeiten des Verhaltens vorzeichnen und damit das, worin der betreffende Organismus lebt, seine Umwelt, entwerfen. Uexkülls Begriff der Umwelt ist das methodische Mittel, um der Biologie eine von anthropomorphen Maßstäben, also auch Entwicklungsvorurteilen, freie Analyse der verschiedensten Planordnungen tierischen Verhaltens zu schaffen. Sie schaltet von vornherein Analogiedeutungen aus menschlichem Erleben aus. Daß wir ein Bilderbuch dieser unsichtbaren Welten schreiben können und darzustellen versuchen, wie Fliege, Spinne, Hund unser Zimmer sehen, ist immer nur durch das Interpretationsmedium unserer Umwelt, die Welt bedeutet, möglich. Wir können schildern, wie wir durch Fliegen-, Spinnen- oder Hundeaugen und mit Fliegen-, Spinnen- oder Hundeinteressen sehen. Um zu wissen, wie sie sehen und wie ihnen dabei zumute ist, müßten wir uns selber aufgeben. Der Vorsprung, ihre Welten als Varianten in das Konstantengefüge unserer Welt eintragen zu können und sie in ihrer Interessen- und Triebbedingtheit, ihrem Plus und Minus gegenüber der unsrigen zu durchschauen und damit Gewalt über sie zu haben, ist nur dem naiven Gemüt ein Beweis dafür, daß unsere Welt wirklich die ganze ist, zu der wir ein offenes Verhältnis haben, die anderen aber in ihren Umwelten eingeschlossen bleiben. Für uns sind wir weltoffen, und wir haben dafür auch noch andere als pragmatische Kriterien. Nur: wer sagt uns, daß nicht jeder Organismus für sich, wenn auch auf seine Weise und ohne Reflexion darauf, weltoffen leben muß, um leben zu können?

Organische Baupläne sind gleichberechtigte Funktionsstile, in keiner Stufenordnung unterzubringen. Ein Infusor ist nicht weniger als ein Seestern oder ein Elefant, weil es kleiner und unkomplizierter auf den Beschauer wirkt. Jeder Organismus hat diejenige Komplikation, die er verdient und die ihm zukommt. Er ist mit seiner Umwelt verwachsen und mit ihr in eben solchem labilen Gleichgewicht, wie er es für sein ihm passendes Risiko braucht. Für Libellen gibt es Libellendinge, für Ameisen Ameisendinge, für Menschen Menschendinge, Freunde und Feinde, Lockungen und Gefahren. Die Merk- und Wirkwelt des Menschen ist genauso eine Monade um ein lebendiges Zentrum, mit ihm spezifischen Anschauungsformen, Kategorien und sonstigen Apriroritäten. Sie stellt sich ihm zwar als eine alle anderen Monaden umfassende und spiegelnde Sphäre bergender Geborgenheit und Bedrohung dar –, aber für welche Monade gälte das nicht? Dieses Positionsgesetz erkannte schon Leibniz.

Um die Stellung des Menschen in der Welt in ihrer ganzen Dimensionenfülle, die vormenschliche Grundstruktur des Menschen in ihm, die konstante *conditio humana* oder, wie die Alten sagten: die *natura hominis* zu fassen, bietet sich zunächst sein Bauplan an. Wie weit in ihm Verhalten und Umweltstruktur mit eingeschlossen sind, muß die Analyse lehren.

Jugendphase, Triebüberschuß, Spielfähigkeit
Das Anthropoide

An einen neueren Gedanken der Anthropologie ist anzuknüpfen, der im menschlichen Körper merkwürdige Primitivitäten erkennt. Schon Klaatsch wies auf das entwicklungsgeschichtlich hohe Alter der Fünfzahl von Fingern und Zehen hin. Aber erst der holländische Anatom Bolk wagte eine Theorie, die sich von phylogenetischen Überlegungen weitgehend frei machte. Nach ihm unterscheidet sich der menschliche Körperbau von dem der ihm am nächsten stehenden Anthropoiden durch eine bleibende Ähnlichkeit mit dem Körperbau im fötalen Stadium. Während bei ihnen die individuelle Entwicklung zu einer starken Umbildung fortschreitet, erscheint sie beim Menschen gleichsam zurückgehalten und das Jugendstadium verlängert zu sein. Ist die Ähnlichkeit zwischen Anthropoidenföten und menschlichem Fötus bis kurz vor der Geburt noch beträchtlich, so verliert sie sich danach rasch. Diese Retardierung beherrscht auch die postembryonale Entwicklung. Gilt für die höheren Säugetiere, daß das Junge bereits spezialisiert für eine bestimmte Umwelt ins Leben tritt und die Zeit seiner Unselbständigkeit und Hilfsbedürftigkeit möglichst kurz befristet ist, so steht das Menschenjunge unter einer entgegengesetzten Tendenz. Mit den Worten Portmanns: »Da fällt als bedeutsamster Gegensatz auf, daß der neugeborene Mensch weder in Bewegungsart noch in der Körperhaltung oder in seiner Kommunikationsweise den artgemäßen Typus der Reifeform erreicht hat. Statt bis zu dieser Ausbildungsstufe im Mutterschoß heranzureifen, zu einem Jungtier der höchstentwickelten Säugeform, wird das kleine Menschenwesen auf einer viel früheren Stufe bereits aus dem Mutterleibe entlassen und zur Welt gebracht. Ein solcher Entwicklungsgang gleicht zunächst für den oberflächlichen Blick der primitiven Stufe der Nesthocker – wir haben bereits gesehen, wie irrig diese Deutung ist, und nannten das neugeborene Menschenkind einen ›sekundären‹ Nesthocker, weil es seiner Entwicklungsstufe nach eigentlich dem Zustand der Nestflüchter zugewiesen werden muß, ohne doch deren freie Beweglichkeit zu besitzen.«

Mit dem Begriff des sekundären Nesthockers, der einen Ausnahmezustand unter den Primaten hervorhebt, stützt sich Portmann auf einen typischen, übrigens auch bei Vögeln zu beobachtenden Gegensatz zwischen den Geburtszuständen bei den Säugern, der ihrer Organisationshöhe entspricht. Niedere Säuger mit geringer Gehirnentwicklung haben meist kurze Tragzeiten mit höherer Wurfzahl und hilflosen Jungen (unbehaart, Sinnesorgane verschlossen, Körpertemperatur außenbedingt): typische Nesthocker. Höhere Säuger haben dagegen lange Tragzeiten, mit einer Wurfzahl von zwei oder einem und schon weit entwickelten Neugeborenen von großer Selbständigkeit: Nestflüchter. Womit nicht gesagt sein soll, daß das Junge die Mutter nicht mehr braucht: das Elefantenbaby bleibt natürlich bei ihr, kann aber gleich der Herde folgen, und das Affenbaby krallt sich an der Mutter fest und lernt an ihr, mit ihr sich im Geäst zu bewegen. Demgegenüber ist der neugeborene Mensch völlig hilflos und faktisch mit seiner Entwicklung nicht fertig. Scheinbar auf die Stufe des Nesthockers zurückgefallen, ist er anatomisch-physiologisch gleichwohl weitgehend den Nestflüchtern zuzuordnen. Um nur den artgemäßen Anforderungen seiner Reifeform gewachsen zu sein, hätte das Baby nicht schon nach neun Monaten, sondern erst nach einem weiteren Jahr auf die Welt kommen dürfen. Darum bezeichnet Portmann das erste Lebensjahr des Menschen als das extrauterine Frühjahr, eine im Hinblick auf Sinnesleistung, Motorik und Sprache nach außen ins Freie verlegte Endphase der Embryonalentwicklung. Die sekundäre Primitivität hat ihren biologischen Sinn in dem »zu« frühen Kontakt des Kindes mit der Außenwelt, die in einem Stadium höchster Bildsamkeit seine Ausbildung so früh wie möglich unter das Gesetz des Selbsterwerbs auf Grund eigener Erfahrung stellt. Tatsächlich muß der Mensch die ihm vorbehaltenen Funktionen der dauernden Aufrichtung, des Gehens und Stehens, der Koordination der Sinneswahrnehmungen zum Gebrauch der Hand, das Sprechen wie allgemein die Einpassung in die soziale Umwelt lernen. Wir verfügen nicht wie die Tiere über eine Erbmotorik, sondern haben eine Erbmotorik mit einer von keinem Tier, auch nicht von den uns nächstverwandten Anthropoiden erreichten Variabilität und Nuancierungsfülle.

Vergegenwärtigt man sich unter diesem Gesichtspunkt einer maximalen Selbständigkeit, die Anpassungsfähigkeit an die Umgebung *und* Unabhängigkeit von ihr zum Ausdruck bringen muß, den menschlichen Bauplan, so wird Dacqués Gedanke, der Mensch habe in Körperformen eines Lurches, Fisches und Reptils ebensogut existieren können, zu einer Absurdität. Denn er nimmt damit dem Begriff Mensch jede Schärfe. Offenbar bedeutet der Organisationstypus des Wirbeltieres für Selbständigkeit im Sinne von Anpassungsfähigkeit und Unabhängigkeit eine wesentliche Grundlage, auf der die Stabilisierung eines *milieu interne* den Warmblütern schon einen erheblichen Vorteil gegenüber den Klimaschwankungen, eine stärkere Emanzipationsfähigkeit von der Außenwelt verschafft. Das Säugetier schließlich erwirbt darüber hinaus eine Jugendphase, eine Zeit des Lernens und Spielens. Ausgesprochene Instinktspezialisten, wie die Insekten, darin hat Bergson richtig gesehen, haben keine »Jugend«, weil sie keine brauchen. Sie kommen fertig auf die Welt oder haben Metamorphosen hinter sich, die für sich selber oft Freiformen sind (Raupe, Puppe, Schmetterling). Wo dagegen der Lebenslauf weniger auf sehr spezielle Funktionen und Funktionsrhythmen hin gerichtet ist und die Regulation durch Instinkte, die erbmäßig fixiert sind, an Bedeutung zurücktritt – das heißt in der Linie aufsteigender Zerebralisierung –, fordern Anpassung und Unabhängigkeit eine vom Individuum zu vollziehende Steuerung im Wege »intelligenter« Verarbeitung der Erfahrung.

Wirbeltier, Warmblüter, Säugetier, Hominide – welche spezifischen Chancen gibt der Bauplan des dem menschlichen Körper am nächsten stehenden Anthropoidenkörpers? Auch hier ist die Betrachtung der Jugendphase aufschlußreich. Nach Buytendijk, der dabei Einsichten der Triebpsychologie verwertet, sind für das junge Tier mit der Geburt zwei Tendenzen gegeben, der Drang nach Selbständigkeit und der Drang nach Bindung. Primär ist der Bindungsdrang auf Wiederaufhebung der mit der Geburt gegebenen Trennung vom Muttertier gerichtet. Sekundär resultiert aus der Unmöglichkeit, diesen Drang nach Wiedervereinigung zu befriedigen, ein Drang zu Bindungen an die Umwelt: das Junge wendet sich den Gegenständen zu, ohne einen Zweck damit zu verfolgen. Wesentlich ist hierfür die Unfertigkeit, Ungerichtetheit und Ungeschicklichkeit seines Verhaltens, alles das, was wir täppisch nennen. In dieser Lage bildet sich ein Triebüberschuß, der nach Abfuhr drängt, aber eine unfertige Motorik und Sexualität vorfindet. Daraus resultiert das Spiel, ein zweckfreies Verhalten zwischen Bindung und Lösung, das eine von Angst und Gier unbelastete, in sich selbst erfüllte Beziehung stiftet. Tatsächlich ist spielerisches Verhalten in diesem eigentlichen – nicht im metamorphischen Sinne, wie man vom Tanz der Mücken und Spiel der Delphine spricht – nur bei jungen Säugetieren zu finden.

Für die menschliche Entwicklung im besonderen ist dieser Zusammenhang zwischen Jugendphase, Triebüberschuß und Spielfähigkeit entscheidend. Langes Jugendstadium besagt späte Geschlechtsreife, das heißt die Chance der Entfaltung eines Triebüberdrucks, der noch nicht abgefangen wird, sondern sich an Objekten sein Gegenüber sucht. Diese erotische Spannung bildet das Reservoir, aus dem alle unsere Interessen gespeist, den Elan, von dem sie getragen werden. Verbindet sich mit solchem Effekt einer unverhältnismäßig späten Geschlechtsreife die Einsicht in ein verwickeltes Milieu und eine mit dem Antagonismus von Hand und Fuß spielende Motorik, so sind die optimalen Bedingungen auf biologischer Seite vorhanden, welche der »Geist« braucht, um ein Naturwesen dieses Stils zum Menschen zu machen. Offensichtlich ist die Natur diesen Bedingungen mit dem Typus des baumlebenden, sich von Früchten nährenden Anthropoiden sehr nahe gekommen.

Da ist zunächst die Differenzierung von Hand und Fuß, die sich vor allem dann einspielt, wenn bei Zunahme der Körpergröße das Tier gezwungen ist, sich mehr am Stamm der Bäume zu bewegen. Mit dem, wenn auch nur vorübergehenden, Übergang zur aufrechten Haltung ergibt frontales Gerichtetsein der Augen ein größeres Blickfeld bei Wendungen des Kopfes, schafft Freiheit der Armbewegung eine Vergrößerung des Aktionsfeldes. In der Zusammenarbeit von Auge und Hand liegt zugleich eine Abhebung von der Stützfläche des Bodens. So induziert eine rein biologisch bedingte Änderung der Körperhaltung eine Veränderung des Verhaltens, die – wie man aus den bekannten Intelligenzversuchen zum Beispiel an Schimpansen weiß – an die Schwelle der Herstellung von Werkzeugen führen kann. Die Suche nach Baumfrüchten und das Leben im verzweigten Geäst verlangen sowieso eine feinere optische und taktische Analyse, eine Überschau vielfältiger Kombinationen in einem Netz von Gestalten.

Sodann aber, und darauf hat Buytendijk ebenfalls hingewiesen, ist das Suchen nach Fruchtnahrung der Bildung eines Triebüberschusses auch beim erwachsenen Tier besonders günstig. Was den Affen in dieser Hinsicht auszeichnet, ist seine Mittelstellung zwischen einem Jagd- (oder Lauer-)tier und einem Weidetier. Das Jagdtier lebt in Spannung, bis es die Beute hat. Dann tritt ein Zustand der Befriedigung ein, der nur durch neuen Hunger unterbrochen wird. Das pflanzenfressende Weidetier richtet seine Aktivität nicht auf ein bestimmtes Ziel, sondern auf ein Feld, das ihm Nahrung bringt. Eigentliches Suchen ist dabei Ausnahme. Normal weidet das Tier, solange es hungrig ist. Seine Triebwelle ist niedrig, es herrscht ein gleichmäßiger Zustand, der sich im ganzen Verhalten spiegelt.

Der Affe dagegen ist gezwungen, im Geäst nach Früchten zu suchen. Wie ein Jagdtier ist er auf Einzeldinge gerichtet. Während das Raubtier aber eine flüchtende, eventuell sich verteidigende Beute jagt und darauf sein ganzes Triebleben abgestimmt sein muß, fehlt beim Affen solcher Anlaß und damit ein entsprechender Affekt und die ihm zugeordnete Entladung des Triebes. Es bleibt eine Unruhe oder ein Triebüberschuß, der sich in einer Fülle von Ersatzhandlungen und Spielformen äußert – Aktionen, die durch ihren Funktionswert allein befriedigen, von ungewollter und unbewußter Symbolik. In ihr liegt jene merkwürdige Menschenähnlichkeit begründet, an der wir nicht vorbeikommen und die von keiner Entscheidung über die stammesgeschichtliche Verwandtschaft zwischen Anthropoiden und Mensch berührt wird. Sicher ist nur, daß von allen Tieren die Affen nach Körperbau und Verhaltensweise dazu bestimmt sind, menschenähnlich zu sein.

Aufrechte Haltung
Die Dominanz des Auge-Hand-Feldes

Für das Verständnis der Art und Weise, wie beim Menschen beide Aspekte seiner Existenz, Körperbau und Verhalten, ineinandergreifen, ist von jeher das Phänomen der aufrechten Haltung als entscheidend angesehen worden. Sie bestimmt seine Erscheinung in allen ihren wesentlichen Komponenten: dem gegen den Rumpf frei beweglichen Kopf mit seiner ausgesprochenen Gesichtspartie, den von der Lokomotion befreiten Armen und den zum Stehen und Gehen bestimmten Beinen. Wie tief die Elevation unser Dasein durchformt, läßt sich auch ontogenetisch belegen: bereits im zweiten Monat der Schwangerschaft zeigt der Embryo die ersten Gestaltveränderungen, welche die typisch menschliche Krümmung der Wirbelsäule in der Beckenregion kennzeichnen. Mit den durch sie gegebenen statischen Verhältnissen hängt offensichtlich die besondere Entwicklung der Schädelkapsel und damit des Großhirns zusammen, dem die differenzierten Koordinations- und Regulationsleistungen sensorischer und motorischer Art zugeordnet sind. An der Bedeutung der extensiv und intensiv hochkomplizierten Rinde für das assoziative und kombinative Können menschlicher Intelligenz besteht kein Zweifel, auch wenn uns der begründende Zusammenhang zwischen den physiologischen Vorgängen im Nervensystem und den Leistungen unbekannt ist. Die psychophysische Verbindung verwirklicht sich nur im Vollzug der Existenz. Im Vollzug wird unser Körper leibhafte Mitte unseres Verhaltens und vom Verhalten aus als ein skizzenhafter Entwurf unserer Art, in der Welt zu sein, verständlich.

Bezeichnenderweise muß die aufrechte Haltung, obzwar uns angeboren, vom Kinde erlernt und im Leben ständig geleistet werden, wie das Sprechen oder Funktionen, denen wir geistig-moralische Qualität beimessen. »La plus grande des responsabilités humaines – physiques et morales – est la responsabilité de notre verticalité«, sagt Bachelard und trifft sich darin mit dem Psychologen Straus, der den Tatcharakter des Sich-Aufrichtens (nicht nur beim Kinde) betont. Gerade weil es beim Menschen zur Normalhaltung gehört und nicht, wie bei den Tieren, situationsbedingte Reaktion ist: Schreck, Neugier, Verteidigung, ist es von vornherein mit unserer Ansprechbarkeit als Person verbunden. Die Vertikale hat darum überall eine Sonderstellung unter den Richtungen.

Mit der Aufrichtung ist eine vergleichsweise instabile und für die Lokomotion wenig wirksame Haltung eingenommen, deren Nutzen immer mit zwei Dingen zusammengebracht worden ist, der weiteren Sicht und der Befreiung der Hand zum Werkzeug. Durch beides wird das erreicht, was sich als fundamentale Struktur in jeder spezifisch menschlichen Situation und in jedem menschlichen Monopol wiederfinden läßt: indirekte Direktheit, vermittelte Unmittelbarkeit. Auge und Hand überbrücken einen Abstand, ein jedes auf seine

Weise, doch so, daß die unmittelbare Vergegenwärtigung im Sehen eine Stütze und Kontrolle an der greifenden Hand hat, die den Abstand zum Objekt überbrückt. Im Zusammenwirken von Präsenz und Aktion, optisch-motorisch-taktil, entfaltet sich zur Hauptsache die Orientierung und nächste Bewältigung unseres Umfeldes. Sehen, Greifen, Tasten vermitteln seine Führungs- und Umgangsqualitäten. Ihnen gegenüber treten Hören, Riechen und Schmecken zurück.

Durch die Dominanz des Auge-Hand-Feldes liegt der Werkzeuggebrauch dem Menschen »auf der Hand«. Sie ist als vom Auge geführtes und, weil in seinem Sichtfeld liegendes, bevorzugtes Greiforgan das ihm angewachsene Werkzeug *par excellence*. Der Fuß hat zu tragen, ist nicht frei, steht nicht im selben Sinne wie die Hand zur Verfügung. Es ist darum müßig, Überlegungen anzustellen, wie es Catherine Hayes in guter alter Manier von Entwicklungstheoretikern des 18. und 19. Jahrhunderts kürzlich noch getan hat, ob die Aufrichtung des Vormenschen dem Werkzeuggebrauch vorangegangen oder ihm gefolgt sei. Das bleibt unentscheidbar, nicht nur aus empirischen Gründen, weil Versuche an Anthropoiden oder Kindern in dieser Sache keine Beweiskraft haben, sondern weil die Frage falsch gestellt ist. Aufrechte Haltung und Werkzeug»erfindung« bilden einen Strukturzusammenhang. In der Behauptung vom alten Kapp, die ersten Werkzeuge seien Verlängerungen unserer Organe und folgten ihrem Modell, steckt eine richtige Erkenntnis, wenn man sie prinzipiell faßt und darauf beschränkt, daß dem Menschen sein Körper, vor allem aber seine ins Sichtfeld geführte Hand als Mittel gegeben ist. Freilich unter einer entscheidenden Voraussetzung: daß er seinen Körper und sein Umfeld vergegenständlichen kann. Diese Entdeckung wird ihm zwar durch die aufrechte Haltung und die Emanzipation des Auge- und Handfeldes nahegelegt, aber nicht gewährleistet.

Schimpansen, das hat schon Köhler gezeigt und ist von anderen mehrfach bestätigt worden, können in gewissen Situationen »Werkzeuge« nicht nur gebrauchen, sondern sogar bis zu einem bescheidenen Grade herstellen. Ändert sich die Situation von der Triebseite wie von der äußeren Konstellation her, dann zerfällt der »Sinn« des gemachten Gebildes. Es wird nur von wenigen Individuen der Herde in gleicher Situation *mit*gemacht (nicht nachgemacht) und auch von seinem Urheber rasch vergessen. Die Tiere kommen nicht darauf zurück, weil sie nicht verstehen, was sie gemacht haben. Und wenn die sechs Jahre dauernden Beobachtungen von C. Hayes ergaben, daß ein weiblicher Schimpanse, im menschlichen Milieu aufgezogen, sich vor dem Spiegel das Gesicht mit einem Tuch wischte oder, sich im Spiegel beobachtend, einen losen Zahn mit der Zange auszog, so zeigt das nur die hohe sympathetische Fähigkeit des Tieres zum Mitmachen gesehenen Verhaltens, die ihm durch seinen Körperbau, seinen Spieltrieb und seinen Herdeninstinkt gegeben sind. Von »Nachahmung« und Verständnis des eigenen Tuns ist keine Rede. Sonst würde das Tier an irgendeinem Punkt sein Verhalten ändern. Dasselbe zeigen auch die Erfahrungen mit der Entwicklung seines Lautschatzes, die zunächst rascher verläuft als beim Kleinkind, aber dann stehenbleibt und es nicht zur Sprache bringt. Die Humanisierung hat also ihre Grenzen an dem spezifischen Mangel eines Verständnisses für den Sinn des Verhaltens und seinen sachlichen Gehalt.

Sprache, Imitation und Reziprozität
Die Überhöhung des Auge-Hand-Feldes durch die Sprache

Wir gehören zu den lautproduzierenden Wesen, aber unser Lautschatz übertrifft die anderen an Reichtum und Modulationsfähigkeit. Alles, was Tiere stimmlich von sich geben, ist artspezifisch festgelegt und situationsgebunden, auch wenn es dem ungeschulten Hörer nicht so vorkommt. Die Echolalie bei manchen Vögeln, die dann gern als Verstellung und Nachahmung gedeutet wird, begründet keinerlei Ausnahme von dieser Regel. Jede Lautgebung hat einen im wahrsten Wortsinne expressiven Charakter, das Tier macht seiner Erregung Luft und teilt sie dadurch anderen mit, Artgenossen wie Fremden, Freunden wie Feinden. Ihr Effekt ist also immer eine Kundgabe, deren biologische Funktion je nach Lage verschieden sein kann: Lockruf, Warnlaut, Angstlaut, Nestruf, vielleicht auch Drohung und Imponiergehabe. Der ausgestoßene Laut kehrt zum Ohr zurück. Schon Herder hat es für nötig befunden, auf diese Selbstverständlichkeit hinzuweisen, denn hier liegt ein Ansatz für die Entwicklung der stimmlichen Artikulation. Produktion erscheint unmittelbar als Produkt. Für Tiere hat dieser Kreisprozeß offenbar eine Grenze. Er erregt sich selber, wie er andere erregt. Durch die Lautäußerung wird eine mitschwingende Gemeinsamkeit erzeugt, die Impulse direkt überträgt. Es läßt sich vermuten, daß zwischen lautlosen Wesen andere Übertragungsweisen bestehen, durch Farben, durch Fühler»sprache« und Bewegungen (Schwänzeltänze etwa bei Bienen).

Es kann nur Verwirrung stiften, wenn derartige Kontaktformen Sprachen genannt werden. Sprache sagt aus und stellt dar. Sie ist also immer auf Sachverhalte bezogen, denen Worte und Wortverbindungen zugeordnet sind. Als Träger von Bedeutungen von diesen ablösbar und durch andere Träger wie Schriftzeichen, aber auch andere Zeichensysteme zu ersetzen, haben sie für die Bedeutungen verkörpernde Funktion. Worte meinen, während Laute allenfalls einen Zustand auszudrücken und dadurch zu signalisieren vermögen. Ein Schrei, ein Juchzer, Schluchzen und Stöhnen, Gurgeln und Grunzen gehören zu Zuständen und Situationen, haben also von daher Sinn, aber sie tragen ihn nicht. Ihre Ansteckungskraft (man denke an Lachen, Weinen, Gähnen, Husten) übermittelt nichts. Demgegenüber figuriert das Signal als bloße Anzeige. Auf Grund einer getroffenen Regelung ist ihm eine festgelegte Bedeutung zugeordnet: Strecke blockiert, Eisenbahnübergang. Die Zuordnung geschieht dann aber gerade unter Beiseitelassen sprachlicher Mittel, das Signal vermeidet das Wort. Immerhin signalisiert auch das Wort selbst eine Bedeutung, vermag aber durch seine Einfügung in variationsfähige Wortzusammenhänge (Sätze) seine Bedeutung vom Ganzen her zu ändern, zu verschärfen und Sachverhalte zu besagen. Sprechen bezieht sich auf die Entfaltung solcher Sachverhalte im Wege situationsunabhängiger und in fixierten Lautgebilden verkörperter Äußerungen, die dem Sprechenden als Zeichen zur Verfügung stehen.

Sprachliche Mitteilung läuft somit über eine Darstellung. Diese setzt die Fähigkeit voraus, das Gemeinte und das Mittel, mit dem man es meint, voneinander abzuheben, das heißt, das Wovon der Rede und das Womit der Rede als zueinander passende oder nicht passende, adäquate oder inadäquate Sachbereiche zu behandeln. Ohne das Vermögen der

Versachlichung gibt es ebensowenig Sprache und Sprechen wie Werkzeugerfindung. In beiden Richtungen des Umgehens mit Dingen und Wesen seinesgleichen ist der Sinn für Instrumentalität eine *conditio sine qua non*, handelt es sich nun um die eigene Hand oder um die Laute, die ich willkürlich produzieren kann. Eindrucksvoll wird diese Bedingung durch die bekannten Vergleiche zwischen Schimpansenkind und Menschenkind illustriert, die Nadja Kohts anstellte. Der Bestand von dreiundzwanzig Lauten beim einjährigen Schimpansen und beim sieben Monate alten Jungen gleichen einander, dann beginnt beim Jungen im nächsten Monat bereits Nachahmung von Worten, und mit fünfzehn Monaten bedient er sich der Worte zur Bezeichnung von Gegenständen. Das Schimpansenkind aber kommt nie weiter, ahmt nie nach.

Früher half man sich, um die Differenz zwischen Affe und Mensch zu erklären, mit dem Hinweis auf den Mangel an Abstraktionsfähigkeit. Experimente im Wahrnehmungsgebiet mahnen jedoch zur Vorsicht und schränken den Begriff der Abstraktionsfähigkeit nicht unwesentlich ein. Ähnlichkeiten im Figuralen, auch Reihenfolgen können die Tiere erfassen. Insoweit sind sie nicht ans einzelne gefesselt. Aber sie können das Spitze, Dreieckige, das jeweils Dritte und anderes nicht als solches für sich von der Situation, in der sie auftreten, lösen. Das Generelle im begrifflichen Sinn bleibt ihnen verschlossen.

Daß dieses Unvermögen etwas mit dem Mangel an Nachahmungsfähigkeit zu tun haben muß, leuchtet allerdings um so weniger ein, als man von jeher gerade in den Affen die Imitatoren *par excellence* gesehen hat und Nachäffen als feststehende Redensart diese Auffassung noch unterstreicht. Es gehört zu den unausrottbaren Anthropomorphismen, die Imitationsfähigkeit, die offenbar ein menschliches Monopol ist – warum, werden wir gleich zu erörtern haben –, mit der sympathetischen Erregbarkeit zu verwechseln, deren Erscheinungsbild schwer von dem Erscheinungsbild der Nachahmung zu trennen ist, vor allem dann, wenn Körperbau und Verhalten sowieso Ähnlichkeit mit dem unsrigen besitzen. Durch seine Affektstruktur, seine Spielneigung und seine starke Einpassungstendenz ist der Schimpanse zum Mitvollzug menschlicher Bewegungen in besonderem Maße disponiert. Er macht sie nicht nach, sondern mit. Die Ähnlichkeit des Bewegungserfolges täuscht uns über den wahren Charakter des Vorgangs. Meistens sind es Antwortreaktionen auf unsere Bewegungen, die ihnen korrespondieren, sie aber nicht abbilden. Im Wesen unterscheiden sie sich nicht von dem Echogebell eines Hundes, mit dem er auf das Bellen eines anderen »antwortet«, weil er von ihm in Mitschwingung versetzt ist. Miterregung durch Laute, wie wir sie bei Vogelschwärmen kennen, man denke an das Gekakel von Spatzen oder Staren, ist hier durch den inneren Zusammenhang von Erregung, Lautproduktion und Rückempfang des produzierten Lautes besonders begünstigt.

Nachmachen ist im Unterschied zum Mitmachen nur in einem reziproken Verhältnis von Original und Abbild möglich. Reziprozität besteht zwischen Menschen, nicht aber zwischen Tier und Mensch und nicht zwischen Tieren. Ein Kind reagiert sehr früh schon auf eine Grimasse, die ich ihm mache, auf Lächeln und zugekniffenes Auge, auf sein Spiegelbild, weil es das Gegenüber als sein Gegenüber versteht; dem Tier ist das verschlossen. Zwar scheint für den Fall des humanisierten Schimpansenbabys von Catherine Hayes die Schranke durchbrochen zu sein, aber der richtige Gebrauch des Spiegels besagt an sich noch ebensowenig wie die zum Beispiel für Fische erwiesene Tatsache, daß sie auf ihr Spiegelbild so reagieren, als stünden sie einem Artgenossen gegenüber. Sich in einer Visavissituation zurechtzufinden garantiert offensichtlich nicht das Verständnis für den Dreh, der in ihr steckt. Ihn gar gedanklich zu fassen geht allerdings auch darüber wieder hinaus und erschließt sich selbst dem Menschen erst auf entwickelterer Stufe der Abstraktion.

Imitation und Vergegenständlichung, auf denen Erwerb und Gebrauch einer Sprache beruhen, haben die gleiche Wurzel, nämlich das dem Menschen gegebene Vermögen, von sich absehen und sich in ein anderes versetzen zu können. Die mit seiner aufrechten Haltung wenn auch labil gegebene und gerade dank ihrer Labilität ständige Innehaltung der Balance verlangende Kontrolle des eigenen Körpers begünstigt die Entdeckung seiner Emanzipation von ihm wie von dessen unmittelbarer Umgebung. Der Mensch vermag darum seinen Standort als ein Hier von einem Dort zu trennen, welches in umgekehrter Richtung seinen Sinn vertauscht und aus einem Dort zu einem Hier wird. Die eigene Hand oder den ausgestoßenen Laut als Sache wie in einem Dort vom Hier trennen zu können, ist die Grundvoraussetzung für ihre instrumentale Behandlung und Imitation in fixierten Gebilden, auf die sie zurückgreift und über die sie wie über Dinge verfügt. Verdinglichung ist mithin ein genuiner und legitimer Aspekt des Menschen und keineswegs ein entarteter Modus seiner Existenz, der ihm freilich ebenso verführerisch-verfälschend werden kann wie sein Gegenaspekt. Verdinglichung steht im übrigen hier noch ohne nuancierenden Zusatz für Versachlichung oder Vergegenständlichung. Daß ein Tisch kein Sachverhalt ist, aber als Gegenstand einer handwerklichen Bearbeitung eine sachgemäße Behandlung oder adäquate künstlerische Beurteilung verlangt und in dieser Hinsicht zum Bestandteil eines Sachverhaltes wird und daß es Mühe kostet, diese Dimensionen in ihrer Verschränkung auseinanderzuhalten, sei nur am Rande vermerkt.

Im Mittel sprachlichen Ausdrucks wird die Sache vergegenwärtigt, gefunden wie erfunden, gemacht wie entdeckt. Er hebt sich von ihr ab, da er in seiner Gliederung immer zugleich das an ihr Ungesagte als Hintergrund mit vermittelt. Darin unterscheidet sich das verbale Bedeuten und Meinen von der Anzeige durch Signale oder von bloßer Etikettierung. Für einen streng ritualisierten, konventionell festgelegten und überwachten Sprachgebrauch, dem wir in altertümlichen sakralen Hochkulturen als privilegierten Hochsprachen, aber auch in primitiven und starren Verhältnissen begegnen, ist dieser Zug vermittelter Unmittelbarkeit an der Sprache dem Sprechenden verdeckt. In unserer offenen, vielen umwandelnden Einflüssen ausgesetzten Sprachwelt verrät er sich dagegen bei jeder Gelegenheit, in der Suche nach dem treffenden Ausdruck, in der ständigen Bemühung um Klarheit und Korrektheit, beim Erlernen einer Fremdsprache, bei Übersetzungen. Sprache verdeckt die Sache wie ein Kleid und bildet zugleich ihr Skelett, das ihr zur Aussagbarkeit und Figur verhilft. Sprache artikuliert, zerstückelt und tut der ungeteilten Sache, dem Gegenstand »selbst«, Gewalt an und folgt ihr doch nur, schmiegt sich ihr an, läßt sie erscheinen, entbirgt sie.

Sprache wahrt als Ausdruck vermittelter Unmittelbarkeit die Mitte zwischen der zupackenden, greifenden und gestaltenden Hand, dem Organ der Distanz und ihrer Überbrückung, und dem Auge als dem Organ unmittelbarer Vergegenwärtigung. Sprache steht aber nicht etwa nur zwischen diesen Funktionen, sondern verschmilzt sie auf eine neue, in ihnen beiden nicht vorgegebene Weise. Ihr packender Zugriff macht sichtbar und evident, ist Hand und Auge in einem. Die Metapher selbst ist ihre spezifische Leistung: Sprache überträgt, schiebt sich an Stelle von etwas, ist das repräsentierende Zwischenmedium in dem labil-ambivalenten Verhältnis zwischen Mensch und Welt. Dem Menschen wächst in ihr ein virtuelles Organ zu, dessen Gebrauch den Gebrauch der physischen Organe zwar nicht entbehrlich macht, aber entlastet. Wie das Werkzeug spezielle Funktionen übernimmt, so übernimmt die Sprache den menschlichen Weltkontakt. Sie bekommt ihn in den Griff, indem sie ihn virtualisiert. Sie ist kraft der mit ihr erreichten »Ausschaltung der Organe«, wie Alsberg ihre Leistung charakterisierte, eine Sparmaßnahme: nicht des Menschen, sondern durch den Menschen, ein Ersatz für nicht geleistete und nicht mehr zu leistende physische Arbeit, eine planmäßige Handlung und zugleich eine Institution mit festen Regeln, die individuelle Absprachen überflüssig macht und Verständigung auf ihrem Niveau von vornherein sichert.

Als ein *milieu externe* hat Sprache stabilisierende und sozialisierende Funktion, für die wiederum das Ineinander von vorgegebener Ordnung: – man wächst in sie hinein und hat sich nach ihren Regeln zu richten – und zu leistender Bemühung: – man muß sie beherrschen lernen und lernt nie aus – charakteristisch ist. Wie beim Gehen befinden wir uns beim Sprechen in einem labilen Gleichgewicht, das uns wie durch unseren physischen Körper, so durch den Körper einer Sprache zwar ermöglicht, aber nicht garantiert ist. Sprechend bin ich wie ein anderer, gegen ihn austauschbar, weil in die Reziprozität der Perspektiven eines Sprachgefüges von vornherein eingetauscht. Ihm ist das Füreinander der Sprechenden strukturelle Bedingung. Wenn ich mich als Mittelpunkt eines von meinem Leibe umschlossenen Innen, wie in einem Futteral steckend, erleben kann, undurchsichtig für andere in dem, was in mir vorgeht; wenn ich mich als Gefangenen meines Bewußtseins erleben kann, umschlossen von einem Horizont, der mit meinen Wahrnehmungen und Aktionen unübersteigbar, undurchbrechbar mitwandert, dann bin ich dieser Immanenz durch die Sprache enthoben. In ihr gibt es keinen *solus ipse*. Die Immanenz verliert sich als Möglichkeit nicht, wird aber vor der Sprache zu einem bloßen Aspekt. Daß unter bestimmten gesellschaftlichen Verhältnissen, die den Individualismus und Subjektivismus begünstigten, die Überzeugung von der Prädominanz des Wissens gegenüber dem praktischen Tun philosophisch sich zu der Verstiegenheit des Solipsismus zuspitzen konnte, findet seine relative Legitimation in dem Egozentrismus unseres Binnenaspekts. Nur für ihn wird die Sprache – wie alle anderen Institutionen – zu einer Verabredung zwischen isolierten Individuen, zu einem *contrat social*. Als ob Verabredung nicht schon das voraussetzt, was ihr zugemutet wird, das Einverständnis nämlich in einem Medium von Gegenseitigkeit.

Einen selbstbewußten Individualismus hat dieses Argument allerdings nie überzeugt. Im 18. Jahrhundert war die Frage nach dem natürlichen Ursprung der Sprache ein beliebtes Thema, und die stammesgeschichtlichen Spekulationen variierten es weiter in ihrem Sinne. Was lag näher als die Herleitung der Worte aus dem Ruf, wenn Sprache und Stimme offensichtlich zueinandergehören? Heute weiß man, daß das Motiv der Zeichengebung für einen vorsprachlichen Zustand – wenn es ihn für den Menschen je gegeben hätte –

nicht der Faktor sein konnte, der zur Bildung von Sprache führte. Sprechen schließt Sinn für Zeichengebung mit ein. Sprache kann, wenn überhaupt, nur mit dem Menschen »entstanden« sein, nicht aus ihm.

Deshalb verdient ihre Verbindung mit der Stimme besondere Beachtung, die ihr in Reaktion auf die alten Herleitungstheoreme heute von philosophischer Seite zuwenig geschenkt wird. Für die Entfaltung eines *milieu externe*, in dem Sprechender und Angesprochener füreinander sind, bietet die lautliche Basis nicht nur Bequemlichkeitsvorteile: wenn wir mit den Händen reden müßten, könnten wir sonst nichts tun. Daß hier die Stimme entlastend einspringt, bettet die sprachliche Artikulation in eine rückläufige Tätigkeit: der hervorgebrachte Laut kehrt zum Ohr zurück. Nirgends sonst wird uns die Produktion eines Produkts so sinnfällig wie hier, wo das Produkt nicht wie ein Werk unserer Hand zum fremden Gebilde gerinnt oder wie eine Geste zwar Kontakt vermittelt, aber selber verschwindet, sondern ein Medium schafft. Überdies besitzen Stimme und Mund Nuancierungsmöglichkeiten, die dem Erregungszustand ebenso unterworfen sein können wie der bewußten Artikulation. Viele Sprachen verbinden denn auch mit verschiedenen Tonhöhen verschiedenen Sinn. Sprechen und Singen wahren hier noch ihre enge Nachbarschaft, die sich bis in Zonen der Musik, die vom Lied weit abliegen, als ihr innerer Sprachgestus erhält.

Imitation und Vergegenständlichung, von denen Spracherwerb und Sprachgebrauch leben, haben die gleiche menschliche Wurzel: Sinn für Reziprozität der Perspektiven im Verhältnis von meinem leibhaften Dasein zum Dasein des anderen. Von dieser Rückbezüglichkeit ist eine Partie unseres Leibes wiederum besonders geprägt, die durch die aufrechte Haltung und die frontal gerichteten Augen eine bevorzugte Rolle spielt: das Gesicht. In ihm faßt sich, nur auf eine andere, eben nicht virtuelle, sondern unmittelbar ausdruckshafte Weise der Mensch zusammen. Das Gesicht ist, in Grenzen, die Zone einer Spiegelung der ganzen persönlichen Existenz, und zwar unter Einbeziehung des Gesehenwerdens. Als exponierte Front, mit der wir durch Auge und Stimme uns dem Gegenüber ständig zuwenden, wird sie in dem Maße akzentuiert und verstanden, in welchem die übrigen Körperpartien durch Kleidung verdeckt werden. Ihre mimisch-physiognomische Durchlässigkeit pointiert sich im Auge, dessen aufnehmende Funktion dem anderen zugleich als anblickende, als Blick erscheint. Im Blick vermittelt sich das Einverständnis zwischen Menschen. Bei keinem Anthropoiden gibt die Anatomie des Kopfes ein Gesicht frei, vielmehr sind der vorgebauten Schnauze die übrigen Partien so zugeordnet, daß sie kein Mienenspiel entfalten kann. Mit der Freilegung des Gesichts durch die Anordnung von Stirn, Nase, Mund und Kinn in der Frontalebene erfüllt sich erst das Strukturprinzip der Vertikalität.

Das Welt-Umwelt-Verhältnis des Menschen

Wie muß die Umwelt eines Wesens aussehen, das ihr in aufrechter Haltung, Aug in Auge, Hand in Hand, mit Sprache begabt gegenübersteht? Oder welche Züge unseres Umweltbildes lassen sich auf die genannten Eigentümlichkeiten zurückführen und als ihre Entsprechungen begreifen? Nach dem Prinzip, das Uexküll einmal so formuliert hat: »Wo ein Fuß ist, da ist auch ein Weg, wo ein Mund ist, da ist auch Nahrung, wo eine Waffe ist, da ist auch ein Feind«, sollten sich diese Entsprechungen leicht und eindeutig angeben lassen. Für das Feld, in dem Hand und Auge zusammenwirken, ist es auch möglich, aber die Sprache greift darüber hinaus und durchbricht es. Ihre Dimension läßt sich mit dem sensomotorischen Umfeld nur so zusammenbringen, daß dieses eine Transposition in jene erfährt. Das macht es schwierig, den Umweltgedanken für das ganze auf Hand, Auge und Sprache bezogene Umfeld beizubehalten.

Hand und Auge sind Organe im anatomisch-physiologischen Sinne. Sprache ist eine Leistung. Sie als Organ aufzufassen, ist nur unter Preisgabe der streng naturwissenschaftlichen Bedeutung des Wortes möglich. Noch die Stimme, zu der sie eine bevorzugte Affinität besitzt und die auch Organ genannt wird, obwohl sie eine Leistung bestimmter physischer Organe des Kehlkopfs und des Mundes darstellt, hat einen anderen Charakter als sie. Stimme ist eine reale, nach akustischen Qualitäten der Tonhöhe und -stärke, des Timbre, bestimmbare Wirklichkeit. Sprache wird von ihr getragen, ist aber nicht auf sie angewiesen. Sie läßt sich auch in Gesten und Schriftzeichen materialisieren. Sie ist eine virtuelle Leistung von ideeller Gefügtheit. Erkennt man ihre instrumentale Funktion im Bauplan des Menschen, betrachtet man sie als Werkzeug wie etwa die Waffe (»wo eine Waffe ist, da ist auch ein Feind«), dann verschiebt sich der anfängliche Aspekt des Bauplans. Seine Begrenzung auf die physische Organisation des Lebewesens wird verlassen, wenn auch legitim, weil die darin vorgenommene Erweiterung des Begriffs von den Leistungen der fraglichen Organe selber erzwungen wird. Sätze wie: Unser Körper ist auf Geist hingeordnet, für ihn wie geschaffen, von ihm geprägt oder kommt ihm entgegen, meinen dasselbe, verdecken es aber zugleich mit dem zu traditionsreichen Wort Geist. Es suggeriert nun einmal die Vorstellung von einer zwar unwirklichen, Zeit und Raum entzogenen, aber in sich ruhenden Sphäre, zu der der Mensch nur Zutritt gewinnen muß, um an ihr dann einen definitiven Halt zu finden. Daß jedoch damit eine neue Art von Unsicherheit erworben wird, die das menschliche Verhalten, wenn auch im übertragenen Sinne, abermals unter das Gesetz der aufrechten Haltung stellt, übersieht die Vorstellung.

In der Individualentwicklung des Kindes läßt sich diese Umstrukturierung von Umwelt und Verhalten deutlich verfolgen. Fast zur gleichen Zeit, in der es Stehen lernt und die ersten Worte nachspricht, beginnt das, was wir einsichtiges Handeln nennen. In die Aktionen des Mitmachens, die immer häufiger den Charakter von echten Nachahmungen annehmen, gewissermaßen ins Nachmachen umschlagen, sind Leistungen eingestreut, die ein Verständnis für Sachzusammenhänge verraten. Sie treten, wie übrigens durch die Intelligenzuntersuchungen am Schimpansen erwiesen ist, im Zusammenhang mit dem Gebrauch von Werkzeugen auf. Während die Tiere aber das Problem immer nur als Schwierigkeit einer Situation erfassen und überwinden, überschreitet das Kind im letzten Drittel des ersten Lebensjahres bereits diese Grenze und zeigt sich der Übertragung des Einfalls einer Problemlösung auf analoge Situationen fähig. Die Versachlichung des Umfeldes hat begonnen und setzt sich am Leitfaden der wachsenden sprachlichen Artikulation fort. Seine Gebundenheit an Situationen lockert sich. An ihre Stelle tritt der Sachverhalt, der die Ähnlichkeit des Verschiedenen von der Verschiedenheit des Ähnlichen abhebt. Der Mensch öffnet sich der Welt.

Ist damit die Umweltbindung verschwunden und in Weltoffenheit aufgegangen, oder besteht sie neben ihr gegen sie weiter? Im ersten Fall hätte die biologische Betrachtung des Menschen als Person kein Recht, im zweiten Fall wäre sie auf die physischen Leistungen seines Körpers begrenzt. Wie aber, wenn der Status der Weltoffenheit selber eine dem Menschen spezifische Form seiner Umweltbindung ist, in der sich vielleicht engere und weitere Zonen der Korrespondenz zum Bauplan unterscheiden lassen, ohne die Korrespondenz im ganzen in Frage zu stellen?

Die heute übliche Zuordnung geschlossener Umweltbindung zum Tier und der Weltoffenheit zum Menschen macht sich die Sache zu einfach, weil sie der Zweideutigkeit der menschlichen »Natur« damit nicht gerecht wird und sich allzuleicht, wie bei Scheler, mit dem alten Stufenschema Leib–Seele–Geist in Ordnung bringen läßt. Den Umweltgedanken wiederum auf die Weltoffenheit auszudehnen lohnt den Versuch, wie man an Gehlen sieht, muß aber die geistigen Leistungen unter biologische Gesichtspunkte rücken: Entlastung, Ersparung, Stabilisierung im Interesse des Handelns. Mit der Möglichkeit, daß Umweltgebundenheit und Weltoffenheit kollidieren und nur im Verhältnis einer nicht zum Ausgleich zu bringenden gegenseitigen Verschränkung gelten, rechnet weder die klassische noch die pragmatistische Anthropologie.

Zum selektiven, isolierenden und aktionsrelativen Charakter einer Umwelt paßt ihre Nichttransponierbarkeit, die der menschlichen Fähigkeit, überall zu leben und sich an alle Milieus, sei es dann auch mit Hilfe künstlicher Mittel, anzupassen und in jeder Umgebung, im Prinzip wenigstens, zu Hause zu sein, entgegengesetzt ist. Eine scharfe Grenze zwischen natürlicher und künstlicher Anpassung läßt sich daher für den Menschen nicht angeben. Gerade weil er, rein biologisch gesehen, nirgends zu Hause ist und »von selbst« leben kann, sondern sich die passende Nahrung suchen, gegebenenfalls zubereiten muß, treffen wir bei ihm auch in den primitivsten Zuständen Ansätze (oder Reste) von Ergebnissen und Mitteln seiner planenden Tätigkeit an, die zu seinen physischen Existenzbedingungen gehören. Seine relative Instinktschwäche und physische Unspezialisiertheit, vital gesehen Nachteile, werden ihm zum Vorteil. Der Mensch, sah schon Herder, ist ein Invalide seiner höheren Kräfte. Sein Feld ist die Welt, eine offene Ordnung verborgener Hintergründigkeit, mit deren latenten Möglichkeiten und Eigenschaften er rechnet, in deren unerschöpflichen Reichtum er sich stets von neuem versenkt, deren Überraschungen er in aller Planung ausgeliefert ist.

Kennt das Lebensfeld der Tiere nur Bedeutungen als Tönungen: Gefahrton, Schutzton, Nutzton, Tragton, Kletterton, spielt also in hundert verschiedenen Umwelten »derselbe« Gegenstand bald mit diesen, bald mit jenen »Teilen« eine völlig verschiedene Rolle, wohlgemerkt hinter ihnen, in ihnen verschwindend, so vermag der Mensch derartige Tönungen seines Lebens- und Interessenfeldes einzuklammern und die Einheit des Gegenstandes in und trotz allen seinen Aspekten festzuhalten. Die lebensbezogene, impuls- und strebebedingte Umwelt ist getönt, die Welt der Objekte und Sachverhalte ist tonlos. Wenn wir »getönt« sinnvoll setzen, so stellt sich eine jede Umwelt ihrem lebendigen Zentrum als eine Ordnung von Sinnbeziehungen dar, während Welt im Kontrast dazu sinnfrei heißen muß.

Die Anhänger der Umwelttheorie widersprechen einander nur im Punkte des Maßes, in welchem auch für den Menschen Umweltbindung besteht. Daß er als Vitalwesen, also »unterhalb« seiner ihn zum Menschen machenden Personstruktur, in solchen Lebensbezügen und korrelativen Einengungen des Blickfeldes und der Aktionsmöglichkeiten gefangen ist, darüber gibt es merkwürdigerweise keinen Streit. Die Schwierigkeit besteht nur in der Isolierung des Vitalwesens von der Person. Die entsprechende Schicht ist eben beim Menschen in ein umfassenderes Gefüge eingeschmolzen und mit der Dimension seiner Sprachfähigkeit und Abstraktionsgabe so verwoben, daß schon im normalen menschlichen Verhalten die rein vitalen Funktionen: Schlafen, Ernährung, Verdauung, Begattung, Orientierung, Schutz- und Abwehrreaktionen gegenüber den entsprechenden Funktionen auch der nächst verwandten Tiere anders stilisiert sind. Wenn der Mensch zum Tier wird, und sei es auch nur zum Gewohnheitstier, erscheint ein Torso und keine lebensfähige Vitalität, eine Pseudoumwelt, keine echte.

In ganz demselben Sinne stößt die Übertragung des Umweltbegriffs auf den Menschen als Kulturwesen, die Rothacker – im ersten Ansatz gewiß zu Recht – vornimmt, auf ein schwierigeres Problem, als er und auch Uexküll vermuten. Denn beim Menschen setzt sich die Umweltlichkeit des Daseinsrahmens mit seinen Bedeutsamkeiten und Lebensbezügen von einem zumindest latent gegenwärtigen Hintergrund von Welt ab. Wie sich für ihn die Umgebung der Möglichkeit nach in den Raum und die Zeit verliert, auch dann, wenn ihm diese Offenheit praktisch-kulturell oder theoretisch nichts bedeutet (etwa in sogenannten primitiven oder archaischen Lebensverhältnissen); wie jedes Ding außer Anmutungs- und Umgangsqualitäten noch seinen eigenen Charakter behält, so hat die ganze Umweltbildung beim Menschen ein erworbenes und bewahrtes Wesen, ist nicht mit der Natur seines Leibes einfach gegeben, sondern – weil kraft ihrer offengelassen – gemacht und nur in übertragenem Sinne natürlich gewachsen. Das oft zitierte Beispiel von demselben Wald, der für den Bauern Gehölz, für den Holzhändler so und soviel Kubikmeter Nutzholz, für den Jäger Jagdgebiet, für den Förster Forst und Gehege, für den Verfolgten Unterschlupf, für den Dichter Waldesweben, für den Spaziergänger und Bewohner Landschaft, für den Botaniker Mischwald ist, zeigt in dem Aufweis von Umweltrelationen auf Berufe und Haltungen zugleich die Abhebbarkeit, Verknüpfbarkeit und Fundiertheit der wechselnden Aspekte oder Physiognomien. Bauer, Förster, Jäger, Verfolgter, Spaziergänger und Botaniker wissen voneinander und der Situationsbedingtheit ihrer Aspekte, die sie gegebenenfalls sogar in ein und derselben Person vereinigen können. Der Wald bleibt für sie nicht nur in der Haltung des Zuschauers, sondern auch des interessierten Mitspielers schließlich derselbe, wobei das »schließlich« die Durchbrochenheit und Gelegentlichkeit des interessenbedingten Aspekts zum Ausdruck bringt.

Die so vielfältig wechselnde Situiertheit des Menschen mit ihren Standorten eines Volkes, einer Klasse, eines Berufes, eines Glaubens erzwingt durch Tradition und Interessenrichtung bestimmte Vorlieben, Vorurteile, Vorwegnahmen selbst im Gesichtsfeld der Wahrnehmung, über deren isolierende und trennende Macht sich die Gleichmacherei des Alltags zu leicht hinwegsetzt. Nicht nur die Individuen haben verschiedene Reizschwellen, psychologische und biologische, auch Völker, Stände, Klassen und Berufe haben sie, und wenn

Rothacker den Begriff der Reizschwelle sogar auf ganze Einheiten geistiger Art ausdehnen will und von Kulturschwelle spricht, unter Hinweis auf Spengler etwa (aber er könnte auch an das kultursoziologische Werk von Max und Alfred Weber erinnern), so hat das einen guten Sinn. Nur fragt sich, ob die selektive, isolierte und interessengebundene Struktur einer Kultur dazu berechtigt, sie als Umwelt, wenn auch höherer Ordnung, zu sehen. Ihre Lebensbezüge erschöpfen sich nicht in Feldkräften und Umgangsqualitäten, formen vielmehr diese nach sich um, nach dem, was ihnen bedeutsam ist, und respektieren, in welchem Sinne auch, die Bewandtnis, die – für sie, gewiß – die Dinge, der Kosmos, das Sein an sich haben.

Erst innerhalb eines kulturell geprägten Daseinsrahmens findet der Mensch sein Zuhause. Die Regionen der Geborgenheit und Vertrautheit, des Selbstverständlichen und Natürlichen liegen in einer spezifisch geistigen Ebene: heimatliche Landschaft, Muttersprache, Familie und Sitte, Überlieferung, Gesellschaftsordnung, Vorbilder, die eigene Stadt, Straße, Heim, Zimmer, die Gebrauchsdinge und heiligen Zeichen, das ganze Drumherum des Lebens. Aber was sind diese schützenden Rahmen und Geleise unserer Existenz ohne die Fremde, vor der sie uns schützen, die Welt, mit der es eine uns verschlossene und letzten Endes vielleicht unergründliche Bewandtnis hat? Nur auf dem offenen Hintergrund einer nicht mehr in vitalen Bezügen aufgehenden Welt, die den Menschen in unvorhergesehene Lagen bringt und mit der er stets neue und brüchige Kompromisse schließen muß, hält er sich in jenem labilen Gleichgewicht einer stets gefährdeten, selbst wieder schutzbedürftigen Kultur. Ihr sogenannter Umweltcharakter ruht in der relativen Geschlossenheit, die mit jeder Stellungnahme zu Werken, mit jeder Haltung und Formgebung erreicht wird. Sie ist gewordene, errungene und traditionell bewahrte Einseitigkeit, der die Menschen verfallen, wenn sie sich der Begrenztheit ihrer Normen oder Umgangsformen nicht bewußt sind. Entgleitet ihnen dieses Bewußtsein – und das alltägliche Leben läßt es nicht zu, auch noch den eigenen Daseinsrahmen im Blick zu halten –, dann wandelt es sich in ein Bewußtsein der Vertrautheit und Selbstverständlichkeit: alles muß »eigentlich« so sein, wie es in gewohnter Weise ist.

Interessengebundenheit, Unübertragbarkeit und Auswahlcharakter des geistigen Systems einer Sprache, Sitte, Tradition und Rangordnung von Werten in ihrer Selbstverständlichkeit für die Gruppen, die mit und in ihm leben, zeigen insoweit also – darin hat Rothacker recht – die für eine »Umwelt« spezifische Geschlossenheit nach außen und Offenheit nach innen. Ihre Beschränktheit, die dem Betrachter (Historiker, Soziologen, Psychologen) auffällt, wenn er andere Systeme daneben sieht, verträgt sich dann offenbar mit der Unbeschränktheit und Natürlichkeit, die das Leben in ihm dank dieser seiner Scheuklappen besitzt. Was liegt dann näher, als diese Situation mit der Lebenssituation einer Libelle oder eines Seesterns formal gleichzustellen, in der nur Libellen- oder Seestern»dinge« auftreten, in einem Aspekt von absoluter Vertrautheit und Unbeschränktheit, welche die Organismen den Scheuklappen ihrer Baupläne verdanken.

Aber diese Geschlossenheit nach außen und Offenheit nach innen, die Vertrautheit und Selbstverständlichkeit eines geistigen Lebensraums, in dem wir Menschen in jeweils anderen Überlieferungen groß werden und gewöhnungsmäßig gefangenbleiben können, wenn wir uns ihrem Bannkreis nicht zu entziehen vermögen oder ihm entrissen werden, geben kein Recht, ihn als eine echte Umwelt zu bezeichnen, weder im Singular noch im Plural. So wie ein geistiges Gerüst aus Sprache, Werten, Gütern und Sitte in all seiner Geschlossenheit und Unübertragbarkeit zugleich auch nach außen offen bleibt – zwischen Sprachen gibt es die Möglichkeit der Übersetzung – und Brücken zu anderen geistigen Gerüsten der Vorzeit und Mitwelt bildet, Durchblicke in fremdes Geistesleben gewährt, hebt es sich deutlich von den auch umwelthaften Bindungen rein vitalen und emotionalen Charakters ab, in denen wir Menschen mit unserer Tiefenperson, vorbewußt, affektiv, instinktiv leben. Mag man auf diese niederen triebbedingten, gefühlsnahen und dem körperlichen Dasein verhafteten Bindungen das Uexküllsche Schema mit den nötigen Restriktionen anwenden, so verliert es gegenüber den spezifisch menschlichen Daseinsleistungen seinen Sinn. Denn sie werden den sinnfreien, wiewohl verfügbaren Gegebenheiten abgewonnen, nicht gleich den tierischen Daseinsleistungen von Tönungen geführt und in ihnen geborgen, vielmehr von dem Übermaß ihres nicht mehr verfügbaren Gewichts an eigenem Gehalt, an verborgener, ungewisser Bewandtnis bedroht; durch den Einbruch des Sinnlosen und Sinnwidrigen gefährdet, auf dessen offenem Hintergrund erst Sinn und Bewandtnis ihre stets brüchige und instabile Prägnanz gewinnen. Hält man sich an die eigentümliche Zwitternatur des Menschen, der auch Tier ist, aber eine besondere Spezies unter den Hominiden darstellt, kraft deren Besonderheit er wiederum aus dem ganzen Umkreis des Tierischen herausfällt, so kann das Resultat unserer Überlegungen nicht überraschen. Weltoffenheit ohne jede Einschränkung kann ihm nicht zukommen. Sie wäre nur einem Subjekt möglich, das – wie die mittelalterliche Theologie sich den Engel dachte – leiblos wäre oder einen pneumatisierten Leib besäße, wobei Welt den Inbegriff des Wirklichen in seiner Unverhülltheit bedeutet. Unsere Welt ist dagegen in Erscheinungen gegeben, in denen sich das Wirkliche gebrochen durch das Medium unserer Wahrnehmungsweisen und Aktionsrichtungen manifestiert. Sie ist durch ihre Kanäle hindurchgeleitet und filtriert, ohne jedoch an dieser Vermittlung die unmittelbare Manifestationskraft ihrer Wirklichkeit einzubüßen. Wir wissen von elektrischen Kräften, Strahlen und Mikrostrukturen, für die uns spezifische Sinnesorgane fehlen. Wir finden auf Umwegen durch unser Vermögen sachlicher Abstraktion und Vergegenständlichung Realitäten, die uns unmittelbar verborgen sind. Die Umweghaftigkeit unseres Erkennens auf Grund ständiger Trennung von Erscheinung und Sache selber, die typische Fragehaltung, welche gleichermaßen den magischen Praktiken, dem Mythus und der eigentlichen Wissenschaft vorausliegt, zeigt eine Indirektheit und Gebrochenheit unseres Weltverhältnisses, die durch den Begriff der Weltoffenheit zum mindesten mißverständlich bezeichnet wird.

Unsere Offenheit ist durch Barrieren begrenzt, über die hinweg die Sache selbst sich nur erreichen und fassen läßt. Käme allerdings der Welt diese Transgredienz von Vordergrund zu Hintergrund von sich aus zu und wäre sie nach dem Muster der Zwiebel ein System einander umschließender Hüllen, und auch diese Möglichkeit haben mächtige Philosophien in Betracht gezogen, so bestünde unsere Weltoffenheit im vollen Umfang zu Recht, und unsere am Leib gebrochene Geistigkeit wäre die ihrer Seinsverfassung wahrhaft gemäße Bedingung für ihre Erkenntnis. Ungeklärt bleibt aber auch dann die Tatsache des Scheins und des Irrtums, der falschen Fragestellung und der widersprüchlichen Lösung, ungeklärt vor allem die Eingeschlossenheit aller menschlichen Bemühungen einschließlich der Bemühungen um Erkenntnis in geschichtliche Horizonte einer je bestimmten kulturellen Gesamtverfassung.

Diese Geschlossenheit durch je verschiedene *patterns*, welche die vergleichende Ethnologie oder Kulturanthropologie sichtbar macht – ähnlich der Kulturmorphologie deutscher Provenienz, nur ohne metaphysischen Anspruch und nach rein induktiver Methode –, ist ein weiterer Hinweis auf den fragmentarischen Charakter menschlicher Weltoffenheit. Sie darf nicht mit der Geschlossenheit tierischer Umwelten verglichen werden. Diese sind nicht ineinander überführbar. Sie bestehen nebeneinander und durcheinander in gleichen oder in verschiedenen Milieus und Medien, ohne sich in Frage zu stellen, oft sogar ohne sich zu stören. Kulturen aber kommen miteinander in Berührung und gehen keineswegs immer durch Berührung etwa einer primitiven mit einer höheren einfach zugrunde. Es herrscht ebenso das Verhältnis der Befruchtung und Bereicherung zwischen ihnen, der Kontinuität im Austausch der Verständigung, und zwar auf Grund einer sich immer wieder durchsetzenden menschlichen Wurzel.

Sprachen und ihre kategorischen Systeme, Glaubensformen und Gesellschaftsverordnungen verraten in eins Vermögen *und* Unvermögen des Menschen einer direkt allgemeinverbindlichen Auseinandersetzung mit der Welt und mit sich selber. Sie schaffen den Kontakt mit der Wirklichkeit um den Preis seiner Brechung im Medium des eigenen Ansatzes, der dem Menschen zufällt, auch wenn er (und gerade weil er) in seine Macht gegeben ist. Unter dem Zwang, sich der offenen Wirklichkeit zu stellen und ihrer Unvorhersehbarkeit Herr zu werden, ergibt sich überall eine künstliche Horizontverengung, die wie eine Umwelt das Ganze menschlichen Lebens einschließt, aber gerade nicht abschließt. Die künstliche Horizontverengung ist vielmehr die Art und Weise vermittelnder Unmittelbarkeit, welche das ganze menschliche Verhalten charakterisiert, vorgebildet in dem Zusammenspiel von Auge und Hand, verdichtet in dem meinend-artikulierenden Wesen der Sprache und fortgeführt durch alle schöpferischen Gestaltungen auf immer anderen Ebenen, in denen es sich abspielt. Zwischen Tier und Engel gestellt, ein Zwitterwesen, verrät der Mensch in seiner Weltoffenheit ein typisches Zurückbleiben hinter den Möglichkeiten, durch die er über jede Umweltbindung von vornherein hinausreicht: ein die Tierheit hinter sich lassendes Tier.

Elemente menschlichen Verhaltens

Exzentrische Position
Verdinglichung und Verdrängung

»Ich bin, aber ich habe mich nicht«, charakterisiert die menschliche Situation in ihrem leibhaften Dasein. Sprechen, Handeln, variables Gestalten schließen die Beherrschung des eigenen Körpers ein, die erlernt werden mußte und ständige Kontrolle verlangt. Dieser Abstand in mir und zu mir gibt mir erst die Möglichkeit, ihn zu überwinden. Er bedeutet keine Zerklüftung und Zerspaltung meines im Grunde ungeteilten Selbst, sondern geradezu die Voraussetzung, selbständig zu sein. Handelt es sich um die Beherrschung rein körperlicher Leistungen, die besondere Geschicklichkeit erfordern, dann vollzieht nicht nur die Manipulierung des Umschlags von leibhaftem Körpersein in Körperhaben die Überwindung des Abstandes, sie bildet auch ihr Ziel, ist ihre Sache. Geht es aber um Leistungen, wie sie das Leben ständig von jedem verlangt, Leistungen sozialer Art, dann wird die instrumentale Rolle des eigenen Leibes dabei übersprungen: ein Gespräch, ein Handwerk, ein Vertrag nehmen die Aufmerksamkeit in Anspruch. Es geht um Sachen zwischen Mensch und Mensch, um Dinge und Güter.

Sie befriedigen seine Bedürfnisse, die bis in die biologischen Konstanten, Schlaf, Hunger, Durst und Geschlechtstrieb, in ihrer mehr oder weniger eindeutigen Leibbedingtheit große Plastizität zeigen. Der junge Marx suchte ihr mit dem Begriff des zweiten Bedürfnisses gerecht zu werden, worin er die eigentliche Grenze zwischen Mensch und Tier sah. Beide haben primäre, rein vital bedingte Bedürfnisse. Das Tier befriedigt sie unmittelbar, und erst, wenn die Sättigung abgeklungen ist, folgt es wieder den neu erwachten primären Antrieben. Der Mensch aber schafft durch die Befriedigung des primären Bedürfnisses ein zweites, sekundäres, eine Bedürfnisverschiebung, die ihm Arbeit, Bearbeitung aufzwingt. Eine Welt der Güter entsteht, Gebrauchsdinge, Wohnungen, Kleider, Waffen, Schmuck, Nahrungsreserven, zubereitete Speisen. Tiere bleiben im Zyklus von Drang und Erfüllung auf gleichem Niveau. Der Mensch dagegen hebt sich trotz gleicher Grunddynamik vom Boden ab in ein anderes, höheres Niveau von ausgesprochener Instabilität mit künstlich geschaffenen Mitteln und hat es nun in der Hand, es zu stabilisieren oder einem abermals einsetzenden Verschiebungs- und Umbildungsprozeß auszuliefern. Warum?

Ist es die biologische Unterprivilegiertheit, die schon Herder hervorhob? Klauen und Hörner haben wir nicht, keine Giftzähne und scharfen Gebisse, keinen schützenden Pelz. Unsere Instinkte reichen nicht aus, uns durchs Leben zu führen. Haben wir »Mängelwesen« also, weil nicht genügend ausgerüstet, unspezialisiert für den Kampf ums Dasein und kindlich geblieben, eine virtuelle Kompensation mitbekommen: Intelligenz, Sprache und Abstraktion? Es bedarf offenbar nur geringer Akzentverlagerung, um aus dem Herderschen »Invaliden seiner höheren Kräfte« einen Kriegsteilnehmer seiner niederen zu machen und die Weltoffenheit zu einer, wenn auch effektiven Spielform von Vitalität. Aus den höheren Kräften sind dann Prothesen geworden, der Mensch hat sich in einen Prothesenproteus verwandelt. Aus der Schamade der Natur eine Fanfare geistiger Existenz zu machen setzt gleichwohl bestimmte Angriffspunkte für die Equilibrierung dieses neuartigen organischen Systems voraus. Der Kompensationsgedanke, biologisch konsequent auf das Ganze menschlichen Daeins bezogen, schließt das Verständnis für das Warum und das Wie der Kompensation nicht mit ein.

Vor allem die Tatsache des extrauterinen Frühjahrs gibt dem Menschen die Chance, sich in und mit seinem Körper zugleich zurechtzufinden. Diese Verschränkung der beiden Aspekte begünstigt, um nicht zu sagen erzwingt die Verdinglichung des eigenen Leibes. Das Kind wird mit ihm als ein Innen-Außen vertraut, wird daran gewöhnt, sich mit anderen Dingen wie ein Ding zu behandeln und seine eigene Position im Hier – eine durch nichts und niemanden eingenommene Position – als gegen eine andere Position vertauschbar zu erfahren. Am Leitfaden der Sprache gliedert und versachlicht sich das Gefüge, die in ihm gegebenen Antriebe und Bedürfnisse ebenso wie die ihrer Befriedigung dienenden Aktionen. Verdinglichung und Versachlichung machen damit Bedürfnisse und Befriedigungen zu eigenen Ansatzpunkten und bringen jene Verschiebung zuwege, die den Zivilisationsprozeß trägt. Ohne die spezifische Gabe der Versachlichung oder Abstraktion – das haben schon die Alten gewußt – wäre der Prozeß hinfällig. Das Verständnis für Allgemeines kann in seiner äußeren Genese von Woche zu Woche verfolgt, aber als solches nicht aus anderen hergeleitet werden. Nur die Art und Weise, wie es und wo es eingreift, die Umstrukturierung des Umfeldes und des Verhaltens sind der Analyse zugänglich.

In solcher exzentrischen Position wurzeln Sprechen, Handeln und variables Gestalten als die für den Prozeß der Zivilisation verantwortlichen Verhaltensweisen. Sie bilden mit ihren Produkten die vermittelnden Zwischenglieder, durch welche der vitale Lebenszyklus des Menschen in eine die Vitalität überlagernde Sphäre gebracht wird. Von Natur künstlich, leben wir nur insoweit, wie wir ein Leben führen, machen wir uns zu dem und suchen wir uns als das zu haben, was wir sind. Bedürfnis steht einer Forderung gegenüber, jedem Verhalten entspricht ein Verhältnis, dem es sich zu beugen hat, und diese Forderungen, Verhältnisse, Ansprüche halten sich an *Normen*, die dem Ganzen einer Kultur unangreifbare Selbstverständlichkeit verleihen. Weltoffenheit verwirklicht sich daher nur in einer künstlich geschaffenen und geschlossenen, weil von Normen beherrschten Umwelt, deren Güter und Einrichtungen vitalen Bedürfnissen dienen, dadurch aber wiederum auf diese zurückwirken, neue hervorrufen, alte verändern, in jedem Falle aber sie formen und regulieren, sie bändigen und domestizieren.

Mensch sein heißt, von Normen gehemmt, Verdränger sein. Jede Konvention, jede Sitte, jedes Recht artikuliert, kanalisiert *und* unterdrückt die entsprechenden Triebregungen. Seit Freud kennt man Mechanismen der Verschiebung, welche die Triebe dadurch erleiden, und Kompensationen, in denen sie sich verhüllt entladen, Neurose und Sublimierung. Für den Therapeuten in einer skeptischen Spätkultur liegt es nahe, die gesellschaftlich entwurzelten Normensysteme der Religion und darüber hinaus die gesamte ideelle Produktivität auf eine durch Verdrängung bedingte Triebverschiebung zurückzuführen, welche den an ihrer direkten Sättigung gehemmten Triebregungen zu einer indirekten Erfüllung verhilft. »Es ist nichts anderes dahinter, als daß die Kultur auf den Verdrängungsleistungen früherer Generationen beruht und daß jede neue Generation aufgefordert wird, diese Kultur durch Vollziehung derselben Verdrängung zu erhalten«, heißt es bei Freud. Das ist eine anthropologische, nicht nur eine für bestimmte therapeutische Zwecke richtige Diagnose, vorausgesetzt, daß man in sie keine Utopie des unverbildeten, natürlichen Menschen hineinliest, der strenggenommen kulturlos wäre oder durch eine volle Identifikation des triebhaft Vitalen im Menschen mit ihm als geistigem Wesen, also durch eine nachmenschliche, übermenschliche Daseinsform charakterisiert sein müßte. Gleichwohl haben Rousseauisten und Marxisten beide darin eine Stütze ihrer Theorien finden können, da sie als echte Utopisten der ursprünglichen Natürlichkeit eine essentielle Gebrochenheit im Verhältnis des Menschen zu sich nicht anerkennen.

Die Utopie der verlorenen Wildform liefert, was besonders an dem üblichen Verständnis Freuds deutlich wird, wieder ein starkes Argument für die biologische Deutung der Zivilisation als eines Sündenfalls der Natur. Wenn Zivilisation domestizierenden Charakter hat, müssen ihre Rückwirkungen den Menschen zu einem Haustier gemacht haben. Bei domestizierten Tieren hat man ein Anwachsen des Ernährungs- und Sexualtriebes und beim männlichen Geschlecht die Durchbrechung der Brunstperioden konstatiert. Mithin wäre die hypertrophe Entwicklung der gleichen Triebe beim Menschen und, seiner Fähigkeit zur Versachlichung entsprechend, um weitere Triebe wie etwa den Machttrieb bereichert, eine Rückwirkung seiner Selbstdomestikation. Dadurch wird ein Kreisprozeß in Gang gehalten: die Triebbremsung steigert den Trieb und ruft reaktiv nach gesteigerter Bremsung. Das von der Natur harmloseste, schutzloseste aller Tiere, der Invalide seiner höheren Kräfte, macht sich, ihnen vertrauend, zum Haustier und bewirkt damit ungewollt seine Verwandlung zu einer sekundären Wildform, zum Raubtier, zur blonden Bestie – im Stall.

Als Grundbegriff taugt der Gedanke der Selbstdomestikation nicht, denn um zähmen zu können, muß man selber schon gezähmt sein. Vielleicht unterliegt der Städter im Vergleich zum Nomaden, zum Jäger Rückwirkungen seiner festsitzenden Lebensweise, die Domestikationserscheinungen verwandt sind. Aber der Zwang zur Kultivierung als solcher liegt in der vorgegebenen Lebensform, die das Menschenhafte des Menschen ausmacht. Daß er nicht zur Ruhe im Zyklus des ersten Bedürfnisses und seiner Befriedigung kommt, daß er *etwas* sein und tun will, in Gebräuchen und Sitten lebt, die ihm *gelten*, hat seinen Grund nicht im Trieb und im Willen, sondern in der vermittelten Unmittelbarkeit seiner exzentrischen Position.

Daß ein jeder ist, aber sich nicht hat; genauer gesagt, sich nur im Umweg über andere und anderes als ein Jemand hat, gibt der menschlichen Existenz in Gruppen ihren institutionellen Charakter. Mitverhältnisse tragen alles, was lebt. *In* Mitverhältnissen leben und sich, durch Instinkte gesteuert, in ihnen einrichten, vermögen auch Tiere. Nur dem Menschen ist es, in Korrespondenz zu seinen ungerichteten und schwachen Instinkten, vorbehalten, Mitverhältnisse zu gestalten und sie als eine immer anders strukturierte, nie ganz stabilisierte, nie allen Wechselfällen, die sie selber heraufbeschwört, gewachsene Mitwelt zu behandeln. Sie stellt sich nicht nur in den überkuppelnden Großformen des Staates, der Wirtschaft und Gesellschaft dar. Sie besteht vielmehr überall, privat wie öffentlich, ein Geflecht aus Person und Sache, eine Welt des Wir, in der jeder zu jedem in der ersten, zweiten, dritten Person Rückbezüglichkeit und Gegenseitigkeit seiner Verhältnisse zu beachten hat.

War man früher geneigt, die sozialen Verhältnisse der Tiere zu tief anzusetzen und ihre – vor allem bei den staatenbildenden Insekten sehr differenzierten – »Rang«ordnungen und Funktionsverteilungen zu übersehen oder anthropomorph zu deuten, also zu hoch zu bewerten, so hat sich durch die moderne Verhaltensforschung unser Blick für den Unterschied zwischen tierischer und menschlicher Vergesellung geschärft. Individuelle Differenzierung im Verband der Gruppe, des Rudels, der Herde und des »Volkes« reicht viel weiter, als man früher vermutete. Nur hat sie immer einen vital-funktionellen Charakter. Sie ist stets durch den jeweiligen Lebenszyklus des Verbandes definiert und an die besonderen Leistungen der Begattung, Brutpflege, Nahrungssuche und der Abwehr gekoppelt, welche die Ordnung des Ganzen tragen. Die Ordnung für sich hebt sich von den Leistungen nicht ab. Könnte sie das, wären die Tiere vermummte Menschen. Wie dem Tier sein Umfeld nie gegenständlich als ein Zusammenhang von Sachverhalten, sondern als ein unmittelbar vertrautes und verfügbares Zuhause und Zuhandensein erscheint, als eine Zone des Zuträglichen und des Abträglichen, so umfaßt es auch alle seine Mitverhältnisse. Sein Umfeld ist zugleich sein Mitfeld.

Wie schwer dem Menschen die Abhebung einer eigenen Mitwelt von seiner ihm durch Geburt, erste Kindheitseindrücke und Erziehung vermittelten Umwelt wird, weiß jeder aus Erfahrung. Sympathien und Antipathien, Freundschaft und Feindschaft, Gefühl für Treu und Glauben, Konventionen und Sitten, Gebote und Verbote durchdringen und beleben uns. Sie bestimmen unser Verhalten, aber verheimlichen uns gerade damit ihre Zugehörigkeit zu einer Welt der Normen, welche die nachträgliche Besinnung auf Grund unvermeidlicher Konfliktsituationen in ihnen entdeckt. Nur hochentwickelte Kulturen mit systematisierten Moral- und Rechtsordnungen vermitteln ihren Angehörigen in mythischer oder rationaler Form die Tatsache, einer sozialen Welt unterworfen zu sein.

Verkörperung I: Rolle und Darstellung

Daß ein jeder ist, aber sich nicht hat; genauer gesagt, sich nur im Umweg über andere und anderes als ein Jemand hat – so heißt es –, gibt der menschlichen Existenz in Gruppen ihren institutionellen Charakter. Ihre Mitglieder sind füreinander ansprechbar, insofern Personen, auch wenn in vielen Kulturen bloß ein bestimmter Kreis von ihnen als frei galt, der über Unfreie und Sklaven wie über Sachgüter gebot. Für unsere christlich geprägte Auffassung zumal begründet der personale Bau des Menschen seinen unverlierbaren Anspruch darauf, nicht als Sache behandelt zu werden. Jeder hat seine unsterbliche Seele, die ihm eine unersetzliche Individualität verbürgt, aber sie gehört ihm nicht. Ihr Herr ist Gott und ihr Verwalter die Kirche.

Diese Glaubenstatsache kann die Eigenart der Personalität als solche für ihre Argumentation nur bedingt in Anspruch nehmen, denn Personalität ist offenbar zunächst ein formaler Grundzug unserer leibhaften Existenz, welche zwischen körperlichem Sein und dem Zwang, dieses körperliche Sein zu beherrschen, das heißt es zu haben, einen Ausgleich finden muß. Er erfolgt wiederum nur unter Führung derjenigen Verhaltensweisen, welche das soziale Gefüge der Individuen bilden und tragen, im Sprechen, Handeln und variablen Gestalten. Person ist also durch ihr Verschränktsein in ein körperliches Ding und einen sozialen Sachzusammenhang nicht ohne weiteres aus der Welt der Sachgüter herausgehoben. Alle uns vertrauten begrifflichen Unterscheidungen zur Bestimmung ihrer Eigenart sind vielmehr eine späte Errungenschaft, die eine Fülle archaischer Deutungen hinter sich gelassen hat.

Selbstdeutung und Selbsterfahrung gehen über andere und anderes. Der Weg nach Innen bedarf des Außenhalts. Wie er gegangen wird, ob über den Toten, den Traum, das Spiegelbild, durch magische Praxis oder reflektierende Versenkung, entspricht stets der

Auffassung der Außenwelt und der sozialen Verfassung. Daß er gegangen werden mußte und muß, liegt jedoch in der menschlichen Personalität als Zwang und Chance begründet, die sich dem direkten Zugriff nur öffnet, wenn sie vollzogen wird. Sie vollzieht sich allein als Verkörperung, im wörtlichen wie im übertragenen Sinne. Im wörtlichen Sinne: unsere Existenz als Körper im Körper verwirklicht sich als ein immer erneuter Akt der Inkorporation. Mit ihr schaffen wir den Grund, auf dem wir uns zu dem erheben, woran wir uns zu halten haben: das soziale Gefüge, das uns – nun im übertragenen Sinne – als Jemanden mit Namen und Status inkorporiert. Nur so werden wir Person. Der Prozeß der Personifikation, den das Kind mit seiner Geburt beginnt, macht das Individuum für sich selber wie für die anderen zu einem Individuum, indem er ihm Ansprechbarkeit durch den Namen erwirbt. Die Namengebung ist das Siegel seiner unteilbaren Einheit. Wie wir Stehen, Gehen und Sprechen selbst lernen müssen, so findet dieses Selbst seinen Halt nur am Namen, nach außen wie nach innen.

Mit diesem Namen findet der Einzelne seinen sozialen Ort, seinen Status, der um so mehr durch komplizierte Verwandtschaftsordnungen gesichert und um so genauer umschrieben sein muß, je weniger eine Gesellschaft Raum für individuelle Beweglichkeit und individuellen Statuserwerb bietet. Gescnlossene Gesellschaften, deren kulturelles Instrumentarium und Lebensfürsorge ganz von Traditionen geprägt sind, die am Alten nicht rütteln lassen, brauchen eine feste, oft ausgeklügelte Platzordnung für den Einzelnen, der hinter seinem Blutsverband zurücktritt. Dieses archaische Prinzip, das uns heute lebendig nur noch in Resten gegenübertritt, hat hoher Entwicklung nicht im Wege gestanden. Die Hochkulturen der Alten und Neuen Welt legen davon beredtes Zeugnis ab. Offene Gesellschaften dagegen mit mehr oder weniger freigegebener vertikaler Mobilität, mit schrumpfender Traditionalität, Gesellschaften neuzeitlichen Typus, in denen der Einzelne größere Beweglichkeit besitzt und seinen Status, vor allem durch persönliche Leistung, verändern kann, geben dem Blutsverband nicht mehr die gleiche ordnungstiftende Bedeutung. Der *ascribed status* verblaßt hinter dem *achieved status*.

Namenlos ist niemand. Als Kind des X aus dem Hause Y gibt sein Name dem Menschen das, womit er sich identifizieren kann. Die äußerliche Funktion der Kenntlichkeit ist in die eingreifendere der Einordnung und Unterordnung verwoben. Dem Schutz der Götter und Heiligen empfohlen oder auf ein Vorbild verwiesen, im Vertrauen auf die beschwörende und verbindende Kraft des Namens sieht das Kind an ihm bereits die Welt aufgehen, in die es gehört. Ihm ist eine Rolle zugefallen, die vielleicht nur Nachahmung und Nachfolge eines vergangenen, eines unerreichten Helden und Halbgottes bedeutet oder Wiederverkörperung eines sich in der Geschlechterfolge stets erneuernden Menschen: ein Abraham, ein Eliezer. Wenn in späten Kulturen, in rationalisierten unserer Zeit der Sinn für solche Wirklichkeiten verlorengeht und ein vergleichsweise abstrakter Funktionalismus das gesellschaftliche Gefüge bestimmt, werden andere Vorzeichnungen als Name und Herkunft für den Einzelnen wichtig. Aber sie fehlen nie. Soziale Zugehörigkeit, Wunschbilder und Vorurteile, konfessionelle Vorentscheidungen durch Elternhaus und Schule, politische Steuerung des Lebensganzen sind es heute, welche ihre Netze knüpfen, in denen der Einzelne gefangen seine Möglichkeiten findet. Sie fallen ihm zu, und er hat sie zu verwirklichen, eingespannt von Anfang an in den Rollenplan, den jede noch so naturnahe Sozialordnung in sich befaßt.

Denn es ist ein durch unser Sozialverständnis und unsere auf Leistung gestellte Lebensauffassung genährtes Vorurteil, daß die elementaren Lebensbeziehungen, wie Kindschaft, Mutterschaft, Vaterschaft, überhaupt verwandtschaftliche Zugehörigkeiten, der Rollensphäre entzogen seien und »Rolle« nur an solchen gesellschaftlichen Aufgaben hänge, deren Bewältigung eine besondere Leistung darstellt. Die Abgrenzung gegen solche elementaren Beziehungen ist aber nur da möglich, wo den Menschen der Sinn für Natur und Natürlichkeit aufgegangen ist und zugleich der Sinn für eine private Sphäre Gewicht beansprucht. Von seiten der Natürlichkeit und der Privatheit, die in der Intimität ihre höchst respektable Verbindung eingehen, beschränkt, bekommt dann der gesellschaftliche Rollenbegriff die uns vertrauten Konturen eines ausgesprochenen Doppelgängertums, in welchem die Privatperson X eine öffentliche Rolle spielt.

Dieses Doppelgängertum erläutert sich, da Rolle hier als Maske verstanden wird, am Bilde des Schauspielers. »Rolle« und »Spiel« sind nicht mehr in dem fundamentalen Sinne genommen, der vor jeder gesellschaftlichen Differenzierung gesellschaftliches Zusammenwirken als solches trägt, sondern als Formen eines herausgehobenen und für die Gesellschaft repräsentativen Verhaltens, welche sie ihren prominenten Figuren zumutet. Der zu solcher Funktion Gekommene schlüpft in diese Rolle und hat dafür zu sorgen, daß er sie gut spielt. Wer aus der Rolle fällt und zum Spielverderber wird, stört die Gesellschaft und macht sich in ihr unmöglich.

»Rolle« ist also bisher in zwei Bedeutungen verstanden worden: *Erstens* als ein mit der Verkörperung gegebener fundamentaler Zug leibhafter Existenz, die eines Namens bedarf, woran sie zur Person wird. Verkörperung, Identifikation, Personifikation umschreiben dann eine Struktur elementarer Rollenhaftigkeit, die – invariant gegenüber jeder Art von Gesellschaftsverfassung – das Grundverhältnis eines Individuums zu seinem Verband von vornherein festlegt. Als was und als wen sich das Individuum versteht, ist völlig offengelassen. Unsere Personauffassung etwa wird in gleicher Weise getragen wie die uns kaum mehr zugänglichen Personauffassungen naturvölkischer oder archaischer Prägung. Der offenbar weitverbreitet gewesene urtümliche Zoomorphismus, unter dem Menschen sich mit Tieren identifizierten, Tiere als Stammväter und Götter verehrten, hat darin ebenso eine seiner Wurzeln wie der spätere Anthropomorphismus, zu dem bestimmte Hochkulturen fortschreiten konnten.

Immer aber kommt aus dieser elementaren Wurzel das spezifische Vermögen der Darstellung, die sowohl Selbstdarstellung (Schauspielerei, oft hieratisch gebunden und bei gewissen Zeremonien und festlichen Anlässen geübt) als auch Fremddarstellung mit den Mitteln der Malerei und Skulptur sein kann. Imitation ist demnach in der menschlichen Grundverfassung verankert.

Zweitens, Rolle als theatralischer Begriff, im eigentlichen wie im übertragenen Sinne. Voraussetzung hierfür ist, daß es einen Rollenträger gibt, der seine Existenz wechselt, um die Rolle zu spielen. Das in der ersten Bedeutung von Rolle als Rollenhaftigkeit latente Spielelement, das in die Konstitution der Person durch die Verkörperung eingeht und in ihr gebunden bleibt, wird freigesetzt und gestattet nun einer Person, eine andere zu sein. Sie tritt an ihre Stelle. Der Verkörperungsprozeß wiederholt sich, nur durch die außer dem Spiel bleibende, bereits gesicherte Identität des Spielers getragen auf höherem Niveau. Überall da, wo Repräsentation einen wesentlichen Bestandteil sozialen Lebens bildet, im Kult der Gottheit oder des Staates, erweitert sich der theatralische Rollenbegriff zu einer gesellschaftlich-politischen Kategorie. Die hohen Würdenträger haben ihre Rolle zu spielen.

Was sich aus der Grunderfahrung solchen Doppelgängertums als das Bild von Rollenspieler und Maskenträger anbietet, führt von selbst auf den ehrwürdigen Topos vom großen Welttheater, dem unsere Welt freilich keine Resonanz mehr bietet. Ihr ist seit dem 18. Jahrhundert die sinnhafte Geschlossenheit einer kosmischen Ordnung verlorengegangen, die sich von der Antike bis ins 17. Jahrhundert unter wechselnden Vorzeichen zu erhalten wußte. Die vorchristliche, christliche und selbst die nachchristliche Kosmosidee legte die Metapher vom *theatrum mundi* nahe, weil Menschen und Dinge das Gelingen eines Ganzen bezeugten, das sich zwar an ihrem Wirken ablesen, aber doch nicht aus ihm allein ableiten ließ, ihm vielmehr als Plan zugrunde lag. Darum paßt der alte Topos gut zum Platz vor dem Salzburger Dom, aber nicht mehr zu den offenen Horizonten von heute, denen die Geschlossenheit einer dramatischen Szene nach dem Willen ihres Schöpfers und Regisseurs widerspricht und unter denen nicht nur sechs Personen ihren Autor suchen.

Die Verwendbarkeit des theatralischen Rollenbegriffs im soziologischen Sinne bleibt allerdings merkwürdigerweise von diesen Veränderungen unberührt. War früher den Leuten von Stand von allen zugestanden, eine Rolle zu spielen, was dann in der bürgerlichen Honoratiorengesellschaft auf einen weiteren, wenn auch immer noch geschlossenen Personenkreis überging, so hat auch die Demokratie von heute ihre Prominenz und ihre Szene. Sie ist nicht mehr abgehoben, es gibt keine Gründlinge mehr im Parkett, eher könnte man sagen: sie ist überall; die Öffentlichkeit ist diffus und allgemein geworden und ihr Korrelat, die Privatheit, nicht minder.

Rolle als gesellschaftliches Funktionselement, gelegentlich noch mit einem Rest von Theatralik und Repräsentation, nicht als beliebiges Verhaltenskorsett genommen (sie spielt das *enfant terrible*, er macht den wilden Mann), steht mitsamt den von ihr ausgehenden und an sie geknüpften Erwartungen einer Leistung dem Individuum objektiv gegenüber. Daher billigt man unter dem Begriff der Rolle dem Menschen einen Abstand von seiner gesellschaftlichen Existenz zu, der etwas Tröstliches haben kann: der Mensch, der Einzelne ist nie ganz das, was er »ist«. Als Angestellter oder Arzt, Politiker oder Kaufmann, als Ehemann oder Junggeselle, als Angehöriger seiner Generation und seines Volkes ist er doch immer »mehr« als das, eine Möglichkeit, die sich in solchen Daseinsweisen nicht erschöpft und darin nicht aufgeht.

Gerade die weite Spannung des Rollenbegriffs, die den *ascribed status* und den *achieved status* zusammen umfaßt, also das, was einer durch Geburt und Umstände im sozialen Felde ist, und das, was er aus sich macht, ermöglicht das Reservat eines *individuum ineffabile*, einer sozialen Unberührtheit, einer Zone der Privatheit, der Intimität, der persönlichen Freiheit. Insoweit gewährt der Rollenbegriff Achtung vor dem Einzelnen als dem Einzelnen und schirmt ihn gegen sein öffentliches Wesen ab. Als ein unbestreitbar anpassungsfähiges Mittel zur theoretischen Bewältigung sozialer Getriebe wird der Begriff damit zugleich zu einer moralischen Erinnerung an das persönliche Reservat des Einzelnen, an seine Privatexistenz.

Offensichtlich entspricht der Rollengedanke insoweit unserem modernen Gesellschaftstyp, dessen Träger ihr Zusammenspiel rational an Leistungen messen, die als Leistungen verstanden und in Wechselbeziehung zueinander gebracht werden. Sie weisen nicht über sich hinaus, auf eine von außen, von oben gegebene Ordnung und bekommen nicht von einer vor- oder außergesellschaftlichen Macht ihr Maß und ihren Sinn – dies zu glauben, bleibt Sache des Einzelnen, dessen Privatexistenz durchgängig geachtet und geschützt ist.

Der Rollenbegriff hat mit dieser erneuten Formalisierung eine dritte Bedeutung bekommen. Er ist zum gesellschaftlichen Funktionsbegriff geworden. Wir meinen nicht die ihn leicht überdeckenden Begriffe, wie Position, Stellung, Status, denen sich natürlich auch die Bedeutung von »Leistung« anpassen muß. Wenn »Vater« eine Rolle bedeutet, die einen Status verleiht, gilt der Busch-Vers mit Recht: Vater sein dagegen sehr. Wir meinen die Verschiebung, welche der Rollenbegriff, dem das Doppelgängertum privat-öffentlich zugrunde liegt, in Richtung auf einen reinen Funktionsbegriff erfährt, der an Menschen und ihr Verhalten nicht gebunden ist. Diese Verschiebung wird nicht bemerkt, weil der sich immer mehr in der modernen Welt durchsetzende Gedanke von der rationalen Funktionärsgesellschaft ihr soziales Wirken in Bildern von Maschinen verdolmetscht.

Für eine um das rational möglichst bruchlose Ineinandergreifen von sozialen Dienstleistungen besorgte Gesellschaft ist die Ablösbarkeit der Leistung von den Leuten, die sie entsprechend ihrer Rolle produzieren, ebenso eine Selbstverständlichkeit wie für die Leute selber, die daran freilich ihren persönlichen Halt gewinnen. Durch die Rolle, die er vor allem als Träger eines Ranges in Amt und Beruf spielt, hat der moderne Mensch seinen Status, stellt er etwas dar. Er ist für sich und andere etwas, er ist »wer«. Dieses fundamentale Doppelgängertum braucht der Einzelne, um sich in der Leistungsgesellschaft zurechtzufinden: neben einer mehr oder weniger nebelhaften Privatexistenz macht jeder, so gut er kann, eine öffentliche Figur.

Die Analyse des Rollenplans eines solchen Systems mit seinen spezifischen Rollenerwartungen und Leistungen kann sich also auf die Gesellschaftsauffassung der ihm zugehörigen Menschen berufen, wenn sie die Rollenspieler nur mit ihrer Funktion, nicht in ihrer privaten Existenz in Betracht zieht. Ihre Anlagen, Neigungen und Auffassungen von dem, was sie zu tun haben, interessieren nicht. Indem sich die Leute selber zu Funktionären machen, haben sie sich dem funktionellen Rollenbegriff angepaßt, mit dem wir auch sonst operieren, wenn es um das Verständnis eines gegebenen Funktionssystems geht (die Rolle der Kardanwelle im Automotor, der Vegetation im Wasserhaushalt der Erde), und der auf die gegenseitige Verzahnung objektiv gegebener oder zu erbringender Leistungen zielt. Diese sind die Elemente, die den Wirkungszusammenhang ermöglichen, nicht die mehr oder weniger begabten, zufriedenen oder rebellierenden Menschen.

Für Gesellschaften anderer Prägung, etwa für die des vorindustriellen Europas, die zur Idee der Arbeit noch kein selbstverständliches Verhältnis hatten, wohl Ämter und Dienste kannten, dem *achieved status* wenig Raum boten und dafür um so mehr in der Vorstellungswelt des *ascribed status* lebten, wäre ein Selbstverstehen unter dem funktionellen Rollenbegriff undenkbar. Wie erst für die Gesellschaften archaischen oder naturvölkischen Gepräges mit einem dem unsrigen fremden Bewußtsein von Individuum, Stamm und Vergangenheit, Werk und üblichem Tun, Gesellschaften ohne das Doppelgängertum ihrer Glieder, denen der Sinn für die rein private Basis ihrer Rollenfigur fehlt! Merkwürdigerweise versagt nun auch gegenüber diesen altertümlichen Typen von Gesellschaft, die den Funktionalismus der Arbeit nicht kennen und von keiner Gespaltenheit in private und öffentliche Existenz wissen, die funktionelle Analyse nicht.

Um Gesellschaft in jeder Form als ein Geflecht von Stellenwerten und Rollenfiguren in einem Gleichgewicht von Funktionen sehen zu können, ist also offenbar vorausgesetzt, daß die Deutung, die der Mensch seiner sozialen Existenz gibt, sein Verhalten nicht deckt. Oder, zu uns hin gesprochen: offenbar ist die Deutung, die wir unserer sozialen Existenz geben, nämlich Träger von Rollen, von Funktionen zu sein, auf eine Formalisierung hin angelegt, die andere Gesellschaftstypen primitiver, archaischer, theonomer Prägung mit einbegreift – allerdings unter Verzicht auf deren Selbstdeutung. Unser rationales Selbstverständnis gewinnt seine Formalisierbarkeit aber aus der Idee des Menschen als eines zwar auf eine soziale Rolle überhaupt verwiesenen, aber nicht durch eine bestimmte Rolle definierten Wesens. Der Rollenspieler oder Träger der sozialen Figur fällt zwar nicht mit ihr zusammen, kann jedoch nicht für sich völlig abgelöst gedacht werden, ohne seine Menschlichkeit zu verlieren. Was Rolle ihm nach unserer Gesellschaftsauffassung grundsätzlich und jederzeit gewährt, nämlich eine Privatexistenz zu haben, eine Intimsphäre für sich, hebt nicht nur nicht sein Selbst auf, sondern schafft es ihm. Nur an dem anderen seiner selbst hat er – sich.

An dieser Struktur von Doppelgängertum, in welchem Rollenträger und Rollenfigur verbunden sind, glauben wir eine Konstante zu erkennen, welche für jeden Typus menschlicher Vergesellschaftung offen ist und eine ihrer wesentlichen Voraussetzungen bildet. Der Doppelgänger hat immer die Möglichkeit, sich als solchen zu vergessen oder gar nicht erst seiner Duplizität gewahr zu werden und damit sich an seine soziale Rolle zu verlieren oder – wie es offenbar ein Vorrecht hoher Kulturen ist, die spezifische Berufsmoralen entwickelt haben – ein Gleichgewicht, einen Ausgleich zwischen der privaten und der öffentlichen Hälfte seiner selbst herzustellen und durchzuhalten. Aus diesem Grunde vermochte sich etwa aus lutherischer Frömmigkeit die »Innerlichkeit« zum Ort eigentlicher Menschlichkeit zu gestalten und die Rollenfigur von ihr abzusetzen. Gleichwohl ist darin nur *eine* Möglichkeit des Verhältnisses zwischen dem Einzelnen und seiner sozialen Existenz getroffen. Dem Doppelgängertum des Menschen als solchen, als einer jedwede Selbstauffassung ermöglichenden Struktur, darf die eine Hälfte der anderen keineswegs in dem Sinne gegenübergestellt werden, als sei sie »von Natur« die bessere. Er, der Doppelgänger, hat nur die Möglichkeit, sie dazu zu machen.

Die ursprünglich wohl im religiösen Interesse gelegene Gleichsetzung von Innerlichkeit und Eigentlichkeit, Öffentlichkeit und Uneigentlichkeit – eine für die Moral nicht weniger als für die Erkenntnis verhängnisvolle Deutung – lebt in dem berühmten Theorem von der menschlichen Selbstentfremdung weiter. Vom religiösen Gehalt weitgehend gelöst, gewann es seine Kraft an den Rückwirkungen der industriellen Gesellschaft auf den Menschen. Diesem Theorem stellen wir den Gedanken vom Doppelgängertum des Menschen entgegen: den Menschen als ein Wesen, das sich nie einholt, weil es sich verkörpern muß. Entäußerung bedeutet keine Entfremdung seiner selbst, sondern – auch unter den heutigen Bedingungen einer hochdifferenzierten Arbeitswelt – die Chance, ganz er selbst zu sein.

Nichts ist der Mensch »als« Mensch von sich aus, wenn er, wie in den Gesellschaften modernen Gepräges, fähig und willens ist, diese Rolle und damit die Rolle des Mitmenschen zu spielen: nicht blutgebunden, nicht traditionsgebunden, nicht einmal von Natur frei. Er ist nur, wozu er sich macht und versteht. Als seine Möglichkeit gibt er sich erst sein Wesen kraft der Verdoppelung in einer Rollenfigur, mit der er sich zu identifizieren versucht. Diese mögliche Identifikation eines jeden mit etwas, was keiner von sich aus ist, bewährt sich als die einzige Konstante in dem Grundverhältnis von sozialer Rolle und menschlicher Natur. Sie bewährt sich für die Analyse menschlicher Gesellschaften dank ihrer Abwandlungsfähigkeit auch in sozialen Funktionssystemen, deren Selbstverständnis die Idee des Menschen verschlossen ist und welche damit ihre Identifikation mit sich nicht als solche durchschauen und vollziehen. Sie bildet in unserer Welt Prinzip und Richtschnur für den optimalen Ausgleich zwischen Privatheit und Öffentlichkeit in den industriellen Gesellschaftsordnungen, deren ideologische Gegensätze nur der von einem vergangenen Denken geprägte Ausdruck ihrer fundamentalen Gemeinsamkeit ist.

Verkörperung II: Lachen, Weinen, Lächeln

»Das Lachen ist ein Rudiment aus der Affenzeit, ein widerlicher und schamloser Ton aus der falschen Kehle. Wenn man mich unter dem Kinn kitzelt, wird es irgendwo aus meinem Körper herausgetrieben«, heißt es bei Knut Hamsun, und es ist wohl nur dem Respekt vor den überwiegend schmerzlichen Anlässen zuzuschreiben, daß nicht auch das Weinen unter sein Verdammungsurteil fällt. Lachen und Weinen passen schlecht in das Bild vom beherrschten, redegewaltigen Menschen, der seine körperliche Existenz zu kultivieren sucht und sich, mit den Worten der Bibel, seiner Nacktheit schämt. Macht man sich aber die ganze Skala der Anlässe klar, auf welche der Mensch mit Lachen und Weinen reagiert und offenbar nicht anders reagieren kann, so verliert sich das Unpassende und gewissermaßen Untermenschliche der Reaktionen. Sie passen zum Menschen, auch wenn es sich vielleicht nicht immer paßt, ihnen ihren Lauf zu lassen.

Lachen und Weinen sind Reaktionen auf Grenzen, an welche unser Verhalten stößt. Sie sind Äußerungen eines Unvermögens, das freilich nicht an den zahl- und regellosen kleinen oder großen Niederlagen abgelesen werden darf, die unser Leben durchziehen. Sie haben vielmehr prinzipiellen Charakter und hängen mit der menschlichen Verhaltensstruktur als solcher zusammen. Was ihr zuwider ist, nicht weil es unseren Mitteln unangemessen ist, die zu seiner Bewältigung nicht ausreichen, sondern weil es Verhalten überhaupt von sich aus außer Kraft setzt und abweist, erregt Lachen und Weinen. Durch sie bezeugt der

Mensch, auf Grenzen möglichen Verhaltens gestoßen zu werden, und zwar in des Wortes eigentlicher Bedeutung. Diese Erfahrung, mit seinem Latein zu Ende gekommen zu sein, hat nicht den Charakter eines aus Überlegungen und Probierversuchen resultierenden Eingeständnisses, sondern muß – sonst lassen sich die vorsprachlichen Äußerungsformen aufquellenden Gelächters und aufsteigender Tränen nicht erklären – mit der Verkörperung als Instrument der Verhaltensbildung selber in Zusammenhang stehen.

Nach üblichem Schema gehört Lachen auf die helle und heitere, Weinen auf die dunkle und traurige Seite des Gefühlslebens, und Gefühle sollen es sein – und sind auch immer im Spiel –, denen sie Ausdruck verleihen. In einem sehr vagen Sinn lassen sie sich als Ausdrucksbewegungen bezeichnen, nur dürfen sie dann nicht mit den echten mimischen Expressionen zusammengebracht werden, in denen sich die Affekte entladen: Angst, Schrecken, Zorn, Wut, Freude, Neid, Verlegenheit – Bilder, die an manchen hochentwickelten Tieren ebenso zu beobachten sind. Zwar beteiligen sich Lachen und Weinen auch an Affektentladungen, aber kaum eindeutig. Vor Freude, vor Wut, aus Verlegenheit können wir ebensogut lachen wie weinen. Aber dann werden wir von der Äußerung übermannt. Die Bildersprache unserer Affekte ist zwar nicht einfach in unsere Gewalt gegeben, aber sie ist transparent auf die seelische Verfassung, die sich in ihr malt und spiegelt. Lachen und Weinen sind dagegen völlig opak. Das gurgelnd-glucksende Gemecker, an welchem Zwerchfell und Atmung beteiligt sind oder der Knödel im Hals, die stoßweise Inspiration und der Tränenfluß haben weder mit der Gemütsverfassung noch mit dem ihr zugrunde liegenden Anlaß irgendeine erkennbare, malend-spiegelnde Verwandtschaft. Deshalb lassen sie sich als Ausdrucksbewegungen nicht fassen. Daß wir von ihnen übermannt werden, bildet einen Hinweis auf ihre mit einer offenbaren Störung der Verhaltensbildung irgendwie verknüpfte Funktion.

Menschliches Verhalten entspricht immer irgendwelchen Verhältnissen, die ihm Abstand gewähren, zu Dingen und Situationen wie zu sich selber. Irgendeine Ordnung muß herrschen, in der und mit der es sein Bewenden hat. Diese Bewandtnis trägt den Wortgebrauch, das verfügende Umgehen und planvolle Handeln. Sobald diese Ordnung nicht einfach in Unordnung geraten ist, die sich wieder beseitigen läßt, sondern als Ordnung sich begrenzt zeigt, das heißt das andere ihrer selbst in Erscheinung tritt, wird das Verhalten gebremst. Der Schock verschlägt uns die Sprache und setzt uns außer Gefecht. Ist unser Abstand im Verhältnis zur Sache selber nicht aufgehoben, so erheitert uns die Situation, wir finden sie komisch oder witzig, wir lachen. Sind wir selber aber betroffen und um jeden Abstand gebracht, so erliegen wir dem Schmerz, dem Leid, der Rührung und Ergriffenheit, wir weinen.

Komik und Witz zeigen beide eine Überkreuzung von Ordnung: die unmögliche Situation, den Doppelsinn, den Widersinn. Bald ist es ein Mensch, der wie eine Vogelscheuche oder eine Marionette wirkt, bald stößt er an Tabus oder verheddert sich. Bald ist es ein Wort, ein Satz, der versteckten Sinn enthält, bald verblüfft ein Argument, das in aller Logik das Gegenteil seiner These beweist. Bald trifft die karikierende Übertreibung, dann wieder das Mißverhältnis zwischen *understatement* und dem Gewicht der Sache. Satirische, ironische, humorvolle Einklammerung der gewohnten Verhältnisse heben nachdrücklich oder versteckt die Welt aus ihren normalerweise unbemerkten Angeln. In dieses Relativierungsverfahren vermögen Selbstironie und Humor den Betrachter selber mit einzubeziehen, um ihm seiner Distanz zu sich nur um so mehr zu versichern. Ob sie immer mit einem Gefühl der Überlegenheit getränkt sein wird, bleibe dahingestellt. Sicher aber verstärkt sie das Bewußtsein einer gewissen Freiheit und Erleichterung, welche dem plötzlichen Druckverlust entspricht, den die übliche Ordnung der Verhältnisse, das Korsett unseres Lebens, dadurch erleidet.

Die andere Möglichkeit der Unterbindung des Verhaltens ist für uns dann gegeben, wenn der Ansatz zu einer Ordnung durch Aufhebung der Distanz (zu mir, zu anderen und anderem) fehlt, wenn wir vom Schmerz gepackt, von Leid erfüllt, von Freude überwältigt, von Schönheit und Erhabenheit ergriffen sind. Vom rohesten Ausgeliefertsein bis zur sublimsten Ergriffenheit breitet sich die Skala der Anlässe des Weinens. Wir geben uns an ihnen auf und lassen uns fallen, denn die Verhältnismäßigkeit unseres Daseins ist in der unmittelbaren Konfrontation mit ihnen aufgehoben. Das kann beschämend, niederdrückend, aufreizend, aber auch beseligend empfunden werden. Entscheidend ist immer nur der Anlaß selbst, der – ob nichtig oder gewaltig, ob schmerzhaft oder beglückend – dadurch, daß er uns trifft, außer allem Verhältnis zu uns steht. Das Unverhältnismäßige, nicht im relativen, gebräuchlichen, sondern im absoluten, losgelösten Sinne verstanden, im Modus des Gepacktseins beantwortet der Mensch mit Tränen.

Mit Lachen und Weinen meldet sich die Unterbindung der Verkörperung als des Mittels zur geregelten Bildung menschlichen Verhaltens. Sie stellen sinnvolle Fehlreaktionen auf die Unmöglichkeit dar, zwischen der Person und ihrem Körper das zum Verhalten entsprechende Verhältnis zu sichern. An ihnen wird die Distanziertheit der Person als Bruch im Verlust ihrer auf Ordnung der Verhältnisse bezogenen und gestützten Selbstbeherrschung sichtbar. Einem Wesen ohne Distanz, ohne Exzentrum kann das nie passieren. Darum können Tiere weder lachen noch weinen. Nur der Mensch hat die Höhe, aus der er sich fallen läßt. Nur der Mensch kennt mit dem Sinn zugleich Doppelsinn, Unsinn und das, was darüber hinausreicht.

Wie zum Ausgleich für die in jedem Sinne unbeherrschten, explosiven und desastreusen Ausbruchsformen, in welche der Mensch durch die Unterbindung seines vermittelten Verhältnisses zur Welt gerät, verfügt er über eine, und zwar echte mimische Gebärde, das Lächeln. Unter allen Ausdrucksformen hat sie das Privileg der geringsten Bindung an eine besondere Emotion. Die leichte Auflockerung des Gesichts, in der sich alle Erregungen mit schwacher, unausgesprochener Antriebsform unmittelbar und unwillkürlich spiegeln: Staunen, Zufriedenheit, Geöffnetheit zum anderen, Verständnis, bietet sich von selbst als ein Spielfeld dar. In den starken Affekten und in den explosiven Reaktionen des Lachens und Weinens sind wir hingenommen und überwältigt. Jede Distanz zum eigenen Gesicht ist ausgelöscht. Im Lächeln dagegen herrscht ein Gleichgewicht zur eigenen Gebärde, die damit Maskenfunktion annehmen kann, mit der Zärtlichkeit wie Aggressivität, Geöffnetheit wie Verschlossenheit gleichermaßen zum Ausdruck kommen. Wie von selbst gleitet das Lächeln aus dem Bereich der unwillkürlichen mimischen Gebärde in den der abgewogenen Geste über, die unergründlich wirken kann, weil sie alles und nichts sagt. So bewahrt der Mensch seine Distanz zu sich und zur Welt und vermag sie, mit ihr spielend, zu zeigen. Lachend und weinend ist er das Opfer seiner exzentrischen Höhe, lächelnd gibt er ihr Ausdruck.

Mag man diese seltsamen, wiewohl zu den menschlichen Konstanten gehörenden Ausdrucksweisen für Randerscheinungen halten: auch Randerscheinungen sind aufschlußreich. Die übliche Analyse menschlicher Natur bleibt freilich – wenn sie nicht eine Lehre vom Sein daraus macht – durch die kulturellen Vermögen der Sprache und des variablen Gestaltens in Kunst und Technik, Kult und sozialer Verfassung ebenso gefesselt wie durch die für die Daseinsbeherrschung durchgängig entscheidenden Fragen nach Leben und Tod, Sicherheit, Austausch und geselliger Ordnung. Aber nach der Wurzel dieser Sorgen und der Möglichkeiten, ihnen zu begegnen, die in der menschlichen Daseinsstruktur gegeben ist, wird nicht gefragt. Mit dem Schema von Vermögen und Trieben hat man nur ein Modell geschaffen, das unserer Art, uns zu verstehen, also einer historisch hochbelasteten Art, entspricht. Davor warnt uns das historische Gewissen. Wir müssen die *conditio humana* unterhalb ihrer geschichtlichen Prägungen ansetzen und sehen uns deshalb auf die elementarste, gegen alle Deutungen invariante Daseinsweise verwiesen, die wir mit Verkörperung bezeichnen.

Entkörperung

Nur der Mensch weiß, daß er sterben wird. Zwischen Geburt und Tod eingeschlossen, erfährt er an sich und seinesgleichen Grenzen, die ihn auf anderes verweisen, in das er übergehen muß, sichtbar-unsichtbar, und an denen sein Leben versagt. Die Radikalität solcher unüberholbaren Erfahrung weiß sich offenbar nicht erst in späten und zu hoher Abstraktion gediehenen Kulturen Antworten zurechtzulegen, die ausdrücklichen Fragen entsprechen, wie auch wir sie stellen: wo nun der Verstorbene sei, ob und wie er weiterlebe, ob und wann er wiederkomme. Seelenglaube und Seelenkult haben darum noch lange keinen bloßen Erklärungswert, als bedürfe erst der Verlust körperlicher Sichtbarkeit zusätzlicher Annahmen unsichtbarer Kräfte, sondern Todeserfahrung und Lebenserfahrung bilden von allem Anfang an eine Einheit, weil in der Verkörperung die Entkörperung als ihr Gegenzug mit enthalten ist. Im Außenfeld des Handelns gehören »Nicht« und »Leere« als Hintergrund und Gliederungsmedium zu dem in zerstreuten Dingen aufgesplitterten Realitätsbild, Kommen und Verschwinden, Machen und Zerstören sind ihre hantierbaren Übergangsweisen, und erst das vom unmittelbaren Bezug zur Praxis sich lösende Denken entdeckt an ihnen begriffliche Schwierigkeiten und die Rätsel des Werdens und Vergehens, des Nichts und des Seins.

Die Vertrautheit mit dem Negativen, die den Tieren fehlt, bildet ihrerseits die Grundlage für die Todeserfahrung und die Sorge um das eigene Leben. Sie hat sich seit den frühesten Tagen menschlichen Daseins den verschiedenen kulturellen Formen entsprechend gestalten müssen. Bei einem weitgehend isolierten Trupp schweifender Jäger etwa des Aurignacien stehen die Sorge um das Tier im Mittelpunkt, seine überlegene Kraft, seine Fruchtbarkeit, sein und das eigene Weiterleben, die Macht der Waffe. Mit dem Übergang zur siedelnden

Lebensweise, zur Domestikation von Tieren, zum Anbau von Pflanzen, zur Gründung von Städten, die Jahrtausende später an die Schwelle der Frühgeschichte führen, verschiebt sich der Horizont der Sorge. Götter erscheinen, mythische Figuren dauerhaften Charakters, die den beharrend wiederkehrenden Gewalten der Erde und Gestirne, dem Zyklus der Jahreszeiten zugeordnet sind. Ihre Ordnung korrespondiert wiederum mit der sozialen Verfassung. Die magische Weltbewältigung aus der Jägerzeit wird von der jüngeren des Kultes an heiligen Stätten überlagert, umgeformt, aber nicht völlig verdrängt. Die alten Symbole der Identifikation mit dem machtvollen Tier überdauern den Transformationsprozeß und werden zu Tiergottheiten. Erst sehr spät, unter Führung der Griechen, vermenschlicht sich das Götterbild, um mit der Vorstellung des bildlosen Einen Gottes, die eine Leistung der Juden ist, den Kulminationspunkt der Theomorphie zu erreichen.

Für den Durchbruch der Rationalität als dem gestaltenden Entwicklungsprinzip der neueren Welt ist die Verbindung des griechischen mit dem jüdischen theologischen Gedanken entscheidend gewesen. Denn jeder für sich hat an der Freilegung einer Profansphäre mitgeholfen, die griechische Vermenschlichung wie die jüdische Entmenschlichung und Transzendierung göttlichen Wesens. Die Vaterfigur, von der man sich kein Bild noch Gleichnis machen soll und die den Raum für Gesetz und Prophetie freigibt, und die gesteigerten Spiegelfiguren des homerischen Pantheon, die der Philosophie und aufkeimenden Wissenschaft keinen Widerstand bieten, haben der Vergeistigung des Menschen gedient und den Gott-Menschen vorbereitet, in dem Profanität und Sakralität ihre Synthese fanden. In ihr sind, was die nachchristliche Theologie und Geistesgeschichte offenbart haben, ebenso die Möglichkeiten der Heiligung des Profanen wie die Profanierung des Heiligen gleichermaßen, der totale Anspruch der Kirche wie die totale Aufklärung angelegt.

Versucht man zu dieser unermeßlichen Vielfalt religiöser Erfahrung Abstand zu gewinnen und an ihre menschliche Wurzel heranzukommen, so zeigen sich zwar Tod und Sorge um das Fortleben als die einschneidenden Anlässe für Zauber und Beschwörung, magische Übung und mystische Versenkung, Opfer und Gebet, aber das spezifische Vermögen, welches den religiösen Verhaltensweisen zugrunde liegt und aus den erwähnten Anlässen ins Spiel kommt, ist damit noch nicht bestimmt. Auch fehlt die Einsicht in eine durchgängige Verbindung mit den Momenten der Herausgehobenheit und Unnahbarkeit, des *tremendum* und *fascinosum*, die das Heilige auszeichnen. Daß es gefährlich ist, religiös bereits präformierte Begriffe an dieses gesuchte Fundament heranzubringen, weil sich auf diese Weise das Problem bereits in einer seiner geschichtlichen Fassung zeigt, die seine Wurzel verdeckt, Begriffe wie Ich, Seele, Geist oder spezifische Zustände und Bedürfnisse wie Angst, Schutzbedürfnis, Trieb nach Verehrung, versteht sich zwar von selbst, wird aber sehr häufig übersehen. Denn die Angabe einer formalen Struktur scheint gerade an dieser Stelle der überwältigenden Eindringlichkeit der Sache besonders unangemessen zu sein.

Exponiertheit und beschränkte Weltoffenheit als Kennzeichen menschlicher Grundverfassung geben einer ambivalenten Lage Ausdruck, die bald in Überlegenheit, bald in Schwäche und Unsicherheit manifestiert wird. Unbehaustheit und planend-gestalterisches Können, das die Dinge im Griff hat, begegnet auf Schritt und Tritt der Chance einer übermächtigen Drohung, den Dingen ausgeliefert zu sein und ihnen zu erliegen. Jedem Verhalten stellt sich ein offenes, überschießendes Plus entgegen, das räumlich in der ständig sich verschiebenden Horizontlinie jeweils übersehbarer Umgebung, zeitlich als Zukunft, an den Dingen als verborgene Möglichkeit, überall also als ein Nichtgegebenes in Erscheinung tritt. Dieses gilt es zu bannen, abzuwehren wie in die Gewalt zu bekommen. Nur ein Äußerstes bildet zu dieser Aufgebrochenheit das Gegengewicht und gibt ihm entsprechenden Rückhalt, ein Äußerstes an Macht und Hoheit. Nähe und Ferne müssen in ihm aufgehoben sein, weil beide in räumlich-zeitlichem Sinne das Verhalten beherrschen. Beobachtung und Berechnung, von Imagination getragen und verbunden, brauchen daher eine imaginäre Führung und Begrenzung.

Ohne ein solches Gegenüber kommt offenbar menschliches Verhalten in seinem ambivalenten Verhältnis zu seiner fragmentarischen Welt nicht aus. Wie es gestaltet und als was es verstanden wird, ob als anonyme Macht oder als Person, hängt von der Art der Daseinsbewältigung ab, in der es sich spiegelt und die es wiederum stützt. Im engen, bedürfnisarmen Lebenskreis schweifender Jäger der Steinzeit hält sich die Imagination an vergleichsweise simple Symbole. Ackerbauer, Viehzüchter, Städtegründer wiederum leben in Kontinuität und begrenzten Gebieten. Ihre Mächte haben eine Dauerordnung zu tragen und eine Herrschaftsordnung zu legitimieren. Dem Priester und Fürsten, dem Gebieter und Hüter entspricht die Gottheit. Von ihr her sieht sich der Mensch, nach ihr formt er sich, auf sie lebt er hin. Hier steht er bereits unter dem Gesetz der Theomorphie, das bis in die Gegenwart der hochindustriellen Welt Geltung beansprucht. Noch in der Verklärung des Menschenbildes durch die Aufklärung wirkt es weiter, die sich dabei des Rückhaltes an den klassischen Vorbildern nicht zufällig bedient. Und wenn heute in einer gottlosen, gottfernen Gesellschaft archaische Symbole in Plastik und Malerei ihre zunächst rätselhafte Anziehungskraft auf die Imagination wiederzugewinnen scheinen und eine *préhistoire moderne* in seltsamer Korrespondenz zu den entdeckten Felsbildern und Bildwerken der Frühzeit aus verschütteten Tiefen ans Licht drängt, möchte die Vermutung einige Wahrscheinlichkeit für sich haben, daß diese Phänomene Symptome jener Weigerung sind, dem Gesetz der Theomorphie das menschliche Leben noch länger unterzuordnen.

Soll das nun heißen, das Numinose sei eine Schöpfung des Menschen, und wenn nicht eine bewußte Schöpfung, dann jedenfalls doch eine Spiegelung und Projektion, der er verfällt, weil er von sich nicht loskommt? Feuerbach hat so gedacht und die Abspaltung einer überirdischen Sphäre auf die unerfüllten Bedürfnisse zurückführen wollen, denen kein anderer Ausweg gelassen sei. Sicher ist das Problem so nicht zu lösen. Wenn die Genesis sagt, Gott schuf den Menschen ihm zum Bilde, trifft sie mit der Ebenbildlichkeit genauer das Verhältnis der Korrespondenz. Diesseits der Theologie läßt sich nur behaupten, daß beide füreinander sind und sich die Waage halten. Daß – so hieß es an früherer Stelle – Personifikation mit Identifikation gleichbedeutend sei, die dem Individuum kraft des Namens gewährt wird, zeigt im Kleinen den gleichen Vorgang wie hier im Großen: die Angewiesenheit des Menschen auf ein Gegenüber, mit dem – mag es auch keine personhaften Züge besitzen – er sich gleichsetzen kann: als der Macht, durch die er lebt – gleichsetzen nur in dem paradoxen Abstand, der äußerste Ferne und unvermittelte Nähe vereint.

Das Ineinander von Verkörperung und Entkörperung bevölkerte einmal die menschliche Welt mit magischen Kräften und mythischen Figuren, Praktiken und Riten, die uns nur unvollkommen noch zugänglich sind, weil uns der Zugang zu einem kosmischen Verständnis der Dinge verlorengegangen ist und ihre sympathetische Ordnung an dem mechanisierten Naturverständnis und der von ihm geleiteten Arbeitsgesellschaft keine Stütze mehr findet. Was heute noch an kosmische Bezüge glaubt und sie zu effektuieren sucht – mit Horoskop und archaischen Heilpraktiken –, führt ein verstohlenes Dasein, genährt zwar von der Wundergläubigkeit breiter Halbbildung, aber machtlos, weil geistig und gesellschaftlich entwurzelt. Ihr Inventar an Formen, dankbares Objekt der Tiefenpsychologie, zeigt in all seiner geschichtlichen Prägung tieferreichende Wurzeln. Es wäre verkehrt, die menschliche Grundverfassung, die zu solchen Gestaltungen drängte, für erschöpft zu halten. Sie wird, unendlicher Transformationen fähig, als machtvolle Konstante auch in den uns noch verborgenen Weltkonzeptionen weiterwirken.

Geschichtlichkeit

Aus großem Abstand gesehen, zeigen die Geschichtsverläufe der einzelnen Kulturen, wie man weiß, gewisse gemeinsame Verlaufsformen und Ähnlichkeiten, die dem alten Gedanken des Zyklus oder dem modernen der Gesetzmäßigkeit als Stütze dienen. Verringert sich der Abstand, so rücken die Dinge auseinander und erscheinen in der Perspektive ihrer jeweiligen Gegenwart als kaum noch vergleichbar. Die unerbittliche Analyse des Historikers dringt durch die überlagernden Konturen, die sich dem vergleichenden Überblick wie eine Mannigfaltigkeit von Formen aufdrängen, bis zu den ehemaligen Konstellationen der handelnden Personen und den von ihnen ausgelösten Ereignissen vor, in denen das Element der Planung, Vorwegnahme und Voraussicht mit dem Element der Überraschung ihre spezifisch geschichtliche Verbindung eingeht. Warum sollte es anders sein? Die Landschaften der Geschichte werden aus großer Höhe den Charakter von Reliefkarten bekommen, und wenn wir sie durchwandern, sieht alles anders aus, wird die Wegbiegung entscheidend, die uns den plötzlichen Durchblick gewährt.

Menschen machen und erleiden Geschichte erst unter der spät von ihnen erworbenen Voraussetzung ihrer Denkwürdigkeit, die an die Entdeckung der kontinuierlichen Zeit gebunden ist. Sie wiederum bedarf entsprechender Interessen: kontinuierlicher Sorge um Siedlung, Besitz und Herrschaft. Quer durch den Zyklus der Jahreszeiten bahnt sich unter dem ständigen Druck der Zukunft eine stetige Vergangenheit ihren Weg, der die Aufzeichnung folgt. Sie dient, ob in monumentalisierender oder archivalischer Absicht, der Fortdauer des Gewesenen und bietet sich erst in differenzierten sozialen und politischen Verhältnissen als ein Instrument der Kritik am Bestehenden, als ein Organ der Besinnung und Mahnung an. Geschichtsschreibung schließlich nach wissenschaftlichen Gesichtspunkten um der Wahrheit willen, aus reiner Neugier an dem, wie es wirklich war, ist, aus allen ihren früheren Funktionen befreit und gegen sie womöglich abgeschirmt, ein spätes Kunstprodukt, über dessen Lebensfähigkeit man geteilter Meinung sein kann, auch wenn wir diese Spät- und Höchstform als eine sittliche Pflicht und einen unersetzlichen Weg zur

Erkenntnis menschlichen Wesens ansehen. Diese immer sich wieder revidierende, zur Quellenkritik und Selbstkritik der eigenen und der überlieferten Darstellung angehaltene Geschichtsschreibung hat uns den Blick nicht nur für die Vergänglichkeit menschlicher Dinge und Errungenschaften geschärft, sondern, was vielleicht noch entscheidender ist, auch das Vertrauen in die Sonderstellung unseres Blickpunktes und seines Panoramas allmählich erschüttert. Sie hat uns gegen Fortschrittsbilder und Phasenkonstruktionen, gegen Dramatik und Logik, mit einem Wort gegen die Vernunft in der Geschichte skeptisch gemacht, die einer universalen Zusammenschau das Rückgrat gaben, aus methodischen wie selbst aus geschichtlichen Gründen. Denn – wir sagten es schon zu Anfang – das 19.Jahrhundert mit seiner politischen und seiner industriellen Revolution, seinem Klassenantagonismus und Ideologienkampf war nicht mehr dazu angetan, in den Bahnen des christozentrischen Europäismus weiterzudenken.

Im Wettbewerb national-legitimer Geschichtsschreibungen, vor einem durch die Entdeckung bis dahin vernachlässigter Geschichtsräume und früher Kulturen, durch Ethnologie und Soziologie ins Vor- und Außergeschichtliche immens erweiterten Hintergrund, gegen den sich die alte Universalhistorie wie ein Sonnensystem vor vielen anderen abhob, reicherte sich das Wissen vom Menschen im gleichen Maße an, in dem es die denkende Bewältigung des Wissens zwang, seine Grundlagen tiefer anzusetzen. Die durch Einbeziehung des perspektivischen Wechsels und die Zunahme des Erfahrungsmaterials unvermeidlich gewordene Relativierung bislang für unantastbar gehaltener Zusammenhänge und Rahmenordnungen brachte den Menschen als Träger und Produkt der Geschichte in einem formaleren Sinne als früher in den Blick. Dem Zerfall einer harmonisierenden, auf eine Einheit bezogenen Universalgeschichte entspricht der Begriff der Geschichtlichkeit, die Aussagen über das Wie und Was der forschenden Erfahrung überläßt und als den Akteur des vergangenen Geschehens nur ein geschichtsmächtiges Subjekt behält, das ihm als Inbegriff seiner Möglichkeit zugrunde liegt. Welcher Historiker würde es heute noch wagen, mit den Mitteln einer Interpretation, die für das 19.Jahrhundert in Europas Kultur und Staatenwelt angemessen war, sein Mittelalter oder gar die Völker klassischer Antike zu beschreiben, geschweige denn den alten Orient oder das präkolumbische Amerika?

Wenn historische Erkenntnis dazu zwingt, in der Beurteilung der Ereignisse, Personen und ihrer Motive nicht nur vom Material her mit ständigen Revisionen zu rechnen, sondern sogar dem eigenen Wortschatz und seiner begrifflichen Tragweite zu mißtrauen, weil er selber Geschichte mit sich schleppt; wenn darüber hinaus jede dem Menschen zugeschriebene Wesensbestimmung unter Geschichtsverdacht steht, dann dürfen die Invarianten seiner Natur nicht mit gewissen Konstanten seines Verhaltens gleichgesetzt werden, welche in allem geschichtlichen Wechsel sich bewähren. Diese konstanten Figuren des *homo faber, homo ludens, homo divinans, homo sapiens* bilden Aspekte menschlichen Verhaltens, in denen sich das Ganze seiner Möglichkeiten spiegelt, aber an ihre Quelle führen sie nicht heran. Was Werkzeugerfindung und technische Arbeit, Spiel, religiöse Hingabe und fragendes Denken ermöglicht, die selber geschichtlicher Variabilität unterworfen sind, kann nicht aus ihr begriffen werden. Die Erkenntnis ihres Potentials sieht sich auf die Geschichte verwiesen, die Erkenntnis ihrer Möglichkeit nicht.

Aus diesem Grunde haben wir versucht, sie an die vitalen Bedingungen zu knüpfen, denen der Mensch von Natur unterworfen ist. Soll die These richtig sein, daß alles, was er aus sich macht, geschichtlichem Wandel unterliegt, werden die Dinge, auf die es ihm zu allen Zeiten ankommt und an denen er sich seiner Idee würdig erweist, immer wieder anders aussehen, weil die Idee des Menschen keine fixe Bestimmung enthält, die über gewisse Anforderungen an das Verhalten und Formen seiner Beurteilung hinausreicht. Das Grundinventar an Normen läßt sich jedenfalls leichter auf Gemeinsamkeiten bringen als die Fülle der Antworten, welche das geschichtliche Leben im Zug der Jahrtausende darauf gefunden hat. Und sicher ist, daß die Dimensionen des Grundinventars, aus dem der Mensch seine Unzufriedenheit, seine Ansprüche, seinen sittlichen Elan, seine Aufopferungsfähigkeit bezieht, selber wieder mit seiner Stellung zur Welt und jenen fragwürdigen Monopolen seiner körperlichen Existenz zusammenhängen, die ihn gegen Sein und Nichtsein exponieren.

Nicht nur der Mensch ist von der Bühne gegangen, um sie der Geschichte als der unsterblichen Bürgerin aller Nationen und Zeiten zu überlassen, auch die Geschichte als aktionsmächtige Einheit ist dahin. Einzig die schöpferische Bedingung, welche die organische Natur der menschlichen Furcht, dem menschlichen Planen und Hoffen zur Verfügung stellt, ist uns greifbar geblieben, eine ihm selber unauslotbare Tiefe und unstillbare Unruhe, der Ursprung, aber nicht die Grenze seiner Geschichtlichkeit.

Gerhard Heberer

DIE HERKUNFT DER MENSCHHEIT

Erdgeschichte und allgemeine Evolution

Die Geschichte der Erde als Planet verliert sich, rückwärts betrachtet, in eine nur unsicherer Hypothesenbildung zugängliche Vergangenheit. Wir wissen nicht, wie alt unser Stern ist. Die Forschungen der jüngsten Zeit lassen für das Erdalter immer größere Zeiträume möglich erscheinen. Sprach man früher von drei Milliarden, so wurden daraus bald fünf, und gegenwärtig wird die Annahme eines Alters von 10 Milliarden Jahren nicht als ganz abwegig angesehen.

Die Erde trägt auf ihrer Oberfläche das Phänomen des Lebens, das als Biosphäre überall da existiert, wo die Bedingungen für den Ablauf der Lebensprozesse gegeben sind. Von jeher ist das Lebendige dem reflektierenden Geiste des Menschen in seiner Rätselhaftigkeit vor Augen getreten, hat Mythologien und Philosophien durch die Jahrtausende hin beschäftigt. Mit der Neuzeit beginnt die Naturwissenschaft sich mit dem Problem des Lebens rational zu befassen und den brennenden Fragen nach der Entstehung und der Geschichte des Lebendigen näherzutreten –, aber erst im 19. Jahrhundert bekommen die Versuche, das Problem des Wesens des Lebens und seiner Geschichte zu erforschen, einen klaren methodisch-naturwissenschaftlichen Charakter, und man beginnt auch, umfassende Kenntnisse durch die wissenschaftlichen Reisen, das Anlegen und Ordnen großer Museumssammlungen, durch richtige Beurteilung der Fossilien als Urkunden der Lebensgeschichte zu gewinnen. So finden wir bereits im 18. Jahrhundert synthetische Versuche, ein Geschichtsbild des Lebendigen zu entwerfen. Als Beispiel sei Buffons großartige »Histoire naturelle« genannt, die ja auch Herder und Goethe zu biohistorischen Überlegungen anregte. Und nennen wir noch die berühmte »Philosophie zoologique« Lamarcks aus dem Jahre 1809, mit der uns zum ersten Male eine – wenn auch auf brüchiger Basis – fundierte Theorie der Geschichte des Lebens mit Einschluß des Menschen entgegentritt.

Die Geologie aber schuf für die Geschichte des Lebendigen den Zeitmaßstab, als Sir Charles Lyell und Karl Ernst von Hoff den Aktualismus begründeten und an die Stelle wiederholter erdumspannender Erdrevolutionen – Cuviers Lehre – den langsam-gleitenden Ablauf der Wandlungen im Antlitz der Erde setzten. Die Geschichte der Erde weitete sich damit und verschwamm in unsichtbare Fernen – und diese Fernen sind jetzt von Millionenzahlen zu Milliardenzahlen gewachsen; Erdgeschichte und Lebensgeschichte müssen mit Zeiträumen rechnen, deren Größe jedes Vorstellungsvermögen übersteigen. Beschäftigt man sich mit der Biohistorie, dann steht man eben zunächst vor dem Phänomen Zeit. Irgendwann in der Zeit, »als die Zeit erfüllet war«, begann das Leben als ein Ablauf, als ein Prozeß, in dem Energie transformiert wird, und dieser Transformationsprozeß ist seit seinem Anlauf nicht wieder unterbrochen worden. Wie und wann begann dieser Prozeß?

Über den »Ursprung des Lebens« gibt es eine Fülle von Spekulationen, gibt es auch sehr apodiktisch auftretende Meinungen wie die, daß der Beginn des Lebens, der »Urzeugungsprozeß«, grundsätzlich kein naturwissenschaftlich lösbares Problem, sondern ein metaphysisches, mit den Methoden der Naturwissenschaft nicht angreifbares Problem sei. Die Naturwissenschaft hat sich allerdings durch Versuche, die Frage aus ihrem Methodenbereich herauszulösen, nicht beirren lassen. So gab es schon im Laufe des 19. Jahrhunderts zahlreiche hypothetische, wenn auch von heute her gesehen primitive Versuche, die Genese des Lebendigen einem naturwissenschaftlichen Verständnis zu erschließen. Diese Hypothesen waren unzureichend. Sie mußten es sein, wenn wir von der heutigen Kenntnis der praktisch unermeßlichen molekularstrukturellen Kompliziertheit der belebten Substanz her urteilen. Diese Kompliziertheit hat uns die chemische Strukturanalyse der die belebte Substanz aufbauenden Moleküle und die Elektronenmikroskopie des Protoplasmas in eindrucksvollster Weise vorgeführt. Welch einen ungeheuren Strukturkomplex bildet die Zelle, ja bieten bereits subzelluläre belebte Systeme, wie etwa die Bakteriophagen! Diese Kompliziertheit, von den früheren spekulationsfrohen Zeiten ungeahnt, läßt es gegenwärtig als ganz außer Sichtweite erscheinen, Leben durch Synthese künstlich herzustellen – aber das heißt nicht, daß hier prinzipiell und methodisch ein Problem vorliegt, das sich grundsätzlich einer naturwissenschaftlichen Methodik entzieht. In keinem biologisch-biochemischen Laboratorium wird eine solche Meinung vertreten oder etwa als Arbeitsnorm respektiert. Vielmehr geht hier die Forschung auch diesem Problem zu Leibe und versucht, wenigstens Teilprobleme, Teilstrukturen aus dem ungeheuren System »Leben« zu analysieren und zu synthetisieren. So werden methodisch einwandfreie Modelle entwickelt, die eine Vorstellung vermitteln, wie die Biosynthese, also der Anlauf der organismischen Energietransformationen – in Teilabläufen wenigstens –, historisch erfolgt sein könnte.

Es ist hier nicht der Ort, den gegenwärtigen Stand dieser Forschung zu skizzieren (etwa: Aminosäuresynthesen aus dem Anorganischen, Synthesen von eiweißähnlichen Körpern, Synthese der Desoxyribonukleinsäuren). Es möge aber der naturwissenschaftlich-methodische Charakter des Problems der Biosynthese (»Urzeugung«) betont sein.

Die Exobiologie, das heißt die Lehre vom Leben außerhalb des Planeten Erde, ist eine heute noch völlig theoretische Wissenschaft, aber sie arbeitet die Möglichkeiten aus, die für die Entstehung lebender Systeme vorhanden sein müssen. Der kürzlich erfolgte Nachweis von organischen Verbindungen in Meteoriten bedeutet für die Exobiologie einen wichtigen Hinweis darauf, daß mit extraterrestrischem Leben auf anderen Himmelskörpern gerechnet werden kann. Die alte Panspermie-Hypothese, die besagte, daß das Leben nicht unbedingt erdeigenen Charakter besitzt, sondern von außen her auf die Erde gelangt ist, hat zwar wenig Wahrscheinlichkeit, kann aber nicht als eindeutig widerlegt gelten. Man wird annehmen dürfen, daß da, wo die Bedingungen dafür vorliegen, auch der Lebensprozeß angelaufen ist.

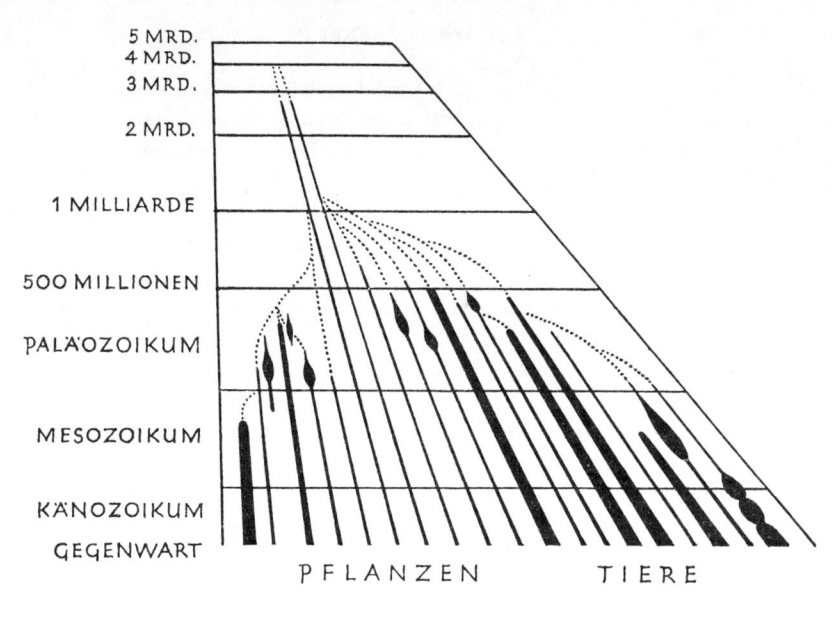

```
5 MRD.
4 MRD.
3 MRD.

2 MRD.

1 MILLIARDE

500 MILLIONEN

PALÄOZOIKUM

MESOZOIKUM

KÄNOZOIKUM
GEGENWART
              PFLANZEN         TIERE
```

Schema zur Entwicklung des Lebens

In der Geschichte unseres Planeten gab es eine Phase, in der eben diese Bedingungen zum Anlauf der Lebensprozesse vorlagen. Über die Zeit, wann das »abiotisch-biotische Übergangsfeld« als geschichtliches Ereignis anzusetzen ist, kann nur so viel gesagt werden, daß es wohl lange vor der Zeitmarke drei Milliarden Jahre stattgefunden haben könnte und daß man sich dieses »Feld«, zeitlich gesehen, als eine lang ausgedehnte Phase vorstellen muß, von chemischer über organischer zu organismischer Evolution, denn die ersten bekannten Zellen (Algen) kennen wir aus physikalisch datierbaren Schichten (Radiumblei, Mesothoriumblei, Helium), die zwischen zwei und drei Milliarden Jahren zurückliegen. Zellen sind es aber bereits, die hier vorliegen. Auf den unerhört komplizierten Bau von Zellen wurde ja bereits hingewiesen; das heißt aber, daß die Zellen eine sehr lange Geschichte schon damals vor 2,7 Milliarden Jahren hinter sich hatten. Vielleicht war die Vorgeschichte, die »Präbiohistorie«, bis zur Erreichung des Zellstadiums länger als der Weg von der Zelle bis heute! Ein langes additives Aufbaugeschehen liegt vor der Zelle. Nach ihr kommt organisatorisch prinzipiell nichts wesentlich Neues mehr. Die Zelle ist, wie Biologen des 19. Jahrhunderts mit Recht gesagt haben und wie es heute wiederum betont wird, der »Elementarorganismus«. Die folgenden mehrzelligen Organisationsformen des Lebendigen gehen alle, wenn auch nicht immer auf den ersten Blick klar erkennbar, auf die Zelle zurück. Von ihr aus gewinnt das Leben jene ungeheure Vielfalt, wie sie seit vielen Hunderten von Millionen Jahren die Biosphäre charakterisiert. Seit etwa fünfhundert Millionen Jahren kennen wir diese Biosphäre genauer, vorher nur in Spuren für einige Tiergruppen und niedere Pflanzen. Für diesen überlieferten Teil der Organismengeschichte lassen sich nun auch genauere absolute Datierungen geben, die auf atomphysikalischen

Methoden beruhen. So kann man die Lebensgeschichte durch eine Grenze, die »Fossilgrenze«, um etwa sechs- bis fünfhundert Millionen Jahre, in einen nichtüberlieferten und einen überlieferten Abschnitt gliedern. Aus dem letzten sind – natürlich nicht in Vollständigkeit, sondern höchst lückenhaft – fossile Lebensurkunden bekannt, die es gestatten, einen phylogenetisch(stammesgeschichtlich)-historischen Zusammenhang der Tier- und Pflanzenwelt zu erkennen. Allerdings sind, wie bemerkt, die Urkunden höchst lückenhaft überliefert, und für viele Tiergruppen fehlen die fossilen Belege vollständig. Ihre geschichtliche Stellung muß daher mit indirekten vergleichenden Methoden erforscht werden, die des öfteren nur unsichere historische Schlüsse gestatten und häufig mehrere Lesarten nebeneinander berechtigt erscheinen lassen. Die Fossilüberlieferung ist aber doch, im ganzen gesehen, so, daß wir ein Grundschema des historischen Zusammenhanges seit der Fossilgrenze aufstellen können, den paläontologischen »Stammbaum« der Pflanzen und Tiere. Es besteht kein Grund, sich die unteren Zweige dieses Stammbaumes nicht zurück bis jenseits der Fossilgrenze fortgesetzt zu denken, mehr und mehr zusammenfließend bis hinab zur Zelle und darüber hinaus bis zum abiotisch-biotischen Übergangsfeld.

Die Auffassungen des klassischen »Darwinismus« in der zweiten Hälfte des 19. Jahrhunderts, die in Deutschland besonders durch Ernst Haeckel vertreten wurden, entsprachen grundsätzlich der modernen Auffassung einer Geschichte der Organismen. Will man etwa den Biologen des 19. Jahrhunderts die Fehler ankreiden – in Einzelheiten –, die sie bei ihren phylogenetischen Konstruktionen auf Grund ihrer zum Teil doch noch sehr mangelhaften Kenntnisse machten? Ist unser Wissen heute ohne Mängel? Trotz aller Fortschritte der paläontologischen Urkundenforschung, die für so manche spezielle Geschichtslinien (etwa für die Ammoniten unter den Weichtieren oder für die Pferde unter den Wirbeltieren) schon beachtlich vollständige Geschichtsbilder geliefert haben, ist unsere gegenwärtige Kenntnis der fossilen Überlieferung und der feineren historischen Zusammenhänge noch immer vielfach sehr dürftig, ja sogar ganz unzureichend, so daß hier die Spekulation eingreifen muß und provisorische Geschichtsbilder konstruiert werden. Auch Haeckel hat mit den Kenntnissen seiner Zeit solche Geschichtsbilder als Provisoria rekonstruiert und hat das Provisorische dieser Schemata wiederholt nachdrücklich betont. Sie waren ihm der graphische Ausdruck von Arbeitshypothesen, die den jeweiligen Kenntnisstand über historische Zusammenhänge synthetisierten. Es ist unbillig, von heute her diese große Pionierarbeit Haeckels zu kritisieren.

Diese Lückenhaftigkeit der historischen Urkundenüberlieferung hat schon Darwin in seinem Hauptwerk »Über die Entstehung der Arten durch natürliche Auslese« (1859) lebhaft und in klassischer Formulierung beklagt. Er war aber bereits der Überzeugung, daß es einst zwischen heute scharf getrennten Tier- oder Pflanzengruppen Übergangsformen, *connecting links*, gegeben haben müsse, die historisch den Zusammenhang innerhalb des gesamten Organismenreiches herstellen. Auch hier hatte Darwin recht und erlebte noch die Auffindung einer der klassischen Zwischenformen, die Merkmale zweier heute klar geschiedener Tiergruppen (Geschichtslinien) zeigen. Es war das der erste Fund des berühmten Urvogels *(Archaeopteryx lithographica)* im Jahre 1862 in den Solnhofener Plattenkalken (Jurazeit vor etwa hundertachtzig Millionen Jahren). Von diesem ältesten Vogel wurde

Der zeitliche Ablauf der Stammesgeschichte der Wirbeltiere

Ära	Perioden und Epochen		Dauer in Jahrmillionen	Beginn vor Mill. Jahren	Phylogenetisch wichtige Gruppen und Formen[1] der Vertebrata
Känozoikum	Pleistozän		1	1	Homininae Praehomininae
	Tertiär	Pliozän	10	11	*Dryopithecus*
		Miozän	14	25	*Proconsul*
		Oligozän	15	40	*Propliopithecus* *Parapithecus*
		Eozän	20	60	*Tetonius*
		Paleozän	10	70	Primates
Mesozoikum	Kreide		65	135	*Deltatheridium* Eutheria
	Jura		45	180	*Amphitherium* Pantotheria
	Trias		45	225	Ictidosauria *Cynognathus*
Paläozoikum	Perm		45	270	*Seymouria*
	Karbon		80	350	Stegocephalia
	Devon		50	400	*Ichthyostega* Crossopterygii
	Silur		40	440	Chondrichthyes
	Ordovicium		60	500	Agnatha
	Kambrium		100	600	Bisher keine Vertebrata
Proterozoikum	Algonkium			Fossilgrenze	
Azoikum	Archaikum				
	Vor 2000 Mill. Jahren Zellen				

[1]) *Gattungsnamen sind kursiv geschrieben*

1958 ein drittes Skelett gefunden. Die Archaeopteryx besitzt noch zahlreiche Reptilienmerkmale (lange Schwanzwirbelsäule, Gebiß) und steht mit anderen Merkmalen schon an der Basis des Vogelstammes, und zum Beispiel ihr Federkleid charakterisiert sie als einen primitiven Angehörigen dieses Stammes.

Die allgemeine theoretische Bedeutung solcher Funde von Zwischengliedern ist außerordentlich. Dies wurde von den Gegnern der Evolutionstheorie erkannt und – besonders für den Menschen – bald der Versuch gemacht, mit zum Teil agitatorischer Argumentation diese *connecting links* wegzudiskutieren. Es kam das Schlagwort *missing link* auf. Überall sollten »fehlende Glieder« die Isolation der Organismengruppen beweisen, und dies sollte besonders für die Isolation des Hominidenstammes gegenüber dem Pongiden- (Menschenaffen-) stamm zutreffen.

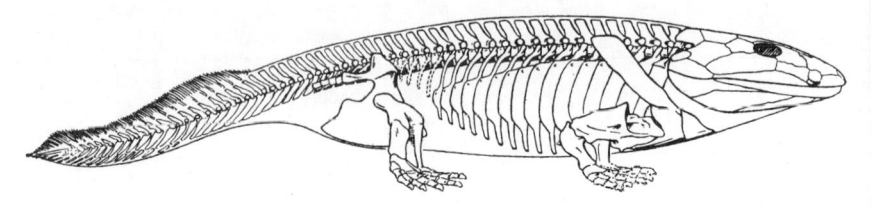

Ichthyostega aus den devonischen Schichten Grönlands, das älteste bisher bekannte Amphibium. Ein wichtiges Verbindungsglied zwischen den Amphibien und den Quastenflossern (Crossopterygiern)

Zur Zeit gibt es sowohl für die verschiedensten Großzusammenhänge als auch in zunehmender Menge innerhalb größerer und kleinerer Organismengruppen zahlreiche *connecting links*. Diese gestatten es dann, über kürzere Zeitspannen (von einigen Jahrmillionen und Jahrhunderttausenden) die morphologischen Verbindungsbrücken zwischen zeitlich älteren und jüngeren Typen formengeschichtlich zu schlagen. Ein besonders wichtiges und für die Entstehung der Landtiere aufschlußreiches *connecting link* wurde zum Beispiel in jüngerer Zeit (1948/50) in devonischen Schichten von Grönland geborgen. Es konnte so vollständig erfaßt werden, daß vom Skelett alle wichtigen Teile bekannt wurden und eine totale Rekonstruktion des Skelettes möglich war. Es handelt sich um die ältesten Amphibien, die bisher ältesten Eroberer des Landes unter den Wirbeltieren, die der ersten Besiedlung der Erdoberfläche mit primitiven Pflanzen folgten. Diese Ichthyostegiden aber besaßen noch vielfach die Merkmale ihrer offensichtlichen Vorfahren, der Quastenflosser oder Crossopterygier. Ihr Schädel zeigt grundsätzlich das gleiche Mosaik von Deckknochen wie der Schädel dieser Fische. Das Gebiß ist noch das Crossopterygiergebiß, und es ist noch eine fischartige Schwanzflosse vorhanden. Die Extremitäten der Ichthyostegiden erweisen sich deutlich als umgewandelte Crossopterygierflossen (Quastenflossen). So haben uns die Kenntnisse über die Crossopterygier und über die Ichthyostegiden sowohl über die Ahnengruppe, aus denen die Amphibien hervorgingen, aufgeklärt wie auch die Möglichkeit geboten, uns von den bisher ältesten Amphibien ein Bild zu verschaffen. Knochenfische und Amphibien zeigen sich damit urkundlich belegbar als phylogenetisch verbunden.

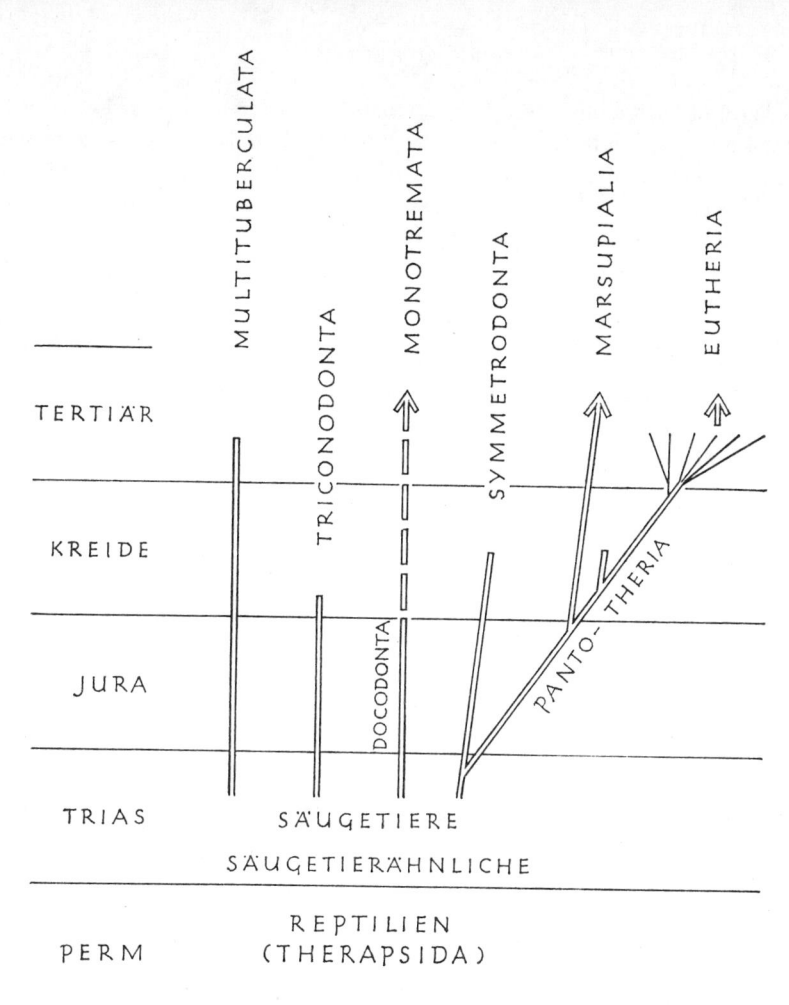

```
                    MULTITUBERCULATA                MONOTREMATA                        MARSUPIALIA     EUTHERIA
                                   TRICONODONTA                   SYMMETRODONTA
TERTIÄR
                                                        ⇧                                 ⇧              ⇧

KREIDE
                                                                                                  PANTO-
                                                                                                  THERIA
                                                DOCODONTA
JURA


TRIAS                      SÄUGETIERE
                   SÄUGETIERÄHNLICHE
                           REPTILIEN
PERM                      (THERAPSIDA)
```

Schema zum Ursprung der Säugetiere. Die *Pantotheria* allein finden eine Fortsetzung in den Beuteltieren *(Marsupialia)* und den Säugetieren mit Plazenta *(Eutheria)*. Die *Docodonta* als Vorfahren der eierlegenden Säugetiere *(Monotremata)* sind ungesichert

Auch wird die – noch unvollkommene – Eroberung des Landes durch die Amphibien deutlich, die ihre Jugend als Larven noch im Wasser verbringen: als Reminiszenz an ihre im Wasser lebenden Ahnen, als Rekapitulation eines einmal in der Phylogenese durchlaufenen Zustandes.

Für derartige Zwischengruppen ist es vielfach charakteristisch, daß die Spezialforschung sich lange bemühen mußte, die Entscheidung zu erarbeiten, wo eine solche Gruppe taxionomisch in das System der Organismen einzuordnen ist, etwa ob noch ein Amphibium oder schon ein Reptil vorliegt, wie das zum Beispiel für die Seymouriomorpha gilt, welche die einen Fachleute als Reptilien, die anderen als Amphibien erklärt haben –, und so stehen sie dann auch in den Lehrbüchern der Paläontologie einmal in dieser und einmal in jener Klasse. Dieses Schicksal der *connecting links* haben viele Funde gehabt, und wir werden auch für den Menschen und seine Geschichte das gleiche kennenlernen. Besonders interessant ist das *connecting link*-Problem für die Geschichte der Säugetiere. Der Ursprung der Säugetiere aus Reptilien allgemein ist natürlich nicht umstritten. Aber die Forschung der neueren Zeit hat ergeben, daß dieser Ursprung ein sehr komplexes Bild bietet.

Aus einer Grundgruppe, den »Säugetierähnlichen Reptilien«, lösen sich Zweige ab (im Laufe des Mesozoikums), die in ihrer Phylogenese mehr und mehr Säugetiermerkmale entwickeln. Wann werden sie Säugetiere? Das ist eine Frage, die für den Paläontologen gar nicht leicht zu beantworten ist; denn was wir im allgemeinen als typisch säugetierartig ansehen (Warmblütigkeit, Haarkleid, Säugen der Jungen), läßt sich am fossilen Fund im allgemeinen nicht nachweisen, zumal dann, wenn wir es wie hier vielfach nur mit Funden von Zähnen, Unterkiefern und sehr selten von mehr oder weniger erhaltenen Schädeln zu tun haben. So hat man sich bei der Entscheidung Reptil/Säugetier auf die Anatomie der Unterkiefergelenkung festgelegt. Das ist eine ganz künstliche Definition. Hier gibt es schon seit den dreißiger Jahren des 19. Jahrhunderts die Reichertsche Theorie. Sie besagt sehr vereinfacht und schematisch folgendes: Der Unterkiefer der Reptilien gelenkt nicht direkt am Schädel, sondern durch Vermittlung zweier besonderer Knochen (Articulare und Quadratum), und im Ohr besorgt ein einziges Knöchelchen (Columella) die Schallübertragung. Die Gelenkung des Kiefers liegt physiologisch zwischen Articulare und Quadratum. Beim Säugetier aber gelenkt der Unterkiefer direkt am Schädel und besitzt einen entsprechenden Gelenkfortsatz. Im Ohr (Mittelohr) sind jedoch drei Knöchelchen, Hammer, Amboß und Steigbügel (Malleus, Incus, Stapes), als schallübertragender Apparat vorhanden. Die Reichertsche Theorie besagte nun – ohne historische Tendenz –, daß die die Unterkiefergelenkung vermittelnden Knochen der Reptilien (Articulare und Quadratum) den Mittelohrknochen der Säugetiere (Malleus und Incus) entsprechen, das heißt homolog sind. Der Columella der Reptilien entspricht dann der Stapes der Säugetiere. Ins Historische übersetzt heißt dies, daß in einem Evolutionsprozeß aus der als primär bezeichneten Unterkiefergelenkung der Reptilien die sekundäre der Säugetiere geworden ist und daß die beiden Knochenelemente Articulare und Quadratum bei den Säugetieren in den Dienst der Schallübertragung im Mittelohr getreten sind. Finden wir also einen Unterkiefer, der einen Gelenkfortsatz hat, so reden wir von einem Säugetier, hat er einen solchen Fortsatz nicht, dann spricht man von einem Reptil. Manche zunächst als Säugetier angesprochene Form wird jetzt als Reptil geführt. Nun gibt es eine interessante Gruppe, die uns den Übergang von einem Gelenk zu einem anderen verstehen läßt. Wir haben unter den säugetierähnlichen Reptilien der Permformation die Cynognathiden (»Hundskiefer«). Diese Gruppe führt beide Gelenke. Eine andere Gruppe, die Ictidosauria (»Mardersaurier«), zeigt, daß zwar das Articulare nicht mehr am Kiefergelenk beteiligt ist, sich aber auch nicht in den

---

Stammstück mit Blattansatznarben von einem Schuppenbaum aus der Steinkohlenformation
Darmstadt, Hessisches Landesmuseum, Geologische Abteilung

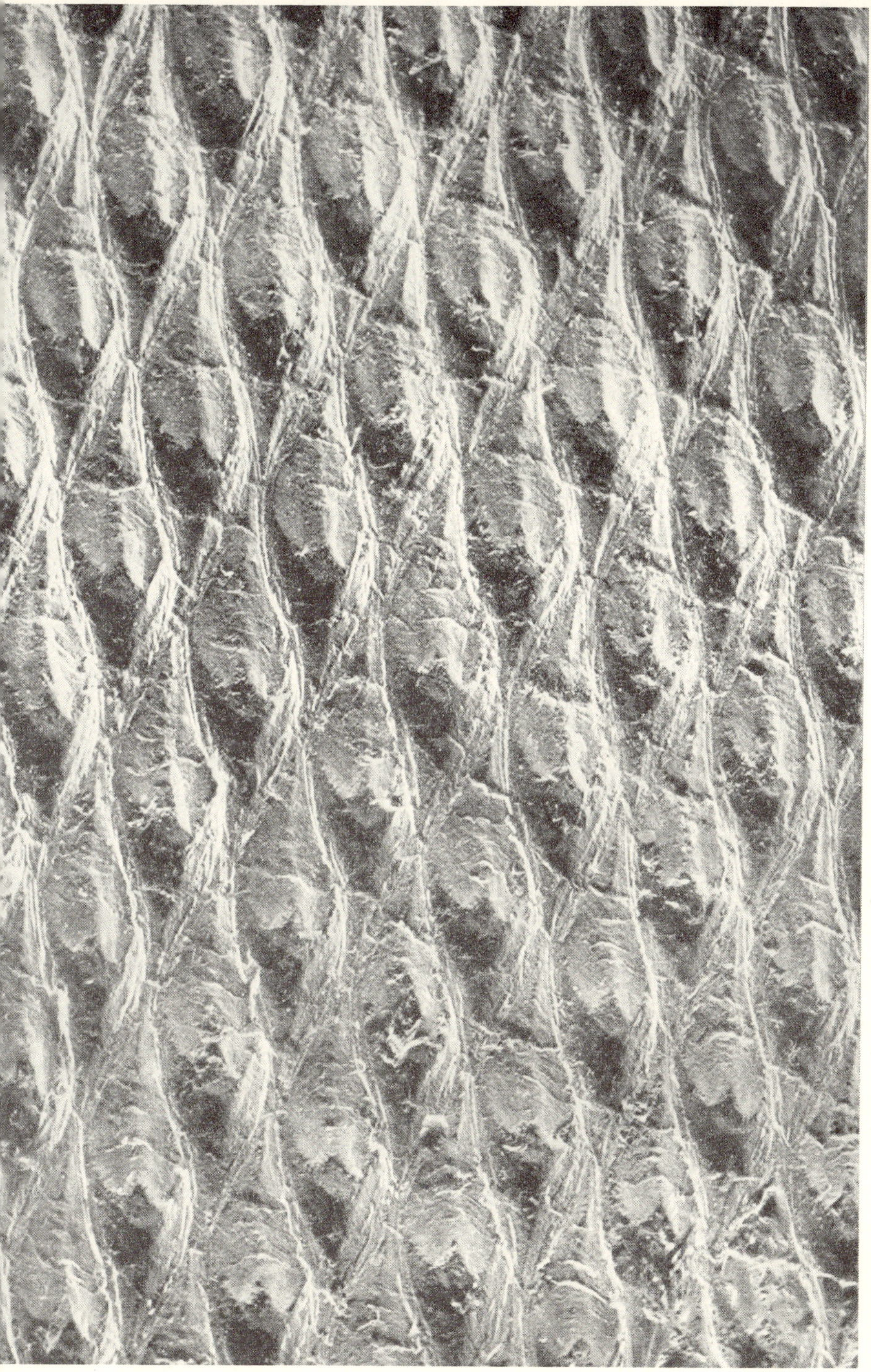

Brontosaurus, ein Apatosaurier aus den obersten Schichten der Juraformation in d aaten Colorado und Utah. New York, The American Museum of Natural History

Archaeopteryx lithographica aus den Solnhofener Plattenkalken von Langenaltheim in Mittelfranken, Jura
Erlangen, Geologisches Institut der Universität

schallübertragenden Apparat eingegliedert hat. Cynognathiden und Ictidosaurier zeigen also Verhältnisse, die die Umwandlungen im Kiefer-Ohr-Apparat in verschiedener Richtung demonstrieren. Man kann sich denken, daß bei Formen, die beide Gelenkungen des Kiefers haben, die Direktgelenkung immer stärker wurde und schließlich die für die Gelenkung nicht mehr wesentlichen Elemente, das Articulare und Quadratum, in die Schalleitung funktionell aufgenommen wurden.

Die bei der Behandlung des Zwischenformenproblems schon in ihren Hauptzügen angeschnittene Geschichte der Vertebraten zeigt, daß sie sich teilweise durch paläontologische Modelle gut belegen läßt. Die Geschichte beginnt im Ordovicium (unteres Silur) mit kieferlosen Formen (Agnatha), führt zu kiefertragenden Knorpelfischen (Chondrichthyes), die aber bereits, wie die Agnatha auch, ein komplex gebautes Hautknochensystem besaßen. Es folgen im Devon die Crossopterygier mit dem wichtigen Übergangsmodell *Ichthyostega*, das schon bei den Amphibien steht. Im Karbon finden sich die stegocephalen Amphibien, im Perm das wichtige Übergangsmodell zwischen Amphibien und Reptilien, *Seymouria baylorensis* (nach der Stadt Seymour in Texas benannt). Es folgen die säugetierähnlichen Reptilien (Therapsiden) der Perm- und Triaszeit mit den Cynognathiden (Hundskiefer) und Ictidosauriern (Mardersaurier). Im Mesozoikum erfolgt die gewaltige Entfaltung der Reptilien, die es besonders mit der Gruppe der Sauropoden zu Riesengestalten bringen, wie *Atlantosaurus*, *Brontosaurus* als eindrucksvolle Beispiele. Auch die Vögel entspringen in der oberen Jurazeit mit der bisher ältesten oben besprochenen *Archaeopteryx*. Im Jura treten die ersten deutlichen Säugetiere auf (Pantotheria, die als Beuteltiere beurteilt werden, Unterkiefer mit Gelenkfortsatz). In der oberen Kreide aber finden sich die bisher ältesten insektenfresserartigen echten Säugetiere mit Placenta (Eutheria). Von insektenfresserähnlichen Eutherien leiten sich die Primaten ab, die zuerst im Paleozän erfaßbar werden. Über ihre Evolution ist sogleich ausführlich zu reden.

Die Evolution der Pflanzenwelt zieht die der Tiere nach. Der Beginn der Landbesiedlung durch die Pflanzenwelt, und damit der Beginn der Landtierwerdung, ist noch nicht genau geklärt. Urlandpflanzen sind zuerst im Silur nachgewiesen. Im Karbon erfolgt die ungeheure Massenentfaltung der Steinkohlenflora, die aus kryptogamen Typen besteht. Im Mesozoikum florieren die Gymnospermen. Das Tertiär ist gekennzeichnet durch die Entstehung der großen Angiospermenassociationen, die Wälder der Blütenpflanzen mit ihren riesigen Nahrungsmassen. Ihnen entspricht die mit erheblicher Geschwindigkeit erfolgende Entwicklung der Säugetierwelt im Laufe der Tertiärzeit. Einem Zweig dieser Entfaltung, den Primaten, gehören die Hominoidea (die Superfamilie der Menschenähnlichen), die Pongidae (Menschenaffen) und die Hominidae (Menschenartigen) an.

In wesentlichen Modellstufen läßt sich also der Gang der Stammesgeschichte der Vertebraten bereits einigermaßen übersehen. In ihren großen Zügen dürfte diese auf Urkunden beruhende Rekonstruktion des Geschichtsbildes stabil bleiben und in der Tat die realen Geschichtsabläufe wiedergeben. Die Beispiele der Zwischenglieder *Ichthyostega*, Seymouriomorpha, *Archaeopteryx* und Cynognathiden mögen zeigen, daß es in der Phylogenese der Tiere keine großen Sprünge gegeben hat; auch nicht bei der Entstehung der großen Typenunterschiede, wie Fisch–Amphibium, Amphibium–Reptil, Reptil–Säugetier. Der

Paläontologie war es möglich, die gleitenden Übergänge zwischen kleineren Gruppen geringeren anatomischen Abstandes immer besser aufzuzeigen. So konnte etwa das Entstehen des heutigen einhufigen Pferdetypus aus vier- bis fünfzehigen Vorformen an Dutzenden von Kettengliedern aufgezeigt werden. Vollends hat die moderne Entwicklung der paläontologischen Populationsanalyse, wie sie beispielsweise durch die Mikropaläontologie beim Studium des Formwandels von Foraminiferenpopulationen durchgeführt wird, gezeigt, daß die Änderungen in den Konzentrationen der Träger bestimmter Merkmale (Mutanten) in den Populationen und die mit der Zeit erfolgenden Abänderungen (Mutationen) der Merkmale genau den Mechanismen entsprechen, die der moderne »Darwinismus« am heute – aktuell – ablaufenden Evolutionsgeschehen analysiert (aktuelle Populationsgenetik).

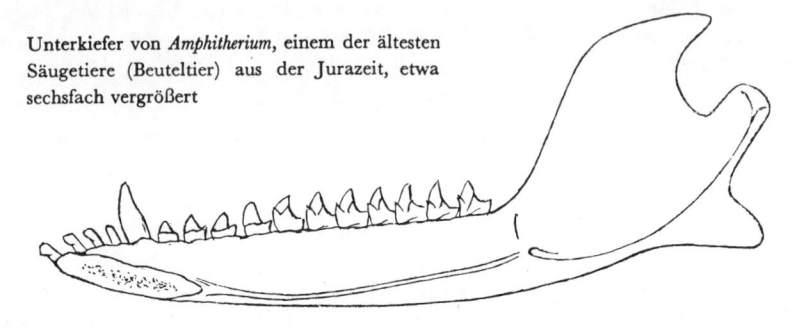

Unterkiefer von *Amphitherium*, einem der ältesten Säugetiere (Beuteltier) aus der Jurazeit, etwa sechsfach vergrößert

Die experimentelle Phylogenetik hat ja die Beweise dafür vorgelegt, daß das Faktorengefüge Mutabilität-Selektion (beide Faktoren sind hochkomplex), das auf Darwin 1859 zurückgeht, die heutige Evolution beherrscht. Die moderne Paläontologie zeigt, daß dieser Mechanismus (verstanden als Kausalgefüge) auch in der Vergangenheit die Formwandlungen steuerte, Wandlungen, die mit dem Zeitmaßstab, den die Geologie zur Verfügung stellte, zu großen bis größten Formverschiebungen – gleitend! – führten. Die Trilobiten (»Dreilappkrebse«, spinnenverwandte Arthropoden des Paläozoikums) zum Beispiel traten in Populationen auf. In diesen Populationen liefen auf jeden Fall die grundsätzlich statistischen Mechanismen ab, wie sie heute etwa in Drosophila-Populationen ablaufen, denn auch die Trilobiten bestanden aus Zellen. Die Zellen hatten Kerne. In den Kernen war die genetische Information an Desoxyribonukleinsäureketten der genetisch aktiven Loci (Gene) ihrer Chromosomen gebunden. Die Gene mutierten in bestimmten Raten. Die Mutationen zeigten sicherlich verschiedene Selektionswerte und unterlagen dem Selektionsdruck. Zwar hat man noch nie eine Trilobitenzelle mit Kern und Chromosomen gesehen, aber will man daran zweifeln, daß die Zellen schon im Präkambrium, vor sechshundert Millionen Jahren, Chromosomen gehabt haben?

Dieses Beispiel mag deutlich machen, daß die Evolutionsgeschichte der Organismen nicht durch zielstrebige Prozesse, nicht telisch-orthogenetisch gesteuert war. Ein teleologischer Faktor könnte von keiner naturwissenschaftlichen Methode erfaßt werden. Allgemein für unser Thema: die Hominiden, deren speziellerer Evolutionsgeschichte wir uns nun zuwenden wollen, sind nicht in einem auf die Gattung *Homo* gerichteten Evolutionsprozeß zielstrebig entstanden. Das Kausalgefüge, nach dem die Hominiden entwickelt wurden, war ein statistisches Gefüge – *Homo* war *eine* Möglichkeit der Biohistorie auf dieser Erde –, er war kein vorgegebenes Ziel, kein gelenktes Zwangsergebnis der Evolution. Zum Schluß dieses Abschnittes noch ein Gedanke, der verschiedentlich in der neueren Evolutionsliteratur angeklungen ist: Wie liefe die Evolution auf einem der Erde sehr ähnlichen Planeten ab? Würden dort auch Hominiden entstehen, bipede Aufrechtgänger, mit Gehirnen, die komplex genug konstruiert sind, um das komplementäin Phänomen der Intelligenz, des Geistes, zu zeigen?

Für uns ist unsere Welt »die beste aller Welten«, recht weil sie für die Menschen geschaffen wurde, sondern weil der Mensch ein Fall von vielen möglichen Fällen ist, der in dieser abiotisch-biotischen Bedingungskonstellation »Planet Erde« zu existieren vermag. Es hätte auf unserem Planeten die Evolution auch andere Wege beschreiten können, als der tatsächliche Ablauf zeigt. Etwa hätten insektenähnliche Arthropoden mit Blutgefäßsystemen und einem an Blutzellen gebundenen Sauerstofftransport entstehen können. Das hätte zu großen Arthropodenformen geführt mit genügend voluminösen Oberschlundganglien, die dann vielleicht das dazu komplementäre Phänomen Intelligenz besessen hätten. Dann würden diesen Planeten Arthropoden beherrschen und nicht die Vertebraten mit ihrem Produkt *Homo*. Die heutigen Kenntnisse vom Lebendigen und seinem »Verhalten« im Evolutionsgeschehen bieten also der Hypothese keinen Raum, daß der Mensch das Produkt einer gezielten Evolution ist. Auf einer anderen »Erde« wäre es praktisch unendlich unwahrscheinlich, daß alle die Faktoren wiederum in gleicher Weise zusammenspielten, um wiederum das physisch-psychische Phänomen *Homo*, den großhirnigen bipeden Primaten entstehen zu lassen.

Die Evolutionsgenetik der neueren Zeit und, deren Ergebnisse in die Vergangenheit projizierend, die Paläontologie haben mit immer stärkeren Indizien belegen können, daß in der Evolution keine speziellen, sich auf vorgegebene Evolutionsziele richtende Faktoren anzunehmen sind. Dies gilt als Einwand auch gegenüber dem metaphysischen Evolutionssystem des Paters Teilhard de Chardin, nach dem die Evolution in einer allgemeinen Orthogenese der Vollendung, Omega genannt, entgegenstreben soll. Nüchterne Analysen der Evolutionsabläufe und – soweit möglich – der Ursachengefüge, die diesen Abläufen zugrunde liegen, zeigen, daß bei genügender Kenntnis keine Wahrscheinlichkeit mehr für entelechistisch-richtunggebende Orthogenesefaktoren besteht. Die Indizien, die dafür zu sprechen scheinen, verschwinden stets mit zunehmenden Kenntnissen. Man darf es heute aussprechen, daß die Orthogenesehypothese, die Meinung einer auf vorgegebene Ziele hinstrebenden Evolution, sich eben auf die Abläufe zurückziehen muß, die noch nicht genügend analysiert sind. Die Orthogenese scheidet als Möglichkeit aus, sobald die Analysen tief genug sind und ein synthetisches Bild der jeweiligen Evolutionsabläufe hergeben. So besitzt die autogenetische (orthogenetische) Hypothese dort noch eine Existenz, wohin bisher die Analyse noch nicht vordrang; sie wird im Unerforschten noch lange ihr Dasein fristen. Wo hier die Grenze zum Unerforschlichen liegt, wagen wir nicht zu entscheiden. Auch für die Phylogenese des Menschen gilt, daß sie nicht im Sinne der Autogenese-Hypothese beurteilt werden darf, sondern die Evolutionsfaktoren, die ihren Ablauf steuern, sind statistischer und nicht finaler Natur. Sie liegen nicht im Bereich des Unerforschlichen.

Die Evolution des Primatenstammes

Die allgemeine organismische Evolution während der geologischen Geschichte unseres Planeten bietet die Grundlage für die spezielle Betrachtung der Evolution derjenigen Tiergruppe, der wir selbst angehören. Linné war der erste, der es klar formuliert hat, daß der Mensch (die Gattung *Homo*) in die Gruppe *Primates* (»Herrentiere« – affenartige Säugetiere) eingegliedert werden müsse. »Nosce te ipsum«, rief er seinen Zeitgenossen zu. Diese Eingliederung der Hominiden in die Primaten war richtig. Das Linnésche System der Tiere und Pflanzen war nicht evolutionistisch gedacht, es war ein statisches Bild der belebten Natur. Erst Charles Darwin schuf (sehen wir von erfolglosen Vorläufern wie Lamarck ab) mit der Evolutionstheorie in seinem Hauptwerk »Über die Entstehung der Arten« (1859) eine ausreichende Basis für die dynamische Auffassung der lebendigen Natur. Seit Darwin gibt es auch eine spezielle und begründbare Lehre von der »Abstammung des Menschen«, wenn auch diese Lehre von ihm erst nur zögernd angedeutet wurde. In seinem Hauptwerk findet sich nur der prophetische Satz: »Es wird Licht fallen auf den Ursprung des Menschen und auf seine Geschichte.« Seit 1837 war Darwin überzeugt, daß eine Evolutionstheorie auch den Menschen einschließen müsse, daß die Hominiden auf nichthominide Vorläufer zurückzuführen seien. Aber noch 1856 schrieb er an Alfred Russel Wallace, daß er das Problem der Herkunft des Menschen nicht behandeln wolle, da es ihm zu sehr von Vorurteilen umgeben sei. Wie recht hatte er; denn nach dem Erscheinen der »Entstehung der Arten« zog man alsbald öffentlich die Konsequenzen für den Menschen, und es gab harte Zusammenstöße. Sie beginnen 1860 mit der berühmten Sitzung in der Royal Society in Oxford, mit dem Streitgespräch zwischen dem Lordbischof Samuel Wilberforce und Thomas Henry Huxley (dem Großvater von Aldous Huxley und Julian Huxley, einem der bedeutendsten Biologen der Gegenwart). Thomas Henry Huxley war später (1863) auch der erste, der – in klassischer Form – ein Werk über die »Zeugnisse für die Stellung des Menschen in der Natur« veröffentlichte. In diesem Buch wies er nach, daß die Unterschiede, die zwischen den höchsten Primaten, den Menschenaffen und den Menschen, bestehen, geringer sind als die zwischen den Menschenaffen und den niederen Affen. Dieser Satz wurde später von Haeckel, der gern prägnant formulierte, als »Pithecometrasatz« bezeichnet (ohne daß Haeckel dabei nur an metrische Unterschiede gedacht hat). Das Huxleysche Werk ist auch heute noch lesenswert und grundsätzlich nicht überholt. Dann hatte in Deutschland Carl Vogt, ebenfalls 1863, in seinen Vorlesungen über den Menschen und seine Stellung in der Natur sich zum Problem der Abstammung des Menschen unmißverständlich geäußert, und im gleichen Jahre war Ernst Haeckel auf der Versammlung der deutschen Naturforscher und Ärzte zu Stettin mit jugendlichem Enthusiasmus für die

Theorie Darwins eingetreten und hatte vor dieser illustren Versammlung klar die Konsequenz gezogen, die Darwin nur angedeutet hatte. Haeckel wies in diesem klassischen Vortrag darauf hin, daß die Evolutionstheorie auch für den Menschen gelte und daß dieser seine »Vorfahren zunächst in affenähnlichen Säugetieren« zu suchen hätte. So ist das Jahr 1863 für die menschliche Phylogenetik ein historisches Datum. Darwin selber nahm, noch immer zögernd, erst 1871 in seinem Werk »Die Abstammung des Menschen« zum Herkunftsproblem eindeutig Stellung. Als Quintessenz darf sein auf großer Indizienfülle beruhendes Urteil gelten, daß der Mensch von einem »alten Gliede« *(ancient member)* der Menschenaffengruppe abstamme. Die Ahnengruppe des Menschen dürfe man sich aber nicht, so betonte Darwin ausdrücklich, ähnlich den heutigen Menschenaffen vorstellen.

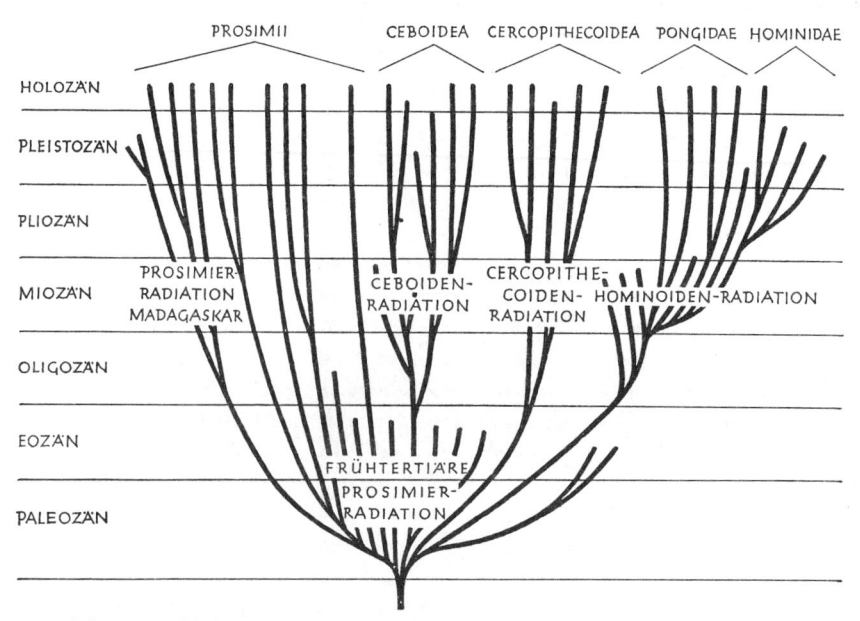

Schema zur Phylogenie der Primaten. Aufspaltung in die Halbaffen (*Prosimii*), die Affen der Neuen Welt (*Ceboidea*), die Affen der Alten Welt (*Cercopithecoidea*) und die Menschenähnlichen (*Hominoidea*)

Die Kämpfe um diese »Affenabstammung des Menschen«, um das *missing link* zwischen Menschenaffen und Menschen sind teilweise unsachlich und emotional geführt worden; die Wogen dieses Kampfes sind bis heute noch nicht ganz verebbt, doch wird in der Wissenschaft das Grundproblem der tierischen Herkunft des Menschen und speziell seine Ableitung aus dem Primatenstamm nicht mehr diskutiert. Es wäre ein Anachronismus, heute gegen die historische Evolution der Hominiden aus dem Primatenstamm Stellung zu nehmen –, und doch schrieb der Oxforder Anatom Le Gros Clark erst kürzlich, daß auch gegenwärtig noch ein großer moralischer Mut dazu gehöre, die Anwendung der Evolutionstheorie auf den Menschen mit ihren Konsequenzen zu vertreten.

Um den historisch-phylogenetischen Ort der Hominiden zu verstehen, ist es nötig, die Gesamtphylogenie der Primaten zu streifen. Die Primaten kommen als Gruppe aus der allgemeinen Wurzel der Säugetiere, die mit primitiven Insektenfressern (Insectivora) des Paleozäns, des ältesten Abschnittes der Tertiärzeit, vor etwa siebzig Millionen Jahren beginnen. Diese Insektivoren stellten einen höchst aussichtsreichen phyletischen Typus dar. Sie hatten ein – modern ausgedrückt – adaptives Plateau ersten Ranges erklommen, von dem aus in einer »adaptiven Radiation« die dem Säugetiertypus überhaupt zugänglichen Lebensräume erobert werden konnten. So entfalten sich die Säugetiere in kurzer Zeit zu einer ungeheuren Formenmannigfaltigkeit. Das Tertiär ist das Zeitalter der Säugetiere, wie das vorerwähnte Mesozoikum das Zeitalter der Reptilien genannt werden kann. Für einen nichtfachlichen Leser klingt es vielleicht grotesk, daß sich die heute bis zu dreißig Meter langen Wale, die bis zu vier Meter hohen Titanotherien, die Elephantiden und andere Großsäuger an der Wende von Kreidezeit zum Paleozän in der Gestalt spitzmausähnlicher Kleinsäuger verbargen –, und doch kann die Paläontologie, die stammesgeschichtliche Urkundenforschung, dies beweisen. Zu Beginn des Tertiärs gab es nur derartige Kleinsäuger, wenn auch schon in Sondergruppen zerlegt. Im Laufe der Jahrmillionen des Tertiärs erscheinen dann die vielen Zweige des Säugetierstammes, und zahlreiche dieser Zweige sind bereits wieder ausgestorben.

Für die Ableitung des Primatenstammes aus insektivorenartigen Ahnentypen gibt es gute Hinweise. Noch heute existiert eine kleine hinterindische Tiergruppe, die »Spitzhörnchen« (Tupaioidea), als spätes Überbleibsel einer aus dem basalen Tertiär fossil belegten Tiergruppe. Diese Gruppe kleiner, eichhörnchengroßer Tiere ist in ihrer systematischen Stellung jahrelang umstritten gewesen. Waren sie noch Insektivoren oder schon Halbaffen und damit Primaten? Heute hat eine eingehende anatomisch-morphologische Analyse der Spitzhörnchen ergeben, daß es sich bereits um Primaten handelt, die modellmäßig als die Ahnen der Primaten angesprochen werden können. Die heutigen Spitzhörnchen stellen den zuerst entstandenen Zweig der Primaten dar.

Die häufig auftretenden Diskussionen über »noch« und »schon« sind für die Paläontologie sehr charakteristisch und zeigen, daß die Evolution ein stetiges, gleitendes, mikro-evolutives Geschehen war, zwar mit verschiedenen Evolutionsgeschwindigkeiten zu verschiedenen Zeiten, doch ohne größere Typensprünge. Das gilt für den Ablauf der Geschichte der Organismen ganz allgemein wie auch speziell für die Evolution der Primaten und des Hominidenzweiges derselben.

Es mag hier, am Beginn der Schilderung der Hominidenevolution, die oft zu hörende Meinung erwähnt werden, »der Mensch«, das heißt der Hominidentypus, dem wir erstmals die Qualifizierung »Mensch« zubilligen, für den erstmals die »conditio humana« angenommen werden kann, sei nicht das Produkt eines lang andauernden Hominisationsprozesses gewesen, sondern das Ergebnis einer Großänderung, einer Makromutation. Es läßt sich aber heute ausreichend durch die fossilen Urkunden belegen, daß diese Meinung falsch ist.

Von spitzhörnchenartigen Ahnen aus entwickelten sich in einer weitgreifenden Typenradiation die Halbaffen. Diese Radiation liegt wesentlich im Paleozän. Bis heute leben einige der damals sich differenzierenden Stämme weiter. Sie haben auf Madagaskar, der »Halbaffen-Insel«, isoliert, ohne von höher entwickelten Konkurrenten, den Affen, in ihren Lebensräumen bedrängt zu werden, einen bedeutenden Formenreichtum hervorgebracht. Ihr Bautyp kommt infolge von Spezialisierungen als Ahnenmodell der höheren Primaten, der schmalnasigen Affen der Alten Welt (Catarrhinen), nicht in Betracht. Vielleicht geht die Geschichtslinie der breitnasigen Affen der Neuen Welt (Platyrrhinen, Ceboidea) auf eozäne Vertreter, die Adapidae, in Europa und Nordamerika fossil im Eozän belegt, zurück. Auf jeden Fall schalten sie aus der näheren Ahnenschaft der Catarrhinen und damit auch der Hominiden aus. Eine spezielle Differenzierung, die das sehr nahe legt, ist zum Beispiel in der Mittelohrstruktur gegeben. Die Anlage des Gehörganges, das »Os tympanicum«, ist bei ihnen von der Mittelohrblase überwachsen. Bei den Affen (Pithecoidea) ist das nicht der Fall, sondern das Tympanicum ist äußerlich lokalisiert.

Es existiert nun innerhalb der Halbaffen (Prosimiae) noch eine interessante Gruppe, heute noch im malaiischen Archipel als eozäne Reliktform und Rest einer ehemals großen Formenmannigfaltigkeit, die Koboldmakis (*Tarsius*). Bei diesen Tarsioidea bleibt ebenfalls das Tympanicum als Knochenring außerhalb der Mittelohrblase bestehen. Auch andere Merkmale, etwa die Backzahnstruktur, lassen die Möglichkeit zu, die Affen der Alten Welt von tarsiusähnlichen Vorfahren (den Anaptomorphidae des Eozäns) phyletisch abzuleiten.

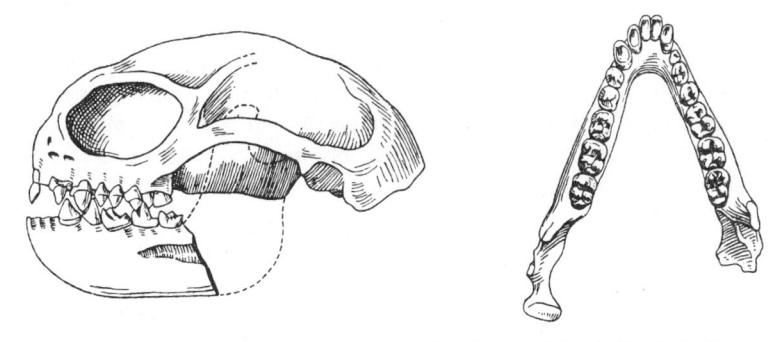

Schädel von *Tetonius homunculus* aus dem Eozän. Er gehört zu den koboldmakiähnlichen Halbaffen (Tarsioidea). Natürliche Höhe etwa 1,9 cm. Rechts: Unterkiefer von *Parapithecus fraasi* aus unteroligozänen Schichten Ägyptens, natürliche Länge etwa 3,4 cm

Spitzhörnchen (Tupaioidea) und Koboldmakis (Tarsioidea) sind die alten tertiären mutmaßlichen Ahnengruppen für die Herausbildung der höheren Affen, und man könnte hier von einer Tarsioidentheorie sprechen. Das wird auch nahegelegt durch einen Unterkieferfund *(Parapithecus)*, der nun sicher zum Stamm der schmalnasigen Affen im engeren Sinne gehört, ja bereits an die Basis des Hominoidenstammes zu stellen ist. Er fand sich in Flußablagerungen des unteren Oligozäns im Fayûm bei Kairo. Die Diskussionen um diesen Fund sind noch nicht zu Ende, aber die Fünfhöcker-Kronenstruktur der unteren Mahlzähne zeigt zumindest, daß hier ein Zustand vorliegt, der später für die Ausgangsgruppe der Menschenaffen (Pongidae) und auch noch für die Menschenartigen (Hominidae) ein wesentliches Erkennungskriterium abgibt. *Parapithecus* besitzt allerdings eine spezialisierte Ausbildung des Vordergebisses. Er entspricht sicherlich einem frühen Sonderzweig am Stamme der früheren Primaten.

In den gleichen unteroligozänen Schichten im Fayûm fand sich aber noch ein zweiter Unterkieferrest: *Propliopithecus haeckeli* genannt. Bei ihm verschwinden nun jede Zweifel über seine Stellung im System der Primaten. Es ist der Unterkiefer eines Vertreters der Hominoidea. Unter dieser Superfamilie werden die Familien der Gibbons (Hylobatidae), der echten Menschenaffen (Pongidae) und der Menschenartigen (Hominidae) zusammengefaßt. Sie können auf eine ur-gibbonartige Schicht zurückgeführt werden. *Propliopithecus* scheint nach seiner Merkmalsbildung dieser Ahnenschicht zumindest nicht ferngestanden zu haben, und der bekannte Münchner Paläontologe Max Schlosser tat recht, als er diesen *Propliopithecus* Ernst Haeckel zu Ehren benannte: denn Haeckel war es, der darauf hinwies, daß wir in alten Gibbonformen *(»Prothylobates«)* die Wurzel des, wie wir heute sagen, Hominoidenstammes zu sehen hätten.

Mit *Propliopithecus* müssen wir wohl etwas später untermiozäne Funde aus Ostafrika (*Limnopithecus*) in einen engeren Zusammenhang bringen. Von dieser Propliopithecus-Limnopithecusgruppe aus führt über die mio-pliozäne Pliopithecusgruppe der stammesgeschichtliche Weg zu dem hochspezialisierten langarmigen Schwingkletterertypus der heutigen ostasiatischen Gibbons (Hylobatidae). Sie bilden also wahrscheinlich schon seit dem unteren Oligozän eine selbständige Evolutionslinie, an die wohl ebenfalls im Oligozän die Hominoidenlinie (Menschenaffen und Menschen) ansetzt. Die Gibbons haben also nur sehr alte Beziehungen zum Hominoidenstamm im engeren Sinne, und insbesondere ihre heutige spezialisierte Gestaltung gibt, wie Gliedmaßenfunde von *Limnopithecus* und *Pliopithecus* (oberes Miozän) zeigen, kein Bild der Ahnenzustände, von denen aus sich die Hominoidea entwickelt haben. Es ist interessant, daß sie im unteren Pliozän noch immer nicht die Verlängerung der Arme, wie sie für Schwingkletterer (Brachiatoren) typisch ist, besitzen. Diese Brachiatorenstruktur mit kurzen Beinen und langen Armen und Händen haben die Gibbons erst im Laufe des Pliozäns als Anpassung an das Leben im Inneren tropischer Regenwälder erworben. *Propliopithecus haeckeli* markiert aber doch den Zeithorizont, an dem die Spaltung der Hominoidea im weiteren Sinne in die Hylobatiden- und die Hominoidenlinie im engeren Sinne (Pongidae und Hominidae) angenommen werden darf. Dieser Horizont würde in absoluter Zeit etwa bei vierzig bis dreißig Millionen Jahren liegen.

Bereits im Unteroligozän gibt es also Merkmale für die Einheitlichkeit des Hominoidenstammes. Wir wollen hier nur auf die grundsätzliche Identität der Kronenstrukturen der unteren Mahlzähne hinweisen.

Die unteren Molaren besitzen, sehen wir von sekundären Abwandlungen ab, das schon erwähnte Fünfhöckermuster. Es wird nach einer fossilen Menschenaffenform, vorwiegend des Miozäns, als »Dryopithecus-Muster« bezeichnet. Im schematischen Falle besteht es aus fünf Höckern, drei Außen- und zwei Innenhöckern. Dazwischen befindet sich ein Furchenmuster, das ein Doppel-Y zeigt (man spricht deshalb auch von Fünf-Y-Muster). Es kommt bei allen Menschenaffen und Menschenartigen (beim Menschen allerdings häufig abgewandelt) vor. Diese Identität der Struktur der Molarenkronen ist von großer phylogenetischer Bedeutung. Wir wissen, daß ein Zahn ein kompliziertes Organ ist, dessen Aufbau ein komplexes Erbfaktoren- oder Gengefüge zugrunde liegt. Es ist nicht wahrscheinlich, daß dieses Gengefüge mehrmals unabhängig voneinander entstanden ist. Das Muster ist ein historisch erworbener gemeinsamer Besitz und muß bei Pongiden und Hominiden, bei Menschenaffen und Menschenartigen, von einer gemeinsamen Ahnenschicht, vielleicht von propliopithecus-ähnlichem Charakter, übernommen worden sein. Als weiteres Beispiel sei kurz auf die weitgehende Übereinstimmung im Bau der Bluteiweißmoleküle hingewiesen. Es ist bekannt, daß Menschenblut auf Schimpansenblut gleicher Blutgruppe übertragen werden kann und umgekehrt. Das ist ein Beweis dafür, daß die Molekularstrukturen hier weitgehend ähnlich sind. Bei den praktisch unendlich großen Variationsmöglichkeiten, die für den Bau der Eiweißmoleküle bestehen (Reihenfolge der Aminosäuren), ist es nicht wahrscheinlich, daß die weitgehende Ähnlichkeit der Bluteiweißmoleküle selbständig mehrmals erworben wurde. Das zeigt fast sicher, daß Pongidae und Hominidae eine phylogenetische Einheit bilden; Huxley hatte mit dem »Pithecometrasatz« in seinem Werk über die Stellung des Menschen in der Natur (1863) vollständig recht.

Wann erfolgte nun die Spaltung der gemeinsamen Ahnenschicht in Pongidae und Hominidae und von welchem Typus aus? Welchen Bautypus besaß dieses *ancient member* im Sinne Darwins?

Bevor wir dieses Problem untersuchen und an Hand der Fossilüberlieferung die Geschichte des Hominoidenstammes weiter betrachten, erscheint es angebracht, daß wir uns von der Struktur der heutigen Menschenaffen, der Pongidae, eine Übersicht verschaffen. Der Menschenaffenstamm (die Pongidae) bietet in seiner Evolutionsgeschichte die Erscheinung der Mosaikentwicklung, die auch in zahlreichen anderen Tiergruppen feststellbar ist. Man versteht darunter die selbständigen Evolutionsgeschwindigkeiten der einzelnen Merkmale; die verschiedenen Beschleunigungen führen dazu, daß ahnentümliche Merkmale neben modernen Erwerbungen stehenbleiben können. Am ausgeprägtesten tritt das beim

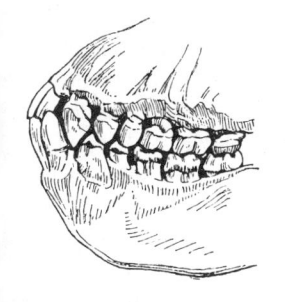

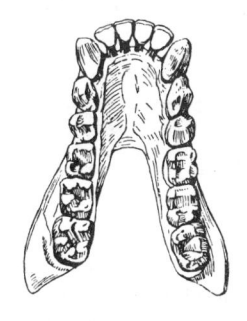

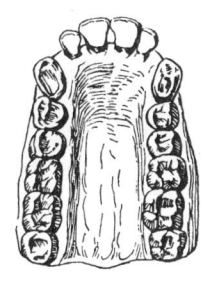

Gebißbau eines Dryopithecinen *(Sivapithecus)* aus miozänen Schichten Vorderindiens (Schnauzenbildung, großer Eckzahn). Mitte: Unterkiefer (parallele Zahnreihen, »Dryopithecus-Muster« der Backenzähne), rechts: Oberkiefer (Diastema)

Vergleich von Gebiß- und Kieferausbildung einerseits und des Extremitätenbaus andererseits hervor. Das Gebiß der Menschenaffen ist durch eine Reihe von bestimmten Merkmalen gekennzeichnet. Es ist wichtig, sie hier kurz zu behandeln, schon im Hinblick auf die Ausgangsstruktur des Menschengebisses. Bereits frühe Menschenaffen des Tertiärs (Miozän. vor etwa fünfzehn Millionen Jahren) zeigen nun eine Merkmalsbildung, die dem heutigen Gebißzustand sehr nahe kommt. So finden wir etwa schon bei *Sivapithecus* aus den Sivalik-Bergen Nord-Vorderindiens den pongiden typischen Schnauzenbau (Prognathie, Fehlen des Kinnes). Die Schneidezähne sind groß und schräg gestellt. Man gewinnt den Eindruck, als hätten sie die Eckzähne auseinandergedrängt. Diese sind groß und dolchförmig mit dem größten Kronendurchmesser an der Kronenbasis. Der erste untere Vormahlzahn ist caninisiert (das heißt, er ähnelt dem Eckzahn oder Caninus) und besitzt nur einen Haupthöcker, von dem nach vorn-unten eine Schneidekante zieht, die mit dem oberen Eckzahn als Antagonisten einen Scherapparat bildet. Die Zahnreihen, vom Eckzahn bis zum dritten Molaren, sind gerade. Auch die beiden Kieferkörper (Unterkiefer) sind wie die Zahnreihen parallelisiert, und am inneren Kinnwinkel beginnt sich eine Knochenbrücke (ein Druckfänger), die »Affenplatte«, auszubilden. Vergleichen wir diesen zeitlich frühen und morphologisch doch schon fortgeschrittenen Zustand bei den Dryopithecinen mit dem bei heutigen Menschenaffen, so springt die Ähnlichkeit sogleich ins Auge. Diese Gebiß-Kieferstruktur der Pongiden, wie sie heute leben, ist also seit dem Miozän ziemlich stabil geblieben, ihre Evolutionsgeschwindigkeit war nach Erreichung eines adaptiven Optimums stark verlangsamt worden. Das Gebiß der Hominiden weicht von dieser menschenaffentümlichen Struktur erheblich ab. Ursprünglich werden wir auch für die Vorfahren der Hominiden einen großen Eckzahn annehmen müssen. Dafür spricht unter anderem die große Wurzel des menschlichen Eckzahns, besonders im Oberkiefer. Auch für die Vormahlzähne des Unterkiefers dieser Hominidenvorfahren darf in sehr früher Zeit mit Einspitzigkeit gerechnet werden. Sie sind bei den Hominiden zweispitzig geworden. Man spricht von einer Molarisation der Vormahlzähne (Angleichung an die Mahlzähne). Das ist übrigens ein Prozeß, der vielfach in der Wandlungsgeschichte des Gebisses, besonders bei Huftieren, im Laufe des Tertiärs aufgetreten ist. Für die Rekonstruktion der menschlichen Abstammungsgeschichte besteht nun das Problem, welchen Zustand das Gebiß des *ancient member* im Sinne Darwins, also die Basisgruppe der Hominiden, besessen hat. Es ist nicht gerade wahrscheinlich, daß dieser Zustand von den bei den heutigen Pongiden und ihren tertiären Dryopithecinenvorfahren bestehenden Verhältnissen dargestellt wird. Diese stabile Gebißstruktur wird nicht mehr zu so tiefgreifenden Wandlungen fähig gewesen sein, die für die Bildung des typisch hominiden Gebisses notwendig sind. Allzu große Anforderungen an die Wandelbarkeit der erblichen Grundlagen für diese Struktur darf man nicht stellen, auch scheinen die Zeiten dafür etwas kurz, selbst wenn man besonders hohe Evolutionsgeschwindigkeiten annimmt. Ist also die Gebißstruktur der Pongiden eine phyletisch alte Spezialisierung, so gilt das nicht für die Gestaltung des Gliedmaßenskeletts. Wie schon gesagt, zeigen die heutigen Pongiden (Orang-Utan, Gorilla, Schimpanse) mehr oder weniger ausgeprägt eine Gliedmaßenproportion, die durch relativ lange Arme und relativ kurze Beine gekennzeichnet ist. Das ist die Struktur der »Hangelkletterer«. Sie bewegen sich im Geäst der Bäume vorwiegend mit ihren über dem Kopf gehaltenen Armen hangelnd und schwingend fort. Die Hände zeigen eine Verlängerung der Mittelhandknochen und der Finger zwei bis fünf. Der erste Strahl, der Daumen, hat diese Verlängerung nicht mitgemacht. So entstand die spezialisierte Hakenhand der Hangelkletterer. Man nennt eine Form, die diese Fortbewegungsweise ausübt, einen »Brachiator«. Das Hangelklettern kann aber auch von Formen ausgeübt werden, die nicht die verlängerten Arme und Hände besitzen –, auch wir können ja hangeln und schwingen. Man betrachte im Zirkus die Akrobaten am Trapez. Hangelkletterer können auch wieder sekundär zu überwiegendem Bodenleben zurückkehren, wie dies für den großen Gorilla und teilweise auch für den Schimpansen gilt.

Die Hangelerproportionierung ist nun im Gegensatz zu der Gebißstruktur eine relativ späte Erwerbung in der Evolutionsgeschichte der Menschenaffen. Selbst die extremsten Brachiatoren der Gegenwart, die elegant schwingkletternden Gibbons (Hylobatidae) waren im oberen Miozän noch keine Hangelkletterer mit der für diese Lebensweise optimalen Proportionierung der Gliedmaßen; sie zeigten noch Verhältnisse, wie sie den »Stemmgreifkletterern« eigentümlich sind. Die Arme waren noch nicht länger als die Beine, wie bei den heutigen Gibbons, sondern die Beine übertrafen nicht unbeträchtlich die Arme an Länge. Wenn auch nur wenig Material von Extremitätenskeletten der Dryopithecinen vorliegt, so machen es doch die Umstände, unter denen die fossilen Reste der Dryopithecinen gefunden wurden (sie wurden des öfteren aus Spaltenfüllungen geborgen) wahrscheinlich, daß die Dryopithecinen noch nicht die Gliedmaßenproportionen der rezenten Pongiden besaßen. Sie waren, morphologisch gesehen, noch »Präbrachiatoren«, noch nicht voll in den Regenwaldbiotop eingepaßt. Es ist interessant, daß heute nur brachiatorisch differenzierte, diesem Biotop angepaßte Pongiden leben und alle präbrachiatorischen Pongiden ausgestorben sind. Man kann sagen, daß die Einpassung in den tropischen Regenwald für die Pongiden ihre historische Rettung bedeutete. Lebten diese Gestalten heute nicht mehr in unserer Fauna (fossil fänden wir von ihnen, als typischen Urwaldbewohnern, kaum etwas), so erschiene die »Kluft« zwischen Hominiden und den fossil so spärlich überlieferten Pongiden des Tertiärs und allgemein die historische Isolierung der Hominiden wesentlich größer; sind wir doch heute in der Lage, an den lebenden Nachfahren der Dryopithecinen nicht nur morphologisch, etwa den Bau des Gehirns, dessen grundsätzliches Windungsmuster dem des Menschen entspricht, zu untersuchen, sondern auch physiologisch zu beweisen, daß zwischen Pongiden und Hominiden eine relativ enge phylogenetische Verwandtschaft besteht.

Betrachten wir nun den Schädelbau der Pongiden insgesamt, so fällt uns sogleich die allgemeine Proportionierung auf: einem relativ kleinräumigen Gehirnschädel steht ein relativ mächtiger Kiefer-Gesichtsschädel gegenüber. Das riesige Gebiß, der gewaltige Kieferapparat, benötigen eine entsprechende Muskulatur. Für den auf dem Hirnschädel ansetzenden Schläfenmuskel (der Hauptkaumuskel) bietet bei stärkeren Tieren – meist männlichen Geschlechts – der Hirnschädel nicht genügend Ansatzfläche. Beide Schläfenmuskeln (linker und rechter) treffen sich im Scheitel und bilden »bei der Begegnung« – enantioplastisch – einen Knochenkamm, eine Crista, aus, ähnlich dem Knochenkamm (*Crista sterni*) auf dem Brustbein fliegender Vögel zum Ansatz der Flugmuskulatur. Senkrecht zum Scheitelkamm bildet sich bei den Menschenaffen quer über das Hinterhaupt hinweg noch ein weiterer solcher Knochenkamm, an dem eine mächtige Nackenmuskulatur ansetzt, da die Menschenaffen ein relativ weit hintenliegendes Hinterhauptsloch besitzen, den Schädel nicht im Schwerpunkt balancieren und dieser eines ständigen Nackenmuskelzuges bedarf. Solche enantioplastischen Bildungen am Schädel finden sich bei Tieraffen und Raubtieren und auch bei alten Menschentypen, wie wir sehen werden. Aber hier ist die Morphologie des Knochenkammes eine andere als bei den Pongiden; sie ist keine Reminiszenz an pongide Ahnenzustände, sondern stellt eine Neuerwerbung im Zusammenhang mit einer sekundären Vergrößerung des Gebisses dar.

Doch kommen wir zurück zum Grundproblem dieses Kapitels: wann etwa hat die Abzweigung des Menschenstammes stattgefunden und welchen anatomischen Bau müssen wir der Formengruppe an diesem phylogenetischen Ort zuschreiben?

Um im folgenden Mißverständnisse zu vermeiden, ist es erforderlich, einige Definitionen zu geben und an Hand eines Schemas die gegenwärtigen hypothetischen Möglichkeiten für die Lage des chronologischen und phylogenetischen Ortes für das *ancient member* zu umreißen. Wir sprechen von Hominidae (= zoologische Primatenfamilie) von dem Zeitpunkt an, an dem sich eine pongide Formengruppe (eine Population oder mehrere) isolierte und nun, ohne je wieder mit pongiden Populationen in Gen-Austausch zu treten, eine eigene genetische Geschichte verfolgte. Diesen Urpopulationen entspräche etwa das »*ancient member of the anthropomorphous subgroup*« (Darwin). Diese sich isolierende Formengruppe stellten die historisch ersten Hominiden (= Familie der Menschenartigen) dar, auch wenn morphologisch noch nichts an die spätere Menschengestalt erinnerte und auch wenn psychisch gegenüber den pongiden Vorfahren keinerlei Unterschiede bestünden. Den ersten Abschnitt der nun begonnenen »Eigengeschichte« der Hominiden bezeichnen wir als subhumane Phase. Für die chronologische Fixierung des Beginns dieser subhumanen Phase gibt es heute drei grundsätzliche Meinungen. Die erste nennen wir die Brachiatorenhypothese. Sie sieht das *ancient member* in einem Wesen, das brachiatorisch gebaut und ein Urwaldbewohner war. Die Hypothese muß den Ablösungsprozeß der Hominiden von den Pongiden relativ spät ansetzen, irgendwann im Pliozän, denn vorher gab es noch keine typischen Brachiatoren. Gewichtige Gründe sprechen gegen diese Hypothese. So müßte eine sehr große Beschleunigung der Evolutionsgeschwindigkeit zur Erreichung des Gebißbaues, der Proportionierung und anderer typisch hominider Baueigentümlichkeiten angenommen werden. Eine zweite Hypothese verlegt den chronologischen Ort der Isolierung des Hominidenzweiges sehr weit zurück, mindestens in das untere Oligozän, und muß als morphologische Gestalt des *ancient member* einen noch präpongiden Typus fordern, einen »Protocatarrhinen« (Urschmalnasenaffen), zumindest einen prothylobatesähnlichen Typ annehmen. Gegen einen so frühen Ansatz des Beginns der subhumanen Phase und gegen eine protocatarrhine Gestalt der Basisgruppe der Hominiden spricht ebenfalls vieles. So neben morphologischen Indizien besonders die bedeutsame serologische Ähnlichkeit, die zwischen Pongiden und Hominiden besteht. Damit gewinnt eine dritte Hypothese an Wahrscheinlichkeit, die heute wohl auch von den meisten Anthropologen vertreten wird: die Präbrachiatoren-Hypothese. Sie betrachtet als *ancient member* einen Pongidentypus, der

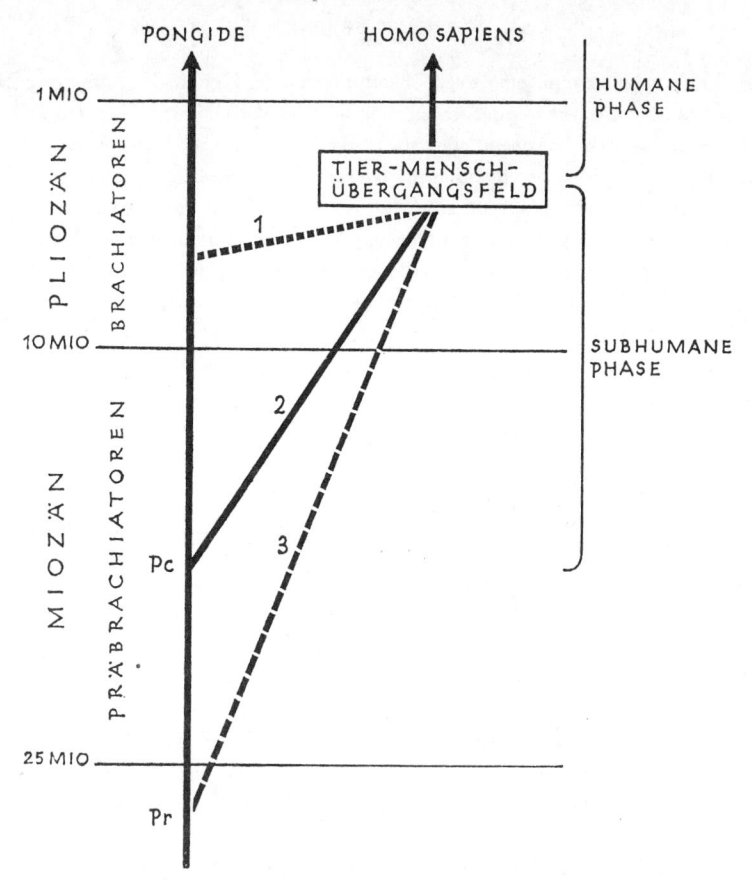

Schema der heute diskutablen Hypothesen über die Ableitung des Menschenstammes.
1 Brachiatorenhypothese; 2 Präbrachiatorenhypothese; 3 Protocatarrhinenhypothese.
Pc Proconsulmodell, Pr Protocatarrhinenmodell

geschichtlich auf einen urgibbonoiden Vorfahren (*Prothylobates* Haeckels) zurückführbar ist und zeitlich wahrscheinlich in die erste Hälfte des Miozäns gestellt werden kann. Die Ursprungsform der Hominiden entsprach nicht dem Bau der morphologisch typisch differenzierten Brachiatoren, sondern war eine Vorstufe davon. Sie war physiologisch sicherlich in der Lage, sich auch brachiatorisch fortzubewegen. Ihre Hauptfortbewegungsweise dürfte das Stemmgreifklettern (Greifen mit den Händen und Nachstemmen mit den Beinen) gewesen sein. Auf jeden Fall handelte es sich um Baumtiere. Ein derart gebautes *ancient member* käme auch als Ursprungsgestalt für den späteren aufrechten Gang (Bipedie) in Frage.

Mit der größten Wahrscheinlichkeit dürften es wohl die präbrachiatorischen Pongiden der ersten Miozänhälfte gewesen sein, von denen aus die subhumane Phase der Phylogenie der Hominiden begann. Die subhumane Phase leitete dann wahrscheinlich im Pliozän zu einer kritischen Phase über, zum »Tier-Mensch-Übergangsfeld«. Jede der drei diskutierten Hypothesen muß eine solche Phase annehmen. Nur in der Länge der davorliegenden subhumanen Phase und wegen verschiedener Vorstellungen über den Typus des *ancient member* weichen sie voneinander ab. In das Tier-Mensch-Übergangsfeld treten die subhumanen Hominiden bereits als mehr oder weniger bipede Aufrechtgänger ein. Die Bipedie ist ja die Vorbedingung für die eigentliche Hominisation; sie beruht wesentlich auf der Vergrößerung und Differenzierung des Gehirns. Eine Abgrenzung des Tier-Mensch-Übergangsfeldes nach unten würde rein konventionell sein, ja, man könnte sogar die ganze subhumane Phase in das Übergangsfeld einbeziehen; das ist jedoch aus methodischen Gründen nicht ratsam.

Das Tier-Mensch-Übergangsfeld leitet nun zur dritten Phase unserer Phylogenese über, die wir als die humane Phase bezeichnen. Die Hominiden entsprechen jetzt in ihrer psychischen Grundstruktur grundsätzlich dem, was wir »Mensch« nennen. Die *conditio humana*, im Tier-Mensch-Übergangsfeld entstanden, ist nunmehr gegeben, die humanen Hominiden auf der Weltbühne sind erschienen. Wir können den Zeitpunkt, an dem wir das Auftreten der ersten erkennbaren humanen Hominiden erwarten dürfen, etwa an der Wende vom Tertiär zum Pleistozän ansetzen, das heißt vor etwa einer Million Jahren.

Um Mißverständnisse auszuschließen, hier noch einmal eine Kurzfassung der Gliederung unserer Abstammungsgeschichte: Die phylogenetische Isolierung der zoologischen Familie Hominidae von dem Pongidenstamm erfolgte (nach der Präbrachiatorenhypothese) vermutlich in der ersten Hälfte des Miozäns, vielleicht auch etwas später, vor vielleicht rund zwanzig Millionen Jahren. Im oberen Pliozän wurde am Ende der »vormenschlichen«, subhumanen Phase nach vierhunderttausend bis sechshunderttausend Generationen (im Jahrhundert sind vier Generationen angenommen) das Tier-Mensch-Übergangsfeld erreicht, in dem die Erwerbung dessen zum Abschluß kommt, was Helmuth Plessner in diesem Band die *conditio humana* genannt hat. Mit ihr beginnen die humanen Hominiden, setzt die humane »menschliche« Phase der Hominidengeschichte ein.

Nachdem wir diese Basis gewonnen haben, ist es, bevor wir an die eingehende Schilderung der fossilen Dokumentierung dieser Geschichte herangehen, nötig, noch einige, allerdings sehr kursorische Bemerkungen über die Kausalität, der die Hominidengeschichte unterworfen war und ist, zu machen. Während der subhumanen Phase kann – nichts spricht dagegen – mit grundsätzlich denselben Evolutionsmechanismen wie bei jedem anderen Tierstamm gerechnet werden. Der für uns hier bedeutsamste Schluß aus dieser Feststellung ist, daß ein Ziele antizipierender, auf diese Ziele hin richtender Faktor nicht nachgewiesen werden kann und methodisch nicht nachweisbar ist. Relativ richtungslose Mutabilität und Selektion, ein statistisches, mit Populationen als Evolutionseinheiten arbeitendes Faktorengefüge, führt die Hominiden unter erheblichen, mikroevolutiv sich vollziehenden Wandlungen in das Tier-Mensch-Übergangsfeld. Mit Jaspers kann man die subhumane Evolutionsgeschichte der Hominiden als »ungewußte Geschichte« bezeichnen. In der humanen Phase aber setzt, wenn auch erst relativ sehr spät, nach Jahrhunderttausenden und langsam sich konsolidierend die »gewußte Geschichte« ein. Was besonders die spätere humane Phase – noch jetzt – in erdgeschichtlicher Sicht zunächst charakterisiert, ist die zunehmende Einwirkung eines neuen telischen Geschichtsfaktors, der bestrebt ist, die Evolutionsgeschichte der Hominiden auf Ziele zu richten. Dieser telische Faktor ist der Geist des Menschen. Mit ihrer humanen Psyche ist die Menschheit in der Lage (sie wäre es!), den Gang ihrer eigenen zukünftigen Evolution zu steuern. Julian Huxley hat besonders auf diese, in einer schon absehbaren Zeit notwendig werdende Steuerung dieser Mechanismen zu Nutz und Frommen der Menschheit nachdrücklich und mahnend hingewiesen. Unsere heutige Kenntnis der Evolutionsmechanismen würde dies ermöglichen.

Die fossile Dokumentierung der Evolution der Hominiden

Die subhumane Phase

Fragen wir, was nun an fossilen Funden aus der subhumanen Phase der Hominiden vorliegt, so muß sogleich auf die äußerste Spärlichkeit der Überlieferung hingewiesen werden. Es liegt aber ein Fundkomplex aus untermiozänen Schichten des Viktoria-Nyanza-Beckens vor, besonders von der Rusinga-Insel am Kavirondogolf des Viktoria-Sees, der für die Rekonstruktion des Beginns der subhumanen Phase gewisse Anhaltspunkte bietet. Zeigen diese Funde doch einen primitiven Pongidentypus von höchst eigenartiger Struktur, einen Typus, der unter allem sonstigen bisher geborgenen Fundmaterial vielleicht den Vorstellungen, die wir uns nach der Präbrachiatoren-Hypothese von dem Aussehen der basalen Pongidengruppe machen können, am besten entspricht. Aber, und das sei ausdrücklich betont, keineswegs kann diese Fundgruppe die basale Ausgangsform für die Hominidengeschichte verkörpern; sie stellt nicht den realen Ahnentypus, das *ancient member* Darwins, dar, in dem die humane Phase unserer Geschichte wurzelt. Auch für die schon früher genauer gekennzeichneten Dryopithecinen möchten wir, obwohl sie wahrscheinlich noch keine morphologisch spezialisierten Brachiatoren waren, keinesfalls eine Ahnenstellung postulieren. Wohl aber steht nichts im Wege, in ihnen allgemein den Ahnentypus für die rezenten Pongidengestalten zu sehen. Der Hauptgrund, die Dryopithecinen nicht als Vorläuferschicht der Hominiden zu betrachten, liegt in der schon erheblichen Differenzierung ihres Kiefer-Gebiß-Apparates, auch bei Annahme von noch bedeutenderen Wandlungsmöglichkeiten dieses Apparates. Aus den mio- bis pliozänen Schichten der Sivaliks, als Fundort von *Sivapithecus* oben schon genannt und reich an Dryopithecinenresten, liegt unter anderem eine interessante Form vor, *Ramapithecus brevirostris*, der in seinem Kiefer- und Gebißbau gewisse Ähnlichkeiten mit hominiden Eigentümlichkeiten besitzt und deshalb – auch neuerdings wieder – mit den Hominiden in nähere Verbindung gebracht wird; es scheint uns allerdings eine solche Wahrscheinlichkeit nicht besonders groß zu sein: die Ähnlichkeiten beruhen wohl eher auf parallelen Mutationen.

Die genannte Fundgruppe nun, aus den untermiozänen Schichten Ostafrikas, darf mit weit größerer Wahrscheinlichkeit in die Nähe des Vortypus der subhumanen Phase gestellt werden. Es ist die vieldiskutierte und gut bearbeitete, durch zahlreiche Fossilreste belegte Gruppe der Proconsulinae. Die Gruppe ist uns seit den vierziger Jahren näher bekanntgeworden. Man glaubt heute drei Formen (Arten?), in der Größe zwischen Zwergschimpanse und Gorilla schwankend, unterscheiden zu können. Am besten ist die kleinste Form *Proconsul africanus* bekannt, und als einziger Fall überhaupt liegt hier der Fund so vieler Schädelreste vor, daß die Rekonstruktion des intakten Schädels möglich ist. Neuerdings sind auch von der Hinterhauptregion Bruchstücke gefunden worden, die der Rekonstruktion dieses Schädelteils noch größere Sicherheit geben als bisher. Das Fundstück macht beim ersten Anblick gar nicht den Eindruck, den man sonst von einem Pongidenschädel erhält. Zunächst zeigt es einen relativ sehr kleinen Hirnschädel und eine betonte Schnauzenbildung (die aber vielleicht bei einer Neurekonstruktion etwas verringert wird). Dann aber fällt besonders auf, daß die Stirnregion hier stark von den Pongiden abweicht. Es ist hier nicht das pongidentypische Augendach mit Überaugenwülsten (*Tori supraorbitales*) entwickelt, sondern die Stirn steigt gleich, wenn auch sehr wenig erhoben, in einer ebenmäßigen Kurve an. Interessant ist, daß *Proconsul* Stirnhöhlen aufweist. Die früher weitverbreitete Meinung, daß der Besitz von Stirnhöhlen nur der »Gorilla-Schimpanse-Mensch-Gruppe« zukomme, muß als überholt gelten. Wenn etwa spätere Pongiden, wie der Orang-Utan, keine deutlichen Stirnhöhlen mehr haben, so dürften sie sekundär verlorengegangen sein.

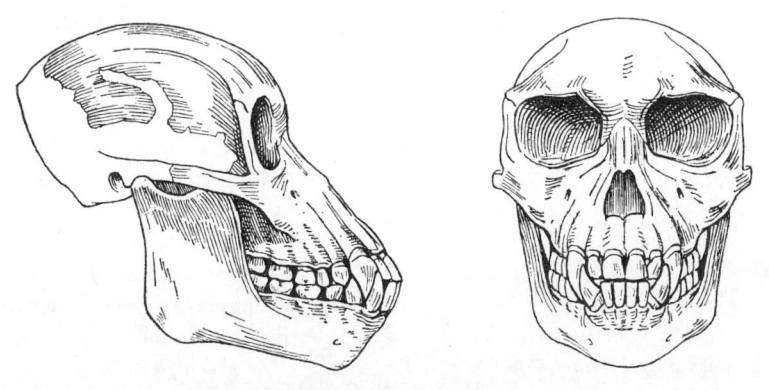

Schädel von *Proconsul africanus*, etwa halbe natürliche Größe. Rekonstruktion

Im ganzen bietet der Schädel das Bild eines Frühpongiden, der noch nicht die im Zusammenhang mit der Entwicklung des großen Wehrgebisses der heutigen Pongiden entsprechenden Superstrukturen (starke Jochbögen, machtvolle Entwicklung von Trajektorien als Druckableiter etwa in der äußeren Umrandung der Augenhöhlen, das Überaugendach und Scheitel- und Hinterhauptskämme) erworben hat, sich also primitiv verhält. Betrachten wir den Unterkieferbau, so fallen hier, verglichen mit heutigen Pongiden, die Unterschiede ebenfalls alsbald ins Auge. Die Schneidezähne sind relativ kleiner, die Zahnreihen sind nicht so stark parallelisiert, und die Kieferkörper konvergieren stark nach vorn, der innere Kinnwinkel besitzt keine Affenplatte. Man hat weniger Bedenken, die Unterkiefergestaltung der Hominiden von einer proconsulähnlichen Vorform abzuleiten als von einer dryopithecinen oder gar modern-ponginen Ausgangsgestaltung. Zu der Familie der Pongidae muß die Proconsulgruppe aber gerechnet werden, da das Gebiß deutlich, sehen

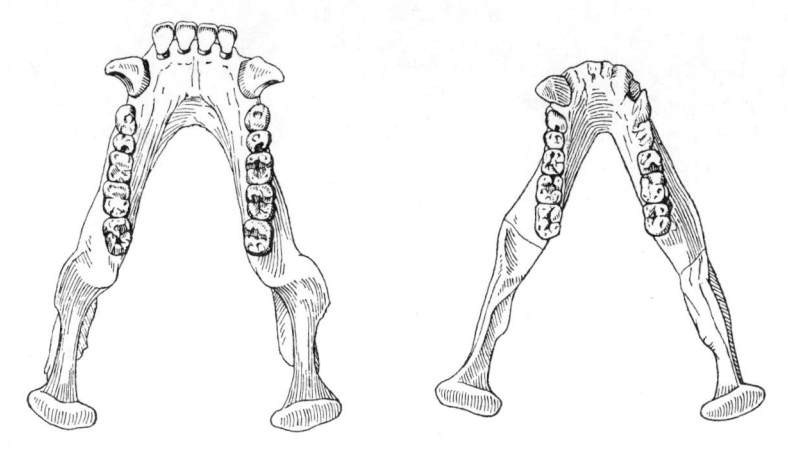

Vergleich eines Unterkiefers von *Proconsul* (rechts) mit dem eines Schimpansen

wir von speziellen Differenzierungen ab, typisch pongid gebaut ist (mit deutlichem Dryopithecus-Muster der unteren Backzahnkronen). Wir stellen die Fundgruppe am besten als eine Unterfamilie: Proconsulinae zu den Pongidae. Man war nun sehr gespannt, welchen Konstruktionstypus die Körpergestalt der Proconsulinen aufwies. Bereits früher bestanden Anzeichen dafür, daß man wohl nicht mit morphologisch differenzierten, das heißt langarmigen Hangelkletterern mit Hakenhänden zu rechnen hatte, sondern eher mit der Gliedmaßenproportionierung eines Stemmgreifkletterers. Im Jahre 1951 wurden nun auf der Rusinga-Insel genügend Extremitätenreste gefunden, die eine Beurteilung des Armes und der Hand von *Proconsul africanus* ermöglichten. Die genaue anatomische Analyse ergab, daß die vordere Extremität von *Proconsul* wohl einige Differenzierungen aufweist, die für die brachiatorische Brauchbarkeit des Armes sprechen, aber die Hand ist keine Hakenhand, wie sie die heutigen Brachiatoren mehr oder weniger deutlich zeigen, denn der Daumen ist

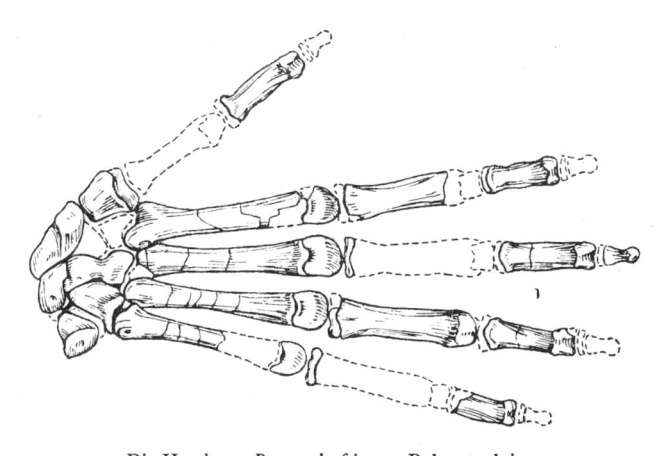

Die Hand von *Proconsul africanus*. Rekonstruktion

relativ lang. An den Zeigefinger herangeführt, reicht er etwa bis zur Mitte des ersten Fingergliedes und entspricht mit seiner Länge etwa hominiden Verhältnissen. Auch zeigen die Mittelhand- und Fingerknochen keine besonderen Verlängerungen. Es liegt bei *Proconsul* also die Hand eines wohl im wesentlichen noch stemmgreifkletternden Pongiden vor, wobei die brachiatorische Fortbewegung ausgeübt werden konnte. Die Proportionierung des Armes gleicht allerdings etwa der beim Schimpansen. Aber wir haben noch kein Urteil über die Länge der Beine, können also über den Intermembralindex (das heißt über das Verhältnis von Arm- zur Beinlänge) noch nichts aussagen. Ein brachiatorisches Verhältnis ist nicht wahrscheinlich.

Das mag zur Charakterisierung der Proconsulinae genügen. Wir dürfen annehmen, daß die großen Vertreter der Gruppe (*Proconsul major*) sich vorwiegend auf dem Boden aufhielten. Wie bewegten sie sich hier – mit aufgestützten eingebogenen Fingern (Knöchelgang) wie die heutigen Pongiden? Wir wissen es nicht, aber vielleicht setzten die Proconsulinen wie die Tieraffen und die Kinder der Hominiden beim Bodengang die Hand mit der Fläche auf den Boden. Der Bautypus der Proconsulinen paßt nicht so recht in das Innere der tropischen Regenwälder. Die zeitgenössische Pflanzenwelt spricht auch dagegen, daß im unteren Miozän an Ort und Stelle dichte Regenwälder bestanden. Es gab Waldgebiete und besonders Galeriewälder an den Wänden von Erosionstälern, im ganzen also eine offene Waldlandschaft, Lebensraum für gut kletternde, aber auch am Boden laufende Formen.

So stellt die Proconsulgestalt eine beträchtliche Stütze für die Präbrachiatorentheorie dar. Diese Gestalt kommt einem Modell nahe, von dem aus man sich die Ableitung des bipeden Aufrechtgängers, des Steppenläufers, viel eher vorzustellen vermag als von einer Brachiatorengestalt. Es ist wiederum auch gut möglich, von dem Proconsulmodell die späteren Dryopithecinen und die brachiatorischen Pongiden entstanden zu denken.

Man kann sich nun, allerdings völlig theoretisch, rekonstruieren, wie die Erwerbung des aufrechten Ganges erfolgt sein könnte. Gehen wir von einem Lebensraum aus, wie er von den Proconsulinen bewohnt wurde. Sie waren genötigt, gelegentlich den Boden aufzusuchen, um neue Nahrung spendende Baumgruppen zu erreichen. Was bedeutete das biologisch für eine Affenform wie die Proconsulinen?

Wir müssen uns zunächst daran erinnern, daß es sich um primäre Baumtiere handelt. Als Baumbewohner vergrößerten sie die Augen, das Sehvermögen wurde besser. Die sich vergrößernden Augen rückten nach vorn. Das führte zum Auftreten des stereoskopischen Effektes (räumliches Sehen). Die Tiere konnten nun in der dreidimensionalen Astwelt der Baumkronen räumlich besser lokalisieren, eine Lebensnotwendigkeit für kletternde Formen. Entsprechend mußten die Hirnzentren sich vergrößern. Mit Recht hat man von einer »zentralen Repräsentanz des Raumes« bei den Affen gesprochen. Die Vergrößerung des optischen Apparates aber engte das Riechhirn und die sensiblen Flächen der Nasenschleimhaut ein. Mit dem Erwerb größerer Augen und des stereoskopischen Sehens ging die Intensität der Geruchsempfindungen zurück, aus Geruchstieren wurden Augentiere. Betrat ein solches Augentier den Boden, so fiel der Schutz in der Baumregion fort, und Feinde mußten optisch zeitig genug erkannt werden, denn das Witterungsvermögen war weitgehend reduziert. Optische Wahrnehmung verlangt aber ein Gesichtsfeld. Dies war, bei vorhandener

Bodenvegetation (Steppengräser), nur durch Aufrichten zu gewinnen. Es werden also diejenigen Mutanten selektiv bevorteilt gewesen sein, die das vermochten. Der Selektionsdruck würde die Konzentration derjenigen Gene in den Populationen steigern, die an der Ausbildung des anatomisch-physiologischen Bedingungskomplexes des Aufrichtens beteiligt waren. Der Selektionsdruck mußte weiterhin diejenigen Mutanten positiv erfassen, die mit der Aufrichtung (Gewinnung eines Gesichtsfeldes) zugleich die Lokomotion verbanden. Sie erreichten in kürzerer Zeit mit geringerem Energieaufwand den nächsten schützenden Baumbestand, und zwar um so eher, je besser sie zu rennen (Gefahrenzeitverkürzung) vermochten. Übrigens dürfte es keinen halbaufrechten Zwischenzustand gegeben haben. Der Oxforder Anatom und bedeutende Förderer der menschlichen Abstammungslehre, Le Gros Clark, hat dazu treffend bemerkt: Die Vorformen der Aufrechtgänger seien Bodenformen geworden, »weil sie auf den Bäumen bleiben wollten«.

So läßt sich hypothetisch der Faktorenkomplex analysieren, der schließlich zum Aufrechtgehen (Rennen) auf den hinteren Extremitäten führte. Man kann berechnen, daß für diesen Prozeß eine lange Generationenkette (vielleicht muß mit vier- bis sechshunderttausend Generationen gerechnet werden) nötig war. Auch dann, wenn wir hier, zwischen den zwei adaptiven Gipfeln (Wald, Greifkletterer – Steppe, bipeder Läufer) mit einer beschleunigten Evolutionsgeschwindigkeit zu rechnen haben.

Diese soeben erzählte Geschichte der Erwerbung des aufrechten Ganges ist keineswegs neu. Schon bei Lamarck (1809) in seinem berühmten Versuch einer Begründung der Evolutionstheorie findet sich eine ähnliche Rekonstruktion, und Lamarck kam zu dem Schluß, daß es so gewesen sein könnte, und – nun die Konzession an die geistige Situation seiner Zeit – »wenn wir nicht wüßten, daß es anders war«. Gewiß, wir vermögen heute nur zu sagen, daß es so gewesen sein *könnte*, aber wir »wissen« nicht, ob es anders war.

Die subhumane Phase unserer Geschichte hatte als Hauptergebnis die Erwerbung des aufrechten Ganges und damit als Folge die Freisetzung der Hand. Sie wurde bei der Fortbewegung nicht mehr gebraucht. Damit korreliert ging die Rückbildung des Gebisses. Die Hand der Primaten ist, in Verbindung mit dem für die Primaten charakteristischen Neugierverhalten, stetig am Probieren, und sie war es um so mehr, als sie beim Erwerb der bipeden Haltung an der Lokomotion nicht mehr beteiligt war. Es ist deshalb sehr wahrscheinlich, daß sie zum Ergreifen und Gebrauchen von Instrumenten kompensatorisch die Rückbildung des Gebisses zum hominiden Zustand ermöglichte. Es handelte sich sicherlich um hochkomplex bedingte Prozesse, denn zu der Hand als anatomischer Konstruktion mußten sich die Gehirnzentren so ändern, vergrößern und organisieren, daß sie der Hand die nötigen Befehle zu geben vermochten. Zu der anatomischen Konstruktion muß die psychische Parallel-Entsprechung treten. Ein solcher Genkomplex dürfte kaum ohne einen Mutations-Selektionsmechanismus erworben worden sein.

Wir können den außerordentlich komplizierten Prozeß, der schließlich zu bipeden Hominiden des Tier-Mensch-Übergangsfeldes führte, nur andeuten. Man mag diesen theoretischen Konstruktionen zustimmen oder nicht, auch von der Brachiatorenhypothese her gesehen muß ja in einer langen Generationenkette der Bipedalismus erworben worden sein mit all den zahlreichen verknüpften Mutationen. Daß der Ausgangsbiotop der

Hominiden der »Wald« war, das zeigt unsere Hand unwiderleglich: ohne Waldheimat keine Hand. Die Kletterhand mußte ursprünglich durch einen Kletterfuß (Greiffuß) ergänzt sein. Demnach ist unser heutiger Standfuß aus einem Kletterfuß umgebildet worden. Der Kletterfußzustand wird in früher Embryonalzeit rekapituliert. Der Philosoph Hugo Dingler hat treffend von den ersten bipeden Hominiden als dem »Fuß-Hand-Tier« gesprochen.

Kehren wir zurück zu den fossilen Belegen. Sichere, allgemein anerkannte Funde, die die subhumane Phase nach dem Proconsulmodell belegen, gibt es bisher nicht, doch liegt ein Fundkomplex vor, der allerdings noch stark diskutiert wird. Es ist die Oreopithecus-bambolii-Gruppe aus dem Pontium (unteres Pliozän) der Toskana (Italien). Hauptfundorte sind Lignitgruben bei Grosseto (Baccinello).

Oreopithecus ist schon aus dem vorigen Jahrhundert bekannt als eine problematische Form ungesicherter Stellung und sogar als cercopithecoid (tieraffenähnlich) beurteilt worden. Der Baseler Paläontologe Johannes Hürzeler begann sich für die Fundstücke zu interessieren und stellte fest, daß sie völlig unzureichend präpariert waren und zu Fehlschlüssen führen mußten. So beschrieb Hürzeler die nun sauber präparierten Funde aufs neue und brachte bis 1958 eine Fülle neuer Fundstücke zutage. Er gelangte auf Grund peinlich genauer Analysen zu dem Urteil, daß *Oreopithecus* ein Hominide sei, und 1954 zu der Meinung, daß ein subhumaner Hominide vorliege, und hier setzte die Diskussion um den Fundkomplex ein, da diese Einstufung von *Oreopithecus* als hominid nicht allgemein anerkannt wurde. Noch heute stehen sich die Parteien gegenüber. Die eine Forschergruppe hält an der mutmaß ichen Hominidennatur fest. Eine andere möchte entweder in *Oreopithecus* den Vertreter einer neuen Hominoidengruppe, der Oreopithecidae, sehen, und einige Forscher ordnen den Fundkomplex unter die Pongidae ein.

Das Zahngepräge von *Oreopithecus* ist wie bei allen Hominiden ausgesprochen bunodont (vielhöckrige Kronen). Die Zahnreihe ist geschlossen, und es findet sich kein Diastema (Affenlücke). Die Zahnreihen sind gebogen, und die unteren ersten Vormahlzähne sind zweihöckrig. Wenn man die Dimensionen der Zähne (Längsdurchmesser) bestimmt, stellt man fest, daß die Meßwerte, die man erhält, stark von denen beim Menschenaffen abweichen, dafür aber mit denen der Hominiden vergleichbar sind. Gelegentlich kommen einige Merkmale, die hominidentypisch sind, auch bei Pongiden vor. Für *Oreopithecus* aber sind diese Merkmale gruppentypisch, und das Kombinat dieser hominidentypischen Merkmale macht es wahrscheinlich, daß wir diese Form – zumindest – in die Nähe der subhumanen Evolutionslinie stellen dürfen, vielleicht muß Oreopithecus sogar als der Vertreter einer Seitenabzweigung dieser Linie beurteilt werden. Er zeigt im Gebiß Spezialisationen und auch Merkmale, wie sie sonst als Parallelerscheinung bei Tieraffen gefunden werden, und das hat dazu geführt, *Oreopithecus* in die Nähe der Cercopithecoidae (Tieraffenähnliche) zu stellen. Das Skelett ist noch nicht im einzelnen ausgewertet, doch haben sich schon wichtige Hinweise aus dem Studium des Beckens ergeben. Die Darmbeinschaufeln sind breit und kurz und entsprechen in ihren Maßverhältnissen besser denen der Hominiden als denen der Tieraffen (Darmbeinschaufeln schmal und kurz) und der Menschenaffen (Darmbeinschaufeln breit und lang, vergleiche die Abbildungen Seite 124f.)

Natürlich darf man in *Oreopithecus* keinen Aufrechtgänger sehen. Einen solchen würde man in einem so frühen Abschnitt der subhumanen Phase, an der Wende von Miozän zu Pliozän (absolut vor elf Millionen Jahren) nicht erwarten. *Oreopithecus* hat aber auch nicht die für Hangeler typische Proportionierung. Vielleicht kennzeichnet das folgende Urteil die gegenwärtige Lage um *Oreopithecus* am besten: Man kann sich wohl einen so frühen Vertreter der subhumanen Phase der Hominidengeschichte mit einer Proportionierung denken, wie sie *Oreopithecus* uns vorführt. Er bildet als Gruppe eine Art von Zwischenlinie zwischen Pongidae und Hominidae, aber doch vom hominiden Hauptstamm einen Ast bildend. Die mitgefundene Begleitfauna läßt den Schluß zu, daß *Oreopithecus* auch ein gewisses Bodenleben führte. Kurzum, *Oreopithecus* ist ein komplexes Problem. Wird es im Sinne einer Zugehörigkeit zum Hominidenstamm gelöst, dann wäre er der erste tertiäre Beleg für das reale Vorhandensein tertiärer subhumaner Hominiden, und sein relativ hohes Alter würde zeigen, daß die Hominiden bereits auf der präbrachiatorischen Evolutionsstufe der Pongiden von diesen abgezweigt wären.

Im ganzen gesehen liegt also gewiß nur eine äußerst spärliche Dokumentierung der subhumanen Phase unserer Geschichte vor. Sie ist also nur auf Grund indirekter Indizien postuliert. Daß es diese Phase gegeben hat, kann allerdings nicht bezweifelt werden, wenn wir auch weiterhin der Zeit zwischen der Mio-Pliozängrenze und dem mittleren Pleistozän (Eiszeitalter, Beginn etwa vor einer Million Jahren) keine Fossilfunde der subhumanen Phase zuordnen können.

Auch das Tier-Mensch-Übergangsfeld können wir nicht direkt durch fossile Dokumente belegen; so taucht hier die Frage auf, ob etwa alle Hominiden in diesem »Feld« den humanen Status erwarben oder ob noch längere Zeit neben schon humanen Hominiden noch subhuman gebliebene Formen überlebten. Diese Frage sieht recht theoretisch aus, wird jedoch sogleich aktuell, wenn wir an eine der wichtigsten Fundgruppen der Fossilgeschichte der Hominiden, an die Australopithecinen, denken. Kaum eine andere Fundgruppe hat so viel zur Rekonstruktion des Bildes der Hominiden-Phylogenie beigetragen, so daß wir nun diese Australopithecinen etwas näher zu betrachten haben.

Die humane Phase

Wir müssen uns zuerst mit der Stellung der »Australopithecinen« im System der Tiere, speziell im System der Hominoidea, kurz vertraut machen. Frühere Meinungen wollten in ihnen aufrecht gehende Pongiden sehen. Das ist ganz unmöglich. Der aufrechte Gang (die Belege für sein Vorhandensein bei den Australopithecinen werden wir gleich vorführen) ist den Hominiden allein eigentümlich. Wenn heute Pongiden, Menschenaffen, aufrecht gehen, so tun sie das nur gelegentlich und unter gewissen Schwierigkeiten. Ihr Skelett, besonders das Becken und der Fußbau, ist nicht dafür eingerichtet. Auf dem Boden stützen sie sich normalerweise auf die Arme und setzen, wie schon einmal erwähnt wurde, die Hände mit eingeschlagenen Fingern auf und nicht wie wir die Handfläche, wenn wir uns »auf allen vieren« bewegen müssen. Durch den aufrechten Gang allein schon wäre die Zugehörigkeit der Australopithecinen zu den Hominiden zunächst wahrscheinlich. Wenn dann eine genauere Merkmalsanalyse ergibt, daß auch sonst im feineren Schädelbau und im Gebiß sich vielfach und klar erkennbar hominide Merkmale zeigen, dann wird man ihre hominide Natur als gesichert betrachten. Wir werden nun in ihnen allerdings einen höchst interessanten und auffallenden Hominidentypus kennenlernen, und – schicken wir das sogleich voraus, ohne es schon hier näher zu begründen: die Australopithecinen stellen einen Typus dar, der nach der Präbrachiatorenhypothese etwa dem entsprechen könnte, was wir am Ende der subhumanen Phase unserer Geschichte im Tier-Mensch-Übergangsfeld und an der Basis der humanen Geschichte erwarten dürfen. Bei näherer Analyse ihrer Anatomie tritt nun sogleich das Problem in den Vordergrund: wenn sie Hominiden sind und ihr systematischer Ort also nicht mehr diskutiert zu werden braucht, welchen Platz in der Phylogenese der Hominiden nehmen sie dann wirklich ein? Um diese Frage zu untersuchen, wäre es zunächst einmal wichtig, sich über ihr geologisches Alter ein Urteil zu bilden. Frühere Meinungen gehen dahin, die Australopithecinen noch in das Tertiär, in das Pliozän, zu stellen, wenigstens mit einigen Funden. Es ließ sich aber durch eine genauere stratigraphische Analyse der Fundorte auch der mit den Australopithecinen zusammen gefundenen Faunen zeigen, daß ein tertiäres Alter nicht in Betracht kommt. So stellte man sie in das älteste Pleistozän, in die untersten Schichten der »Eiszeit«. Diese untersten Schichten werden nach einer Ortschaft in der Po-Ebene, Villafranca, in deren Nähe die Schichten dieses untersten Pleistozäns gut aufgeschlossen sind, als Villafranchium bezeichnet. Früher wurde das Villafranchium als oberstes Pliozän betrachtet. Es ist bezeichnend für das Kontinuum, vor dem auch die Geologen stehen, daß auf einem internationalen Kongreß die »Plio-Pleistozän-Grenze« durch Übereinkunft festgelegt werden mußte. Wir sprechen heute dann von Villafranchium, wenn pleistozäne Tiergattungen (*Equus*, das echte Pferd, *Elephas*, Elefanten modernen Typs, und *Bos*, echte Rinder) zum ersten Male in den Faunen nachgewiesen werden können. Bis vor kurzem also wurde die Hauptmenge der Funde von Australopithecinen in dieses Villafranchium gestellt. Aber es gab Bedenken, und einige Fundgruppen wurden als jünger erkannt und dem mittleren Pleistozän zugeordnet. Heute hat es den Anschein, als müßten wir alle Australopithecinenfunde (ihr hauptsächliches Fundgebiet liegt in Südafrika, Transvaal, und neuerdings auch eindeutig in Ostafrika, Kenia) in das mittlere Pleistozän einstufen.

Diese komplizierte Problematik möge dem Nichtfachmann etwas von den Schwierigkeiten zeigen, welchen die Fachforschung ständig gegenübersteht. Man möge aber aus der wechselnden Ortung der Australopithecinen durchaus die Zuversicht gewinnen, daß der Wandel der Meinungen einen Fortschritt in Richtung zunehmender Sicherheit bedeutet. Es werden ja mit der Zeit immer mehr, immer aussagekräftigere Indizien verwendbar, und schließlich gelangt man zu einem Indizienbeweis, der genügend gesichert ist, um dann seine Aussage als Realität zu betrachten. Das Verfahren weicht hier von dem eines Historikers (geisteswissenschaftlich genommen) durchaus nicht ab. Nur die Urkundenmaterialien sind verschieden. Wenn also jetzt die Australopithecinen, wie es scheint, sämtlich geologisch wesentlich jünger sind, als früher angenommen wurde, ja als mittelpleistozäne Gruppe so »jung« erscheinen (absolut gerechnet vor etwa vierhunderttausend Jahren gelebt haben), daß sie Zeitgenossen schon höher entwickelter Hominiden waren, so konnte die Auffassung entstehen, daß ihr Wert für eine Rekonstruktion der Hominidenphylogenese, ihr Wert besonders für die nähere Kenntnis des Tier-Mensch-Übergangsfeldes nur gering sei oder gar nicht bestehe. Doch das trifft nicht zu. Wir haben ja in den Phylogenesen der Tiere in zahlreichen Fällen die Erscheinung kennengelernt, daß ältere Typen keineswegs aussterben müssen (oder auch sich stets phyletisch in modernere Typen umwandeln), sondern einen einmal erreichten Typus eventuell durch Jahrmillionen bewahren. Man spricht dann gern von Dauertypen. Ein besonders treffendes Beispiel lieferte die neueste Zeit: In den dreißiger Jahren entdeckte man vor der Ostküste Südafrikas einen Fisch, der so merkwürdig aussah, daß er die Beachtung selbst der Fischer erregte. Der südafrikanische Zoologe J. L. B. Smith erkannte aber dann, daß es sich um einen Crossopterygier handelte, einen Quastenflosser aus der Gruppe der Coelacanthiden. Diese Gruppe der Quastenflosser aber galt als seit der Kreidezeit ausgestorben. Heute sind diese Tiere in größerer Zahl von den

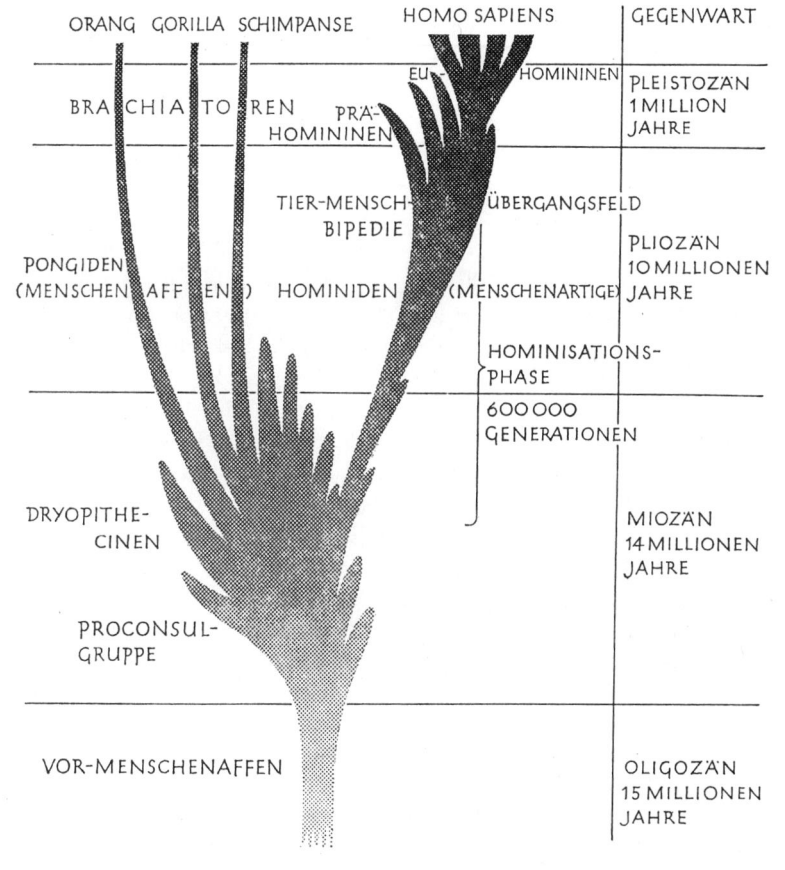

Schema zur Stammesgeschichte der *Hominoidea*

Komoren bekanntgeworden, eine hochwillkommene Beute der Zoologen, die nun ein Relikt aus der Kreidezeit studieren können. Trotz ihres Überlebens ist die phylogenetische Bedeutung der *Latimeria* (nach der Zoologin Latimer genannt, die so aufmerksam war, das Tier für eine Untersuchung durch Smith zurückzuhalten) außerordentlich, bietet sie doch der Forschung die Gelegenheit, ein »lebendiges Fossil« zu untersuchen und daraus Schlüsse auf die Vergangenheit zu ziehen. Nicht genauso, aber nicht ganz unähnlich, ist die Lage bei den Australopithecinen. Wir haben hier allerdings keine »lebenden Fossilien« vor uns, sondern echte Fossilien, die aber lange Zeit überlebten, sich sicherlich während dieser Zeit speziell wandelten, aber doch den Bautypus bewahrten, der für frühere Zeiten, etwa das obere Pliozän, als der damals am weitesten entwickelte gelten darf. Es ist methodisch durchaus berechtigt, den überkommenen Bautypus aus dem mittleren Pleistozän zurückzuprojizieren in die Zeiten, in die die Entstehung dieses Typus verlegt werden darf. Darin besteht ja auch der phylogenetische Wert der Australopithecinen. Sie zeigen einen Hominidentypus (menschentümlich), wie er vielleicht eine Million Jahre vor den überlieferten Funden als die am weitesten entwickelte Form seiner Zeit gelebt haben könnte. Deswegen lassen sie sich als Modelle für die Hominidenstufe im Tier-Mensch-Übergangsfeld ansprechen. Wir werden bald hören, daß der anatomische Bau der Australopithecinen allein nicht eindeutig zu entscheiden erlaubt, ob wir es mit einer Hominidengruppe noch aus der subhumanen oder schon aus der humanen Phase zu tun haben. Daß in der Tat die Australopithecinen humane Hominiden sind, also – von uns aus gesehen – diesseits des Tier-Mensch-Übergangsfeldes stehen, werden wir nachher belegen und dabei die Indizien betrachten, die diese Entscheidung ermöglicht haben. Aus dem jungen geologischen Alter folgt das allerdings nicht, denn es könnten in den Australopithecinen ja auch Relikte aus dem oberen Pliozän mit noch subhumaner psychischer Konstruktion überlebt haben. Dieses Problem muß in der Diskussion über den »Status« der Australopithecinen berücksichtigt werden. Das Überleben der Australopithecinen in Südafrika, bis etwa vierhunderttausend, ist nur ein weiteres Beispiel dafür, daß im Südteil des afrikanischen Kontinents, damals wie heute, alte Formen bis in jüngere Zeiten hinein überlebten und mit moderneren Formen zusammen im gleichen Zeithorizont auftreten.

Wir kennen die Australopithecinen seit der ersten Veröffentlichung des Schädels eines etwa fünf- bis sechsjährigen Kindes durch den Johannesburger Anatomen Dart im Jahre 1925. Der Schädel stammte aus Füllungen von Kalkspalten. Das geologische Alter dieser Spaltenfüllungen war damals unbekannt. Aber der Typus des Schädels war erstaunlich und veranlaßte Dart sogleich, auf die Menschenähnlichkeit des Fundes hinzuweisen. Wenn es ein Menschenaffenschädel sei, so meinte Dart mit Recht, dann sei es das menschenähnlichste Stück, das je gefunden wurde. Die weitere Untersuchung ließ die Hominidenähnlichkeit des Schädels immer stärker hervortreten, nicht zuletzt wies das Gebiß einen typisch hominiden Bau auf. Der Fund blieb zunächst stark umstritten, verlor dann aber an Interesse, denn man kannte ja sein stratigraphisches Alter nicht, und es war ein Kinderschädel. Die starken Wandlungen im Schädelbau, in den Proportionen von Neuro- zu Viszerocranium (Hirn- zu Kieferschädel) bei den Pongidae ist bekannt. So war man der Meinung, die starke Hominidenähnlichkeit des Kinderschädels würde ein Erwachsenen-

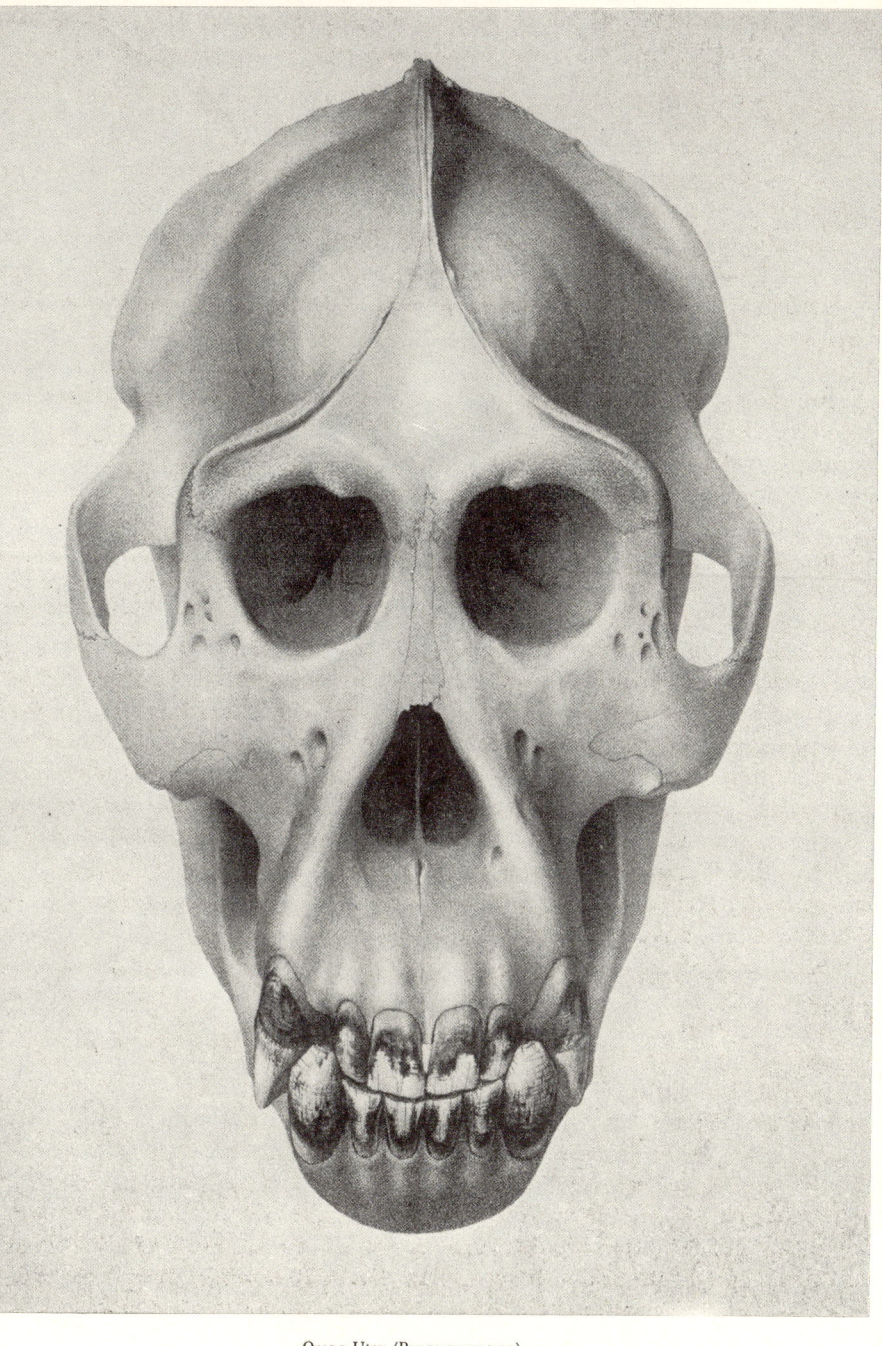

Orang-Utan (Pongo pygmaeus)
Lithographie, erste Hälfte 19. Jahrhundert

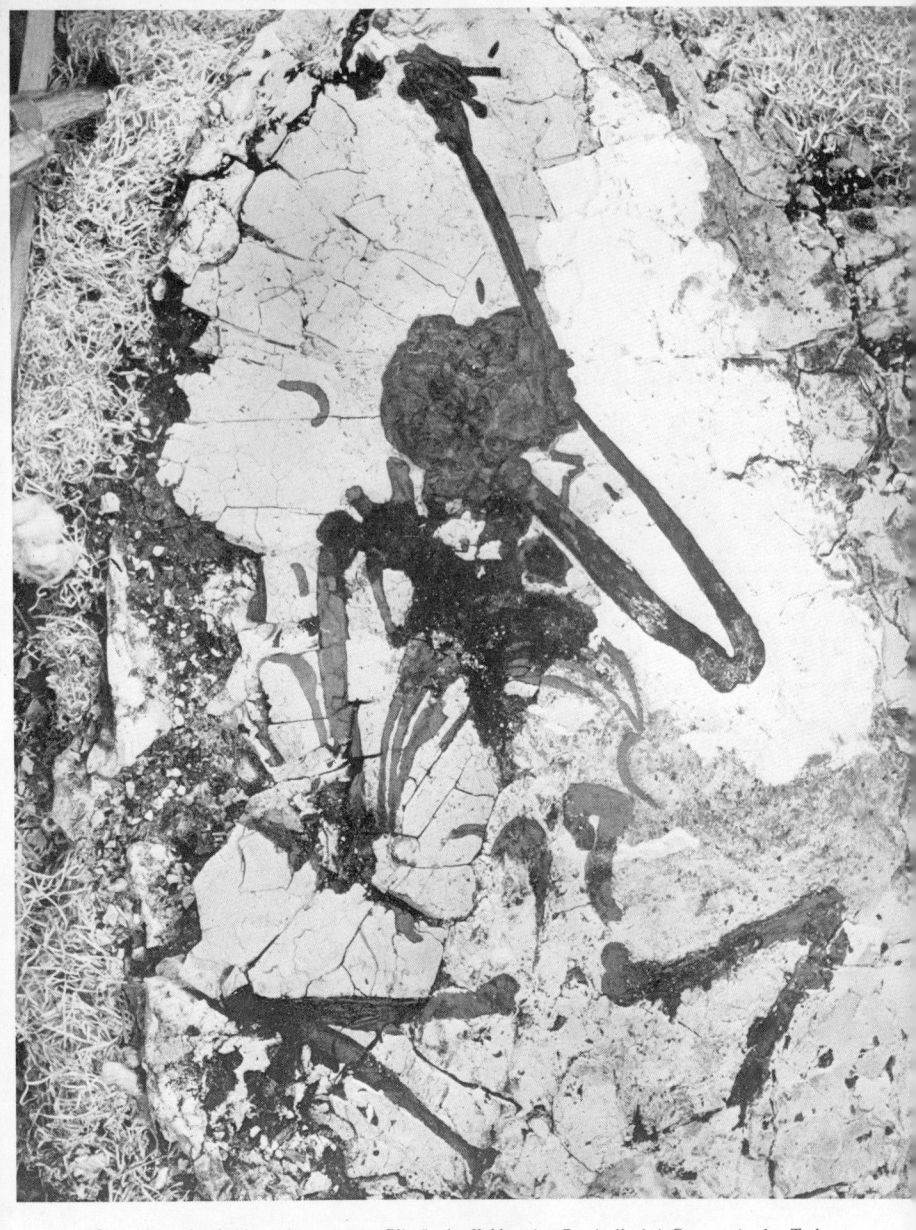

Oreopithecus bambolii aus dem untersten Pliozän der Kohlenmine Baccinello bei Grosseto in der Toskana
Basel, Naturhistorisches Museum

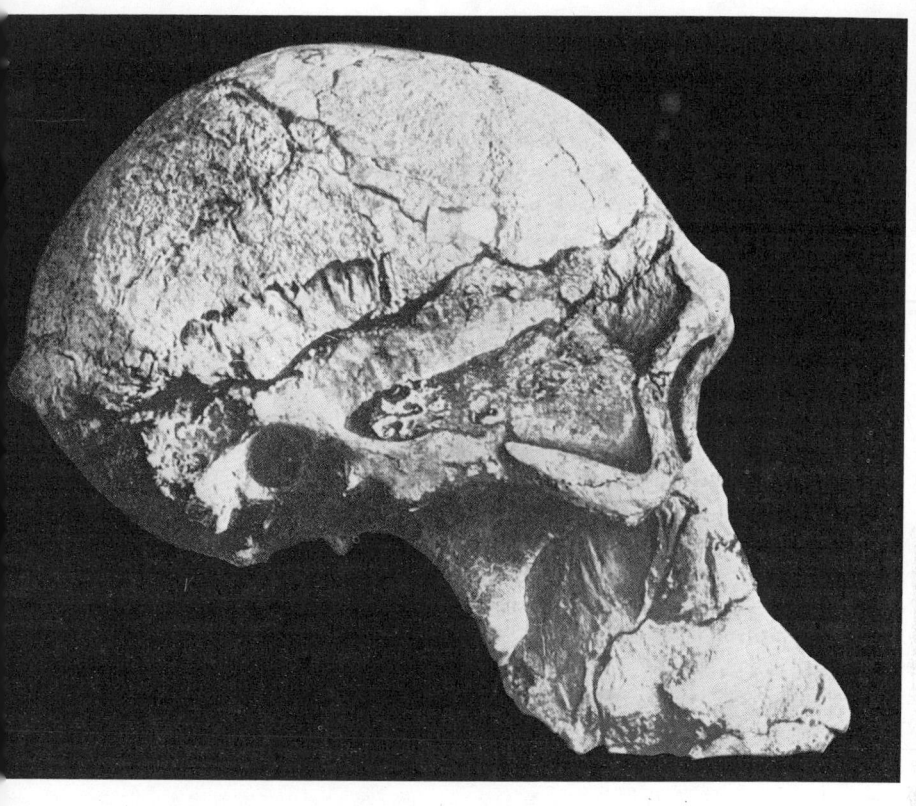

Australanthropus transvaalensis aus dem unteren Mittelpleistozän in Sterkfontein bei Pretoria
Pretoria, Transvaal Museum

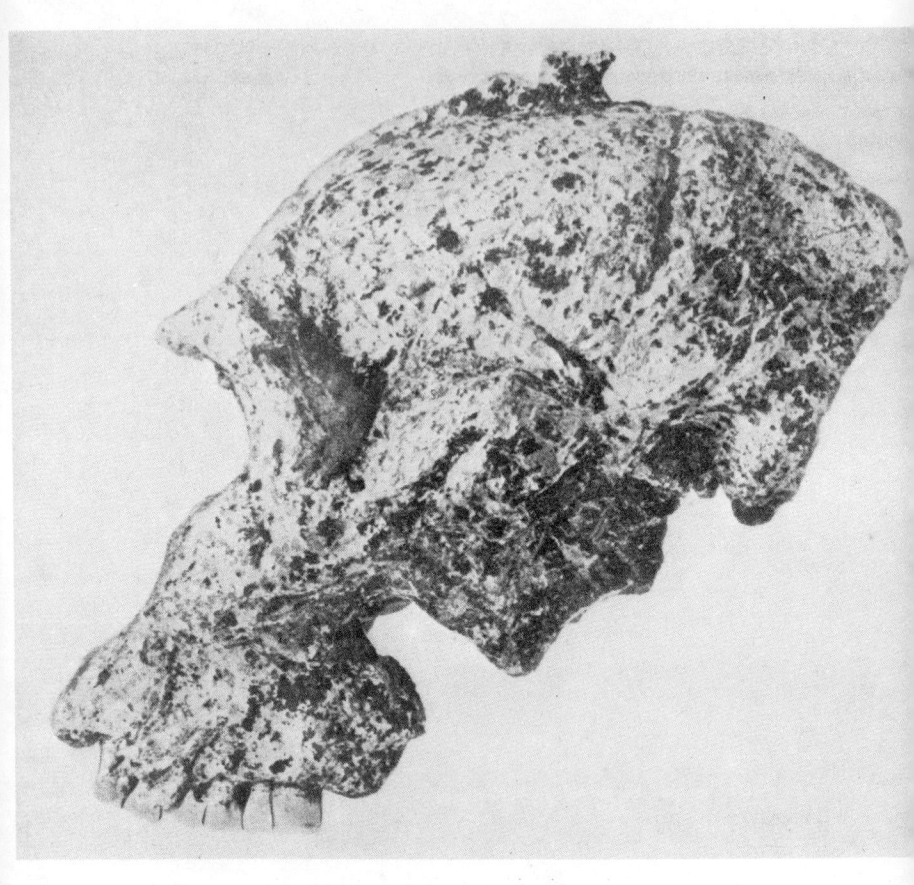

Paranthropus crassidens aus dem unteren Mittelpleistozän bei Swartkrans / Südafrika
Pretoria, Transvaal Museum

schädel nicht zeigen. Man beruhigte sich dabei, eben einen Menschenaffen mit den rezenten Formen gegenüber etwas größerer Menschenähnlichkeit gefunden zu haben. *Australopithecus africanus* wurde der Fund genannt. Er gab der jetzt aus den Resten von über hundert Individuen (Kindern und Erwachsenen beiderlei Geschlechts) bestehenden Fundgruppe den Subfamiliennamen: Australopithecinae. Ende der dreißiger Jahre, besonders aber nach dem zweiten Weltkrieg, bis heute anhaltend, riß die Kette der Funde von Australopithecinen nicht ab. Man fand ihre Reste nicht nur in Transvaal, sondern auch in Ostafrika (Garusi, Oldoway), auf Java (umstritten) und in Südchina.

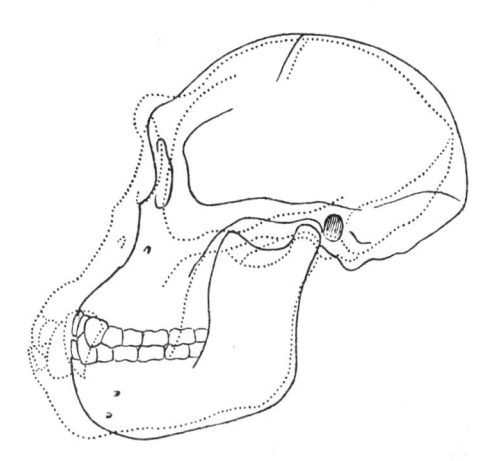

Proportionsvergleich der Schädel von *Australopithecus transvaalensis* (ausgezogene Linie) und Schimpanse (gepunktete Linie)

Bei der Betrachtung der Funde erkennen wir einen relativ gut gewölbten Hirnschädel mit ebenmäßiger Scheitelkurve und ein gerundetes Hinterhaupt. Es fällt auf, daß ein schweres Überaugendach, wie es für die afrikanischen Menschenaffen (Gorilla und Schimpanse) so charakteristisch ist, hier fehlt. Bei dem asiatischen Orang-Utan sind diese Tori supraorbitales nicht in so schwerer Ausbildung vorhanden. Das hat Gründe, die sich aus der speziellen Schädeldynamik beim Orang-Utan ergeben und die hier nicht auseinandergesetzt werden können. Eine besonders »menschlich« anmutende anatomische Einzelheit bietet die äußere Umrandung der Augenhöhle. Während diese sich bei Menschenaffen als eine Art Druckfänger (Kaudruck) strebepfeilerartig und nach unten gestreckt im Oberkiefer verankern, besteht bei dem Australopithecinenschädel eine elegante, ja zarte Umrandung, die in fast modern-menschlicher Weise nach hinten gewinkelt erscheint. Aber auch das »Äffische« tritt sogleich hervor, wenn wir die starke Schnauzenbildung betrachten. Es besteht in der Tat eine erhebliche Prognathie. Und vollends scheint man von der Affenartigkeit des Schädels überzeugt, wenn man den totalen Schädelumriß (mit angesetztem Unterkiefer und Gebiß) mit dem Umriß eines Schädels der heutigen Menschenaffen, etwa eines Schimpansen, vergleicht. Wir erkennen an diesem Vergleich, daß die

Proportionierung, das heißt das Verhältnis von Hirn- zu Gesichts- oder Kieferschädel, dem beim Menschenaffen nahezu gleichkommt; kalkulieren wir eine Variabilität dieses Verhältnisses ein, und das müssen wir, so zeigt sich, daß bei der Proportionierung keine wesentlichen Unterschiede zwischen einem Pongiden und einem Australopithecinen bestehen. Zu einem relativ kleinen Hirnschädel gehört bei beiden eine relativ große Schnauzenpartie. Allerdings – und wir können das hier nicht in allen Einzelheiten ausführen – in den feineren Verhältnissen des Schädelbaues besteht diese Übereinstimmung nicht. Man vergleiche nur den verschiedenen Ansatz der Jochbögen. Aber halten wir – für später – fest, daß die Australopithecinen einen Schädelbau besitzen, der zumindest in den großen Proportionen dem der Menschenaffen entspricht.

Mit dieser Feststellung ist allerdings noch nichts über den Status (auch psychologisch verstanden) der Australopithecinen ausgesagt. Geht etwa aus dieser Proportionsgleichheit hervor, daß das Gehirn der Australopithecinen dem eines Schimpansen in seinen Funktionen gleichkam? Stellen wir diese wesentliche Frage zurück, bis wir mit der Schädelstruktur der Australopithecinen vertrauter geworden sind.

Zum Schädel gehört auch das Gebiß. Dasjenige der Menschenaffen hatten wir an Hand tertiärer Formen, wie *Sivapithecus*, bereits studiert und auf seine Stabilität seit dem Tertiär hingewiesen. Stellen wir das Gebiß eines Australopithecinen (wir haben weit mehr als fünfhundert Zähne der Gruppe zur Verfügung) neben das eines heutigen Menschen. Hier ist das Gebiß eines erst 1959 in der Oldoway-Schlucht (Kenia, Ostafrika) gefundenen Australopithecinen (*Zinjanthropus*, Zinj ist eine antike Bezeichnung für Ostafrika) mit dem eines modernen Homininen (Neger) verglichen. Das Gebiß der Australopithecinen weicht im allgemeinen Bau sehr stark von dem der Pongiden ab, dafür nähert es sich um so mehr dem des Menschen, ja es stimmt mit ihm grundsätzlich überein, wenn auch seine speziellen Differenzierungen nicht zu übersehen sind. Von hominiden Merkmalen mögen der geschlossene Zahnbogen und seine parabolische (wenn auch im Backzahnbereich etwas

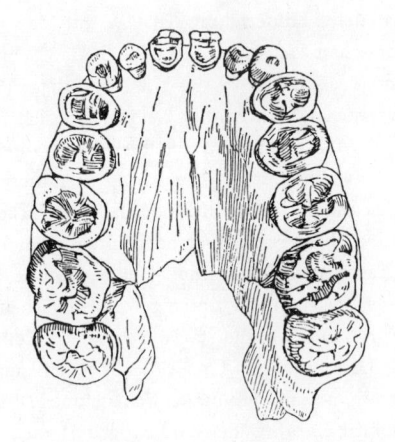

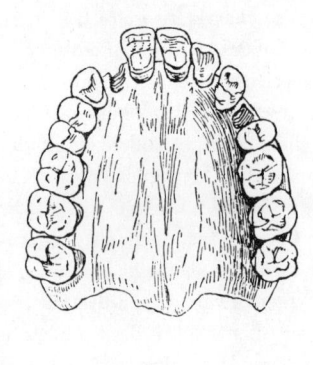

Oberkiefer eines Australopithecinen (*Zinjanthropus*) und eines modernen Menschen

gestreckte) Form genannt sein. Im Unterkiefer findet sich nicht die für die Pongiden so bezeichnende Eckzahngruppe mit großem dolchförmigem Eckzahn (größter Kronendurchmesser an der Kronenbasis), der erste Vormahlzahn hat nicht den einen großen

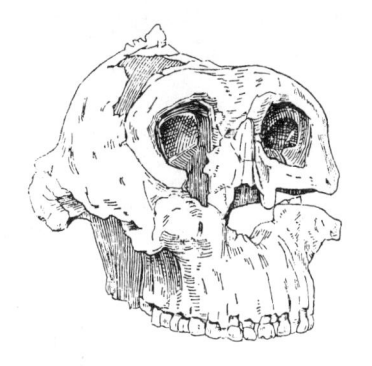

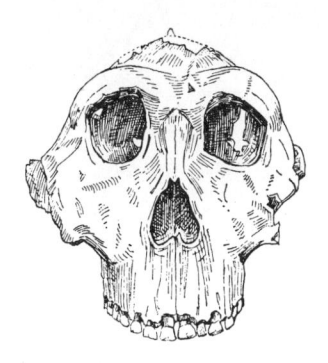

Schädel von *Zinjanthropus boisei*, Oldoway-Schlucht in Kenia, unteres (?) Pleistozän, rechts: neueste Zusammensetzung

menschenaffentypischen Haupthöcker und die Schneidekante nach vorn unten (sektorialer Zahntypus), sondern ist in hominider Weise gebaut, zeigt eine spatelförmige Gestalt mit größtem Kronendurchmesser in der Kronenmitte, dazu einen zweihöckerigen ersten Vormahlzahn wie auch sonst bei den Hominiden. Auf Einzelheiten der Kronenstruktur der Mahlzähne, die genau studiert worden sind, kann in unserer knappen Übersicht nicht eingegangen werden.

Liegt bei den Australopithecinen eine typisch hominide Grundstruktur des Gebisses vor, so zeigt diese Struktur doch gewisse Eigentümlichkeiten, so in der Reduktion des Vordergebisses, der Eck- und Schneidezähne, und in der Betonung des Hintergebisses, der Backzahnreihen. Man kann in dieser Differenzierung zwei Typengruppen der Australopithecinen unterscheiden. Bei dem etwas weniger robust gebauten A-Typus (*Australanthropus*) ist der Gegensatz zwischen beiden Gebißanteilen nicht so stark, das heißt, die Eck- und Schneidezähne sind weniger reduziert und die Backzähne nicht so stark vergrößert. Der ganze Schädelbau erscheint zarter. Beim P-Typus (*Paranthropus*) ist diese Differenzierung betonter. Am besten zeigt das der Oldoway-Fund aus dem Jahre 1959. Man kann daraus schließen, daß der A-Typus seinem Gebiß nach mehr ein »Alles-Fresser« war, während beim P-Typus pflanzliche Nahrung überwog. Das geht besonders aus der Vergrößerung der Mahlfläche der Backzähne hervor; es spricht dafür auch die schon betrachtete bedeutende Reduktion der Eck- und Schneidezähne. Die starke Vergrößerung des Gebisses hatte noch eine wichtige morphologische Konsequenz. Für ein so relativ großes Gebiß ist funktionell eine entsprechend große Muskulatur nötig. Betrachten wir von der Kaumuskulatur jetzt nur den Schläfenmuskel. Er setzt auf dem Schädeldach mit seiner Hauptmasse auf den Scheitelbeinen an. Bei der Proportionierung (kleiner Hirnschädel, großer Kieferschädel) des australopithecinen Schädels der P-Gruppe reicht für den mächtigen Schläfenmuskel die

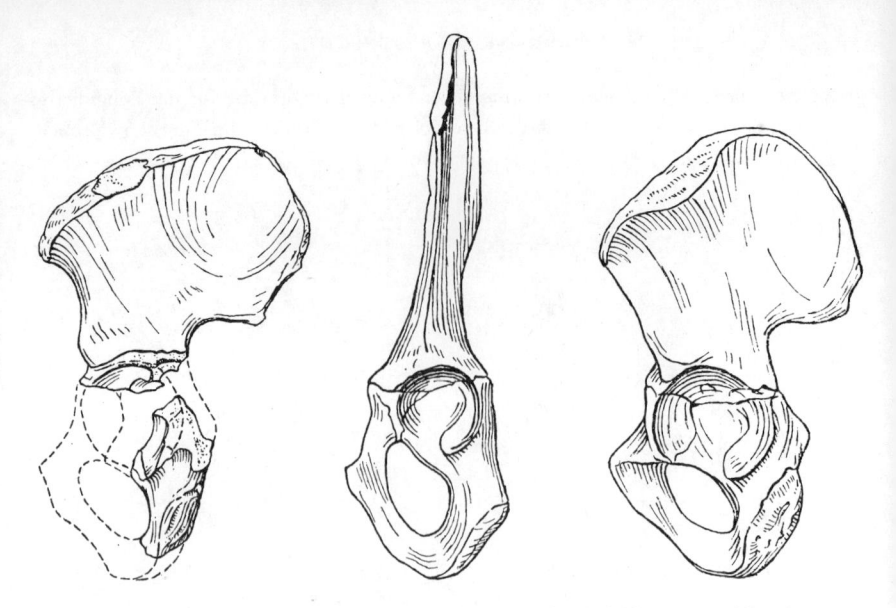

Linke Hüftbeine von *Australanthropus (Australopithecus prometheus)*, Schimpanse und Buschmann. Blick von der Seite auf die Darmbeinschaufeln

auf dem Hirnschädel gegebene Ansatzfläche nicht aus. Die beiden Muskeln, links und rechts, treffen sich auf dem Scheitel und bilden »enantioplastisch« (bei der Begegnung) an der Fläche ihres Zusammentreffens den uns von den Menschenaffen schon bekannten Scheitelkamm (Crista), allerdings in einer morphologisch von den Menschenaffen abweichenden Ausbildung. Es fehlt die hier über das Hinterhaupt quer hinwegziehende Hinterhauptscrista, und der Scheitelkamm verstreicht nach rückwärts an der oberen Grenze zum Hinterhauptsbein, an dem von den Anthropologen als Lambda bezeichneten Meßpunkt, der Stelle, an der Scheitelnaht und Hinterhauptsnaht des Schädels sich treffen. Es ist also nicht richtig, wenn gesagt worden ist, die Scheitelkammbildung bei den Australopithecinen sei eine phylogenetische Reminiszenz an pongide Vorfahren. Es handelt sich um eine Reaktion des Schädels auf eine vergrößerte Kaumuskulatur. Wir beobachten sie vielfach im Säugetierreich, man denke nur an die Großkatzen und Hunde. So ist also der Schädel der Australopithecinen gekennzeichnet durch eine pong*oide* (menschenaffenähnliche) Proportionierung, durch zahlreiche hominide Merkmale, durch ein grundsätzlich hominides Gebiß, das aber im Vorderteil (Eck- und Schneidezähne) stärker reduziert ist als bei anderen Hominidengruppen. Dafür ist der hintere Gebißteil (Backzähne) relativ stark entwickelt. Infolge der Reduktion von Eck- und Schneidezähnen hat das Gebiß keinerlei Bedeutung mehr als Wehrgebiß (Menschenaffen) und beim Nahrungserwerb. Im Zusammenhang mit seiner Größe hat sich bei der P-Gruppe eine so bedeutende Muskulatur entwickelt (besonders Musculus temporalis, der Schläfenmuskel), daß der Hirnschädel zur enantioplastischen Bildung des Scheitelkamms veranlaßt wird. Gewiß ein höchst interessantes Merkmalsgefüge für einen Hominidenschädel.

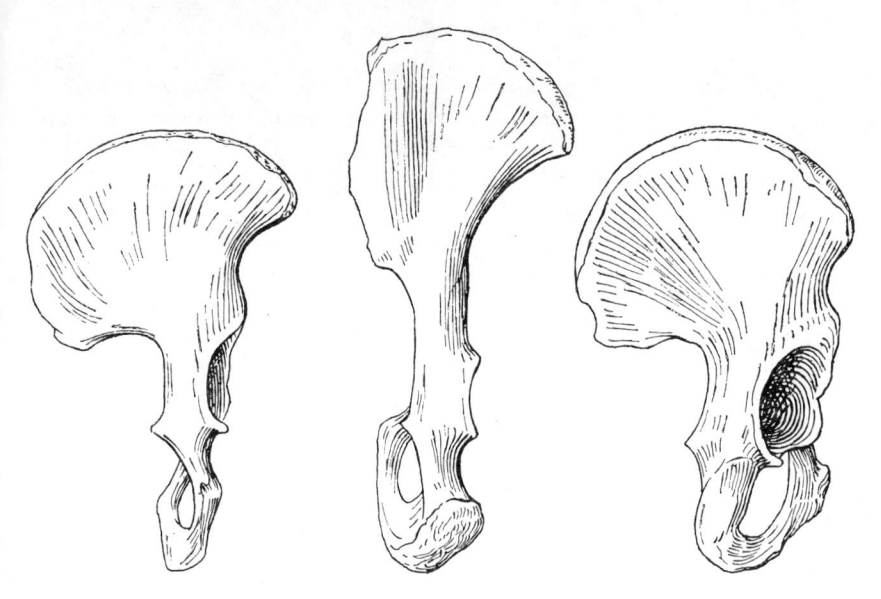

Rechte Hüftbeine von *Australanthropus (Australopithecus transvaalensis)*, Schimpanse und Buschmann. Blick senkrecht auf die Darmbeinschaufeln

Schon aus dem relativ weit vorn an der Schädelbasis befindlichen großen Hinterhauptsloch (Foramen magnum) – aus ihm tritt das verlängerte Mark (Rückenmark) hervor, und hier setzt die Wirbelsäule an – konnte geschlossen werden, daß die Australopithecinen eine aufrechte Körperhaltung besaßen und den Schädel etwa im Schwerpunkt balancierten. Läßt sich dieser Schluß durch Funde anderer Skelettreste bestätigen? Der wichtigste Skelettabschnitt, der ein Urteil über die Fortbewegungsweise erlaubt, ist das Becken. Bisher liegen fünf Beckenreste, vier von der A-Gruppe, eines von der P-Gruppe, vor. Ein Becken von der A-Gruppe ist fast vollständig. Alle Beckenreste lassen übereinstimmend den gleichen Bau erkennen. Die Vergleiche zeigen klar, daß der Grundbau des Beckens der bipeder Aufrechtgänger war; er entspricht jedoch nicht ganz dem der Hominiden in allen Merkmalen. Die Darmbeine (Ilia) besitzen im Gegensatz zu den Menschenaffen die menschentypische Torsion nach vorn und auch zur Mitte unten, so daß ein »Becken« entsteht. Dazu kommt, daß die Gesäßmuskulatur (Glutaeus) mit ihren Ansätzen an den Darmbeinen nach hinten verlagert ist und bei ihrer Kontraktion das Bein nicht mehr wie bei den Menschenaffen abspreizt, sondern streckt, wie bei Aufrechtgängern. Nach allem kann kein Zweifel bestehen, daß wir in den Australopithecinen bipede Aufrechtgänger vor uns haben.

Wenn auch die Überlieferung von Gliedmaßen noch etwas gering ist, ist doch auf Grund der gegenwärtigen Kenntnis des körperlichen Status der Australopithecinen möglich, eine Rekonstruktion des Gesamtskeletts vorzunehmen. Über den Fußbau wissen wir allerdings noch nichts Genaues. Es muß aber ein Fuß gewesen sein, mit dem die Australopithecinen *rennen* konnten. Die Gesamtrekonstruktion des Skeletts zeigt ein interessantes Merkmalsmosaik. Wieder haben wir einen bezeichnenden Fall von Heterochronie (ungleicher

Evolutionsgeschwindigkeit) in der Merkmalsbildung: Subhumane, »äffische«, Gehirne zusammen mit der Körpergestalt bipeder Aufrechtgänger. Die Beschleunigung in der Stammesgeschichte des postkranialen (hinter dem Schädel liegenden) Skeletts, das Zurückbleiben der Entwicklung des Schädels (und Gehirns) ist keineswegs eine Eigentümlichkeit allein der Hominidenentwicklung, sondern tritt auch in der Phylogenese anderer Gruppen, etwa bei den Pferden, auf. Bis zum Nacken noch Menschenaffen, vom Nacken an schon Menschen, so hat einmal ein Anthropologe drastisch formuliert. Welch merkwürdige Körperkonstitution. Vor dreißig Jahren hätte es kaum ein Anthropologe gewagt, einen solchen Mosaik-Typus in unserer Ahnenreihe als Modell zu rekonstruieren. Jetzt steht er in den Australopithecinen leibhaftig vor uns, als empirische paläanthropologische Tatsache. Aus den Abkauungs-Verhältnissen der Milchgebisse läßt sich schließen, daß die Australopithecinen bereits eine menschentümlich verlängerte Jugendzeit hatten, daß demnach auch für sie die Möglichkeit bestand, in dieser Jugendzeit eine Fülle von Erfahrungen zu speichern. Daß die Australopithecinen geologisch als reale Ahnen für uns heutige Menschen zu jung sind und auch wegen ihres Baues (zumindest gilt das für die P-Gruppe) nicht als reale Ahnen in Frage kommen, spielt keine entscheidende Rolle. Es spricht nichts gegen die Auffassung, daß das A-Modell sich einem Typus nähert, mit dem die subhumanen Hominiden das Tier-Mensch-Übergangsfeld erreichten.

Im Anschluß an die Besprechung der Australopithecinen muß noch ein Problem kurz angedeutet werden, das die Anthropologen längere Zeit hindurch diskutiert haben: das »Gigantenproblem«. In chinesischen Apotheken werden fossile Knochen als Medikamente gehandelt, und am wertvollsten sind Zähne (»Drachenzähne«) pleistozäner Säugetiere. Paläontologen haben wiederholt in solchen Apotheken nach Primatenzähnen gesucht. Der Neuentdecker von Pithecanthropus-Resten, der Utrechter Paläontologe von Koenigswald, war der erste, der kurz vor dem zweiten Weltkrieg einige besonders große Primatenzähne fand. Diese Funde und Reste von besonders großen Kiefern auf Java (*Meganthropus*, von einigen Anthropologen für Reste von Australopithecinen der P-Gruppe gehalten, was die weite geographische Verbreitung dieser Gruppe bezeugen würde) führten zu der Hypothese, daß auf Java und in China die Reste von vorzeitlichen Riesenformen vorlägen und daß diese »Giganten« Ahnen der im Laufe der weiteren Stammesentwicklung kleiner gewordenen Hominiden gewesen seien (Weidenreich). Sehr große Kiefer haben aber auch die Vertreter der P-Gruppe der Australopithecinen in Afrika. Ihr Körperbau jedoch war nicht großwüchsig. So kann man aus Kiefergrößen und Zahngrößen nicht ohne weiteres auf die Körpergröße schließen. Heute sind von diesem chinesischen Gigantopithecus aus dem Mittelpleistozän drei Unterkiefer und über tausend Zähne bekanntgeworden. Man sieht noch nicht ganz klar, ob es sich um einen den Australopithecinen nicht ganz fernstehenden großkiefrigen Hominidenverwandten handelt oder um einen Pongiden besonderer Prägung. *Gigantopithecus* dürfte für die Herkunftsgeschichte der Menschheit keine speziellere Bedeutung haben.

Die humane Evolutionsphase der Hominiden

Das Tier-Mensch-Übergangsfeld

> Wer nicht von dreitausend Jahren
> sich weiß Rechenschaft zu geben,
> mag im Dunkeln fort und fort —
> mag von Tag zu Tage leben.
>
> *Goethe*

Heute müssen wir uns von einer ganz anderen Zeitspanne »Rechenschaft« geben, wollen wir nicht im Dunkeln leben. Wir, die *Homines sapientes*, erscheinen klar erkennbar vor fünfzigtausend Jahren, die Vorläufer wohl schon hunderttausend Jahre vorher; den Beginn der »Geschichte« der humanen Hominiden und die ersten uns bisher bekanntgewordenen humanen Hominiden müssen wir vor vier- bis fünfhundert Jahrtausenden ansetzen. Das Tier-Mensch-Übergangsfeld, der Beginn der humanen Phase, muß vielleicht weiter als eine Million Jahre zurückverlegt werden.

Wir haben schon gesagt, daß diese Phase nach unten nicht scharf abzugrenzen ist, ja, man könnte die Definition dieses Feldes so ausweiten, daß man die gesamte subhumane Phase als den Prozeß der Hominisation (Menschwerdung) mit einbezieht. Wir möchten hier aber doch erst dann vom Tier-Mensch-Übergangsfeld reden, wenn der aufrechte Gang erreicht ist. Wenn dies auch noch nicht perfekt der Fall ist, so muß doch zumindest die Fähigkeit des »Rennens« erworben worden sein. Das »Gehen« kommt wohl erst später. Die Beckenstruktur der Australopithecinen, so ist verschiedentlich gesagt worden, scheine gegen ein echtes Gehen, wie es zur Zurücklegung größerer Entfernungen nötig und auch wesentlich für die Jagdausübung ist, zu sprechen; doch das ist noch ein Problem. In der langen Vorphase des Tier-Mensch-Übergangsfeldes erfolgten aber, parallel zur Aufrichtung und korreliert dazu, eine ganze Anzahl weiterer Umbildungen: die Freisetzung der Hand von der Beanspruchung bei der Lokomotion ermöglichte eine Rückbildung des Gebisses, insbesondere der Wehranpassung im Vordergebiß (bei Tier- und Menschenaffen außerordentlich wirksam). Der große Eckzahn verkleinerte sich, der erste Vormahlzahn wurde molarisiert, eine Verkürzung der Schnauze erfolgte, die Kaumuskulatur konnte sich dementsprechend verkleinern, Superstrukturen am Schädel (Verstrebungen, Grat- und Leistenbildungen) wurden zunehmend schwächer. Schließlich erscheint der australopithecine Schädel (besonders der A-Gruppe) als Modell für den Zustand im Tier-Mensch-Übergangsfeld vor uns, im Schwerpunkt balanciert auf einem Zweibeinerskelett. Einem positiven Selektionsdruck konnten allerdings alle diese korrelierten und komplexen Wandlungen nur dann unterliegen, wenn sie durch andere Erwerbungen kompensiert wurden. Wir wollen allerdings hier nicht den Begriff des »Mängelwesens« übernehmen, den man für die Körperkonstitution der bipeden Hominiden geprägt hat. Ein »Mangel« wird erst wirksam, wenn seine Kompensation fehlt. Kompensation für die genannten Strukturwandlungen, besonders für die Rückbildung des Wehrgebisses, ist die Benutzung von Instrumenten in der Hand zum Schlagen, Drücken, Zerren. Der Schutz des Wehrgebisses, so hat man gesagt, verschiebt sich von den Zähnen auf die Hände. Dazu muß die Ausbildung der notwendigen psychischen Korrelate (physisch an entsprechende Hirnzentren und ihre assoziativen Verknüpfungen gebunden) treten. Es trifft sicherlich zu, wenn gesagt worden ist, daß mit der Ingebrauchnahme der einfachsten Werkzeuge die humane Evolution bis zur Zivilisation unserer Tage eingesetzt hat. Diese Ingebrauchnahme von Instrumenten, erst gelegentlich, dann ständig, muß tief im Tertiär angefangen haben. Die subhumanen Hominiden, die dies begannen, waren in der Lage, ihr Aufrechtgängertum mit der freigesetzten Hand mehr und mehr zu vervollkommnen.

Was charakterisiert nun den humanen Hominiden, und welche Prozesse schufen ihn? Die Versuche, den humanen Hominiden zu erkennen, sind recht verschiedenartig gewesen. Früher wurde gern der Nachweis der Feuerbenutzung als entscheidendes Indiz herangezogen. Auch für die Australopithecinen wurde einmal Feuerbenutzung angegeben. Hätte sich das bestätigt, dann wären sie humane Hominiden gewesen, denn diese allein unter den Primaten verwenden das Feuer. Aber der Befund war nicht eindeutig und kann als widerlegt gelten. Es scheint, als sei das Feuer erst relativ spät in Gebrauch genommen worden. Jedenfalls liegt der älteste Nachweis dafür mindestens hunderttausend Jahre später, als wir die Australopithecinen heute datieren müssen. Der älteste bekannte Feuerbenutzer ist *Homo erectus pekinensis* von Chou Kou Tien (China), ein echter humaner Hominide, ein »Euhominide«. Eine andere Unterscheidungsmöglichkeit zwischen subhumanen und humanen Hominiden ist die Gehirngröße (Zerebralisationsstufe), die sich annähernd aus dem Schädelinnenraum ableiten läßt. Den Australopithecinen hat man vielfach den humanen Status wegen ihrer geringen Gehirnkapazität absprechen wollen. Der »Rubikon«, die Grenzzone zwischen subhuman und human, sollte bei einer Kapazität von siebenhundert bis achthundert Kubikzentimetern liegen, aber schon Darwin hat betont, daß man Intelligenz nicht nach Kubikzentimetern messen könne. Es sind bei heutigen Menschen sehr niedrige Kapazitäten bekannt, und doch bestehen selbst bei einer solchen von fünfhundert Kubikzentimetern grundsätzlich humane Funktionen. Bei rezenten Rassen können Kapazitäten zwischen siebenhundert und achthundert Kubikzentimetern auftreten. Die Gehirnvolumina der Menschenaffen schwanken zwischen achtzig und sechshundertfünfundachtzig (Gibbon achtzig bis hundertvierzig; große Menschenaffen – Orang-Utan, Gorilla, Schimpanse – zweihundertneunzig bis sechshundertfünfundachtzig). Der letzte Wert ist allerdings ein selten vom Gorilla erreichtes Maximum. Stellen wir dazu die Werte von Australopithecinen: sie schwanken zwischen vierhundertfünfzig und höchstens achthundert Kubikzentimetern. Es ist interessant, daß echte »Menschen« der Vergangenheit bis siebenhundertfünfundsiebzig Kubikzentimeter (*Homo erectus*, Sangiran) herabgehen. *Homo sapiens*, der Jetztmensch, erreicht maximal zweitausendvierhundert Kubikzentimeter.

Aber die Gehirnvolumen versagen als Kriterium im Übergangsgebiet. Zweifellos war *Homo erectus* ein humaner Hominide trotz seiner nur siebenhundertfünfundsiebzig Kubikzentimeter. Soll *Paranthropus* (Australopithecine) mit etwa dergleichen Kapazität eine subhumane Form gewesen sein? Der Anthropologe kann bei Fossilien zwar die Kapazität des Schädels (wenn der Erhaltungszustand des Fundes es erlaubt) bestimmen und in günstigen Fällen einige Gehirnwindungen (an Gehirnschädelausgüssen und Eindrücken am Inneren der Schädeldecke) identifizieren, weiter aber nichts. Keine Aussagen sind möglich über die Zahl der Windungen im ganzen, über die Menge der Ganglienzellen, über deren spezielle

Differenzierungen, über die Zentrengrößen und ihre assoziativen Verknüpfungen. Der Aussagewert des Gehirnvolumens hinsichtlich der psychischen Fähigkeiten hängt auch stark von der Körpergröße ab. Die absolute Größe eines Gorillagehirns übersteigt die der Australopithecinen (außer bei *Paranthropus*). Diese waren aber kleinwüchsige pygmoide Typen (A-Gruppe), die nur ein Meter zwanzig Körperhöhe erreichten, höchstens in der P-Gruppe ein Meter fünfzig überschritten haben dürften. So waren ihre Gehirnvolumina mit vierhundertfünfzig bis achthundert Kubikzentimetern *relativ* wesentlich größer als die eines Gorillas von vier bis fünf Zentner Körpergewicht.

Die Stellung der Australopithecinen bezüglich des Tier-Mensch-Übergangsfeldes kann also von anatomischen Befunden nicht entschieden werden. Hier muß sich der Paläanthropologe an den Urgeschichtsforscher wenden. Die Urkulturgeschichte wird jetzt eine Hilfswissenschaft der Paläanthropologie; denn um das Gehirn einer fossilen Form als human funktionierend beurteilen zu können, müssen wir uns an die Funktionen dieses Gehirns halten, die sich im Fundgut abbilden; es müssen zusammen mit den anthropologischen Funden Tätigkeitsspuren festgestellt werden, die über die vom Tier her bekannten (und auch die subhumanen) hinausgehen. Wir sprechen dann von einem Angehörigen der humanen Phase, er mag morphologisch aussehen, wie er will, wenn wir von ihm eindeutige Spuren seiner Intelligenz finden, das heißt, wenn wir Geräte (Artefakte) feststellen, die von ihm hergestellt worden sind. Wie schwierig das Erkennen von Artefakten sein kann, wolle man im Beitrag Alfred Rusts nachlesen. Finden wir im Begleitfundgut keine Artefakte, dann stellen wir den betreffenden Fund (vielleicht noch einstweilen) in die subhumane Phase; sein psychischer Status war eben noch nicht human. Natürlich trifft das nicht für Funde zu, deren Typus als Artefakthersteller anderweitig bekannt ist. Ein Gerät ist mehr als ein Werkzeug. Werkzeuggebrauch bei Tieren ist häufig, zum Teil verknüpft mit komplizierten angeborenen Verhaltensweisen (Instinktmechanismen). Wenn aber ein Instrument für bestimmte Tätigkeiten final und zukunftsbezogen hergerichtet ist, also artefiziell gestaltet und vielleicht auch wiederholt benutzt worden ist, dann liegt ein Gerät und damit eine humane Leistung des Gehirns vor; denn ohne adäquates Gehirn wäre die Hand allein nicht in der Lage, intentionell etwa einen Stein mit einer Schneidekante zu versehen. Affenhände tun das nicht, obwohl die anatomischen Verhältnisse es ermöglichen würden. Es fehlen hier die psychischen Befehlsstellen. Im humanen Gehirn sind ja die entsprechenden Zentren auch erheblich ausgedehnter als in einem Affenhirn.

Daß den Geräteherstellern eine lange und sich kumulierende Phase des Werkzeuggebrauchs, das mit einem gewissen Auswahlvermögen verknüpft gewesen war, vorausging (vorausgehen mußte), wurde schon ausgeführt. Und ebenso wurde auf die entscheidende Bedeutung des Werkzeuggebrauchs für die Hominiden-Phylogenie in der subhumanen Phase aufmerksam gemacht. Diese Bedeutung möge hiermit noch einmal besonders betont sein.

Im Bereich des Tier-Mensch-Übergangsfeldes gehen die *tool-user* in die *tool-maker* über, der »Urmensch als Schöpfer« tritt auf. Die weithin bekanntgewordenen Intelligenzprüfungen an Menschenaffen (Wolfgang Köhler, Yerkes) zeigen, daß unter experimentellen Bedingungen Pongiden in der Lage sind, an der Grenze zum *tool-maker* Geräte herzustellen, etwa Bambusstäbe ineinanderzustecken. Haben sie aber eine solche Erfindung gemacht (in der Langeweile des Käfigs und bei Vorhandensein des nötigen Materials), so vergessen sie nach Gebrauch ihres Gerätes seine Herstellung und müssen sie von neuem erfinden. Und hier treffen wir nun auf eine der bedeutsamsten Unterscheidungen zwischen subhumanem und humanem Verhalten. Bei den humanen Hominiden tritt das Vermögen der Tradition hinzu. Durch Tradieren von technischen Erfahrungen, durch die Übertragung dieser Erfahrungen und durch die Ansammlung zu einem immer reicheren Erfahrungsschatz hat sich, sehen wir von Wertungen hier ab, die »Kultur« und die technische Zivilisation aufgebaut, welche die humane Phase der Hominidenevolution charakterisiert. Wir dürfen wohl annehmen, daß ähnlich, wie es eine langsam zunehmende physische Zerebralisation bis zum Tier-Mensch-Übergangsfeld und in ihm gab, sich auch die zugeordnete Parallelkomponente (die psychischen Funktionen) ebenfalls gleitend und akkumulativ (zunehmende Zentrenzahl und Größe und Assoziationsmöglichkeiten) herausgebildet hat.

Waren nun im Sinne unserer Definition die Australopithecinen bereits humane Hominiden? Die Notwendigkeit und der Nachweis der Kompensationen der fehlenden Schutz-, Flucht- und Wehranpassungen durch Werkzeuggebrauch wäre für die Bejahung dieser Frage noch nicht ausreichend. Heute kann allerdings als entschieden gelten, daß die Australopithecinen nicht »im Äffischen« steckengeblieben sind. Sie waren *tool-maker* und hatten damit das Tier-Mensch-Übergangsfeld durchschritten. Morphologisch gesehen sind sie der bisher älteste humane Hominidentypus.

An einem vielgenannten Australopithecinenfundort, in Limework-Makapan (Zentraltransvaal), liegen die zerschlagenen Reste der Australopithecinen in einer aus vielen Zehntausenden von Fragmenten bestehenden Knochenbreccie, in der die Reste von Antilopen und Pavianen vorherrschen. Dem Verdacht, daß es sich hier um Beutereste jagender Australopithecinen handelt, wurde lange widersprochen. Man dachte an die Tätigkeit knochenanhäufender Raubtiere, auch an die Tätigkeit von Stachelschweinen. Vor kurzem ist dem Johannesburger Anatomen Raymond A. Dart jedoch der Nachweis gelungen, daß zahlreiche der Knochenfragmente als Instrumente gedient haben, besonders Arm- und Beinfragmente von Huftieren zum Schlagen, Hornzapfen von Antilopen zum Stechen, Kieferstücke mit Zahnreihen zum Kratzen. Dart hatte schon 1951 auf Grund ausgedehnter vergleichender Untersuchungen von einer »Osteodontokeratischen Kultur« (Knochen-Zahn-Horn-Kultur) der Australopithecinen gesprochen, ohne viel Anklang damit zu finden, obwohl eine Statistik der Fragmente für die Tätigkeit eines auslesenden Wesens sprach, das Fragmente mit handwerklichen Möglichkeiten bevorzugte. Ja, manche dieser Fragmente schienen geradezu gestapelt worden zu sein. Für diese Selektion konnte nur ein Hominide verantwortlich sein. Gegen Hyänen und andere Raubtiere als Knochensammler sprach unter anderem die Zusammensetzung der Breccien ebenso wie die ungeheure Masse der Fragmente. Bei der Lösung des Problems half Dart nun ein glücklicher Fund. In Kalkbank, etwa sechzig Kilometer von Limework-Makapan entfernt, war man auf eine nur fünfzehntausend Jahre (Radiokarbon-Bestimmung) alte Fundschicht gestoßen, die, dem geringen Alter entsprechend, natürlich auf *Homo sapiens* (ausgehendes Paläolithikum) zurückgehen mußte. Die Fundschicht enthielt aber Massen von Knochenfragmenten, die gegenüber denen von Limework-Makapan keinerlei Unterschiede zeigten und ein fast identisches Bild boten. Sie waren aber einwandfrei von Menschen erzeugt. So mußten also auch die Makapan-Breccien das Ergebnis einer Hominiden-Tätigkeit sein. Eine erneute Überprüfung des Fragmentenmateriales von Makapan (achtundzwanzigtausend Stücke wurden bisher geprüft) ergab eindeutige Gebrauchsspuren, und darüber hinaus konnten sogar kombinierte Artefakte, echte Geräte, nachgewiesen werden. So waren in mehreren Fällen in den interartikularen Spalt am unteren Ende von Kanonbeinen (Mittelhand und Fußknochen von Paarhufern) Knochenstücke fest eingeklemmt, in einem Fall auch ein Zahn; andere Fragmente waren in die Höhlung von Röhrenknochen eingesetzt. Dieses Ergebnis darf als entscheidender Befund dafür angesehen werden, daß die Australopithecinen von Limework-Makapan Gerätehersteller *(tool-maker)* waren, humane Hominiden also und keine »Pithecinen«. Man wird kaum mehr gegen die Realität der Osteodontokeratischen Kultur triftige Einwände erheben können. An dem bekannten Australopithecinen-Fundort Sterkfontein wurde ebenfalls ein unzweifelhaftes Knochengerät nachgewiesen. Man erkennt jetzt auch an anderen Fundorten diese Knochen-Zahn-Horn-Kultur in verschiedenen Zeiten.

So wurde bereits vor Jahren der Nachweis geführt, daß in Chou Kou Tien, dem berühmten Fundort des *Homo erectus pekinensis*, zusammen mit den Steingeräten einer primitiven Kultur (Haumesser- oder Chopperkultur) auch Knochengeräte vorkommen. Diese Knochengeräte entsprechen dem, was Dart in Limework-Makapan als »Osteodontokeratische« Kultur beschrieben hat. Auch an anderen Stellen sind neben Steingeräten typische Knochengeräte gefunden worden, die den »osteodontokeratischen« ähneln. Die Ähnlichkeit geht oft bis zu Übereinstimmungen in der Gestaltung der einzelnen Knochengeräte. An einem europäischen Fundort fanden sich Knochensplitter, die in Spalten anderer Knochenstücke eingeklemmt waren und so zu kombinierten Geräten wurden. Auch in Portugal, in Schichten der mittleren Steinzeit, bei Mugo und Magos, sind ähnliche Stücke wie in Limework-Makapan gefunden worden. Und neuerdings entdeckte Leakey ein Knochengerät in australopithecinenführenden Schichten der Oldoway-Schlucht.

Es gewinnt nun auch die Kannibalismushypothese für die Australopithecinen an Wahrscheinlichkeit. So zeigen nicht nur Pavianschädel doppelte Schlagmarken auf ihren Hirnschalen, sondern auch bei Australopithecinen selber wurden solche Schlagmarken festgestellt. Auf diese Marken passen genau die Gelenkenden von Antilopen-Oberarmen, die also ziemlich sicher als eine Art von doppelköpfigen Keulen benutzt worden sind.

Mit dem Nachweis der Realität der osteodontokeratischen Kultur ist die zähe und unbeirrbare Arbeit Darts, ein Jahrzehnt emsiger Forschungsarbeit, großartig belohnt worden. Die kleinhirnigen Aufrechtgänger, die Australopithecinen, haben sich als »humane Hominiden« herausgestellt. Ob die Knochenkulturen die ersten Kulturen überhaupt waren, ob es eine prälithische Phase vor den Steinkulturen gegeben hat, wollen wir den Paläologen zur Entscheidung überlassen.

Die Erforschung der Australopithecinen ist nun mit der Auffindung von Steingeräten (Geröllgeräte oder *pebble-tools*, mit schon fortgeschrittener Technik, Präabbevillien-Vorfaustkeilstufe) in ein neues Stadium getreten. Man fand in fluviatilen Schichten

(Flußkiesen) in Makapan und über der Australopithecinen-Hauptfundschicht in Sterkfontein solche Geräte zusammen mit Resten von Australopithecinen. Waren diese Australopithecinen also auch die Hersteller von Steingeräten? Am Fundort Makapan ist das Problem schwer zu beurteilen, da die kritischen Funde eben in Flußablagerungen liegen. In Sterkfontein aber müssen die Steingeräte und auch unbearbeitete Steine mehrere Kilometer weit herantransportiert worden sein. Es fanden sich bisher keine Spuren davon, daß die Herstellung der Geräte am Fundort erfolgte. Wer transportierte die Geräte und Gesteinsbrocken heran? Wer war der Hersteller des Präabbevilliens, der Vorfaustkeile von Sterkfontein? Es ist wiederholt darauf hingewiesen worden, daß in einem weiteren Australopithecinen-Fundort, in Swartkrans, nur wenige Kilometer von Sterkfontein entfernt, wo die P-Gruppe geborgen worden ist, aus gleicher Schicht auch ein Unterkiefer gefunden wurde, ebenso ein Oberkieferbruchstück, die einen der besten Materialkenner (Robinson in Pretoria) dazu veranlaßt haben, diesen *Telanthropus capensis* nicht zu den Australopithecinen zu stellen, sondern ihn als Angehörigen schon höher entwickelter Hominiden, der (Eu)hominiden, anzusehen. Darüber allerdings sind die Meinungen nicht einheitlich. *Telanthropus* aber soll nach Robinson der Hersteller der genannten Steingeräte gewesen sein. Er wäre dann der Vertreter einer Euhomininenschicht, der als überlegene Form die prähomininen Australopithecinen gejagt haben würde.

Das Problem bekam nun einen neuen Aspekt durch Funde, die Louis Seymour Leakey (Nairobi) in der Oldoway-Schlucht am Rande der Serengetisteppe in den Jahren 1958 und 1960 machte. Es fanden sich an diesem den Archäologen schon lange bekannten Fundort paläolithische Geräte des *pebble-tool*-Stadiums bis hinauf zum fein bearbeiteten Acheuléenkeil. In der untersten Schicht kam ein Schädel zum Vorschein, der morphologisch der P-Gruppe der Australopithecinen angehört. Der Fund wurde als *Zinjanthropus* bezeichnet und fällt durch sein tierähnliches Aussehen besonders auf. Im gleichen Horizont lagen zusammen mit dem Schädel Geröllgeräte, diesmal aber mit ihren Herstellungsspuren, einem Schlagstein und Abschlägen, dazu Beutereste (Kleinsäuger und Jungtiere von Großsäugern). Der Schädel von *Zinjanthropus* war zwar zerbrochen, dies aber war durch Bodendruck erfolgt. Der Schädel zeigte keine Schlagmarken. Die Paläanthropologen haben sich großenteils dafür ausgesprochen, daß *Zinjanthropus* und damit die Australopithecinen als die Hersteller der Steingeräte nunmehr nachgewiesen seien. Aber auch hier hat Robinson ganz neuerdings *Telanthropus* wieder ins Spiel gebracht, obwohl es etwas merkwürdig erscheint, wenn man ihn allenthalben da auftreten läßt, wo man ihn braucht. Übrigens wird *Telanthropus* von einigen namhaften Anthropologen als Variante der Australopithecinen der P-Gruppe beurteilt. Im Jahre 1961 aber wurde ein neuer Fund aus Oldoway bekannt. In noch etwas älteren Schichten fand Leakey den zerschlagenen Schädel eines etwa elfjährigen Kindes und die Reste eines Erwachsenen. Wir müssen hier die genauen Veröffentlichungen abwarten. Immerhin ist die Mitteilung interessant, daß dieser Schädel anscheinend nicht den extremen P-Typus zeigt, sondern in seiner Form »menschlicher« anmutet. Trifft das zu, dann würde es die Vermutung stützen, daß die P-Gruppe der Australopithecinen eine blindauslaufende Seitenlinie der Australopithecinen darstellt und auf weniger extreme Vorfahren zurückgeht, was theoretisch schon zu vermuten war.

Freilegung des Oberkiefers von Zinjanthropus boisei in der Oldoway-Schlucht in Tanganyika/Ostafrika

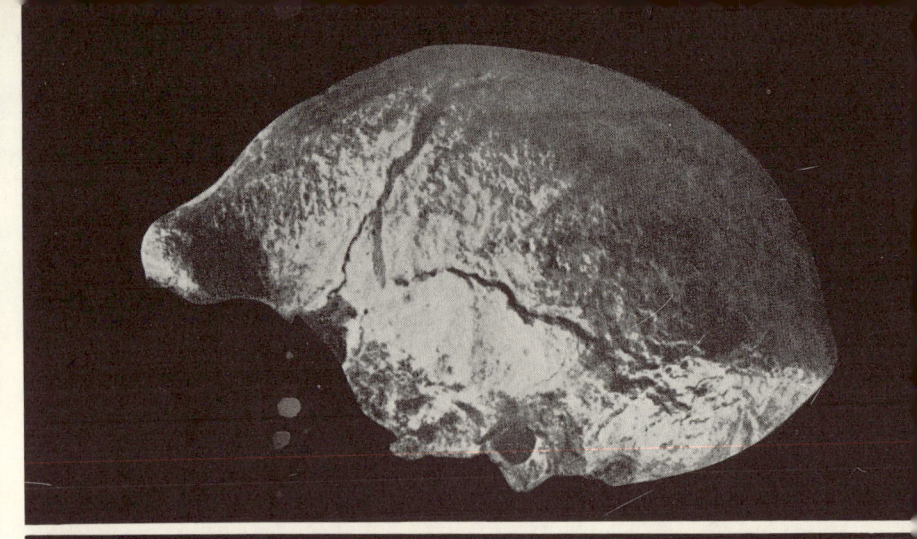

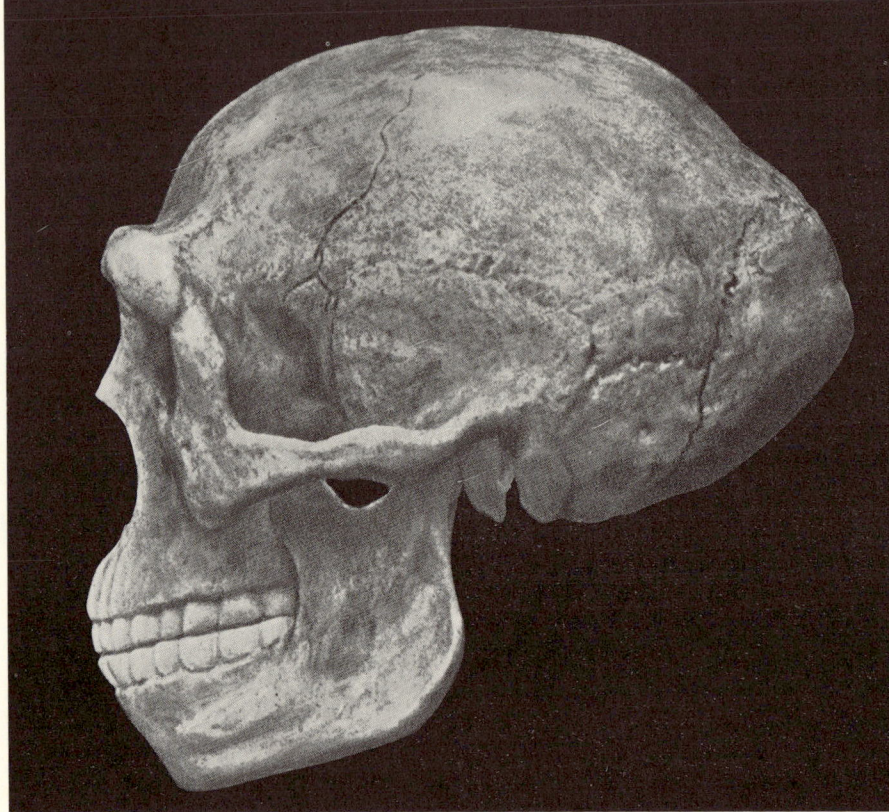

Homo erectus erectus (Pithecanthropus II) aus dem Mittelpleistozän in Sangiran auf Java. Utrecht, Geologisches Institut der Universität. Unten: Homo erectus pekinensis (Sinanthropus) aus dem Mittelpleistozän in Chou-Kou-Tien bei Peking, Original verschollen

Die Lösung dieser Problemfülle wird die Zukunft bringen. Fest steht aber auf jeden Fall, daß in Limework-Makapan für die Australopithecinen die osteodontokeratische Kultur eine Realität ist. Es ist weiterhin sehr wahrscheinlich, daß die P-Gruppe Geröllgeräte herzustellen verstand, und damit wird diese Fähigkeit auch für die A-Gruppe (Sterkfontein) wahrscheinlich. *Telanthropus* als Einwand muß natürlich ernsthaft diskutiert werden.

Die zoologischen Nomenklaturregeln fordern, daß ein einmal gegebener systematischer Name bestehenbleiben muß, auch dann, wenn er nicht sinngemäß ist. Da die »Australopithecinen« nunmehr keine aufrecht gehenden Pongiden sind, sondern als humane Hominiden erkannt wurden, wäre es empfehlenswert, in diesem Falle von Prähomininen zu sprechen als einem morphologischen Vorläufermodell für die (Eu)Homininen, wenn auch nicht als systematisch gültige Bezeichnung für die Australopithecinae. Die Praehomininae ständen dann als Unterfamilie der Hominidae den weiter entwickelten Euhomininae, die dann korrekt als Homininae zu bezeichnen wären, gegenüber. Dies setzt sich auch mehr und mehr in der paläanthropologischen Literatur durch.

Die (Eu)homininae und ihre Geschichte

Systematisch-anthropologische und erdgeschichtliche Gliederung. Die zoologische Familie Hominidae, deren Evolution wir bis zum Tier-Mensch-Übergangsfeld verfolgt haben, läßt sich heute untergliedern in die Subfamilien der Australopithecinae (Prähomininen), die wir als schon zur humanen Phase gehörend erkannt haben, und in die Homininae (Euhomininen). Beide Subfamilien müssen einen gemeinsamen Ausgangspunkt haben. Von verschiedenen Fachforschern wurde wiederholt betont, daß dieser Basisform ein Bau zukommen müsse, wie er in *Australopithecus (Australanthropus)* fossil greifbar ist. Es ist nun die Aufgabe dieses Kapitels, von dieser prähomininen Ausgangsschicht her den Gang der Geschichte der euhomininen Menschheit in den Grundzügen, soweit sie heute einigermaßen beurteilbar sind, vorzuführen.

Wir geben zunächst eine kurze Charakteristik der Gruppen und ihrer mutmaßlichen Beziehungen, versuchen dann, ein Urteil über die Zeiteinstufungen dieser Gruppen in den Ablauf des Pleistozäns zu gewinnen und werden schließlich versuchen, an Hand der wichtigsten Fossilfunde einen Überblick über die Typenvielfalt der pleistozänen Euhomininen zu bekommen.

Die Formenmannigfaltigkeit der erfaßten Typen ist seit dem Einsetzen der Forschungsrichtung, die wir Paläanthropologie nennen, mit der Auffindung des klassischen Neandertalers durch Fuhlrott (1856) in einer Höhle des Neandertals bei Düsseldorf erst langsam, dann mit unserem Jahrhundert in beschleunigterem Tempo gewachsen. Der klassische »Urmensch«, der »Neandertaler« selber, ist im Laufe der Forschung von seiner früheren Position als Ahnenform der heutigen Menschheit verdrängt worden. Er nimmt als Vertreter eines spezialisierten Seitenastes nur eine relativ unwesentliche Stelle in der pleistozänen Hominidengeschichte ein. Seine *missing-link*-Natur wollte schon sein Entdecker Fuhlrott nicht annehmen. Ein ähnliches Schicksal hatte auch der berühmte *Pithecanthropus erectus*, der »aufrecht gehende Affenmensch« von Java, den Eugen Dubois im Jahre 1890 auf Java ausgrub. Seitdem wir die Australopithecinen kennengelernt haben, kann die durch die prachtvollen Entdeckungen von Koenigswalds in den dreißiger Jahren wesentlich vervollständigte Fundgruppe zwar als *connecting link* zwischen Australopithecinen und späteren Hominidentypen (Neandertaler- und Homo-sapiens-Gruppe) gelten, nicht aber zwischen Menschenaffen und Menschen. Das Tier-Mensch-Übergangsfeld charakterisiert *Pithecanthropus* keineswegs. Es sind also im Laufe der Zeit infolge der Komplettierung des Fundmaterials, wie diese Beispiele zeigen, tiefgreifende Wandlungen in der Beurteilung des historischen Geschehens während des Pleistozäns erfolgt.

Haben wir nun heute ein gesichertes Bild, das auf einer ausreichenden Fundbasis beruht? Davon kann ganz und gar keine Rede sein. Obwohl Hunderte von Funden in unseren Besitz gelangt sind, ist ihre Synthese zu einem phylogenetischen Geschichtsbild ein durchaus provisorischer Versuch. Es ist ein »Jeweilsbild«, das wir uns aufbauen; vielleicht wird es sich in großen Zügen als konstant erweisen, in den Details aber wird es mit Sicherheit durch die Gewinnung neuer Funde geändert werden. Wir müssen stets bereit sein, das Jeweilsbild von heute in eines von morgen umzuwandeln. Es gehört mit zu den faszinierenden Aufgaben der Paläanthropologen, die bisherige Synthese jedesmal kritisch zu überprüfen, wenn ein neuer Fund bekannt wird. Vielfach wurden (und werden gelegentlich noch) die nach solchen Überprüfungen notwendigen Änderungen als Bankrott der Methoden der Paläanthropologie betrachtet. Zu Unrecht. Die Änderungen stellen – meist – eine »Verbesserung« des synthetischen Bildes im Sinne der »Berichtigung« eines Irrtums dar. Allerdings braucht dabei nicht immer der phylogenetische Ort eines Fundes sicher erfaßt, die Stellung des Fundes nicht richtig beurteilt worden zu sein; es kann sich wieder um einen Irrtum, aber geringeren Ausmaßes, handeln. Wie schwer es ist, den realen phylogenetischen Ort eines Fundes festzustellen, das zeigen die ausgedehnten Diskussionen, die mit der Auffindung des klassischen Neandertalers begannen und bis heute, bei vielen Funden jedenfalls, nicht abgerissen sind.

Die Fülle der, wie es scheint, von einer prähomininen Grundlage her ausstrahlenden (radiativen) Typenmannigfaltigkeit der Euhomininen kann sehr schematisch in drei Artengruppen angeordnet werden. Wir unterscheiden:

1. Die Archanthropinen (Urmenschen, da sie den Urtypus der Euhomininen annähernd vertreten). Ihre wesentlichen Formen liegen in der Homo-erectus-Gruppe (Pithecanthropus-Sinanthropus-Gruppe) vor.
2. Die Paläanthropinen (Altmenschen mit den klassischen Neandertalern, ihren Vortypen, den Präneandertalern, und ähnlich gebauten Typen, wie Broken Hill und Saldanha).
3. Die Neanthropinen (Jetztmenschen der Homo-sapiens-Gruppe mit Vortypen, Präsapiensformen).

Bevor wir diese drei Artengruppen näher betrachten, seien die wichtigsten Funde zusammengestellt:

Die wichtigsten fossilen Euhomininen und ihre zeitliche Stellung im Großablauf des Pleistozäns

Zeitalter	Archanthropinae	Palaeanthropinae Neandertaler		Neanthropinae	
		Eu-	Prae-	Praesapiens	Sapiens
Oberpleistozän	Ngandong Broken Hill Saldanha	Monte Circeo La Chapelle Neandertal La Ferassie Krapina (?) Saccopastore Ehringsdorf	Tabun	Shanidar Kafzeh Karmel Fontéchevade	Cromagnon Předmost
Mittelpleistozän	Chou Kou Tien (Peking) Trinil-Sangiran Sangiran-Modjokerto Oldoway Schicht II	Casablanca Ternifine Mauer		Swanscombe Steinheim Kanjera (?)	
Unterpleistozän (Villafranchium)					

Bei der wenig einheitlichen Bezeichnungsweise – ein Namenschaos, welches dringend einer internationalen Regelung bedarf (haben doch manche Funde mehr als ein halbes Dutzend Namen erhalten) – ist in der vorstehenden Tabelle zunächst auf Namen verzichtet worden; dafür sind die Fundorte angegeben. Es seien aber doch einige Bemerkungen über die feinere Systematik und die hier verwendete Namensgebung gestattet. Man ist im Laufe der Zeit immer mehr zu der Überzeugung gekommen, daß alle euhomininen Formen nur einer Gattung, *Homo*, zugeteilt werden können. So würden sich die Unterscheidungen der obigen Gruppierung also allein auf Arten beziehen. Die Archanthropinen haben nur eine Art, *Homo erectus*, mit den Unterarten *erectus* (Pithecanthropus), *soloensis* (Ngandong), *pekinensis* (Sinanthropus), *mauritanicus* (Atlanthropus) und *heidelbergensis*. Die Paläanthropinen haben als Arten *Homo neanderthalensis* mit den Unterarten *neanderthalensis* und *praeneanderthalensis*, wobei die Angrenzung der letzten Unterart zu den Neanthropinen des unteren

Oberpleistozäns kritisch und umstritten ist. *Homo rhodesiensis* (Broken Hill und Saldanha) steht wohl *neben* der Neandertallinie, und es ist schwer zu sagen, ob sich eine eigene Art rechtfertigt. Die Neanthropinen werden durch die Art *Homo sapiens* repräsentiert mit den Unterarten *(eu)sapiens*, welche die gesamte Rassenfülle der rezenten Menschheit (Europide, Australide, Mongolide, Negride) hervorgebracht hat, und dem Vortypus *(prae)sapiens*. Schwierig ist die Einordnung von Funden, die neandertalähnliche und sapiensähnliche Merkmale tragen, wie die mittelpleistozänen Schädel von Steinheim an der Murr und Swanscombe (England) zeigen, in der die Arten *neanderthalensis* und *sapiens* zu wurzeln scheinen. Im oberen Pleistozän bilden die »Neandertaler« von Shanidar (Irak) eine weitere Schwierigkeit: Neandertaler- oder Sapienszweig?

Die Schwierigkeiten der Abgrenzung lassen es deutlich werden, daß wir ein biotisches evolvierendes Kontinuum vor uns haben. Unser System ist ein künstliches Netz, dessen Maschen künstliche Grenzen ziehen. Dieses – vereinfachte – System zeigt die folgende Tabelle:

Provisorisches System der pleistozänen (Eu)homininen

Gattungen	Artengruppen	Arten	Unterarten	
Homo	Archanthropinen	erectus	erectus pekinensis soloensis mauritanicus heidelbergensis	
		Oldoway 1960		
	Paläanthropinen	neanderthalensis	praeneanderthalensis (eu)neanderthalensis	
		rhodesiensis	vielleicht zwei Unterarten (Broken Hill und Saldanha)	
	Neanthropinen	sapiens	praesapiens (eu)sapiens	rezente Rassen

Diese systematische Tabelle ist provisorisch und wird vermutlich kein langes Leben haben, da fortgesetzt neues Fundmaterial anfällt, das zu Ergänzungen und Veränderungen Anlaß gibt. Aber sie bietet heute wohl die beste Möglichkeit, sich in der Typenfülle der pleistozänen Homininen zurechtzufinden.

Wir müssen nun, um die Möglichkeit für eine feinere Bestimmung der chronologischen Orte der Fossilfunde zu bekommen, das Pleistozän in seiner Untergliederung etwas ausführlicher betrachten, als dies in der bisher angeführten Großeinteilung geschehen ist.

Das Pleistozän als erdgeschichtliche Periode ist gegenüber dem Tertiär durch eine Abnahme der Temperaturen ausgezeichnet. Diese Abnahme beginnt schon merklich im Endabschnitt des Pliozäns, ist also ein viele Jahrhunderttausende währender, sich verstärkender

Prozeß. Im Laufe des Pleistozäns blieben aber die erreichten niederen Temperaturen keineswegs konstant, sondern zeigten einen rhythmischen Wechsel von Kaltzeiten (Eiszeiten, Glazialen) und Warmzeiten (Zwischeneiszeiten, Interglazialen). Das Eiszeitalter war ein planetarisches Phänomen. Die während der Kaltzeiten gebildeten Inlandeismassen und Gebirgsvergletscherung betrafen beide Hemisphären gleichzeitig. Durch die pleistozänen Eismassen wurden große Mengen von Wasser gebunden; schmolzen sie ab, stieg der Meeresspiegel beträchtlich, man schätzt um achtzig bis hundert Meter. Das veränderte die Verteilung von Wasser und Land merklich. Die Schelfgebiete der Kontinente fielen in Zeiten starker Vereisung trocken, Landbrücken tauchten auf, wodurch Veränderungen in der geographischen Verbreitung der Tiere möglich wurden. Dies dürfte auch für die Verbreitung der Hominidengruppen von Bedeutung gewesen sein.

Nach dem Tier-Mensch-Übergangsfeld darf mit einer Ausbreitung zunächst noch individuenarmer sozialer Verbände der Prähomininen gerechnet werden. Von wo aus? Wo lag die »Urheimat« des »Menschengeschlechts«?

Wir haben keine eindeutigen und ausreichenden Indizien über die geographische Lage des Tier-Mensch-Übergangsfeldes. Wahrscheinlich ist nur, daß es nicht verschiedene geographische Tier-Mensch-Übergangsfelder gegeben hat, sondern daß die »Menschheit« eines Stammes ist, daß sie monophyletisch, nicht polyphyletisch entstanden ist. Es wird daher einen bestimmten Raum geben, wo sich die Ereignisse, die zum Erwerb des hominiden Status führten, abspielten. Es hat aber wenig Sinn, bei der heutigen Kenntnislage das

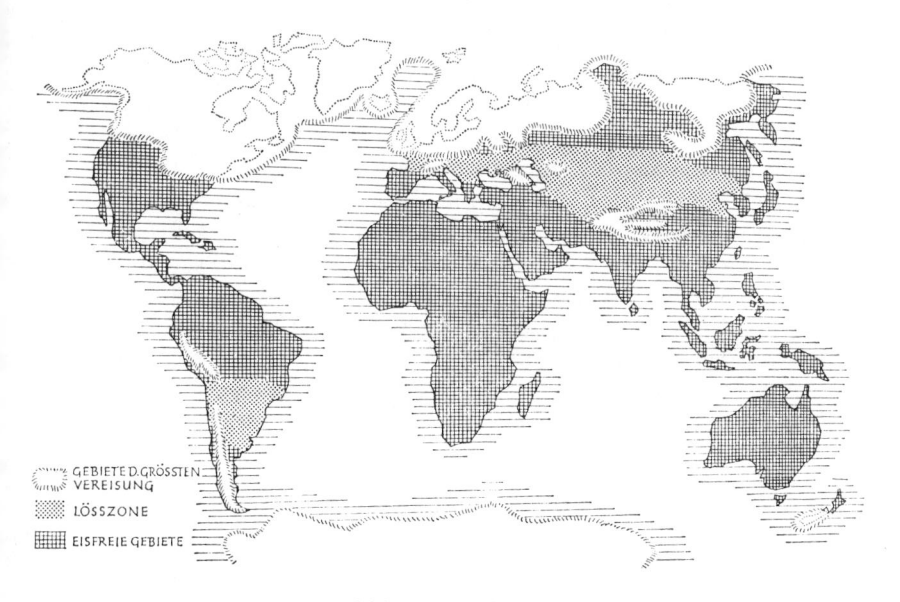

Weltkarte der Eiszeit

Problem dieses Ortes zu diskutieren. Wir dürfen aber annehmen, daß das heutige Hauptverbreitungsgebiet der Prähomininen (Australopithecinae) nicht als »Urheimat« der Hominiden in Betracht kommt. Es wurde schon einmal gesagt, daß im Süden des afrikanischen Kontinents die Prähomininen schon im Pleistozän als Relikte aus einer früheren Zeit vorkamen; wo sie hergekommen sind, läßt sich wenigstens allgemein sagen: aus dem Norden, und dorthin wohl über die vorderasiatische Brücke und aus dem westlichen Ostasien, vielleicht aus dem indischen Raum. Ein genaues Bild der höchst komplexen Ausbreitungsbewegung der Hominiden während des Pleistozäns zu geben ist heute noch nicht möglich. Wir können uns nur gewisse Vorstellungen über die postglazialen Ausbreitungen des Sapiens-Stammes verschaffen, dies aber hier auszuführen überschreitet den Rahmen unseres Themas.

Der Wechsel von Warm- und Kaltzeiten hat das schließliche Verbreitungsbild der fossilen und rezenten Hominiden auf der Oberfläche unseres Planeten maßgeblich mitgeprägt, ja war vielleicht sogar der markanteste Faktor. In den Tropen entsprachen den Kaltzeiten Pluvialzeiten, die mit Trockenperioden abwechselten, was sich im Zurückziehen und Vordringen von Vegetations- und Wüstenzonen spiegelt. Über die Grundursache der Temperatursenkungen und ihrer vielseitigen Folgen (Inlandeis, Pluviale) ist nichts Sicheres bekannt. Für die Gliederung des Eiszeitalters aber scheint der rhythmischen Schwankung der Strahlung, welche die Erdoberfläche von der Sonne erreicht, eine bestimmende Bedeutung zuzukommen. Die Wirkungen astronomischer Faktoren (Ekliptikschiefe, Exzentrizität, Perihellage) sind für die rhythmischen Änderungen des Strahlenquantums verantwortlich. Darauf beruht die berühmte Berechnung der Strahlungskurve von Milankovich, die sich gegenüber mannigfacher Kritik durchaus gehalten hat und diesen Rhythmus, in absoluten Zahlen ausgedrückt, erst sechshunderttausend, dann achthunderttausend Jahre zurückberechnet. Die Rhythmik der Strahlung kann der geologischen Wechselfolge von Warm- und Kaltzeiten parallel gesetzt werden. Strahlungsmaxima entsprechen Warmzeiten, Strahlungsminima Kaltzeiten. Es ergibt sich daraus eine annähernde Bestimmung der absoluten Zeitdauer dieser pleistozänen Zeitabschnitte und damit die Möglichkeit, stratigraphisch gesicherte Fossilfunde absolutchronologisch zu orten. Allerdings muß bemerkt werden, daß die speziellere Parallelisierung der pleistozänen Rhythmen, der Wechsel von Kalt(Feucht)- und Warm(Trocken)-Zeiten große Schwierigkeiten macht, besonders wenn es sich um geographisch weit entfernte Gebiete handelt. Es gibt auch noch andere Methoden, absolute Zeitbestimmungen im Pleistozän durchzuführen. Die eine ist der Fluortest, der allerdings nur relative Zeitbestimmungen zuläßt, wenn gleichzeitig mit dem anthropologischen Fund fossile Tiere geborgen werden konnten, deren stratigraphisches Alter bekannt ist. Wenn die Fluorwerte des Hominidenfundes mit denen der begleitenden Tierfunde übereinstimmen, dann entspricht der Hominidenfund im Alter den Tieren, deren geologisches Alter der Strahlungskurve nach annähernd feststeht. Eine andere Methode ist die C 14-Methode. Sie beruht auf der Bestimmung der Quantität des radioaktiven Isotops des Kohlenstoffes. Die Abweichung dieser Quantität vom normalen Bestandsquantum läßt mit der bekannten Halbwertszeit (radioaktive Zerfallszeit) dieses C 14 eine absolute Zeitbestimmung mit mehr oder weniger großen Fehlergrenzen zu. Man kommt mit dieser Methode etwa vierzigtausend Jahre, ja, bei verfeinerter Methodik bis an achtzigtausend Jahre zurück. Es gibt noch weitere Methoden für absolute Zeitbestimmungen, aber wir können hier nicht näher darauf eingehen.

Gliederung des Eiszeitalters (Pleistozäns) mit absoluten Zeitangaben

Absolute Zeit	Kalt- und Warm-Zeiten	Gliederung Deutsche Autoren	Paläontologen
	Würm-Kaltzeit	Jung-	Ober-
100 000	Eem-Warmzeit (Riß-Würm)		
200 000	Riß-Kaltzeit	Mittel-	
300 000	Holstein-Warmzeit (Mindel-Riß)		
400 000	Mindel-Kaltzeit	Alt-	Mittel-
500 000	Cromer-Warmzeit (Günz-Mindel)		
600 000	Günz-Kaltzeit		
	Tegelen Warmzeit	Ältest-Pleistozän	Unter-Pleistozän
	Butley-Kaltzeit (Donau-Kaltzeiten)		
	Villafranchium		
1 000 000 Jahre		Pliozän	

In dem erdgeschichtlichen Sondermilieu der Eiszeit hat sich die Typenradiation, die morphologische Wandlungsgeschichte der Euhomininen abgespielt. Und in diese Zeit, hinauf bis ins untere Mittelpleistozän ragen ja als Abbilder des Hominidentypus, der für das Tier-Mensch-Übergangsfeld im oberen Pliozän angenommen werden darf, die Prähomininen hinein. Es ist klar, daß die mannigfachen ökologischen Verhältnisse, die der pleistozäne Wechsel der abiotischen und der biotischen Umweltfaktoren brachte, auf die Typenradiation der Euhomininen einen großen Einfluß gehabt haben muß. Es entstanden verschiedene Anpassungsformen, so im periglazialen Raum des oberen Pleistozäns die klassischen Neandertaler Westeuropas, die allerdings nach neueren Funden bis nach Ostasien verbreitet gewesen zu sein scheinen. (Mapa, China, ein Fundort, wo ein Neandertaler geborgen werden konnte. Es ist aber zur Zeit noch nichts Näheres über diesen Fund bekannt.)

Die Artengruppen der (Eu)homininen und ihr historischer Zusammenhang. Die (Eu)homininen sind sämtlich durch den Besitz und das Herstellungsvermögen von klar erkennbaren Geräten gekennzeichnet, die einen solchen technischen Status erreichen, daß an der typischen humanen psychischen Konstitution auch der am primitivsten anmutenden hominien Formen nicht zu zweifeln ist. Es muß mit dieser Fähigkeit des Geräteherstellens eine entsprechende psychische Potenz auch zu abstrakten zukunftsbezogenen Tätigkeitsbildern vorhanden sein. Wir können auch damit rechnen, daß hier ein unbenanntes Denken zu begrifflichem Denken fortgeschritten ist und daß dies auch durch ein verbales Verständigungssystem zum Ausdruck kam. Man kann allerdings auf der Stufe der einfachsten Geräte keine Grenze zwischen prähominien und hominien, subhumanen und humanen Strukturen der geistigen Fähigkeiten ziehen, besonders dann nicht mehr, sollten sich die letzten Funde in der Oldowayschlucht mit *Zinjanthropus* als Hersteller von Präabbevillien-Zweiseitern (Vorfaustkeilen) beweisen lassen. Es besteht kein Grund, auf der psychischen Seite solche Grenzen anzusetzen.

Die Gehirne der Prähomininen waren absolut und relativ klein, ihre Kapazitäten erreichten, wie wir sahen, höchstens achthundert Kubikzentimeter. Die letzte Stufe der Hominisation wird sich daher auch weniger in somatischen Wandlungen als vielmehr in zerebralen Differenzierungen ausgeprägt haben. Die Geschichte der Euhomininen ist durch eine besondere Erscheinung gekennzeichnet: durch die Zerebralisation, das heißt durch die sukzessive Zunahme der Gehirnvolumina. War der Hauptprozeß in der Phylogenie der Hominiden bis zum Tier-Mensch-Übergangsfeld die Erwerbung des aufrechten Ganges und der Beginn und die Ausbildung des Werkzeuggebrauchs, dann war die wesentliche Erscheinung danach die Erwerbung des Herstellungsvermögens von Geräten und die progressive Zerebralisation. Diese hat früher als ein besonders gutes Beispiel für eine orthogenetisch abgelaufene, auf große Gehirne hin ausgerichtete Evolution gegolten. Man darf nun parallel der Zunahme der technischen Vollendung der Geräte eine Zunahme der geistigen Seite, eine Zunahme der Fähigkeiten zu ihren Anwendungen annehmen. Beides dürfte positiven Selektionswert besessen haben. Sieht man sich die Verbreitung der Gehirnvolumina bei den pleistozänen Homininen an, so erkennt man zwar einen allgemeinen Trend zum Größerwerden, aber keineswegs zeigt sich eine klare orthogenetische rektilineare Volumenzunahme. Vielmehr dürften Populationen mit allgemeiner Steigerung der intellektuellen Fähigkeiten, wie sie eben in der Geräteherstellung zum Ausdruck kommt, die selektionsbevorteilten Gruppen gewesen sein. Es gibt im Pleistozän mehrere Trends der Zerebralisation, wie es mehrere phyletische Linien der Euhomininen gibt; innerhalb jeder Linie oder Artengruppe ist dieser Trend sichtbar als Ergebnis einer Adaptationsauslese von zwar *orthoselektivem* Charakter, aber die Auswirkung von speziellen orthogenetischen Faktoren läßt sich nicht nachweisen.

Die erste Artengruppe der pleistozänen Homininen, zugleich auch die älteste, schließt sich morphologisch zwar nicht direkt an die Australopithecinae (A-Typus) an, kann aber phyletisch von einem solchen Typus ausgehend gedacht werden. Zeitlich gehören diese Archanthropinen wohl alle schon in das Mittelpleistozän, wenn wir die Grenze zum unteren Pleistozän zwischen die Günzkaltzeit und die vorhergehende Warmzeit (Tegelen-Warmzeit)

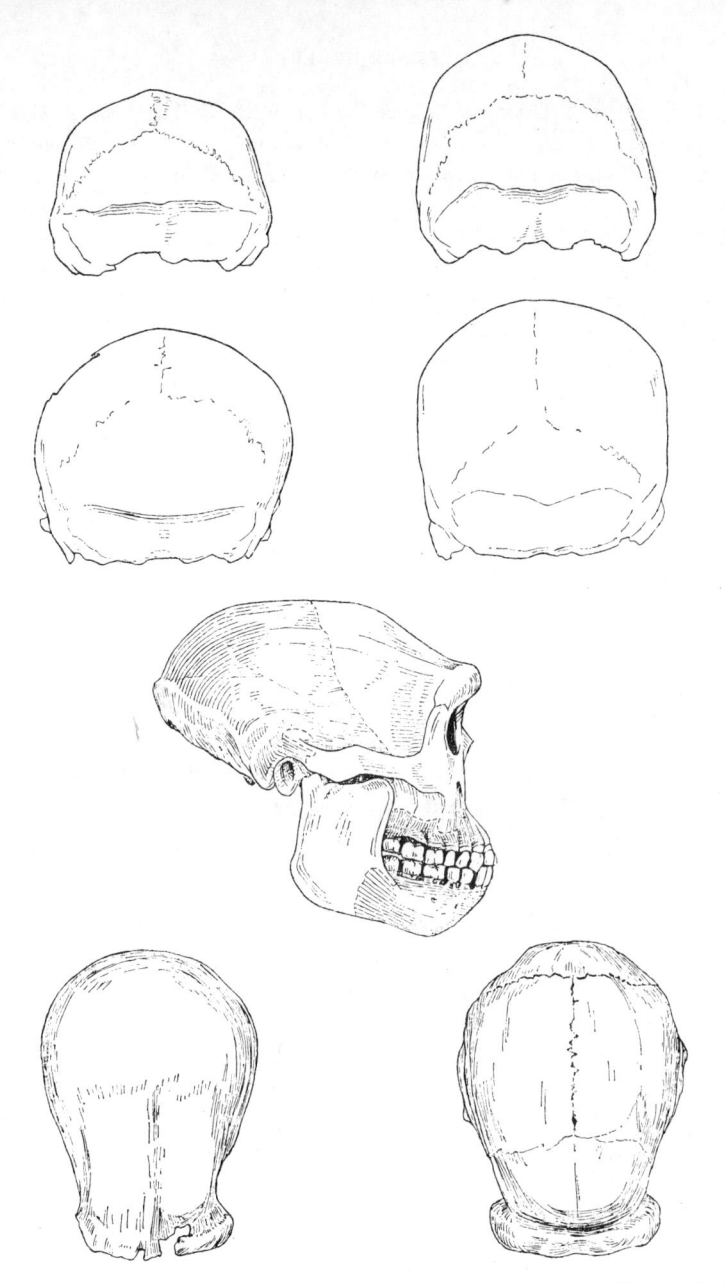

Erste Reihe: Schädel von *Homo erectus pekinensis, Homo erectus soloensis;* zweite Reihe: *Homo neanderthalensis* (La Chapelle aux Saints), *Homo sapiens* (Grimaldi), Ansicht von hinten; Mitte: Schädel von *Homo erectus erectus* (»*Pithecanthropus* IV«) von Sangiran, Java, Unteres Mittelpleistozän (Rekonstruktion nach Weidenreich); Unten: Schädel von *Homo erectus erectus*, Java, *Homo erectus pekinensis*, China, Ansicht von oben

legen. Als der älteste Typus dieser Gruppe ist *Homo erectus (Pithecanthropus modjokertensis)* von Sangiran (Java) angesprochen worden, eine wahrhaft robuste und theromorph anmutende Hominidenform mit starker Prognathie (Schnauzenbildung) und starken Überaugenwülsten, die aber anatomisch von den Überaugenwülsten der Pongiden verschieden sind. Es besteht eine erhebliche Dicke der Schädelknochen, und der Stirnverlauf ist flach mit einem stark abgeknickten Hinterhaupt. Das Gebiß ist deshalb besonders interessant, weil es im Oberkiefer zwischen dem seitlichen Schneidezahn und dem betonten Eckzahn ein Diastema (Zahnlücke) aufweist. Ob es sich hier um eine Reminiszenz an pongide Vorformen handelt, wie angenommen worden ist, scheint allerdings zweifelhaft, denn bei den morphologischen Vortypen, wie sie in den Prähomininen (Australopithecinen) als Modelle vorliegen, tritt ein solches Diastema nicht auf, und auch bei *Homo erectus* kann es fehlen. Es ist wahrscheinlich, daß wir es hier mit einer Parallelbildung unabhängig von den pongiden Gestalten zu tun haben. Der Scheitelkamm der P-Gruppe der Prähomininen war ja auch als Eigenbildung zu beurteilen. Ein weiterer *Homo-erectus*-Fund von Sangiran (Java) aus zeitlich etwas jüngeren Schichten präsentiert den kleinsten hominiden Hirnschädel, der bisher gefunden wurde. Seine Kapazität beträgt nur siebenhundertfünfundsiebzig Kubikzentimeter. Das wird auch von den großen Prähomininen der P-Gruppe erreicht. Wissenschaftsgeschichtlich ist dieser Fund deshalb wichtig, weil er den klassischen Pithecanthropus, den Dubois 1891 bei Trinil auf Java ausgegraben hatte, als einen normalen Hominidentypus des unteren Pleistozäns bestätigte. Seine Formbildung ist, von der geringen Größe abgesehen, mit dem Trinilfund identisch. Für die genaue Kenntnis der Pithecanthropus-Gruppe ist es wichtig, daß bei dem Sangiranfund *(Pithecanthropus II)* die Ohröffnung erhalten ist, so daß ein genaues Maß der Schädelhöhe genommen werden konnte. Das Hinterhaupt zeigt einen deutlichen Querwulst. Von oben gesehen und typisch für die Archanthropinen, aber auch noch deutlich bei den Paläanthropinen, tritt die postorbitale Einschnürung hervor, eine hinter den Augenhöhlen liegende Verengung des Schädels. Auch der ostasiatische Vertreter der Gruppe, *Homo erectus pekinensis* von Chou Kou Tien, hat diese Verengung. Es ist ein Merkmal, das für Pongiden, Prähomininen, Arch- und Paläanthropinen sehr charakteristisch ist. In der Ansicht von hinten zeigt der Hirnschädel eine niedrige fünfeckige Form mit schrägstehenden Seitenwänden, ebenfalls eine typische Formbildung im Vergleich mit späten Archanthropinentypen von Java oder dem klassischen Neandertaler und gar einem typischen *Homo sapiens* aus dem oberen Pleistozän (Grimaldigrotte). Man erkennt hier deutlich die Unterschiede, die im Schädelbau zwischen den Artengruppen der Euhomininen bestehen. Wie alle Hominiden hat auch *Homo erectus* Stirnhöhlen.

Ein 1891 gefundener Oberschenkel und später dazugekommene Oberschenkelbruchstücke sind euhominin gestaltet und typisch für Aufrechtgänger. Diese moderne Morphologie des Oberschenkels hatte zu ausgedehnten Diskussionen über seine Zusammengehörigkeit mit dem Schädeldach, das Dubois zunächst gefunden hatte, geführt. Oberschenkel und Schädeldach hatten in derselben Schicht gelegen, aber fünfzehn Meter voneinander entfernt. Heute wissen wir, daß bereits die Prähomininen Aufrechtgänger waren, und so liegt hier kein Problem mehr. Außerdem fand man bei der chinesischen Form der Archanthropinen, bei *Homo erectus pekinensis*, ebenfalls Gliedmaßen moderner Gestaltung. Ein *missing link* im alten Sinne zwischen Pongiden und Homininen stellt die Erectusgruppe von Java nicht dar. Ein solches bilden nicht einmal die Prähomininen, die als *connecting links* eher zu altertümlichen Pongiden vermitteln als zu brachiatorischen Menschenaffentypen. Es liegt vielmehr in den Archanthropinen eine klare, wenn auch altertümliche euhominine Form vor. Im oberen Pleistozän Javas wurde bei Ngandong eine Reihe von Hirnschädeln, etwa zwölf Stück gefunden, die in der Manier der heutigen Kopfjäger zerschlagen waren. Der Typus macht zwar im allgemeinen einen neandertalerähnlichen Eindruck, aber die Morphologie des Schädels zeigt, daß hier späte Angehörige der Archanthropinengruppe vorliegen: *Homo erectus soloensis* (Solo heißt der ostjavanische Fluß, aus dessen Uferschichten die Fundstücke geborgen wurden). Der Solotypus stellt also keinen »asiatischen Neandertaler« dar. Die Schädel sind die größten fossilen Schädel überhaupt. Trotzdem ist ihre Kapazität relativ gering und schwankt zwischen elfhundert und zwölfhundertfünfunddreißig Kubikzentimetern, das bedeutet einen starken Unterschied zu den großhirnigen Neandertalern. Wir können also auf Java den ostasiatischen Zweig der Archanthropinen vom mittleren bis zum oberen Pleistozän verfolgen. Es ist höchst unwahrscheinlich, daß, wie man früher verschiedentlich glaubte, hier die Wurzeln des australiden Astes der rezenten Sapiensmenschheit liegen. Es spricht viel mehr dafür, daß späte Archanthropinen durch Wellen von Ur-Australiden vom asiatischen Festland her überschichtet und damit wohl ausgerottet wurden. Es liegt sogar ein protoaustralider Schädelfund von Wadjak (Mitteljava), von der Wende vom Pleistozän zur geologischen Gegenwart vor, der typisches Sapiens-Gepräge besitzt.

Mehrfach wurde bereits der chinesische Fundort Chou Kou Tien bei Peking genannt. Hier wurde eine ganze Population von Archanthropinen *(Sinanthropus)* mit ihren kulturellen Hinterlassenschaften ausgegraben, insgesamt die Reste von vierzig Individuen. Der Schädel ist uns gut bekannt. Die Rekonstruktion des Schädelbaues ist hier relativ gut gesichert, weil der Hirnschädel ganz erhalten war, Unterkiefer zur Verfügung standen und vom Gesicht wenigstens eine Hälfte in Fundstücken vorlag. Leider sind die Originale im zweiten Weltkrieg verschwunden. Durch die großartigen Monographien des damals in Peking arbeitenden Anatomen Weidenreich und durch gute Abgüsse haben wir einen gewissen Ersatz. Der Schädelbau dieses *Homo erectus pekinensis* zeigt enge morphologische Beziehungen zu den javanischen Archanthropinen, und es dürfte sich nur um subspezifische Unterschiede zwischen beiden Gruppen handeln. Mehr als hundertfünfzig Zähne wurden in Chou Kou Tien gefunden. So kennen wir das Gebiß dieses *Sinanthropus* sehr genau. Es zeigt im Oberkiefer kein Diastema, keine Lücke zwischen dem seitlichen Schneidezahn und dem Eckzahn. Dieser ist zwar groß wie bei der robusten Javaform auch, aber wie dort typisch hominin en Geprägens. Der Hirnschädel besitzt schwere Überaugenwülste, die – als lokale Eigentümlichkeit – deutlich von dem etwas weniger flach als bei der Javaform ansteigenden Stirnteil des Stirnbeins abgesetzt erscheinen. Dem gewölbteren Hirnschädel entsprechend ist auch die Gehirnkapazität bei dem Pekingmenschen größer als bei *Homo erectus* von Java, bei dem sie um tausend Kubikzentimeter liegt (abgesehen von dem kleinen Stück von Sangiran). Sie schwankt zwischen neunhundertfünfzehn und zwölfhundertfünfunddreißig Kubikzentimetern. Man darf aber auch hier nicht an eine Annäherung an den »Neandertaler« denken, und ebenso sind direkte phylogenetische Beziehungen zu späteren sapienstümlichen

Nachfahren, zum mongoliden Rassenzweig der rezenten Menschheit, unwahrscheinlich, wie ja auch die javanischen Archanthropinen keine Vorfahren der Australiden sein können. Auf Java sind mit den anthropologischen Resten zusammen keine Gerätfunde gemacht worden, doch ist es wahrscheinlich, daß eine Haumesser(Chopper)-Kultur von den javanischen Archanthropinen stammt. Bei Peking aber liegt zusammen mit den Archanthropinenresten eine Chopperkultur vor (Chou Kou Tienium), die das humane Niveau der Gruppe bestätigt.

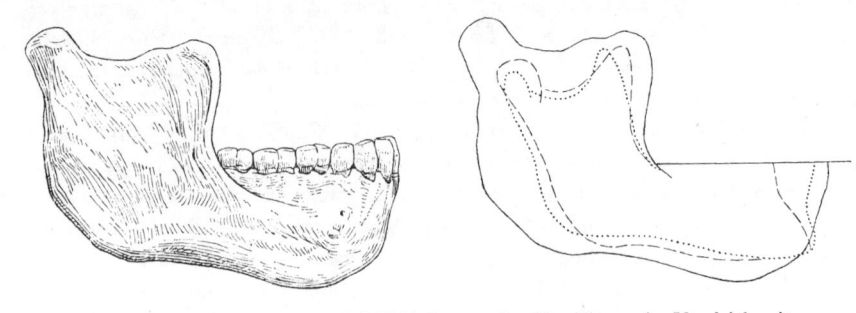

Der Unterkiefer von Mauer bei Heidelberg; seine Umrißkurve im Vergleich mit denen eines Europäers (gestrichelt) und eines Negers (gepunktet)

Aus Nordafrika, bei Ternifine in der Nähe von Oran, bei Casablanca und Rabat und aus Mitteleuropa bei Heidelberg liegen Kieferfunde vor, die, aus untermittelpleistozänen Schichten stammend, als archanthropin angesprochen werden können. Besonders die drei Unterkiefer von Ternifine, mit typisch hominidem Gebiß, zeigen morphologische Beziehungen zu den ostasiatischen Formen (das gilt auch für ein mitgefundenes Scheitelbein von Ternifine). Diese afrikanische Gruppe wird als *Homo erectus mauritanicus* bezeichnet (*Atlanthropus*). Vielleicht ist einmal ein früher Zweig dieser Gruppe nach Nordafrika ausgestrahlt. Geographisch wäre das durchaus möglich. Auch Java ist über die in Kaltzeiten trocken liegenden Schelfgebiete des Sunda-Archipels hinweg vom asiatischen Kontinent aus mit Archanthropinen besiedelt worden.

Der mitteleuropäische Fund eines archanthropinen Restes ist der berühmte Unterkiefer von Mauer, der 1907 gefundene sogenannte »Heidelberger Unterkiefer«. Er zeigt massigen Bau, ist aber morphologisch typisch hominid und etwas abweichend von der nordafrikanischen und der ostasiatischen Gruppe gestaltet. Er soll gewisse Ähnlichkeiten mit dem oben genannten *Telanthropus capensis* von Swartkrans (Transvaal) haben. Historisch läßt sich damit noch nichts anfangen. Der Heidelberger Unterkiefer ist der zeitlich früheste europäische Fund und gehört nach neuerer Datierung in eine frühe Warmphase der Mindelvereisung. Seine mutmaßliche Kultur wurde von Alfred Rust als »Heidelberger Kultur« beschrieben. Sie zeigt Ähnlichkeit mit den Haumesserkulturen Ostasiens, besitzt aber eigenes Gepräge. Die Fundleere Europas vor dem Mittelpleistozän steht ja jetzt, nachdem durch die neue Datierung die Australopithecinen auch jünger eingestuft werden (in das Cromer-Interglazial und das Mindelglazial) und damit das Villafranchium fundleer erscheint, nicht mehr allein. Es ist schwierig, sich die Gründe hierfür zu vergegenwärtigen. Nichts Gesichertes ist zu sagen: »Vermutlich, wahrscheinlich, vielleicht« sind die Wörter, die man hier anzuwenden hat. Jedenfalls geht aus dem derzeit bekannten Fundbestand hervor, daß Hominiden erst im unteren Mittelpleistozän nach Europa gelangt sind. Die frühe Ausbreitungsgeschichte der Euhomininen, die wir uns als Wanderzüge kleinerer Populationen (Horden) mit hoher Evolutionsgeschwindigkeit, wie sie für Kleinpopulationen charakteristisch ist, denken können, bietet nirgendwo ein festes Resultat, dafür um so mehr Rätsel. Bei der Frage, ob der »Heidelberger« Nachfahren hatte, ist es ebenfalls schwer, etwas Begründbares zu sagen. Man hat verschiedentlich gemeint, der Heidelberger Mensch, über dessen Gesamtstruktur man ja wenig aussagen kann, könne zu der Ahnenschicht gehören, in der die Paläanthropinen wurzeln. Vielleicht bietet ein Unterkiefer, der möglicherweise in die Holsteinwarmzeit gehört und in Frankreich bei Montmaurin gefunden wurde, hier einen Anhaltspunkt? Das Stück zeigt morphologische Beziehungen zu Heidelberg, aber auch zu den Paläanthropinen. Man muß aber bedenken, daß der Unterkiefer vielleicht der variabelste Knochen des Skeletts ist und daß Einzelfunde niemals einen typischen Wert haben. Demnach besitzen Schlüsse, die auf einzelnen Unterkiefern beruhen, eine große Unsicherheit. In Afrika haben wir nun noch die Fundgruppe von Broken Hill (Rhodesia) und Saldanha nördlich von Kapstadt. Die Morphologie dieser Gruppe ist schwer zu beurteilen. Von Broken Hill liegen auch modern gestaltete Reste des postkranialen Skeletts vor. Sicher können wir wohl nur sagen, daß wir hier eine afrikanische Gruppe vor uns haben, die ein Eigengepräge zeigt und wie die Funde von Ngandong zunächst einmal neandertalid an-

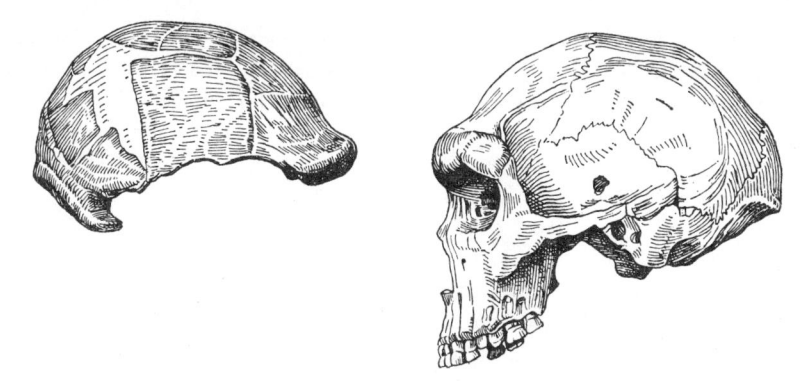

Schädel von Saldanha (Hopefield, bei Kapstadt) und Rhodesia (Broken Hill). Oberpleistozän

mutet. Aber eine genauere Untersuchung zeigt, daß starke Unterschiede zu den neandertaliden Paläanthropinen bestehen. Es dürfte kein »afrikanischer Neandertaler« vorliegen. Der Schädel von Rhodesia zeichnet sich durch besonders robuste Morphologie aus, der zeitlich etwas ältere Fund von Saldanha zeigt die Formbildung etwas gemildert. Wir können diese Funde in das untere Oberpleistozän stellen. Dafür sprechen auch kulturelle Begleitfunde. Die Rhodesiagruppe dürfte keine Fortsetzung in negriden neanthropinen

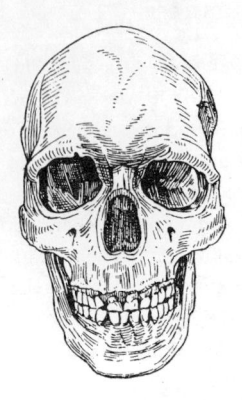

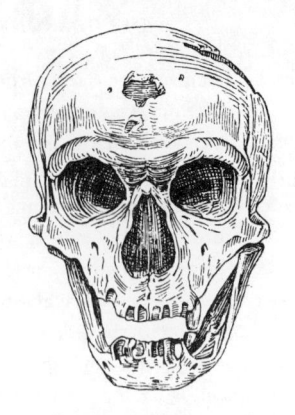

Schädel eines klassischen Neandertalers (La Chapelle aux Saints, rechts)
und von *Homo sapiens* (Combe-Capelle)

Typen gehabt haben. Der Mensch von Broken Hill und der von Saldanha waren nicht die Urväter der Neger. Die Neger erscheinen übrigens als eine sehr späte Spezialanpassung der Neanthropinen an den tropischen afrikanischen Raum.

Die ersten Anzeichen für die Ausbildung negrider Merkmale finden sich an einem Skelett, das bei Asselar am nördlichen Nigerknie geborgen wurde. Der Fund dürfte bereits in das Mesolithikum gehören. Die früher als »*Africanthropus*« bezeichnete sehr fragmentarische Fundgrube vom Eyasi-See (Ostafrika) wird heute ziemlich einheitlich an den Fund von Rhodesia angeschlossen.

Von höchstem Interesse erscheint nun ein neuer Schädelfund (1960) aus der Oldoway-Schlucht, und zwar aus Schichten, die Abbeville-(Chelles-)Faustkeile führen (»Schicht II«). Mit diesem neuen Schädel ist zum erstenmal ein Hominide zusammen mit der ältesten typischen Faustkeilkultur gefunden worden. Es besteht kein Grund, daran zu zweifeln, daß wir damit auch den Verfertiger des ostafrikanischen Abbevilliens vor uns haben. Der erste Eindruck, den man nach Fotografien von dem neuen Schädelfund gewann (bisher ist nur der Hirnschädel entdeckt worden), war zwiespältig: Einerseits schien eine der Rhodesia-Gruppe nahestehende Form vorzuliegen (trotz dem wesentlich höheren mittelpleistozänen Alter), andrerseits konnte es ein wirklicher afrikanischer »Pithecanthropus« sein. Die genauere anthropologische Analyse, vom Verfasser im April 1961 in Nairobi (Kenia) durchgeführt, ergab jedoch, daß der Schädel von Oldoway Schicht II eine für Afrika neue Menschenform darstellt – einen sehr altertümlichen Typus allerdings, mit den wohl mächtigsten Überaugenwülsten (Tori supraorbitales), die bisher bekanntgeworden sind. Leider kennen wir den Unterkiefer und das Gebiß noch nicht. Wir dürfen den Fund aber als archanthropin und als eine neue Art der Gattung *Homo* betrachten. Die Kenntnis der Beziehungen dieser neuen Art zu *Homo (Atlanthropus) erectus mauritanicus* von Ternifine (Nordafrika) wäre von höchstem Interesse für die weitere Aufhellung der frühen Menschheitsgeschichte in Afrika.

Wir dürfen die Hypothese wagen, daß die Vorfahren der Archanthropinen dem Typus der Prähomininen (*Australopithecinae*) näherstanden als die bekanntgewordenen Formen aus dem mittleren Pleistozän. Aus solchen Archanthropinen-Vorformen könnte man den zunächst gemeinsamen Homininenzweig ableiten, der sich dann in einem relativ frühen Abschnitt seiner Geschichte in die beiden Artengruppen der Paläanthropinen und Neanthropinen gliederte. Das geschah wahrscheinlich im Mindel-Riß-Interglazial, vielleicht aber auch früher. Meinungen, die eine spätere Aufspaltung für möglich halten, etwa im letzten (Eem-)Interglazial, stoßen auf größere Schwierigkeiten.

Das Gesamtproblem der Gestaltung der palä- und neanthropinen Geschichte wird am besten von oben her behandelt. So beginnen wir mit dem Typus des klassischen Neandertalers. Mit der Entdeckung des ersten Neandertalschädelrestes im Jahre 1856 durch Fuhlrott begann ja die Entwicklung der Paläanthropologie als Wissenschaft. Es lagen zwar vor 1856 schon zwei Neandertalerschädel vor, aus der Höhle von Engis in Belgien (1832) und vom Felsen von Gibraltar (1848). Sie wurden aber erst später als neandertalid erkannt. Der Volltypus »Neandertaler« tritt uns in der ersten Kaltphase der letzten (Würm-)Eiszeit entgegen. Der Schädel – als Beispiel dient der Schädel des »Alten von La Chapelle aux Saints« – ist groß und lang mit hoher Kapazität. Sie schwankte innerhalb der Gruppe zwischen fünfzehnhundert und siebzehnhundert Kubikzentimetern und ist damit größer als der Durchschnitt beim rezenten Mitteleuropäer, der zwischen vierzehnhundertfünfzig und fünfzehnhundert Kubikzentimetern liegt. An dieser hohen Kapazität des Neandertalers ist allerdings das Vorderhirn weniger beteiligt als beim Sapiens-Typus. Ein starker Augenwulst ist ausgebildet. Er zieht ohne Unterbrechung über den Nasenansatz. Das Hinterhaupt ist kegelförmig nach hinten ausgezogen. Der Gesichts-Kiefer-Schädel ist gekennzeichnet durch seine Prognathie und das Nichtvorhandensein einer Eckzahngrube. Auch fehlt die Einziehung zwischen dem Jochbogenansatz und dem Oberkieferrand. Die Nase setzt tief eingezogen an und hat eine breite Öffnung. Von oben gesehen, zeigt der Neandertalschädel eine betonte postorbitale Einschnürung. Von hinten betrachtet, zeigt er einen abgerundeten Querschnitt und nicht die eckige Form der Archanthropinen. Das Gliedmaßenskelett ist kraftvoll, mit einer deutlichen Biegung des Oberschenkelschaftes. Die Neandertaler gingen, entgegen früheren Meinungen, voll aufrecht. Sie verkörperten eine Anpassungsform, die in den Zonen vor den Inlandeismassen als Jäger und Sammler lebten, wie ihre archanthropinen Vorfahren.

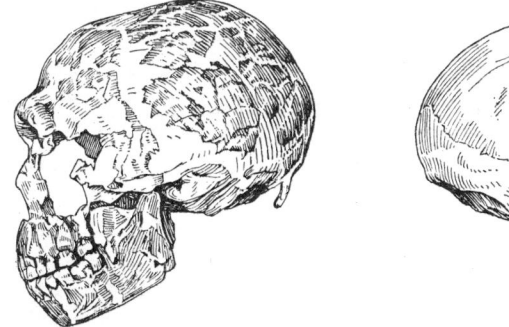

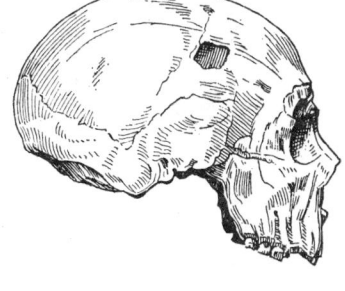

Schädel eines Präneandertalers aus der Höhle von Tabun in Palästina und von Saccopastore bei Rom. Letzte Warmzeit

Der klassische Neandertaltypus zeigt eine relativ geringe Variationsbreite. Er verschwand im ersten Wärmestadium der Würmeiszeit (Würm I/II). Er hatte keine phylogenetische Fortsetzung in den Neanthropinen, er starb aus. Die Gründe dafür sind vielleicht in Sapienspopulationen zu sehen, die nun auftraten. Wahrscheinlich drangen sie vom Osten her ein. Stellt man den klassischen Neandertalschädel neben einen solchen fossilen Sapiensschädel, etwa den vom Combe-Capelle, dann tritt der außerordentliche Unterschied zwischen beiden Typen deutlich zutage.

Es ist nun wichtig, daß ältere Neandertalerformen aus dem Eem-Interglazial die typischen Formbildungen des klassischen Neandertalers weniger ausgeprägt zeigen. Es sind die Präneandertaler, wie sie etwa aus Ehringsdorf, in Saccopastore bei Rom und aus Palästina belegt sind; auch aus der Höhle von Tabun, hier aber erdgeschichtlich schon in die Würmeiszeit gehörend. Allgemein kann man wohl annehmen, daß aus einer solchen Präneandertalerschicht die klassische Neandertalergestalt entstanden ist.

Wir haben einen selbständigen paläanthropinen Präneandertaler-Euneandertaler-Zweig. Wo setzt hier die neanthropine Sapienslinie an, oder wann tritt die Spaltung beider Linien aus einer gemeinsamen Wurzel ein?

Seitdem der klassische Neandertaler als Vorfahre der Neanthropinen ausgeschaltet ist, gibt es dafür zwei Hypothesengruppen. Die erste betrachtet eem-warmzeitliche Präneandertaler als die Wurzelschicht für die klassischen Neandertaler einerseits und die Neanthropinen, den Sapienszweig, andererseits (Präneandertal-Hypothese). Die zweite Hypothesengruppe verlegt die Spaltung der beiden Zweige tiefer zurück, mindestens in die Holstein-Mindel-Riß-Warmzeit (Präsapiens-Hypothese). Einige Funde sprechen für diese zweite Version. Der wichtigste ist der allerdings sehr fragmentarische Fund von Fontéchevade (Frankreich), der aus der Eem-Warmzeit stammt und aus dem Merkmalskombinat der Paläanthropinen stark herausfällt, dagegen sich in das der Neanthropinenlinie einfügt. Er besitzt keinen Augenwulst. Der Horizontalumriß des Schädels weicht von dem der Neandertaler in Richtung der neanthropinen Form ab. Wir können in Fontéchevade einen Vertreter der Sapiensgruppe, eine Vorformengruppe des Eusapienstypus, erblicken. Der Fund von Fontéchevade ist älter als der klassische Neandertaler und etwa gleichzeitig mit den Präneandertalern. Das macht es schwierig, die Neanthropinen auf Präneandertaler zurückzuführen. Der Fund legt es nahe, die Ahnen der Neanthropinen in noch älteren Horizonten zu vermuten. Leider ist das Fundmaterial recht spärlich. Die afrikanische Schädelfundgruppe von Kanjera, die ebenfalls neanthropine Merkmalsbildung zeigt, erscheint noch als zu problematisch, um als tragendes Indiz verwendet zu werden.

Auch andere Fundkomplexe werden neuerdings mehr im Sinne der Präsapiensthese gedeutet. So die Fundgruppe vom Berge Karmel in Palästina (Höhle von Skhul). Hier treten in einer eigentümlichen Verquickung sapienstümliche und neandertalide Merkmale auf, doch dürften diese überwiegen. Wulstbildungen über den Augen sind nicht ganz typisch neandertalid und können auch innerhalb des neanthropinen Zweiges aufgetreten sein. Stärker neanthropin sind die Funde von Dschebel Kafzeh. Etwas betonter neandertalid erscheinen die Funde von Shanidar im nördlichen Irak.

Es scheint im Nahen Osten eine große Fülle von Typen bestanden zu haben, die die

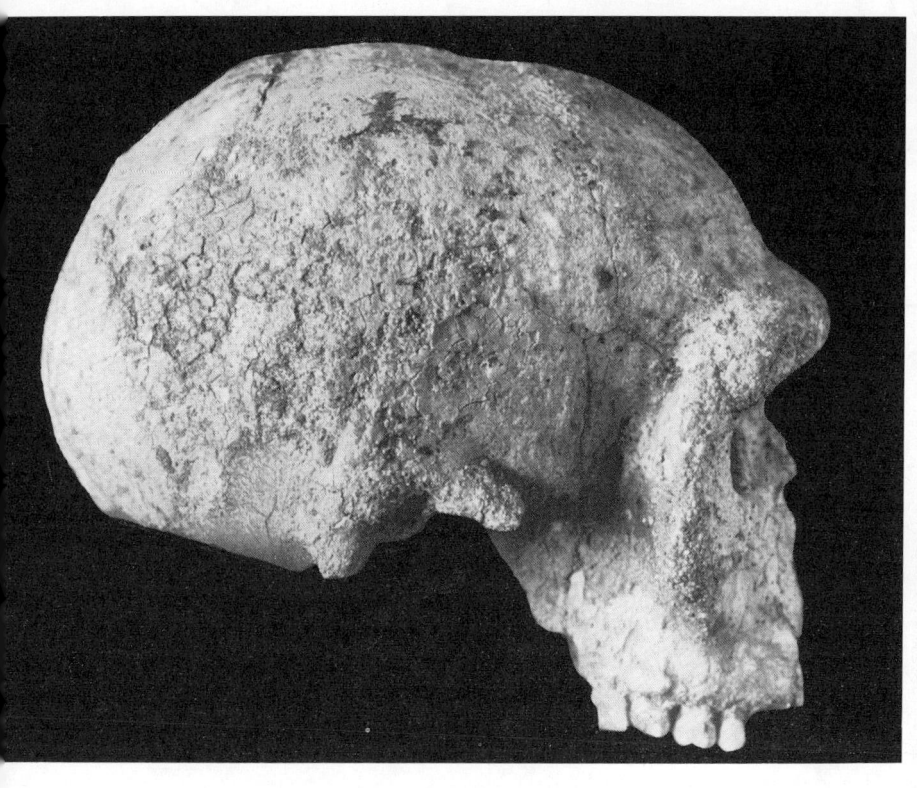

Homo sapiens praesapiens aus dem Mittelpleistozän in Steinheim a. d. Murr
Stuttgart, Württembergische Naturaliensammlung

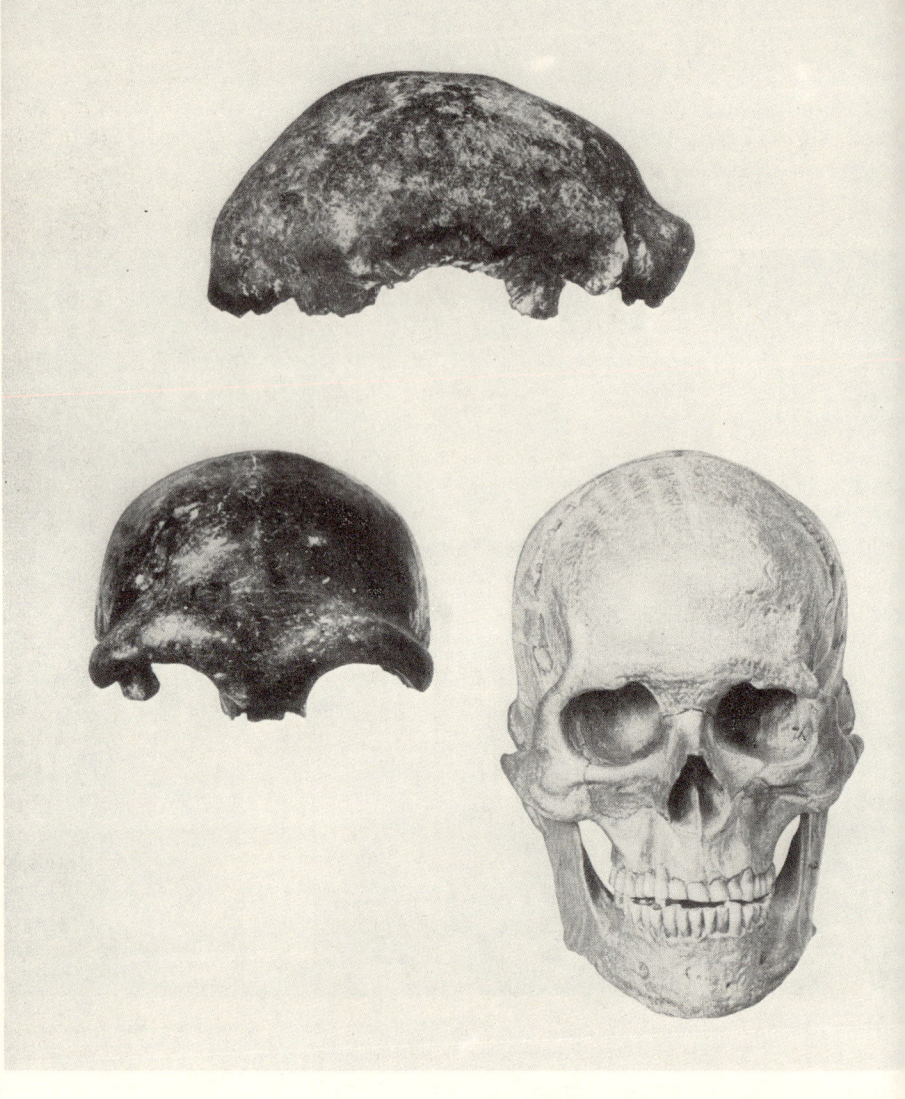

Homo neanderthalensis, der Fund von 1856 aus dem Oberpleistozän des Neandertals bei Düsseldorf
Bonn, Rheinisches Landesmuseum, Vorgeschichtliche Abteilung
Rechts: Homo sapiens von Bottendorf a. d. Unstrut, mittlere Steinzeit. Halle, Landesmuseum für Vor- und Frühgeschichte

Kluft zwischen Paläanthropinen und Neanthropinen weniger tief erscheinen lassen. Wir müssen mit recht bedeutenden Variationsbreiten rechnen, brauchen aber deshalb keine phyletischen Beziehungen zwischen den Palä- und den Neanthropinen anzunehmen. Das Nebeneinander von Präneandertalern und Präsapienstypen und von Neandertalern und Sapiensformen ergeben Kulturfunde, wie sie besonders von Rust im Nahen Osten geborgen worden sind. Es zeigte sich, daß Horizonte mit Neandertalerkultur (Handspitzenkultur) und Sapienskultur (Klingenkultur) sich in mehrfachem Wechsel überschichten. Die diese Kulturen erzeugenden Populationen sind wahrscheinlich in Kontakt geraten und waren wohl auch genetisch nicht isoliert. Wir werden die Merkmalskombinate der nahöstlichen Neandertaler und Präsapiensformen deshalb besser auf genetische Kontakte (Genaustausch, Mischpopulationen) zurückführen (»Bastardhypothese«) als auf phyletische Übergänge von Paläanthropinen zu Neanthropinen. Wir dürfen gespannt sein, was die weitere Aufklärung der paläanthropologischen Verhältnisse im Nahen Osten bringen wird.

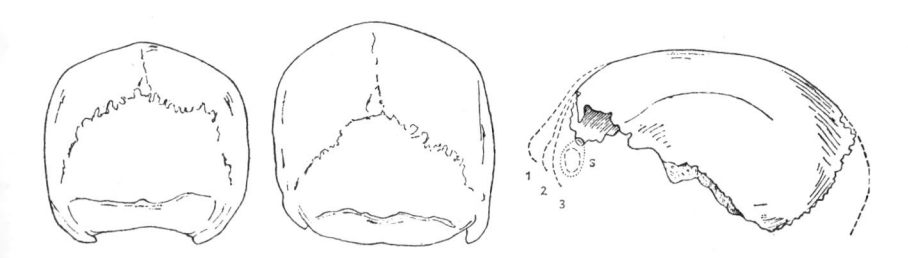

Schädel von Steinheim an der Murr und von *Homo sapiens*. Transversalquerschnitt von hinten (links und Mitte). Umrißkurve des Schädelbruchstückes von Fontéchevade, Frankreich, mit Stirnkurvenrekonstruktionen (3 wahrscheinlicher Verlauf entsprechend der Stirnhöhle S nach Vallois)

Wie weit können nun die Neanthropinen zurückgeführt werden? Wie erwähnt, gibt es aus der Riß-Kaltzeit nirgends Kunde, aber aus dem vorhergehenden Holstein-Interglazial haben wir in Süddeutschland und in Südengland je einen Fund. Es sind die Schädel (oder Bruchstücke) von Steinheim an der Murr und Swanscombe an der Themse. Ihre Datierung kann als gesichert gelten. Der Schädel von Steinheim, 1933 gefunden, zeigt eine eigentümliche Form. Bei deutlich zu neanthropiner Gestaltung neigendem Gehirn- und Gesichtsschädel zeigt er einen ausgesprochen paläanthropin gestalteten Überaugenwulst. Von Swanscombe ist der Vorderteil des Schädels und der Gesichtsschädel unbekannt. Aber die erhaltenen Scheitelbeine und das Hinterhauptsbein zeigen – wie bei Steinheim – doch wesentlich neanthropine Gestaltung. Das gilt nicht zuletzt für die Transversalkurve, die neanthropin (eckig) verläuft und nicht die abgerundete ovale Form aufweist wie bei den Paläanthropinen. Diese beiden Vor-Riß-Zeit-Funde geben der Forschung schwierige Probleme auf. Das Urteil über sie ist alles andere als einhellig. Die einen Autoren rechnen sie zu den Palä-, die anderen zu den Neanthropinen, wohin sie mit ihrem Merkmalskombinat doch besser zu gehören scheinen. Vielleicht muß man sie einer euhomininen Altschicht zurechnen, auf der sich die beiden Zweige, der palä- und neanthropine, noch nicht voneinander isoliert hatten, und sie bilden das Typenmodell einer Basisschicht. Beide euhomininen Linien, Paläund Neanthropinen, gingen dann bis in die Mindel-Riß-Warmzeit (früher zum Mittelpleistozän gezählt, jetzt zum unteren Oberpleistozän) zurück, wenn die Selbständigkeit nicht doch noch älter ist; denn es zwingt nichts dazu, die Funde von Steinheim und Swanscombe in eine nähere Verbindung mit den Paläanthropinen zu bringen. Die Überaugenwülste sind hier nicht entscheidend. So könnten die beiden Zweige der Euhomininen sich vielleicht auch auf einem Niveau treffen, das archanthropine Typen, wie etwa der »Heidelberger«, sie repräsentieren könnten. Dann liefe die Selbständigkeit des Sapienszweiges vielleicht zurück bis an die Basis der Mindel-Kaltzeit, eventuell sogar bis in die Cromer-Warmzeit.

Wenn wir Paläanthropinen und Neanthropinen speziesmäßig trennen, so muß betont werden, daß es sich nur um »Morphospezies« handeln kann, denn es scheint so, daß sie bei Kontakten Gene austauschten. Es waren also keine biologischen Arten, die ja durch genetische Isolation getrennt sind, vielleicht aber waren beide Zweige in ihren Spätstadien zu biologischen Arten geworden, so daß Kreuzungen (Genaustausch) zwischen klassischen Neandertaler- und Eusapienspopulationen beim Aufeinandertreffen – etwa in Europa in der ersten Wärmeschwankung der Würmeiszeit – nicht vorkamen. Die Typenradiation der Euhomininen beginnt also, das scheint die Fossildokumentierung nahezulegen, schon frühzeitig im Pleistozän, geht mindestens bis in die Holsteinwarmzeit zurück, zweihundertfünfzigtausend Jahre, und ist vielleicht noch älter.

Uns, die wir »unsere« Geschichte verfolgen, interessiert besonders das erste Auftreten des typischen *Homo (eu)sapiens*. Wir haben keine Funde, die vor siebzigtausend bis fünfzigtausend Jahren liegen. Aber seitdem ist uns sein Aussehen recht gut bekanntgeworden. Wichtige Funde sind Combe-Capelle, Cromagnon, Chancelade (westliches Europa), Brünn, Předmost, Lautsch (östliches Europa). In dieser Altschicht, die auch anderswo vorkommt (Florisbad/Südafrika), wurzelt die großartige Radiation der Sapiensrassen der modernen Menschheit. Dieser Typus geht über die Beringstraße während der letzten Vereisung, der Wisconsin-Vereisung, nach Amerika als noch vor-indianischer *Homo sapiens*. Später erst folgen die schon mongoloiden indianischen Typen.

Als ein postglazialer (nacheiszeitlicher) Vertreter der europäischen Menschheit möge hier der Schädel des Skeletts von Bottendorf an der Unstrut stellvertretend für viele stehen. Er stammt aus dem Mesolithikum (mittlere Steinzeit) und ist zeitlich etwa um 6000 v. Chr. anzusetzen. Ein cromagnider Alttypus (Cromagnon ist die Fundstelle, an der zum erstenmal dieser Typus entdeckt wurde) dürfte als Basismodell für die Aufspaltung der modernen Menschheit gelten können. Schematisch wird der mutmaßliche Verlauf der Hominidengeschichte im Pleistozän auf der nächsten Seite dargestellt. Man muß bei diesem Diagramm allerdings beachten, daß es nur die größten Züge zeigt. Eine Zeitkoordinate wurde nicht angegeben, da wir über die chronologischen Orte der Aufspaltungen in die drei großen Haupttypengruppen der Hominineu, Arch-, Palä- und Neanthropinen, nichts Genaues auszusagen vermögen. Man erkennt aber die verhältnismäßig langen Eigengeschichten. Man sieht auch die phyletische Selbständigkeit der Prähomininen (Australopithecinen)

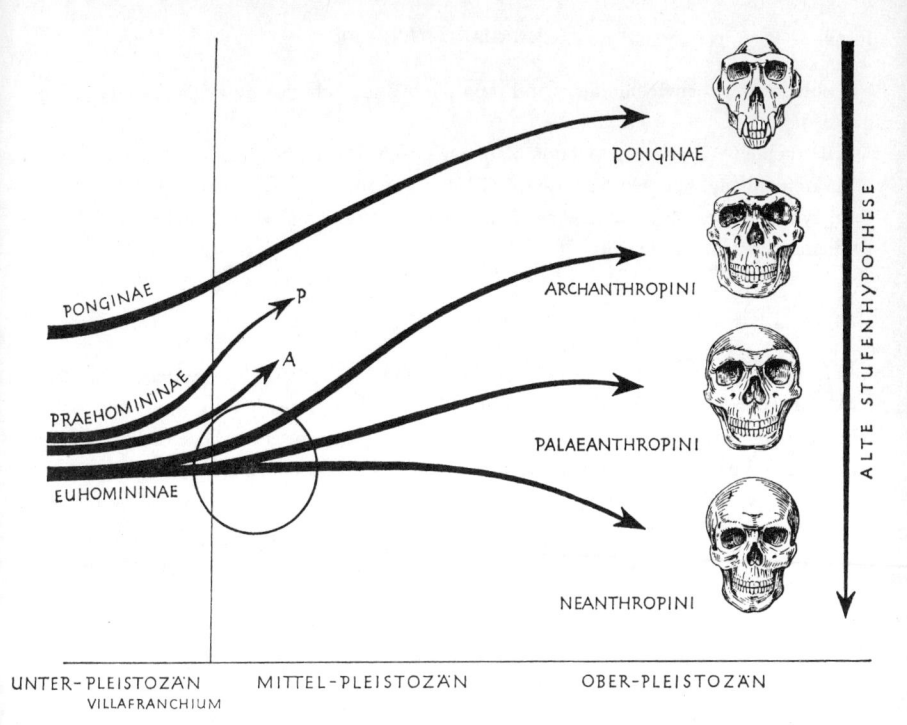

Schema zur pleistozänen Radiation der Hominiden

mit ihren beiden Typengruppen A und P. Die Radiation der Euhomininen zeigt zuerst den archanthropinen Formenkreis, der auf eine australopithecinenähnlich gestaltete Ahnenschicht zurückgehen muß und von dem (wann?) aus die palä-neanthropine Gruppe sich verselbständigt. Diese spaltet sich relativ früh (wiederum die Frage: wann?) in die beiden Zweige der Paläanthropinen und Neanthropinen auf. Wie wir ausgeführt haben, überwiegen die Indizien, die für das Eintreten dieses Ereignisses nicht erst im letzten (Eem-)Interglazial, sondern zumindest in der Holsteinwarmzeit sprechen. Vielleicht können als Modelle der Basisschicht der beiden Zweige die Funde von Steinheim an der Murr und Swanscombe an der Themse dienen.

Über die Aufspaltung des während der Würmvereisung erstmals typisch auftretenden *Homo (eu)sapiens*, seiner »Altschicht«, in die Großrassen der Gegenwart: Europide, Australide, Mongolide, Negride, besteht noch kein gesichertes Schema. Die Entstehung der Großrassen dürfte allerdings auf Vorgänge zurückgehen, die frühestens mit dem Ausgang der Würmvereisung einsetzten und dann relativ beschleunigt in mehr oder weniger isolierten geographischen Räumen zur Ausdifferenzierung der Großrassen führten, in enger Beziehung zu den jeweiligen speziellen Umweltbedingungen, die die adaptiven Mutationen und die damit korrelierten Faktoren auslasen und konzentrierten. So wurden auch die zahlreichen Untertypen geschaffen, aus denen sich die Großrassen zusammensetzen. Die heutige Menschheit stellt also die einzige überlebende Art *(eu)sapiens* der Gattung *Homo* dar, die in beispielloser Typenvielfalt als »Anthroposphäre« alle überhaupt zugänglichen Biotope besiedelt.

Betrachten wir nun den Gesamtablauf der Geschichte der Hominoidea noch einmal im Zusammenhang, so sehen wir, wie spärlich das Fundmaterial ist; und doch ist es möglich, ein synthetisches Jeweilsbild abzuleiten, wie es in unserem phylogenetischen Beziehungsschema versucht worden ist.

*

Wir haben eine ungeheure Zeit durchmessen: drei Milliarden Jahre! Setzen wir in dieser so entfernten Vergangenheit das abiotisch-biotische Übergangsfeld an, dann hat das Lebendige bis heute eine seit dieser Zeit niemals wieder unterbrochene, kontinuierliche Evolution durchgemacht, und wir sind mit dem Beginn des ersten Lebensvorganges durch eine nicht abreißende Prozeßfolge verknüpft.

Wie schrumpfen gegenüber diesem Gesamt-Zeitbild die Zeitspannen zusammen: seitdem es Primaten (vor siebzig Millionen Jahren) gibt, seitdem der Hominoidenstamm besteht (seit vierzig Millionen Jahren), seitdem der Pongiden- und der Hominidenast ihre eigenen Evolutionsgeschichten begannen (vor rund zwanzig Millionen Jahren), seitdem die subhumanen Hominiden das Tier-Mensch-Übergangsfeld erreichten (vor mehr als einer Million Jahren), seitdem die Aufspaltung der humanen Hominiden in die einzelnen Gruppen begann (im Laufe des Pleistozäns), bis endlich *Homo sapiens* erscheint, faßbar mit den ältesten typischen, schon cromagniden Formen vor etwa fünfzigtausend bis vierzigtausend Jahren. Und die Geschichte, die wir »Weltgeschichte« nennen? Lassen wir sie mit der großen Umstellung anfangen, mit den ersten Großsiedlungen (Jericho, das soeben erforschte Beispiel), so dürfen wir zehntausend Jahre ansetzen. Was sind gegen drei Milliarden Jahre Lebensgeschichte zehntausend Jahre Weltgeschichte? Und doch ist diese relativ so kurze Zeit für den *Menschen* wahrhaft Weltgeschichte, vor deren Wirkungen die vorhergehende Zeit in ihrer Bedeutung zusammenschrumpft. Wer als »Mensch« könnte sich *dieser* Weltgeschichte entziehen?

Wenn wir zurückblicken auf die unvorstellbare Zeitspanne, die seit dem Anlaufen des Lebensprozesses verstrichen ist, und bedenken, welche unerhörte Komplikation der jeweiligen Kausalgefüge zu dem einmaligen Bild der heutigen Struktur der Organismenwelt einschließlich des Menschen geführt hat, wenn wir die unerhörte Feinheit dieses Gefüges mit seinen Funktionsmöglichkeiten betrachten, so ist es wohl angebracht, ein Wort Darwins anzufügen, das er am Schluß seines Werkes »Über die Entstehung der Arten« schrieb:

»Es liegt Großartigkeit in dieser Ansicht des Lebens, mit seinen verschiedenen Kräften des Wachstums, der Fortpflanzung und der Empfindung, wie sie ursprünglich nur in wenige Formen, vielleicht nur in eine einzige, gelegt worden sind, und darin, daß, während unser Planet nach unwandelbaren Gesetzen der Schwerkraft seine Bahn durchlief und während Länder und Meere einander ablösten, von einem so einfachen Ursprung aus durch die Selektion zahlloser Varietäten unendlich viele der schönsten und wundervollsten Formen entwickelt worden sind« (Fassung aus dem Jahre 1844).

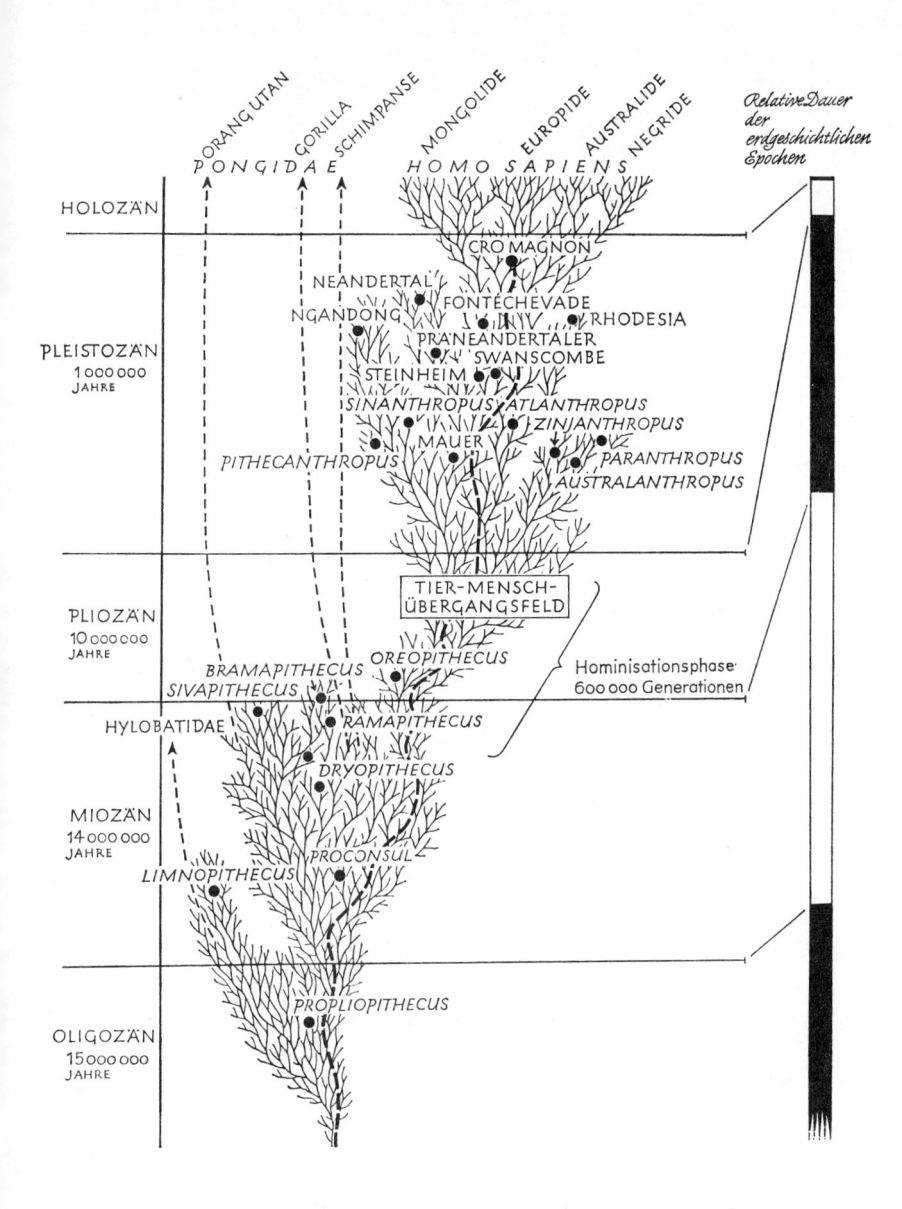

Modernes Schema zur Geschichte der *Hominoidea* (Pongiden und Hominiden)

Alfred Rust

DER PRIMITIVE MENSCH

Es gibt nur einen sicheren Weg, den Ursprung der Menschheit geographisch und zeitlich zu fixieren: die Erforschung der kulturellen Güter, die unsere Vorfahren hinterlassen haben. Denn die isoliert gefundenen Skeletteile aus den unteren Abschnitten des Eiszeitalters oder dem Pliozän, dem letzten Abschnitt des Tertiärs, sagen uns allein noch nichts darüber, ob sie von einem Wesen stammen, das auf tierischem Niveau stand oder wie ein Mensch zu handeln vermochte. Dennoch versucht die anthropologische Forschung, das Tier-Mensch-Übergangsfeld durch Vergleiche zwischen Skelettformungen des heutigen Menschen und fossilen Funden zu ermitteln, in der Meinung, daß ähnliche oder gleiche Kennzeichen Schlüsse auf ein menschliches Verhalten des Skelettträgers zulassen. Auch suchen die Anthropologen unter den Funden, die zeitlich vor der Menschwerdung liegen dürften, nach Typen, die nach verschiedenen Kennzeichen auf die spätere menschliche Erscheinungsform zusteuern könnten. Doch die Skelettfunde sind außerordentlich gering, zumindest im Vergleich zur Populationsstärke, zur Vielzahl aller Individuen, die in der Kette von über hunderttausend Generationen gelebt haben. Aber selbst wenn wir eine lückenlose Typenreihe von Skeletten aus der menschlichen Entwicklungsreihe vorliegen hätten, die vielleicht einige Millionen Jahre zurückreichte, würden wir mit anthropologischen Maßstäben die Menschwerdung nicht sicher festlegen können. Der Anthropologe deutet nämlich das heutige Formenbild des Menschen morphologisch aus und überträgt es auf die frühen Erscheinungsformen. Für ihn sind die Gestalt, das Volumen des Gehirnraumes oder die Formung des Gebisses, also körperliche Merkmale, die nichts über die Entwicklung des Geistes aussagen, Kennzeichen für die Geburtsstunde des Menschen.

Der Mensch aber wurde geboren, als er zum erstenmal etwas »Unnatürliches«, etwas Künstliches schuf, als er einen natürlich vorkommenden Gegenstand zu einem Artefakt umformte, zu einem erdachten, planvoll gestalteten menschlichen Produkt. Ein solches künstlich geformtes Gerät als Ergebnis des Denkens ist nicht zu vergleichen mit dem Verflechten natürlichen Materials zu einem Vogelnest, der Verwendung eines Stabes durch Tiere zur Erlangung der Beute, der Benutzung eines natürlichen Steines zum Öffnen von Nüssen oder Muscheln durch den Menschenaffen. Erst wenn ein Affe den Stein bearbeiten würde, in der gezielten Absicht, ihn wirkungsvoller zu gestalten, oder wenn er aus einem Ast eine Keule mit handlich zugeformtem Griff als Abwehrwaffe zum ständigen Gebrauch schaffen würde, hätte er menschlich gehandelt.

Der erste Mensch fertigte künstlich Gegenstände an, wohl mit dem Vorsatz, sich besser als bisher in der Umwelt zu behaupten. Warum aber dieses Bestreben? Dafür gibt es zwei grundsätzliche Hypothesen. Die eine nimmt an, daß die Entwicklung zum aufrecht gehenden Menschen durch biologisch-mutative, im Körper veranlagte, nicht steuerbare »Schubkräfte« verursacht und biologisch »planmäßig« abgelaufen sei. Nach der zweiten Hypothese sollen Bedrohungen von außen einen veranlagten Vormenschen veranlaßt haben, menschlich zu handeln. Existenzgefährdungen könnten etwa durch überhandnehmende Raubtiere oder durch biotopische Veränderungen hervorgerufen worden sein. So wäre die Austrocknung großer zusammenhängender Waldgebiete denkbar, in denen nur noch insulare Baumbestände übrigblieben. Man nimmt nun an, der von einer Baumgruppe zur anderen wechselnde Vormensch habe sich außerhalb des Waldes zur Sicherung oft im hohen Grase aufrichten müssen und sei so zu einer aufrechten Haltung angehalten worden, die wiederum als eine der Voraussetzungen zur Entwicklung des menschlichen Gehirns gilt.

Ob diese oder andere Hypothesen dem tatsächlichen Entwicklungsablauf entsprechen, vermag heute noch niemand zu entscheiden. Aber es ist bedeutsam, daß der Urmensch mit dem aufrechten Gang eine vorübergehende Periode stärkster Existenzgefährdung durchleben mußte. Der Vorläufer des Menschen wird biologisch so hart und erhaltungsfähig gewesen sein wie vergleichsweise der heutige Menschenaffe. Als er aber begann, aufrecht zu gehen, büßte er wesentliche Teile seiner Erhaltungskraft ein, wie seine Fluchtkraft. Der erste Aufrechtgehende war nicht mehr fähig, sich durch schnelles Laufen oder Klettern einer ihm drohenden Gefahr in gleicher Perfektion zu entziehen wie sein Vorgänger. Er war gezwungen, sich zu seiner Sicherung wirksame Hilfsmittel zu beschaffen. Ob aber die erste Abwehrwaffe schon ein Produkt folgerichtigen Denkens war oder auf zufälliger Erfahrung beruhte, können wir nicht sagen. Wir nehmen an, daß sich der Mensch nicht plötzlich innerhalb eines sehr kurzen Zeitraumes aufgerichtet und bewaffnet hat, sondern in einem vielleicht Jahrhunderttausende dauernden Wandlungsprozeß. Der Mensch wird zunächst außer den ersten primitiven Waffen auch noch seine ursprünglichen biologisch fundierten starken Abwehrkräfte gehabt haben. Diese natürlichen Kräfte, so die Fliehfähigkeit oder die Wirksamkeit großer Eckzähne im stark muskelierten Gebiß, konnten nur in dem Maße abgebaut werden, in dem die künstliche Bewaffnung als Sicherungsfaktor vervollkommnet wurde.

Die ersten Vertreter der Menschheit müssen wir uns also als eine Art bewaffneter Vormenschen vorstellen. So unsympathisch diese Vorstellung auch sein mag, so deutlich sollten wir uns die tatsächliche biologische Schwäche des rezenten Menschen vor Augen halten. Der anthropologisch »fertige« Mensch, der Jetztmensch, der Neandertaler und auch schon der etwa vierhunderttausend Jahre alte Mensch von Heidelberg sind und waren die in ihren Größenproportionen biologisch schwächsten Lebewesen auf der Erde. Welche Macht hat ein unbewaffneter Mensch einer großen Raubkatze oder zwei Wölfen gegenüber?

In dem Augenblick, da der Vormensch begann, Artefakte herzustellen, die es ihm ermöglichten, sich zu bewaffnen, scherte er aus den biologisch-natürlichen, »gesetzmäßigen« Entwicklungsabläufen aus und lebte unter künstlich geschaffenen Bedingungen. Unter der Auswirkung einer unbewußten Selbstdomestikation vermochte der gewordene Mensch als Gegengewicht zur körperlichen Schwächung seine geistigen Fähigkeiten bis zur heutigen Höhe zu entwickeln. Wann aber fand der Umbruch statt?

*

Die prähistorische Forschung arbeitet mit den gleichen Methoden wie die Archäologie und die Ethnographie. Diese lehrt, daß verschiedene Völkerschaften oder Stämme die zum gleichen Verwendungszweck gefertigten Geräte unterschiedlich formen. Die Waffen der Eskimos unterscheiden sich von denen der Afrikaner, die Tontöpfe der Indianer von der gebrannten Ware Asiens. Der Kenner vermag daher Einzelstücke geographisch und zeitlich zu bestimmen. Vergangene Hochkulturen erschloß man durch Ausgrabungen alter Stadthügel und fand in den einzelnen Schichten die Hinterlassenschaften verschiedener Völker. Unter den höchstgelegenen arabischen Bauresten fanden sich solche der Römer, darunter ältere aus hellenistischer oder sumerischer Zeit. Ein Vergleich der aus diesen verschieden alten Straten (Schichten) geborgenen Gegenstände zeigt die Formentwicklung der Kulturgüter oder, anders gesehen, auf welche Vorformen ein bestimmter Gegenstand zurückgeführt werden kann.

Der Urgeschichtsforscher arbeitet kaum anders. Er sucht wie der Ethnologe oder Archäologe nach menschlichen Hinterlassenschaften aus der Vergangenheit, kann nur nicht die geborgenen Kulturreste namentlich bekannten Völkern zuordnen. Er ist darauf angewiesen, neugefundene Menschenreste oder Kulturgüter von bisher unbekannter Art nach einer dem Fundplatz nahe gelegenen Stadt, einem Fluß, einem Berg zu benennen. Allgemein bekannt sind der Neandertaler aus dem Neandertal bei Düsseldorf, der Mensch von Heidelberg oder der Pekingmensch. Artifizielle Hinterlassenschaften tragen, um nur einige anzuführen, Bezeichnungen wie Abbevillien-Kultur nach dem westfranzösischen Ort Abbeville, Levallois-Kultur nach einem Vorort von Paris, das Moustérien wurde bei dem Orte Le Moustier in Südwestfrankreich aufgefunden; dort liegt auch der Ort Aurignac. Die Clactonien-Kultur wurde bei Clacton on Sea an der Südostküste Englands entdeckt, die Heidelberger Kultur in Mauer bei Heidelberg und die ersten Artefakte der Hamburger Kultur nahe Hamburg.

Jedes kulturell zusammengehörige Artefaktvorkommen wird formenkundlich aufgegliedert, indem man die einzelnen Stücke mit Bezeichnungen aufführt, die, soweit erkenntlich, auf die ehemalige Verwendung bezogen sind. So spricht man von Kernbeilen, Pfeilspitzen, Messern, Kratzern, Schabern, Sticheln, Bohrern, Faustkeilen, Handspitzen, Sägen und dergleichen, die jeweils wieder in verschiedene Typen unterteilt werden. An beinernen Formen gibt es Harpunen, Lochstäbe, Hacken, Beile, Riemenschneider, Spitzen, Fellschaber, Pfriemen, Speerschleudern, Schwirrhölzer, Nähnadeln und andere. Die einzelnen Kulturen lassen sich durch die Formen der Gegenstände und die Häufigkeit ihres

Vorkommens unterscheiden. Im Altpaläolithikum gab es etwa einhundert lithische (steinerne) Typen von Werkzeugen, Waffen und Geräten; im Jungpaläolithikum liegt der Formenreichtum etwas höher. Für die jüngeren Perioden kommt dann noch eine Vielzahl an beinernen Gerätschaften hinzu. Einzelne Kulturen hatten jeweils etwa zwanzig bis dreißig verschiedene steinerne Werkzeuge, Geräte und Waffen. Hölzerne, mit Steingeräten hergestellte Gegenstände sind bisher nur in sehr seltenen Fällen gefunden worden.

Die Entdeckung der eiszeitlichen Kulturen

Daß es in der Menschheitsentwicklung ein Steinzeitalter gegeben hat, wurde zuerst in Dänemark vermutet, als man die »Donnerkeile« nicht mehr von einem zürnenden Gott vom Himmel herabgeschleudert glaubte, sondern sie als von Menschen angefertigte Steinbeile ansah. Diese Beile und auch Dolche und Lanzenspitzen aus Feuerstein sind oft mit Hunderten von Schlagmarken versehen und deuten damit am sichersten unter allen paläolithischen Gerätschaften auf eine menschliche Bearbeitung hin. Das Urteil wurde sicherer, als man in ungestörten Wohnhöhlen-Schichten in Gebirgsgebieten das ganze Repertoire der Erzeugnisse der eiszeitlichen Steinschläger fand, und zwar alle typologischen Formen von den einfachsten Abfallstücken bis zu den kompliziertesten, aus Flint hergestellten Geräten. Dabei war auch die Beobachtung bedeutsam, daß der Flint nicht in den Höhlen vorkam, sondern vom Menschen in die Unterkünfte getragen worden sein mußte.

Bei weiteren Nachforschungen wurde festgestellt, daß die Werkzeuge formlich nicht einheitlich und somit von verschiedenen Bevölkerungsgruppen hergestellt worden waren. Bald erkannte man, daß bestimmte, einander ähnliche Kulturen stets höher im Schichtenverband der Höhlensedimente lagen als andere, ferner, daß die Stücke der unteren Schichten primitiver geformt waren als die der höhergelegenen. Und als man in den tieferen Schichten Skelette von Neandertalern, in den oberen vom eiszeitlichen *homo sapiens* fand, konnten die entsprechenden Kulturen diesen Menschenformen zugeschrieben werden. Danach konnte man auch isoliert aufgefundene Freilandindustrien bestimmten Menschengruppen zuordnen und ihre Zeitstellung bestimmen. Über die jeweiligen klimatischen Bedingungen sagten die in den einzelnen Schichten gefundenen Tierknochen etwas aus; Knochen einer »kalten Tierwelt« fanden sich in Höhlenschichten, in denen keine Faustkeile vorkamen, während zusammen mit den in bestimmten Flußschottern gefundenen Faustkeilen Knochen einer wärmeliebenden, heute zum Teil ausgestorbenen Fauna gefunden wurden. Die Faustkeilmenschen haben also in einer Warmzeit gelebt, die vor der letzten Eiszeit gelegen haben muß. Solche Wechselschichtungen von Ablagerungen aus Kalt- und Warmzeiten boten die Grundlage zur Datierung alter Kulturen bis in sehr frühe Zeitphasen hinab.

In den älteren Abschnitten des Eiszeitalters hat der Mensch vermutlich noch nicht in Höhlen, sondern in Wassernähe und oft auf Flußterrassen gewohnt. Hier aber liegen umgekehrt wie in den Höhlen die alten Artefakte im Niveau höher als die jüngeren, weil die Flüsse im Wechsel von Warm- und Eiszeit sich immer tiefer in ihr Bett eingruben. Aus der

Feuersteingeräte aus drei Siedlungsschichten in den Höhlen von Jabrud im syrischen Antilibanon. Privatbesitz

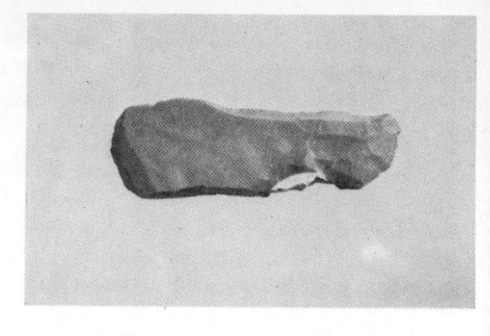

Klingenkratzer aus dem Aurignacien

Spitze aus dem Moustérien

Faustkeil aus dem Acheuléen

Langmandelförmiger Faustkeil, flach- und hochkant, aus den Leine-Schottern bei Rethen
Hannover, Niedersächsisches Landesmuseum, Urgeschichtliche Abteilung

Feststellung, daß der Altmensch auf den Oberflächen der verschieden alten Terrassen am jeweiligen Flußufer wohnte, lassen sich zeitliche Datierungen gewinnen, denn je jünger eine Terrasse ist, um so später haben die Menschen gelebt, die auf ihr lagerten.

Die Herstellung der Steinwerkzeuge

Der Frühmensch konnte natürliche Gesteinsstücke aufsammeln, die so scharfkantig waren, daß er damit alle anfallenden handwerklichen Arbeiten durchzuführen vermochte. Waren solche Gesteinsvorkommen örtlich erschöpft oder wollte er nicht immer suchen müssen, so gab es eine höchst einfache Methode zur Gewinnung von Splittern. Wenn man nämlich ein vielleicht kindskopfgroßes Flintstück kraftvoll auf einen größeren Stein wirft, so zerfällt es in mehrere Stücke. In der Regel gewinnt man so neben kleinen, brauchbaren Absplissen auch größere, handliche Stücke. An solchen zufällig entstandenen Sprengstücken finden sich immer kleinere oder größere Kantenpartien, die eine vollkommene Schärfe besitzen. Flint und zum Beispiel auch Obsidian weisen an Sprengstücken eine natürliche Kantenschärfe auf, die der an Metallmessern, ja selbst Rasiermessern erreichten gleichwertig ist. Mit derartigen »Werkzeugen« konnte der Frühmensch kleinere Bäume fällen, Äste abschneiden oder absägen, Keulen, Speere, Bogen und Pfeile oder sonstige Waffen oder Geräte herstellen; ferner die Jagdbeute aufbrechen und zerlegen, also alle Vorhaben durchführen, die es im Bereiche seiner wirtschaftlichen Lebensführung zu meistern galt. Die Brauchbarkeit solcher »Splitterwerkzeuge« war so vorzüglich, daß der Mensch mit ihnen genausogut bis zur Metallzeit hätte aufsteigen können wie mit den komplizierten Werkzeugen, die er dennoch entwickelt hat.

Daß der wahrscheinlich vor mehreren Millionen Jahren lebende Frühmensch keine Befriedigung mehr an den Primitivformen fand, ist ein Beweis für schöpferisches Denken. Natürliche oder erzeugte Splitter zu bearbeiten wird wohl zunächst nur den Zweck gehabt haben, vorspringende Kanten oder Ecken abzuschlagen, um eine bessere Handlichkeit der Werkzeuge zu erlangen. Aber darin zeigt sich schon der Wille, die Gebrauchsgüter in einen modellartig engen Rahmen zu pressen, in dem Zufallserscheinungen keinen Platz mehr hatten. Sehr frühzeitig haben bestimmte Werkzeugtypen befriedigende Vollkommenheit erlangt und sind dann als »schematisierte Standardtypen« über Jahrhunderttausende oder Jahrmillionen hinweg oft fast unverändert geführt worden.

Ein von Menschenhand bearbeitetes Gesteinsstück erkennt man daran, daß es einen »Schlagbuckel«, eine »Schlagzwiebel« oder einen »Bulbus« aufweist. Schlägt man mit einem »Schlagstein« auf ein Stück Flint, so pflanzt sich die Schlagwirkung nicht senkrecht, sondern kegelförmig ins Flintstück fort. Aus der Mitte einer dünnen Flint- oder Glasplatte kann man ein konisches Stück herausschlagen. Setzt man den Schlag nahe genug an die Kante eines dicken Flintstückes, so springt seitlich ein »Abschlag« ab, der unter der Schlagfläche einen Bulbus, das heißt den Ausschnitt eines Gesamtkegels trägt. Der Bulbus ist, je nach Schlag- oder Druckeinwirkung durch Stein, Geweih oder Holz, verschieden stark. Das Kennzeichen, daß von einem Kernstück oder »Nukleus« ein Abschlag entfernt wurde, ist das Negativ des Bulbus. Faustkeile sind Kerngeräte und weisen nicht einen einzigen Bulbus auf, sondern nur Negative.

Die Hersteller altpaläolithischer Waffen arbeiteten hauptsächlich nach zwei Methoden: nach der »Levalloisien-Technik« und der »Clactonien-Technik« oder »Block-Technik«. In dieser schlägt man mit beiden Händen einen großen Flintblock gegen eine noch größere Unterlage, wodurch von ihm große Abschläge abgetrennt werden. Wie die Abschläge geformt sein werden, ist vorher aber ungewiß. Sie müssen oft, um die gewünschte Form zu erhalten, noch eingehend bearbeitet werden.

Die Levalloisien-Technik gewinnt dagegen gleichartig geformte, man könnte sagen »genormte« Abschläge, indem sie den rohen Feuerstein (die »Knolle«) durch saubere Abschläge zu einem speziell geformten Kernstück präpariert. Von ihm lassen sich dann die gewünschten Abschläge abtrennen, die dann noch – wie bei allen anderen Techniken auch – mit kleinen Schlagsteinen weiterbearbeitet werden. Die Herstellung der Artefakte nimmt erstaunlich wenig Zeit in Anspruch. Der geübte Steinschläger braucht für die Anfertigung eines Kratzers, einer einfachen Pfeilspitze oder eines Bohrers nicht mehr als eine Minute. Einen hocheleganten, handgroßen Faustkeil kann man in zehn Minuten anfertigen. Etwas zeitraubender war die Herstellung der bis zu dreißig Zentimeter langen mittel- und jungpaläolithischen speerspitzenartigen Blattspitzen. Diese Höchstleistungen der eiszeitlichen Handwerkskunst sind mit einem beinernen Schlegel erarbeitet worden und erhielten bei den eleganten Typen durch Abpressen oder Abdrücken mit einem knöchernen Druckstab ihre endgültige Form. Auch die sehr feinen Flächenretuschen auf kleinen Geräten der Solutrée-Kultur und aus dem Mesolithikum wurden durch Drucktechnik erzielt.

Das Eolithikum in Europa

Angeregt durch verschiedene Auslegungen darwinistischer Hypothesen, begann man, um die Jahrhundertwende in Europa mit größtem Elan nach »Eolithen«, nach den »Steinwerkzeugen aus der Zeit der Morgenröte der menschlichen Entwicklung«, zu suchen. Durch scheinbar positive Befunde angeregt, gelangten verschiedene Forscher bald bis in Schichten hinab, die vierzig Millionen Jahre alt oder älter sind. Die Fundobjekte wurden vorgelegt, und man interpretierte die einzelnen Gesteinsstücke der Form nach als Messer, Schaber, Handspitzen, Bohrer oder Sägen. Es bestand kein Zweifel darüber, daß man mit den Stücken gut schneiden, schaben oder bohren konnte, denn das wurde praktisch vorgeführt. Einige Stücke wiesen sogar scheinbar typische Markierungen auf, wie sie entstehen, wenn der Mensch seine Werkzeuge durch Schlag oder Druck bearbeitet. Die Gegenpartei machte aber geltend, daß auch durch natürlichen Stoß und Druck gleiche Erscheinungsformen hervorgerufen werden, und legte ähnliche »Eolithen« aus Schichten vor, die noch vor die Entwicklungszeit der ersten Säugetiere datiert werden. Ein sicheres Urteil über die ältesten menschlichen Werkzeuge kann aus diesem Streit nicht gewonnen werden. Vielmehr muß sich die Wissenschaft auf jene Zeit konzentrieren, aus der einwandfrei individuell bearbeitete, vor allem aber typologisch klar normisierte Werkzeuge gefunden worden sind.

Archaische Artefakte von solchem Charakter sind schon vor der Jahrhundertwende gefunden worden, in stärkerer Anreicherung zum Beispiel im südfranzösischen Cantal-Gebiet im Südwestabfall des Zentralmassivs nahe dem Ort Aurillac. Dort entdeckte man in den vom Flußwasser abgelagerten Quarzsandschichten Flintstücke mit offensichtlichen Kennzeichen der Zurichtung von menschlicher Hand. Die Schichten gehören nach Ausweis der mitgefundenen Fauna dem Endtertiär, und zwar dem unterpliozänen Abschnitt an und sollen, um eine ungefähre zeitliche Vorstellung zu geben, wohl fünf Millionen Jahre alt oder älter sein. (Das Alter der Schichten wird heute allerdings von verschiedenen Forschern für bedeutend jünger gehalten.) Einige Sammler sonderten nun aus dem gesammelten Cantal-Material Typen aus, die im Gegensatz zu jenen natürlichen Stücken ganz deutliche Bearbeitungsspuren durch einen Frühmenschen aufwiesen. Es gelang aber nicht, die Cantal-Funde als menschliche Produkte zur Anerkennung zu bringen, vielmehr wurde nach jahrelangen unfruchtbaren Diskussionen das Eolithen-Problem durch das Nein eines großen Forschers abgeschlossen und damit die Forschung auf diesem Gebiete ähnlich blockiert wie in der Anthropologie durch die Ablehnung des Schädels aus dem Neandertal als Beleg eines eiszeitlichen Menschentyps.

Vor allem zwei Faktoren sind wohl für das Einfrieren der Eolithen-Forschung verantwortlich zu machen. Einmal schossen die optimistischen Forscher weit am Ziel vorbei. Zum andern mangelte es um die Jahrhundertwende noch an einer gefestigten typologischen Grundlage, von der aus man vergleichend die Artefakt-Formen der jungtertiären Schichten hätte erschließen können. Da in den genannten voreiszeitlichen Ablagerungen keine Werkzeugformen aufgefunden wurden, die als Vorläufer typologisch an die bekannten Abbevillien-Industrien angeschlossen werden konnten, war man gezwungen, sich nach Objekten umzusehen, die »der Mensch wohl gebraucht haben könnte«. Es galt seinerzeit also, in gänzlich unbekanntes Neuland vorzustoßen, und dieser Versuch mißlang. Vielleicht wäre man besser gefahren, wenn man sich vorerst auf die wenigen artefaktlich zusagenden Stücke, die einwandfreie Kennzeichen trugen, beschränkt hätte. In jüngster Zeit ist die Suche nach menschlichen Werkzeugen aus dem Tertiär aber erfolgreich wiederaufgenommen worden.

Das Altpaläolithikum

Das Abbevillien

Mit der Entdeckung der ersten Faustkeile hatte man einen »Leittyp« des Altpaläolithikums gefunden. Leittypen sind besonders markante, charakteristische oder häufig vorkommende Werkzeuge und Geräte einer Industrie. Der Faustkeil ist meist handgroß und aus einem Kernstück gefertigt, das auf beiden Seiten (Biface-Typ) bis zur gewünschten Form zugeschlagen wird. Meist ist eine Mandelform angestrebt; weniger häufig sind flache, seezungenförmige Stücke oder solche, die eine lanzettförmig langausgezogene Spitze aufweisen, mit der man auch Löcher bohren konnte.

Diese Biface-Typen, auch Zweiseiter genannt, fanden sich nun nicht nur als Leitformen in der Nähe von Abbeville, sondern auch an anderen Orten, und zwar unter den (jüngeren) Acheul-Schichten. Die Faustkeile des Abbevilliens (früher Chelléen) werden als Produkte der ältesten Phase der Biface-Kulturen angesehen. Die Keile sind sehr grob gearbeitet. Durch alternierend geführte Schläge mit einem Stein wurde aus einem Rohstück die langgestreckte, dickgriffige Keilform zugerichtet, wobei die Seitenkanten in ihrer Zickzackform belassen wurden. Es gibt Abbevillien-Keile, die durch sechs bis acht Schläge hergestellt wurden und vor allem an den Griffpartien noch große Teile der ursprünglichen Rinde des Rohstoffes aufweisen. Die Begleitindustrie des Abbevilliens besteht ebenfalls aus recht grob geformten retuschierten Abschlägen, Kratzern, Schabern und Geräten mit dornartigen, kleinen Vorsprüngen und Einbuchtungen.

Eine gleiche typologische Zusammensetzung weist das etwas ältere »Prä-Abbevillien« auf, in dem noch keine Faustkeile vorkommen. Die ältesten Phasen des Abbevilliens werden wohl in die fünfhunderttausend Jahre zurückliegende Günz-Mindel-Interglazialzeit gehören.

Das Acheuléen

Im Acheuléen erreichen die Faustkeil-Kulturen ihre höchste Blüte. Schon im Alt-Acheuléen werden die Werkzeuge immer mehr verfeinert, bis sie im Jung-Acheuléen zu wahren Meisterleistungen reifen. Wir finden kleine Kunstwerke unter ihnen, die durch Hunderte von weichen Schlägen mit Knochen- oder Holzschlegeln bearbeitet sein müssen. Die Seitenkanten wurden völlig gerade zugeformt und damit ein handliches Universalwerkzeug geschaffen, das zum Schneiden, Schaben, Sägen und Kratzen gleich gut geeignet war.

Das Acheuléen führt neben den Faustkeilen noch etwa fünfzehn aus Abschlägen gefertigte Werkzeuge, wie Kratzer, Schaber, Bohrer, Sägen, Stichel, die zum Teil wiederum in Spezialtypen gegliedert sind; so gibt es Bogenschaber mit gewölbter Retuschenkante oder Gerad- und Hohlschaber. Die Faustkeil-Kulturen stammen, soweit wir heute zu urteilen vermögen, von einer einheitlichen, sich allmählich höher entwickelnden Bevölkerung, die über mehr als vierhunderttausend Jahre ihre Werkzeugformen nicht wesentlich veränderte.

Das Levalloisien

Schon früh erkannte man bei der Durchforschung pleistozäner Ablagerungen, daß es neben den Abbevillien-Acheuléen-Kulturen eine weitere typologisch abweichende Gruppe von Industrien gab; sie wurde Levalloisien genannt. Das Levalloisien ist eine Abschlagkultur, als deren Leittyp Handspitzen gelten. Stellenweise finden sich aber auch Faustkeile von außerordentlicher Schönheit, von denen wir nicht wissen, ob sie Eigenschöpfungen dieser Kultur sind oder auf eine lockere Verwandtschaft oder gar Vermischung mit den Acheul-Menschen hindeuten. Die eleganten Artefakte sind gleich stark variiert wie im Acheuléen. Ihr Querschnitt ist meist dünn; die fingerlangen, oft triangulär geformten Handspitzen mit breiter Basis und die Bogenschaber, die zur Fellbearbeitung dienten, sind mit der Levalloisien-Technik hergestellt.

Das Clactonien

Bald nach der Jahrhundertwende wurden in Südostengland altpaläolithische Artefakte entdeckt, deren Formen nicht in die bisher beschriebenen Kulturen paßten; man nannte sie Clactonien. Die ältesten Clactonien-Industrien tauchen im Günz-Mindel-Interglazial auf. Das Clactonien ist eine reine Abschlagkultur, in der keine Faustkeile oder sonstigen Biface-Typen vorkommen. Die Spitzen, Schaber, Kratzer, Sägen, Bohrer, Stichel und anderen Formen sind meist grob, von dickem Querschnitt und recht uneinheitlich geformt. Die Retuschierungen verlaufen an den Kanten nicht wie beim Levalloisien ebenmäßig glatt, sondern unruhig und buchtenreich. Die Clactonien-Abschläge weisen bezeichnenderweise immer eine glatte, meist recht breite Schlagfläche auf, die eine Winkelstellung von über hundert Grad zur Bulbusfläche einnimmt. Die groben Artefakte des bisher noch nicht bekannten Clactonien-Menschen unterscheiden sich recht deutlich von den eleganten, ausgefeilten Levalloisien-Funden.

Vielleicht erlaubt dies, den Levalloisien-Menschen als geistig höherbefähigt einzuschätzen. Zu berücksichtigen bleibt aber, daß der Clactonien-Mensch seine Artefakte wohl nicht nur aus Unfähigkeit plumper schlug, sondern weil er an Tradition und technisches Brauchtum gebunden war, das aus sehr viel älteren Zeiten stammte.

Die geographische Verbreitung des Levalloisiens und des Clactoniens

Da sich das faustkeilfreie Clactonien auch durch die Formung des Gesamtbestandes seiner Werkzeuge von den Biface-Industrien eindeutig unterscheidet, kann als sicher gelten, daß in Europa während der älteren und mittleren Abschnitte der Eiszeit jahrhunderttausendelang zwei technisch eigenständige Bevölkerungsgruppen nebeneinander gelebt haben. Ob sich die Träger der Acheuléen-Levalloisien-Industrien auch »rassisch« von den Clactonien-Menschen unterschieden haben, ist aus Mangel an anthropologischen Unterlagen nicht festzustellen.

Nach der Entdeckung des Clactoniens glaubte man zunächst, daß es ursprünglich mit den Faustkeilkulturen verbunden gewesen sei und, als eine Splittergruppe vom Prä-Abbevillien oder dem ältesten Abbevillien abgezweigt, eine faustkeilfreie, eigenständige Entwicklung durchlebt habe. Diese Auffassung wird heute nicht mehr allgemein vertreten, denn neue Erkenntnisse lassen sogar die Möglichkeit zu, daß die Biface-Kulturen auf clactonische Urkulturen zurückgehen könnten. Jedenfalls bot sich der Vorgeschichtsforschung bis vor kurzem folgendes Bild: In den älteren und mittleren Abschnitten lebten in Europa die Träger zweier Kulturgruppen, die wahrscheinlich aus Afrika hereingetragenen Biface-Kulturen und die Clactonien-Kultur, deren Herkunft und Entwicklung ungewiß war.

Ganz Afrika ist mit Hinterlassenschaften aus den Biface-Kulturen übersät. Ihre Verbreitung im westlichen Europa mutet hingegen nur brückenkopfartig an, denn sie kommen nur in Spanien, Italien, Frankreich und Südengland vor. Auf begrenzte Vorkommen in Deutschland kommen wir zurück. Eine weitere Brücke als Zugang nach Europa bildete die

Arabische Halbinsel, aber auch von dort aus fanden nur schwache Vorstöße bis nach Anatolien hinein statt. Mit Ausnahme der beiden Brückenkopfgebiete erwies sich bisher fast ganz Europa und Westasien nördlich der Bergketten Taurus-Himalaja als steril von Hinterlassenschaften der Faustkeil-Träger vom Typus des Abbevilliens, des Acheuléens, des Levalloisiens und des Clactoniens englischer Prägung.

Wie ist dieses weiträumige Kulturvakuum zu erklären? Welche Begründung kann dafür gegeben werden, daß der Mensch über Jahrhunderttausende hinweg den doch wohl vorhandenen Wildreichtum Inner- und Osteuropas nicht genutzt hat? Die millionenfachen Artefaktfunde in Frankreich deuten auf eine relativ starke Population im Mittelpleistozän hin, so daß nicht einzusehen ist, warum nicht auch das Innere des Kontinents von schweifenden Gruppen aufgesucht worden sein soll.

Für dieses Phänomen gibt es vor allem zwei Deutungen: Erstens werden die aus Afrika zugewanderten Biface-Träger wärmebedürftig gewesen sein, maritim-warmes Klima der Küstenzonen bevorzugt und innerkontinentale Witterungsverhältnisse gemieden haben. Zweitens: auch Innereuropa kann von Biface-Trägern bewohnt gewesen sein, die hinterlassenen Werkzeuge durch glaziäre Geschehnisse aber überdeckt oder zerstört worden sein. Es ist ja bekannt, daß Nordeuropa vom Eiszentrum Skandinavien her bis zur maximalen Linie London–Hannover–Warschau, in Rußland sogar bis fast an die Krim heran, mehrfach vom Eis überdeckt worden ist, so daß die in den Zwischenwarmzeiten möglicherweise hinterlassenen Geräte immer wieder vom Eis erfaßt, verstreut und vom Moränenschutt oder von Lößbänken überdeckt worden sein könnten. Diese Hypothese verlor aber immer mehr an Wahrscheinlichkeit, da man trotz der zahlreichen Aufschlüsse in den Deckböden keine einschlägigen Funde machte.

Heute können wir auf Grund erst kürzlich gewonnener Erkenntnisse eine dritte Deutungsmöglichkeit zur Diskussion stellen: Die vermeintlich sterilen Räume waren von Kulturträgern besetzt, deren bisher übersehene Artefakte in Form und im Material von den aus Westeuropa bekannten abwichen. Das Gebiet war danach für die »Westleute« verschlossen oder zumindest nicht frei zugänglich. Trifft diese Deutung zu, so hätten wir uns in geographischer und klimatischer Sicht mit bisher unbekannten »Nordleuten« zu befassen, die, wenn wir die Faustkeil-Menschen als afrikanische Einwanderer ansehen, die Urbevölkerung Europas und Westasiens sein könnten. Da das reine Clactonien bisher vor allem aus England bekanntgeworden ist, aus der Peripherie der Biface-Leute, kann man erwägen, ob nicht auch die Clactonien-Menschen Nordleute waren. Diese Gedanken sind durch überraschende Feststellungen in den letzten Jahren gestützt worden. Im Jahre 1939 entdeckte man bei Hamburg-Altona in einer von der Elbe angeschnittenen Grundmoränenablagerung aus der Riß-Vereisung eine größere Zahl umgelagerter Artefakte mit zum Teil clactonienartigem Habitus (»Altonaer Kultur«). Es handelt sich mit Sicherheit um eine faustkeilfreie Abschlagindustrie. Der Fundplatz Wittenbergen bei Hamburg liegt zweihundert Kilometer nördlich der Grenze des während des Pleistozäns vom skandinavischen Eise bedeckten Gebietes.

Wie konnte der Mensch in diesem Kältegebiet leben? Am Ende des Tertiärs, also vor rund einer Million Jahren, sank in Europa die mittlere Jahrestemperatur aus bisher unbekannten Gründen beträchtlich ab, und es kam zur Ausbildung einer Eiskappe im Raume der skandinavischen Gebirge, die große Teile Nordeuropas überdeckte und ein geschlossenes Gletscherfeld bis zu der eben genannten Linie nach Süden vorschob. Dieser riesige Eisschild hatte aber während der ganzen Eiszeit nicht eine gleich große Ausdehnung, sondern wechselte seine Größe in einer Folge von Kalt- und Warmzeiten. Die Kaltzeiten nennen wir nach dem alpinen Schema Donau- (älter als sechshunderttausend Jahre), Günz- (älter als fünfhunderttausend Jahre), Mindel- (vierhunderttausend Jahre), Riß- (zweihunderttausend Jahre) und Würm-Vereisung (siebzig- bis fünfzehntausend Jahre). Die Jahrtausende währenden Kälteperioden waren durch lange Zwischenwarmzeiten (Interglaziale) unterbrochen. Aber auch die großen glazialen Abschnitte sind nicht als immerwährende, gleich extreme Kältekomplexe aufzufassen, sondern auch in ihrem Ablauf waren kurzfristige Wärmeabschnitte (Interstadiale) eingeschaltet.

Während der großen Interglaziale stiegen die Temperaturen in Europa beträchtlich. Nach den Resten wärmeliebender Vegetationsarten zu urteilen, lagen die Mittelwerte zeitweise höher als heute. Biotopisch boten sich dem Menschen also auch in Nordeuropa und Nordwestasien gute Verhältnisse. Von der Möglichkeit, während der Interglaziale die Gebiete Innereuropas jagdlich zu nutzen, haben die Acheuléen- und Levalloisien-Menschen jedoch nur wenig Gebrauch gemacht. Nach den Artefaktfunden sind gleichgerichtete, auf schmalem Raum vorgetragene Invasionen von Nordfrankreich–Belgien aus erkennbar, die über Frankfurt durch die Hessische Senke nach Hannover führten und sogar Leipzig erreichten, wo man die »Markkleeberg-Kultur« mit Levalloisien-Habitus fand. Das ungewöhnlich starke Abschmelzen der Eismassen während der Wärmeperioden zwischen Mindel und Riß ließ die Weltmeere ansteigen und unter anderem auch die Holstein-See entstehen, die als fjordartiger Meeresarm halb Schleswig-Holstein bedeckte. Noch östlich über Hamburg hinaus war so die Möglichkeit geboten, an einer Salzwasserküste unter maritimen Klimaverhältnissen zu wohnen. Dennoch sind nördlich der Linie Hamburg–Berlin bisher keine Artefakte von Biface-Kulturen gefunden worden. Der Grund mag vielleicht eine zu schwache Population bei großem Wildreichtum in den klimatisch mehr zusagenden südlichen Gebieten gewesen sein. Oder der Norden, der im Riß-Würm-Interglazial bis hoch in den skandinavischen Raum hinein Besiedlungsmöglichkeit bot, war schon von andersartigen Menschen besetzt, die den Zugang verwehrten oder mit denen man nicht in Berührung kommen wollte.

Die Heidelberger Kultur

Die Altonaer Artefakte, die zuerst einen Hinweis auf die andersartigen Menschen, jene »Nordleute«, gaben, sind in einer vom Eis aufgeschütteten Moräne, also in sekundärer Lage gefunden worden. Auf der Suche nach ursprünglichen Lagerstätten stieß man dann auf der Insel Sylt ebenfalls auf Werkzeuge vom Altonaer Typus, allerdings auch wieder in einer Moräne. Die Sylter Ausgrabungen sind aber so bedeutungsvoll, weil man hier zum erstenmal in Nordeuropa neben den Flintwerkzeugen auch auf einige von Menschenhand bearbeitete Gesteinsstücke aufmerksam wurde, die aus gröberem, kristallinem Material, wie Quarz, Quarzit, Sandstein und dergleichen, bestanden. Artefakte aus solchem Gestein erschienen zunächst rätselhaft.

Flint- oder Feuerstein ist das zur Herstellung vorgeschichtlicher Werkzeuge bestgeeignete Material. Nach den bisherigen Erfahrungen griff der Altmensch nur in solchen Durchgangs- oder Aufenthaltsgebieten nach dem »nächstbesten« Material, in denen Flint nicht vorkam. So benutzten die Biface-Invasionsgruppen in der flintfreien Hessischen Senke den dort anstehenden Quarzit, nach dem Erreichen der flintführenden Moränengebiete bei Hannover und Leipzig aber wieder den Feuerstein. Ganz Norddeutschland ist mit Flint führendem Moränenschutt bedeckt. Der Flint stammt aus kreidezeitlichen Meeresablagerungen und ist vom Eis in Südschweden und Dänemark aufgenommen und mitgeführt worden. Die erste Erklärung für die Verwendung von Felsgesteinen in einem feuersteinreichen Land ging nun dahin, daß in Nordeuropa schon Menschen gelebt hätten, bevor die Gletscher den ersten Flint herangebracht hatten. Bald konnte jedoch festgestellt werden, daß im nordischen Moränengebiet noch bis in die späteren glazialen Abschnitte hinein von verschiedenen Bevölkerungsgruppen Felsgestein verwendet wurde.

Da alle zunächst entdeckten nordeuropäischen Artefakte dieser Art, durch die verschiedenen Eisvorstöße zum Teil mehrfach umgelagert, aus sekundärer Lagerung geborgen wurden, versuchte man, die gleichen Werkzeuge auch dort zu finden, wo sie noch *in situ* liegen konnten, nämlich in Gebieten, die nicht vom glazialen Eis erreicht wurden. Man überlegte, ob nicht vielleicht der *homo heidelbergensis*, der vor etwa fünfhunderttausend Jahren oder etwas später in Deutschland lebte, Träger dieser bisher unbekannten Kultur gewesen sein könnte. Aus den Flußsandstraten des alten Neckars, aus denen der Heidelberger Unterkiefer stammte, hatte man zwar Tausende von Knochenresten der Beutetiere geborgen, aber noch kein einziges Artefakt, das Aufschluß über die Formung der von ihm geschlagenen Industrie hätte geben können. Die Sterilität an Werkzeugen, nach denen man fünfzig Jahre lang vergeblich gesucht hatte, ermöglichte bis in jüngste Zeiten hinein die These, der Heidelberger sei noch kein echter Mensch, sondern eine werkzeuglose Frühform der menschlichen Linie gewesen. Das ist aber ganz unmöglich, denn der mit einem menschlichen Gebiß ausgestattete »schwache« Heidelberger hätte sich unbewaffnet in seiner Umwelt mit etwa zwanzig Tierarten, die aus der Kieferfundschicht erschlossen werden konnten, nicht halten können. Es sind Reste von Höhlenlöwen, Säbeltigern, Panthern, Bären, Hyänen und Waldelefanten, Steppenelefanten, Nashörnern, Flußpferden, Edelhirschen, Elchen, Wisenten und Rehen gefunden worden.

In Wirklichkeit waren jene Schichten aber gar nicht steril von Werkzeugen. Zwar fanden sich keine Artefakte aus Flint, die typologisch einer Biface-Industrie von alt-abbevillienartigem Charakter hätten angehören können; nach ihnen hatte man bisher vergeblich gesucht. Erst als man nach den »nordischen Funden« wußte, daß es auch typologisch ganz andere Artefakte gab, die nicht aus Flint hergestellt waren, fand man auch in den Basisschichten von Mauer Werkzeuge. Sie waren, da am Orte keine dichteren Gesteine wie Flint, Hornstein oder dergleichen vorkommen, aus quarzitischem Sandstein hergestellt worden, der in großen Mengen und in allen Härtegraden zur Verfügung stand. Wie praktische Ver-

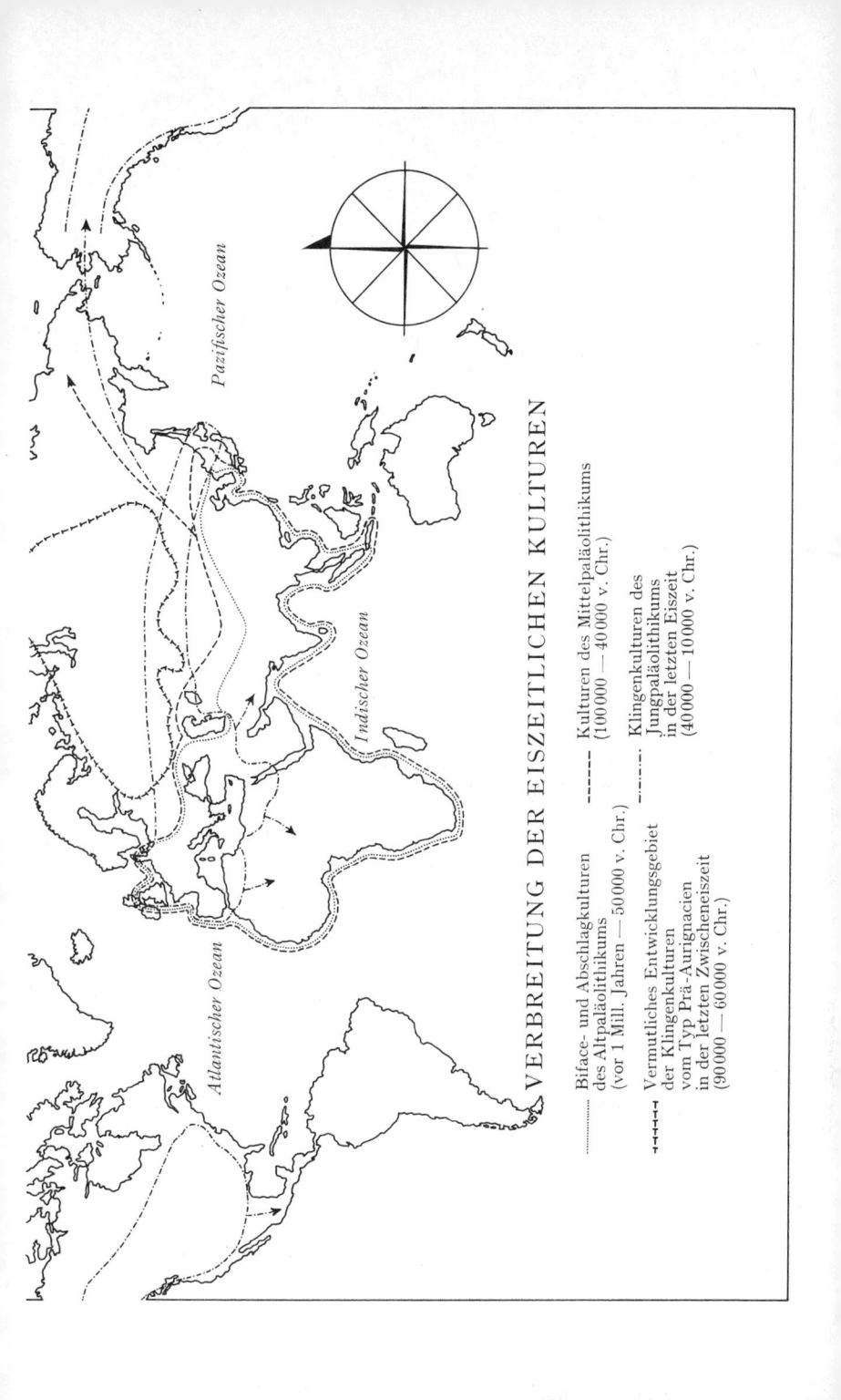

VERBREITUNG DER EISZEITLICHEN KULTUREN

Pazifischer Ozean

Indischer Ozean

Atlantischer Ozean

––––––– Biface- und Abschlagkulturen des Altpaläolithikums (vor 1 Mill. Jahren — 50000 v. Chr.)

⊤⊤⊤⊤ Vermutliches Entwicklungsgebiet der Klingenkulturen vom Typ Prä-Aurignacien in der letzten Zwischeneiszeit (90000 — 60000 v. Chr.)

– – – – Kulturen des Mittelpaläolithikums (100000 — 40000 v. Chr.)

·–·–·– Klingenkulturen des Jungpaläolithikums in der letzten Eiszeit (40000 — 10000 v. Chr.)

suche ergaben, konnte der Heidelberger mit solchen Artefakten alle anfallenden Arbeiten, wie die Bearbeitung von Holz oder Knochen, durchführen. Durch die Entdeckung weiterer Funde von dieser Art in Deutschland, Dänemark und auch in den höchstgelegenen Donauschottern bei Wien konnte der einheitliche Charakter dieser Industrie fest umrissen werden; man nannte sie die »Heidelberger Kultur«.

Die Artefakte der alten Heidelberger Industrien beruhen auf anderen technischen Grundsätzen als die der schon besprochenen Kulturen. Die Heidelberger Stufe führt keine Faustkeile oder sonstigen Biface-Geräte, keine Handspitzen und Bogenschaber oder präparierte Kernsteine. Ihre uneinheitlichen Abschläge wurden in der Clactonien-Technik gewonnen. Leittypen sind Nasenschaber und Querhobel. Unter einem Nasenschaber versteht man ein breites Werkzeug, aus dem eine nasen- oder schnabelförmig zugeschlagene Partie bis zur Länge eines Fingers hervorragt. Als Querhobel werden Artefakte bezeichnet, an denen die schmale Schneidenpartie stichelartig, quer zur Längsrichtung des Werkzeuges liegt. Außerdem führen die Heidelberger Industrien verschiedene Schaber und Kratzer, Werkzeuge mit wellenförmiger Retusche, stichelähnliche Typen, Sägen und Sondertypen. Die Retuschen sind meist nicht ebenmäßig und von einer Seite aus angelegt, sondern zackig und oft alternierend.

Über das Alter der Heidelberger Kultur gibt uns auch der Fund von Sandsteinartefakten bei Sülzfeld in Thüringen Auskunft. Sie lagen in Schichten, die in die Übergangszeit Pliozän–Pleistozän datiert werden, also etwa eine Million Jahre alt oder älter sind. In der endtertiären Abschlußphase, dem oberen Pliozän, haben in Europa also Menschen gelebt, die eine den Funden von Mauer typologisch identische vollausgebildete Werkzeugindustrie mit etwa fünfzehn Spezialtypen führten. Der Träger dürfte ein früher *homo heidelbergensis* gewesen sein.

Da man annehmen muß, daß die Ausbildung einer komplizierten Industrie eine lange Anlaufzeit benötigt, dürften die Wurzeln dieser Kultur über verschiedene Entwicklungsstadien hinweg beträchtlich tief ins Schlußtertiär hineinreichen. Sie zu erfassen wird außerordentlich schwierig sein, denn wir müssen, je weiter wir zurückgehen, mit einer immer schwächeren Population rechnen und mit zunehmender Zerstörung der Kulturreste durch die Naturkräfte. Zu unserem Glück haben auf der anderen Seite aber auch natürliche Geschehnisse Kulturreste aus der frühen Menschheitsgeschichte beschützt. So verdanken wir die Erhaltung des Unterkiefers, der Werkzeuge und der Fauna von Mauer, daß der alte Neckar nur während eines Interglazials eine Flußschleife bei Mauer durchlief und sie wieder aufgab, bevor das nächste Glazial stärkere Wassermengen heranführen konnte, die vielleicht alle Fossilien fortgetragen hätten. Andere, und zwar eruptive Kräfte schützten die Zeugnisse im Cantal-Gebiet in Südfrankreich. Dort überdeckten Basalte, also vulkanische Ausflüsse und Tuffablagerungen, artefakthaltige Fluß-Quarzsande und beschützten sie vor der Abtragung durch Erosion. Die dort gefundenen »Cantal-Eolithen« waren ja zunächst nicht als Artefakte anerkannt worden. Jedenfalls standen sie als Fundstücke aus dem Tertiär zunächst für sich, denn es waren keine altpaläolithischen Kulturen bekannt, von denen aus typologisch eine Brücke zu ihnen zu schlagen gewesen wäre. Mit dem heidelbergischen Typenkreis, der bei Sülzfeld bis ans Pliozän zurückreicht, haben wir heute aber neues Material für die Erforschung des Tertiärs gewonnen. Eine neuerliche Untersuchung der seinerzeit im Cantal-Gebiet zusammengetragenen Fundstücke ergab, daß es sich bei etwa fünf Prozent der Bestände tatsächlich um Artefakte vom Heidelberger Typus handelt, während der Rest als natürlich entstanden angesehen werden muß. Die echten Cantal-Typen sind in der technischen Grundhaltung sowie in der Formung dem pleistozänen Heidelberger Material sehr ähnlich oder entsprechen ihm. Auch führt diese tertiäre Industrie die gleichen Formen, wie wir sie aus Sülzfeld, Mauer, Wien und weiteren Fundplätzen Mittel- und Nordeuropas kennen. Von großer Bedeutung ist, daß die Cantal-Industrien aus Flintmaterial hergestellt sind, denn am harten, dichten Flint sind dank der klaren Ausprägung von Bulbusnegativen alle Eingriffe weitaus eindeutiger zu beurteilen als an grobkörnigen Felsgesteinen, auf die man die gewonnenen Erkenntnisse dann aber übertragen kann.

Während die Heidelberger Industrien, besonders in den jüngeren Phasen, in einer Abschlagtechnik gearbeitet waren, sind in den älteren Abschnitten auch häufig Gerölle verwertet worden, das heißt, man verwandelte rundliche Flußgerölle, Geschiebeknollen, handliche plattige Stücke durch geringe Kantenbearbeitung in Werkzeuge. In den jüngeren Phasen kann man die Heidelberger Industrien generell den »Zitrusscheibenkulturen« zurechnen. Das sind Industriegruppen, deren Artefakte im Querschnitt wie eine Apfelsinen- oder Zitronenlamelle aussehen, die also auf einer Längsseite eine dicke, hohe Griffpartie aufweisen, während die Gegenseite spitzwinklig scharf ist. Solche Gerätformen können unter den natürlichen Geröllen ausgesucht und zugerichtet oder auch als Abschläge gewonnen werden. Für die Bestimmung des Artefaktcharakters, vor allem tertiärer Funde, ist es wichtig, daß man nach der Stellung der Arbeitskanten, der Bearbeitung der Griffpartien und nach anderen Kennzeichen ermitteln kann, ob die Werkzeuge zum links- oder rechtshändigen Gebrauch angefertigt worden sind.

Wir stehen erst am Beginn der Erforschung der tertiären Menschheit und können noch keine unbedingt sicheren Aussagen über sie machen. Immerhin ergaben praktische Versuche der zum Teil sehr kompakten Heidelberger Geräte, daß vor allem die archaischen Nasenschaber und Querhobel am wirkungsvollsten eingesetzt werden können, wenn man sie nicht so anfaßt, wie wir es gewohnt sind, mit dem Daumen auf der einen und den vier Fingern auf der anderen Seite, sondern wenn man sie mit den gespreizten, gekrümmten Fingern und dem Daumen von oben her packt, wie Kleinkinder zu greifen pflegen. Dabei ragt die spezifisch behandelte vorgezogene Arbeitskante immer zwischen Daumen und Zeigefinger vor. Um die Werkzeuge sicher führen zu können, findet sich bei fast allen eine Vertiefung für das obere Glied des Zeigefingers nahe der Arbeitskante. Diese Zeigefingerbucht ist ein wichtiges Kennzeichen für die Artefaktnatur der Objekte. Außerdem ist durch eine dicke Griffpartie, die das Stück im Querschnitt zitrusförmig macht, eine sichere Führung gewährleistet. Sie füllt den Hohlraum aus, den unsere gekrümmte Hand bei abgewinkeltem Daumen bildet. Die Artefakte der Biface-Industrien sind dagegen nicht für den Spreizgriff geeignet. Die Steinwerkzeuge des Acheuléens und des Levalloisiens sind dünn und an den Rändern scharfschneidig, so daß man sich die Finger zerschneiden würde, wollte man sie im Spreizgriff fassen. Das technische Rüstzeug der beiden alt- und mittelpleistozänen

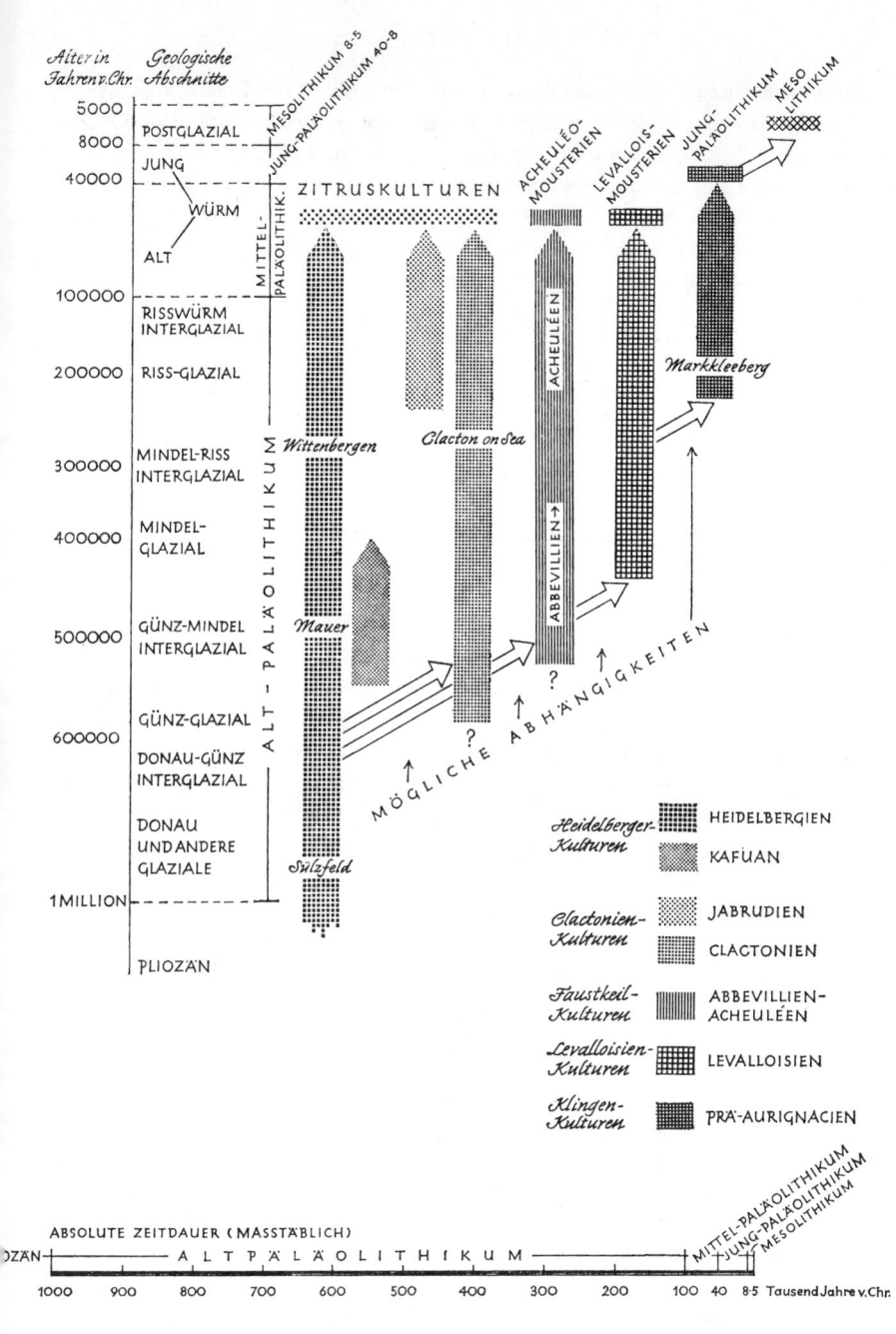

Die Entwicklung der Kulturen im Paläolithikum

Kulturen unterscheidet sich also grundsätzlich voneinander. Wir können aber nicht entscheiden, ob dieser Unterschied auf verschieden stark ausgebildeter Intelligenz beruht oder, auf die »Fingerfertigkeit« bezogen, körperliche Ursachen hat.

Die ältesten Biface-Industrien reichen in Afrika und wahrscheinlich auch in Europa etwa fünfhunderttausend Jahre in die Vorzeit zurück. Wir wissen nicht, ob sie aus den primitiven Kulturen des Kafuans in Afrika oder aus den heidelbergischen in Europa hervorgegangen sind oder ob sie sich selbständig entwickelt haben.

Über die Stagnation der Werkzeugformen

Wir sagten, daß sich ungefähr gleichartige Werkzeugformen einzelner Industrien bis über eine Million Jahre zurückverfolgen lassen. Wie erklärt sich eine solche Stagnation, warum hat sich der geistige Aufstieg nicht in einer Verbesserung der Werkzeuge ausgeprägt? Vergegenwärtigen wir uns, welche Aufgaben der Altmensch hatte. Aus anfänglich einfachsten Formen schuf er einen Bestand von Spezialwerkzeugen aus Stein und anderen Stoffen, die es ihm ermöglichten, sich zu erhalten und die Gefahren der Umwelt erfolgreich abzuwehren. Als das geleistet war, gab es keinen Anlaß mehr, wesentliche Veränderungen vorzunehmen. Seiner tierischen Feinde konnte sich der Mensch bei unvermeidbaren Verlusten im Daseinskampf erwehren. Seine Jagdwaffen waren so weit vervollkommnet, daß er ausreichend Beute als animalischen Anteil der Ernährung einbringen konnte. Er war befähigt, jeden Tag ein großes Stück Wild zu erlegen, etwa einen Büffel. Warum sollte er eine jagdtechnische Verbesserung ersinnen, die ihm die Möglichkeit gegeben hätte, vielleicht fünf Büffel an einem Tage zu erlegen? Diese simple Frage umfaßt die ganze Problematik, denn weitere Büffel wären für ihn wertlos gewesen, da er sie nicht veräußern oder gegen etwas Begehrtes eintauschen konnte.

Ein im Tertiär von einem Flintblock abgetrennter langer Abschlag, ein Messer, wies eine vollkommene Schärfe auf, die in keinem Abschnitt der Steinzeit etwa durch zusätzliche Bearbeitung hätte verbessert werden können. Schon im Altpaläolithikum hatte man einen Bogenschaber in Gebrauch, ein längliches Gerät, dessen eine Längskante bogenförmig vorgewölbt ist, der so vollkommen war, daß jede Veränderung eine Verschlechterung bedeutet hätte. Diese Schaberform wird in ihrer »altpaläolithischen Formung« noch heute aus Metall hergestellt und im Kürschnerhandwerk zur Fellbearbeitung verwandt. Die vor vielen Jahrhunderttausenden erfundenen schmalschneidigen Stichel oder die geschränkten Sägen finden wir heute noch, aus Metall gefertigt, in jeder Schreinerwerkstatt.

Eines vermögen wir allerdings nicht zu entscheiden, ob auch die Waffen und Geräte, die mit den Steinwerkzeugen hergestellt worden sind, gleichfalls formlich stagnierten, denn Gebrauchsgüter aus Holz oder vielleicht aus Knochen oder Horn sind so gut wie nicht erhalten. Den Steinwerkzeugen selbst können wir ja nicht ablesen, was damit gefertigt wurde. Auch heute verraten die Werkzeuge einer Schreinerwerkstatt kaum, ob mit ihnen Rokokomöbel oder schmucklose Kisten angefertigt werden.

DER PRIMITIVE MENSCH 173

Es hat den Anschein, daß schon in den letzten Abschnitten des Tertiärs die in Europa lebenden Menschen einen werkzeugtechnischen und waffentechnischen Hochstand erreicht hatten, der über Jahrhunderttausende hinweg für ihre Existenz ausreichte. Sie lebten bis in die jüngeren Abschnitte des Pleistozäns hinein in einem fast gleichen Niveau der Lebenshaltung. Daneben treten dann im Frühpleistozän in Europa die Träger der Biface-Kulturen und des Levalloisiens auf den Plan. Diese wahrscheinlich aus Afrika eingewanderten Menschen hielten sich in unserem Kontinent ebenfalls bis ins Spätquartär hinein auf, ohne ihre Werkzeugformen, von Verfeinerungen ihrer ursprünglichen Typen abgesehen, wesentlich zu verändern. Versuchen wir nun, die verschiedenen Bezirke der Lebenshaltung des Altmenschen zu erschließen. Dabei besagen allerdings die millionenfach aufgefundenen Steinartefakte recht wenig, denn sie waren nur Werkzeuge zur Herstellung wesentlicherer Gebrauchsgüter. So sind wir im allgemeinen auf Vergleiche zu den jüngeren, besser bekannten Abschnitten der Steinzeit oder zu Völkern angewiesen, die noch bis vor kurzem auf einem paläolithisch-mesolithischen Kulturniveau standen.

Ernährung, Jagd und Feuergebrauch

Der Altmensch war Nutznießer dessen, was er an der Erdoberfläche vorfand. Die vegetabile Nahrung bestand aus Knollen, Weichfrüchten, Nüssen, Samen, Schößlingen und was ihm sonst aus der Vegetationsdecke zusagte. Pflanzliche Nahrung kann als selbstverständlich vorausgesetzt werden, denn ohne sie hätte der Mensch nicht leben können. Nicht gleich sicher war aber bis vor kurzem, ob der altpaläolithische Mensch auch fleischliche Kost zu sich nahm, denn Waffen, die auf der Jagd verwendet worden sein könnten, waren unbekannt, wenngleich man oft die Faustkeile fälschlich als Jagdwaffen auffaßte und abbildete. So wurde auch vermutet, daß der Heidelberger von Mauer noch kein Fleischesser war. Die zahlreichen Tierreste, die mit dem Unterkiefer vergesellschaftet gefunden worden sind, wurden damit erklärt, daß Tiere auf Sandbänken eingesunken und verendet seien. Heute jedoch können wir mit beträchtlicher Sicherheit sagen, daß der Heidelberger von Mauer als ältester bisher bekannter Europäer ein großer Jäger war und daß tierische Nahrung für ihn eine beträchtliche Rolle spielte: Ein großer Teil der in der Grube von Mauer gefundenen Tierknochen ist von Menschenhand aufgeschlagen worden und dürfte wohl Rest der Jagdbeute des *homo heidelbergensis* sein.

Ein glücklicher Zufall ließ uns zur Kenntnis einer altpaläolithischen Jagdwaffe kommen. Schon vor Jahrzehnten wurde in einer Fundschicht Südenglands zusammen mit Clactonien-Artefakten ein neununddreißig Zentimeter langes, fast vier Zentimeter dickes, zweifellos von Menschenhand bearbeitetes Eibenholzstück gefunden, das an einem Ende zugespitzt war. Dann gelang es aber, im Jahre 1948 einen Fund zu bergen, der für die Jagdgeschichte der Menschheit von außerordentlicher Bedeutung ist. In Lehringen nahe Verden an der Aller wurde aus einem alten Teich Seekreide abgebaut, die als Dünger Verwendung fand. Dabei stieß man auf das Skelett eines Waldelefanten. Der heute ausgestorbene Waldelefant hatte die doppelte Größe der jetzigen Elefanten und hielt sich nur in Warmzeiten in Mitteleuropa auf. Bei der Bergung des Skeletts entdeckte man in ihm ein Stück bearbeitetes Holz, das sich als ein zweieinhalb Meter langer, am Unterende abgebrochener Speer erwies. Die Waffe war dem Großwild zwischen zwei Rippen hindurch in den Brustkorb gestoßen worden.

Der aus Eibenholz bestehende Speer von Lehringen mag ehemals drei Meter lang gewesen sein. Der zweieinhalb Zentimeter dicke Schaft ist vorzüglich geglättet und läuft in eine schlanke, scharfe Spitze aus. Die Spitze ist, erkennbar an der typischen Braunfärbung, über Feuer gehärtet worden. Der Brauch, frisches Holz über Feuer rasch zu trocknen und dadurch hart zu machen, ist heute noch bei Naturvölkern üblich. Der Speer ist vermutlich nur mit einem Flintwerkzeug hergestellt worden. Da der endtertiäre Mensch aber schon etwa fünfzehn verschiedene Werkzeuge entwickelt hatte, wird er mindestens auch schon fünfzehn verschiedene Arbeitsvorgänge gekannt haben, mit denen die Herstellung einer Fülle von Gebrauchsgütern denkbar ist. Das gesamte Kulturniveau des Altmenschen kann somit beträchtlich höher gelegen haben, als wir anzunehmen geneigt sind.

Der gespeerte Elefant ist für uns ein Hinweis auf die Angriffsjagd. Die Waffe wurde dem Großwild schräg von der Seite her durch die weiche Haut des Bauches hindurch in den Brustkorb gestoßen. Das weidwunde Tier ist, nach Beispielen aus der Gegenwart, vielleicht tagelang verfolgt worden, bis es im übergrünten Schlamm des Teiches einbrach oder ins offene Wasser ging, um dort zu verenden. Damit war dieses Wildbret, wie das Vorhandensein aller Knochen bezeugt, zu unserem Glück für die Jäger verloren. Vermutlich hat man nur vom Kopf noch etwas bergen können, vielleicht den Rüssel. Um den Kopf herum lagen nämlich vierundzwanzig in Levalloisien-Technik geschlagene Flintstücke. Es ist denkbar, daß diese kleinen Abschläge auf die Zurichtung eines größeren, vielleicht abgebrochenen Schneid- oder Schlaggerätes zurückgehen, das ein Jäger, auf dem Kopf des Elefanten hockend, passend formte.

Welcher Methoden oder Waffen man sich sonst noch im Altpaläolithikum auf der Jagd bediente, ist völlig unbekannt. Wir wissen nicht, ob der frühe Mensch Fallgruben anlegte, Schlagfallen aufstellte oder Schlingen legte, ob er die Bogenwaffe, das Wurfholz, die Steinschleuder oder andere ferntragende Waffen anwandte. Nach Vorbildern aus der Völkerkunde darf angenommen werden, daß der Altpaläolithiker nicht einzeln, sondern in Gruppen jagte, teils wegen gesellschaftlicher Bindungen in Sippe oder Horde, teils um dadurch eine größere Sicherung gegen vielerlei Bedrohungen zu haben.

Aus den anderen Bezirken der Lebenshaltung des altpaläolithischen Menschen ist uns so gut wie nichts bekannt. Wahrscheinlich lebte er nicht in Höhlen; allerdings brauchen wir nicht anzunehmen, er hätte sich schutzlos den Witterungseinflüssen ausgesetzt. Er dürfte sich einen verstellbaren Windschutz oder wie die Buschmänner Hütten aus sehr schwachen Hölzern gebaut, also ein Material verwendet haben, das leicht vergänglich war, so daß wir keine Hoffnung mehr hegen können, Reste solcher Bauwerke zu finden.

Unbekannt ist bisher auch, wann das Feuer zuerst gebraucht wurde. Die ältesten Hinweise liegen aus den dreihunderttausend Jahre alten Chou-Kou-Tien-Straten bei Peking vor, in denen angebrannte Knochen gefunden wurden. Wir wissen auch nicht, ob oder wann

Flüssigkeiten in Lederbeuteln dadurch zum Kochen gebracht wurden, daß man erhitzte Steine hineinwarf, wie es heute noch bei Naturvölkern üblich ist. Das Brennen von irdenen Töpfen wurde erst um 7500 v. Chr. erfunden.

Kunst und Religion

Soweit wir bisher sehen können, hat sich der Altmensch auf dem Gebiet der Kunst nicht betätigt. Anzeichen für ein magisch-religiöses Brauchtum liegen aber vielleicht vor. In einem ufernahen Abschnitt des Sees von Lehringen wurden in einer unter dem Elefanten gelegenen »kühltemperierten« Torfschicht drei offensichtlich von Menschenhand abgetrennte Auerochsenköpfe gefunden; weitere Knochen enthielt die Fundschicht nicht. Wir wissen aus dem Mittelpaläolithikum etwas über kultisch-religiöse Behandlungen von Bärenschädeln; auch hat man aus verlandeten Teichen in Norddeutschland Tausende von Knochen und die Skelette ganzer Rentiere geborgen, die von Jungpaläolithikern als Opfergaben in die ehemals offenen Gewässer geworfen worden sind. So ist es denkbar, daß auch die Schädel von Lehringen – sie sind übrigens bisher unsere einzigen Zeugnisse in dieser Hinsicht aus dem Altpaläolithikum – Opfergaben waren. Das würde bedeuten, daß es schon vor zweihunderttausend Jahren den Gedanken an ein übernatürliches Wesen gab, das im Guten oder Bösen schicksalhaft auf den Erdenbürger einzuwirken vermochte und durch Opfergaben versöhnlich gestimmt werden konnte. In der Regel ist solches Denken mit Vorstellungen von einem Jenseits verbunden, in das der Verstorbene hinüberwechselt und aus dem er den Hinterbliebenen im Traume wiedererscheint. Gruben, die von einer regelrechten Beisetzung des Toten zur Fahrt in die »ewigen Jagdgründe« zeugen könnten, sind aus dem Altpaläolithikum noch unbekannt. Bestattungsplätze könnten – wenn überhaupt – auf der Erdoberfläche oder in den oberen Erdschichten unter freiem Himmel angelegt worden und damit für uns verlorengegangen sein.

Ob in Europa während des Altpaläolithikums schon ritueller Kannibalismus herrschte, indem Gehirne, Knochenmark oder Herzen getöteter Gegner oder der auf der Jagd verunglückten Stammesangehörigen zur Steigerung der eigenen Kräfte verzehrt wurden, wissen wir nicht. Eindeutige Funde aus Asien machen es jedoch sehr wahrscheinlich, daß der Kannibalismus im Altpaläolithikum auf der ganzen Erde ausgeübt wurde.

Aus dem nordischen Moränengebiet kennen wir verschiedene Heidelberger Industrien, und zwar solche aus der Altonaer Gruppe, deren Artefakte aus Flint gefertigt wurden, und andere, die konstant von den frühpleistozänen Abschnitten bis in die jüngsten Phasen der Eiszeit hinein Werkzeuge aus Felsgestein führten. Wie kann man dieses Beharren in der Verwendung »schlechten« Materials in einem flintreichen Gebiet wohl erklären? Die »reinrassigen« Heidelberger Kulturträger waren mit Ausnahme der jüngsten Abschnitte wohl durch die ganze Glazialzeit immer die nördlichsten Vorposten der europäischen Menschheit. Während der großen Vereisungsabschnitte wurden sie aus dem Norden in vielleicht flintfreie Gebiete abgedrängt, aber in den Interglazial-Perioden fanden sie sich immer wieder im Norden ein. Warum haben diese Menschen nicht den an der Oberfläche und an den Rändern von Flüssen, Bachläufen oder Erosionsrinnen freiliegenden vorzüglichen Flint verwendet? Bedeutete die Benutzung des schlechten Materials geistige Trägheit und Verharren im Brauchtum, oder gab es schon im Altpaläolithikum Tabugesetze, totemistische oder ähnliche Bindungen? Wir können heute noch keine eindeutige Antwort auf solche Fragen geben.

Das Altpaläolithikum in Afrika

Weitaus zahlreicher als in Europa kommen altpaläolithische Artefakte in Afrika vor. Das erklärt sich aus der Größe des Kontinents, der dazu während des ganzen Pleistozäns bewohnbar und nicht wie Europa zeitweise zu großen Teilen mit Eis bedeckt und unwirtlich war. Ungeheure Mengen an Steinwerkzeugen harren noch der Aufsammlung und Bearbeitung. Streckenweise ist der Boden dezimeterhoch mit Abfallstücken aus verschiedenen altpaläolithischen Kulturresten bedeckt. Aber auch diese Fülle von Artefakten vermag bisher nicht mehr über das eigentliche Leben des Altmenschen auszusagen, als wir es im besser durchforschten Europa erschließen konnten.

Es ist zu hoffen, daß man in Afrika die Entwicklung der Faustkeile aus älteren Vorformen erkunden und die Ausstrahlung der Träger dieses Leittyps nach Europa und vielleicht Südasien hinein wird nachweisen können. Eingehendere Untersuchungen werden vielleicht zu der Auffassung führen, daß die Nordwanderungen jeweils durch die Ausdehnung der Wüstengebiete, so des Saharastreifens während der Interglaziale, die man in Afrika als Interpluviale (Trockenperioden) bezeichnet, erzwungen wurden. Anderseits wird man vielleicht Rückströme der wärmeliebenden Biface-Träger aus Westeuropa während der Kaltzeiten erkennen. Jedenfalls lassen sich für das Mittelpaläolithikum auf der arabischen Landbrücke solche durch Klimaungunst erzwungenen Wanderungen nachweisen, wie wir noch hören werden.

Die Erschließung Afrikas auf prähistorischem Gebiet steht noch in den allerersten Anfängen. Erfreulich ist jedoch schon die Vielzahl der im anthropologischen Teil dieses Bandes besprochenen menschlichen Skelettreste, die man bisher in diesem Kontinent gefunden hat und die vielleicht einmal mit bestimmten Artefaktgruppen verbunden werden können, denn sie stammen zum Teil aus Felsspalten, wo sie *in situ* lagen, während in Europa zum Beispiel der Steinheimer- und der Swanscombe-Mensch sekundär gelagert in Flußabsätzen gefunden wurden.

In den afrikanischen Industrien finden sich alle Bearbeitungstechniken, wie wir sie aus Europa kennen. Die prähistorische Wissenschaft war aber gezwungen, nomenklatorisch eigene Wege zu gehen. Strukturelle Ähnlichkeiten weisen auf eine direkte Verbindung zwischen Biface-Industrien Nordafrikas und Europas hin, doch gibt es in Ost- und Südafrika technisch-typische Besonderheiten, die eine eigenständige Namensgebung rechtfertigen.

Die ältesten Kulturvorkommen werden als Kafuan bezeichnet. Es handelt sich dabei um eine Industrie, die überwiegend aus gerundeten Flußgeröllen *(pebble tools)* gefertigt wurde. Das bedeutet aber nicht, daß der Urmensch seine ersten Werkzeuge immer aus gerundeten Steinen hergestellt hat. Denn wer gebirgsfern am Ufer eines die Ebene durch-

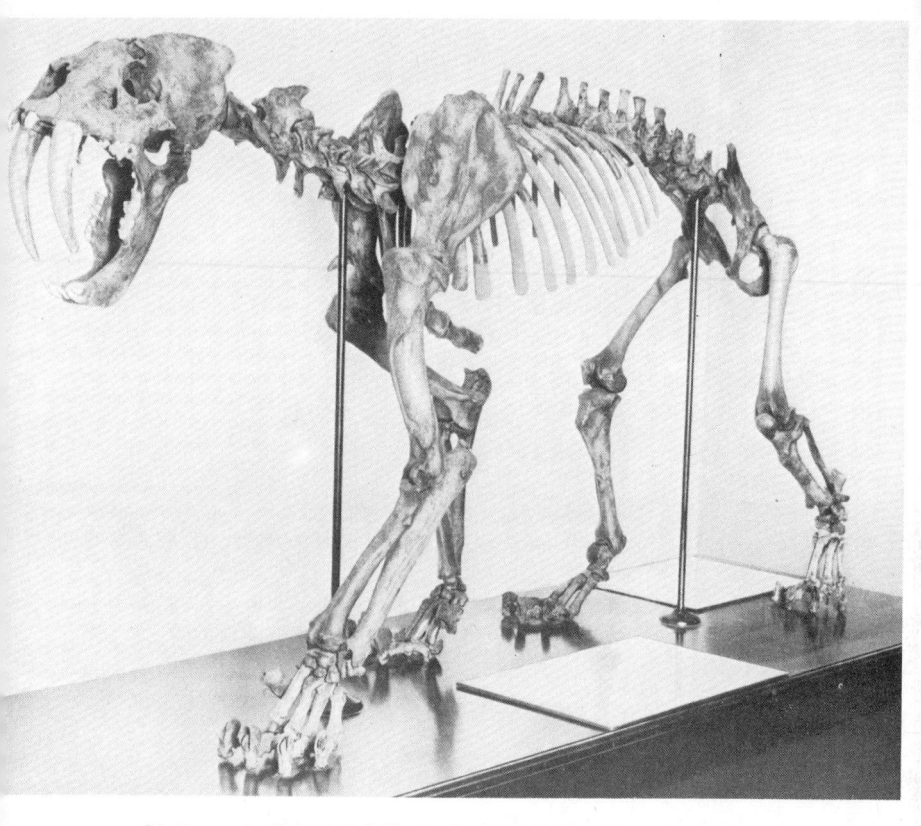

Säbeltiger aus dem Pleistozän in Kalifornien. Frankfurt a. M., Natur-Museum Senckenberg

Quarzit-Nasenschaber der Heidelberger Kulturstufe aus der Grube Grafenrain in Mauer bei Heidelberg. Privatbesitz

ziehenden Flusses lebte, fand nur gerolltes Rohmaterial vor. Die Kafuan-Industrien sollen zeitlich nicht unter das Altpleistozän hinabreichen. In der technischen Konzeption stehen sie dem Heidelberger Kulturkreis sehr nahe, jedoch waren sie nicht so stark variiert. Heute wird oft angenommen, daß Afrika das Geburtsland der Menschheit gewesen sei. Klimatische Verhältnisse, Begünstigungen durch die äquatorialen Regenwälder und andere biotopische Gegebenheiten werden ins Feld geführt. Zudem zeugt ein Großteil der in Afrika gefundenen Skelettreste, so aus der Gruppe der Australopithecinen, von einer entwicklungsgeschichtlich noch sehr primitiven Gestalt. Bei solchen Hominiden kann es sich jedoch auch um Seitenzweige der menschlichen Entwicklungslinie handeln, die im Quartär ausgestorben sind. Die alten Europäer, wie der altpleistozäne Heidelberger oder die mittelpleistozänen Schädel von Steinheim und Swanscombe, verkörpern dagegen menschliche Formen, die sehr wohl zum Neandertaler und zum *homo sapiens* aufgestiegen sein könnten.

Die klimatologischen Begründungen stützen die Hypothese, daß der Mensch erst im Frühpleistozän, also am Beginn des Eiszeitalters, des Quartärs, entstanden sein soll. Das ist aber fraglich, weil wir heute vollausgebildete Industrien aus der pliopleistozänen Übergangszeit haben, in Sülzfeld mit dem Mastodon, einem tertiären Urelefanten, im Cantal-Gebiet gar mit einer sehr warmen unterpliozänen, pontischen Fauna vergesellschaftet. Die Träger dieser Kulturen müssen in Europa zu einer Zeit gelebt haben, als das Klima dort ungefähr dem afrikanischen im Frühpleistozän entsprach, das für die Menschheitswerdung so günstig gewesen sein soll. Der Mensch kann also gleich gut wie in Zentralafrika auch in Europa–Westasien entstanden sein. Dies um so mehr, als erst im Pliozän die alpine Auffaltung als Klimascheide zur vollen Höhe aufgepreßt wurde und die Wüstengebiete Afrikas im warmen Tertiär eine größere Ausdehnung hatten als die heutigen.

Dem Kafuan folgten in Afrika Biface-Industrien, die man in Südafrika als Stellenbosch-, in Ostafrika als Oldoway-Kultur bezeichnet. In Nordafrika sind die Namen Abbevillien und Acheuléen gebräuchlich. Es sind auch levalloisien- und clactonienartige Industrien bekanntgeworden, aber es wird noch beträchtlicher Anstrengungen bedürfen, bis man ein verbindliches Vergleichsschema erarbeitet hat, nach dem weit voneinander aufgefundene Vorkommen parallelisiert oder als isoliert stehend bezeichnet werden können.

Das Altpaläolithikum in Asien

Der bestdurchforschte Teil Asiens ist die arabische Landbrücke, denn dort wurden durch große Ausgrabungen genau umschriebene Erkenntnisse über die Kulturenabfolge in stratigraphisch gesicherter Lage gewonnen, besonders aus dem Mittel- und Jungpaläolithikum. Für das Altpaläolithikum sind einige stratigraphische Anhaltspunkte im Küstengebiet von Bedeutung, die mit den Schwankungen des Spiegels der Weltmeere im Zusammenhang stehen. Während der Glazialperioden wurden ungeheure Mengen Wasser als Eis auf den Kontinenten gebunden, und die Oberflächen der Weltmeere sanken so weit ab, daß zum Beispiel die britischen Inseln Bestandteile des europäischen Festlandes wurden. In den Interglazialen dagegen schmolzen die polaren Eiskappen der Antarktis und Grönlands stärker als heute, so daß die Weltmeere über das heutige Niveau anstiegen. So hat das Mittelmeer, wie alle Ozeane, während der Höchst-, das heißt Warmzeiten Strandlinien ausgebildet und in festeren Gesteinen Brandungskehlen ausgewaschen, und zwar die sizilische Stufe (neunzig Meter über dem heutigen Spiegel), die millarische (sechzig Meter), die tyrrhenische (dreißig Meter) und die monastirische (achtzehn Meter). Nach diesen zeitlich fixierbaren Strandlinien lassen sich die an ihnen gefundenen Artefakte datieren. Im Nahen Osten fand man am Kap von Beirut in sechzig Meter Höhe Tausende von Werkzeugen einer Abschlagindustrie, vermischt mit den Geröllen der Brandungszone aus der Zeit des Höchststandes der millarischen Stufe, die dem großen Mindel-Riß-Interglazial entspricht. Die Artefakte sind von der Brandung sehr stark abgerollt worden.

Abbevillien- und Acheuléen-Kulturen sind sowohl im Küstengebiet wie im Landesinnern vielfach belegt, so in Jerusalem, in den Karmel-Höhlen, in Nebek-Jabrud und in Nordsyrien. Klimatisch ist Arabien ein Teil Afrikas, so daß sich in der Zukunft wohl auch Beziehungen zu den kulturellen Geschehnissen im Niltal nachweisen lassen. Der Taurus und die persischen Gebirgszüge bildeten für die Träger der Biface-Kulturen in allen Zeiten eine nördliche Begrenzung ihres Lebensraumes, die nur in den interglazialen Optimalzeiten von kleineren Gruppen überschritten wurden, wie spärliche Faustkeilfunde in Anatolien andeuten. Neben Levalloisien-Industrien kommen im Nahen Osten auch Abschlagkulturen vor, die man als Jabrudien bezeichnet. Sie sind in Clactonien-Technik gefertigt und werden uns noch bei der Besprechung mittelpaläolithischer Industrien beschäftigen.

Je weiter wir über die arabische Landbrücke hinaus nach Osten vorstoßen, um so geringer werden Funde aus den klassischen Abbevillien-Acheuléen-Kulturen. Offensichtlich waren sie in Indien weniger stark vertreten als in Afrika. Man darf daraus wohl schließen, daß die Biface-Kulturen nicht in Ostasien entstanden sind, sondern sich von Afrika aus verbreitet haben. Die Invasionen dürften nicht ins Leere, sondern in Räume vorgestoßen sein, die von andersartigen Frühmenschen besetzt waren. In Südostasien einschließlich der Inselgruppen fand man grobgeformte Werkzeuge von Kulturen, die mit verschiedenen Namen belegt wurden. In Nordwestindien spricht man von Soan-Kulturen, in Oberburma von einer Anyath-, in Nordmalaya von einer Tampa- und Fingnoi-Industrie. Aus Java, dem Land der schönen anthropologischen Funde, ist die Patjitan-Kultur bekanntgeworden. Die allgemeine Bezeichnung für alle diese Industrien ist Haumesser-Kulturen *(chopping tools and chopper tools)*. Leittyp sind Geräte mit einer dicken Griffpartie, deren Arbeitskante in Wechselretusche bearbeitet ist, so daß eine Art Zickzackschneide entsteht.

Von großer Bedeutung sind die zusammen mit dem Pekingmenschen gefundenen Kulturreste von Chou Kou Tien in China. Die faustkeilfreien Chou-Kou-Tien-Industrien gehören zu den Abschlagkulturen. Die wenig klar ausgeprägten Artefakte sind, wie auch die Werkzeuge aus den eben genannten Kulturen, hauptsächlich aus Sandstein, Kieselschiefer, Quarz, Bergkristall und ähnlichen zweitklassigen Gesteinsarten hergestellt worden. Der Pekingmensch benutzte das Feuer, wie zahlreiche angebrannte Knochen bezeugen, die mit den Artefakten und Menschenresten vergesellschaftet in Grotten und Spalten aufgefunden wurden. Abgeschnittene Knochen- und Geweihstücke sind zur Herstellung von primitiven Geräten benutzt worden. Kannibalismus auf wahrscheinlich ritueller Basis wird durch die

Auffindung zahlreicher zerschlagener menschlicher Knochen und Schädel von ungefähr fünfundvierzig Individuen deutlich. Der Hauptfund des Chou Kou Tien gehört in das große Mindel-Riß-Interglazial. Er war wie die anderen Funde des Altpaläolithikums in Ostasien technisch-typologisch durch die unsymmetrisch-primitive Formung den gleichalten Kulturen Europas, besonders aus den Biface-Linien, beträchtlich unterlegen.

Das Altpaläolithikum in Australien und Amerika

Australien ist wohl schon vor der Menschwerdung vom großen Kontinentalblock isoliert und vermutlich erst in sehr junger Zeit von Norden her vom Menschen besiedelt worden.

In Amerika fehlen bisher Kulturreste, die auf eine Anwesenheit altpaläolithischer Frühmenschen hindeuten. Sollte aber, wie es den Anschein hat, auf dem afro-eurasiatischen Kontinentalblock ein endtertiärer Mensch gelebt haben, so könnte in Erwägung gezogen werden, ob nicht bei den günstigen klimatischen Verhältnissen während des Pliozäns Frühmenschen im Gebiet der heutigen Beringstraße einmal auf den amerikanischen Kontinent gelangt sein könnten. Wenn uns schon in Europa der große Kulturenkomplex von heidelbergischer Formung bisher entgangen ist, wieviel eher konnten dann Artefakte, besonders aus der kristallinen Gruppe, in dem wenig durchforschten Nordamerika übersehen worden sein. In Amerika könnten sich Kulturen vom europäisch-heidelbergischen oder vom ostasiatisch-altpaläolithischen Typ, da sie isoliert und nicht vom Faustkeilkreis beeinflußt waren, in konservativer Formung bis weit ins Pleistozän hinein gehalten haben.

Altpaläolithische Holz- und Knochenkulturen

Es ist erwogen worden, ob es vor der Steinzeit wohl Kulturen gegeben hat, die ihre Gebrauchsgüter nur aus Holz, Knochen oder Gehörn herstellten. Solche Fragen gehen meist davon aus, daß die steinernen Hinterlassenschaften »das Kulturgut« des Altmenschen gewesen seien. Das trifft natürlich nicht zu, denn fast alle uns bisher bekannten Steinwerkzeuge sind nur Hilfsmittel zur Herstellung, zur Ausformung der eigentlichen Gebrauchsgüter, der Waffen und Geräte aus organischem Material gewesen. Wenn heute alle hergestellten Gegenstände vorlägen, könnte man entscheiden, ob die Menschen zunächst viele Holz- oder Knochengeräte mit wenigen Steinwerkzeugen hergestellt haben, um dann später bei steigendem Qualitätsanspruch eine größere Zahl komplizierterer Steinwerkzeuge zu entwickeln. Leider wissen wir nur eins sicher, daß nämlich zur Fertigung der Holz- und Knochengegenstände ein Material benötigt wurde, das »steinhart« war. Reine Holzkulturen kann es nicht gegeben haben.

Auch die Auffassung, der älteste Mensch habe sich anfänglich der natürlichen Waffen anderer Lebewesen bedient, er habe sich etwa Geweihe, Hörner, eckzahnbewehrte Unterkiefer oder Krallen beschafft und sie ungefähr wie der ehemalige Träger benutzt, läßt sich widerlegen. Die Waffe des Tieres ist mit dem oft viele Zentner schweren Körper des Trägers verbunden und von einer bestimmten Schubkraft oder Masse abhängig. Ein Büffelhorn oder eine Hirschgeweihstange sind in der Hand des Menschen als bewegliche Stoßwaffe so gut wie wirkungslos. Unterkiefer mit Eckzähnen, Langknochen, die man mit der Hand gut umspannen könnte, sind als Schlagwaffen zu leicht. Alle tierischen Waffen müßten auch zugespitzt werden, um sie brauchbar zu machen, und das würde gleich viel oder mehr Arbeit bedeuten als die Anfertigung hölzerner Waffen.

Die ältesten Waffen dürften den beiden grundlegenden Anforderungen entsprochen haben, die man an derartige Gerätschaften stellt: mit ihnen etwas stechen oder durchstechen zu können und zum andern stumpfwirksam etwas zertrümmern zu können, was man nicht durchstechen kann, etwa eine Schädeldecke oder eine Wirbelsäule. Leistungsfähige Waffen sind schon ganz einfach herzustellen, indem man abgebrochene oder abgeschnittene dünne Äste zu langen Wurf- oder Stoßspeeren zuspitzt oder etwas stärkere Hölzer zu Keulen kürzt. Solche in der Länge, im Gewicht, in der Stärke und in der Handlichkeit genau abstimmbare Angriffs- und Abwehrwaffen aller ursprünglichster Art waren allen »natürlichen Waffen« überlegen.

*

Überblicken wir die Funde aus der Frühzeit der Menschheitsentwicklung, so bieten sich uns heute noch keine Anhaltspunkte für eine sichere Antwort auf die Frage, wann der Mensch entstand, wo er entstand und ob die Geburt der Menschheit ein einmaliger Akt war oder ob es mehrere Entstehungsherde gegeben hat. Die bisher ältesten endtertiären Fundstellen liegen im Raume Europa-Nordafrika. Aber wir wissen nicht, ob die anderen Räume des großen Kontinentalblockes wirklich an ältesten Artefakten steril sind oder ob es sich um Forschungslücken handelt.

Der Frühmensch war trotz seiner künstlich geschaffenen Waffen während des ganzen Altpaläolithikums den allgemeinen Gesetzmäßigkeiten, vor allem dem Vermehrungsregulator genauso unterworfen wie die Tierwelt, mit der zusammen er lebte. Die »unnatürliche« Bewaffnung war nur ein Ausgleich für die körperlichen Schwächungen des geistig aufsteigenden Menschen. Die künstlichen Hilfsmittel befähigten ihn im Altpaläolithikum nicht, sich zum absoluten Beherrscher seiner Umwelt aufzuschwingen. Die geringe Bevölkerungszunahme in der fast unendlich langen Generationsfolge läßt auf dauernde starke Verluste der Menschheit schließen. Der Altmensch war Sammler und Wildbeuter und trug weder durch Pflanzenanbau noch durch die Hegung von Tieren zur Verbesserung seiner wohl immer gesicherten Nahrungsgrundlage bei. Nach den Steinwerkzeugen zu urteilen, hat der Mensch schon früh und in vielleicht »kurzer Zeit« seine Gerätschaften zu einer für seine Erhaltung ausreichenden Höhe entwickelt und sich dann technisch-handwerklich über Hunderttausende von Jahren hinweg erstaunlich konservativ verhalten. Das ist nur möglich, wenn immerwährend reichlich Nahrung eingebracht werden kann.

Die Lebenshaltung des Altpaläolithikers ist uns noch fast völlig unbekannt, denn die für eine Beurteilung aufschlußgebenden Kulturgüter, die Geräte und Waffen aus organischem Material sowie kultische Gegenstände sind vergangen oder die erhaltenen Reste noch nicht aufgefunden.

Das Mittelpaläolithikum

Die Abgrenzung des Mittelpaläolithikums vom Altpaläolithikum hat nomenklatorische Gründe und bedeutet nicht einen extremen kulturellen Wandel oder Umbruch. Das Mittelpaläolithikum beginnt in der Übergangszeit von der Riß-Vereisung zum letzten Interglazial, also vor etwa hunderttausend Jahren, und endet vor rund vierzigtausend Jahren in den ersten Abschnitten des Würmglazials mit dem Erlöschen neandertaloider Menschenformen.

Das Micoquien

Neben dem Acheuléen findet sich im Mittelpaläolithikum eine weitere Faustkeil-Kultur ein, die nach dem Patenplatz La Micoque in Südfrankreich Micoquien genannt wird. Das Micoquien unterscheidet sich strukturell deutlich vom Acheuléen. Die Micoque-Keile weisen in der Regel ein kräftiges, knolliges Griffende auf, sind in der Gesamtform oft fast dolchartig und laufen in eine dünne, scharfe Spitze aus. Zu diesem Leittyp finden sich Artefakte von acheuléenartigem Habitus, daneben aber dicke, grobe Formen, die den Biface-Industrien sonst fremd sind.

Wie ist das unvermittelte Auftauchen einer neuen Kultur zu erklären? Widerspricht es nicht dem für das Altpaläolithikum typischen konservativen Verhalten der Menschen über Jahrhunderttausende hinweg? Aus den Westeuropa benachbarten Räumen haben wir keinerlei Hinweise für eine Einwanderung des Micoquiens, und so wird es sich wahrscheinlich um eine Mischkultur gehandelt haben.

Vermischungen haben vereinzelt schon im Altpaläolithikum stattgefunden, aber es ist schwierig, die Auswirkungen artefaktformlich genauer zu definieren, weil die entsprechenden Hinterlassenschaften meist in sekundärer Lage, wie in Flußschottern, aufgefunden wurden. Bei La Micoque lagen die Kulturreste dagegen *in situ*, in ungestörten Schichten unter einem Felsschutzdach. Das klassische Micoquien hat Biface-Faustkeile und Artefakte mit präparierter Schlagfläche; sie gehen auf eine Acheuléen-Tradition zurück. Die massigen, zum Teil auch zitrusförmigen Werkzeuge deuten schlagtechnisch auf innereuropäische Abschlagindustrien vom Typus der Heidelberger Kulturen oder des verwandten Clactoniens hin. Die dickgriffigen Micoque-Keile erwecken oft den Eindruck, als habe sich ein Heidelberger, traditionell an Werkzeuge mit massigen Griffpartien gebunden, in der Herstellung von Faustkeilen versucht.

Berührungspunkte zwischen technisch und vielleicht auch artmäßig eigenständigen Kulturen waren jederzeit in den Grenzgebieten möglich. Einen ausgeprägten Mischkulturencharakter zeigen unter anderem Industrien aus der Bocksteinschmiede in Württemberg, in denen micoqueartig langausgezogene Keile vorkommen. Die Grenzen der »Jagdgebiete« verschoben sich im Pleistozän mehrfach, so daß es in weit voneinander entfernt liegenden Gebieten zu solchen Kontakten gekommen sein kann. Menschen, die im großen Mindel-Riß-Interglazial in Nordwesteuropa lebten, wurden später durch das Riß-Eis weit nach Südwesten abgedrängt und besetzten die Wohnräume der Biface-Träger, die ihrerseits ebenfalls wegen der Kälte nach Süden auszuweichen gezwungen waren. Mit wenigen Ausnahmen ist es bisher nicht gelungen, diese Wanderungshypothesen durch Spuren der aus dem Norden nach Frankreich eingedrungenen Träger von heidelbergischen Kulturen zu stützen. Die Suche nach Heidelberger Artefakten ist jedoch in Frankreich noch nicht aufgenommen worden, ja, selbst im Innern Europas werden Artefakte aus der »kristallinen Linie« noch nicht genügend beachtet. In Frankreich werden die in den Glazialzeiten abgesetzten Flußschotter in der Regel als artefaktsteril beschrieben. Diese Sterilität besteht tatsächlich an Biface-Geräten, deren Träger ja während der Kaltzeiten nach Süden abgewandert waren, aber die Flußschotter werden vermutlich Heidelberger Artefakte führen, als Hinterlassenschaft jener klimaharten Menschengruppen, die als Freilandbewohner im glazialen Frankreich ihr Auskommen fanden.

Es gibt in Frankreich ein Vorkommen, das von den angenommenen klimabedingten Großwanderungen der Völkerschaften Kunde gibt. Unter den durch eine warme Fauna als riß-würm-interglazial datierten micoquienhaltigen Schichten von La Micoque fand man neuerdings zwei Kulturstraten mit kalter, rißzeitlicher Tierwelt. Unter den reichen Artefaktfunden liegt kein einziger Faustkeil oder ein sonstiges in Biface-Technik geschlagenes Werkzeug vor, wohl aber Typen, die in Heidelberger Technik gearbeitet worden sind. Dieses Beispiel eines Vorkommens technisch interkontinental getönter Industrien in Südfrankreich, im Kerngebiet der Faustkeilkulturen, läßt uns hoffen, daß es in der Zukunft möglich sein wird, solche in den Kaltzeiten nach Süden, in den Warmzeiten nach Norden vorgetragenen Wanderungen genauer zu fixieren. Heute können wir nur vermuten, daß einige Träger der innerkontinentalen Abschlagkulturen zu Beginn des letzten Interglazials in ihren südlichen Wohngebieten blieben und sich mit den aus dem Süden wieder vordringenden Faustkeilträgern berührten, so daß neuartige Industrien wie das klassische Micoquien entstanden.

Das Tayacien

Neben den Acheuléen- und Levalloisien-Kulturen sind in Frankreich riß-würm-interglaziale und würm-glaziale Industrien gefunden worden, die man als Tayacien bezeichnet. Das bekannteste Vorkommen ist in Fontéchevade, aus dem auch ein menschliches Schädeldach stammt. Das Tayacien kann man als eine Art Sammelbegriff für Kulturreste auffassen, die dem klassischen französischen Nomenklatursystem nicht eindeutig einzufügen sind. Es gibt Tayacien-Industrien, in denen überwiegend grobe, und andere, in denen vorherrschend flache Artefakte vertreten sind. In einigen Industrien sind Stücke mit glatter, clactonienartiger, in anderen mit präparierter, levalloisartiger Schlagfläche in der Überzahl. Bei der Mehrzahl der Tayacien-Industrien dürfte es sich um spontan durch Vermischung entstandene Kulturen neuartigen Charakters handeln, die jeweils schwächer oder stärker den Habitus eines der Entstehungspartner verdeutlichen. Hier liegt überall in Europa noch ein großes Forschungsgebiet brach.

Acheuléen und Levalloisien

Wie im vorletzten, so wurden auch im letzten Interglazial von den Faustkeilträgern Invasionen in den Kontinent hinein vorgetragen. Die Acheuléen- und Levalloisien-Jäger waren offensichtlich gebirgsfeindliche Flachlandbewohner. Ein solches Verhalten kann auf eine Klimaempfindlichkeit zurückgeführt werden. Wie ihre Vorgänger drangen auch sie über den Frankfurter Raum in die hessische Senke vor, in der besonders im Bezirk Ziegenhain zahlreiche Quarzitwerkzeuge gefunden worden sind. Wie weit dieser Vorstoß ging, ist noch nicht bekannt; allem Anschein nach wurde der mitteldeutsche Raum um Leipzig nicht wieder erreicht. Sporadische Funde deuten auf die Möglichkeit hin, daß schwache Wanderungen über Hannover in nördlicher Richtung bis nach Schleswig-Holstein stattgefunden haben. Die Biface-Träger vom Oberrhein scheinen nur in dieser einen nordöstlichen Richtung vorgedrungen zu sein, nicht jedoch nach Südosten, etwa dem Lauf der Donau folgend. Einzelne Faustkeilfunde in diesen Gebieten dürften wohl Produkte von Mischkulturen sein. Diese Expansionsbeschränkung kann klimatisch oder dadurch bedingt gewesen sein, daß Innereuropa dichter als im großen Interglazial von andersartigen Kulturträgern besiedelt war. Immerhin war die Kältegrenze im schwächeren letzten Interglazial nicht so hoch wie im Mindel-Riß-Interglazial nach Norden zurückgezogen, so daß die Jagdgebiete enger waren.

In welcher Form Besitzansprüche auf bestimmte Interessengebiete während des Paläolithikums erhoben wurden, wissen wir nicht. Größere oder kleinere Regionen, die zeitweilig von einer einheitlichen Bevölkerung bewohnt waren, zeichnen sich ab. Ob aber auf diese Jagdgebiete ein Anspruch erhoben wurde, ob sie verteidigt wurden oder überhaupt verteidigt werden mußten, ob in den Grenzgebieten feindselige Handlungen stattfanden oder ob die zahlenmäßig schwache Gesamtbevölkerung friedlich inmitten der wildreichen Nahrungsdecke nebeneinanderlebte, vermögen wir nicht zu sagen. Wir können den Forschungsergebnissen lediglich entnehmen, daß es größere Völkerschaften gegeben hat, die in Stämme oder Clans aufgeteilt waren.

Weimar-Ehringsdorf

Daß Mitteleuropa während des letzten Interglazials von Trägern innereuropäischer Abschlagkulturen bewohnt war, ist gut belegt, am besten durch die Funde von Ehringsdorf und Taubach bei Weimar. Wir verdanken ihnen tiefreichende Aufschlüsse über die Umwelt der damaligen Menschen. Die wiederholt benutzten Lagerplätze der am Ufer des Flüßchens Ilm wohnenden Jäger wurden von Kalkschlamm überdeckt, der heute zu Bauzwecken als »Travertin« abgebaut wird. In dem erhärteten Schlamm fanden sich zahlreiche Abdrücke aus der Pflanzenwelt: Zwergmispeln, Johannisbeer- oder Stachelbeerarten, Berberitze, Weinrebe, Runzel-Erle, Feld-Ulme, Esche, Liguster, thüringischer Flieder, Faulbaum, Purgier-Kreuzdorn, Haselnuß, Winterlinde, Grauweide, Salweide, Stieleiche, Traubeneiche, Vigileiche, roter Hartriegel, Efeu, Lebensbaum und andere. Diese Vegetation beansprucht ein Klima, das im Jahresdurchschnitt wärmer gewesen sein muß als heute. Ferner wurden zahlreiche Schneckenarten nachgewiesen. Vorzüglich erhalten sind auch die Knochen der von den Uferbewohnern erjagten Tiere: Waldelefant, Mercksches Nashorn, Auerochse, Wisent, Riesenhirsch, Edelhirsch, Damhirsch, Elch, Höhlenlöwe, Bär, Leopard, Höhlenhyäne, Dachs, Edelmarder, Fischotter, Rotfuchs und Hamster.

Höchst bedeutungsvoll sind ferner die aufgefundenen, im anthropologischen Teil besprochenen körperlichen Reste der Weimar-Menschen. Sie waren Träger einer innereuropäischen Abschlagindustrie, die den Charakter einer Mischkultur aufweist. Es finden sich Elemente einer Zitrusindustrie in Form von hochrückigen, zum Teil gewinkelten Schabern, wie sie als ältere Vorfahren im jüngeren Clactonien von Higle Lodge in England, in der Altonaer Stufe und im Jabrudien Syriens vorkommen. Andere Elemente weisen vielleicht auf eine Einwirkung von Klingenkulturen hin, wie sie im Mittelpaläolithikum schon ausgeprägt waren. Einige Artefakte sind zweiseitig bearbeitet wie Vorläufer der Blattspitzenindustrien, die im letzten Abschnitt des Riß-Würm-Interglazials aufkamen.

Das älteste Beispiel (Riß-Würm-Interglazial) einer echten Schädelbestattung von zwölf Individuen ist in Kroatien (Fundplatz Krapina) zusammen mit Artefakten einer Abschlagindustrie gefunden worden. Von gleichem Alter sind die neben mousteroiden Werkzeugen entdeckten Schädel von Saccopastore in Mittelitalien, die sekundär gelegen aus Flußschottern geborgen wurden.

Die Höhlenbärenjäger-Kulturen

Für unsere Deutung der geistigen Haltung des Vorzeitmenschen sind im Mittelpleistozän die Hinterlassenschaften der »Höhlenbärenjäger« von großer Bedeutung. Die Träger dieser Kulturen haben vermutlich den eben beschriebenen Gruppen oder Stämmen angehört, jedoch ein spezifisches Brauchtum entwickelt. Ihr Hauptwohngebiet lag in den Ostalpen und in den nördlich davor gelegenen höhlenreichen Bezirken Frankens. Die Mehrzahl der Fundobjekte gehört ins letzte Interglazial, denn die von den Jägern in der Schweiz benutzten Höhlen, so vor allem das Drachenloch in 2445 Meter, das Wildmannlisloch in 1628 Meter und die Wildkirchlihöhle in 1477 Meter Höhe, sind nur in Warmzeiten zugänglich, in den Glazialperioden aber vom ewigen Schnee zugedeckt gewesen. Die Anzahl der in den Höhlen aufgefundenen Steinwerkzeuge von innerkontinentalem Habitus ist gering. Zahlreicher sind offensichtlich zugeschnittene und polierte einfache Knochenwerkzeuge, die möglicherweise zur Fellbearbeitung benutzt wurden. Wahrscheinlich dienten die Höhlen nicht zum Wohnen, sondern waren Kultstätten, in denen zeremonielle Handlungen stattfanden. Offensichtlich hatten sich diese Menschen jagdlich auf den Höhlenbären spezialisiert, der fast doppelt so groß war wie der heutige Braunbär. Er wird im Leben dieser Menschengruppen nicht nur als Nahrungsquelle eine Rolle gespielt haben, denn man hat Körperteile der Bären pfleglich behandelt und pietätvoll beigesetzt. Auch sind ganze, noch mit dem Fell versehene Bärenschädel in Spalten geschoben worden, wobei die Schnauzen dem Höhlenzentrum zugerichtet waren. Weitere Schädel und auch Langknochen, die ungeöffnet noch Mark enthielten, fand man in Steinkisten beigesetzt, die aus herbeigeschleppten Platten errichtet worden waren. Anhäufungen von Schädeln und Knochen sind wohl ebenfalls in rituellen Handlungen an den Höhlenwänden niedergelegt oder eingegraben worden. Welche geistigen Vorstellungen mit diesem vor hunderttausend Jahren geübten Brauch verbunden waren, wissen wir natürlich nicht. Vielleicht war der

Steinwerkzeuge aus dem Micoquien der Bocksteinschmiede im Lonetal / Württ.
Grober Faustkeil, mandelförmiger kleiner Faustkeil, Faustkeil in der Form eines linkshändig geführten Bocksteinmessers,
blattförmiger Zungenschaber, zweischneidiger Faustkeil, Hohlschaber und Klingenkratzer
Ulm, Museum

Knochengeräte aus dem Mittelpaläolithikum in Salzgitter-Lebenstedt
Knochenspitze, Schlaggerät aus Rengeweih, zwei bearbeitete Mammutrippen und Pfeilspitzen aus Knochen
Braunschweigisches Landesmuseum für Geschichte und Volkstum

Bär das Totemtier dieser Menschen, von dem sie abzustammen glaubten und das immer wieder versöhnlich gestimmt werden mußte.

Es ist anzunehmen, daß dieser Höhlenbärenkult keine Ausnahmeerscheinung war, sondern daß ähnliche sakrale Bräuche auch bei anderen Gruppen geübt wurden. Die Höhlenbärenjäger brachten vielleicht die auserkorenen Teile ihrer Totemtiere in die hochgelegenen Höhlen der Alpen, um sie vor Raubwild zu schützen, und verschlossen möglicherweise die Kulthöhlen in den niedriger gelegenen Regionen. »Opfertiere« anderer Menschengruppen mögen unter freiem Himmel aufgebahrt oder vergraben worden und vergangen sein.

Am Ende des Mittelpaläolithikums mehren sich für die Forschung die erfaßbaren Kulturgüter des Eiszeitmenschen sehr. Als die letzte Eiszeit nahte, machte der Mensch immer mehr von der Möglichkeit Gebrauch, in den Höhlen oder unter Abris Schutz zu suchen. Dadurch sind die Hinterlassenschaften erhaltengeblieben und für uns auch leicht auffindbar.

Die mousteroiden Kulturen und das Moustérien

Nordeuropa mußte am Ende des Riß-Würm-Interglazials wieder einmal geräumt werden. Einige klimaharte Gruppen, wahrscheinlich auch im Interglazial am weitesten nach Norden vorgedrungen, fanden vorerst noch im Kältegürtel vor dem Eise ihr Auskommen. Sie lebten als Freilandbewohner unter recht harten Bedingungen; die in Schleswig-Holstein gefundenen, durch das jüngere Würm-Eis umgelagerten Artefakte der quarzitischen »Hagener Kultur« sind von primitivem Habitus.

Ein glücklicher Umstand vermittelte einige Kenntnis von der Umwelt, in der diese nordischen »mittelpaläolithischen Eskimos« durch nachbarlichen Druck gezwungen oder freiwillig lebten. Bei Salzgitter-Lebenstedt nahe Hannover entdeckte man unter fünf Meter hohen Sandschichten der Würm-Vereisung einen erhaltenen Lagerplatz, der bewohnt war, als zu Beginn des letzten Glazials die skandinavischen Gletscher vielleicht schon Norddeutschland erreicht hatten. Die Vegetationsreste sprechen für eine Pflanzendecke, wie sie heute als Gras-Tundra im nördlichen Skandinavien vorkommt. Als Beutetiere sind nachgewiesen: Mammut, wollhaariges Nashorn, Wisent, Wildpferd, am zahlreichsten Ren, ferner Wolf, Ohrengeier und kleinere Tiere. Die lithischen Kulturreste weisen mit einigen Faustkeilen und innereuropäischen Typen einen Mischkulturencharakter auf. Zu den ältesten individuell bearbeiteten Knochengeräten, die wir kennen, sind die aufgefundenen zugespitzten Mammutrippen zu rechnen; ein pfeilspitzenartig zugeschnittenes Geweihstück ist einmalig auf der Erde.

Gegen Ende des Mittelpaläolithikums verloren die Biface-Industrien immer mehr an Faustkeilcharakter, und es kam zur Herausbildung von Abschlagkulturen, in denen die Handspitze als Leittyp angesehen wird. Diese Handspitzenkulturen, deren Träger ein Neandertaloider oder der Neandertaler war, wurden früher allgemein als »Moustérien« bezeichnet. Durch neuartige Grabungsmethoden konnte aber nachgewiesen werden, daß das endmittelpaläolithische Moustérien keineswegs ein einheitlicher Kulturenkomplex mit einigen Varianten ist, sondern daß es sich dabei um viele eigenständige Kulturen handelt. Diese

Erkenntnisse dankt man der Überlegung, daß beim vielleicht einjährigen Bewohnen einer Höhle eine Kulturschicht von nur ein bis zwei Zentimeter Höhe entstanden sein kann. Früher hatte man den Inhalt einer mit Artefakten durchsetzten Höhlenschicht etwa halbmeterweise ausgegraben und beschrieben, obgleich für die Bildung solch starker Ablagerungen oft eine Zeitspanne von Jahrhunderten errechnet werden kann. Zudem gilt als sicher, daß die Wohnplätze jeweils immer nur kurz, längstens einige Monate, benutzt worden sind.

Die in Westeuropa gefundenen mousteroiden Artefaktkomplexe aus dem auslaufenden Mittelpaläolithikum, das heißt aus der Zeit der ersten Würmvereisung vor etwa sechzigtausend bis fünfunddreißigtausend Jahren, unterteilt man in folgende Kulturen: Moustérien mit Acheuléen-Tradition (es führt in den ältesten Stadien noch verkümmerte Faustkeile), Moustérien mit Levalloisien-Tradition, Typisches Moustérien, Gezahntes Moustérien und Mikro-Moustérien. Früher arbeitete man auch mit einem La Quina-Moustérien. Genauere Untersuchungen erwiesen, daß diese Kultur nichts mit dem Moustérien gemein hat, und Industrien von dieser Art werden daher heute als »Charantien« bezeichnet. Das Charantien ist eine charakteristische Zitruskultur von eindeutig innereuropäischem Habitus. Es wird als gesichert angenommen, daß seine Träger aus Innereuropa nach Frankreich eingewandert sind; der Anlaß zu dieser Bewegung dürfte im würmglazialen Kältedruck zu suchen sein.

Während des Würm-I-Glazials wies Südwesteuropa, gemessen am schwachbewohnten Innereuropa, eine relativ starke Population auf. Unter den Felsschutzdächern Südfrankreichs liegen noch Millionen ungehobener Artefakte aus dieser Zeit. Nach den Verhältniszahlen an Kulturvorkommen läßt sich feststellen, daß man vorzugsweise unter diesen Schutzdächern, also wenig tiefen Aushöhlungen der Felswände mit überragendem Felsdach, gewohnt hat und nicht in den tiefen Höhlen, die vielleicht nur in sehr strengen Kälteperioden benutzt wurden. Die in Frankreich »*abris*« genannten Felsdächer boten Schutz gegen Regen und Schnee; dennoch ist anzunehmen, daß der Neandertaler auch in Südfrankreich bei kühlen Klima-Verhältnissen unter den Abris künstliche Behausungen errichtete. Zu denken wäre an aufgestellte Trockenmauern mit Überdachung, Hütten, Halbhütten oder Halbzelte, wobei man die Stäbe halbkreisförmig gegen die Felsrückwand stellte. Die Tundrenbewohner bei Salzgitter-Lebenstedt wohnten in künstlich errichteten Behausungen, in Hütten oder Zelten, und trugen eine Bekleidung aus bearbeiteten Fellen.

Der Neandertaler suchte auch die klimamilden Gebiete Spaniens und Italiens auf. Auf der Apenninenhalbinsel sind vor allem die Höhlen an der westlichen Mittelmeerküste häufig benutzt worden. Im Gebiete des Monte Circeo kam es durch die Verwendung kleiner Strandgerölle zur Herausbildung einer technisch eigenartigen Mikro-Kultur.

Artefakte der würmzeitlichen Neandertaler oder Neandertaloiden sind ferner in Belgien, Süd- und Mitteldeutschland, Österreich, der Tschechoslowakei, Polen, Ungarn, Jugoslawien, Bulgarien und Rumänien gefunden worden, und zwar meist in Höhlen. Diese mittel- und osteuropäischen Industrien sind aber typenmäßig nicht gleich stark variiert wie die südwesteuropäischen. Ihre Wurzeln gehen überwiegend auf Abschlagkulturen zurück. Zu dieser Zeit sind im Herzen Europas die »Blattspitzenkulturen« entstanden. Aus groben

Vorformen wurden lorbeer- oder weidenblattförmige, kleine bis handlange, beidseitig mit guter Schuppenretusche versehene Spitzen entwickelt, die oft wie dünne Speerspitzen anmuten und technisch zu den besten Erzeugnissen des Paläolithikums zu rechnen sind. Es ist noch nicht sicher, ob die angewandte Biface-Technik autochthon entstanden ist oder ob es sich um eine Übernahme der Acheul-Technik handelt. Dafür spricht vielleicht das etwa gleichzeitige Aufkommen der Blattspitzentechnik auch auf der Krim-Halbinsel, also im südöstlichen Brückenkopfgebiet der nach Europa drängenden afrikanischen Biface-Kulturen. Eines der reichsten Fundvorkommen aus der Kiik-Höhle auf der Krim zeigt, wie die Typen einer sehr viel älteren Abschlagkultur, des Jabrudiens, unter der Einwirkung einer neuartigen Schlagtechnik allmählich in Blattspitzenformen aufgehen. Das Jabrudien, eine schon zur Rißzeit lebendige Abschlagindustrie, führt als Leittyp »Winkelschaber«, die auch von einem Großteil der letztinterglazialen und frühwürmzeitlichen neandertaloiden Flintindustrien in Ost- und Mitteleuropa geführt werden; besonders häufig kommen sie in Frankreich im Charantien vor.

Das Mittelpaläolithikum in Afrika und Asien

Während des Mittelpaläolithikums standen in ganz Afrika Faustkeil-Industrien in hoher Blüte. Aus Süd-, Mittel- und Ostafrika ist die überwiegend in Levalloisien-Technik geschlagene Fauresmith-Kultur bekanntgeworden. In den gleichen Räumen finden sich die zeitlich jüngeren Stillbay-Industrien. Diese Funde besagen aber eigentlich nicht viel mehr, als daß wir Hinweise auf eine Besiedlung Afrikas durch den Menschen auch im Mittelpaläolithikum haben. Gemessen an der Fülle engumgrenzter Lebensräume in dem riesigen Kontinent und der Möglichkeit zu weiträumigen Wanderbewegungen, sind die bisherigen Ergebnisse der Urgeschichtsforschung sehr dürftig. Freilich gibt es Forschungszentren in Südafrika und Kenia, die schon gewichtige Ergebnisse erarbeitet haben. Aber Ägypten, das mit dem Nillauf einen einzigartigen, von der eurasiatisch-arabischen Brücke bis in das östliche Mittelafrika hineinführenden »Wanderweg« hat, ist prähistorisch so gut wie unerforscht. Dieser Wanderweg bot zu allen Zeiten – auch während der heißen Interpluviale – die Möglichkeit, den Saharagürtel zu durchstoßen. Klimatisch bedingte Wanderbewegungen, vielleicht sogar das Eindringen des *homo sapiens* in die östliche Hälfte Afrikas, dürften sich am eindeutigsten in den ufernahen Kulturschichten des Nils spiegeln. Es muß auch für die Urgeschichtsforschung als tragisch bezeichnet werden, daß durch den neuen Assuan-Staudamm wertvolle Kulturreste unzugänglich gemacht werden. Faustkeilfunde sind aus Ägypten gut bekannt; auf den Höhen von Theben finden sich levalloisienartige Artefakte in reicher Zahl.

Besser durchforscht ist das westliche Nordafrika in den mittelmeerischen Randzonen, aus denen gut belegte letztinterglaziale Faustkeilindustrien vorliegen. Mit dem Moustérien parallel läuft dort das »Atèrien«. Das ist eine technisch vom Levalloisien beeinflußte Industrie, die mousteroide Schaber, Kratzer und Stichel führt und als Leittypen gestielte Spitzen hat, die sporadisch auch in Südspanien vorkommen; im Mittelpaläolithikum sind sie sonst nicht bekannt. Aus den heutigen vegetationslosen Wüstengebieten Nordafrikas liegen zahlreiche alt- und mittelpaläolithische Artefakte vor, die eindeutig beweisen, daß dieses Territorium während der Glazialperioden bei »gemäßigtem« Klima eine Pflanzendecke trug und somit dem Menschen gute Lebensmöglichkeiten bot.

Gut durchforscht ist das Mittelpaläolithikum in Vorderasien. Aus dem Riß-Würm-Interpluvial sind Acheul-Kulturen reich vertreten. Industrien dieser Art wurden an zahlreichen Oberflächen-Wohnplätzen, mit begleitender warmer Fauna in Palästina in den Höhlen Um Quatafa südöstlich von Jerusalem, Athlit am Karmel sowie in Syrien bei Jabrud nahe Damaskus gefunden. Bei Athlit und Jabrud wurden im stratigraphischen Verband auch Micoque-Industrien mit Mischkulturencharakter festgestellt.

Die Acheuléen-Träger wohnten offensichtlich lieber im Freien als unter Schutzdächern oder in Höhlen. Auch Levalloisien-Industrien fanden sich in den Höhlen selten. Ein reiches offenes Vorkommen ist unter anderem am Kap von Beirut entdeckt worden. Wir besprachen schon Funde von ähnlichem Habitus, die bei Beirut stark abgeschliffen in Geröllen aus der Brandungszone des Mindel-Riß-Interpluvials in sechzig Meter Höhe über dem Mittelmeerspiegel lagen. Das mittelpaläolithische Levalloisien findet sich dort aber scharfkantig erhalten etwas oberhalb der letztinterpluvialen Strandlinie in nur achtzehn Meter Höhe über dem Meere.

Die der nahöstlichen Brücke nach Europa im Norden vorgelagerten Gebirge, die eine Klimascheide waren, sind von den afrikanischen Faustkeilträgern in dieser Zeit nur sporadisch während des Wärmeoptimums des letzten Interpluvials überschritten worden. Im Brückenkopfgebiet der Pyrenäenhalbinsel hingegen sind solche Kulturträger zweitausend Kilometer weiter nach Norden vorgedrungen als im Nahen Osten. Dadurch gibt es in Westeuropa mehr Berührungsgrenzen mit den kontinentalen Kulturen. Sie verschwimmen für uns jedoch im klimabedingten Auf und Ab; die Verzahnungen boten viele Möglichkeiten für schwer ausdeutbare Mischkulturen. Bewohner der südostrussischen oder westasiatischen Räume, die durch Kälte gezwungen waren, die Klimagrenze in südlicher Richtung zu überschreiten, werden dagegen wohl mit reinen Industrien von ursprünglichem Habitus im arabischen Raum aufgetreten sein. Diese Annahme ist durch zwei eigenartige Kulturvorkommen, das »Jabrudien« und das »Prä-Aurignacien«, gestärkt worden.

Das Jabrudien

Als Schicht 25 ist unter dem Abri I von Jabrud eine reine Abschlagindustrie mit europäischem Habitus, das Jabrudien, entdeckt worden. Die Artefakte lagen auf fluviatilen Kiesen, die vom fließenden Wasser, wahrscheinlich am Ende der Riß-Vereisung, eingebracht wurden. Das Jabrudien ist eine ausgesprochene Zitruskultur, führt verschiedene Schaber, Stichel, Bohrer und als Leittyp den Winkelschaber. Dieser Winkelschaber ist im Mittelpaläolithikum in ganz Innereuropa verbreitet gewesen. Die typischen Besonderheiten sowie die Anteile der einzelnen Werkzeuge des endrißzeitlichen Jabrudien stimmen mit dem wohl mehr als fünfzigtausend Jahre jüngeren Charantien in Frankreich so weit überein, daß sich bei einer graphischen Darstellung die Typendiagramme decken. Das Jabrudien ist eine vollausgereifte Industrie; ihr Habitus muß schon lange vor dem Datierungszeitpunkt von Jabrud bestanden haben. Daß die gleichen Formen sehr viel später in Frankreich hergestellt wurden, besagt, daß sich auch noch im Mittelpaläolithikum Menschengruppen wohl über hunderttausend Jahre hinweg völlig konservativ verhielten und daß die Kerngebiete Europas von einer recht einheitlichen Bevölkerung bewohnt waren. Es waren Neandertaler, wahrscheinlich direkte Nachkommen des *homo heidelbergensis*. Jabrudien-Kulturen kommen schon rißzeitlich im europäischen Rußland vor, wo sie unrichtig als Moustérien bezeichnet werden.

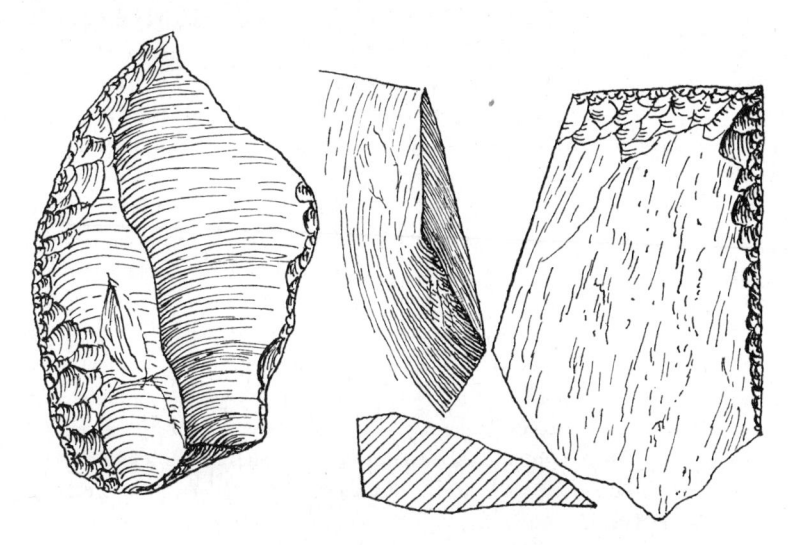

Mittelpaläolithische Bogen- und Winkelschaber aus Jabrud

Ein Teil der aus dem Norden eingedrungenen Jabrud-Bevölkerung war auch im letzten Interpluvial im arabischen Raum geblieben, aber die Industrien verfielen am Ende der Warmzeit. Durch die Berührungen zwischen den Trägern von Abschlag- und Biface-Kulturen kam es im Nahen Osten zu Mischindustrien, so dem Acheuléo-Jabrudien. Das interpluviale Jabrudien vermochte aber auf die Gestaltung des würmzeitlichen Moustériens im Nahen Osten nicht mehr wesentlich einzuwirken. Nördlich der anatolischen Klimagrenze dominierten dagegen im Würm-I-Glazial Industrien mit Jabrud-Habitus, so in der Kiik Koba und an anderen Fundplätzen Rußlands, wie auch in Persien und Afghanistan. Sie werden dort meist fälschlich Moustérien oder mit Blattspitzenhabitus Acheuléen genannt.

Mousteroide Kulturen

Mit dem Beginn der Würm-Kaltzeit wichen die Biface-Industrien im Nahen Osten ebenso den Abschlagkulturen wie in Südwesteuropa. Im Würm-I-Pluvial dominierten wie in Europa dann auch in Arabien mousteroide Industrien. Das »Moustérien« des Nahen

Ostens ist aber typologisch nicht so stark variiert wie das französische und überwiegend durch einen »Levallois-Moustérien«-Charakter gekennzeichnet. Von dem »normalen« Moustérien mit durchschnittlich fünf Zentimeter langen Artefakten weicht ein »Mikro-Moustérien« ab, mit sehr viel kleineren Werkzeugen, teilweise nicht größer als ein Fingernagel. Sporadisch kommen gleichartige Kleinindustrien auch in Westeuropa vor, und es ist wahrscheinlich, daß eine besondere Bevölkerungsgruppe Träger dieser Kulturen war. Ob es sich dabei um Menschen von pygmäischem Typus gehandelt hat, ist völlig ungewiß, denn es wäre falsch, aus der Größe der Werkzeuge Rückschlüsse auf die körperliche Gestalt der Hersteller zu ziehen; der Heidelberger benutzte Artefakte von fünfzehn Kilo Gewicht, während der gleich große oder größere Mesolithiker »Mikrolithen« herstellte. Immerhin wirkt das isolierte Vorkommen eines Mikro-Moustériens inmitten zahlreicher normalgroßer Moustérien-Industrien im Nahen Osten doch recht auffällig. Wir wissen bisher nichts über das Vorhandensein kleinwüchsiger Menschengruppen oder Rassen im Paläolithikum. Sollte die Wurzel der heute lebenden Pygmoiden dennoch bis in die letzte Vereisung – das wären etwa fünfzigtausend Jahre zurück – hinabreichen, so könnte sich ihre Existenz in einem der am Karmel gefundenen Skelette spiegeln, das in einem gleich alten Schichtenverband lag, aus dem in Jabrud das Mikro-Moustérien geborgen wurde. Es handelt sich um das Skelett der 1,43 Meter großen Frau von Tabun, das im (schon gemischten?) anthropologischen Bau eine Anzahl indifferenter Merkmale aufweist, die den übrigen am Karmel aufgefundenen Menschenresten nicht eigen sind. Aus artefaktmorphologischen Gründen kann es als wahrscheinlich gelten, daß der Träger des Mikro-Moustériens aus Afrika stammte.

Auch im Nahen Osten wird wie in Westeuropa das von Neandertaloiden getragene Mittelpaläolithikum am Ende des Würm-I-Pluvials von Klingenkulturen abgelöst, deren Träger der *homo sapiens diluvialis* war.

Die Stammesfarben

Während der Ausgrabung der dreizehn übereinandergelegenen Moustérien-Schichten von Jabrud konnte eine eigenartige Beobachtung gemacht werden: die einzelnen Industrien waren aus verschieden gefärbtem Rohmaterial hergestellt worden. Die Gesamtheit oder der überwiegende Teil des Inhaltes einer Kulturschicht bestand jeweils aus gelblichem, grauem, buntviolettem, glasigem oder andersfarbigem Flint. Gleiche Erscheinungen gab es auch im Jungpaläolithikum Arabiens und Nordeuropas. Die Neandertaloiden von Jabrud hatten jeweils unter dem in ihrem Wohngebiet vorkommenden verschieden gefärbten Flint gewählt, und zwar nicht wegen eines etwaigen Qualitätsunterschiedes, denn aller Flint ist gleich hart; auch waren die Lagerstätten immer gleich gut zugänglich. Eine vorläufige Untersuchung der durch einen Bahnbau in voller Höhe angeschnittenen Ablagerungen einer Höhle am Ras el Kelb ergab, daß auch in diesem libanesischen Küsten-(Winter-)Wohnplatz in jeweils gleicher stratigraphischer Schichthöhe wie am zweihundert Kilometer entfernten, in vierzehnhundert Meter Höhe gelegenen »Sommerplatz« Jabrud technisch entsprechende und gleichartig gefärbte Flintartefakte vorliegen. Auch hier hatten die neandertaloiden Bewohner nach bestimmten Gesteinen gesucht und sie zur Verarbeitung in die Wohnhöhle gebracht. Es ist denkbar, daß es sich bei den jeweils gleichartig gefärbten Artefakten um Hinterlassenschaften der gleichen Jägergruppe handelt.

Empfand man eine bestimmte Farbe als »schön«, so spräche daraus ein »Schönheitsempfinden« des Neandertalers. Dieser Empfindungskomplex müßte allerdings kollektiv angelegt gewesen sein, denn alle Angehörigen einer Gruppe bevorzugten ja die gleiche Farbe. Handelt es sich anderseits vielleicht um eine Stammes- oder Totemfarbe? Eine klare Antwort ist darauf heute noch nicht möglich; wir müssen jedoch annehmen, daß auch das totemistische Gedankengut im geistigen Leben der Neandertaloiden eine bedeutende Rolle gespielt hat. Sein Bärenkult und die Beisetzung verstorbener Stammesgenossen zur Fahrt in die »ewigen Jagdgründe« lassen kaum eine andere Deutung zu.

Die Bevölkerungsdichte

Über die Bevölkerungsdichte im Paläolithikum herrschen meist nur vage Vorstellungen, obgleich sich recht exakte Überlegungen anstellen lassen. Was bedeuten denn Angaben: in Frankreich lägen noch Millionen von unentdeckten Moustérien-Artefakten, der Nahe Osten sei reich besiedelt gewesen, und allein bei der Ausgrabung der palästinensischen Karmel-Höhlen seien etwa vierhunderttausend geschlagene Flintstücke aufgefunden worden?

Die Höhle von Jabrud ist mit fünfundvierzig aufeinanderfolgenden Kulturschichten ein reichbesiedelter Platz im Nahen Osten. Es gehören zehn Schichten dem Jungpaläolithikum an, einer Zeitspanne von etwa zwanzigtausend Jahren. Jede Schicht zeugt von der Bewohnung durch eine Gruppe. Das besagt, daß im Durchschnitt nur alle zweitausend Jahre jungpaläolithische Jäger an diesen Ort gekommen sind. Ferner fanden sich zehn Moustérien-Schichten, die ebenfalls auf zwanzigtausend Jahre zu verteilen sind. Für die Zeit der Besiedlung durch die Neandertaler sind somit gleichfalls Besiedlungslücken von durchschnittlich zweitausendjähriger Dauer angezeigt.

Die Höhlen von Athlit am Karmel liegen an dem zu allen Zeiten offenen Küstenwanderweg, der Nordafrika mit Anatolien verband. Sie sind von den letztinterglazialen Meereshochständen nicht erreicht worden, waren somit auch in dieser Zeit bewohnbar und sind auch bewohnt worden. Athlit bot mit seinen größten Höhlen am westlichen Mittelmeer ein ideales Winterquartier, denn selbst unter den heutigen interglazialen Verhältnissen kommt es etwa bei Jabrud im Hochland zu starken Schneefällen und bis zu zehn Grad Kälte. Während der Ausgrabung der Athlit-Höhlen wurden etwa vierhunderttausend Flintstücke gefunden. Eine spezifizierte schichtliche Gliederung konnte nicht erkannt werden, weil es wahrscheinlich schon zur Zeit der Besiedlung zu Störungen gekommen ist. Rechnen wir nun nach Erfahrungen, die an schichtreinen Vorkommen im Nahen Osten gewonnen wurden, damit, daß eine Gruppe in einem Jahr zweitausend Flintstücke geschlagen hat, so ist das eher zu niedrig als zu hoch angesetzt, denn die Jungpaläolithiker der Hamburger Kultur zum Beispiel fertigten in nachweislich dreimonatigem Aufenthalt auf ihren Lagerplätzen drei- bis fünftausend Flintstücke an. Teilen wir das Gesamtvorkommen von Athlit durch zweitausend, so ergeben sich zweihundert Kulturschichten, die einschließlich des letzten Interglazials auf einen Zeitraum von rund hunderttausend Jahren zu verteilen sind. Wir müssen damit auch für den am häufigsten benutzten Wohnplatz im nahöstlichen Küstengebiet mit Besiedlungslücken von durchschnittlich fünfhundert Jahren rechnen. Wollte man diese Lücken schließen, so müßte man vierhundertneunundneunzig weitere Plätze erschließen, die ebenso reichhaltig sein müßten wie Athlit. Gelänge es, durch die Summierung aller Vorkommen im Lande diese »Artefaktsumme« aufzubringen, so hätten wir nicht mehr als den Nachweis erbracht, daß sich in diesem Gebiet nur eine einzige kleine Menschengruppe von vielleicht zehn Köpfen dauernd aufgehalten hat.

Selbst bei optimistischer Beurteilung, die auch die Zerstörung einer großen Zahl von Freilandwohnplätzen durch Erosion oder ähnliches berücksichtigt, müssen wir annehmen, daß Arabien während des Pleistozäns von nur wenigen kleinen Menschengruppen bewohnt war und daß bestimmte Gebiete jahrzehnte- oder jahrhundertelang nicht besucht wurden. Vielleicht ist es nicht ganz abwegig zu glauben, daß es in der Zukunft sogar einmal möglich werden könnte, die Wanderwege einzelner Gruppen an Hand der »Totemfarbe« ihrer Artefakte zu verfolgen.

Die Population in Italien, Spanien und Frankreich war im Pleistozän gleich stark wie in Arabien. Für Innereuropa deuten Vergleichszahlen auf eine außerordentliche Bevölkerungsarmut hin. Es gibt zwischen Rhein und Kaspischem Meer keine Wohnhöhle, in der für einen Zeitraum von hunderttausend Jahren mehr als zehn Artefakt-Schichten gefunden worden sind. Höhlen mit fünf Kulturschichten werden in diesem Gebiet als reichhaltig bezeichnet.

Aus allen bisherigen Funden Rückschlüsse auf die Zahl der Gesamtbevölkerung des mittelpleistozänen Europas zu ziehen ist schwer möglich. Eine Vorstellung von den Größenverhältnissen mag das folgende rein theoretische Rechenexempel geben: Wenn vor zweihunderttausend Jahren in ganz Europa tausend Paare gelebt hätten, so brauchten sie sich durchschnittlich nur alle zehntausend Jahre zu verdoppeln, um die heutige europäische Bevölkerungszahl von etwa einer Milliarde zu erreichen. Hätten tausend Paare jedoch schon vor dreihunderttausend Jahren begonnen, sich in gleichem Entwicklungsrhythmus zu vermehren, so würden sie heute rund tausend Milliarden lebende Nachkommen haben. Das zeigt, daß die Kopfzahl der eiszeitlichen Erdbevölkerung außerordentlich gering gewesen sein muß.

Im Pleistozän wird der gewordene, bewaffnete Mensch in seiner Größenordnung nicht nur das schwächste, sondern auch das seltenste Lebewesen auf der Erde gewesen sein. Der Mensch dürfte sich von sehr schmaler Basis aus entwickelt haben und trotz seiner geistigen Fähigkeiten und im Besitz der Bewaffnung noch jahrhunderttausendelang biologischen Gesetzlichkeiten unterworfen geblieben sein. Allem Anschein nach erlitt die Menschheit im Pliozän und im Pleistozän gleich hohe oder höhere Verluste als die Tierwelt. Der prähistorische Mensch war ein schweifender Jäger, der nach dem Beispiel der heute lebenden reinen Wildbeuter seinen Wohnsitz dauernd kurzfristig verlegte. Erst als er seßhaft wurde, konnte er zum wirklichen Beherrscher seines Lebensraumes werden und ihn von seinem gesicherten Standquartier aus dauernd beobachten und von gefährdenden Erscheinungen frei halten.

Das Mittelpaläolithikum in Ostasien, Australien und Amerika

Richten wir unseren Blick über die arabische Landbrücke hinaus nach Osten, so liegen aus Indien und Ostasien einschließlich der Inselgruppen mit den prachtvollen anthropologischen Funden nur sporadische Angaben über ein Vorkommen mittelpaläolithischer Kulturspuren vor. Die Untersuchungen sind aber, wie in einem Großteil Afrikas, noch so wenig weit über die Anfangsstadien hinaus vorgetragen worden, daß man lediglich von einem Vorhandensein einschlägiger Industrien von meist altertümlichem Habitus sprechen kann, die noch nicht in Kulturkreise zusammenzufassen oder mit weiter entfernt vorkommenden Entsprechungen zu verbinden sind. Aus Australien und Amerika sind noch keine Kulturreste aus dem Mittelpaläolithikum bekanntgeworden.

Jagd, Kunst und Religion

Der Mittelpaläolithiker war wie sein Vorfahre Nutznießer dessen, was er an der Erdoberfläche vorfand. Für die Tundrabewohner, etwa von Salzgitter-Lebenstedt, dürfte, wie später für die Jungpaläolithiker, der vorverdaute Mageninhalt des Rens eine wichtige Vitaminquelle gewesen sein. In den Warm- und Kaltzeiten wurde alles, was an jagdbarem Wild erreichbar war, eingebracht. Aus den Lagerplätzen sind die verschiedensten Beutereste bekanntgeworden: Waldelefant, Mammut, Nashorn, Wisent, Ur, Höhlenbär, Braunbär, Höhlenlöwe, Hyäne, Luchs, Riesenhirsch, Edelhirsch, Damhirsch, Elch, Ren, Reh, Gazelle, Wolf, Fuchs, Marderarten, Vögel, Fische und andere Tiere, aus den wärmeren Zonen Vertreter der subtropischen und der tropischen Fauna.

Über die Bewaffnung des Neandertalers ist nichts bekannt. Ob neben Wurflanzen, Keulen, Wurfhölzern auch ferntragende Waffen, die über den Bereich der Wurfspeere hinausreichten, also die Bogenwaffe oder die Speerschleuder, angewendet wurden, ist ungewiß. Auch haben wir keine Hinweise auf den Gebrauch von Fallen, Schlingen, Reusen und Angelhaken und auf die Verwendung von Giften. Sehr wahrscheinlich wird der Neandertaler diese Waffen und diese Fangmethoden, vielleicht mit Ausnahme des Pfeilgiftes, benutzt haben. Das gilt auch für die Bogenwaffe, denn die Tatsache, daß sich unter dem lithischen Material des Neandertalers keine ausgeprägten Pfeilspitzen finden, spricht nicht gegen die Verwendung von einfachen zugespitzten Holzpfeilen, wie sie noch im Endpaläolithikum von Hamburg-Ahrensburg und bei heutigen Naturvölkern in Gebrauch waren und sind.

Bei der Jagd galten keinerlei humanitäre, hegerische Grundsätze, denn trächtige Muttertiere und neugeworfene Stücke wurden nicht geschont. Vorwiegend dürfte wohl die Angriffsjagd mit geräuschlosen Waffen auf das allgemein wenig gejagte und daher vertraute Wild betrieben worden sein und dem Neandertaler auch am meisten zugesagt haben. Die geringe Population inmitten einer reichen Tierwelt sind Argumente gegen die Annahme, daß der Neandertaler Fallgruben, vielleicht gar solche für Elefanten, angelegt hätte; jedenfalls sind bisher auch keine Fallgruben nachgewiesen worden.

In den Gebieten, die während des Würm-Glazials unter Kälteeinwirkungen standen, Frankreich eingeschlossen, muß der Neandertaler Kleidung getragen haben, und zwar

Jacken, Hosen und Schuhwerk. Freilandbewohner werden in Hütten oder Zelten gewohnt haben. Der Neandertaler benutzte das Feuer; wie er es entzündet hat, ist nicht bekannt.

Das Brauchtum, anscheinend »Totemtiere« beizusetzen, haben wir erwähnt, auch daß in Gebieten mit verschiedenfarbigem Rohmaterial die Wahl des Materials totemistisch fundiert gewesen sein kann. Hinweise auf eine künstlerische Betätigung besitzen wir dagegen noch nicht, aber man sollte solche Möglichkeiten nicht ausschließen. Der nachweisbare Kannibalismus mag auf egozentrische Zielsetzungen des Einzelnen, sich Macht und Fähigkeiten des Getöteten anzueignen, zurückzuführen sein. Aber es gab darüber hinaus auch religiöse Vorstellungen, so den Glauben an die Existenz eines belebten Jenseits. Wir kennen einige Dutzend Gräber von Neandertalern. Die Verstorbenen wurden ganzkörperlich, zum Teil in Schlafstellung einzeln oder gepaart, oft in kleinen Steinkammern oder durch aufgelegte Steinplatten geschützt, pietätvoll beigesetzt. Man gab den Toten zur Fahrt in die ewigen Jagdgründe, in ein Reich, in dem vielleicht eine Gottheit ihren Sitz hatte, Steinwerkzeuge, wahrscheinlich auch Waffen aus organischem Material und Wildstücke als Wegzehrung mit auf die Reise.

In den Kulturschichten fand man mehrfach einzelne Unterkiefer, Schädel oder Schädelteile, die wohl im rituellen Brauchtum irgendeine Bedeutung hatten. Die interessanteste und eigenartigste Schädelbeisetzung ist in einer Höhle am Monte Circeo in Mittelitalien gefunden worden. Bei der Entdeckung fand sich an der Oberfläche des Höhlenbodens ein kleiner Steinkranz, in dessen Mitte ein vollständig erhaltener Neandertaler-Schädel ohne Unterkiefer lag. Das Hinterhauptloch des Schädels, an das sich die Wirbelsäule anschließt, war künstlich erweitert worden, vielleicht um das Gehirn besser entnehmen zu können. Auf dem Höhlenboden lagen ferner Tierknochen und Hyänenexkremente. Die Höhle, deren Zugang durch Schutt sehr eng geworden war, muß nach der Beisetzung des Schädels sofort mit Gesteinsstücken geschlossen worden sein, denn der Schädel wies keinerlei Verbiß durch Hyänen auf. Der Verschluß hat das Höhleninnere von der Luft abgeschlossen, und die mit Feuchtigkeit gesättigte Innenluft hat dann die Abwitterung der Höhlendecke und die Verwitterung des Schädels verhindert. Die heutige Höhle bietet genau dasselbe Situationsbild, wie es der letzte die Begräbnisgruft verlassende Neandertaler vor fünfzigtausend Jahren gehabt hat – ein einmaliger Fall.

Das Jungpaläolithikum

Die letzte Glazial-Periode, die Würm-Vereisung, wird in drei Stadien gegliedert. Die Würm-I-Phase oder das Alt-Würm lief vor ungefähr sechzigtausend Jahren an und endete vor etwa vierzigtausend Jahren. Dieser Depression schloß sich ein schwaches Interstadial von vielleicht zehntausendjähriger Dauer an, dem mit den Würm-II- und Würm-III-Abschnitten zwei Kälteperioden folgten, die vor rund zwölftausend Jahren ausliefen.

Wir haben gesehen, daß die altpaläolithischen Artefaktindustrien fast unverändert auch im letzten Interglazial anzutreffen waren, bei Beginn des Würm I leicht mousteroid modifiziert wurden und bis ans Ende dieses Kälteabschnittes absolut dominierend in voller Blüte standen. Der konservative Habitus der Industrien spricht für ein uniformes Verhalten der Träger auch in den übrigen Lebensbereichen. Danach darf man annehmen, daß die frühe Menschheit homogen heranwuchs. Kulturhistorisch gesehen, verschmolzen die früh- und mittelpleistozänen Gruppen der Biface- und Abschlagkulturen im Würm I mehr und mehr miteinander. Träger dieser Mischkultur war der Mensch vom Neandertalertyp im weiteren Sinne.

Diese anscheinend harmonische Entwicklung wurde mit dem Ende des Würm I plötzlich abgeschnitten. Unvermittelt trat nämlich zu Beginn des Würm-I-II-Interstadials in Mitteleuropa eine neue Menschenrasse auf, der *homo sapiens diluvialis*, der Träger der jungpaläolithischen Klingenkulturen. Er erscheint plötzlich in starker Population. Aber wir haben aus den vorangegangenen zwanzigtausend Jahre umspannenden mousteroiden Industrien keinerlei typologische Anhaltspunkte, die auf die Entwicklung zu einer jungpaläolithischen Klingenkultur hindeuten. Es mutet uns an, als sei der neue Mensch aus dem Nichts hervorgetreten.

Das Prä-Aurignacien

Aus diesem spontanen Auftauchen kann nur gefolgert werden, daß der *homo sapiens* aus Gebieten einwanderte, die von der Forschung noch nicht eingehender erfaßt worden sind und in denen er sich, isoliert aus älteren Vorformen erwachsen, entwickeln und seine spezifischen Klingenkulturen vervollkommnen konnte. Da wir das vorwürmzeitliche Entwicklungsgebiet des *homo sapiens* noch nicht kennen, bleibt uns nur die Möglichkeit, nach Spuren Umschau zu halten, die uns an die Peripherie dieses Raumes heranführen könnten. Vor rund fünfzig Jahren wurde bei El Sotillo nahe Madrid inmitten von Faustkeilstraten eine Industrie mit zahlreichen Klingen gefunden, zu der aber in Westeuropa bisher keine Parallele entdeckt werden konnte; sie blieb auf sich gestellt. In einigen Acheuléen-Industrien Frankreichs kommen ebenfalls Klingenformen vor, treten aber nirgendwo zahlenmäßig stärker hervor. Den stärksten Klingenhabitus trägt die wohl rißinterstadiale oder ältere Markkleeberg-Kultur von Leipzig, die um 1910 entdeckt wurde. Klingenformen von teilweise jungpaläolithischem Habitus überwiegen in dieser altpaläolithischen Industrie gegenüber Typen von Levalloisien-Charakter. Im Jahre 1932 wurde dann aber in Syrien eine reine Industrie mit eindeutig jungpaläolithischer Formgebung gefunden, die stratigraphisch gesichert älter ist als alle echten würmzeitlichen Klingenkulturen in Europa. Dieses »Prä-Aurignacien« fand sich in Jabrud in einem Schichtenverband, der Industrien des ausgehenden Acheuléens, des Micoquiens und des verfallenden Jabrudiens enthielt. Dieses Prä-Aurignacien ist auf etwa sechzigtausend Jahre zu datieren, das heißt in den jüngeren Abschnitt der zweiten Hälfte des letzten Interpluvials.

Was läßt sich aus dem spontanen Auftreten des Prä-Aurignaciens, das im Nahen Osten bisher keine Vorläufer hat, schließen? Schon bei der Besprechung des älteren Paläolithikums haben wir gesehen, daß Menschengruppen mit reinen, noch unvermischten Kulturen (Jabrudien) die anatolische Klimagrenze von Norden her überschritten und auf die von

Biface-Kulturträgern besetzte arabische Landbrücke gelangten. Die Auffassung, daß auch die Träger des Prä-Aurignaciens aus dem Norden kamen, stützt sich darauf, daß Klingenkulturen von mittelwürmzeitlichem und höherem Alter nur aus Arabien und den nördlich davon gelegenen Räumen bekannt sind. Bei Athlit kamen während der Ausgrabungen in gleichalten Schichten wie in Jabrud Artefakte von Prä-Aurignacien-Habitus zutage. Und auch bei Adlun im Libanon sind im Jahre 1958 reine Prä-Aurignacien-Schichten entdeckt worden. Bei Athlit wurde eine reiche Fauna gefunden, und man erkannte, daß zur geologischen Zeit des Auftretens des Prä-Aurignaciens in Arabien ein Faunenwechsel stattgefunden hat, der durch eine Einwanderung von Tieren gekennzeichnet ist, die ein kühles Klima liebten, die also aus dem Norden gekommen sein mußten. Wir dürfen annehmen, daß der Träger des Prä-Aurignaciens mit dieser Tierwelt zusammen aus dem Norden einzog. Der vielleicht in den Flachlandgebieten Ostrußlands oder Westasiens wohnende Prä-Aurignacien-Mensch dürfte zu Beginn des Würm-Glazials vor einem Kältedruck nach Süden ausgewichen sein.

Der frühe Einbruch in Arabien blieb offensichtlich einmalig; jedenfalls haben wir aus dem zwanzigtausend Jahre andauernden Würm-I-Glazial keine Spuren weiterer Vorstöße in die von Neandertalern besetzte und vielleicht verteidigte Halbinsel. Der erste Einbruch hat offensichtlich zu einem Verschmelzungsprozeß mit den Neandertalern geführt, denn im unteren Moustérienverband von Jabrud fand sich eine Mischkultur, das »Moustério-Prä-Aurignacien«.

Ungefähr in der gleichen stratigraphischen Lage, in der das Moustério-Prä-Aurignacien in Jabrud gefunden wurde, entdeckte man bei Athlit mehrere offensichtlich bestattete Skelette, von denen einige der Neandertaler-Reihe angehörten, andere dagegen trugen Kennzeichen der *homo-sapiens*-Form. Auch Mischformen wurden gefunden, die vielleicht Träger des Moustério-Prä-Aurignaciens gewesen sind. Danach können die Menschen des reinen Prä-Aurignaciens im letzten Interglazial anthropologisch gesehen dem Typ des würmzeitlichen *homo sapiens diluvialis* geglichen haben. Die Karmel-Menschen verkörpern somit nicht, wie man annahm, verschiedene Stadien des Hervorwachsens des *homo sapiens* aus dem Neandertaler.

Der nächste Einbruch von Trägern jungpaläolithischer Klingenindustrien nach Arabien fand erst zwanzigtausend Jahre später statt, also zu einer Zeit, als der *homo sapiens* auch in Mitteleuropa auftrat. Es besteht wieder kein Zweifel, daß dieser Vorstoß von nördlich gelegenen Gebieten aus vorgetragen wurde. Die Untersuchung der Industrien dieser neuerlichen Einwanderung, die als »Alt-Aurignacien« bezeichnet werden und in Jabrud unmittelbar über dem jüngsten Moustérien liegen, brachte ein höchst überraschendes Ergebnis. Die Artefakte stimmten nämlich mit denen aus dem sehr viel älteren Prä-Aurignacien typologisch überein; auch decken sich die Kurven einer graphischen Darstellung der Typenanteile. Das läßt die Annahme zu, daß beide Industrien von der gleichen Entwicklungsgruppe herstammen.

Wahrscheinlich ist die Heimat dieser Gruppen, Ostrußland oder Westasien, nicht nur von Trägern dieser Industrietypen, sondern auch von anderen *homo-sapiens*-Gruppen bewohnt worden. Denn unmittelbar über der Alt-Aurignacien-Schicht folgen in Jabrud acht Kulturschichten aus dem mittleren und jüngeren Aurignacien von nahöstlichem Habitus, die sich typologisch alle vom genannten Alt-Aurignacien unterscheiden. Es trafen somit aus dem Norden im Würm-I-II-Interstadial und später weitere Invasionswellen des *homo sapiens* in Arabien ein, und zwar von kulturell verschiedenen Jägergruppen.

In Mitteleuropa finden sich die frühesten Alt-Aurignacien-Industrien am Beginn des Würm-Interstadials ein; später folgen typologisch jüngere Industrien. Sie stimmen aber alle formlich nicht mit den nahöstlichen überein und müssen einer andersartigen Bevölkerungsgruppe zugeschrieben werden. Da das früheste Jungpaläolithikum im östlichen Mitteleuropa älter ist als in Frankreich, können wir annehmen, daß der *homo sapiens diluvialis* vom Osten her nach Zentraleuropa eingewandert ist. Die ältesten Vorkommen jungpaläolithischer Kulturen fanden sich jedenfalls an der Peripherie eines ausgedehnten nordeurasiatischen Gebietes, dessen südliche Begrenzung ungefähr die Linie Baltikum–Kaspisee–Nordrand der asiatischen Hochgebirge–Ostsibirien ist.

Dieser Nordraum bot genügend Bewegungsmöglichkeiten für die isolierte Existenz verschiedener Bevölkerungsgruppen, die von neandertaloiden Einflüssen unberührt die Entwicklung ihrer Gebrauchsgüter bis zum jungpaläolithischen Niveau durchführen konnten.

Entstanden sein können die *homo-sapiens*-Rassen in diesem Gebiet jedoch nicht; lediglich die Frühformen werden sich hier während der fünfzigtausend Jahre des letzten Interglazials entwickelt haben. Hinweise auf die Existenz ältester Frühformen sind nämlich die Schädel von Steinheim und Swanscombe, sapiensartige Protoformen, die vielleicht schon im Frühpleistozän ihre Eigenständigkeit erlangt hatten. Als mutativ entstandene Splittergruppe könnten sie dann ihre endgültige Ausbildung in Nordeurasien erlangt haben (bezogen auf die jeweilige Eisgrenze).

Daß das nordeurasiatische Flachlandgebiet von verschiedenen Gruppen bewohnt war, beweist eine neue Welle nach Arabien eindringender jungpaläolithischer Jäger. Auch in Mitteleuropa läßt sich typologisch eine zwiefache Einwanderung feststellen. Die vier Invasionsgruppen sind kulturmorphologisch alle eigenständig. Halten wir eine Staffelung, wie sie heute in Sibirien in Form von Tundra-Taiga- und Steppenbewohnern vorliegt, in loser Ordnung auch in der Frühzeit für möglich, so wären die Träger des Prä-Aurignaciens und des Alt-Aurignaciens in Arabien die Bewohner der südlichen Zone gewesen, denen das mittlere Aurignacien höher aus dem Nordosten kommend folgte. Diese Gruppen mögen vielleicht Vorläufer des asiatischen Habitus gewesen sein. Eine mehr europäische Prägung zeigen die zuerst vor rund vierzigtausend Jahren nach Mitteleuropa eindringenden Industrien, die vielleicht aus den Gebieten westlich des Urals kamen.

Die Radio-Karbon-Datierung

Für unsere weiteren Betrachtungen ist es angebracht, daß wir kurz auf die Altersangaben für die einzelnen Kulturvorkommen und geologischen Erscheinungen eingehen. Alle hohen Zahlenangaben, wie eine Million Jahre für den Beginn des Pleistozäns, vierhunderttausend Jahre für den Heidelberger von Mauer, hunderttausend Jahre für den Beginn des letzten Interglazials, sind keine absoluten Werte, sondern Schätzungs- und Berechnungswerte, die aus astronomischen Deutungen, Schätzungen von Sedimentationsgeschwindigkeiten oder etwa aus Berechnungen stammen, wie lange die eiszeitlichen Gletscher jeweils benötigt haben, um zu werden und zu vergehen. Ferner wurde versucht, den Fluorgehalt in Fossilien für Altersbestimmungen auszuwerten. Fluor ist im Grundwasser enthalten und wird in den Knochen um so stärker angereichert, je länger sie im Wasser liegen. Aber die Messungen hatten keine sehr exakten Ergebnisse, sie können nur wertvoll sein, wenn etwa in umgelagerten Flußschottern Fossilien von verschiedenem Alter zusammen aufgefunden werden oder wenn, wie es geschehen ist, Menschenknochen vorgelegt werden, die angeblich aus sehr alten Schichten geborgen sein sollen und auf Grund des geringen Fluorgehaltes als Fälschungen erkannt werden.

Vor einigen Jahren ist nun die Radio-Karbon-Methode entdeckt worden; sie ermöglicht eine verhältnismäßig sichere Datierung bis zu etwa fünfzigtausend Jahre zurück. Das zu untersuchende Material wird nach einer im Band 9, Seite 488, dieses Werkes beschriebenen Methode auf seinen Gehalt an radioaktivem Kohlenstoff C 14 untersucht. Dafür sind Holzkohle und Holz das bestgeeignete Material, das leider so selten erfaßt werden kann. Bei den häufiger gefundenen Knochen und Geweihen sind bisher keine einwandfreien Messungsresultate erzielt worden, wenngleich auch in ihnen Kohlenstoff C 14 enthalten ist, der über die aufgenommene Vegetation in den Knochen abgelagert wurde. Neuerdings werden Methoden entwickelt, die hoffen lassen, daß man über das radioaktive Thorium 230 mit einer Halbwertzeit von dreiundachtzigtausend Jahren bis zu dreihunderttausend Jahre zurück wird datieren können und mit dem radioaktiven Beryllium 10 mit einer Halbwertzeit von 2,7 Millionen Jahren gar ins Tertiär vorzudringen vermag.

Die Invasion des homo sapiens diluvialis

Vor rund vierzigtausend Jahren zu Beginn des Würm-I-II-Interstadials treten im Raume Ungarn-Tschechoslowakei die ältesten Aurignacien-Klingenkulturen in Erscheinung. Während in den Geröll- und Kernkulturen sowie in den Abschlagindustrien aus den älteren Abschnitten der Menschheitsgeschichte vorwiegend Abschläge verwendet wurden, die breitkurz sind, trennte man in den Klingenkulturen von zylindrischen oder kegelförmigen Kernsteinen meist fingerlange, klingenförmige Späne ab, die mindestens dreimal länger als breit sind. Aus solchen oft messerscharfen Grundformen wurden dann fast alle Werkzeuge, Waffen, Spitzen und dergleichen hergestellt. Wenn wir für die alt-pleistozänen Industrien die Kompaktheit der Artefakte mit dem Bedürfnis des Frühmenschen, die Werkzeuge mit der ganzen Hand zu packen, erklären konnten, so deuten die zerbrechlichen Klingen den Wunsch an, grazilere Werkzeuge, die mit den Fingern angefaßt wurden, für eine fortschrittlich elegante Arbeitstechnik zu gewinnen.

Aus den Klingen wurden in den einzelnen Industrien jeweils bis zu dreißig Spezialwerkzeuge angefertigt. So etwa Klingenkratzer, deren Oberenden retuschiert wurden; sie konnten rund, schräg, gerade, hohl oder spitz zugearbeitet sein. Unter den Sticheln mit schmaler, querstehender Schneide am Oberende, mit denen man schmale Kanäle, etwa zum Abtrennen von Knochenteilen, eintiefen konnte, liegen Mittel-, Eck-, Kanten-, Bogen-, Kern-Stichel und weitere spezielle Ausführungen vor. Spitze Klingen, an denen eine Längskante oder beide so abretuschiert (verstumpft) sind, daß sie als Fingerlage dienen, werden als Chatelperron-, Gravette-, Kremser- oder Font-Yves-Spitzen oder als Federmesser oder Messer mit abgedrücktem Rücken bezeichnet. Hergestellt wurden ferner Sägen, Bohrer, Raspeln, Zinken, gestielte oder gekerbte Pfeilspitzen und an verschiedene Industrien gebundene Spezialtypen. Aufgebrauchte Kernsteine und Stücke, die oft wie ein kleiner Eselhuf zugeformt waren (»Hochschaber«), dienten als Hobel. Vereinzelt finden sich größere, mit der ganzen Hand zu fassende Fellschaber, die zur Säuberung und Entfettung von Tierhäuten dienten. Träger dieser Klingenkulturen war zweifellos der *homo sapiens*, denn im Zusammenhang mit körperlichen Resten dieser eigenständigen Menschenrasse sind immer nur Klingenartefakte gefunden worden, während sich bei Neandertal-Skeletten immer nur mousteroide Werkzeuge vorfanden.

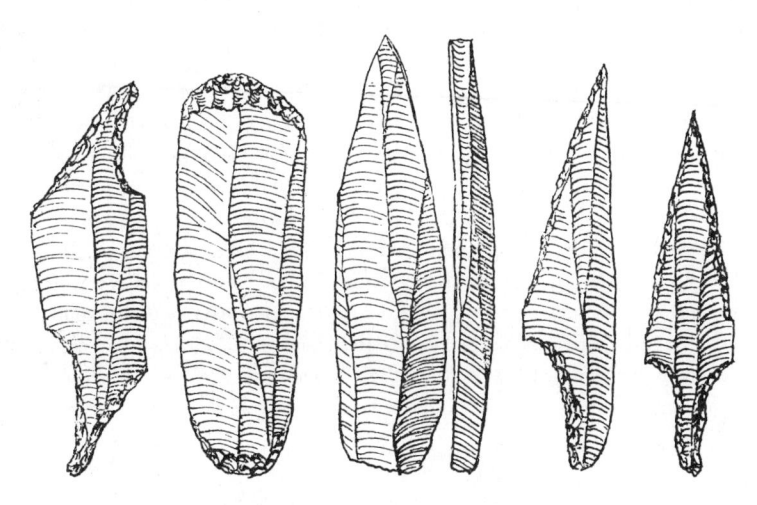

Jungpaläolithische Klingenartefakte

Die allgemeine Abwanderung des im Norden lebenden *homo sapiens* nach Süden im ersten Drittel der Würm-Vereisung wird auf den Kältedruck zurückzuführen sein. Der *homo sapiens* ist aber erst gegen Ende des Würm I in Südosteuropa beherrschend in Erscheinung getreten, denn das Kältemaximum trat wie bei allen Eiszeiten erst nach dem Höchststand der Vereisung ein. Vorstöße nach Zentraleuropa und nach Arabien haben im Würm I nicht stattgefunden, vielleicht weil diese Räume durch den Neandertaler blockiert waren. Aber das ist ganz ungewiß. Immerhin scheint hinter der Invasionsbewegung die zwingende Notwendigkeit gestanden zu haben, die alten durch biotopische Umwälzungen veränderten Jagdgebiete zu verlassen. Bedeutsam ist, daß in allen Gebieten nach der Besetzung durch den *homo sapiens* ein Weiterleben des Neandertalers nicht mehr festgestellt werden kann. Hat sich auch der Neandertaler klimabedrängt nach dem Süden abgesetzt, ist er also ohne Widerstand abgezogen? Oder haben die Eindringlinge den Neandertaler vernichtet?

Gegen eine freiwillige Räumung der angestammten Gebiete spricht, wie uns das Beispiel Salzgitter-Lebenstedt zeigt, daß es klimaharte neandertaloide Gruppen gegeben hat. Bei Ahrensburg sind über tausend Artefakte einer Zitrusindustrie der »Hagener Kultur« gefunden worden, die wahrscheinlich von einer während des Würm-I-II-Interstadials in Norddeutschland lebenden und möglicherweise vom *homo sapiens* nach Norden in die unwirtlichen Gebiete abgedrängten Neandertalergruppe stammen. Diese Neandertaler hätten sich in einer ähnlichen Lebenslage befunden wie die von den Indianern in Nordamerika nach Norden gedrängten Eskimos. Ein solches Wegdrücken in jagdwirtschaftlich uninteressante Gebiete wird man vielleicht auch einmal für den alpinen Raum feststellen können, denn in Südwesteuropa dauern die mousteroiden Kulturen länger an als in Mitteleuropa.

In der ersten Periode der Umschichtung ist es möglicherweise aber auch zu friedlichen Begegnungen und Vermischungen (vielleicht nur mit den Frauen der Neandertaler?) gekommen, wie es aus einem der ältesten Beispiele dieser Art, aus dem sowohl anthropologisch wie auch artifiziell gemischten Charakter der Funde vom interglazialen Weimar-Ehringsdorf zu ersehen ist. Für den Nahen Osten wiesen wir schon auf die frühwürmzeitliche Industrie des Moustério-Prä-Aurignaciens von Jabrud hin. Auch in der Tschechoslowakei, Jugoslawien und Ungarn findet sich eine Mischkultur (das Szelettien), die vielleicht fünfundvierzigtausend Jahre alt oder älter ist und auf eine Verbindung zwischen mousteroiden und jungpaläolithischen Grundformen deutet. Selbst in den unteren jungpaläolithischen Straten Frankreichs gibt es einige Industrien mit Mischkulturencharakter, die fälschlich als ein Herauswachsen jungpaläolithischer Kulturen aus mousteroiden Vorläufern interpretiert werden, so daß danach auch der *homo sapiens* dort entstanden sein könnte.

Über die Zahl der eingewanderten Jungpaläolithiker wissen wir natürlich nichts. Waren es tausend oder gar zehntausend Menschen, die in lockeren Kleinverbänden vielleicht im Laufe von Jahrtausenden eintrafen? Volkreicher dürfen wir uns diese Wanderung jedenfalls kaum vorstellen.

Haus-, Hütten- und Zeltbau

Die Jungpaläolithiker kamen, ganz gleich wie weit nördlich ihre interglazialen Lebensräume gelegen haben mögen, aus höhlenfreien Flachlandgebieten. Es ist bemerkenswert, daß sie nicht alle beim Eindringen in gebirgige Landstriche unter Schutzdächern oder in Höhlen zu leben begannen, sondern lieber nach alter Sitte weiter im Freien wohnten, das heißt natürlich in künstlichen Behausungen, die nicht erst zu dieser Zeit erfunden wurden.

Als die ersten Publikationen über die Auffindung jungpaläolithischer Wohnbauten vorgelegt wurden, schien es geradezu unglaublich, daß der eiszeitliche Mensch schon vor dreißigtausend Jahren architektonisch klar durchdachte Unterkünfte gebaut haben sollte. Weitere Funde aus den südwestrussischen Lößgebieten bestätigten aber schon bald die ersten Angaben, und von den Mammutjägerplätzen Kostienki, Pûskari, Timonowa und anderen Wohnlagern liegen uns heute eindeutig rekonstruierbare Hinterlassenschaften vor.

Man kann bei einem Teil dieser Behausungen nicht von Hütten sprechen, sondern muß sie schon als Hausbauten bezeichnen. Sie sind mehr oder weniger tief in den Boden

Jungpaläolithische Zeltanlagen in Ahrensburg / Holstein
Winterzelt aus dem Magdalénien. Unten: Sommerzelt aus der Hamburger Stufe
mit Haltesteinen und Gruben zur Bodenentnahme

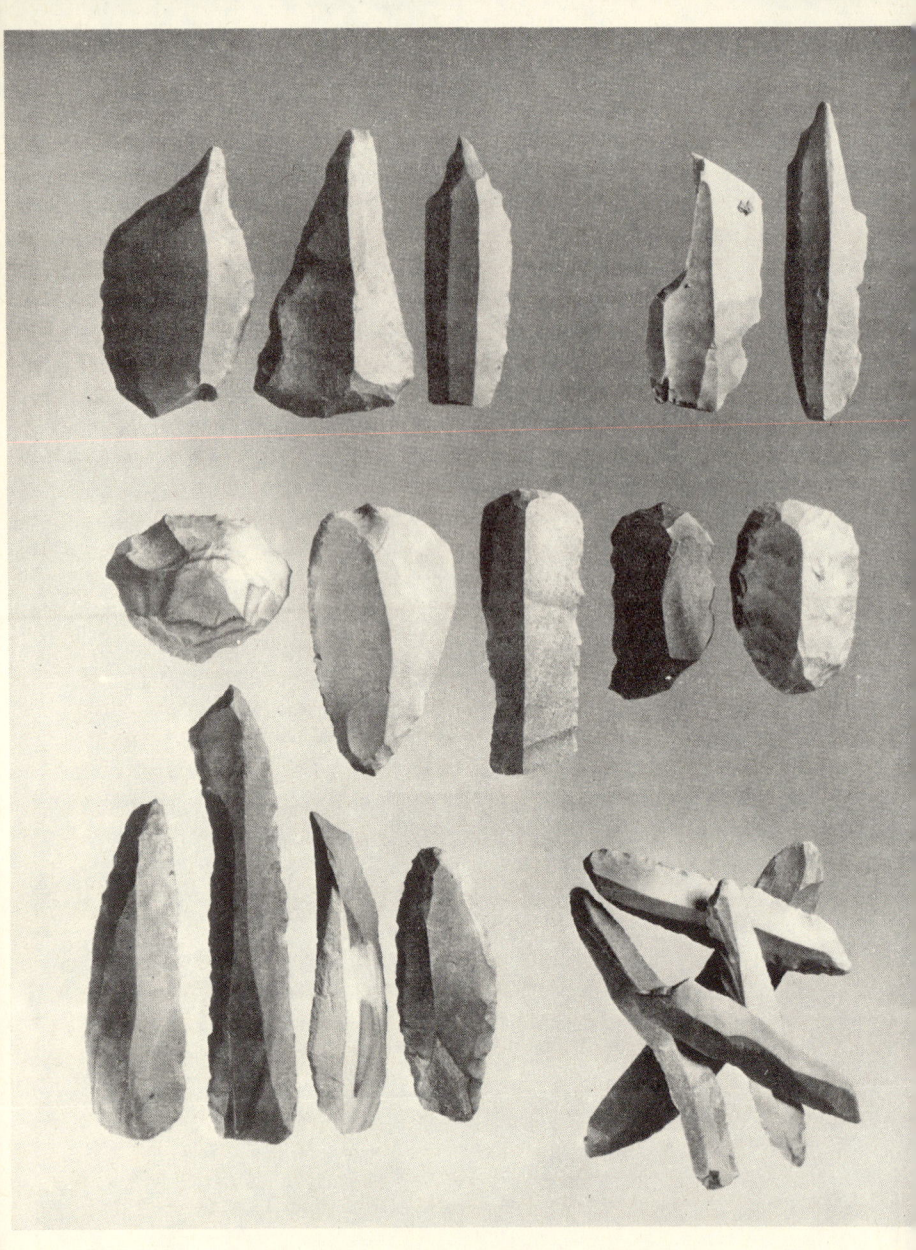

Feuersteingeräte
aus dem Magdalénien der Vogelherdhöhle bei Stetten ob Lontal / Württ.
Tübingen, Institut für Vor- und Frühgeschichte der Universität

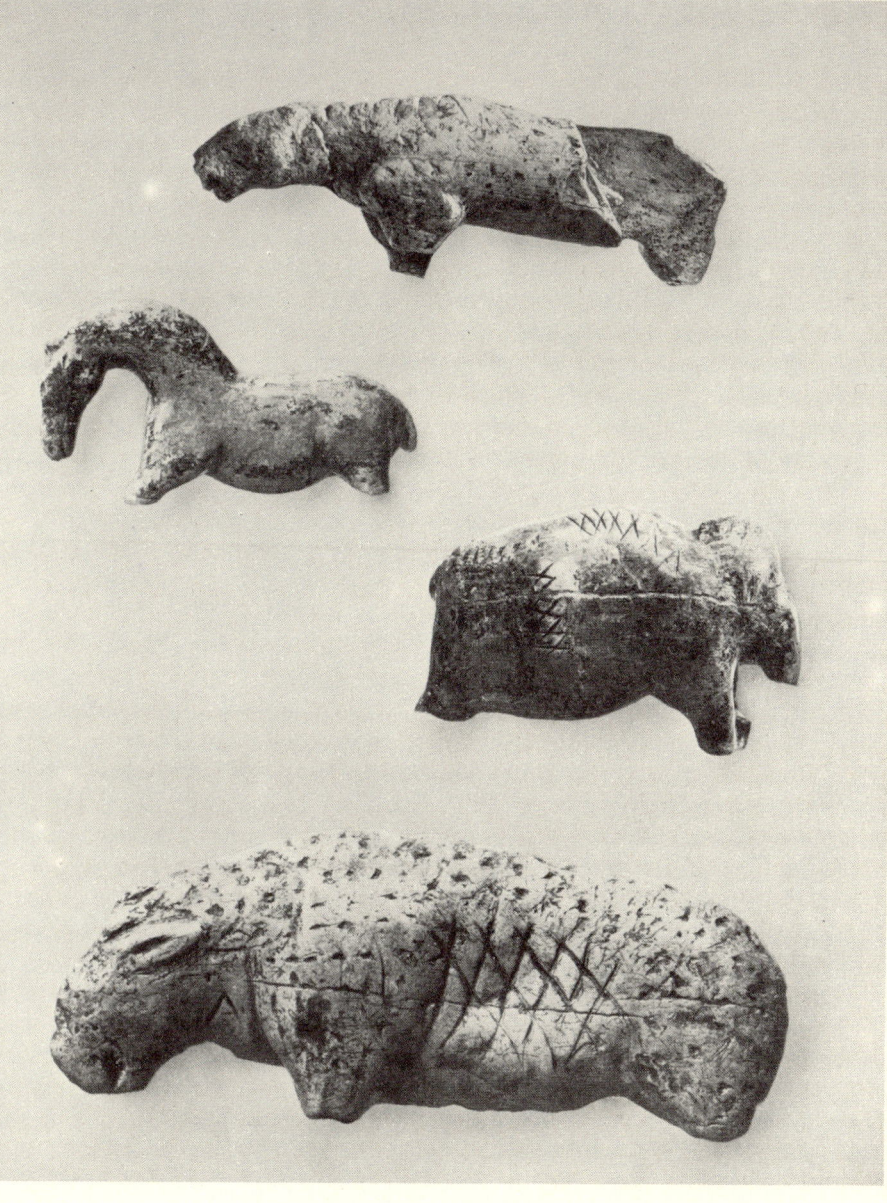

Panther, Wildpferd, Mammut und Höhlenlöwe
Elfenbeinschnitzereien aus dem Aurignacien der Vogelherdhöhle bei Stetten ob Lontal/Württ.
Tübingen, Institut für Vor- und Frühgeschichte der Universität

Urmutter
Kalksteinschnitzerei aus dem Aurignacien in Willendorf / Niederösterreich
Wien, Naturhistorisches Museum, Prähistorische Abteilung

eingelassen, wofür der Lößboden vorzüglich geeignet ist. Er ist in den glazialen Perioden als Staubsubstanz abgesetzt worden, daher feinkörnig, steinfrei und verhältnismäßig leicht zu bearbeiten, dazu so bindig, daß Grubenwände lange stehen und nicht einstürzen. Das wird noch heute ausgenützt, so etwa im mährischen Weinbaugebiet, wo es eine Unzahl eingetiefter Weinkeller gibt. Aus den Lößgebieten Chinas sind zahlreiche künstliche Wohnhöhlen bekannt.

Die Jungpaläolithiker bauten ihre mehrere Meter langen und breiten Häuser in einhalb bis zwei Meter tiefen Gruben. Zu den Häusern führte ein schräger, wohl überdachter Gang, von dem aus man durch einen vielleicht mit Fellen verhangenen Durchlaß in einen großen, hohen Wohnraum gelangte, in dem ein Feuer brannte. Ein Durchgang führte zu einem zweiten, ebenfalls mit einer Feuerstelle ausgestatteten Raum, an den sich ein nicht unmittelbar heizbares weiteres Gelaß anschloß, das wohl als Vorratsraum diente. Die Wände dieser Räume waren nun aber nicht aus Löß, sondern, wie vielleicht auch der Fußboden, aus Holz, das bei den Ausgrabungen noch als Substanz aufgefunden wurde. Die Holzkonstruktion muß irgendwie verzapft, gebunden oder durch die Zwischen- und Stirnwände verkeilt gewesen sein; die Dachkonstruktion wird auf der Erdoberfläche aufgelegen haben, so daß Löß- und Schneemassen nicht angehöht, sondern über die Anlage hinweggeweht wurden. Eine ideale Bedachung, die vielleicht auf der Leeseite Rauchabzug gestattete, wäre die Auflage von Mammuthäuten gewesen.

Die Anlage derart komplizierter Behausungen setzte für die auf der Stufe des Jägers lebenden Menschen eine erstaunliche Arbeitsleistung voraus. Solche Bauwerke werden daher nicht für einen kurzfristigen Aufenthalt errichtet worden sein, sondern als Standlager, von denen aus man längere Zeit im selben Bezirk jagen konnte. Voraussetzung dafür war ein reicher Wildbestand, und zwar an Standwild. Die verwendeten Holzmengen deuten auf Waldgebiete (vielleicht Taigacharakter) hin und lassen vermuten, daß man das ganze Jahr über, auch im Winter, Wildbret einbringen konnte. Eine Dauerbenutzung könnte aber wohl nur unter Beachtung gewisser hygienischer Praktiken durchführbar gewesen sein, denn ohne ein periodisches Großreinemachen und die Entfernung des angefallenen Unrats dürfte ein längerer Aufenthalt in den tiefgelegenen, undurchlüfteten Räumen unerträglich gewesen sein.

Nach dem Beispiel der Eskimos und anderer arktischer Volksgruppen kann es sich aber auch um Winterbehausungen gehandelt haben, die im Frühjahr gegen Sommerwohnungen, leichtere Hütten oder Zelte, vertauscht wurden. Vielleicht dienten die Häuser wirklich nur als feste Winterquartiere innerhalb eines Lebensrhythmus, wie wir ihn von den Renjägern der Hamburger Stufe kennen. Dann hätten die Bewohner im Frühjahr die Häuser geräumt und zur Sommerjagd, möglicherweise dem ziehenden Ren folgend, eine große Reise nach Norden unternommen und hätten erst im Spätherbst wieder die festen Winterquartiere bezogen.

In den Lößgebieten mit Baumbestand wurden von den Jungpaläolithikern aber auch ebenerdige, zum Teil sehr große Unterkünfte errichtet, so in Kostienki. Die katen- oder zeltartig gebauten Häuser lagen manchmal dicht nebeneinander und waren durch Gänge verbunden.

Ein anderes Beispiel, und zwar von Buret im Angaratal in Ostsibirien, zeigt, daß man auch verhältnismäßig feste Unterkünfte in Gebieten zu errichten verstand, in denen keine starken Hölzer wuchsen. Das Gerippe der Hütten bestand aus Knochen von Großsäugern, auf denen viele Rengeweihe befestigt waren. Die vermutlich darübergelegten Vegetationsteile, Strauchwerk, Gras oder Soden, verhakten sich in den Geweihsprossen, wodurch eine schützende und dichte Außenhaut entstand. Der große Arbeitsaufwand spricht auch hier wieder für eine Behausung, die für einen längeren Aufenthalt bestimmt war.

Kannte der eiszeitliche Mensch wohl schon eine kurzfristig auf- und abzubauende transportable Behausung, also das Zelt? Diese Frage tauchte auf, als 1933 bei Ahrensburg nahe Hamburg in einem Opferteich zahlreiche Knochen kälteertragender, erbeuteter Tiere und Reste einer Tundrenflora gefunden wurden, die für einen Aufenthalt der Hamburger Renjäger in einem recht kalten Klima zeugten. Am Rande des Teiches wurde ein Sommerjagdlager freigelegt, das nachweislich nur drei Monate lang bewohnt war. Wie mögen diese Renjäger in der offenen Tundra wohl gewohnt haben? Da sich die Hamburger Jäger völlig dem unsteten Lebensrhythmus des Rens angepaßt hatten und gezwungen waren, auch während der großen Frühjahrs- und Herbstwanderungen das Ren zu begleiten, konnten sie wohl nur in transportablen Zelten gewohnt haben. Zu befürchten war aber, daß man von den Zelten keinerlei Spuren mehr würde finden können, denn die Reste wurden nicht wie in Mitteleuropa vom Löß überweht und abgedeckt, sondern waren den atmosphärischen Einflüssen ausgesetzt, so daß alles organische Material vergangen sein mußte.

Und dennoch konnten bei Ahrensburg Zeltreste erkannt werden. Sie bestanden aus einem ovalen Steinkranz von zweieinhalb mal dreieinhalb Meter Weite. Die bis zu einem Zentner schweren Steine waren ehemals zur Belastung auf die Zeltwände aus Renfell gelegt worden. Um dieses Innenzelt lag fast hufeisenförmig angeordnet ein fünfeinhalb Meter weiter Kranz von kleinen Steinen als Rest eines auf die Wand des Außenzeltes aufgeschütteten Erdwalles. Vor dem Zelt befand sich eine Feuerstelle und ein Arbeitsplatz mit vielen Artefakten. Auf beiden Seiten und vor dem Zelt lagen besonders schwere Steine, an denen die Zeltleinen befestigt waren. Ein zweites Hamburger Zelt hatte kein Innenzelt, die Wand der fünf Meter weiten Behausung war mit Sand beschüttet worden, der aus zwei großen dreiviertel Meter tiefen, hinter dem Zelt noch feststellbaren Gruben stammte. Ein drittes Hamburger Zelt von ähnlicher Bauart war durch spätere neolithische Besiedler etwas beschädigt.

Der Brauch, die Zeltwände mit Sand zu belasten, der mühsam aus Gruben gewonnen werden mußte, ist für ein steinreiches Moränengebiet unverständlich. Verschiedene kulturelle Eigenarten in der Hamburger Kultur deuten darauf hin, daß ihre Träger aus dem Osten nach Nordwestdeutschland gekommen sind; die Methode der Sandgewinnung unterstützt diese These und läßt eine Verbindung zu den großen jungpaläolithischen Lößwohnplätzen Rußlands vermuten, bei denen ähnliche Gruben festgestellt worden sind.

Neben der Feststellung, daß der Eiszeitmensch das Zelt kannte – und zwar handelt es sich, da die Feuerstellen im Freien lagen, um Sommerbehausungen –, war folgende Beobachtung aufschlußreich: die zu Tausenden hinterlassenen Flintstücke lagen im Zelt, vor dem Eingang, auf dem links vor dem Zelt gelegenen Arbeitsplatz und links neben der

Behausung. Rechts vor dem Zelt und auf seiner rechten Seite lagen keine Artefakte. Diese Verhältnisse waren bei den drei Zelten, die einige Kilometer voneinander entfernt lagen, gleich. Daraus spricht, daß es, wohl zum erstenmal in der Menschheitsgeschichte erkennbar, eine gewisse Lagerordnung gegeben hat. Im Leben dieser Jäger muß es eine bestimmte Art systematischen, man möchte sagen, gesetzmäßigen Verhaltens gegeben haben, das jedem Ding im Lager seinen Platz zuwies. Ob auf dem artefaktsterilen Platz rechts vor dem Zelt vielleicht das Wild zerlegt wurde oder ob dort ein Fleischgerüst stand, war nicht zu ermitteln.

Eine vierte Zeltanlage von Ahrensburg dürfte eine Winterbehausung gewesen sein; die Feuerstelle lag hier im Innern. Sämtliche Artefakte befanden sich nur innerhalb der Wandbegrenzungen. Diese Anlage ist nicht von den nordischen Hamburger Tundrabewohnern errichtet worden, sondern etwas später zur Allerödzeit von Trägern der Federmesserkulturen, die während der Wärmeschwankung vor rund zwölftausend Jahren aus dem Süden kommend eingewandert waren und inmitten hoher Baumbestände auch im Winter in dieser Gegend ihr Auskommen fanden.

Die zwölf Meter lange Anlage bestand aus zwei Rundzelten von vier Meter Weite, die durch einen vier Meter langen, abgedeckten Gang miteinander verbunden waren. Das Wohnzelt mit der Feuerstelle und ein Teil des Durchganges, also zwei abgeschlossene, heizbare Wohn- und Schlafräume, waren auf einem Steinsockel errichtet, zu dessen Aufbau man Steine im Umfang mehrerer Wagenladungen herbeigeschleppt hatte. Dieser dreißig Zentimeter hohe Sockel wurde in ganzer Ausdehnung als Fußbodenbelag mit Steinen ausgepflastert und gewährleistete auch während der Schneeschmelze im Frühjahr ein trockenes Wohnen. Neben der Feuerstelle fand sich ein aus Steinen gesetztes Karree, dessen Bedeutung nicht ermittelt werden konnte, das aber von irgendeiner Platzeinteilung in diesem eiszeitlichen Zelt zeugt. Der dritte Raum war zur ebenen Erde locker gepflastert, während das zweite Rundzelt, wohl der Vorratsraum, keinerlei Bodenbelag, auch kein einziges Artefakt enthielt. Die Zeltwände waren mit zahlreichen schweren Steinen belastet. Um ein Eindringen des von einem Hang anlaufenden Schmelzwassers in die beiden ebenerdigen, nicht auf einem Sockel liegenden Räume zu verhindern, war die vierzig Quadratmeter große Anlage schräg angeordnet worden. Ohne Zweifel ist die Behausung nach einem wohldurchdachten Plan gebaut worden, der auf eine lange bewährte Tradition des Zeltbaues auch im Jungpaläolithikum Westeuropas hindeutet.

In den Höhlen- und Abriwohnplätzen Europas wurden mehrfach Steinsetzungen beobachtet, deren Bedeutung nicht mehr zu klären war. Unter Felsschutzdächern sind wiederholt Reste von Trockenmauern freigelegt worden. Ferner fanden sich halbkreisförmig gesetzte, größere Steine, die man als halbe Zeltringe deuten kann. Ein solcher wurde auch in einer Fundschicht des mittleren Aurignaciens in Jabrud entdeckt, ein Hinweis, daß diese Bauweise auch den Jungpaläolithikern im Nahen Osten bekannt war. Solche Anlagen werden ehemals sehr viel häufiger vorhanden gewesen sein, als wir heute nachzuweisen vermögen, da sie von den folgenden Bewohnern immer wieder fortgeräumt wurden.

Eine recht merkwürdige Erscheinung kam bei der Ausgrabung der Kniegrotte nahe Saalfeld in Thüringen zutage. Die Bewohner, Träger einer magdalénienartigen Kultur, die auch Kunstwerke herstellten, hatten den unter freiem Himmel gelegenen großen Höhlenvorplatz mit herbeigetragenen Schieferplatten belegt. Über einer älteren Schicht lag eine zweite Plattenschicht, und zwischen den Schichten fanden sich Kulturreste. Das ist ein Zeichen, daß dieses Pflaster tatsächlich vor rund fünfzehntausend Jahren gelegt worden ist. War es der Einfall eines Einzelnen (aus Frankreich ist allerdings ein zweites Vorkommen dieser Art bekannt), sich vor der Wohnung eine Art Terrasse anzulegen, auf der er trockenen Fußes wandeln konnte, oder handelte es sich um einen Versammlungsplatz für irgendwelche Veranstaltungen?

Die jungpaläolithischen Industrien

Die Hauptstoßrichtung der aus dem Osten kommenden Jungpaläolithiker verlief entlang des Nordrandes der Karpaten und ging zwischen den Beskiden und Sudeten nach Mähren, aus dem sehr bedeutende Kulturvorkommen vorliegen, so aus der Salzofenhöhle (34000 Jahre) und den Freilandplätzen von Předmost, Unter-Wisternitz (25600 Jahre) und Pollau (24800 Jahre). Von hier aus oder durch das Eiserne Tor vom Osten her wurde auch Ungarn besiedelt (Istálloskü-Höhle, 30670 Jahre). Der Weg nach Westen führte dann die Donau hinauf, wo auf österreichischem Boden in der Wachau der bedeutende, mehrfach bewohnte Lagerplatz Willendorf (Schicht II 32000 Jahre) gefunden wurde, von dem die berühmte Venus von Willendorf stammt. Ein weiterer reicher Wohnplatz liegt bei Krems. Aus der Schwäbischen Alb ist das Alt-Aurignacien aus der Vogelherdhöhle wegen der geschnitzten Tierfiguren von großer Bedeutung geworden.

Die Invasionswelle verbreitete sich dann über ganz Frankreich und erfaßte Italien und Spanien. Die fundreichsten Gebiete Frankreichs liegen im Bereich der Kalkformationen der Dordogne, ein Zentrum ist Les Eyzies an der Vézère. Dort gibt es neben vielen Höhlen eine Unmenge von Abris, die während der Eiszeiten von den schmelzwasserführenden Flüssen aus den Kalkwänden ausgewaschen worden sind.

Bei verhältnismäßig günstigem Klima fand der Jungpaläolithiker in den geschützten Tälern ausreichende Lebensbedingungen vor, so daß Südwestfrankreich im Würm-Glazial zu einer der volksreichsten Provinzen Europas wurde. Dieser »Volksreichtum« ist allerdings auch hier auf die sehr spärliche Gesamtpopulation des Kontinents bezogen, denn selbst die am günstigsten gelegenen, am stärksten besiedelten Abris haben nicht mehr als zwanzig bis dreißig Kulturschichten aus dem zwanzigtausend Jahre dauernden Jungpaläolithikum. Es ist denkbar, daß ein Großteil der in den Tälern gelegenen Wohnstätten im Sommer von den Jägern verlassen wurde, um dem Wild in die höher gelegenen Sommeräsungsgebiete, etwa auf das Plateau Central, zu folgen, wo man vielleicht einmal Zeltreste wird auffinden können.

Die lithischen Industrien des Jungpaläolithıkums gründeten alle auf der Basis der Klingentechnik. Das Jungpaläolithikum ist aber weitaus stärker gegliedert als das Mittelpaläolithikum, das ist einmal auf die Bevölkerungszunahme, zum andern wohl auf die Herausbildung kleinerer, sich individuell verhaltender Stämme, Gruppen oder Clans zurückzuführen, deren Industrien verschieden benannt werden mußten. Im Gegensatz zu den Freilandfunden in Mittel- und Osteuropa liegen die Industrien in Südfrankreich unter Schutzdächern übereinander angeordnet. So kann man dort am besten die Abfolge der Kulturen erkennen. Die ältesten jungpaläolithischen Kulturen Südwesteuropas werden

Perigordien I genannt (Grotte du Renne, 33 600 Jahre), denen ein etwas älteres Perigordien O vorausgehen soll. Als Leittypen führt es die »Chatelperron-Spitze«, die aus einer Klinge hergestellt wurde, von der eine Kante weitbogig zugeschlagen war, sowie eine Knochenspitze mit konischer Basis. Gleich alt oder etwas jünger ist das Aurignacien I (La Quina, 31 000 Jahre, Abri Caminade bei Sarlat, 28 880 Jahre), das keine Chatelperron-Spitzen führt, dafür aber Hochschaber und eine Knochenspitze mit schwalbenschwanzförmig gespaltener Basis. Für das typische Aurignacien liegt aus der Grotte du Renne eine C 14-Datierung von 30 370 Jahren vor. Das jüngste Perigordien (22 000 Jahre) oder Gravettien führt nicht mehr die Chatelperron-Spitze, sondern die Gravette-Spitze, die an der Kante nicht bogenförmig, sondern fast gerade verlaufend zugerichtet ist.

Neben diesen sich fortentwickelnden Industrien lebt nicht sehr langfristig das Solutréen (Laugerie-Haute, 20 650 Jahre). Der Leittyp ist die lorbeerblattförmige, zweiseitig bearbeitete, teilweise speerspitzenartige Blattspitze. Diese Solutréen-Spitzen gehören zu den Meisterleistungen der paläolithischen Schlagkunst. Kennzeichnend ist auch die oft ebenfalls in Biface-Technik gefertigte atypische Kerbspitze, die vermutlich als Pfeilspitze diente.

Es folgt dann das Magdalénien (Proto-Magdalénien von Laugerie-Haute, 21 735 Jahre), deren Träger die eiszeitliche Kunst zur höchsten Blüte brachten und das mit der Stufe VI b vor rund 12 000 Jahren endete.

Die Aurignacien-, Gravettien- und Magdalénien-Kulturen konnten in Zentral- und Osteuropa zwar in der allgemeinen Abfolge erkannt, aber auf den Wohnplätzen unter freiem Himmel noch nicht in dicht aufeinanderfolgende Zwischenstufen untergliedert werden.

Die Typenvariationen innerhalb der einzelnen Stammesindustrien sind so mannigfaltig, daß wir uns vergeblich fragen, wie sie entstanden sein können. Die Klingenkulturen basieren auf den uniformen Grundtypen des Ausgangsmaterials, eben auf den Klingen, und wir wissen nicht, ob ein praktisches Erfordernis vorlag oder ob irgendwelche unbewußten Gewohnheiten zu der für uns so wertvollen Ungleichheit der Einzeltypen führten. Leider ist uns für ein Urteil zuwenig organisches Material bekannt, an dem die Bearbeitungsspuren als Negativabdrücke des eingesetzten Werkzeuges noch sichtbar wären. Es gibt viele Knochenwerkzeuge mit Kratzspuren, aber mit welchen Steinwerkzeugen sie bearbeitet worden sind, ist nicht sicher. Markante Spuren hat im gesamten Jungpaläolithikum nur der Stichel hinterlassen, denn die schmale Arbeitsschneide markierte eindeutig. So sehen wir die Stichelspuren als Trennkanäle zur Gewinnung von schmalen Knochenstücken, etwa für die Fabrikation von Nähnadeln oder zum Herausschneiden von Knochenscheiben aus Schulterblättern. Vor allem aber wurde der Stichel zum Eingravieren von Ornamenten, zur Formung von Skulpturen und Flachreliefs im Kunsthandwerk gebraucht.

Bisher läßt sich nur in einem Fall die Entwicklung eines Spezialwerkzeuges auf Grund einer spezifischen Technik verfolgen, die von einem isoliert lebenden Stamm angewendet wurde. In den Flintindustrien der nordischen Hamburger Kulturen überwiegen unter den Typen zahlenmäßig die »Zinken«. Diese Verhältniszahl ist einmalig, denn die auch aus dem Magdalénien bekannten Zinken gibt es an anderen Orten nur vereinzelt. Der Zinken wurde aus einer Klinge gefertigt, ist am Oberende bohrerartig langausgezogen, verläuft aber nicht gerade, sondern der Fortsatz ist seitlich schnabelartig gebogen. Bei der Ausgrabung der

Hamburger Opferteiche kamen Tausende von Knochen und einige hundert Rengeweihe zutage. Nicht ein einziger Knochen war mit einem Zinken bearbeitet worden, dagegen fast alle Geweihe. Die Hamburger schnitten aus der Innenseite der Geweihschäfte lange Späne heraus, wobei sie zuerst mit dem Stichel zwei Kanäle eintieften. Diese Technik ist gleichfalls aus dem Magdalénien Mährens, Süddeutschlands und Frankreichs bekannt. Aber die Hamburger hatten zusätzlich ein Spezialverfahren entwickelt, um sich mit dem krummen Zinken unter dem Span weiter vorzuarbeiten. Als reine Renjäger hatten sie diese Methode und ein dafür geeignetes Werkzeug an *ihrem* Material entwickelt. Ohne die Geweihe wäre uns der Verwendungszweck der Zinken ebenso rätselhaft geblieben wie manchen anderen Gerätes aus den steinzeitlichen Kulturhinterlassenschaften. Übrigens wird die Einmaligkeit der Zinkentechnik durch die Funde der Ahrensburger Kulturen, deren Träger etwas später im selben Gebiet lebten, deutlich. Auch sie waren reine Renjäger, huldigten den gleichen Opferbräuchen und unternahmen wie die Hamburger dreimonatige Sommerreisen in den Norden. In einem ihrer Opferteiche wurden über tausend Rengeweihe gefunden, von denen keines in der Hamburger Technik bearbeitet war, und unter den zweihunderttausend Flintstücken aus der Ahrensburger Stufe liegt nicht ein einziger Zinken vor. Die Hamburger und die Ahrensburger Renjäger waren, verschiedenen Hinweisen nach, ursprünglich eng miteinander verwandt. Die Kulturgüter demonstrieren jedoch eine Aufspaltung in zwei Stämme mit eigenständigem Verhalten. Solche Aufsplitterungen hat es im Jungpaläolithikum hundertfach gegeben. Die Ursachen und Auswirkungen ließen sich aber nur an Hand der Kulturgüter aus organischen Substanzen ergründen.

Der Jungpaläolithiker fertigte auch aus Gesteinen, die weniger fest waren als Flint, verschiedene Werkzeuge und Gebrauchsgegenstände an. So wurden Kalksteine mit muldenförmigen Eintiefungen entdeckt, die möglicherweise fettgespeiste Lampen waren oder als Mörser gebraucht wurden; ferner Schleifsteine aus Sandstein mit Rillen zur Glättung von Knochen oder Holzspitzen sowie Reibsteine, Reibplatten, an denen manchmal noch die zerriebene Ockerfarbe haftete, Steinschlegel, Poliersteine und dergleichen. Zu hoher Blüte kamen in dieser Zeit knöcherne Werkzeuge und Geräte, die im Mittelpaläolithikum nicht oder nur sehr selten hergestellt wurden. Es liegen viele knöcherne Meißel, Hämmer, Geweihbeile, kleine Schlagkeulen, Glätter, Fellöser, Druckstäbe, Pfrieme und Ahlen aller Art vor. Im westlichen Magdalénien finden sich die knöchernen Nähnadeln mit Öhr, die so dünn gearbeitet sind, daß man damit auch heute gängige Stoffe zusammennähen könnte. Sie wurden aus dünnen Spänen hergestellt, die aus dicken Knochen oder aus Elfenbein herausgestichelt wurden. Die millimeterweiten Löcher hat man in das Rohstück gebohrt, das dann auf Steinen zugeschliffen und poliert wurde. In Mähren und auf osteuropäischen Fundplätzen fand man große schaufel- oder ruderartige Geräte zum Graben und viele weitere Gebrauchsgegenstände, deren Anwendung nicht zu deuten ist.

Jagd und Jagdwaffen

Überaus reichhaltig sind auch die Bestände an beinernen Gegenständen, die man neben den Flintspitzen als Teile von Jagdwaffen ansprechen kann. So gibt es kleine oder größere, vollrunde Spitzen, deren Schäftungsbasis abgeschrägt, geschlitzt oder konisch zugearbeitet ist. Die Schäftungspartien sind oft zur besseren Haftfähigkeit am Schaft aufgerauht, während die Oberteile glatt poliert waren. Mehrfach sind solche Spitzen mit langen Rinnen versehen, die als Blut- oder Giftrillen gedeutet werden. Flachbreite, große Formen können, wie die langen Rundformen, als Lanzenspitzen gedient haben, kleinere als Pfeilspitzen. In den jüngeren jungpaläolithischen Kulturen wurden aus einfachsten gekerbten Vorformen ein- und zweireihige, hervorragend gearbeitete Zackenharpunen entwickelt, und zwar nicht nur für den Fischfang, sondern auch für die Jagd auf Hochwild.

Wie für die alt- und mittelpaläolithischen Abschnitte, so sind wir auch für das Jungpaläolithikum über die Jagd, die im Leben des Eiszeitmenschen den größten Raum einnahm, unzureichend unterrichtet. Neben vielen beinernen Spitzen mit gebogener Form, die als Ahlen und Vorstecher verwendet worden sein mögen, gibt es Tausende von geraden Typen. Das dürften Waffenspitzen gewesen sein, wenngleich es einen eindeutigen Beweis dafür nicht gibt. Wir kennen – abgesehen von den Hamburger und Ahrensburger Kulturen – weder die hölzernen Schäfte, in die man die harten Spitzen einsetzte, noch Negativabdrucke, das heißt Schußlöcher, die uns die Form der eingedrungenen Waffe verraten könnten. Beim Hochwild wären vor allem die Schußlöcher in den Knochen des Brustbereiches am besten zu deuten; zu hochliegende Treffer hätten sich an den Brustwirbeln markieren können. Rippen-Streifschüsse sind schwerer zu erkennen, da es sich um nachträgliche Beschädigungen beim Zerlegen des Wildes handeln könnte. Die größten Erwartungen darf man auf durchschossene Schulterblätter setzen. Solche Knochen mit Schußlöchern hat es im Paläolithikum sicher zu Hunderttausenden gegeben, aber sie sind fast alle vergangen; von der Vernichtung waren auch in den Höhlen besonders die nur millimeterstarken Schulterblätter betroffen.

Es ist nur den außerordentlich glücklichen Erhaltungsumständen zu verdanken, daß wir aus den Opferteichen von Ahrensburg einige Beutereste mit Schußlöchern vorliegen haben, denn die Opfergaben wurden seinerzeit ins offene Wasser geworfen und lagen bis heute in wasserundurchlässiger Gyttja, einem organischen Schlammsediment, das im stehenden Wasser abgelagert wird. Die Kulturreste lagen vier bis sechs Meter unter dem heutigen Grundwasserspiegel. Die jagdgeschichtlich gewonnenen Erkenntnisse sind einmalig auf der Erde. In dem Opferteich der Hamburger Jäger von Meiendorf fand sich der Beckenknochen eines Schneehuhns, das offensichtlich mit einem kreisrunden Knochenpfeil aus der Luft heruntergeholt worden war. Das Brustbein eines Kranichs wies vier Einschüsse von runden Pfeilen auf, von links auf den stehenden Vogel angebracht. Das Schulterblatt eines jungen Rentiers war von einer ebenfalls im Teich gefundenen Zackenharpune getroffen worden, die von links hinten angeflogen sein mußte. Ein zweites Schulterblatt war von einem ein Zentimeter starken Holzpfeil durchschlagen. In der Hamburger Schicht des Opferteiches von Stellmoor fand sich ein Brustwirbel vom Ren mit durchschossenem Aufsatz, in einem zweiten steckte noch die eingeschossene Flintpfeilspitze. In beiden Fällen flogen die Pfeile rechtwinklig zum Tier an. Vier Renschulterblätter waren von Pfeilen durchbohrt, ein fünftes von einer Harpune. In einem sechsten fand sich außer einem Pfeil-Durchschußloch die eingeschossene Flintspitze eines Pfeils, der im Winkel von fünfundvierzig Grad von oben angeflogen war.

In der etwas jüngeren Schicht der Ahrensburger Kultur von Stellmoor fanden wir einen Renwirbel, in den rechtwinklig eine Flintpfeilspitze, die in den Rückenmarkkanal hineinragt, eingeschossen war. Neun Renschulterblätter sind von Pfeilen durchbohrt. Ein zehntes wurde von einem von vorn auf das Tier angetragenen Pfeil getroffen; er durchschlug die Krista, den kammartigen Knochenaufsatz, und drang noch durch die dünnen Knochenpartien. Diese Schußverletzung ist teilweise wieder verheilt. Der Pfeil war so flach auf den Körper getroffen, daß er nicht in den Brustkorb eindrang; das Tier wird geflohen und erst später erbeutet worden sein. In der Fundschicht fanden sich weitere fünfzig Schulterblätter mit vermutlichen Schußlöchern; sie waren aber nicht eindeutig auszumachen, weil man die Knochen zu Fellschabern umgearbeitet hatte. Im Brustkorb eines Renopfertieres wurde eine Flintspitze gefunden, an der noch ein Stück des hölzernen Pfeilschaftes haftete.

In der Ahrensburger Schicht wurden auch hundert Holzpfeile gefunden, die nicht aus Zweigen, sondern aus gespaltenem Kiefernholz angefertigt worden waren. Ferner zwei Bruchstücke von Bogen, die nicht aus Ästen, sondern aus Spaltholz mit dicken Jahresringen von wohl fünfzigjährigen Kiefern gefertigt waren. Manche Pfeile waren zweiteilig; sie bestanden aus Schäften von achtzig Zentimeter Länge, die unten mit einer kurzen Sehnenkerbe, oben mit einer langen, schlanken Kerbe versehen waren. In diese Kerben paßte die Nut eines aufgesetzten Oberteiles von zwanzig Zentimeter Länge, auf dem vorn in einem Schlitz eine Flintspitze eingesetzt war. Diese Pfeile waren also ein Meter lang; ihr ablösbares Oberteil drang in den Tierkörper ein, während der Schaft abfiel und sich wieder verwenden ließ. Andere Pfeile jedoch waren einfach schlank und wie ein Bleistift zugespitzt. Die Wirksamkeit solcher einfachen Pfeile konnte am Skelett eines ganzkörperlich in den Teich geworfenen jungen Wolfes festgestellt werden. Das flüchtende Tier wurde genau von hinten beschossen, der Pfeil zertrümmerte einen Rückenwirbel, beschädigte einen zweiten und drang in den Rückenmarkkanal eines dritten Wirbels ein; dort ist das Pfeilende noch gefunden worden. Die Holzpfeile und Bogen sind die ältesten Beispiele dieser Art und zugleich auf der ganzen Erde der einzige sichere Nachweis, daß dem paläolithischen Menschen die Bogenwaffe tatsächlich bekannt war.

Wann diese Waffe erfunden wurde, ist noch völlig ungewiß. Stützen wir uns bei der Suche nach den frühesten Anhaltspunkten auf Geschoßspitzen aus Flint, Geweih oder Knochen, so könnte der Schießbogen schon in den ältesten jungpaläolithischen Kulturen und vielleicht auch im Prä-Aurignacien bekannt gewesen sein. Es ist denkbar, daß der intelligente *homo sapiens* die Bogenwaffe erfunden hat. Sie könnte zielstrebig entwickelt worden sein von Menschen, die in deckungsarmen Kältegebieten, in Tundren und Steppen lebten und ihre Existenz durch ferntragende Waffen sichern mußten. Das mag vor vierzigtausend Jahren gewesen sein. Vielleicht war die Bogenwaffe aber auch schon hunderttausend Jahre früher, auch bei den Neandertaloiden, in Gebrauch. Denn anfänglich ist sicher der einfache Holzpfeil verwendet worden, so daß das Nichtvorkommen von Geschoßköpfen aus härterem Material in den älteren Industrien nicht unbedingt als eine negative Aussage zu werten ist.

Wurfstäbe zum Speerschleudern sind ein weiteres Jagdinstrument des Jungpaläolithikers gewesen. Das sind meist unterarmlange Geräte, die an einem Ende hakenartig geformt

Kultpfahl mit Schädel einer Renkuh
aus der Ahrensburger Kulturstufe in Ahrensburg-Stellmoor / Holstein

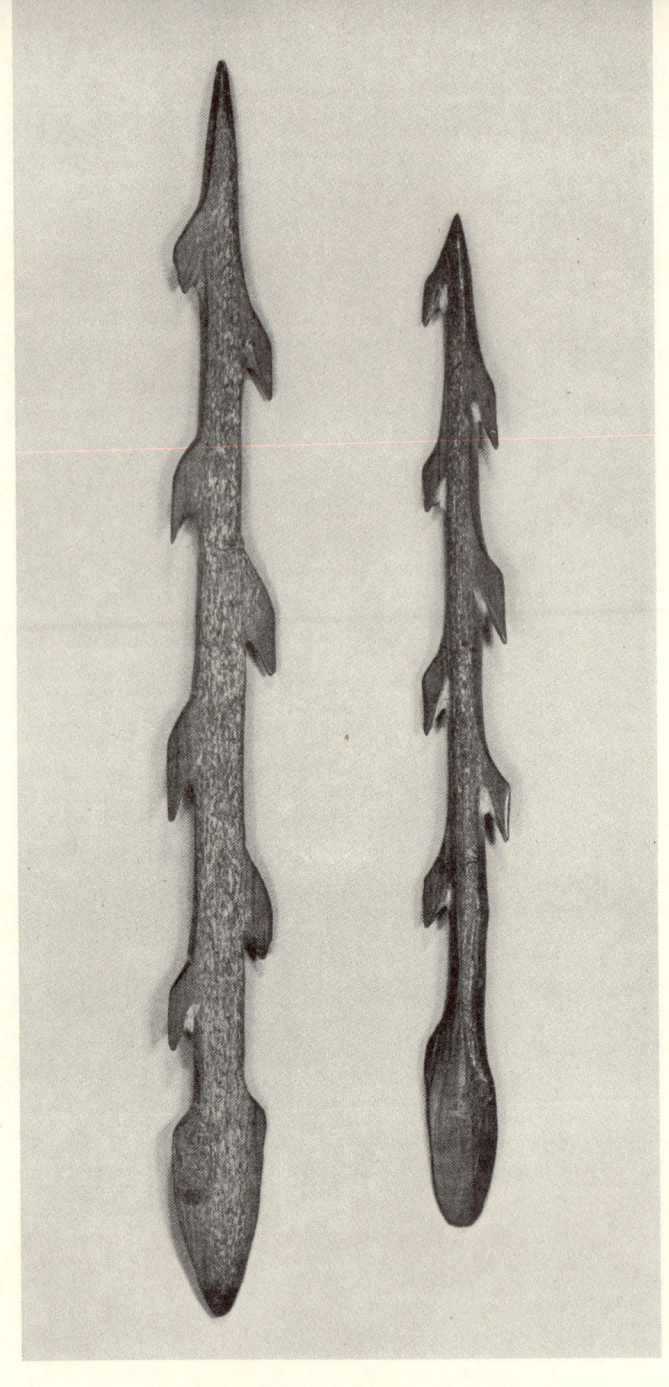

Zweireihige Harpunen
aus der Ahrensburger Kulturstufe im Havelland
Berlin, Ehem. Staatl. Museen, Museum für Vor- und Frühgeschichte

sind. Sie werden am glatten Ende bei hochgewinkeltem Unterarm zusammen mit dem zu schleudernden Speer von der Hand gefaßt, so daß die Enden von Wurfholz und Waffe hinter der Schulter liegen. Beim Wurf löst sich die Hand nur vom Speer, und das Geschoß fliegt, durch die Hebelkraft des Wurfholzes angetrieben, bedeutend weiter, als wenn man es nur mit der Hand geworfen hätte. Unter den jungpaläolithischen Belegstücken finden sich »männliche« Wurfstäbe, die an dem erwähnten Haken einen Dorn aufweisen, oder »weibliche«, die am Haken ausgehöhlt sind. Entsprechend waren die Enden der Speere spitz oder mit einer Vertiefung versehen. Erhalten geblieben sind nur Wurfstäbe aus beinernem Material, die oft sehr schön verziert sind.

Neben dem Bogen darf man den Wurfstab in Verbindung mit der Harpune als eine der größten Erfindungen in der frühen Menschheitsgeschichte ansehen. Diese dreigliedrige Waffe, ablösbarer Harpunenkopf, Schaft und Wurfholz, ermöglicht es, ein speerartiges Geschoß, das meist schwerer war als ein Bogenpfeil, zielsicher über Entfernungen zu schleudern, die man mit der Hand-Wurflanze nicht überbrücken konnte. Mit dieser Waffe wird wohl besonders schweres Hochwild, wie Rind, Pferd, Bär, Elch, Ren und Hirsch, gejagt worden sein.

Als Waffe für Großwild, wie Elefanten und Nashörner, können wir große Wurf- oder Stoßlanzen annehmen, die, wie das Lehringer Beispiel zeigt, drei Meter lang oder länger waren. Bei der Vertrautheit des Wildes und anderseits der genauen Kenntnis der Jäger über sein Verhalten dürfte der Jungpaläolithiker seine Beute aus den Groß- und Hochwildbeständen in der Angriffsjagd, die seine Lebenserfüllung war, zur Strecke gebracht haben. Jedenfalls sind bisher nirgendwo auf der Erde eiszeitliche Elefanten-Fallgruben festgestellt worden. Ob kleinere Fallgruben angelegt wurden, ist bisher nicht erwiesen. Denkbar ist dagegen, daß der Jungpaläolithiker Schwerkraft-, Schlag- oder Kippfallen, vor allem auch für den Fang von Niederwild, errichtet hat. Man hat versucht, einen Teil der geometrischen Zeichnungen aus der magdalénienzeitlichen Wandkunst, so aus den Höhlen Font-de Gaume und La Mouthe bei Les Eyzies, in diesem Sinne zu deuten. Möglicherweise handelt es sich bei einem Teil der Zeichnungen um Zeltdarstellungen. Zur Erbeutung von Niederwild können auch Schlingen gelegt worden sein.

Der Fischfang wurde mit Harpunen betrieben, ob auch mit Angeln und Reusen ist noch ungewiß. Eingebracht wurden unter anderm Lachse und Forellen, in Norddeutschland große Hechte. Neben dem Einsammeln von Eiern und Schnecken ist auch Vögeln nachgestellt worden, von denen die größeren Arten als Wildbret gedient haben mögen, während aufgefundene kleinere Exemplare, wie Lerchen, vermuten lassen, daß sie des Balges oder der Federn wegen gejagt wurden, die als Schmuck oder als Kleidungsbesatz dienten.

Ernährung und Kleidung

Das Wildbret wurde roh gegessen oder über dem Feuer angeröstet. Behälter, in denen man gekocht haben könnte, sind bisher nicht gefunden worden. Der Jungpaläolithiker hat Knollen, blattgrüne Vegetationsteile, Beeren, Früchte und Nüsse gegessen; möglicherweise hat er auch die Samenkörner von Wildgetreidearten zerquetscht oder zerrieben und den teigartigen Brei in heißer Asche oder auf erhitzten Steinen gebacken. Wie bei den heutigen Bewohnern der arktischen Zonen wird auch bei unseren eiszeitlichen Vorfahren in den Tundrengebieten der halbverdaute Inhalt des Renmagens als Vitaminträger eine wesentliche Rolle gespielt haben, denn die für den Menschen unverdaulichen Gräser und Moose werden durch die Magensäure des Rens aufgeschlossen, das heißt für den Menschen verdaulich und zu einem hochwertigen Nahrungsmittel.

Es ist völlig abwegig zu glauben, der eiszeitliche *homo sapiens* sei nur mit Schulterumhang oder Lendenschurz angetan gewesen. Bildliche Darstellungen dieser Art wirken zwar romantisch, steigern vielleicht unser Überheblichkeitsgefühl, aber sie werden keineswegs der aus der Forschung gewonnenen Erkenntnis gerecht. Schon für den Neandertaler ist es ein unabdingbares Erfordernis gewesen, sich in den Kaltgebieten ganz zu bekleiden. Hervorragend gearbeitete und in der Qualität unübertreffliche Bogenschaber aus Flint deuten auf eine subtile Fellbearbeitung hin, und wenn uns vom Neandertaler hergestellte Nähgeräte aus Knochen noch nicht bekannt sind, so ist zu bedenken, daß man Kleidung, Schuhwerk, Beutel- und Zeltwände auch mit hölzernen Spitzen nähen konnte, in deren Spaltschlitz der Faden eingeklemmt wurde.

Für den Jungpaläolithiker können wir eine vorzüglich gearbeitete Bekleidung voraussetzen. Jede Frau, der wir heute eine der zierlichen, knöchernen Nähnadeln in die Hand geben, wird sofort erfühlen, daß ihre eiszeitlichen Vorgängerinnen meisterliche Schneiderinnen gewesen sein müssen. Sie werden nicht nur den praktischen Anforderungen, wie schneedichten Nähten, entsprochen, sondern darüber hinaus auch hübsche, kleidsame Anzüge hergestellt haben. Die Nähfäden bestanden aus Sehnen, getrockneten Därmen oder dünnen Lederstreifen. Wir können annehmen, daß die Frauen, dem allgemeinen Schönheitsempfinden der Jungpaläolithiker entsprechend, vielfarbige Kleidungen nähten mit verschiedenen Besätzen und Einfassungen, wie wir sie von den Eskimos her kennen.

Die Felle wurden durch Schaben entfettet und mit Hirnmasse oder anderen Substanzen stoffweich gegerbt. Für die großen Stücke der Anzüge standen natürliche oder enthaarte Hochwildfelle, etwa vom Ren, zur Verfügung. Die Kapuzen, Aufsätze, Biesen, Einfassungen oder die Kinderkleidung konnten von den eiszeitlichen Müttern aus Edelpelzen von Fuchs, Biber, Fischotter, Iltis, Marder, Hermelin oder Wiesel angefertigt werden, die von Natur aus eine weiße, braune, rote, graublaue oder schwarze Färbung aufwiesen. Die vielseitige Verwendung mineralischer Farben deutet darauf hin, daß man Leder auch gefärbt oder bemalt hat. Ob die Frauen schon gesponnen oder gewebt haben, ist unbekannt, aber es ist durchaus möglich, daß man verstand, Körbe zu flechten oder Behälter aus Baumrinde herzustellen. Zu den schönsten Zeugnissen für das Schönheitsempfinden des *homo sapiens diluvialis* gehören Kappen, die mit bunten Muscheln besetzt waren. Solche Muscheln zum Beispiel hafteten in der alten Anordnung noch dem Schädel eines beigesetzten Mannes an, dessen Skelett bei Grimaldi-Monako entdeckt worden ist. Auch an Kopfschmuck aus Federn ist zu denken.

Der Schmuck als Besatz wie auch das Tragen von Schmuck spielte im Jungpaläolithikum, wie wir durch zahlreiche Funde wissen, eine bedeutende Rolle. Materialien waren: Bernstein, Elfenbein, Mineralien aller Art, rezente und fossile Muscheln und Schnecken,

Holz, Geweih, Kohle, Tierzähne, Horn, Versteinerungen, gebrannter Ton und andere Stoffe. Die Schmuckstücke wurden geschliffen, poliert und durchbohrt und als Besatz, als Hals- oder Gliedmaßenketten, als Kollier oder als Amulett getragen. Bei zahlreichen mit Ritzungen oder Ornamenten versehenen Objekten ist nicht zu entscheiden, ob sie als profaner Schmuck dienten oder ob es sich um Gegenstände handelt, die im religiösen Bereich eine Rolle spielten.

Die Höhlenmalereien zeigen die vielfältige Verwendung von Farbstoffen. Sicherlich wird man sich auch selbst bemalt haben. Als selbstverständlich gilt, daß auch hölzerne Gegenstände oder sonstige Gebrauchsgüter bemalt worden sind.

Klein- und Wandkunst

Wahrscheinlich Vorläufer der großartigen Wandmalereien, die wir heute in den Höhlen Frankreichs oder Spaniens bewundern können, ist die Kleinkunst in Knochen, Geweih, Gesteinen, Elfenbein oder Holz. Aus diesen Materialien liegen viele Ornamente, Schnitzereien, Skulpturen, Reliefs und Plastiken vor. Nebeneinander eingeritzte oder eingeschnittene Striche, die auch in sich wiederholenden Gruppen angeordnet sein können, ergeben die ersten Ornamentformen. Aus X-, Y- oder V-förmigen Ritzungen sind Zickzackornamente entstanden, die nebeneinandergesetzt als schachbrettartige Muster eine Fläche füllen können. Wellenförmig geschlungene Linien wurden zu einfachen, eckigen oder gerundeten Mäanderornamenten entwickelt, die schließlich so kompliziert ausgeführt wurden – die schönsten Beispiele liegen aus russischen Lößplätzen vor –, daß man sich in die Zeit der klassischen hellenistischen Kunst versetzt glaubt. Solche Ornamente wurden in späterer Zeit nicht nur eingeritzt, sondern auch tief eingestichelt. Es finden sich kreisförmige, speichenradartige oder Blütenmuster und flächenfüllende, gerundete Anordnungen in unendlicher Linienführung. Wir kennen Beispiele, bei deren Anfertigung dem Künstler weniger daran gelegen war, formenschöne Ornamente exakt einzutiefen, als daran, die Zwischenwände so dünn herauszuarbeiten, daß eine millimeterschwache, kammartig aufragende, erhabene Verzierung blickfangend wurde. Um stärkere Kontraste zu erreichen, wurden vielleicht die in Elfenbein eingetieften Rillen oft mit Pech, Birkenteer oder Farbe angefüllt.

Auch aus der Kleinkunst kennen wir einfachste Umrißzeichnungen von Tieren, die mit Flintspitzen fein und fast unscheinbar in organisches Material, in lose Steine oder in Höhlenwände geritzt worden sind. Breitere Stichel haben dann die Wirkung der Linienführung verstärkt, und um die Darstellung noch mehr herauszuheben, ging man zum Relief über. Halb- und Vollskulpturen erreichten dann die schönste Vollkommenheit.

Als Vorlage für diese Bildhauerkunst diente neben Pflanzen alles jagdbare Wild aus der Umgebung des Künstlers, wie Mammuts, Höhlenlöwen, Bären, Wisente, Pferde, Hirsche, Rentiere, Antilopen, Steinböcke, Rehe, Wölfe, Füchse, Dachse, Marder, Vögel, Fische, Schlangen und andere Reptilien. In der Regel finden sich die Darstellungen auf Wurfstäben, Harpunen, dolchartigen Spitzen, auf durchbohrten Kommando- oder Lochstäben oder Pfriemen. Aber es gibt auch künstlerisch bearbeitete Röhrenknochen, Schulterblätter,

Geweihschäfte, Geweihschaufeln, Mammutstoßzähne oder andere Tierzähne, also reine Kunstgegenstände, die keinem Gebrauchszweck dienten.

Wie in der Malerei, so sind auch in der Schnitzkunst die Abbilder stiltechnisch variiert. Neben naturgetreuen finden sich stilisierte Darstellungen. Reine Freude des Künstlers an einer Aufgabe mag etwa aus der Wiedergabe fleischloser Pferdeschädel mit allen Zähnen sprechen. Menschendarstellungen, sei es in Ritzungen, als Reliefs oder als Skulpturen, sind verhältnismäßig selten. Am meisten vertreten sind Frauenstatuetten, unter denen die üppigen Proportionen überwiegen; aber auch sehr schlanke Formen finden sich überall, von Spanien durch ganz Europa bis nach Sibirien hinein.

Beträchtliches Erstaunen rief die Auffindung gebrannter Kunstwerke in Mähren, so bei Unter-Wisternitz und Pollau, hervor. Die Jungpaläolithiker haben dort aus dem lehmartigen Löß Tierkörper und Köpfe, zum Beispiel von Mammuts und Löwen, geknetet und im Feuer gebrannt oder so stark erhitzt, daß die Härtung die Plastiken über fünfundzwanzigtausend Jahre erhielt. Das Brennverfahren wird man dort gelernt haben, als man den Lößboden unter den Lagerfeuern als hartgebrannt entdeckte. Übrigens sind in diesen Feuerstellen auch Reste von Steinkohle gefunden worden, die also schon damals im Gebrauch gewesen zu sein scheint.

Die Wandkunst entwickelte sich vielleicht erst, nachdem die auf beinernem oder steinernem Material geübte Ritztechnik auf die weichen Kalkwände der Höhlen übertragen worden war. Wir kennen viele einfache, mit einem Flintgerät eingetiefte, ungefärbte Umrißgravierungen von Tierkörpern. Als man dann die Stichelrillen mit Farbe ausfüllte, um die Konturen besser hervortreten zu lassen, mag man auf die Idee freihändiger Holzkohlezeichnungen und Gemälde gekommen sein. Abgesehen von möglichen, aber nicht nachgewiesenen pflanzlichen Farbstoffen oder Tierblut, standen dem jungpaläolithischen Künstler folgende mischbaren Grundtöne zur Verfügung: Schwarz aus Elfenbein-, Knochen- oder Holzkohle, Weiß aus Kalkstein, Grün und Blau aus Kupferverbindungen oder anderen Mineralien, Gelb und alle Abstufungen bis Tiefrot aus gebranntem Ocker oder anderen farbigen Erden, die noch heute Grundlage der Farbenindustrie sind. Die meisten Substanzen wurden zerstampft und mit Reibsteinen auf flachen oder muldenförmigen Steinunterlagen staubfein zerrieben oder gestoßen und dann mit oft fetthaltigen Bindemitteln vermischt.

Aufgetragen wurde die Farbe wohl mit den Fingern, mit Spachteln, Haarpinseln oder Fellstücken. Bisweilen wurde die trockene Farbe auch auf den Untergrund geblasen. Am deutlichsten ist das bei den Handsilhouetten, bei denen übrigens oft ein Finger fehlt, zu erkennen. Die Hand wurde als Schablone an die Wand gelegt und mit Farbe überblasen, so daß sich nachher die farbfreie Handform deutlich abhob. Die Farbflecken lösen sich zu der randlosen Begrenzung hin so locker auf, wie es heute eigentlich nur mit dem Spritzverfahren zu erreichen ist. Ob vorher mit haftfähigen Flüssigkeiten grundiert wurde, ist ungewiß. Eine dauerhafte Färbung wird schon auf einer angefeuchteten Wand, auf der die Farbpartikelchen mit dem Wasser ins Gestein einzogen, zu erreichen gewesen sein. Auf diesem Prinzip beruht ja auch die Haltbarkeit der Freskomalerei, bei der auf dem nassen, nach innen auftrocknenden Putz gemalt wird. Die farbigen Darstellungen der eiszeitlichen

Höhlenmalerei haben alle einen matten, pastell- oder freskoartigen Ton. Auch Farben, die vielleicht mit Fetten angerieben und als gutdeckende *pastos* aufgetragen wurden, sind ohne Glanz etwa wie ein dünnschichtiges Ölfarbenbild, das auf sehr magerem Untergrund gemalt und abschließend nicht fixiert wurde. In trockenen Höhlen finden sich Malereien in ursprünglicher Konsistenz, so daß an dem darüberwischenden Finger Farbstoffe haftenbleiben. An feuchten oder nassen Höhlenwänden sind die Bilder oft mit einer feinen, durchsichtigen Sinterschicht überzogen, die aber auch so dick sein kann, daß die Farbe nur noch schemenhaft durch den milchigen Überzug leuchtet oder das Bild unter einem millimeterdicken Kalksinterüberzug unsichtbar werden läßt.

Die Eingänge der Höhlen waren immer offen. Ob sich die ersten Bilder absichtlich oft erst hundert Meter hinter der Eingangsöffnung befinden, oder ob eingangsnahe Bilder schon abgewittert sind, ist nicht immer zu entscheiden. Nicht alle Darstellungen haben die Künstler auf dem Boden stehend angebracht, vielmehr muß oft ein Gerüst oder eine Leiter benutzt worden sein oder auch nur ein astsprossiger Baumstamm, denn es gibt Bilder selbst noch in sechs bis acht Meter Höhe. Gemalt wurde wohl beim Schein von Fackeln oder fettgespeisten Lampen.

Groß ist der Reichtum an Variationen. Es finden sich harte oder weiche Umrißdarstellungen, naturalistische oder stilisierte Linienführungen und verschiedenfarbig ausgefüllte Flächen. Einfarbige Tierkörper können harte Ränder aufweisen oder verschwommene, als habe man in Pastell auf rauhem Untergrund gemalt oder in sehr nasser Aquarelltechnik. Es gibt mehrfarbige Darstellungen, bei denen etwa der Oberteil eines Tieres rot, die Bauchpartie bei zarten oder harten Übergängen gelblich angelegt sein kann. Konturen wurden stellenweise durch stärkeren oder schwächeren Farbauftrag erreicht. Auch gibt es Bilder in der Pointillismus-Technik, bei denen die Flächen durch nebeneinandergesetzte Farbtupfen ausgefüllt wurden.

Wie in der Kleinkunst wurden vornehmlich Jagdtiere, seltener Menschen dargestellt. Die Bilder stammen aus verschiedenen Zeiten und sind oft übereinandergezeichnet oder gemalt worden, so daß sich zwar wertvolle Datierungsfaktoren ergeben, aber leider oft die Identifizierung der einzelnen Figuren erschwert wird. Die Zahl der Einzeldarstellungen und szenischen Kombinationen, wie jagender Menschen und ziehender Tierherden, ist fast unübersehbar geworden. Eine Orientierung ist nur noch an Hand der guten Speziallliteratur möglich. Die bedeutendsten Bilderhöhlen sind die von Altamira (15500 ± 700 Jahre) nahe Santander in den Pyrenäen und Lascaux (15516 ± 900 Jahre) in Südfrankreich.

Am Ende des Jungpaläolithikums verfällt diese herrliche Kunst. Der franko-kantabrische Stil läuft in Frankreich mit flüchtig hingeworfenen Umrißzeichnungen aus; in der wohl mesolithischen ostspanischen Kunst wird die kraftvolle, faszinierende Ausdrucksform nicht wieder erreicht.

Schamanentum und Religion

Welche Bedeutung den Höhlenbildern im Leben des Jungpaläolithikers zukam, ist ungewiß; sie sind recht verschieden gedeutet worden. Religiös-kultische Motive mögen sich mit der Freude am künstlerischen Schaffen verbunden haben. Neben einfachen Kunsterzeugnissen gibt es jedenfalls Bilder, die eindeutig kultisch-religiöse Vorstellungen widerspiegeln. Die spezifische Aussage ist aber immer sehr schwer zu erkennen. So gibt es Bisons, auf deren Körper einige Pfeile eingezeichnet sind; oder einem verwundeten Bären strömt anscheinend Blut aus dem Maul. Sind das eidetische Illustrationen glückhafter Jagderlebnisse? Oder waren es Bannbilder – Tabus –, Ausdruck jagdzauberischer Vorstellungen, die vor der Jagd eine suggestive Wirkung auf die erhoffte Beute versprachen?

Darstellungen von Menschen, die in Tierhäute eingehüllt sind und als Kopfaufsatz Geweihe, Gehörne oder Tierkappen tragen, sind schon eindeutiger. Es ist ziemlich sicher, daß es sich um tanzende Schamane oder Zauberer handelt. Die Gedankenwelt des Jungpaläolithikers dürfte stark schamanistisch gewesen sein, vom Glauben an die Wirksamkeit der Geister, die über Mittelsmänner zu beschwören waren, von Tabuvorschriften und ähnlichen Vorstellungen. Mancher Kleinkunstgegenstand kann einst am Fantasiekleid des Schamanen gehangen haben oder beim Zelebrieren magischer Handlungen benutzt worden sein. Eins der von den Geisterbeschwörern fast aller heutigen Naturvölker noch benutzten Geräte ist uns auch aus dem Jungpaläolithikum bekannt geworden: das Schwirrholz. Das aus Holz oder Knochen angefertigte dünne, meist weidenblattartig geformte und im Querschnitt etwa uhrglasförmig gewölbte Gerät wird an einer Schnur befestigt und verursacht, über dem Kopf im Kreis geschwungen, ein propellerartig brummendes Geräusch. Je nach Größe lassen sich verschiedene Töne erzeugen, die als Geisterstimmen gelten. In der Kulturschicht der Ahrensburger Stufe fand sich ein durchlochtes, 13,3 Zentimeter langes Renknochen-Schwirrgerät, mit dem man heute noch die Stimme eines paläolithischen Geistes heraufbeschwören kann; aber nur, wenn man es links herumschwingt, rechts herum bleibt es stumm.

Auf einen Fruchtbarkeitszauber sind wohl die gefundenen Frauenreliefs und Frauenskulpturen zurückzuführen. Das gleiche religiöse Gedankengut dürfte sich auch in folgenden Funden aussprechen: In den Schlammschichten der Hamburger (13000 Jahre) und Ahrensburger Kulturen (10500 Jahre) wurden die Reste von dreißig ganzkörperlich versenkten Rentieren entdeckt. Alle Exemplare waren zweijährige weibliche Tiere, die durch Pfeilschüsse erlegt und ins Lager gebracht worden waren. Man öffnete ihnen die Brusthöhle und füllte sie mit einem oder mehreren kleinen Steinen im Gewicht von jeweils acht bis zehn Kilo. Nachdem die Geweihe durch das Abschlagen aller Sprossenspitzen entschärft waren, wurden die Tiere in den Teichen versenkt und durch das Gewicht der Steine am Grunde festgehalten. Allem Anschein nach haben die Tundrenjäger bei ihren jeweils dreimonatigen Aufenthalten nur ein oder höchstens zwei Tiere versenkt.

Diese Tiere, auf deren vorzügliches Wildbret man verzichtete, waren sicherlich Opfer für eine Gottheit, die auf das Schicksal von Mensch und Tier einzuwirken vermochte. Die Mehrzahl der heutigen Naturvölker glaubt an ein Totenreich in der Unterwelt. Wenn auch die Jungpaläolithiker ähnliche Vorstellungen hatten, so mögen sie sich in Gebirgsgebieten die Zugänge in den unzulänglichen Höhlenspalten gedacht haben; Flachlandbewohner dagegen können die Zugänge in den unerforschlichen Gründen der Teiche vermutet haben.

Im Wasser des Uferbereiches hatte man im Teich von Stellmoor einen 2,12 Meter langen Pfahl aus Kiefernspaltholz errichtet, auf dessen Spitze ein Renschädel gestülpt war. Nicht eine kapitale Jagdtrophäe war damit zur Schau gestellt, sondern der Schädel einer sechzehnjährigen Renkuh, die nur kümmerliche, zurückgesetzte Geweihstummel trug. Es war der Schädel des ältesten der dort erjagten tausend Rentiere, dem als dem Muttertier, das die meisten Jungen zur Welt gebracht hatte, in fruchtbarkeits- oder jagdzauberlichem Ritus eine Ehrung widerfahren war.

Vor allem von den zirkumpolaren Naturvölkern kennen wir den vor der Christianisierung geübten Brauch, an Opferplätzen auf dem Lande Knochen, Geweihe, Werkzeuge und Waffen niederzulegen, so daß sich kleine Knochenhügel bildeten, aus denen Holzpfähle aufragten, die mit Tierschädeln bestückt waren. Wahrscheinlich haben auch die nichtnordischen Jungpaläolithiker in dieser Form geopfert, aber die Knochenhügel sind unter freiem Himmel vergangen. Wir müssen unsere Hoffnungen, dennoch solche Belege zu finden, auf die Lößgebiete setzen, in denen Lagerplätze und Häuser überweht, überdeckt und konserviert wurden. In den großen Lößlagerplätzen, so bei Předmost, sind Reste von Tausenden von Mammuts gefunden worden, die im Laufe von vielen Jahrhunderten erlegt worden waren. Es gibt dort auch Knochenhügel; da nicht daran gedacht werden kann, daß die Elefanten alle im Lagerplatz erbeutet worden sind, müssen die Knochen, ganz gleich, ob sie von erbeuteten oder verendeten Tieren stammen, noch im Fleisch steckten oder nackt waren, herbeigebracht worden sein, was mit Fellunterlagen auf Schnee leicht zu bewältigen war. Die Knochen finden sich in großen, aufgeschichteten Haufen, die oft nur aus Stoßzähnen, Schulterblättern oder Langknochen regelrecht aufgebaut worden sind.

Daß es sich um eine Hortung von Rohmaterial zur Weiterverarbeitung handeln könnte, ist, abgesehen von der Tatsache, daß man Werkstoff von jedem neuen Beutetier gewinnen konnte, unwahrscheinlich. Die Anhäufungen sprechen auch nicht nur für ein entwickeltes Bedürfnis zur Reinhaltung des Lagerplatzes, denn dann würden die Haufen alle Arten von Knochen enthalten. Am stärksten befriedigt die Auffassung, daß es sich um Opferplätze gehandelt hat, nicht um vulgäre Lagerplätze, allenfalls wie in Norddeutschland um Lagerplätze, an denen man auch opferte. Solche Kultplätze könnten vom selben Stamm jahrhundertelang benutzt worden sein. Die Hamburger Renjäger beschickten allerdings einen Teich immer nur einmal mit Opfergaben, der dann in der Zukunft für Angehörige derselben Gruppe tabu war. Dagegen wurde der Ahrensburger Opferteich nach Ausweis der zweihunderttausend gleichartigen Flintartefakte jahrzehnte- oder jahrhundertelang immer wieder einmal vom selben Stamm aufgesucht, so daß sich im Teich langsam eine mit Schlamm durchsetzte Kulturschicht von einem halben Meter Dicke bildete, die mehr als zwanzigtausend Knochen enthielt.

Tief im Innern einiger westeuropäischer Höhlen fanden sicher kultische Veranstaltungen statt. Es wurden aus Lehm modellierte, fast naturgroße, kopflose Plastiken von Bären gefunden, vor deren Halsende ein Bärenschädel lag, so daß man annehmen darf, daß der Lehmkern mit einem Bärenfell überzogen wurde, dem noch der ganze Kopf anhaftete. Solche Figuren wurden vielleicht im Ritual des Festes der Mannbarwerdung anscheinend mit Pfeilen beschossen. Im Bodenlehm der Höhlen wurden Abdrücke von unbekleideten Füßen der Jungpaläolithiker entdeckt.

Für das nordwestdeutsche Jungpaläolithikum läßt sich eindeutig die Verwendung verschieden gefärbten Flintmaterials durch die einzelnen Gruppen nachweisen. Die Hamburger Jäger vom Typus Meiendorf schlugen ihre Artefakte nur aus blaugrauem Flint, die Hamburger Jäger vom Poggenwisch-Typ nur aus bräunlich-gelbem, buntem Feuerstein. Einige Träger von Federmesser-Kulturen verwendeten nur grauen, andere nur bräunlichen Flint. Die Artefakte der Ahrensburger Renjäger vom Fundplatz Stellmoor sind alle aus graublauem Flint gefertigt worden, desgleichen typologisch zugehörige Vorkommen von anderen Plätzen. Bei diesen örtlich vielfach beobachteten Unterschieden ist zu bedenken, daß es sich nicht um Material handelt, das verschiedenen anstehenden Schichten entnommen werden konnte, sondern um Flintknollen, die aus dem Moränenschutt, der alle »Farben« enthielt, herausgesucht werden mußten.

Ohne Zweifel hat der Jungpaläolithiker an ein Jenseits geglaubt. Zahlreiche Gräber zeugen von der Beisetzung der Toten in einfachen oder mit Steinplatten oder Mammutschulterblättern abgedeckten Gruben. Die Toten waren mit Kleidung und Schmuck versehen, vielfach auch mit rotem Ocker überstreut; zur Reise in die ewigen Jagdgründe gab man ihnen Waffen und Nahrung mit auf den Weg.

Das Jungpaläolithikum in Afrika und Asien

Als die jungpaläolithischen Kulturen in Europa zur hohen Blüte gelangten, verharrten die gleichalten Industrien in Afrika noch weitgehend auf mittelpaläolithischem Niveau. Die Durchdringung Afrikas durch den *homo sapiens* eiszeitlicher Prägung fand von den Brückenköpfen der arabischen und der pyrenäischen Halbinsel ausgehend erst recht spät statt. Die bisher ältesten Funde einer aurignacienartigen Industrie in den mediterranen ägyptennahen Küstenzonen Nordafrikas sind über fünfundzwanzigtausend Jahre alt. Je weiter wir nach Süden vordringen, um so jünger werden die noch spärlichen Funde von jungpaläolithischem Gepräge. Es mangelt allgemein an stratigraphisch verbindenden Fixpunkten und an C 14-Daten, so daß Afrika auch für die würmpluvialen Zeitabschnitte, von örtlichen Anfangserfolgen abgesehen, einem noch verschlossenen Buch gleicht.

Gut bekannt sind dagegen die Verhältnisse in Vorderasien. Aus Palästina, dem Libanon, Syrien, Anatolien, Jordanien, Persien und aus anderen Bezirken sind zahlreiche jungpaläolithische Vorkommen bekanntgeworden. Allerdings ist davon wenig mit der Radiokarbonmethode untersucht worden, da die meisten großen Ausgrabungen, so von Antelias am Nahr el Kelb, von Athlit und von Jabrud vor der Entdeckung dieser Methode stattgefunden haben. Aus Afghanistan liegt eine Aurignacien-Datierung von dreiunddreißigtausend Jahren vor.

Der spezifische Charakter des nahöstlichen Aurignaciens stagnierte durch das ganze Jungpaläolithikum hindurch in seinen Grundzügen. Das klassische europäische Aurignacien, das Perigordien oder das Solutréen, das Gravettien oder das Magdalénien haben sich dort nicht ausgebildet. Die Knochenindustrie ist außerordentlich ärmlich, die Kulturen sind also nicht so »arktisch getönt« wie die des europäischen Jungpaläolithikums, die vielleicht nur in den höher im Norden gelegenen holzarmen Gebieten entstanden sind. Die wenigen Knochenspitzen als Leittypen, es mögen hier etwa fünfzig gegenüber Tausenden in Europa sein, sind an der Basis kegelförmig vollrund, nicht angeschrägt oder gespalten wie in Europa. Es sind bisher keine Harpunen, Kommandostäbe, Wurfhölzer oder dergleichen gefunden worden. Unter den lithischen Typen fehlen Gravette- und Stielspitzen jeglicher Art. Leittypen sind doppelseitig retuschierte Spitzen, die, nach seltenen Parallelerscheinungen in Europa, als Kremser-Spitzen oder als Font-Ives-Spitzen bezeichnet werden. Bisher ist aus dem Nahen Osten nicht ein einziges Werk der Kleinkunst oder eine einzige Wandmalerei bekanntgeworden. Danach ist anzunehmen, daß die Kunst in Nordeurasien entstanden ist oder daß der künstlerisch veranlagte Teil der eiszeitlichen *homo-sapiens*-Menschheit aus diesem Gebiet kam. Die frühe afrikanische Wandkunst dürfte während des Mesolithikums von der Pyrenäen-Halbinsel her in den großen Kontinent hineingetragen worden sein. Für den Nahen Osten ist bisher nur die Verwendung von Rötel nachgewiesen worden, der auf Sandsteinplatten angerieben wurde. Ärmlicher Schmuck wurde aus Muscheln und Schneckenhäusern angefertigt.

Die Entwicklung und Ausbreitung der jungpaläolithischen Menschheit in Indien und Ostasien sind wie Afrika fast noch nicht erforscht. Einzelne bisher bekanntgewordene Kulturreste zeugen für die Anwesenheit der Jungpaläolithiker in diesen Räumen, aber typologische Verbindungen lassen sich noch nicht sicher knüpfen, und die Datierungen sind meist unsicher.

Von großer Bedeutung könnten in der Zukunft Industrien aus Sibirien werden; die dort lebenden arktisch-harten Menschengruppen dürften Amerika besiedelt haben. Aus dem weiten Land sind bisher nur wenige Fundvorkommen gemeldet worden; das bekannteste stammt vom Lagerplatz Malta aus der Nähe von Irkutsk und ist begleitet von Mammut, Wollnashorn und weiterer kalter Fauna. Die ostsibirischen Artefakte von spätwürmzeitlichem Alter zeigen Beimischungen altertümlichen Gepräges. Neben den dominierenden Klingenelementen finden sich etwa doppelseitig bearbeitete breite Schaber, die anmuten, als klänge in ihnen eine übernommene sehr verspätete Technik der Schuppenretusche nach, wie sie sich in den oberen Kiik-Koba-Schichten von der Krim zeigen. Es kommen auch verzierte Knochengeräte, Harpunen, Nähnadeln mit Öhr, Schmuck, vor allem in Form geschnitzter Vögel und Frauenstatuetten vor. Dieser Habitus trennt die Kulturen eindeutig von den vorderasiatischen aus dem östlichen Mittelmeerbereich.

Das Jungpaläolithikum in Australien und Amerika

Wie für die älteren Menschheitsepochen, so liegen aus Australien bisher auch für den jungpaläolithischen Entwicklungsabschnitt keinerlei sichere Funde vor, die auf eine Besiedlung des Kontinents während des letzten Pluvials schließen lassen; allerdings ist es nicht unmöglich, daß dieser Erdteil schon früher von Menschen betreten wurde, als uns der augenblickliche Forschungsstand zu beurteilen erlaubt.

Was Amerika angeht, so darf heute als erwiesen angesehen werden, daß schon zur Zeit der Würm- oder, nach der amerikanischen Bezeichnung, der Wisconsin-Vereisung jungpaläolithische Jäger dort eingedrungen sind. Sie kamen über die wegen der glazialen Senkung der Meereswasserspiegel trockene Landbrücke der heutigen Bering-Straße von Nordasien herüber. Die Funde von Sandia sind nach einer Radiokarbondatierung etwa achtzehntausend Jahre alt. Typologisch ist das Bild noch nicht voll erschlossen, soviel ist aber deutlich, daß es sich nicht um Industrien von europäischem Gepräge handelt, sondern daß die Vorläuferkulturen auf nordasiatische Tradition zurückgehen müssen. Das gleiche gilt für weitere Funde, so von Clovis, die auf rund 12000 v. Chr. datiert werden.

Nach den neuesten Berichten sollen in Nordamerika Kulturreste vorliegen, die etwa vierzigtausend Jahre alt sind, also zeitlich den frühen Invasionswellen der im Würm-I-II-Interstadial nach Europa einwandernden Jungpaläolithiker entsprechen könnten. In Amerika dürften überhaupt weitaus mehr vorindianische Kulturgüter vorhanden sein, als man bisher annahm.

Das Mesolithikum

Als Mesolithikum bezeichnet man die Entwicklungsepoche der Menschheit, die zwischen dem vor rund zehntausend Jahren endenden Jungpaläolithikum und dem in Europa vor etwa sechstausend Jahren (um 4000 v. Chr.) beginnenden Neolithikum liegt. Die mesolithischen Kulturen fanden bis vor kurzem nur recht geringe Beachtung (in der jüngsten Zeit wurden sie aber, vor allem in Nordeuropa, eingehender untersucht). Das ist auf den Wunsch der Liebhaber und Forscher zurückzuführen, in den Besitz prachtvoller Kunstwerke zu gelangen, die das Mesolithikum freilich nicht zu bieten vermag.

Der Umbruch von der jungpaläolithischen zur mesolithischen Wirtschaftsform vollzog sich verhältnismäßig rasch; er war durch klimatische Umwälzungen bedingt. Während der etwa fünfzigtausendjährigen Dauer des Würm-Glazials herrschten in Europa arktische und subarktische Verhältnisse; Mammut und Ren gelangten bis nach Spanien und Italien hinein, und die flugunfähige arktische Lumme erreichte schwimmend die Südspitze der Apenninhalbinsel. Im letzten Abschnitt der Würm-Vereisung, in der Dryas-Zeit – benannt nach der *Dryas octopetala*, der rasenbildenden, weißblütigen Silberwurz –, kommt es um 10000 v. Chr. zu einem ersten Wärmevorstoß, der als Alleröd-Schwankung bezeichnet wird. Am Ende der nachfolgenden jüngeren Dryas-Zeit setzt sich um rund 8000 v. Chr. der nachglaziale Klimaanstieg mit dem Beginn des Boreals endgültig durch. In kurzer Zeit wurde Europa, ausgenommen der hohe Norden, mit einer Vegetationsdecke überzogen, wie sie für die gemäßigten Zonen charakteristisch ist, und mit den von Süden her einwandernden hochwüchsigen Hölzern breitete sich die nacheiszeitliche Tierwelt aus. Das Ren zog nach Norden ab, und seine Äsungsgebiete wurden von Ur, Elch, Hirsch, Reh, Wildschwein, Biber, Rotfuchs, Fischotter und anderen Waldbewohnern besetzt.

Die Pollenanalyse

Die bisher besten Kenntnisse über das Leben des Mesolithikers wurden in der nördlichen Hälfte Europas gewonnen, weil die menschlichen Hinterlassenschaften in den ausgedehnten Mooren zahlreich erhalten geblieben sind. Hier wurde auch die »Pollenanalyse«, die Methode der Blütenstaubuntersuchung, entwickelt, die in hohem Maße zur Kenntnis der Vegetationsgeschichte und zur Datierung prähistorischer Funde beigetragen hat.

Die Pollenanalyse ermöglicht die Rekonstruktion vergangener Vegetationsbestände durch die Untersuchung der Anteile verschiedener Pflanzenpollen in Erdschichten aus der Vergangenheit. Wie heute noch alljährlich im Frühjahr, so wurden auch in früheren Zeiten ungeheure Mengen von Blütenstaub vom Winde davongetragen und im engeren oder weiteren Umkreis des Pollenspenders abgesetzt. Die auf trockenem Erdreich gelandeten Pollenkörner vergingen, während die auf stehende Gewässer oder ins nasse Moor fallenden von der Luft abgeschlossen wurden und erhalten blieben. Bei prähistorischen Moorgrabungen wird nun eine mehrere Meter hohe Wand in der Grabungsgrube gesäubert, so daß der Pollenanalytiker diesem Profil eine ununterbrochene Reihe von Proben entnehmen kann. Diese werden im Laboratorium durch ein umständliches Verfahren für die mikroskopische Untersuchung der Arten von Pollenkörnern aufbereitet. In den tiefstgelegenen, spätglazialen Schichten Norddeutschlands, zum Beispiel in solchen mit Kulturresten der Hamburger Stufe, finden sich Baumpollen nur von der Birke, Kiefer und Weide. Gleiche Vegetation gibt es heute in Nordsibirien. Es muß also zur Zeit, als die jungpaläolithischen Renjäger bei Hamburg lebten, dort so kalt gewesen sein wie heute an der Eismeerküste. Zur Allerödzeit hielten dann hochwüchsige Gehölze der gleichen Arten ihren Einzug, die auch in der jüngeren Dryaszeit nicht ganz wieder verdrängt wurden. Zu Beginn des Prä-Boreals finden sich die ersten Pollen des einwandernden Eichenmischwaldes mit Hasel, Erle, Ulme und Eiche, und erst in Schichten, die etwa um 4500 v. Chr. entstanden, wandert die Buche in Norddeutschland ein. Die Pollenanalyse vermittelt uns den gesamten Vegetationsablauf seit dem Ende der Eiszeit und kann auch als Temperaturverzeichnis ausgewertet werden.

Die mesolithischen Artefakte

Die Veränderungen der allgemeinen Verhältnisse nach dem Klimaumbruch zwangen den Menschen, seine Wirtschaftshaltung zu ändern. Mit dem Abzug des unsteten Hochwildes hörten die Sommerjagdreisen auf; vom Prä-Boreal an wurden die in freier Steppe oder Tundra ausgeübten Fangmethoden zugunsten der Jagd auf Standwild in Waldgebieten aufgegeben.

Als Leitformen der lithischen Industrien treten nun das Steinbeil und die Mikrolithen in den Vordergrund. Die Grundformen menschlicher Kulturen, wie Schaber, Messer und Sägen, blieben aber wie bisher erhalten; nur der Stichel geht anteilmäßig stark zurück, weil wohl die Schnitzkunst kaum noch ausgeübt wurde und Werkzeuge und Waffen nicht mehr so oft aus beinernen Substanzen, sondern unverziert aus Holz hergestellt wurden, das nun in verschiedenen Qualitäten zur Verfügung stand. Das Beil wird als Werkzeug zum Fällen von Bäumen und zur Weiterverarbeitung des Holzes entwickelt. Wir können vermuten, daß der Mensch auch schon vordem schwere Steinstücke als beilartige Schlagwerkzeuge verwandte (wir erinnern an die jungpaläolithischen Haus- und Hüttenbauten). Aber es kam nicht zur Ausprägung eines markanten steinernen Spezialtyps. Erst am Ende des Jungpaläolithikums kommen »Lyngbybeile« in Gebrauch, die aus einem Stück bestanden und aus Rengeweihen gefertigt wurden. Im Frühmesolithikum dagegen, vor etwa neuntausendfünfhundert Jahren, begann man, echte Beilklingen aus Flint zu fertigen, die geschäftet wurden und als Frühformen unserer heutigen Metallbeile zu werten sind. Es wurden zwei Beiltypen entwickelt, und zwar das Kernbeil, das ungefähr einem flachgedrückten Tannenzapfen gleicht, und das flache, trapezförmige Scheibenbeil. Die Schäfte bestanden, soweit wir bisher sehen, in den Anfängen aus durchlochten Hirschgeweihstücken, später auch aus Holz.

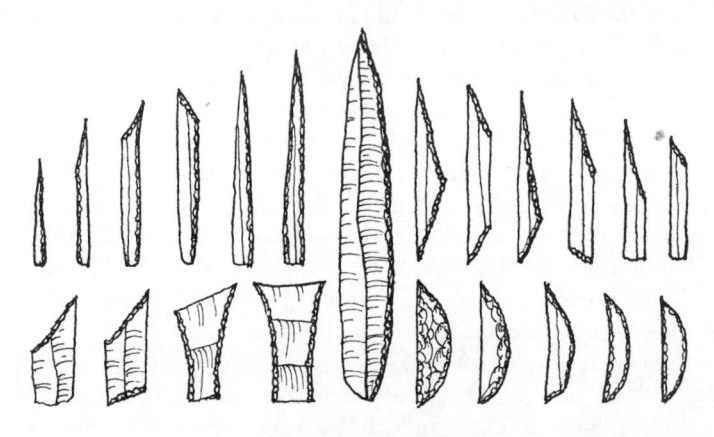

Mesolithische Mikrolithe

Ungeklärt ist noch die Ursache für das Aufkommen und die Ausbreitung der Mikrolithik. Als Mikrolithen werden geometrisch zugerichtete Kleinwerkzeuge bezeichnet, die nadelförmig, rechteckig, dreieckig, triangulär, trapezförmig oder ähnlich geformt sein können. Zwei Zentimeter lange oder ein Zentimeter breite Mikrolithen gelten schon als groß; von den kleinen Typen benötigt man zehn Stücke oder mehr, um einen Daumennagel abzudecken. Wie diese Kleinwerkzeuge verwendet wurden, ist bisher noch rätselhaft. Kräftige, trapezoide Stücke können als Pfeilspitzen mit querstehender Schneide gedient haben, wie sie aus dem Neolithikum und aus dynastischen Gräbern bekanntgeworden sind. Dreieckige Formen fanden sich sehr selten seitlich in Rillen von Holzpfeilschäften eingekittet, so daß eine Art Zackenharpune mit scharfschneidigen Vorsprüngen entstand. Die erkennbar explosionsartige Ausbreitung der Mikrolithen über die ganze Erde läßt auf einen Populationsanstieg mit engeren, nachbarlichen Berührungen schließen. Neuartige Waffen scheinen mit einem Schlage überall in Gebrauch gekommen zu sein; ob die dünnen, langen Typen der Mikrolithen auch als schmückender aufgenähter Besatz oder, mit Pech eingesetzt, zur Verschönerung irgendwelcher Gegenstände beitrugen, ist ungewiß.

Die Bevölkerung in Nordeuropa

Unsere Kenntnisse über den mittelsteinzeitlichen Menschen stammen vornehmlich aus Funden, die in Nordwesteuropa gemacht wurden, die bedeutendsten in Dänemark. Dort sind große Mengen von Gegenständen aus organischer Substanz erhalten geblieben, die in Mooren konserviert wurden. Das nordische Würm-Moränengebiet, also die Räume nördlich der Elbe, einschließlich Dänemarks und Südschwedens, waren in mesolithischer Zeit ideale Jagdgründe mit Temperaturen, die zeitweise etwas höher lagen als die heutigen. Dieser Landstrich ist noch heute mit Tausenden von Seen und Teichen übersät und war es ursprünglich noch viel mehr, denn jede Vereisung hinterließ bei ihrem Rückzug den aus dem Norden herangeführten Moränenschutt, der mit einer Unmenge von Eisblöcken oder Eisschollen durchsetzt war. Als der gefrorene Boden aufzutauen begann, schmolzen die Eiseinschlüsse und verursachten bei oberflächennaher Lage ein Einsinken des Oberbodens, so daß Sölle und Teiche von den Ausmaßen und der Größe des jeweiligen Eisblockes entstanden. Der Opferteich von Meiendorf mit der Hamburger Kulturschicht war zum Beispiel fünfundzwanzig Meter breit und neun Meter tief. Große Eisfelder hinterließen Seen von vielen Kilometern Länge. Die Seen verlandeten dann zum Teil, und in den riesigen Niederungen siedelten sich Auwaldgehölze an, die zur Anreicherung des Flachmoortorfes beitrugen. Die sich immer wiederholende Seenbildung nach jeder Eiszeit mag auch zur Zeit des Alt- und Mittelpaläolithikums eine starke Anziehungskraft auf den Menschen ausgeübt haben.

Die Bewohner dieser an Hoch- und Wasserwild so reichgesegneten Gebiete scheinen aber nicht friedlich nebeneinandergelebt zu haben, vielmehr hat es feindselige Auseinandersetzungen gegeben. Erstmalig in der Entwicklungsgeschichte der Menschheit wird aus den Funden ein unfriedliches Verhalten von Volksgruppen sichtbar. Wir wissen nicht, wie sich die Träger der Heidelberger Kultur und des Acheuléens verhalten haben, wenn sie sich begegneten. Unbekannt bleibt auch, wie und ob sich der eiszeitliche *homo sapiens* mit dem Neandertaler auseinandersetzte. Die endpaläolithischen Träger der Hamburger, der Federmesser- und der Ahrensburger Kulturen, von denen uns jeweils etwa fünfzig Lagerplätze bekannt sind, wohnten an frei zugänglichen Plätzen auf dem trockenen Lande am Rande stehender Gewässer, an Fluß- oder Bachläufen. Zu Beginn des Prä-Boreals drangen aber mit der neuen Tier- und Pflanzenwelt verschiedene Menschengruppen aus allgemein südlicher Richtung in das Jungmoränengebiet ein, so daß einschließlich der »Urbevölkerung« vielleicht fünf oder mehr verschiedene Gruppen nebeneinanderzuleben gezwungen waren: diese Menschen lebten nicht mehr frei auf den Höhen, sondern vorzugsweise in den nassen Niederungen, weil sie vermutlich ein Bedürfnis nach Sicherung gegen Bedrohungen hatten. Die Wohnplätze mit leichten Schilfhütten liegen oft hundert Meter oder weiter von den Ufern entfernt mitten in Moor- und Sumpfgebieten. Die Jäger waren gezwungen, wegen der Bodennässe Sand herbeizutragen, Unterlagen aus Ästen und Zweigwerk zu bauen, wiederholt neue Rindenfußböden zu legen oder ähnliche Sicherheitsmaßnahmen zu treffen. Es gibt wohl mehr als tausend solcher Moorwohnplätze, die heute von oft mehrere Meter hohen Torfschichten überwachsen sind.

Dieses ungesunde, versteckte Wohnen auf nassem Untergrund, in dauernd feuchter Luft, im Bodennebel und inmitten von Mückenschwärmen ist sicher nicht auf Gefahren, die aus der Tierwelt drohten, zurückzuführen, sondern auf feindlich gesinnte Nachbarn. Vermutlich ist es unter den sich volklich fremden Gruppen vor allem zu Auseinandersetzungen über die Größe der jeweils beanspruchten Jagdreviere gekommen. Übrigens verdanken wir dieser Siedlungsweise eine Unmenge an kulturellen Hinterlassenschaften, die rasch von Vegetationsresten überdeckt und durch den Grundwasseranstieg von der Luft abgeschlossen wurden.

Jagd und Hüttenbau, Kunst und Religion

Es ist möglich, daß im seenreichen Norden Europas der Bootsbau erfunden wurde, um den außerordentlichen Reichtum an Fischen zu nutzen. Das älteste bisher bekanntgewordene Paddelruder stammt vom Wohnplatz Duvensee; es wurde um 7200 v. Chr. geschnitzt. Ob die ersten Fahrzeuge Einbäume oder Rindenboote waren, ist noch unbekannt. Unter den Jagdwaffen tritt die Zackenharpune zurück; für die Wasserjagd wurde ein Fischspeer mit mehreren gezackten, oft gebogenen Fangspitzen erdacht. Neben dem Angelhaken benutzte man schon vor siebentausend Jahren Reusen und Netze, die aus Pflanzenmaterial geflochten waren. In der Moorgrabung Duvensee wurde das bisher älteste Schlagfeuerzeug entdeckt. Es fand sich Schwefelkies (Pyrit), mit dem man wie mit Stahl gegen Flint schlagend Funken erzeugen kann, und ferner Baumschwamm, also Zunder, wie er noch heute benutzt wird. Es ist aber anzunehmen, daß diese Entzündungsmethode schon früher bekannt war, denn die Flintschläger werden die Funkenbildung bei zufälliger Benutzung von Erzen oder erzhaltigen Gesteinen beobachtet und nutzbar gemacht haben.

Vor etwa achttausend Jahren wurde das Brennen irdener Töpfe erfunden. Solche schwer transportablen, bei primitivem Brennverfahren leicht zerbrechlichen Gefäße sind für freischweifende Jäger schlecht geeignet. Ihre Verwendung deutet auf ein Seßhaftwerden der Menschheit im Spätmesolithikum hin, das mit der stärkeren Nutzung von Wildgetreide und vielleicht auch mit primitivem Anbau solcher auch für den Winter hortbaren Nahrungsmittel verbunden war.

Vom Mittelmesolithikum an finden sich als »Küchenabfallhaufen« an den Meeresküsten fast aller Kontinente Anhäufungen von Muschelschalen, zumeist von Austern, die wallartig bis zu hundert Meter lang sein können. Dort wurden neben Werkzeugen und Waffen auch Feuerstellen und Bestattungsplätze gefunden.

Die Mesolithiker errichteten im Norden schlüssellochförmige, runde oder ovale Hütten; in Gebirgsgegenden suchte man dazu Unterschlupf in Höhlen oder unter Schutzdächern. Die Toten wurden oft unter Beigabe von Rötel, Schmuck, Waffen oder Beilen in nordsüdlich oder ostwestlich ausgerichteten, einfachen Gruben in der Strecklage oder als Hocker beigesetzt. Schon für das Mittelmesolithikum wurden am Kopfende errichtete hölzerne Totempfähle nachgewiesen.

Auf kultisch-schamanistischen Brauch weisen Schwirrhölzer und Tanzmasken hin. Die Tanzmasken oder Kopfaufsätze sind religionsgeschichtlich von außerordentlicher Bedeutung, denn sie lassen zur Gewißheit werden, daß es sich bei den Darstellungen tanzender Medizinmänner mit Kopfaufsätzen aus Geweihen in der jungpaläolithischen Wandkunst nicht um Fantasieentwürfe, sondern um Gegenstände handelte, die schon vor gut fünfundzwanzigtausend Jahren bei kultischen Tänzen benutzt worden waren. Solche Tanzmasken fand man in Norddeutschland und England auch in Mooren. Die Mesolithiker gewannen sie von den Köpfen des Rothirsches; die Schädeldecke mit den beiden Geweihstangen wurde abgetrennt, mit vier Löchern für eine Schnur versehen und auf dem Kopf des Tanzenden festgebunden. Gleiche Aufsätze wurden bis vor kurzem von sibirischen Schamanen benutzt. Bei den Stücken von Star Carr in England (7500 v. Chr.) waren die Geweihstangen wie bei dem Hirschschädel von Berlin-Biesdorf halbiert und ausgehöhlt, so daß zwar die Kontur der Maske erhalten blieb, das Gewicht aber verringert war.

Es gibt in Europa eine fast unübersehbare Fülle typologisch verschiedener mesolithischer Industrien, die von einer Aufsplitterung in eine Menge von Kleingruppen mit eigenständigem Verhalten zeugen. Die bekanntesten sind die dänischen Maglemose-Mullerup-Kultur, das Tardenoisien und das Azilien in West- und Südwesteuropa. Aus dem Azilien sind vor allem die mit geometrischen Figuren bemalten Kiesel bekanntgeworden.

Die Kunst des Mesolithikums zeigt in Nordeuropa ornamentale Darstellungen, wie Strichgruppen, schachbrettartige Muster und flächenfüllende Ritzungen, die vielleicht etwas Gegenständliches wiedergeben, aber nicht immer zu deuten sind. Daneben liegen wenige detailarme Tierskulpturen vor, die häufig aus Bernstein gefertigt sind. Auf der Pyrenäen-Halbinsel erblühte eine Kunst, der »ostspanische Kunststil«, als Fortsetzung der jungpaläolithischen Kunst. An den Wänden von Felsschutzdächern sind vielfältig variiert in meist roten Tönen Tiere aus der nacheiszeitlichen Fauna wiedergegeben. Charakteristisch sind auch szenische Darstellungen, wie laufende, bogenbewaffnete Männergruppen, die Jagdwild verfolgen oder sich als Gegner bekämpfen. Männerfiguren tragen büschelige Kniebänder, die Frauen sind mit Kopfschmuck und weitschwingenden Röcken dargestellt.

Das Mesolithikum in Afrika und Asien

Die ostspanische Kunst ist wahrscheinlich nach Nordafrika übertragen worden; sie bildet dort die älteste Stufe der Wandkunst. Neuere Entdeckungen lassen hoffen, daß vor allem im Atlasgebiet ein außerordentlich reichhaltiges Studienmaterial erarbeitet werden kann, das mehrere Kulturperioden umfaßt. In den ältesten Wiedergaben sind Tiere dargestellt worden, die seit einigen Jahrtausenden in diesen Räumen nicht mehr vorkommen. Die jüngeren Schöpfungen geben Zugtiere aus einer agrarwirtschaftlichen Kulturstufe wieder. Es spricht alles dafür, daß die Felskunst Afrikas vom Nordwesten des Kontinentes her verbreitet worden ist.

Lithische Industrien des Mesolithikums sind in Afrika vor allem in den mediterranen Zonen gefunden worden. Aus Marokko ist besonders das beilfreie »Capsien« in mehreren Entwicklungsphasen gut bekannt. Aus dem übrigen Afrika liegen bisher nur Einzelfunde vor, so daß wir nicht sagen können, wann wohl welche Kulturgruppen, vielleicht vom Norden her, ins Innere des Kontinentes oder gar bis zur Südspitze gedrungen sind und welche von ihnen wohl Träger eines bestimmten Kunststiles gewesen sein könnten. Die bisher gefundenen lithischen Unterlagen besagen, daß die für das Jungpaläolithikum typische Stagnation mittelpaläolithischer Gerätformen noch bis in das Mesolithikum hinein spürbar ist; Industrien aus jüngerer Zeit weisen ein noch recht altertümliches Gepräge auf.

Im Nahen Osten ist die Mittelsteinzeit in den Grundzügen fast voll erfaßt worden. Im Mittelmeergebiet Arabiens erwies sich das Mesolithikum als kulturell stark variiert. Hier sind allerdings der Forschung dadurch große Verluste entstanden, daß in den letzten Jahrtausenden viele Höhlen und Abris teilweise oder ganz ausgeräumt wurden, um in oder unter ihnen Häuser zu errichten oder Gräber anzulegen. Von solchen Eingriffen sind die höchstgelegenen, die mesolithischen Schichten, immer am stärksten betroffen worden. Dennoch können wir gut erkennen, daß im Küstengebiet zwischen Anatolien und dem Suezkanal das Mesolithikum kulturell weitaus stärker gegliedert ist als in irgendeinem Teilgebiet in Mittel- oder Westeuropa. Man müßte wohl die Kulturen aus größeren Gebieten Europas zusammenziehen, um zu einer gleichstarken Variation zu gelangen. Dieses Phänomen ist wohl durch den Landbrückencharakter Palästina–Syriens zu erklären.

Das Jungpaläolithikum endete im Nahen Osten etwa um 10000 v. Chr. mit einem Mikro-Aurignacien, das aber noch keine geometrische Mikrolithik kennt. Während die frühmesolithischen Industrien wenige Mikrolithen führen, dominieren sie in den jüngeren Kulturen aber oft gegenüber andern Werkzeugen. Am besten erforscht ist das »Natufien«, das in älterer und jüngerer Ausprägung vorliegt. In den jüngeren Industrien überwiegen halbmondförmige Mikrogeräte. Bei Athlit fanden sich Reste von Mauern, die aus Natursteinen errichtet worden waren. Die Mesolithiker haben dort Mulden aus dem Felsgrund herausgearbeitet, in denen Getreide zerstampft und mit Mahlsteinen zu Mehl oder Grütze zerrieben wurde. Aus Felsgestein gefertigte handliche Stößel mögen diesem Zweck oder dazu gedient haben, Fleisch in kleinen Mulden zu einem Brei zu zerstoßen, wie es heute noch stellenweise im Nahen Osten üblich ist.

Im Spätmesolithikum finden sich kleine Klingen mit gezahnten Kanten, die Gebrauchspolitur aufweisen. Sie dienten als Einsätze für Sicheln, die aus Unterkiefern von Eseln hergestellt wurden und dort eingekittet waren, wo man die Zähne entfernt hatte. Solche Sicheln deuten auf den ersten Kornanbau oder auf intensive Nutzung von Wildgetreide hin. Im Endmesolithikum, also »kulturmorphologisch« später als in Nordeuropa, kamen Flintbeile als Hacken in Gebrauch. Die Verwendung von Knochengeräten konnte bisher nur aus wenigen Unterlagen erschlossen werden; es sind ein paar einfache Pfriemen aus Knochen oder Geweih gefunden worden. Auch der Schmuck ist recht ärmlich, er besteht hauptsächlich aus durchbohrten Mittelmeermuscheln, die allein oder zusammen mit durchbohrten Zähnen oder Hirschgrandeln zu Halsketten verarbeitet wurden.

Bisonjagd. Felszeichnung in Tiout / Nordafrika, Nacheiszeit

Skelett mit Kopfschmuck in einem Hockergrab aus dem unteren Natufien in Athlit am Karmel

Als Erbträger der östlichen kunstlosen jungpaläolithischen Kulturen betätigten sich auch die Mesolithiker nur wenig auf dem kunsthandwerklichen Gebiet. Wandbilder, seien sie gemalt oder geritzt, sind bisher ebensowenig entdeckt worden wie figurale oder ornamentale Verzierungen auf beinernen Gegenständen. Höchst selten, so im Natufien von Athlit, finden sich kleine sehr grob ausgeführte Skulpturen von Mensch und Tier. Unbekannt sind auch Gegenstände, die bei sakralen Handlungen eine Rolle gespielt haben könnten. In den Natufien-Schichten von Athlit sind einige Dutzend Skelette von Bestatteten in der Strecklage oder als Hocker freigelegt worden. An einzelnen Schädeln klebten Stücke stabartiger Muscheln *(Dentalium spec)*, die in Reihen nebeneinander den ehemals getragenen Kappen oder Stirnbändern aufgenäht waren.

In fast allen übrigen Räumen Asiens sind ebenfalls mesolithische Industrien gefunden worden, aber nirgendwo auch nur annähernd in solcher Fülle wie im Nahen Osten. Aus diesen sporadischen Vorkommen lassen sich bisher keine Hinweise auf Wanderungen, Beziehungen oder Begrenzungen größerer Kulturkreise erschließen. Unsere Unkenntnis über die jeweiligen Verhältnisse in Süd-, Mittel- und Ostasien ist nicht auf einen Mangel an erschließbarem Material zurückzuführen, sondern es fehlt noch wie in Afrika an Unterlagen, die nur durch langwierige Forschungen zu erarbeiten sind. Der Habitus mesolithischer Kulturen aus Nordostasien könnte sich für die abstammungsgeschichtliche Deutung früher nordamerikanischer Industrien einmal als sehr wichtig erweisen.

Das Mesolithikum in Australien und Amerika

In Nordamerika folgen den verschiedenen jungpaläolithischen Vorkommen mesolithische Industrien vom meistbekannten Folsom-Habitus (um 8000 v. Chr.) mit den Folsom-Spitzen und von Eden-Scottsbluff (5000–4000 v. Chr.). Wie für die jungpaläolithischen, so sind auch für die mesolithischen Entwicklungsabschnitte aus Amerika noch viele Erkenntnisse zu erwarten.

Die Urbevölkerung Australiens lebt noch heute auf einem mesolithischen Kulturniveau mit aneignender Wirtschaftsform, in der kein Fruchtanbau betrieben wird. Wann die ersten Bewohner auf die Insel gelangten, ist noch unbekannt. (Nach neuesten Meldungen sollen Artefakte gefunden worden sein, die neuntausend Jahre alt sind.) Da die Seeschiffahrt als Pflege traditionellen Erbes heute nicht betrieben wird, ist anzunehmen, daß die Invasion zu einer unbekannt weit zurückliegenden Zeit stattfand, vielleicht schon, als eine Landbrücke von Süd-Ostasien aus hinüberführte.

Unbekannt ist auch, wann Tasmanien besiedelt wurde. Die Tasmanier waren anthropologisch »urtümlicher« als die Australier, und es ist denkbar, daß sie von den Australiern auf die Insel Tasmanien abgedrängt wurden. Unter den Steinwerkzeugen der Tasmanier finden sich zahlreiche altpaläolithische Typen wie Nasenschaber aus der Heidelberger Stufe, die in Europa und vielleicht auch in Afrika bis ins Endtertiär hinabreichen. Ob es sich bei solchen Formen um autochthone Neuerfindungen handelt oder tatsächlich um uraltes übernommenes Kulturgut, ist noch nicht zu entscheiden. Zur Bestätigung der zweiten

These bedürfte es sachlicher Unterlagen mit schichtlich kontinuierlichen Verbindungen zum asiatischen Festland. Immerhin lassen die archäologischen Funde, zusammen mit den anthropologischen Erscheinungsformen betrachtet, die Möglichkeit zu, daß es sich bei den bis in den äußersten Winkel der Erde abgedrängten Tasmaniern um die Reste einer Bevölkerung handelt, die »mutativ modernisiert«, jedoch von anderen Rassen unbeeinflußt vom Endtertiär her direkt bis in unsere Zeit hinein lebendig blieb.

Richard Pittioni

DER URGESCHICHTLICHE HORIZONT
DER HISTORISCHEN ZEIT

Neolithikum

Schlagworte wie »vom Jäger über den Bauer zum Städter« oder »von der Wildheit zur Zivilisation« werden den historischen Gegebenheiten ebensowenig gerecht wie der neueste Slogan von der »neolithischen Revolution«. Wohl verbirgt sich hinter diesem Wort eine gewisse Wahrheit, aber das Wesen der neuen Zeit trifft es nicht. Denn das »Wesen des Neolithikums« hat nicht mit einemmal fertig dagestanden, es hat auch nicht die ganze alte Welt mit einem Schlag erfaßt, wie man meinen sollte, wenn man von einer Revolution spricht.

Das Werden des Neolithikums ist ein recht komplizierter historischer Prozeß, den zu erfassen noch kaum gelungen ist. Er war – wie jeder andere historische Vorgang – von den physischen Faktoren der Natur und den psychischen Faktoren der Menschheit abhängig. Um dies wenigstens andeutungsweise verstehen zu können, müssen wir bis in das jüngere Paläolithikum zurückgreifen.

Vor rund vierzig Jahren fand man die ersten Spuren einer großen jungpaläolithischen Siedlung in den Pollauer Bergen bei Unterwisternitz (heute Dolní Věstonice) nördlich von Nikolsburg. Auf die ersten Tastuntersuchungen folgten großangelegte Grabungen unter Karl Absolon, dem damals führenden Paläolithforscher der Tschechoslowakei. Ihm gelang der Nachweis einer weit ausgedehnten Siedlung mit einer riesigen Masse von Mammutknochenresten, die die Jungpaläolithiker der Pollauer Berge in vielen Jahren um ihre Niederlassung gehäuft hatten. Heute wissen wir, daß hier die Reste von rund hundert Mammutkadavern beisammenliegen. Die nach dem Kriege vom Archäologischen Institut der Tschechoslowakischen Akademie wiederaufgenommenen Grabungen in Unterwisternitz und später in dem benachbarten Pollau brachten weitere interessante Ergebnisse. Pollau hatte dabei einen besonderen Anteil. Denn dem Nachfolger Karl Absolons, Bohuslav Klima, gelang der Nachweis von Hütten mit Herden. Ihm glückte aber eine noch wichtigere Entdeckung: die erste Verwendung eines Kunststoffes, aus Lehm und zerkleinertem Mammutelfenbein gemischt und in der Luft getrocknet. Dieser Kunststoff bot das Rohmaterial für die serienweise Erzeugung von kleinen Mammutfigürchen, von Bärenköpfchen, einem Nashornkopf und vielen anderen Darstellungen. Dazu fand man den noch nicht verwendeten Rohstoff in kleinen Kugeln und außerdem die Hütte, in der er angefertigt und wahrscheinlich auch zu diesen kleinen Kunstwerken gestaltet worden war. Damit aber stand man am Beginn der Verwendung eines Kunststoffes, von dem man bislang gemeint hatte, er wäre erst während der Jungsteinzeit erfunden worden.

Andere Beobachtungen zeigten, daß auch das Schleifen des Steines schon während des Jungpaläolithikums geübt wurde. So kennen wir die geschliffenen Anhänger aus Willendorf in der Wachau (Österreich), die geschliffene Rundkeule aus Předmost (Mähren) oder die aus Mergel erzeugten und geschliffenen Venusfiguren aus Kostienki (Ukraine), die alle dem Jungpaläolithikum zuzurechnen sind.

Fragt man aber nach der Zeit, in der diese Werke entstanden sind, dann kommt man bis in die letzte Eiszeit, in das vorgeschrittene Würm-Glazial zurück. Unterwisternitz gehört nach Ausweis der stratigraphischen Aufschlüsse in das Würm-II/III-Interstadial, Pollau steht am Beginn von Würm III, und Willendorf ist sogar in das Ende von Würm II einzuordnen. Předmost dürfte mit ihm etwa gleichzeitig sein, während Kostienki gleichfalls in das vorgeschrittene Würm gehört. Die Radiokarbonmethode ergibt folgende Daten: Willendorf etwa um 28000 v. Chr., Unterwisternitz um 26000 v. Chr. und Pollau um 24000 v. Chr. Danach dürfte die Kenntnis des aus Erde und einem Zusatz gebildeten, knetbaren und durch Sonne oder Feuer härtbaren Rohstoffes rund 25000 Jahre alt und die Anwendung des Steinschliffes vielleicht sogar noch etwas älter sein.

Zwei wichtige konstitutive Elemente des Neolithikums lassen sich so in eine sehr tiefe Vergangenheit zurückverfolgen, wobei es nicht uninteressant ist festzustellen, daß die Kenntnis des Steinschliffes seit dem Jungpaläolithikum kaum mehr verlorengegangen ist. Ob die Kenntnis des aus Erde und einem Zusatz erzeugten Rohstoffes weitergegeben wurde, wissen wir nicht.

Aber etwas anderes ist quellenkundlich erwiesen: die Domestikation des Wildtieres während des Mesolithikums, also jener für die Folge so entscheidenden Übergangszeit zwischen Jungpaläolithikum und Neolithikum. Das älteste Haustier, das wir kennen, ist der Hund. Seine Knochenreste gibt es sowohl aus dem norddeutsch-skandinavischen Maglemosian wie aus dem palästinensischen Natufien, also aus weit voneinander entfernten Gebieten. Es wird wohl nur eine Forschungslücke sein, wenn er aus dem Zwischengebiet noch nicht nachgewiesen werden konnte.

Die Domestikation der Wildtiere ist jedoch ein drittes konstitutives Element des Neolithikums, von dem wir wissen, daß es mindestens schon im achten Jahrtausend v. Chr. bekannt war und gepflegt wurde. Wie steht es nun mit dem vierten konstitutiven Element, der Domestikation der Wildpflanzen?

Damit berühren wir einen heiklen Punkt. Aus dem französischen Magdalénien des vorgeschrittenen Würmglaziales gibt es seit langem Elfenbeinplastiken, die sich als Darstellungen von Ähren deuten lassen. Einer solchen Interpretation hat man aber lange Zeit keinen Glauben geschenkt. In den dreißiger Jahren überraschte nun der Wiener Franz Mühlhofer mit der Nachricht, er habe zahlreiche Weizenkörner in einer spätwürmzeitlichen Nagetierschicht in der Merkensteiner Höhle bei Bad Vöslau (Österreich) und einige wenige auch in einer Höhle bei Pottenstein in Franken (Bayern) gefunden. Die Funde könnten etwa in die Zeit um 15000 bis 12000 v. Chr. gehören. Doch ist man ihnen gegenüber noch skeptisch, obwohl das palästinensische Natufien des neunten und achten Jahrtausends v. Chr. bereits die Sichel kennt. Allerdings überlegt man auch hier wieder, ob dieses neue Gerät, das aus einem Knochenstiel mit eingesetzten Feuersteinklingen besteht, nur für Wildgräser verwendet wurde oder ob es als Beweis für einen frühen Getreideanbau gewertet werden kann. Es dürfte aber genügen, wenn man aus dem Vorhandensein der Sichel im Natufien wenigstens die Beschäftigung des Mesolithikers mit dem Gras abliest, die ja als erster Schritt zur Domestikation von Wildpflanzen angenommen werden darf. Dann erweist sich auch das vierte konstitutive Element des Neolithikums als recht alt. Daß die vier konstitutiven Elemente des Neolithikums im Jungpaläolithikum und im Mesolithikum entstanden sind, zeigt die Haltlosigkeit von der »neolithischen Revolution«. Wie groß die von der damaligen Menschheit entwickelten seelischen Kräfte und geistigen Leistungen als Reaktion auf die physischen Veränderungen der ausgehenden Eiszeit und der darauffolgenden klimatischen Perioden gewesen sind, vermag man heute noch kaum zu ermessen.

Die auf der Pollenanalyse fußenden Ergebnisse zur nacheiszeitlichen Klima- und Waldgeschichte haben in den letzten Jahren bedeutsame Einsichten gebracht. So wissen wir, daß auf das letzte Würmstadium (III) eine kurzfristige Wärmeperiode, die »Allerödschwankung«, folgte, die nach Ausweis der Radiokarbonchronologie etwa zwischen 10000 und 8500 v. Chr. anzusetzen ist. Die anschließende etwas kältere jüngere Dryasperiode war nur ein Zwischenspiel in dem nun immer wärmer werdenden Klima, dessen einzelne Phasen mit den Begriffen der Präboreal- und Borealzeit bezeichnet werden.

Mit ihnen war eine grundsätzliche Umgestaltung des Landschaftsbildes verbunden. War während der jüngeren Dryaszeit nur ein schwacher Kiefernwald mit Birken möglich, so drangen nun während des Präboreals und des Boreals die wärmeliebenden Bäume aus ihren südlichen Rückzugsgebieten über die Alpen weiter nach dem Norden vor. So kam etwa die Hasel bis nach Skandinavien, wo sogar die Wassernuß *(Trapa natans)* gedeihen konnte.

Zahlreiche Pollenprofile von England über Skandinavien und Norddeutschland bis nach dem Osten und an den Fuß der Alpen haben die ständig gleichbleibende Klima- und Waldabfolge für diese beiden Perioden ebenso aufgezeigt wie für die folgende des sogenannten Atlantikums, das als postglaziales Klimaoptimum bekannt ist. Die damals herrschende Temperatur bewirkte in den Alpen ein so starkes Zurückweichen der Gletscher, daß nur noch die höchsten Gipfel von einer ewigen Schnee- und Eislage bedeckt waren. Das Atlantikum ist die Zeit des Eichenmischwaldes, der gleichfalls weit in den Norden reichte und auf den die großen Waldbestände der späteren Zeit zurückgehen.

Überall dort, wo die natürlichen Voraussetzungen für die Bildung von Torfmooren gegeben waren, lassen sich diese Veränderungen lückenlos nachweisen. Je weiter man aber südwärts gegen die mediterrane Zone vordringt, um so geringer werden solche Nachweismöglichkeiten. Und dort, wo sie für das Erkennen der historischen Vorgänge am wichtigsten wären – im engeren Mediterranraum –, da fehlen sie leider völlig. Doch wäre es ein Irrtum, wollte man dieselbe klimageschichtliche Abfolge für dieses Gebiet nicht annehmen. Seiner geographischen Breitenlage nach ist die an Hand von mittel- und nordeuropäischen Aufschlüssen erarbeitete Chronologie hier sogar etwas früher anzusetzen als in Europa selbst. Das würde bedeuten, daß das Präboreal im mediterranen Raum schon im neunten Jahrtausend begonnen haben wird und daß hier das Atlantikum nicht erst ab etwa 5500 v. Chr., sondern vielleicht schon um 6000 oder 6500 v. Chr. seinen Anfang genommen hat. Demnach begannen die physischen Faktoren, auf die die Menschen dieser Gebiete zu reagieren hatten, um rund tausend Jahre früher wirksam zu werden als in Mitteleuropa.

So gesehen überrascht es deshalb nicht, wenn uns die Radiokarbonchronologie für die ältesten Nachweise eines beginnenden Neolithikums im Nahen Osten das späte achte und das siebente Jahrtausend v. Chr. angibt. Das älteste Neolithikum, das wir jetzt kennen, ist in Jericho gefunden worden, und zwar in der präkeramischen Schicht A des Tell es Sultan, dessen Kenntnis wir der Engländerin Kathleen M. Kenyon verdanken. Durch sie ist Jericho auch für die Urgeschichte ein Begriff geworden.

Von einem präkeramischen Neolithikum sprechen wir deshalb, weil in der Zeit des ausgehenden achten Jahrtausends v. Chr. noch keine Tongefäße erzeugt wurden, obwohl der aus Lehmerde bestehende Rohstoff bekannt war. Wie in den Pollauer Bergen während des Jungpaläolithikums wurde dieses Material auch in Jericho für kultische Zwecke verwendet. Hier hat man den Toten die Schädel abgeschnitten, sie von den Weichteilen befreit, das Gehirn entfernt, also künstlich skelettiert. Mit Lehm wurde das Gesicht wieder plastisch geformt, während man die Augen durch Muscheln ersetzte. Noch heute ist erkennbar, wie sehr man bestrebt war, dabei Naturtreue zu erzielen. Ein sprechendes Beispiel für das Fortwirken des mesolithischen Schädelkults in eine Zeit, da man sich um eine Quelle niederließ, die erste Dauersiedlung schuf und daranging, aus mächtigen Steinen einen riesigen Rundturm zur Verteidigung dieser Quelle zu errichten. Man legte Rundhäuser an und ging später zum Bau von Rechteckhäusern über. Im Kleingerät dieses ältesten palästinensischen Neolithikums sieht man die Tradition des Mesolithikums, doch zeigen Knochenreste von Ziegen, daß die Kunst der Domestikation auch dieses schwer zu zähmende Tier besiegt hatte.

Nicht viel jünger als das präkeramische Jericho ist die von dem Amerikaner Robert J. Braidwood entdeckte und bereits teilweise untersuchte Siedlung von Qalat Jarmo am Fuße der Kurdistanischen Berge bei Suleimanija-Kerkuk. Die Radiokarbondaten setzen sie in die erste Hälfte des siebenten Jahrtausends v. Chr. Ihr Fundinhalt zeigt, daß die konstitutiven Elemente des Neolithikums planmäßig gefördert worden waren. Rechteckhäuser mit Steinsockeln zeigen die Bindung an den Boden. Knochen von Schaf-Ziege, Schwein, Rind und Hund beweisen den Fortschritt der Domestikation, Gerste, Emmer und Spelt weisen auf einen voll ausgeprägten Bodenbau hin. Aber auch hier fehlt die Töpferware fast noch vollständig. An ihrer Stelle erfreute sich das Steingefäß (wie in Jericho oder in der dem sechsten Jahrtausend v. Chr. angehörenden Siedlung von Khirokiti auf Cypern) besonderer Beliebtheit. Ton aber wurde für die Anfertigung von sitzenden Frauenfiguren verwendet, für die ältesten Fruchtbarkeitsidole der neolithischen Bauern.

Zu einer Zeit, da das Schlagwort *ex oriente lux* alles aus dem Nahen Osten abzuleiten gesonnen war, war es auch selbstverständlich, daß das Neolithikum aus dem Vorderen Orient nach Europa gekommen sein mußte. Noch ist es gar nicht lange her, daß man für das europäische Neolithikum kaum ein Alter von über fünftausend Jahren gelten lassen wollte, ja es gibt namhafte Vertreter der Urgeschichte, die auch heute noch – gestützt auf die eben

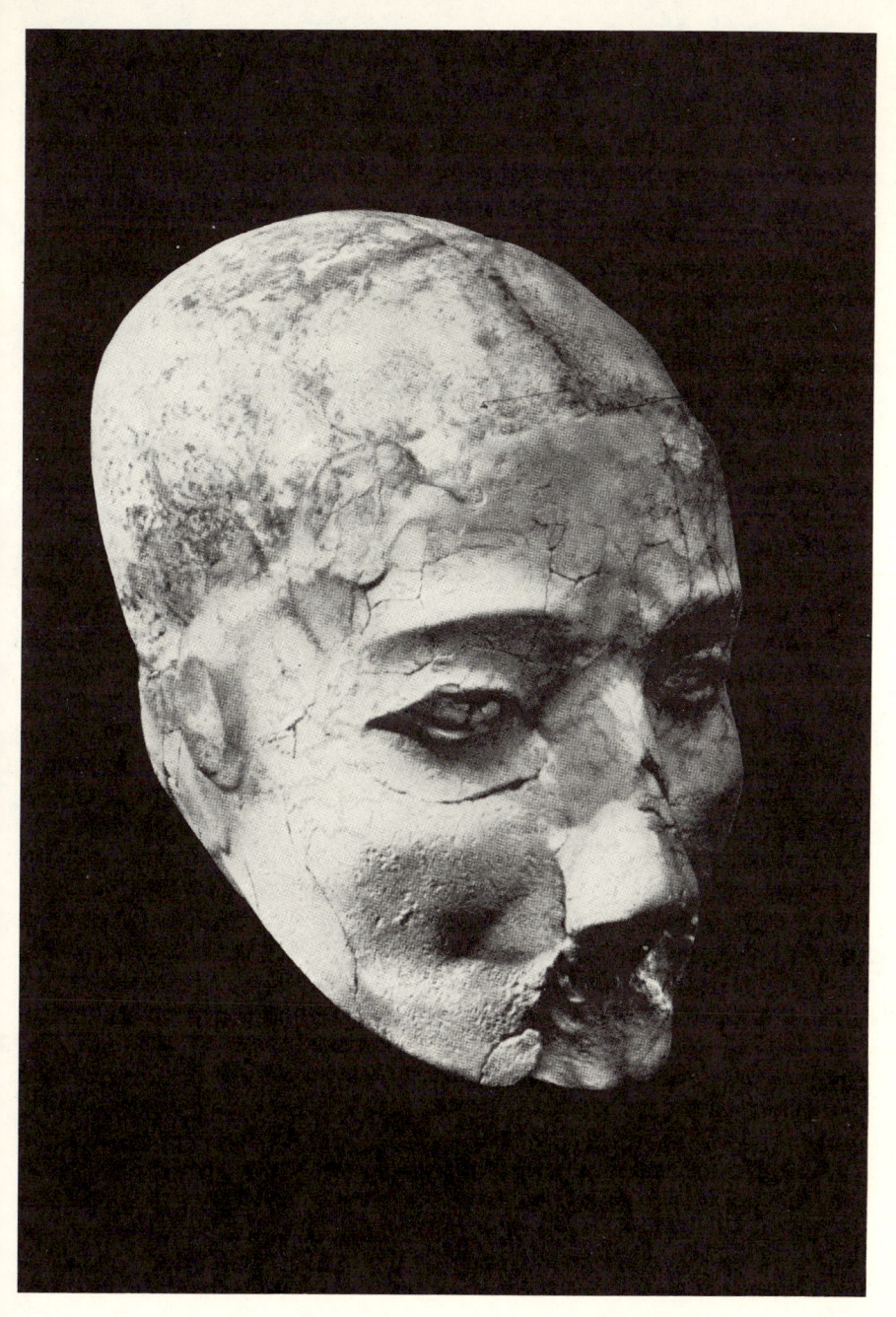

Neolithische Schädelplastik aus Jericho, spätes 8. Jahrtausend. Amman, Museum

Blick in eine neolithische Feuersteingrube bei Spiennes/Belgien, 3. Jahrtausend

angedeuteten Ausgrabungsergebnisse – davon überzeugt sind, daß diese ephemere neolithische Revolution im Vorderen Orient stattgefunden und sich von hier aus nach Europa verbreitet habe.

Doch hält auch dieser Apriorismus einer echten historischen Forschung nicht stand. Schon allein die Tatsache, daß die grundsätzliche Umstellung der physischen Faktoren auch innerhalb Europas während des siebenten Jahrtausends v. Chr. einsetzte und im sechsten Jahrtausend bereits zu einem gewissen Höhepunkt hinführte, zwingt zu der Annahme, daß auch die auf europäischem Boden lebenden Menschen auf solche Veränderungen zu reagieren hatten.

Zu einer Zeit, da man noch keine Radiokarbonchronologie kannte, war es ein Wagnis, von einem europäischen Neolithikum des fünften Jahrtausends zu sprechen. Als es aber gelang, Getreidepollen im atlantischen Abschnitt großer Torfprofile nachzuweisen, konnte die erste Bresche in diese vorgefaßte Meinung geschlagen werden. War einmal durch die Radiokarbonmethode die absolute Datierung des Atlantikums erreicht, dann konnte es auch nicht mehr überraschen, als der holländische Physiker Hassel de Vries für die donauländische Kultur der Bandkeramik mehrere Daten mit 4200 v. Chr. vorlegte und damit bewies, daß die voll ausgeprägte bäuerliche Kultur Mitteleuropas im fünften Jahrtausend v. Chr. begonnen hat. Kurz darauf folgte dann die Entdeckung eines sogenannten präkeramischen bäuerlichen Neolithikums durch Vladimir Milojčić in Thessalien, für das zwar noch kein Radiokarbondatum vorliegt, das aber doch nur in das sechste Jahrtausend gestellt werden kann. In die gleiche Richtung weisen die neuen, durch Alois Benac in Sarajewo bekanntgegebenen Aufschlüsse eines sehr alten Neolithikums knapp oberhalb einer mesolithischen Schicht in der Höhle Crvena Stijena in Jugoslawien mit einer durch Fingernageleindrücke verzierten Keramik, die in gleicher stratigraphischer Position von dem Italiener Luigi Bernabò Brea in den Höhlen Arene Candide in Ligurien nachgewiesen wurde. Hält man hinzu, daß das präkeramische Neolithikum Cyperns (jenes von Khirokiti) dem sechsten Jahrtausend angehört und daß das vollausgeprägte Neolithikum Jugoslawiens, wie es in Vinča A gefunden wurde, dem frühen fünften Jahrtausend zuzuweisen ist, dann wird man wohl oder übel daran glauben müssen, daß auch Europa ein sehr altes Neolithikum besitzt.

Von einem neolithischen Kulturgefälle oder sogar einer neolithischen Trift aus dem Nahen Osten nach Europa wird man daher wohl kaum mehr sprechen können. Wenn es auch heute noch nicht eindeutig beweisbar ist, so spricht doch vieles dafür, daß die im Schoße des europäischen Jungpaläolithikums und Mesolithikums geborenen konstitutiven Elemente des Neolithikums während des vorgeschrittenen sechsten und des fünften Jahrtausends unabhängig vom Vorderen Orient zu eigenen Formen geführt haben. Damit soll natürlich nicht geleugnet werden, daß es auch in Europa Diffusionen, also die Verbreitung von Ideen und Anregungen aus einem Gebiet in das andere, gegeben hat. So war man niemals im Zweifel darüber, daß das im norddeutsch-skandinavischen Raum verbreitete Neolithikum seine Entstehung Anregungen aus dem Süden verdankt.

Doch hat auch in diesem Gebiet die systematische Weiterführung der Forschung neue wertvolle Einsichten erbracht. Lange bekannt schon war die sogenannte Ertebölle-Keramik, eine verhältnismäßig einfache Ware, die sich durch ihren spitzen, das heißt zipfelig ausgezogenen Boden von allen anderen keramischen Erzeugnissen unterscheidet. Von ihr meinte man, sie wäre eine Nachbildung von Lederbeuteln. Es fiel später auf, daß die gleiche keramische Form in Afrika, besonders in Nordafrika, weit verbreitet ist. Zwischen beiden Vorkommen einen Zusammenhang anzunehmen liegt nahe, besonders auch deshalb, weil Südostspanien in El Garcel (in einem vermutlich sehr alt anzusetzenden Fundzusammenhang) die gleiche Gefäßform besitzt. Hermann Schwabedissen konnte nun in Frankreich das Bindeglied zwischen Spanien und Südskandinavien nachweisen. Er konnte auch zeigen, daß die Erzeuger der Ertebölle-Keramik schon den Bodenbau kannten, da Gefäße dieser Art Getreidekorneindrücke aufweisen. Radiokarbondaten offenbarten dann, daß die Ertebölle-Keramik und die mit ihr vergesellschaftete bäuerliche Orientierung dem späten vierten Jahrtausend v. Chr. angehören und daher wesentlich älter sind, als man bisher anzunehmen geneigt war.

Mit diesen und anderen Ergebnissen, auf die hier nicht eingegangen werden kann, eröffnen sich grundsätzlich neue Perspektiven für das europäische Neolithikum. Wir sehen in ihm heute nicht mehr einen kümmerlichen Ableger des Nahen Ostens, sondern den Ausdruck einer besonderen Gestaltungskraft der auf europäischem Boden lebenden Gemeinschaften. In ihnen wirkt das Erbe des Jungpaläolithikums und des Mesolithikums, in ihnen wirkt aber auch die eigene Konzeption, aus der heraus sie sich von einfachen, fast unscheinbaren Anfängen zu großartigen Leistungen emporzuarbeiten vermochten.

Hier sind nun einige Worte über das Wesen der urgeschichtlichen Quellen als Ausdruck bestimmter Gestaltungsvorgänge einzufügen. Oft wird von jenen, die der Urgeschichte ferner stehen, der Vorwurf erhoben, daß sie Quellen verwende, denen kaum eine besondere Aussage innewohne. Denn – so wird argumentiert – Gefäß sei Gefäß, Beil sei Beil, Schwert sei Schwert, Nadel sei Nadel und Fibel sei Fibel. Wie sollte sich aus so einfachen Gebrauchsgegenständen etwas über die Zeit ihrer Entstehung und ihrer Zugehörigkeit zu bestimmten Gebieten ablesen lassen können? Dem ist entgegenzuhalten, daß der Mensch immer – auch heute noch im Zeitalter der Technik – ein ganz bestimmtes Verhältnis zu den ihn umgebenden Ideen und den aus ihnen geschaffenen Werken besitzt. Wohl ist ein Auto immer ein Auto, aber ein Volkswagen ist doch etwas anderes als ein Cadillac. Das heißt, jede Gemeinschaft formt in der ihr entsprechenden Weise den Rohstoff, sei es als Idee, sei es als Objekt. Hinter jedem Erzeugnis steht ein bestimmtes Formwollen, das nichts anderes ist als die Eigenart, mit der eine bestimmte Gemeinschaft von Menschen bewußt ihre Werke auf Grund ihrer Einstellung zum Rohstoff formt. Fast könnte man hier von einem Gemeinschaftsindividualismus sprechen. Doch ist dieses Formwollen nicht von Anfang an fertig da, es verfestigt sich durch die Zeit und ist zugleich an den Raum gebunden. In seinem Sichtbarwerden in der urgeschichtlichen Quelle manifestiert sich deshalb ein historischer Prozeß. In einer ununterbrochenen Kette reicht er vom ersten Geschiebe-Werkzeug bis zur Atombombe.

Ordnet man dann die urgeschichtlichen Quellen einer bestimmten Zeit nach den verschiedenen Arten des Formwollens dieser Periode, dann gelangt man zur Aufstellung von Kulturkreisen, von Kulturarealen, deren Eigenart weitgehend von den physischen Faktoren dieser Areale mitbestimmt wird. Doch wird die kulturelle Eigenart, eben das Formwollen, nicht durch die Natur vorbestimmt, sondern durch sie mitgeformt, da die natürlichen Gegebenheiten nur die Voraussetzungen für die Gestaltung einer Idee durch eine Gemeinschaft bieten. Jedes urgeschichtliche Objekt ist deshalb das in Stoff gefaßte Sichtbarwerden einer bestimmten Absicht. Keine neolithische Kulturform ist das Produkt des Zufalls, sondern die in Stein, Ton, Knochen und Holz gefaßte Verkörperung von Ideen, die innerhalb geschlossener Gemeinschaften lebendig waren; von Ideen freilich, die sich nur an dem konkret Gegebenen formen konnten. Darum ist auch das europäische Neolithikum keine Einheit, sondern eine weitgehend von jeweils verschiedenen physischen Faktoren abhängige Vielfalt. Viehzucht und Ackerbau sind deshalb nur dort möglich, wo die Natur die entsprechenden Voraussetzungen bietet. Wie wichtig ist es darum für die Urgeschichte zu wissen, ob Europa während des Boreals alle jene Wildformen besaß, aus denen der Mensch seine Haustiere, wie Hund, Schwein, Ziege, Schaf und Rind, aber auch das Pferd, »formen« konnte. Gleiches gilt für die Wildgräser, aus denen der Mensch Weizen, Gerste, Korn und Hirse »formte«. War man früher davon überzeugt, daß alle diese Getreidearten aus dem Vorderen Orient gekommen sind, so glaubt man heute immer mehr daran, daß Europa einen genügend reichen Wildgrasbestand hatte, um ihn für die Domestikation nutzbar machen zu können. Beweise dafür besitzen wir aber noch nicht, weshalb gerade dieses Kapitel der Forschung immer noch zu den umstrittensten des gesamten Neolithikums zählt.

Zu sehr wirkt nämlich noch die alte Auffassung nach, daß die Wildformen für die Getreidearten nur in einem engbegrenzten Raum des Vorderen Orients gelebt haben, daß also alle Getreidearten zuerst hier entstanden und in weit ausgreifenden Diffusionen über die alte Welt verbreitet wurden. Aber man ist heute diesen monophyletischen Tendenzen gegenüber sehr vorsichtig geworden und neigt auch immer mehr dazu, für die Haustiere ebenfalls eine polyphyletische Herkunft anzunehmen. Doch für zutreffende Aussagen müßte weitaus mehr Quellenmaterial zur Verfügung stehen, als bis jetzt bekannt ist. Immerhin lassen kulturgeschichtliche Aufschlüsse immer deutlicher verschiedene, wahrscheinlich unabhängig voneinander entstandene neolithische Kulturformen erkennen, weshalb man auch mit mehreren Domestikationszentren rechnen darf.

Zur Rohstoffbeschaffung für die Anfertigung täglicher Gebrauchsgegenstände durchforscht der neolithische Mensch seinen Lebensraum. Er weiß genau, welche Gesteinsarten für seine Zwecke nützlich sind. Von den Felsgesteinen (meist unter dem Begriff Grünstein zusammengefaßt) sucht er sich die harten und zähen aus. Er verwertet auch Halbedelsteine, wie Jadeït und Nephrit, die er in den Schottern der Flüsse sammelt. Große Knollen zerteilt er mit Hilfe von Feuersteinsägen und Keilen, die Rohformen werden zugeschlagen, und die Feinausfertigung erfolgt durch Schliff Stein an Stein. Die Kenntnis der Steinbearbeitung ist ein altes Erbe des Jungpaläolithikums und des Mesolithikums. Im Nahen Osten führt sie zur Erzeugung feinster Steinschalen, wie sie auch im thessalischen Neolithikum gern verwendet wurden. Qalat Jarmo hat gezeigt, daß die Güte der Steinschalen mit dem Emporwachsen der keramischen Produktion abnimmt.

Die intime Kenntnis der natürlichen Rohstoffe führt rasch zum Feuersteinbergbau. In Westeuropa, Nordeuropa und in Nordosteuropa, wo der feine Kreidefeuerstein seit den ältesten Tagen des Paläolithikums bekannt war, begnügt man sich nicht mehr mit einem einfachen Aufsammeln der Knollen. Es beginnt ein großangelegter Feuersteinbergbau, dessen eindrucksvolle Reste in ausgedehnten Feuersteingruben (wie in Spiennes, Grand-Préssigny, Black Patch, Grimes' Graves) erhalten geblieben sind. In senkrechten Schächten geht man in die Tiefe und baut die Feuersteinlagen ab. Die einzelnen Schächte verbindet man in unterirdischen Galerien zu großangelegten Abbauräumen, in denen man auch die toten Bergleute bestattet.

Dort, wo der gute Feuerstein fehlt, muß man mit den Radiolariten vorliebnehmen. Diese Hornsteine sind wesentlich schwieriger zu gewinnen, da sie nur in dünnen Bändern im Triaskalk eingeschlossen sind. Doch war die Methode der Gewinnung genau die gleiche, wie Aufschlüsse aus dem donauländischen Bereich zeigen. Fehlt aber auch dieser Rohstoff, dann bleibt nur noch der plattenförmige Dolomitfeuerstein übrig, wie er vielfach in Mitteleuropa anzutreffen ist. Die intime Kenntnis der natürlichen Rohstoffe wird auch durch die Verwendung des Obsidians, des vulkanischen Glases, bestätigt. Mit dem von den griechischen Inseln und aus dem vulkanischen Bereich Ungarns stammenden Obsidian hat man einen schwungvollen Handel bis tief nach Norditalien und nach Mitteleuropa hinein betrieben. Infolge seiner Sprödigkeit eignet er sich besser als der Feuerstein für die Erzeugung kleiner Geräte, wie Sichelsteine, querschneidige Pfeilspitzen und Messerchen. Solche und andere Beobachtungen, wie etwa die planmäßige Verwendung von Bernstein im Ostseegebiet für Schmuckzwecke, zeigen, wie tief der neolithische Mensch in die Geheimnisse der Natur einzudringen vermochte. Die oftmals zu beobachtende Güte der Stein- und der mit ihrer Hilfe erzeugten Knochengeräte läßt sogar an eine gewisse handwerkliche Betätigung denken.

Es ist deshalb nicht überraschend, wenn der neolithische Mensch dank diesen Kenntnissen schließlich auch das Kupfer in den Bergen entdeckte und es für seine Zwecke dienstbar zu machen verstand; anfangs in Gestalt des natürlich vorkommenden gediegenen Kupfers, das wie Stein gehämmert wurde. Sehr bald aber wurde Kupfer auch aus erschmolzenen Erzen gewonnen. Solche Arbeiten sind aber nur bei umfangreichen chemischen Kenntnissen möglich. Hierbei mag die Fülle der Erfahrungen, die bei der Erzeugung der Töpferware im Laufe der Jahrhunderte gesammelt worden war, eine Rolle gespielt haben.

Denn auch die Tongefäße sind nicht von heute auf morgen da. Wenn von einem präkeramischen Neolithikum gesprochen wird, so heißt das, daß in dieser Frühphase der bäuerlichen Kultur Tongefäße noch nicht erzeugt wurden, obwohl die Kenntnis des durch Brennen härtbaren Tones schon vorhanden gewesen ist. Vielleicht hat eine gewisse Rationalisierung der Arbeitsvorgänge bei der Erzeugung von haltbaren Gefäßen – daß solche aus Leder und Holz in großer Zahl vorhanden waren, lehren uns gut erhaltene Funde – zur keramischen Produktion geführt. Doch ist auch sie nicht einheitlich vor sich gegangen. Die einfache Ware des Nahen Orients (wie aus Jericho, Qalat Jarmo, Hassuna) legt die Vermutung nahe, man habe die ersten Gefäße als Nachbildung von einfachen Tonwannen geformt. Die spitzbodige Ware Nordafrikas und Westeuropas aber könnte eine Nachbildung des Flaschenkürbisses gewesen sein, während die bombenförmigen Gefäße der donauländischen Zone sichtlich aus einem einfach gehöhlten Erdklumpen entstanden gedacht werden können. In der scharf profilierten Ware des skandinavischen Gebietes hingegen scheint noch die Holzgefäßtypologie nachzuwirken, während die osteuropäische Kammkeramik an Lederbeutel erinnert. Also auch hier eine Vielfalt, die durchaus gegen eine einmalige Entstehung der Töpferei in irgendeinem Gebiet spricht.

In der Art der Oberflächendekoration hingegen kommt die persönliche Note jeder einzelnen Kulturgemeinschaft gut zum Ausdruck. Ja, man wird sogar sagen dürfen, daß es die Töpferware, die Keramik, ist, die für das Neolithikum zum besten Kennzeichen des jeweiligen Formwollens wird. Während nämlich die Stein- und Knochengeräte mehr oder weniger den allgemeinen Kulturzustand zu erkennen geben, spiegeln sich in der keramischen Produktion die spezifischen Intentionen der Gemeinschaften. Sie ist die tragende Säule des neolithischen Formwollens.

Man versteht so auch die Absicht, den bis jetzt allgemein gebrauchten Namen Neolithikum (Jungsteinzeit, Zeit des geschliffenen Steines) durch die Bezeichnung Keramikum oder Keramolithikum zu ersetzen. Dadurch nämlich, daß die Tongefäße nicht bloß das jeweilige Formwollen der Gemeinschaft sichtbar werden lassen, sondern auch jede durch die Zeit bedingte Veränderung im einzelnen festhalten, wird gerade die Fülle der erhaltenen Tongefäße zu einer unausschöpfbaren Quelle der Erkenntnis in allgemein-kultureller und zeitlicher Hinsicht. Namen, wie linearkeramische Kultur, Trichterbecherkultur, kammkeramische Kultur, sind wertvolle Hinweise auf die Bedeutung der Töpferei für das Erfassen und Durchdringen des neolithischen Quellenbestandes.

Hinter allen solchen Namen, mögen sie noch so abstrakt und unverständlich erscheinen, stehen historische Vorgänge, die man sich nicht kompliziert genug vorstellen kann. Ihr Beginn ist im Nahen Osten im achten und siebenten Jahrtausend anzusetzen, in Europa liegt er wohl im vorgeschrittenen sechsten Jahrtausend. Sie gelangen im Vorderen Orient um 3000 v. Chr. an die Schwelle der Alten Geschichte; in Europa beginnt mit dem zweiten Jahrtausend eine neue Periode, die Bronzezeit.

Erscheinungsweisen des Neolithikums

Im *Zweistromland* setzt das bäuerliche Leben mit sehr einfachen Anfängen am Fuße der kurdistanischen Hügelzone ein. Karim Shahir dürfte hier eine der ältesten Stationen dieser Art sein. Mehr hat Qalat Jarmo aus dem siebenten Jahrtausend geboten. Hier kannte man bereits das feste Rechteckhaus mit Steinsockeln und Lehmwänden, man baute Getreide an und züchtete die ersten Haustiere. In der Gesteingeräteerzeugung fußte man noch weitgehend auf der mesolithischen Grundschicht, wie aus den Feuersteinkleinformen zu erkennen ist, und erzeugte die ersten Grünsteinbeile. Schalen aus Marmor dienten als Flüssigkeitsbehälter, die Töpferware wurde nur wenig verwendet. Eine bäuerliche Fruchtbarkeitsideologie findet in tönernen weiblichen Sitzfiguren ihren Niederschlag.

Aber schon im sechsten Jahrtausend griff die keramische Produktion immer weiter um sich. Die von der einheimischen Forschung untersuchte Siedlung des Tell Hassuna mit ihrer reichen Schichtenfolge bis in das vorgeschrittene Neolithikum dieser Zone gibt das gut zu erkennen. Die anfänglich einfache, fast rohe Ware wird rasch verfeinert, die Strichdekoration eingeführt und auch die Farbe für einfache Dreiecksmuster herangezogen. Hier liegt der Beginn einer keramischen Typologie, die für das Zweistromland des fünften und vierten Jahrtausends kennzeichnend ist. In der Samarra-Ware tritt diese Dekorationsart das erstemal deutlicher hervor und erreicht in der Halaf-Ware einen Kulminationspunkt. Die feinen Erzeugnisse sind mit zwei- und dreifarbigen komplizierten Mustern versehen, deren reicher Motivschatz weit im Lande verbreitet ist und auch in Ausläufern gegen den mediterranen Raum vorstößt. Die in Glanzfarbe aufgetragenen Muster verraten ein hohes keramisches Können. Deshalb hat man auch seinerzeit angenommen, daß die im südöstlichen Europa verbreitete bemalte Ware des donauländischen Gebietes von der Halaf-Ware übernommen worden sei. Doch hat sich die Richtigkeit dieser Annahme nicht beweisen lassen. Die auf die Halaf-Periode folgenden Phasen der Obeid-, Uruk/Warka- und Dschemdet-Nasr-Ware führen zum Teil die Technik der bemalten Waren weiter, zum Teil ersetzen sie sie durch eine einfachere Keramik, die bereits in der Uruk/Warka-Zeit auf der Drehscheibe erzeugt wird. Mit der Dschemdet-Nasr-Zeit erreicht das Zweistromland das Tor zur geschriebenen Geschichte.

Etwa viertausend Jahre dauert die bäuerliche Geschichte des Zweistromlandes. Von den einfachsten Anfängen führt sie in steilem Aufstieg zur geschriebenen Geschichte und legt so den Grundstein zu allen jenen großen geistigen Errungenschaften, denen der Alte Orient seine langwährende Vormachtstellung verdankt. Kaum wird man daran zweifeln dürfen, daß die massive Konzentration der Gemeinschaften auf verhältnismäßig kleinen Siedlungsräumen zu einem so rapiden Aufstieg geführt hat. Die vielen im Lande verstreuten Tells, als Hügel erhaltene Ruinenstädte, sind die noch heute greifbaren Reste solcher Menschen- und Ideenansammlungen auf kleinen Räumen. Diese über Jahrtausende gespannte Tradition vermochten auch katastrophale Überschwemmungen, wie sie die Archäologie zweimal im Laufe des Zweistromland-Neolithikums nachgewiesen hat, nicht zu zerstören. Nach Ausweis des Gilgamesch-Epos haben sie vielmehr eine unauslöschliche Erinnerung zurückgelassen.

Am Ende des vierten und am Beginn des dritten Jahrtausends greift auch das Zweistromland nachweislich das erstemal über seinen engeren Lebensbereich nach Palästina und nach Ägypten aus und stellt so Beziehungen zwischen Gebieten her, die bis dahin ihren eigenen Weg gegangen sind. Auch in *Palästina* (im Sinne des uns geläufigen geographischen Begriffes) beginnt die bäuerliche Kultur mit einem präkeramischen Neolithikum. Jericho A und B sowie Aïn Mallaha und Abu Gosch in geringer Entfernung westlich von Jerusalem beweisen dies. Rund- und Rechteckbauten mit Steinsockeln, Getreidemühlen, Knochen von Haustieren, Steingefäße und Feuersteingeräte in der mesolithischen Tradition zeigen alte und neue Tendenzen an. Die bäuerliche Fruchtbarkeitsideologie findet in Ton- und Steinidolen ihren Niederschlag, und das Festhalten an einmal als günstig erkannten Plätzen führt auch in diesem Gebiet zu ständig wachsenden Siedlungshügeln, die gegen Ende des dritten Jahrtausends verhältnismäßig ausgedehnten Anlagen Raum bieten. Das Ghassulian, das gleich der Dschemdet-Nasr-Periode knapp vor dem Beginn der geschriebenen Geschichte steht, ist über weite Teile des Landes aus solchen Anlagen bekanntgeworden. In dieser Zeit ist auch im palästinensischen Bereich die Bemalung der Gefäßoberfläche bekannt, ohne daß Zusammenhänge mit dem Zweistromland oder mit Ägypten zu erweisen wären.

Die Anfänge der bäuerlichen Kultur *Ägyptens* sind noch dunkel. Ein präkeramisches Neolithikum liegt hier noch nicht vor. Die älteste bis jetzt bekannte Kulturform stammt aus dem Fayûm und aus dem Nildeltagebiet; es handelt sich um das Fajumo-Merimdean, das der englischen und der österreichischen Forschung (Gertrude Caton-Thompson und Hermann Junker/Oswald Menghin) zu verdanken ist. Es ist eine voll ausgeprägte bäuerliche Kultur mit Viehzucht und Ackerbau, dessen Produkte in großen, aus Schilf gewundenen Körben aufbewahrt werden. Getreidereste (Weizen [?], Emmer, Gerste) und Sicheln sind die Belege für einen intensiven Bodenbau in einem heute zur Wüste gewordenen Gebiet. Radiokarbondaten weisen ihn dem fünften Jahrtausend zu, während die ganze kulturelle Eigenart des Fajumo-Merimdean ein noch älteres Stadium des bäuerlichen Lebens erwarten läßt. Dies dürfte im oberägyptischen Bereich in Gestalt des Tasian gegeben sein, dessen kennzeichnendes Gefäß, eine Art Tulpenbecher, die Tendenz der spitzbodigen Gefäßherstellung belegt. Auch das darauf folgende und dem Fajumo-Merimdean annähernd gleichzeitige Badarian Oberägyptens ist eine bäuerliche Kulturform, deren Siedlungen und Friedhöfe der Wüstensand wohl konserviert hat. So wissen wir, daß man damals die Toten mit besonderer Sorgfalt dem Boden anvertraute, sie auf Matten legte und mit solchen bedeckte und manchen von ihnen auch kleine Blumensträußchen mit in die Ewigkeit gab. Gleich dem Fajumo-Merimdean und dem Tasian ist auch das Badarian durch eine besondere Tonware ausgezeichnet. Sie trägt eine leicht gerippte Oberfläche, ist glänzend gebrannt und wird so zum Nachweis einer hochstehenden Töpfertechnik, die sich in die nachfolgenden Perioden Negade I und II fortsetzt.

Zeigt das Fajumo-Merimdean mehr eine Vorliebe für die vorwiegend kalottenförmige Gefäßform, so steht in dem spätneolithischen Maadian (aus der Umgebung von Kairo) die spitzbodige Tendenz wieder im Vordergrund. Maadian und Negade II aber sind die letzten Phasen vor der ersten Reichseinigung unter dem König Skorpion und damit die Grundlagen für die unter Menes beginnende älteste Historie Ägyptens.

Man wird wohl kaum mehr daran zweifeln dürfen, daß das gesamte *Nordafrika* einschließlich der heutigen *Sahara-Zone* während des Boreals und des Atlantikums Europas eine dichte bäuerliche Besiedlung getragen hat. Im siebenten und sechsten Jahrtausend v. Chr. lebten in den heutigen Wadis und ausgetrockneten Flußtälern noch zahlreiche Wassertiere, wie die Knochenreste von Krokodilen und Flußpferden erkennen lassen. Felsbilder von Elefanten, Wasserbüffeln und Rindern sind die untrüglichen Zeugen günstiger Lebensbedingungen. Die zahlreichen Rinderherden, die auf den von dem Franzosen Henri Lhote entdeckten Felsbildern des Hoggar-Gebirges aufscheinen, sind denn auch die Grundlage für die Annahme einer sogenannten Rinderzüchterperiode, in der nach Ausweis von Mahlsteinen auch Bodenbau betrieben wurde. Nachweise für ein bäuerliches Neolithikum gibt es noch nördlich des Atlas im marokkanisch-algerischen Grenzgebiet, das gleich dem Tasian Belege für die Erzeugung der spitzbodigen Keramik erbracht hat. Wohl ist in allen diesen Zonen die Forschung erst am Beginn, doch was bis jetzt bekannt wurde, genügt für den Nachweis bäuerlichen Lebens im nordafrikanischen Bereich während des sechsten, fünften und vierten

Jahrtausends v. Chr. Je stärker sich hier die postglaziale Wärmeperiode auswirkte, um so mehr wurde der Bodenbau durch die zunehmende Austrocknung zurückgedrängt und jene Entwicklung begonnen, die heute der Landschaft ihr Gepräge gibt. Doch was für Nordafrika das Ende bedeutete, war für Europa die Zeit ungestörter Entfaltung mit einer noch nie erreichten Vergrößerung der Ökumene.

Die französischen Forschungen im Tepe Sialk bei Kasan und die neuesten Untersuchungen einer amerikanischen Expedition haben nun auch für den *Iran* ein sehr altes Neolithikum nachgewiesen. Man wird kaum fehlgehen, wenn man auf Grund der gesamten historischen Situation, vor allem im Vergleich mit dem irakischen Bereich, den Beginn des iranischen Neolithikums im sechsten Jahrtausend v. Chr. ansetzt. Gerade die ältesten Schichten vom Tepe Sialk ergaben bereits für das frühe vierte Jahrtausend eine geschlossene Dorfsiedlung bäuerlicher Struktur. Die für das Erkennen dieser Zeit entscheidenden keramischen Bestände zeigen in Entsprechung zum Zweistromland die Vorliebe für die Anwendung der Malmuster in roter Farbe. Doch lassen sich Zusammenhänge weder mit der bemalten Hassuna- noch auch mit der bunten Halaf-Ware erkennen. Dies gibt zur Vermutung einer selbständigen Ausbildung dieser keramischen Gattung Anlaß. Die englisch-amerikanische Forschung faßt sie als Red-Ware-Culture zusammen und stellt ihr die im östlichen Iran verbreitete Buff-Ware-Culture gegenüber. Von ihr wird angenommen, daß sie mit jüngeren Erscheinungen, etwa von der Art der in Susa gefundenen Keramik, des südlichen Zweistromlandes in Verbindung zu bringen ist. Doch ist auch dies kaum näher zu erweisen. Aber nicht unwesentlich erscheint die Tatsache, daß die vom östlichen Iran weiter nach dem Osten (Afghanistan, Beludschistan) reichende neolithische Besiedlung mit der Buff-Ware-Culture in Verbindung zu bringen ist. Von hier aus reicht sie dann in das pakistanische und in das Indusgebiet hinein, das durch seine verhältnismäßig junge, im dritten Jahrtausend v. Chr. beginnende und etwa in der Mitte des zweiten Jahrtausends zu Ende gegangene Indus- oder Harappa-Kultur berühmt geworden ist. Wenn auch der derzeitige Forschungsstand im iranischen Bereich und in der östlich anschließenden Zone noch kaum als befriedigend bezeichnet werden darf, so ist doch schon so viel gesichert, daß hier mit einem sehr alten Neolithikum gerechnet werden darf. Von ihm wird auch anzunehmen sein, daß es sich mehr oder weniger selbständig innerhalb seines Lebensbereiches weiterformte. Zahlreiche Tell-Siedlungen geben ein eindrucksvolles Zeugnis dieser jahrhundertelangen, an bestimmte Punkte gebundenen Siedlungstätigkeit.

Über die Frage, ob es in *Vorderindien* ein ebenso altes Neolithikum gegeben hat, kann noch kaum Auskunft gegeben werden. Material, das eindeutig älter als die Induskultur wäre, gibt es nicht. Die im vorderindischen Bereich gefundenen zahlreichen Einzelfunde neolithischer Steingeräte zeigen wohl eine weitausgreifende und auch zum Teil, besonders in den Tallandschaften, verhältnismäßig dichte Besiedlung an. Aber für eine zeitliche Bestimmung und eine nähere Kennzeichnung der neolithischen Kulturform reichen sie nicht aus. Trotzdem muß an den imposanten Fundbestand der Induskultur die Vermutung geknüpft werden, daß auch der Indusbereich in sehr alter Zeit besiedelt war. So plötzlich kann selbst in diesem ökologisch so begünstigten Gebiet eine Stadtkultur nicht entstehen. Ihre großartigen Stadtanlagen mit den vielen, in wohl durchdachter Form errichteten

Vorratskorb mit Geräten aus dem Fajumo-Merimdean/Ägypten, spätes 5. Jahrtausend

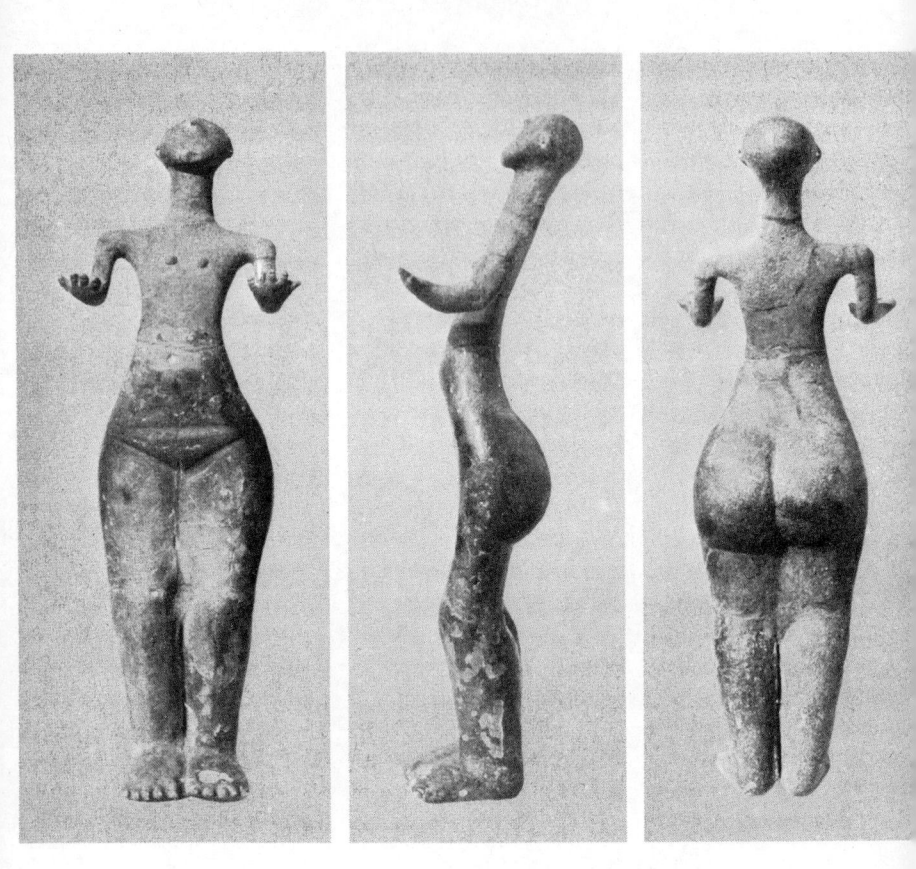

Weibliches Idol von Hluboké Mašůvky, 3. Jahrtausend. Boskovstejn, Sammlung F. Vildomec

Bauten und den um sie gelegten Befestigungen sind doch nur das Werk einer sehr dichten, auf eine lange Tradition aufbauenden Bevölkerung. Sie steht mit der westlich anschließenden Zone des unteren Zweistromlandes in Verbindung, wie sich aus Importgeräten gut erkennen läßt. In ihrem Schoß ist man aber auch zur Entwicklung einer Schrift übergegangen. Sie entziffern zu können wäre ein wichtiger Schlüsselpunkt zum Verständnis dieser anscheinend schnell emporsteigenden Kulturform. Durch das Vordringen der Arier, etwa in der Mitte des zweiten Jahrtausends v. Chr., hat sie dann ein plötzliches und grausames Ende gefunden.

Die östliche Zone Vorderindiens zeigt hinsichtlich ihrer kulturellen Eigenart während des Neolithikums gewisse Bindungen an den hinterindischen Raum, der seinerseits wieder mit dem südchinesischen Bereich in Zusammenhang steht. Das aus *Hinterindien* bekannte neolithische Material ist völlig anderer Art als jenes des Westens. Aus zahlreichen, besonders im Küstenbereich untersuchten Muschelhaufen bekanntgeworden, zeigt es eine unverkennbare Traditionsgebundenheit, wirkt daher noch fast paläo-mesolithisch in seinem Steingerätebestand. Ihm gegenüber ist die Keramik äußerst einfach und grob ausgeführt. Nur innerhalb der Grünsteingeräte aber zeigt sich eine deutlich greifbare Eigenständigkeit in Gestalt der sogenannten Schulterbeile. Bei ihnen ist das obere, der Schäftung dienende Ende vom Beilkörper schulterförmig abgesetzt. Diese spezifische Beilform ist auf Hinterindien und die südlichen Teile Chinas beschränkt, vom asiatischen Festland greift sie auch auf die südlich anschließende Inselwelt über, ohne allerdings auch nur ein Kriterium für die zeitliche Verankerung innerhalb des ostasiatischen Neolithikums zu besitzen. Im allgemeinen wird man jedoch an das vierte bis zweite Jahrtausend v. Chr. denken dürfen.

Auf *China* übergreifend ist zu betonen, daß sein neolithisches Kulturareal in drei Zonen gegliedert werden kann. Im südlichen China findet man die nördliche Randzone der hinterindischen Kulturform (die man mit Vorbehalt als Hoabinien bezeichnen darf). Für sie ist eine rein bäuerliche Orientierung nicht gesichert, Jagd- und Sammelwirtschaft scheinen hier noch eine große Rolle gespielt zu haben. Im westlichen China, besonders innerhalb der chinesischen Lößzone (in den Provinzen Kansu, Shansi, Shensi) liegt das Zentrum des einheimischen Lößbauerntums, die Zone der Yang-Shao-Kultur oder der chinesischen Bemalten Keramik. Im östlichen China, besonders in den Provinzen Honan, Hopei, Shantung, Anhui, Kiangsu, findet sich eine andere bäuerliche Kulturform, die durch eine schwarze, glänzend polierte Ware ausgezeichnet ist. Es ist die Zone der Lung-Shan-Kultur oder der chinesischen Schwarzen Keramik. Weder für die eine noch auch für die andere Kulturform, die beide unabhängig voneinander emporgewachsen zu sein scheinen, gibt es bis jetzt Anhaltspunkte für ein sehr hohes Alter. Aber sowohl die Bemalte Keramik wie die Schwarze Keramik setzen auf Grund der komplizierten Formen und Oberflächenbearbeitung eine lange Geschichte voraus. Mesolithische Grundlagen sind daher anzunehmen, schon allein deshalb, weil die alte Meinung, wonach die Bemalte Keramik Chinas durch eine Ausdehnung der europäischen Bemalten Keramik von ukrainischer Art entstanden wäre, nicht aufrechterhalten werden kann. Für so weit reichende Querverbindungen fehlen alle Voraussetzungen. Beide keramischen Arten kennt man aus groß angelegten bäuerlichen Dorfsiedlungen und Friedhöfen. Die Lung-Shan-Kultur ist als die urgeschichtliche

Grundlage der ältesten, während des vorgeschrittenen zweiten Jahrtausends v. Chr. emporwachsenden chinesischen Stadtkultur frühgeschichtlicher Orientierung anzusehen.

In der nördlich der Chinesischen Mauer anschließenden *Mongolei* hat es im frühen Postglazial nach Ausweis einiger hinweisender Aufschlüsse eine neolithische Kultur gegeben, die vor der Zeit der Wüstenbildung allem Anschein nach noch bäuerlichen Charakter hatte, aber ebenso wie in Nordafrika im Laufe einer immer stärker wirksam werdenden Austrocknung langsam zu einer nomadisch-viehzüchterischen Form umgewandelt worden sein dürfte. Diesen Veränderungsprozeß näher zu verfolgen wäre allerdings nur an Hand ausreichender Stratigraphien möglich. Daran fehlt es aber zur Zeit noch, und auf Vermutungen allein läßt sich kaum ein brauchbares Geschichtsbild aufbauen. Für einen näheren Anschluß an *Nordostasien* wären aber solche Untersuchungen von unschätzbarem Wert. Denn was beispielsweise die russische Forschung für die Zone um den Baikalsee erarbeiten konnte, zeigt eine kontinuierliche Fortführung spätpaläolithisch-mesolithischer Lebensformen in das Neolithikum und damit eine ähnliche kulturelle Situation, wie sie für Nordosteuropa an Hand der Kammkeramik noch näher dargestellt werden wird. Diese von Nordosteuropa über den ganzen nordasiatischen Bereich verbreitete Kammkeramik dürfte schließlich und endlich auch die Grundlage für die neolithische Besiedlung *Japans* abgegeben haben, wie man an Hand der dort vorhandenen frühen Jomon-Keramik mit ihren Schnurverzierungen erkennen kann. Ob diese keramische Form als Ausdruck einer mehr auf Jagd und Sammelwirtschaft aufgebauten Kulturform bis in das vierte Jahrtausend v.Chr. zurückreicht, ist noch kaum gesichert, aber nicht von vornherein von der Hand zu weisen. Doch würde es in diesem Zusammenhang zu weit führen, angesichts des derzeit noch unbefriedigenden Forschungsstandes näher auf die Fragen des japanischen Neolithikums einzugehen – so fesselnd sie auch für die dortige Regionalgeschichte sein mögen. Zuwenig planmäßig ist das aus Japan stammende Fundgut noch bearbeitet, um an seiner Hand eine übersichtliche Darstellung der Gegebenheiten des dritten und zweiten Jahrtausends v. Chr. bieten zu können.

Dank intensiver Forschung an einem kaum mehr übersehbaren Quellenbestand gelingt dagegen für *Europa* das Erfassen folgender Kulturareale: Südosteuropa mit dem hier emporwachsenden griechisch-thessalischen Neolithikum, das donauländische Kulturareal mit dem auf der Basis der Körös-Form sich emporhebenden donauländischen Neolithikum, das westeuropäische Kulturareal mit den zahlreichen, von der sogenannten Cardium-Keramik ausgehenden verschiedenartigen Erscheinungen, das norddeutsch-südskandinavische Kulturareal mit der von der Ertebölle-Basis weiterführenden Trichterbecherkultur und schließlich das nordosteuropäische Kulturareal, dessen sogenannte Wohnplatz- oder kammkeramische Kultur bloß eine Teilerscheinung einer weiträumig nach Osteuropa und Sibirien hinüberreichenden Jäger- und Fischerkultur darstellt.

Obwohl in *Südosteuropa* erst wenige Reste des Mesolithikums vorliegen, so wird doch das präkeramische Neolithikum dieser Zone als Weiterführung einer mesolithischen Grundschicht aufzufassen sein. Das älteste keramische Neolithikum Südosteuropas beginnt mit einer einfachen Ware, deren Oberfläche mit Hilfe von Fingernageleindrücken verziert ist. Sie ist in Jugoslawien ebenso wie in Thessalien anzutreffen, hier wird sie als Proto-Sesklo-

Ware geführt, während die gleiche Erscheinung im balkanischen, ungarischen und rumänischen Gebiet als Körös-Keramik bekannt ist. Von dieser verhältnismäßig einfachen Grundschicht aus wachsen in den einzelnen Siedlungszentren verschiedene Formen empor. In Thessalien beginnt vermutlich noch im fünften Jahrtausend die Sesklo-Ware, die durch eine mit verschiedenartigen Farbmustern ausgestattete Oberfläche ausgezeichnet ist. Rot und Weiß werden bevorzugt. Den Höhepunkt in der Maltechnik bringt die darauffolgende Dimini-Ware. Bei ihr treten an die Stelle einfacher Dreiecks- und Strichmuster der früheren Zeit die Spiral- und Mäandermotive in Rot auf gelber Unterlage mit brauner Einfassung. Da Spirale und Mäander die kennzeichnenden Muster der donauländischen Kultur darstellen, denkt man an einen Einfluß von dieser Seite her auf das thessalische Neolithikum, ohne aber dafür ausreichende Beweise zu besitzen. Auch die Annahme, wonach die Bemalung der Gefäßoberfläche aus dem Nahen Osten (Kleinasien) nach Südosteuropa gekommen wäre, entbehrt noch einer ausreichenden Begründung.

Sesklo und Dimini, die beiden namengebenden Stationen für das vollentfaltete thessalische Neolithikum, sind zwei große Siedlungshügel, die durch das dauernde Besetzthalten eines Platzes entstanden sind. In den Siedlungsresten (mit rechteckigen Hausanlagen) ist der gesamte Hausrat der Zeit erhalten geblieben. Dadurch erkennt man die bäuerliche Orientierung der damaligen Bewohner der fruchtbaren thessalischen Ebene (Mahlsteine, Unterlagsplatten, Haustierreste, Beile und zahlreiche Knochengeräte). In der figürlichen Plastik (dickleibige Frauenfiguren) erreichen sie eine hohe Kunstfertigkeit. In der darauffolgenden Rachmani-Phase nimmt die Güte der keramischen Erzeugnisse merklich ab, in der dann folgenden frühhelladischen Periode, die man bereits der beginnenden Bronzezeit Südosteuropas zurechnet, werden sie wieder durch bessere Erzeugnisse abgelöst.

In dem westlich an Thessalien anschließenden jugoslawischen Gebiet führt der Weg von der einfachen, mit Fingernageleindrücken verzierten Ware zu einer anderen regional gebundenen Form, die unter dem Namen Vinča-Keramik geläufig ist. Vinča ist gleichfalls ein hoher, durch eine langandauernde Siedlung entstandener Hügel (Tell), dessen Schichten die Geschichte des Neolithikums dieser jugoslawischen Zone am Rande der donauländischen Kultur spiegeln. Gleich Sesklo-Dimini-Rachmani ist auch Vinča eine bäuerliche Kultur mit einer eigenartigen Keramik, die durch die Erzeugung von figural verzierten Gefäßdeckeln eine besondere Note erhält. Parallel dazu wächst im jugoslawisch-ungarischen Grenzgebiet die Starčevo-Form empor, die in ihrem Habitus enge Beziehungen zur Körös-Form des ungarisch-rumänischen Gebietes erkennen läßt. Beide sind bäuerlich orientiert, Starčevo-Körös erhält eine besondere Note durch eine verhältnismäßig einfache, tonnen- und sackförmige Keramik mit Fingernageldekoration. Die Idolplastik tritt hier etwas zurück, doch findet der bäuerliche Fruchtbarkeitskult seinen Niederschlag in figuralen Halbreliefs auf Tongefäßen. Dieses südosteuropäische Neolithikum ist eine eigenartig schillernde Welt, voll von Einfällen und Absonderlichkeiten, durch die es sich von dem nördlich anschließenden donauländischen Gebiet fast schroff absetzt.

Die donauländische Kultur ist die urgeschichtliche Manifestation des Lößbauerntums *Mitteleuropas*. Von der limburgischen Lößzone reicht es quer durch Europa bis in die Ukraine. Seine Basis ist eine reiche mesolithische Schicht, die die landschaftliche Veränderung während des Präboreals und des Boreals erlebte. Der auch heute noch waldfeindliche Löß bot daher den Wildgräsern reiche Entfaltungsmöglichkeiten. So wird daher schon für das vorgeschrittene sechste Jahrtausend mit einem Bodenbau in diesem Bereich zu rechnen sein, ein präkeramisches Neolithikum aus dem donauländischen Gebiet wäre daher keine Überraschung. Die in der ungarischen Tiefebene festgestellte Körös-Ware scheint bis jetzt die älteste Schicht darzustellen, doch setzt die systematische Verwendung des Spiral- und Mäandermusters eine eigenwillige Verzierungstendenz voraus, deren Mittelpunkt im sudetisch-donauländischen Bereich zu suchen sein wird. Es scheint, daß die reine Spiral- und Mäanderdekoration am Beginn einer langdauernden Reihe steht, innerhalb deren Abfolge die Auflösung der reinen Muster in Bogen- und Hakengebilde in Verbindung mit einer Kerbdekoration hervortritt.

In diesem Stadium scheint die Linearbandkeramik des donauländischen Gebietes durch eine ausgedehnte Kolonisationstätigkeit von ihrem ursprünglichen Verbreitungsgebiet weit ausgestrahlt zu sein. So dringt sie über Süddeutschland gegen Westen über den Rhein bis nach Holland und Luxemburg vor, gegen Osten erreicht sie nördlich der Karpaten die rumänische Moldau und die westliche Ukraine, und gegen Süden kommt sie mit Körös-Starčevo und Vinča in Berührung.

Diese ältere, dem fünften Jahrtausend zugehörige Phase der donauländischen Kultur erzeugt eine hervorragend gearbeitete Keramik, deren Oberfläche nur in Strich-Punktmanier verziert wird. Die bäuerliche Bevölkerung siedelt in großangelegten Dörfern, die aus mächtigen Rechteckbauten bestehen. Haustier- und Getreidereste beweisen ebenso wie Feldhacken, Mahlsteine und Sichelsteine den intensiven Bodenbau dieser Zeit. Geometrische Mikrolithen sind das Erbe des Mesolithikums.

Noch im frühen dritten Jahrtausend geht man zur Bemalung der Gefäße über und entwickelt hierbei eine hohe Kunstfertigkeit, die sich auch in der Erzeugung von fettleibigen Frauenfiguren als Ausdruck eines bäuerlichen Fruchtbarkeitsrituals erweist. Rot, Gelb, Braun, vereinzelt auch Schwarz sind die bevorzugten Farben; Bogen- und Winkelmuster als Derivate von Mäander und Spirale sind beliebt. Innerhalb der einzelnen Siedlungsgebiete des donauländischen Bereichs entsteht eine Fülle von Regionalformen, die den allgemeinen Zeitgeist in spezifischer Weise gestalten. Von ihnen seien als besonders eindrucksvoll die Lengyel-Form des westungarisch-österreichisch-sudetischen Gebietes, die Erösd-Cucuteni-Form des siebenbürgisch-rumänischen Gebietes, die Gumelnitza-Form des bulgarisch-südrumänischen Gebietes und die Tripolje-Form des ukrainischen Gebietes hervorgehoben. Ausgedehnte Siedlungen im flachen Lande oder auf kleinen Hügeln mit mächtigen Rechteckbauten geben einen willkommenen Einblick in die kulturelle Situation dieser Zeit. Die jüngste rumänische und russische Forschung hat hier großartige Ergebnisse erzielt und die intensive bäuerliche Lebensweise an Hand mannigfaltiger Aufschlüsse zu zeigen vermocht. Am eindrucksvollsten dafür ist vielleicht der Nachweis von fettleibigen Frauenfiguren, deren Ton mit Getreidekörnern vermischt wurde, um so die innige Bindung des bäuerlichen Fruchtbarkeitsrituals an die große Erdmutter besonders augenfällig werden zu lassen. In großen, von den Dörfern abseits gelegenen Friedhöfen bestattete man die Toten in Hockerstellung zur letzten Ruhe.

DER URGESCHICHTLICHE HORIZONT DER HISTORISCHEN ZEIT 245

Gegenüber Südosteuropa und Westeuropa nimmt die *Apennin-Halbinsel* eine gewisse Mittlerstellung ein. Auch hier ist das Mesolithikum die tragende Grundschicht, die wahrscheinlich noch im sechsten Jahrtausend zur Erzeugung einer einfachen, mit Fingernagel- und Muschelschaleneindrücken verzierten Keramik geschritten ist. Diese Ware findet sich auch im südlichen mediterranen Randgebiet Westeuropas in zahlreichen Höhlen und reicht von hier tief in das Innere des Landes herein. Es scheint, daß damals in Spanien noch eine einfache, schematische Felsbildkunst als Erbe des Mesolithikums üblich war.

Das neolithische *Westeuropa* umfaßt Spanien, Frankreich, die Schweiz, Belgien und die Britischen Inseln. Es ist jenes Gebiet, in dem der Kreidefeuerstein die gesamte Steingerätmanufaktur bestimmt. Wie bereits früher angedeutet, scheint Westeuropa während des Neolithikums starke Einflüsse von Nordafrika erhalten zu haben, wie die Verbreitung der

Europa
Fundorte der Urgeschichte

Kursiv = Antike Namen

spitzbodigen Keramik von Spanien bis nach Jütland andeuten dürfte. Doch kommt auch Westeuropa verhältnismäßig schnell zu einem eigenen keramischen Stil, der durch die Bevorzugung des unverzierten, kalottenförmigen Gefäßtypus ausgezeichnet ist. Im Vergleich zum donauländischen oder südosteuropäischen Gebiet wirkt diese Ware aber ärmlich und primitiv. Ein gänzlich anderes Formwollen kommt hier zum Ausdruck.

Auch das westeuropäische Neolithikum ist weitgehend bäuerlich orientiert, wie aus dem gesamten Fundbestand ersichtlich wird. Trotzdem fehlt ihm fast völlig die weibliche Figur als Ausdruck des Vegetationskultes. Darin zeigt sich eine ganz bestimmte Eigenart des Westens, der außerdem noch im Siedlungswesen eine Besonderheit entwickelt hat: den auf Holzpfählen oder Holzunterbauten errichteten Siedlungsraum (Pfahlbau und Packwerkbau) am Rande der Seen. Die Gründe, die die Bevölkerung zu dieser Siedlungsweise bewogen haben, sind unbekannt. Der Forschung aber bot sie dank der guten Erhaltungsbedingungen unter Luftabschluß zahllose Gegenstände aus organischer Substanz, die sich in den gewöhnlichen Landsiedlungen niemals hätten erhalten können. So wissen wir gerade durch die am Rande der Schweizer Seen errichteten Stationen mannigfache Einzelheiten über die vorgeschrittene Webetechnik. Wir erhalten eine Vorstellung von den verschiedenen Holzgefäßen und Holzgeräten und können an Hand der Knochenreste die Erfahrungen der Tierzüchter verfolgen, denen wir beispielsweise den kleinen Pfahlbauspitz verdanken. Neben den Getreideresten hat der schlammige Seeboden auch zahlreiche Reste von Gartenpflanzen, wie Erbse, Bohne und Mohn, aber auch das älteste Obst, wie Apfel und Birne, erhalten.

Es würde zu weit führen, die innerhalb des westeuropäischen Neolithikums während des vierten und dritten Jahrtausends emporgewachsenen zahlreichen regionalen Formen näher zu schildern. Nicht unerwähnt aber soll bleiben, daß die bäuerliche Kultur anscheinend schon gegen Ende des vierten Jahrtausends die *Britischen Inseln* erreichte und hier in ihrer ältesten Gestalt als die sogenannte Windmill-Hill-Form nachweisbar ist. Ihre Träger haben den ostenglischen Feuersteinbergbau aufgetan, und ihnen ist wahrscheinlich auch die erste Errichtung von Kultbauten zu verdanken, von denen der im Laufe des Neolithikums und der Bronzezeit zu seiner jetzigen Gestalt gewordene Stonehenge das bekannteste und beste Beispiel ist. Es scheint, daß aus mächtigen Holzpfählen errichtete Woodhenges die Vorläufer dieser Riesenanlage waren. Von ihr wird mit Recht angenommen, daß sie ein zentrales Heiligtum Ostenglands gewesen ist.

Mit der Erwähnung des Stonehenge berühren wir eine andere Eigenart des westeuropäischen Neolithikums, den hier weit verbreiteten Großsteinbau, der in ähnlicher Form auch im südskandinavischen Gebiet anzutreffen ist. Es ist noch gar nicht so lange her, daß man mit der Errichtung solcher Grabbauten großartige Diffusionstheorien verbunden hat. Jene, die alle Kulturerrungenschaften aus dem Norden abzuleiten gesonnen waren, sahen den Ursprung des Großsteinbaues im südskandinavischen Gebiet. Von hier aus habe er sich über Westeuropa bis nach Afrika verbreitet. Jene aber, die wieder mehr im Orient die Wiege aller Neuerungen zu erblicken glaubten, waren gegenteiliger Meinung. Sie suchten das Zentrum des Großsteinbaues im Nahen Osten, beriefen sich dabei auf die ägyptischen Pyramiden und auf die zahlreichen nordafrikanischen Steinbauten. Sie sahen in der Verbreitung solcher Anlagen den Niederschlag einer großen Ideenwanderung, der man sogar eine religiöse Bindung zuzusprechen geneigt war. Ja man ging sogar so weit, von einer besonderen Megalithkultur zu sprechen, die von einem unbekannten Zentrum aus ihren Weg über die ganze Alte Welt angetreten habe, da Großsteinbauten verschiedener Art auch in Asien weit verbreitet sind. Alle diese Theorien sind aber heute überholt. Denn es hat sich weder ein Zentrum des Megalithbaues nachweisen lassen, noch hat sich die Meinung bewahrheitet, daß die nordafrikanischen Grabmonumente dieser Art neolithisch wären. Maurice Reygasse konnte zeigen, daß es keinen einzigen neolithischen Großsteinbau in Nordafrika gibt, sondern daß sie alle wesentlich jünger sind. Und schließlich ist es ein ganz natürlicher Vorgang, daß man dort, wo es die Boden- und die Naturverhältnisse gestatten, den Toten mit Steinen umstellt, um ihn entsprechend schützen zu können. Im Lößgebiet der donauländischen Kultur, wo es keine freiliegenden oder leicht zu gewinnenden Steinplatten gibt, mußte man sich mit der einfachen Erdgrube zufriedengeben. In Westeuropa aber, in dem Kalkgebiet mit dem reichen Steinmaterial bot sich ein solcher Schutz von selbst an. Besonders dort, wo es nicht ganz leicht war, in den Felsboden die Grabgruben auszuheben, war es ganz natürlich, daß man den Toten auf der Erdoberfläche bestattete, ihn mit vier großen Steinen umgab und das Ganze mit einer Deckplatte abschloß.

So entstand der Dolmen, der Steintisch, von dem es heute noch zahlreiche Beispiele in der Landschaft gibt. Wollte man aber mehrere Tote in einem mit so viel Mühe errichteten Grab bestatten, dann ergab sich wieder wie von selbst eine Vergrößerung des Grabraumes, zu dem man durch einen verhältnismäßig schmalen Zugang gelangen konnte. Das Ganggrab war damit geschaffen. Überdeckte man es mit Erde, so ergab sich ein eindrucksvolles Totendenkmal, das in seiner Größe und Konstruktion den Absichten seiner Erbauer entsprechen konnte. Man findet im ganzen westeuropäischen Gebiet zahllose, in ihrer Grundkonstruktion ähnliche Großsteinbauten; aber eine im ganzen Bereich gleichartige Entwicklung dieser Bauweise ist nicht nachzuweisen. Wo der weichere Kreidekalk mit bergmännischen Mitteln bearbeitet werden konnte, wurden die Gräber unterirdisch in großen Grotten angelegt und vereinzelt mit schematischen Menschenfiguren geschmückt. Zweifellos entspringt die eindrucksvolle Entwicklung des Großsteinbaues einem besonderen Verhältnis der westeuropäischen Neolithiker zu ihren Toten. Deshalb aber von einem ausgeprägten Ahnenkult zu sprechen und zu seiner Erläuterung auf Beispiele der Völkerkunde zurückzugreifen, liegt keine Veranlassung vor. Dies um so weniger, als wir gar nicht wissen, ob nicht auch der donauländische und südosteuropäische Neolithiker ein ähnliches inniges Verhältnis zu seinen Toten hatte. Darum ist es auch nicht recht angängig, eine andere Quellengruppe des westeuropäischen Neolithikums als Beweis für einen so ausgeprägten Ahnenkult heranzuziehen: die Menhire. Die aufrecht stehende Steinsäule, meist nicht skulptiert, oftmals aber zu einer einfachen Menschendarstellung umgestaltet, ist auch heute noch ein kennzeichnender Bestandteil im Landschaftsbild Westeuropas. Die in langen Reihen angeordneten Menhire bei Carnac (Bretagne) sind vielleicht die eindrucksvollsten Beispiele dieser westeuropäischen Sitte. Ihren geistigen Hintergrund zu umreißen ist aber kaum möglich. Denn wer kann beweisen, daß es sich bei den Steinsäulen um Erinnerungssteine für Verstorbene, um Götterbilder oder um Wahrzeichen anderer Art handelt? Die große Doppelsteinreihe, die von dem ostenglischen Sanktuarium Avebury zu der Anlage von

Overton Hill führt und als Begrenzung einer Straße aufzufassen sein wird, sollte eine Warnung vor einer allzu einseitigen Interpretation der Menhire sein.

Die bäuerliche Kultur des *norddeutsch-südskandinavischen Gebietes* beginnt mit der Ertebölle-Periode des ausgehenden vierten Jahrtausends. Auf der späten Maglemosekultur des vorgeschrittenen Mesolithikums fußend, übernimmt sie von ihr die Kenntnis der Domestikation und überträgt sie nun vom Hund auf andere Haustiere, wie Schwein, Rind, Schaf, Ziege. Doch setzt sie ihre Versorgung aus den Vorräten der Ostsee fort, wie die zahllosen und riesigen Muschelhaufen der jütländischen Küstenzone zeigen. Die Ertebölle-Leute bestatten ihre Toten in diesen Muschelhaufen. Ihre Werkzeuge stellen sie aus dem ihnen reichlich zur Verfügung stehenden nordischen grauen Feuerstein her, in der keramischen Produktion beschreiten sie sehr schnell ihre eigenen Wege. Der spitzbodige beutelförmige Topf wird durch ein becherartiges Gefäß mit trichterförmigem Hals ersetzt. Carl J. Becker hat deshalb anläßlich seiner vor wenigen Jahren durchgeführten Neuordnung des dänischen Neolithikums den Begriff *Trichterbecherkultur* eingeführt. Die ältesten Becher sind immer noch leicht beutelförmig mit rundlichem Boden, den oberen Halsrand verziert man nun mit Eindrücken von einfachen Schnüren. Die Toten werden einzeln in einfachen Erdgruben bestattet und mit einer Steinreihe umstellt.

In dieser Zeit der frühen Trichterbecherkultur greift die bäuerliche Tätigkeit immer weiter um sich, wie die Untersuchung von dänischen Torfmoorprofilen ergeben hat. Ein starker Rückgang des Eichenmischwaldes ist nachweisbar, die Pollen der Gramineen steigen sprunghaft an, Getreidepollen treten auf, und als Anzeichen einer landwirtschaftlichen Tätigkeit sind nicht nur Rodungsbrände, sondern auch das typische Unkraut, der Wegerich, nachzuweisen. Überall dort, wo in Moorprofilen ein Ansteigen der Wegerichpollen festzustellen ist, wird bäuerliche Arbeit nachweisbar. Getreidekornabdrücke (von Weizen und Gerste) in der Keramik beweisen dies archäologisch; die Intensivierung der Viehzucht bestätigen zahlreiche Knochenreste in den Siedlungsschichten.

Die zum Mittelneolithikum führende Intensivierung des bäuerlichen Lebens läßt auch eine sorgfältigere Grabausstattung entstehen. An die Stelle der einfachen Erdgräber des frühen Neolithikums tritt nun der Dolmen, die Umstellung des Toten mit vier Steinplatten, die eine fünfte oben abschließt. Auch die Keramik wird weiter ausgestaltet. Die Trichterbecher werden kräftiger profiliert, durch flaschenförmige Gefäße ergänzt, von denen die »Kragenflasche« mit ihrem scharfen Profil die Nachbildung von Holzgefäßen erkennen läßt. Dem Kerbschnitt der Holzgefäßverzierung entspricht eine tiefgestochene Dekoration, zu der auch die Schalen der Cardium-Muschel herangezogen werden. In der darauf folgenden Ganggrabperiode erreicht diese Verzierungsart ihren Höhepunkt; die Keramik dieser Zeit zählt zu den schönsten Erzeugnissen der neolithischen Ware. Die Feuersteinproduktion langt auf ihrem Höhepunkt an. Halbfabrikate werden in großen Mengen in das rohstoffarme Schweden und Norwegen verhandelt. Beile, Sichelmesser und Dolche zeichnen sich durch erstaunliche Feinheit der Zurichtung aus und können nur mit gleichartigen Erzeugnissen des prädynastischen Ägyptens verglichen werden.

In dieser Zeit des Hochstandes des südskandinavischen Neolithikums tritt jedoch eine andere Kultur in Erscheinung. Durch zahlreiche Grabfunde unter gewöhnlichen Erdhügeln nachweisbar, zeichnet sie sich durch eine ganz andere Keramik und auch durch andere Steingeräte aus. Da die Toten dieser Kultur stets nur einzeln in den Erdhügeln beigesetzt wurden, sich daher von den Familienbestattungen der Ganggräber grundsätzlich unterscheiden, spricht man von einer *Einzelgrabkultur*, für die auch der Name Bootaxtkultur gebräuchlich ist. Denn die Leute dieser Kulturform verwenden nicht Feuerstein, sondern Grünstein für ihre Beile, denen sie eine Form geben, die im seitlichen Profil wie ein Boot aussieht. Und da diese Beile kaum für Arbeitszwecke gebraucht worden sein dürften, sondern die typische Waffe darstellen, bezeichnet man sie auch als Streitäxte, ihre Träger als Streitaxtleute. Deren Tonware ist in ihrer ältesten Ausfertigung verhältnismäßig einfach, kumpfförmig und unterhalb des Mundsaumes mit einer einfachen Strich- oder Schnurabdruckdekoration versehen.

Diese Einzelgrabkultur ist aber nicht bloß im dänischen Raum anzutreffen, sie findet sich in gleicher Weise auch auf niederländischem Boden, in Südschweden und in Finnland. Ihre Herkunft ist bis heute noch ein Rätsel. Radiokarbondaten haben gezeigt, daß sie etwa in der Mitte des dritten Jahrtausends nach Südskandinavien gekommen ist und sich hier mit dem mittleren Neolithikum der Trichterbecherart trifft. Aber das Gebiet, aus dem sie ausgegangen ist, kann noch nicht näher angegeben werden. Manches spricht dafür, daß diese Einzelgrab-Bootaxtkultur aus dem östlichen Raum gekommen ist, da sonst ihre Verbreitung bis nach Finnland kaum erklärt werden könnte.

Manche Forscher sehen in den Einzelgrableuten eine aus dem Osten sich mit Hilfe des Pferdes schnell ausbreitende Kriegerschicht, die wie ein Keil in das friedliche Bauerntum der Trichterbecherkultur eingedrungen sei. Doch ist auch dies kaum beweisbar, da wir noch nichts über die älteren Stadien dieser Kulturform wissen. Fest steht wohl nur, daß ihre südlichen Ausläufer in Gestalt der Schnurkeramik auch in Mitteldeutschland und Böhmen vorhanden sind. Es bestünde daher durchaus die Möglichkeit, daß diese nicht so eng an den Boden gebundene Kulturform in der Zone nördlich der donauländischen Kultur, etwa im nordöstlichen Deutschland, in Polen, im Dnjestr- und Dnjeprgebiet, groß geworden ist, in einer Zone also, wo tatsächlich der Bodenbau nicht jene Intensität erreichen konnte wie im südlichen Lößbereich. Tatsächlich hat die russische Forschung im mittleren Dnjeprgebiet eine Kultur feststellen können, die man mit einiger Vorsicht als die älteste Vorform der Bootaxtkultur ansprechen könnte. Es ist dies die von T. S. Passek umschriebene Mittel-Dnjepr-Kultur, auf die auch die bis Moskau verbreitete Fatjanowo-Form zurückzugehen scheint. Trifft dies zu, dann bestünde doch eine gewisse Wahrscheinlichkeit, daß die Träger der Einzelgrabkultur mehr als die anderen bäuerlichen Kulturen auf der Viehzucht aufbauten und daß damit sogar eine leichte nomadistische Komponente verbunden gewesen sein konnte.

Von Mitteleuropa aus gesehen ist jedenfalls der Einzelgrabkultur eine gewisse Beweglichkeit zuzuschreiben, da sie anscheinend noch am Ende des dritten Jahrtausends und während des zweiten Jahrtausends ehemals bandkeramische Gebiete in Mitteldeutschland und im Sudetenbereich besetzt. Ob sie aber auch für eine während des dritten Jahrtausends nachweisbare Südausdehnung der dänischen Trichterbecherkultur, die gleichfalls bis nach Mitteldeutschland gelangt, verantwortlich zu machen ist, muß vorläufig offenbleiben.

Vor allem deshalb, weil man auch über die ursprüngliche Verbreitung der Trichterbecherkultur nach dem Süden noch viel zuwenig Bescheid weiß. Wenn davon gesprochen wird, daß sehr alte Trichterbecherformen im südlichen Polen vorkommen und angeblich auch solche nach Mähren hinein festgestellt worden sein sollen (was noch einer genauen Überprüfung bedarf), so muß auch damit gerechnet werden, daß unabhängig von der Einwirkung der Einzelgrabkultur die Trichterbecherkultur eine Tendenz zur Vergrößerung ihres Siedlungsgebietes besessen hat.

Anscheinend unter dem Einfluß der Einzelgrabkultur büßt die Trichterbecherkultur Südskandinaviens viel von ihrer früheren Größe ein. Die Keramik ist verhältnismäßig einfach geformt, und auch im Steingeräteinventar zeigen sich Änderungen im negativen Sinne. Doch mag dies auch damit zusammenhängen, daß diese Spätphase der Trichterbecherkultur, die unter dem Namen Steinkistenperiode bekannt ist, bis in die ersten Jahrhunderte des zweiten Jahrtausends hereinreicht, in eine Zeit also, in der in Mitteleuropa schon die ersten Bronzegeräte ihren Siegeszug angetreten haben. So dürfte es richtig sein, die im Norden verwendeten Steindolche mit einem fischschwanzartigen Griff als die örtlichen Nachbildungen der mitteleuropäischen Vollgriffdolche der frühen Bronzezeit anzusprechen. So viel ist jedenfalls schon jetzt gesichert, daß die Wende vom dritten zum zweiten Jahrtausend im skandinavischen Raum eine Zeit der Unruhe und Umstellung ist und daß auch die mitteleuropäische Zone der ehemals bandkeramischen Kultur davon berührt wird.

Die nordische Trichterbecherkultur macht aber während ihres Mittelabschnittes, gleichfalls etwa um die Mitte des dritten Jahrtausends, noch mit einer anderen Kulturform Bekanntschaft. Mit dem Material der Trichterbecherkultur vergesellschaftet, finden sich oft eine sehr einfache, mit tiefen, grubenartigen Einstichen versehene Keramik und eine im Querschnitt dreieckige lange Pfeilspitze. Hier handelt es sich um die weit nach dem Westen (bis in das Rheindelta) vorgetragenen Reste der Wohnplatzkultur, die ihrerseits wieder nur eine Teilerscheinung der im norwegischen, mittelschwedischen und im finnischen Gebiet weit verbreiteten *kammkeramischen Kultur* ist. Kammkeramik bezeichnet eine Tonware mit spitzen, beutelförmigen Gefäßen, deren Oberfläche durch Knochenkammeindrücke und Stäbchenstempel verziert ist. Diese grubenartigen Eindrücke sind oft so tief, daß sie fast die Wand durchstechen. Da man die im skandinavischen Bereich verbreiteten Reste dieser Form bis jetzt nur von ausgedehnten Siedlungsplätzen kennt, hat man für diese westliche Abart den Namen Wohnplatzkultur geschaffen. In welche Zeit sie zurückreicht, ist noch kaum zu sagen. Aber ihre mesolithische Grundlage von der Art der Kunda-Kultur Estlands ist klar genug ausgeprägt, um deren direkte Weiterführung über das Präboreal und Boreal in das Atlantikum annehmen zu können. In dieser Zeit der beginnenden Waldausbreitung hat sich diese Jäger- und Fischerkultur bis an die *Nordküste des europäischen und sibirischen Rußlands* ausgedehnt. Die Leute der Wohnplatz- und der kammkeramischen Kultur sind die Herren des Meeres, sie sind Seehund-, Robben- und Walroßjäger, mit ihren Schlitten, Schneeschuhen und Skiern beherrschen sie die langen nordischen Winter. Sie jagen Elch und Rentier, die sie oft in wahren Meisterwerken der naturnahen Kunst mit wenigen Strichen auf den glatten Felswänden Skandinaviens und Rußlands festhalten. Als Jäger sind sie gleich ihren jungpaläolithischen Vorfahren gewohnt, ihre Beute genau zu beobachten; jede ihrer Linien »sitzt«. Gleiches gilt von Elchköpfen in Stein, die mit einer Bohrung versehen als Zierbeile gedient haben können.

Weite Strecken des russischen Gebietes sind von dieser Jäger- und Fischerschicht besetzt, die von der Zone des sibirischen Frostbodens über die Beringstraße hinüber in die Neue Welt gereicht haben dürfte. Die im nördlichsten Nordamerika anzutreffenden keramischen Reste zeigen eine verblüffende Übereinstimmung mit dem Material der kammkeramischen Kultur. Ja es dürfte sogar anzunehmen sein, daß die neolithische Erstbesiedlung Japans mit der kammkeramischen Schicht zusammenhängt, wie die älteste Jomonkeramik der Insel andeutet.

Dieser kurze Überblick muß genügen, um die Mannigfaltigkeit der neolithischen Erscheinungen Europas zu kennzeichnen. Sie heben sich nicht bloß von ihrer asiatischen und nordafrikanischen Umgebung deutlich ab, sie zeigen auch untereinander eine so divergierende Orientierung, daß sie nur als das aus Raum und Zeit entstandene Produkt verschiedener Arten von Formwollen angesprochen werden können. Solange wir uns in den älteren und mittleren Stadien dieses europäischen Neolithikums bewegen, treten uns Kulturen entgegen, die in langsamer Konzentration entstanden sind. Die einzelnen Kulturgebiete sind klar voneinander getrennt, Kontakte zwischen ihnen aber vorhanden. Die größte kolonisatorische Leistung dürfte die donauländische Kultur vollbracht haben, in der wir mit Recht die bäuerliche Kultur Europas *kat exochen* sehen dürfen. Erst mit dem vorgeschrittenen dritten Jahrtausend macht sich in dem urgeschichtlichen Quellenmaterial eine Eigenart bemerkbar, die man kaum anders als auf eine gewisse Verlagerung der Kräfte zurückführen kann. Das Wirksamwerden der Einzelgrabkultur sowie der kammkeramischen Kultur im Westen, ein fühlbarer Drang nach dem Süden innerhalb der Trichterbecherkultur sind die ersten Anzeichen für einen langsam sich anbahnenden Umbau im kulturellen Gesamtgefüge Europas.

Besondere Bedeutung scheint in diesem Zusammenhang der Trichterbecherkultur zuzukommen, die sich nach dem Süden vorschiebt und schon in Mitteldeutschland und in Böhmen mit den Ausläufern der donauländischen (linearkeramischen) Kultur zusammentrifft. Trotz mannigfacher Bemühungen der neueren Forschung, in die dem vorgeschrittenen dritten Jahrtausend angehörigen zahllosen kleinen und kleinsten kulturellen Erscheinungen verschiedener Eigenart eine gewisse Ordnung zu bringen und sie ihrer Herkunft nach auch näher zu bestimmen, scheint immer noch die alte Auffassung am besten fundiert zu sein, nach der die Auswirkungen der Trichterbecherkultur im ehemals donauländischen Bereich für diese Verschiebungen verantwortlich zu machen sind. Denn ob es sich jetzt um die mitteldeutsche Walternienburg-Bernburger Art, um die sudetisch-polnische Noßwitzer Art, um die mährisch-niederösterreichisch-ungarische Badener Art oder um die nordjugoslawische Vučedol-Art handelt, immer wieder stößt man bei einer näheren Überprüfung des keramischen Formbestandes in den angegebenen Gebieten auf Verbindungen zum Trichterbecherkreis, der auch allem Anschein nach die dem donauländischen Gebiet ursprünglich völlig unbekannte Tiefstichdekoration mit der weißen Farbeinlage vermittelt. Hand in Hand damit geht die Ausbreitung des Lochknaufbeiles und der Streitaxt, deren Herkunft aus dem südskandinavischen Bereich wohl kaum in Abrede gestellt werden kann. Vollends in Bewegung gerät Europa um 2000 v. Chr. (wie auch Radiokarbondaten erwiesen haben) durch eine von Spanien ausgehende, tiefwirkende Kultur, die nach ihrer kennzeichnenden keramischen Form *Glockenbecherkultur* benannt wird. Diese Glockenbecher sind meist aus einem roten Ton erzeugt und tragen auf ihrer gesamten Oberfläche eine in waagerechten Zonen eingestempelte Linienverzierung. Man spricht daher auch von Zonenbechern.

Die Glockenbecherkultur, zu der einfache Kalottenschalen, steinerne Armschutzplatten, Pfeilspitzen und vereinzelt noch kleine Kupferdolche gehören, nimmt allem Anschein von Mittelspanien ihren Ausgang und verbreitet sich von hier aus radial nach Nordafrika, über die mediterranen Inseln bis nach Sizilien, über Frankreich nach Norditalien sowie über Belgien und die Niederlande bis nach England, vom Rheingebiet die Donau entlang bis in die Gegend von Budapest und dringt in vereinzelten Spuren bis nach Polen vor. »Ein reisig Volk von Kriegern« hat einmal jemand die Glockenbecherleute genannt. Das ist auch richtig. Denn keine der uns bekannten neolithischen Kulturformen besitzt eine solche Dynamik wie die Glockenbecherkultur, die durch ihre weltweite Ausdehnung sozusagen den Schlußstrich unter die gesamte neolithische Kulturabfolge setzt. Die Glockenbecherleute dürften es auch gewesen sein, die als erste die spanischen Kupferschätze ausbeuteten und vielleicht sogar die Kenntnis dieses Metalls innerhalb Westeuropas verbreiteten.

In Mitteleuropa ist man schon vor der Glockenbecherinvasion mit dem Kupfer bekannt geworden, das man zuerst für kleine Flachbeile und für metallene Imitationen der Lochbeile verwendet. Die Kupfererzlagerstätten Ungarns und Siebenbürgens scheinen über reiche Bestände an gediegenem Kupfer verfügt zu haben, die die Steinschläger auf der Suche nach verwertbarem Rohstoff entdeckt haben können. Vielleicht, daß auch das reiche Flußgold des siebenbürgischen Raumes zum Auffinden des gediegenen Kupfers beigetragen hat. In der ungarischen Badener Form ist Gold bereits ebenso bekannt wie das älteste Kupfer, das dann in der mittelungarischen Bodrog-Kultur für die Erzeugung von kreuzständigen Hacken intensiv herangezogen wird. Manche von ihnen sind noch aus gediegenem Kupfer hergestellt, die meisten aber bestehen aus einem Kupfer, das bereits aus Erzen erschmolzen wurde. Kupferne Flachbeile, Lochbeile, Dolche und Ahlen sind in diesem Gebiet öfter nachzuweisen.

Deshalb aber von einer Kupferzeit zu sprechen ist nicht gerechtfertigt, da die zusätzliche Verwendung von Metall noch keinen Einfluß auf die innere Struktur der damaligen kulturellen Verhältnisse ausgeübt hat. Dies beginnt erst in jenem Zeitpunkt, da die Produktion von Kupfer zu einem integrierenden Bestandteil der Wirtschaftsführung wird: in der frühen Bronzezeit. Noch besitzt dieses wirtschaftliche Moment nicht den geringsten Einfluß auf die kulturelle Struktur.

Damit wird bewiesen, daß die Verwendung von Metall kein konstitutives Element jenes Kulturstadiums darstellte, das man gern als Stadtkultur bezeichnet, ohne sich dabei über das Wesen einer Stadtkultur klar zu sein. Es ist überhaupt die Frage, ob es berechtigt ist, so allgemein von einer Stadtkultur zu sprechen, oder ob es nicht besser wäre, bloß von einer stadtartigen Kultur zu reden, um damit gewisse äußere Ähnlichkeiten der rezenten mit den althistorischen Stadtkulturarten hervorzuheben. Zu einer Zeit jedenfalls, in der eine große politische Macht die Einigung in Ägypten herbeiführt, und in einer Zeit, da im Zweistromland die kleinen, um Heiligtümer gescharten geschlossenen Siedlungen emporwachsen, befindet sich Europa noch im Stadium einer rein bäuerlichen, dörflichen Kulturform, während in den nördlichen Randgebieten weit schweifende Jäger und Fischer das Land erschließen.

Die paläethnologischen Probleme des Neolithikums

Überblickt man das Werden der einzelnen neolithischen Kulturen, soweit dies an dem derzeitigen Quellenbestand möglich ist, bemerkt man mehrfache, an gewisse Lebensbereiche gebundene Kristallisationsprozesse. Soziologisch gesehen bedeutet dies, daß die aus kleinen Kernanfängen sich ständig vergrößernden sozialen Gemeinschaften in sich gefestigt werden. In dieser inneren Festigung konsolidiert sich auch das den einzelnen Gemeinschaften adäquate Formwollen als Produkt einer gewissen seelisch-geistigen Gleichstimmung. Diese ist ihrerseits nur auf dem Wege einer deutlichen Verständigung untereinander – zwischen Individuen und den sozialen Gruppen – möglich. Vergleicht man Sesklo-Dimini beispielsweise mit der donauländischen Linearkeramik, diese wieder mit der nordischen Trichterbecherkultur oder mit den keramischen Erscheinungen Westeuropas oder gar der Kammkeramik, dann wird sofort klar, daß hier ganz verschiedene Orientierungen vorliegen. Wer die Notenkopfware in Rumänien in gleicher Weise ausführte wie im Limburgischen, muß sich seiner Zugehörigkeit zu einem bestimmten Lebensbereich bewußt gewesen sein. Und wer in Dänemark ebenso wie an der sibirischen Nordküste die spitzbodigen Gefäße mit Kamm- und Stempeleindrücken verzierte, muß sich in gleicher Weise einer bestimmten Lebensgemeinschaft verbunden gefühlt haben. Das heißt also, daß wir eine ausreichende Berechtigung besitzen, an Hand der urgeschichtlich erarbeiteten Kulturformen des europäischen Neolithikums auch Schlüsse in der Frage des sozialen Zusammenschlusses der Menschen zu ziehen.

Nur muß man vorsichtig sein in der Anwendung von Begriffen, die uns aus den späteren Perioden der Geschichte geläufig sind. Ist man berechtigt, für das vierte und dritte Jahrtausend v. Chr. schon den Begriff Stamm und Volk zu verwenden? Oder sollte man lieber mehr allgemein orientierte Bezeichnungen, etwa stammartige, volkähnliche soziale Gemeinschaften, verwenden? Wie dem auch sei, weder die Ausdehnung der Trichterbecherkultur noch auch die zu vermutende Verbreitung der Einzelgrabkultur und erst recht nicht die Ausbreitung der Glockenbecherkultur ist ohne diese soziale Bindung, ohne dieses Bewußtsein der Zusammengehörigkeit und wohl auch ohne Unterstellung unter eine einheitliche Leitung denkbar. Man wird daher kaum zaudern dürfen, von einem Sesklo-Dimini-Volkstum, einem Einzelgrab-Volkstum, einem westeuropäischen Volkstum, einem Körös-Starčevo-Volkstum, einem bandkeramischen Volkstum, Trichterbecher-Volkstum und einem kammkeramischen Volkstum zu sprechen. Natürlich bloß, um die quellenkundlich gegebene Tatsache hervorzuheben, daß das Werden und Formen aller dieser Kulturformen nur als das Werk bestimmter sozialer Gemeinschaften verstanden werden darf. Mehr soll damit gar nicht gesagt sein. Denn es wäre vermessen, wollte man nun die durch die antike Historiographie bekanntgewordenen ethnischen Einheiten bis in das Neolithikum des vierten und dritten Jahrtausends v. Chr. zurückprojizieren. Es kann nur Verwirrung stiften, wenn von linguistischer Seite solche Versuche unternommen werden, etwa wie jener von Paul Kretschmer, der durch die Aufstellung eines hypothetischen raeto-tyrrhenischen Sprachkreises bis in die Zeit der Bandkeramik zurückkommen wollte.

Viel zuviel Unklarheit und einseitige Interpretation hat ohnedies die viel diskutierte *Indogermanenfrage* hervorgerufen. Auf so simple Meinungen, wie sie seinerzeit der Historiker Fritz Kern vertreten hat, wonach die mitteldeutschen Schnurkeramiker *die* Indogermanen vor ihrer Teilung in die Einzelvölker gewesen seien, wollen wir uns gar nicht mehr einlassen. Noch weniger auf die tendenziöse Auffassung, daß Mitteldeutschland während des dritten Jahrtausends der Nabel der Welt gewesen sei, der Ausgangsort sämtlicher geistiger und materieller Errungenschaften. So einfach, ja fast einfältig liegen diese Dinge wahrlich nicht. Überhaupt leidet das Indogermanen-Problem unter einer gewissen Verniedlichung oder unter der kaum zu haltenden Annahme, wonach der sprachlich theoretisch erschlossenen indogermanischen Einheit auch eine volkliche Einheit entsprochen haben müsse. Indogermanen als solche hat es überhaupt nicht gegeben. Das Wort ist bekanntlich ein Kunstname der Sprachwissenschaft und beruht auf der Tatsache, daß in bestimmten Sprachen, von denen das Germanische die westlichste und das Indische die östlichste Form darstellt, so weitgehende Übereinstimmungen herrschen, daß sie theoretisch zu einer Einheit zusammengeschlossen werden mußten. Doch hatte man zu Beginn des 19. Jahrhunderts, als die Philologie dieses Problem aufgriff, kaum eine Vorstellung davon, zu welchem Zeitpunkt sich die einzelnen Sprachen gebildet haben könnten. Man dachte vielmehr an eine stammbaumartige oder auch wellenförmige Entwicklung von einem hypothetischen Sprachzentrum aus und war der Meinung, daß diesem auch ein kulturelles Zentrum zu entsprechen habe. Tausende von Seiten umfassen die Versuche der »linguistischen Paläontologie« oder »linguistischen Archäologie«, den Kulturzustand dieser hypothetischen Ur-Indogermanen in ihren noch hypothetischeren Ur-Sitzen zu rekonstruieren, ohne auch nur einmal zu fragen, in welcher Zeit die einzelnen sprachlich gesicherten Begriffe und Objekte im Indogermanischen entstanden sind. Wie konnte man dies auch tun, da man doch heute noch oft genug die Italiker, Kelten, Germanen und Griechen im europäischen Neolithikum verankert sucht und sie dort auch gefunden zu haben glaubt.

So einfach ist aber das Indogermanen-Problem nicht zu lösen. Hinter ihm steht wohl eine linguistische und historische Realität, von der die Hethitologie zeigt, daß sie am Ende des dritten und am Beginn des zweiten Jahrtausends bereits bestanden haben muß. Ohne Existenz einer indogermanischen sprachlichen Grundorientierung ist auch das Hethitische der kleinasiatischen Keilschriftentexte nicht zu erklären. Wie soll dieses hypothetische Urindogermanische aber erschlossen und geographisch verankert werden?

Man wird den einzelnen neolithischen Kulturen Europas eine bestimmte sprachliche Eigenart nicht absprechen können und ist daher zur Annahme genötigt, daß mindestens im dritten Jahrtausend schon sprachliche Gemeinschaften mit spezifischen Tendenzen in Syntax und Grammatik bestanden haben. Man könnte daher von einem Bandkeramisch, einem Trichterbecherisch, einem Einzelgräberisch und einem Westeuropäisch sprechen. Welches von ihnen hat aber die größte Aussicht, mit dem theoretisch erschlossenen Indogermanisch in Verbindung gebracht zu werden? Doch nur jene sprachliche Eigenart, deren kulturelles Äquivalent die weitere Gestaltung Europas bestimmt. Und das ist – man mag darüber noch so viel diskutieren – nur jene Form, die ihre Grundlagen in der Trichterbecherkultur hat. Damit soll natürlich nicht gesagt werden, daß die Trichterbecherkultur die indogermanische Urkultur ist. Es soll damit nur zum Ausdruck gebracht werden, daß die gegen Ende des dritten Jahrtausends aus der Vermischung von Trichterbecherkultur und donauländischer Kultur entstandenen Neuformungen (wie die Altheim-Mondsee-Form in Süddeutschland, die Badener Form im mittleren Donaugebiet, die Vučedol-Form im nördlichen Jugoslawien und auch die Spätform des Frühhelladikums des griechischen Festlandes) am ehesten den Anspruch für sich erheben können, das urgeschichtlich greifbare Pendant zu der theoretisch erschlossenen indogermanischen Urform zu sein.

Auch die historische Tatsache, wonach die indogermanischen Einzelvölker der geschichtlichen Zeit eng an Europa gebunden sind, spricht für ein Werden und Wachsen im europäischen Raum, wobei die Zone vom südlichen Skandinavien über Mitteleuropa nach Südosteuropa die größte Wahrscheinlichkeit besitzt, als dieses Ausgangsgebiet angesprochen zu werden. Doch soll schon hier ausdrücklich festgestellt werden, daß in dieser Zeit des späten dritten Jahrtausends kaum schon die Ansätze für die späteren Einzelvölker vorhanden waren. Diese sind, wie die urgeschichtliche Betrachtung lehrt, erst wesentlich später entstanden und ebenso wie ihre spätneolithische Keimzelle ein Produkt aus Zeit und Raum. Mit einer solchen Orientierung des Indogermanenproblems stimmt auch das verhältnismäßig späte Auftreten der frühesten Hethiter überein; auch die archaische Schicht Griechenlands hat kaum vor dem 17. Jahrhundert v. Chr. eine fundmäßig greifbare Gestalt angenommen. Versucht man eine sprach- und volksgeschichtliche Zuordnung des südosteuropäischen Neolithikums von der Art Sesklo-Dimini, Vinča, Starčevo-Körös, so besteht genügend Veranlassung, die Träger dieser verschiedenen neolithischen Formen mit dem vorgriechischen Element der Balkanhalbinsel und des Peloponnes in Verbindung zu bringen. Italien, Spanien, Frankreich, Belgien und die Britischen Inseln aber sind das Gebiet eines eigenen Volkstums, dessen jüngste Ausläufer in den späteiszeitlichen Iberern greifbar werden. In diesem westeuropäischen Element die Grundschicht für das spätere Hamitische zu sehen, liegt durchaus nahe und dürfte auch einen hohen Grad an historischer Wahrscheinlichkeit haben. Die gesamte kammkeramische Kultur mit ihren verschiedenen regionalen Kleinformen dürfte mit dem gleichen Recht – schon im Hinblick auf die in diesem Bereich feststellbare ungebrochene Kontinuität – als die Grundlage der späteren Finno-Ugrier anzusprechen sein. Doch sollte das bloß im Sinne einer ganz allgemeinen Orientierung verstanden werden.

Bronzezeit

Mit dem Ende des Neolithikums um etwa 2000 bis 1900 v. Chr. hatte der urzeitliche Mensch jenes Wissen und jene Erfahrung erworben, die ihm die Beherrschung der Naturkräfte gestattete. Die Produktionswirtschaft hatte einen solchen Höhepunkt erreicht, daß die einzelnen Gebiete durch einen weitreichenden Handel miteinander verbunden werden konnten. Bernstein der Ostsee wanderte nach dem Süden, Muscheln der Ägäis (Spondylus) dienten als Rohstoff für die Erzeugung von Schmuckobjekten in der donauländischen Kultur, Obsidian wurde planmäßig gewonnen und über fast ganz Mitteleuropa verbreitet. Gold gewann man aus den Freigoldlagerstätten Siebenbürgens, und gediegenes Kupfer diente den Steinschlägern als neuer hämmerbarer Rohstoff.

Doch noch während des späten Neolithikums wurde der entscheidende Schritt zur *Erzeugung von Kupfer aus seinen Erzen* vollzogen. Wo dies das erste Mal in Europa geschah, wissen wir nicht. Aber es ist anzunehmen, daß jene Lagerstätten, die gediegenes Kupfer geliefert haben, auch die erste Bergbautätigkeit sahen. Man kann sich kaum vorstellen, welche Arbeit es gekostet haben muß, bis es den ersten Kupfererzschmelzern gelang, aus dem goldglänzenden Erz das flüssige Metall zu gewinnen. Ein komplizierter chemischer Prozeß ist notwendig, um aus den schwefeligen Erzen den Schwefel zu entfernen und die mit dem Kupfer vererzten anderen Schwermetalle, vor allem Eisen, vom Kupfererz zu trennen. Um das zu erreichen, sind chemische Zuschläge, der »Möller« in der Sprache des Hüttenmannes, notwendig. Sie müssen sowohl das Erz zum Schmelzen bringen wie auch dafür sorgen, daß sein Eisengehalt von der Schlacke getrennt wird. Für das heutige chemische Wissen klingt das sehr einfach, für die ersten Erzschmelzer aber war es eine gewaltige Leistung. Dabei waren sie wahrlich keine Stümper. Schon die ältesten Kupferflachbeile und kupfernen kreuzständigen Hacken des späten Neolithikums der ungarisch-rumänischen Zone sind aus einem so reinen Kupfer und so gut gegossen, daß sie selbst eine moderne Hütte nicht besser herstellen könnte. Metallurgische Untersuchungen solcher Stücke haben in der letzten Zeit wertvolle Einblicke in die erste Gießerkunst erbracht.

In der planmäßigen Auswertung und Ausweitung dieser ersten Erfahrungen liegt der Keim für eine neue Periode der europäischen Urzeit, die Bronzezeit, in der die Geräte aus Bronze nicht bloß das äußere Erscheinungsbild des urgeschichtlichen Quellenbestandes bestimmen, sondern auch für die zeitliche Gliederung von ausschlaggebender Bedeutung sind. Wie im Neolithikum die Erzeugnisse aus Ton die Grundlage für die kulturelle und zeitliche Gliederung darstellen, so sind in der Bronzezeit die aus Metall hergestellten Gegenstände die Hauptquellen für solche Erkenntnisse.

Europa verfügt über zahlreiche Lagerstätten mit reichen Kupfererzen. Bekannt sind jene der ungarisch-siebenbürgischen Zone, des slowakischen Erzgebirges, der österreichischen Schieferalpenzone, Mitteldeutschlands und Spaniens. Daneben gibt es noch zahlreiche kleinere Lagerstättengebiete (wie in Jugoslawien, Frankreich, England).

Was wir heute vom *Bergbau auf Kupfererz* wissen, gründet sich in erster Linie auf der Erforschung der österreichischen Kupferkieslagerstätten der Schieferzone im salzburgisch-tirolischen Bereich. Hier handelt es sich um hydrothermale, gangförmige Lagerstätten mit einer oftmals reichen Erzführung. Sie sind durch Emporsteigen von mineralgesättigten Lösungen aus dem flüssigen Erdinneren in Spalten der festen Erdrinde entstanden. Ihr Hauptbestandteil ist Kupfer, daneben kommen noch wechselnde Anteile an Eisen, Zinn, Arsen, Antimon, Nickel, Blei, Zink, Wismut und Kobalt vor. Das Mengenverhältnis dieser Bestandteile kann in den einzelnen Lagerstätten verschieden sein. So gibt es solche, in denen nur wenig Zinn, Silber, Arsen, Antimon, Blei, hingegen verhältnismäßig viel Nickel vorhanden ist. Dann gibt es solche, in denen Silber, Arsen, Antimon, Blei und Wismut in verhältnismäßig großen Prozentsätzen nachzuweisen sind, oder es gibt solche, in denen nur Silber, Arsen und Wismut in höheren Anteilen vorhanden sind. Die spektralanalytische Untersuchung (siehe Band 9, Seite 489) kann diese Verschiedenartigkeiten nachweisen. Mit ihrer Hilfe gelingt es auch, die einzelnen Lagerstätten durch die Art der quantitativen Zusammensetzung der genannten Elemente näher zu kennzeichnen und ein sogenanntes Spurenmuster oder Elementmuster für jede Lagerstätte zu erstellen. Das in den Erzen vorhandene Muster ist durch den Schmelzprozeß nicht zerstört worden, sondern ist in den Kupferresten der Schlacke ebenso wie in allen Fertigobjekten aus Kupfer oder Bronze erhalten geblieben. Durch den Vergleich der Spurenmuster von Waffen und Werkzeugen mit den Spurenmustern von Lagerstätten kann man daher feststellen, aus welcher Lagerstätte das Kupfer bezogen wurde, das man dann für die Anfertigung der Geräte verwendete. Eine systematische Anwendung dieser Methode auf ganz Europa wird so wesentlich dazu beitragen, die Handelsgeschichte der Bronzezeit aufzuhellen und zu zeigen, wohin das in den einzelnen Bergbaugebieten produzierte Kupfer gelangt ist. Die gangförmigen Lagerstätten des alpinen Bereichs sind gegenüber ihrem schiefrigen Nebengestein wesentlich widerstandsfähiger. Als man in Europa mit der ersten Verwertung von gediegenem Kupfer begann und zum Abbau des Erzes überging, werden die Lagerstätten an der Oberfläche sichtbar gewesen sein. Von hier aus wurde daher mit dem Abbau der Erze begonnen. Die Spuren der urzeitlichen Abbauarbeiten findet man stets in den höchstgelegenen Teilen der Lagerstätten in Gestalt von Pingen und Scheidehalden. Die Pingen sind die letzten Reste der in sich zusammengesunkenen alten Einbaue, die Scheidehalden sind die Überreste der Aufbereitungsstellen, auf denen das Erz vom Tauben getrennt wurde.

Abgebaut wurde das Kupfererz bloß mit physikalisch-mechanischen Mitteln. Man bediente sich der sogenannten Feuersetzmethode, das heißt, man erhitzte das Erz und den mit dem Erz vergesellschafteten Quarz und kühlte die heißen Stellen durch Wasser rasch ab. Dadurch erreichte man ein natürliches Brechen des Erzes, das dann mit Steinschlägeln leicht losgeschlagen werden konnte. Die Feuersetzmethode hatte auch den Vorteil, daß sie den Gang verhältnismäßig rein aus dem Nebengestein herausschälte, daß daher nicht allzuviel von dem anstehenden Schiefer mitgefördert werden mußte. Die genaue Untersuchung der berühmtesten Kupferkieslagerstätte Mitteleuropas, jener auf dem Mitterberg (Hochkeil) bei Bischofshofen am Fuße des Hochkönigs, durch die beiden Bergbauhistoriker Karl Zschokke und Ernst Preuschen ermöglichte eine bis ins Detail gehende Rekonstruktion des gesamten Abbau- und Förderungsverfahrens. Schon um 1870 hatte man anläßlich des rezenten Bergbaues die ersten Funde in dieser Grube gemacht und die Beobachtungen genauestens aufgezeichnet. Die Alten bauten das Erz in leicht schief gegen das Erdinnere zu geneigten Einbauen ab, verzimmerten ihre Einbaue systematisch und entwickelten für diese Arbeiten eigene Bronzewerkzeuge. Bei zu hohem First versetzten sie ihre Einbauräume mit dem tauben Material. Auf diese Weise ist der mehrere Kilometer lange Mitterberger Hauptgang vollständig abgebaut worden. Wie Ernst Preuschen berechnete, wurde dabei in etwa tausendjähriger Arbeit mehr Erz gefördert, als es dem modernen Bergbau mit seinen technischen Mitteln bis jetzt möglich gewesen ist. Die senkrechte Abbautiefe erreichte im Mitterberger Hauptgang rund hundert Meter; eine solche Tiefe läßt sich auch für das zweite große Bergbaugebiet Österreichs, die Kelchalm bei Kitzbühel/Tirol, berechnen.

Es ist klar, daß bei einem so intensiv betriebenen Bergbau riesige Rohkupfermengen produziert wurden. Die heute noch sichtbaren Reste dieser Kupferhütten sind die zahlreichen, im weiten Umkreis um die Lagerstätten verstreuten Schmelzplätze, von denen man im Mitterberger Gebiet allein an die hundertachtzig kennt. Berechnungen von Ernst Preuschen haben ergeben, daß der Mitterberger Hauptgang während seines wahrscheinlich rund tausendjährigen Abbaues an die zwanzigtausend Tonnen Reinkupfer ergeben hat. Hält man hinzu, daß der Mitterberg nicht die einzige österreichische Kupfererzlagerstätte war, sondern daß daneben noch zahlreiche andere Lagerstätten ebenso intensiv abgebaut wurden, dann wird man kaum fehlgehen, wenn man die während der Bronzezeit geförderte Kupfermenge aus den österreichischen Lagerstätten allein auf rund fünfzig- bis sechzigtausend Tonnen Reinkupfer schätzt. Dazu kommen noch die ohne Zweifel keineswegs geringeren Fördermengen aus den ungarisch-siebenbürgischen, slowakischen, mitteldeutschen, spanischen und englischen Lagerstätten, so daß man sich leicht eine Vorstellung von dem gewaltigen Ausmaß dieser Kupferindustrie machen kann.

Das kann nicht ohne Folge auf die soziale Struktur geblieben sein. Im Neolithikum war der Bauer Selbstversorger, er erzeugte alles, was er für seinen Lebensunterhalt benötigte, und handelte bloß jene Objekte ein, die er zusätzlich zur Verbesserung seines Lebensstandards noch benötigte. Der Handel des Neolithikums ist daher ein Handel mit Luxusgütern, wie etwa Bernstein oder Spondylusmuscheln. Der Handel der Bronzezeit aber bringt den für die Herstellung des täglichen Bedarfsgerätes notwendigen Rohstoff aus den Produktionszentren in die nähere und weitere Umgebung. Ein eigener Handelsstand entsteht.

Aber auch die Arbeiten im Bergbau, in der Aufbereitung und in der Kupferhütte können von mehr oder weniger ungelernten Arbeitern nicht mehr geleistet werden. Sie sind zu schwierig und verlangen zu viele Fachkenntnisse. Alle jene Spezialberufe des heutigen Bergmannsstandes müssen damals ausgebildet worden sein. Markscheider, Obersteiger, Steiger, Hauer, Zimmerer, Holzfäller, Erzträger, Aufbereiter, Schmelzer und Gießer sind sicherlich das Ergebnis einer ständig steigenden, notwendigen Arbeitsteilung. Der Zug vom Dorf zur Industrie muß schon während der frühen Bronzezeit bestanden haben, und die Versorgung der Produktionsgebiete mit Lebensmitteln ist eine unumgängliche Voraussetzung für den Bestand dieser Großbetriebe, für die sogar eine einheitliche Leitung angenommen werden muß. Denn zahlreiche kleine, voneinander unabhängige Familienbetriebe, die nur zu bestimmten Jahreszeiten gearbeitet hätten, sind kaum wahrscheinlich. Sie allein hätten kaum jene Produktionsmengen erzielen können, die die Bergbauforschung nachweisen kann. Ganz abgesehen davon, daß ein bloß jahreszeitlicher Betrieb in der Grube aus technischen Gründen unmöglich ist. Jeder Bergmann weiß, daß selbst bei kurzer Arbeitsruhe Schäden in der Grube auftreten, deren Beseitigung oft viele Stunden kostet.

Das in den Kupferhütten erzielte Rohkupfer hatte während der frühen Bronzezeit fladenförmige, in der späten Bronzezeit brotlaibartige Gestalt. Die im mediterranen Raum anzutreffenden und vielleicht auf den cyprischen Kupferbergbau zurückgehenden Gußkuchen haben die Form einer ausgespannten Tierhaut, sind daher nachträglich umgegossen worden. In Mitteleuropa wird das Rohkupfer entweder in Gußkuchenform verhandelt, oder es wird, wie in der frühen Bronzezeit, in ringförmige Barren gegossen, deren Enden man aushämmerte, um damit wohl die Güte des Kupfers zu beweisen. Wohin überall dieser Kupferstrom gelangt ist, läßt sich zur Zeit mehr vermuten als sicher nachweisen, da die spektralanalytischen Untersuchungen noch nicht so weit vorgeschritten sind, um darüber eindeutig Auskunft zu geben. Aber es ist anzunehmen, daß alle Gebiete, in denen Kupfererz fehlte oder nur in kleineren Lagerstätten vorhanden war, die größten Abnehmer des Rohkupfers gewesen sind. Das gilt für Skandinavien, Norddeutschland, weite Teile Mittel- und Westeuropas, für Osteuropa und die Apenninische Halbinsel, deren bronzezeitliche Kulturabfolge überhaupt nur auf dem Umwege über die ins Land gebrachten mitteleuropäischen Bronzegegenstände zu erschließen ist.

Solche und ähnliche Beobachtungen geben uns auch Anhaltspunkte für die Rekonstruktion jener Vorgänge, die zur bronzezeitlichen Kultur an sich geführt haben. Denn es ist bereits quellenmäßig erwiesen, daß die Produktion von Kupfer weitgehende Veränderungen in der kulturellen Struktur innerhalb der Produktionszentren mit sich brachte. Die natürlichen Voraussetzungen sind auch hier wieder, wie bei der Entstehung der neolithischen Bauernkulturen, ein wichtiger Faktor für die Neugestaltung des kulturellen Habitus. Man sieht daher, daß sich Kulturen von bronzezeitlichem Charakter zuerst dort abheben, wo diese natürlichen Voraussetzungen vorhanden sind, während andere Gebiete noch in ihrem »neolithischen« Dasein verharren. Ein natürliches zeitliches und kulturelles Gefälle ist die Folge davon. Im Gegensatz zum Neolithikum sind für die Bronzezeit echte kulturelle Diffusionen festzustellen, aufs engste verknüpft mit der Verbreitung des metallischen Rohstoffes.

Demgemäß geht die *chronologische Gliederung der europäischen Bronzezeit* von jenem Gebiet aus, das die stärkste historische Dynamik erkennen läßt. Es ist dies neben der Ägäis, die in einem anderen Beitrag behandelt wird, Mitteleuropa, hinter dem alle anderen Zonen sichtlich zurücktreten. Doch sind auch für jene eigene Chronologiesysteme aufgestellt worden. Da in den am Rande Mitteleuropas liegenden Gebieten die Bronzezeit wesentlich später beginnt, ergibt sich eine unheilvolle Relativität der chronologischen Begriffe, wie frühe, mittlere oder späte Bronzezeit. So entspricht zum Beispiel die nordische späte Bronzezeit bereits der mitteleuropäischen älteren Eisenzeit. Die zahlreichen, für diese verschiedenen Zonen geschaffenen Regionalchronologie-Systeme verursachen deshalb eine kaum mehr lösbare Verwirrung.

Um hier einen Ausweg zu finden, habe ich versucht, die Bronzezeit als Früh-Metallikum von dem Mittel-Metallikum (der älteren Eisenzeit) und dem Spät-Metallikum (der jüngeren Eisenzeit) abzuheben und als Grundlage für seine zeitliche Umgrenzung die für Mitteleuropa greifbaren Daten genommen. Danach läßt sich das Früh-Metallikum in die Stufen I, II und III gliedern, die durch ihre chronologischen Verklammerungen mit der Ägäis und dem Nahen Osten auch zeitlich näher zu bestimmen sind. So beginnt das Früh-Metallikum I um 1800/1750 und dauert bis rund 1500 v. Chr., das Früh-Metallikum II nimmt die Zeit zwischen 1500 und 1300/1250 v. Chr. ein, das Früh-Metallikum III reicht von 1300/1250 bis 800/750 v. Chr. Dort, wo eine entsprechende historische Dynamik vorhanden ist, können diese drei Hauptperioden noch weiter unterteilt werden.

Eine solche Gliederung bietet den Vorteil, daß sie nicht relativchronologisch aufgebaut ist, sondern die absoluten Daten verwertet, die sich aus dem Kontakt des urzeitlichen Europas mit dem historischen Orient ergeben. Hier beginnt sozusagen der urgeschichtliche Horizont der alten Geschichte, durch den die kulturellen und geschichtlichen Unterschiede zwischen dem alten Europa und seinen Nachbarzonen greifbar werden. Vom zweiten Jahrtausend an denkt auch die Urgeschichte nicht mehr vorwiegend in relativchronologischen Begriffen, sondern in weitaus größerem Maße in absolutchronologischen Zeitangaben. 1800 bis 1500, 1500 bis 1300/1250 und 1300/1250 bis 800/750 v. Chr. sind eben absolutchronologisch umschreibbare Zeitalter, deren Eigenart in den einzelnen Kulturarealen verschieden gestaltet ist. Hier wird die Bedeutung des Raumes für die Gestaltung des geschichtlichen Seins besonders deutlich.

Das Früh-Metallikum I
(1800/1750—1500 v. Chr.)

Seiner historischen Bedeutung nach steht *Mitteleuropa* im Mittelpunkt der Betrachtung. Wir knüpfen dabei an die Ereignisse am Ende des Neolithikums an und betonen, daß die Auseinandersetzungen zwischen der nach dem Süden vordringenden Trichterbecherform und der aus dem Westen gekommenen Glockenbecherkultur zu einer neuen kulturellen Konstellation führen. Vor allem dadurch, daß nun eine Zeit der Ruhe eintritt, in der sich die verschiedenen Gemeinschaften wieder sammeln und festigen können. Trotz einer mannigfachen Kleinformenbildung zeigt das Früh-Metallikum Mitteleuropas noch ein hohes Maß an Gleichförmigkeit, die vom Rheingebiet bis tief nach Ungarn-Siebenbürgen reicht. Namen wie Adlerberg-, Straubinger, Aunjetitzer, Wieselburger, Kisapostag- oder Nagyrever Kultur sind der urgeschichtlich greifbare Niederschlag dieser Gruppenbildung.

Sie alle verbindet ein gewisses Gleichgerichtetsein in der keramischen Produktion, die nun im Gegensatz zum Neolithikum auf einfache, schlichte, fast immer unverzierte Gefäße Gewicht legt. Eine neue Einstellung zum Tongefäß kommt dadurch zum Ausdruck, vielleicht bedingt durch die Glätte der Metallgeräte, die nun langsam, aber in stetem Fortschritt das gesamte Inventar erfassen. Aus dem einfachen Flachbeil wird das Randleistenbeil, an die Stelle des Steinmessers tritt der kleine dreieckige Bronzedolch, die Knochennadel zum Zusammenhalten der Kleider wird durch die Bronzenadel ersetzt, der Arm- und Fußschmuck aus Stein oder Muschelschale findet seine Fortsetzung in einfachen Bronzeringen oder in Kupfermanschetten, der Haarschmuck besteht aus ringförmigen Anhängern, die Finger schmückt man mit kleinen Drahtringen.

Alle diese dem Geschmack der Zeit und der einzelnen Gemeinschaften unterworfenen Schmuckstücke verändern ihre Gestalt verhältnismäßig schnell und sind so auch geeignet, feinere relativchronologische Gliederungen der einzelnen Formengruppen zu gestatten, aber auch die Verbindung zu den Nachbarräumen herzustellen. Solche beruhen einerseits

Stonehenge. Luftbild der Kultanlage bei Salisbury
Früh-Metallikum I, 1800–1500 v. Chr.

Lausitzer Buckelkeramik. Gefäße aus der südlichen Mark Brandenburg
Früh-Metallikum II und III, 1500–800 v. Chr.
Berlin, Ehem. Staatliche Museen, Museum für Vor- und Frühgeschichte

auf gut nachbarlichen Beziehungen, die auch ihre keramischen Produkte auszutauschen beginnen, anderseits auf den weitgespannten Handelsverbindungen mit dem Rohkupfer in Gestalt der Ringbarren. Wirtschaftliche Grundlage ist die bäuerliche Produktion, die sich nun auch des hölzernen Hakenpfluges bedient, wie vereinzelte Funde in Moorböden zeigen. Die allgemein übliche Siedlungsart ist das großräumige Dorf, dessen Häuser entweder leicht in die Erde vertieft oder auf der Oberfläche angelegt werden. Mit der Intensivierung des Kupferbergbaues geht die Erweiterung der Ökumene in das gebirgige Land Hand in Hand. Waren bereits im späten Neolithikum die Alpen keine unbekannte Region mehr, so dringt nun die Dauersiedlung weit in das Alpenland entlang der Flußtäler ein. Von diesen Siedlungen bezieht auch die Industrie ihre Menschenkräfte.

Dem spätneolithischen Brauch folgend bestattet das Früh-Metallikum I seine Toten in einfachen Erdgruben in der altgewohnten Art der Schlafstellung (liegender Hocker). Diese Sitte ist so weit verbreitet und dem mitteleuropäischen Gebiet so eigen, daß man fast berechtigt ist, von einer Hockergräber- oder Flachgräberkultur zu sprechen.

Wie die zahlreichen Ringbarrendepots zeigen, dürfte während des Früh-Metallikums I der Begriff des Eigentums, aber auch der Ansammlung von Wertobjekten allgemein geläufig gewesen sein. Im ganzen gesehen ist das Früh-Metallikum I Mitteleuropas zweifellos eine ruhige, gefestigte Periode, in der die führende Rolle dieses Gebietes augenfällig in Erscheinung tritt.

Demgegenüber bleibt *Nordeuropa*, also Norddeutschland und das südliche Skandinavien, das Gebiet der neolithischen Trichterbecher- und Einzelgrabkultur noch seiner Tradition treu. Dem Früh-Metallikum I Mitteleuropas entspricht in diesem Gebiet die sogenannte Steinkisten- oder Dolchzeit. An die Stelle der mächtigen Ganggräber des mittleren Neolithikums tritt die einfache, für die Einzelbestattung gebaute Steinkiste mit einem verhältnismäßig ärmlichen Beigabeninventar, bei dem nur der aus Feuerstein erzeugte Dolch auffällt. Man spricht deshalb auch von einer Dolchzeit. Es scheint, daß die Vorliebe für den mit einem vollen Griff ausgestatteten Dolch auf die Imitation der Vollgriffdolche des mitteleuropäischen Bereichs zurückgeht. Von dort bezieht der Norden auch das erste Kupfer, das in schwachen Proben während der Dolchzeit nachzuweisen ist. Importe aus diesem Gebiet bestehen aus Kugelkopfnadeln, Vollgriffdolchen, während Flachbeile zu dieser Zeit anscheinend aus dem Westen, aus England, eingeführt werden.

Erst gegen Ende des Früh-Metallikums I beginnt im südskandinavischen Gebiet langsam eine eigene Metallgeräterzeugung, an der man in gleicher Weise die Anregung aus dem Süden wie die daraus emporwachsende selbständige Formgebung erkennen kann. Doch zwingt der Import des Kupfers zur Sparsamkeit, weshalb nur wenige Objekte in den Boden gekommen sind.

Dieses vom späten Früh-Metallikum I an emporsteigende eigene Formwollen des südskandinavischen Gebietes besitzt eine spezifische Einstellung der Tonware gegenüber. Während im frühen und mittleren Neolithikum die Keramik besonders gepflegt wurde und oft wahre Prachtstücke der Töpferkunst entstehen ließ, beginnt schon im späten Neolithikum eine merkliche Vernachlässigung der Erzeugung, die sich dann im frühen Metallikum auf ganz rohe und einfache Gefäße beschränkt. So viel Keramik man aus dem frühen und mittleren Neolithikum kennt, so wenig gibt es nun aus dem Früh-Metallikum I und der nächstfolgenden Periode. Das ändert sich erst, als im Zuge weit ausgreifender Bewegungen während des Früh-Metallikums III neuerdings starke mitteleuropäische Anregungen nach Südskandinavien kommen. Bis dahin scheinen die Gefäße hauptsächlich aus Holz bestanden zu haben, von denen man durch wenige Grabfunde des Früh-Metallikums II weiß. Die ungünstigen Erhaltungsbedingungen in den Landsiedlungen haben wohl alles zerstört.

Was hier für Nordeuropa angedeutet ist, gilt in gleichem oder ähnlichem Maße auch für *Westeuropa*. Hier wird der Megalithbau als Totenhaus weitergeführt; die durch die Glockenbecherkultur angeregten keramischen Formen leben da und dort weiter. Auch der im späten Neolithikum einem Höhepunkt zustrebende Feuersteinbergbau bricht nicht abrupt ab, da dieser Rohstoff auch jetzt noch fast die einzige Grundlage für die Geräterzeugung ist. Wohl dürften die auf der Iberischen Halbinsel und den Britischen Inseln vorhandenen Kupfererzlagerstätten langsam abgebaut worden sein, doch konnte die geringe Produktion keinen entscheidenden Wandel im materiellen Besitztum herbeiführen. Die Bevölkerung Westeuropas hat von den Veränderungen und Bewegungen des zentralen Kontinents nur wenig zu spüren bekommen; nur vereinzelte Einflüsse der Einzelgräberkultur sind über den Kanal nach Ostengland gelangt. Die im Westen durch viele Jahrhunderte aufgebaute Kultur und die mit ihr verbundene Orientierung blieben nahezu ungestört erhalten – bis in das Früh-Metallikum III hinein, das die ersten entscheidenden Wandlungen im kulturellen und volklichen Leben bringt.

Am besten spiegelt sich diese Kontinuität in der Baugeschichte des ostenglischen Stonehenge wider. Im mittleren Neolithikum in Stein begonnen, erfährt er im späten Neolithikum und im gesamten Früh-Metallikum einen systematischen Ausbau, wie die neuen Untersuchungen von R. J. C. Atkinson erwiesen haben. So wie der Stonehenge sich heute zeigt, ist er ein Werk des Früh-Metallikums und dessen religiöser Orientierung. Das Rohmaterial für seinen Bau wurde – wie die *blue stones* zeigen – von weit her über viele Meilen herangeschafft, während das andere Material – die *sarsen stones* – aus der näheren Umgebung stammt. Die großen Trilithen mit ihren Querverbindungen wurden in mühsamer Arbeit zugerichtet und auf dem nahen Avon-Fluß bis in die Nähe ihrer Verwendungsstelle gebracht, wo sie dann mit Hilfe einer komplizierten flaschenzugartigen Vorrichtung aufgestellt wurden. Die Querbalken zog man auf hohen Erdrampen bis in die Höhe der Ständer und legte sie von hier aus in die vorbereiteten Verbindungszapfen. Kundige Steinmetze und erfahrene Statiker waren bei diesem Bau am Werk.

Vieles spricht dafür, daß nur die Bindung dieser Menschen an religiöse Gedanken ein so schweres Werk vollbringen ließ. In der Nähe des Stonehenge befindet sich eine siebenundzwanzig Kilometer lange Rennbahn, die durch eine Straße mit dem Stonehenge verbunden ist. Hier haben sich wohl die religiösen Festzüge entfaltet, die bei den Zeremonien üblich waren. Welche Anziehung dieser heilige Ort auf die Menschen ausgeübt haben mag, wird ersichtlich, wenn man die in die Hunderte gehenden Grabhügel sieht, die kreisförmig um den Stonehenge angelegt sind. Wie viele der hier Bestatteten mögen ihren letzten Weg zu dem von ihnen ersehnten Heiligtum gezogen sein.

Welcher Art der Kult war, dem hier beim Stonehenge gehuldigt wurde, wissen wir nicht. Doch liegt es nahe anzunehmen, daß er wie im übrigen Europa besonders dem Frühjahrsbrauchtum gewidmet war, von dem die in Schweden und Südnorwegen zahlreich erhaltenen Felsbilder des vorgeschrittenen Früh-Metallikums erzählen.

In dieselbe Zeit wie der Stonehenge gehört auch das Heiligtum von Avebury. Hier ist der sakrale Platz durch Graben und Wall von der Außenwelt getrennt, in seinem Inneren wurden zahlreiche Steinstelen aufgestellt. Von ihm aber führt ein langer Prozessionsweg, die West-Kennet-Avenue, zu einem zweiten, kleineren Heiligtum auf dem Overton Hill. Auch hier ist die Umgebung mit Grabhügeln des Früh-Metallikums dicht besät. Die Bindung des Menschen an das Übernatürliche, Göttliche findet wohl kaum einen ergreifenderen Ausdruck als an diesen beiden Plätzen Ostenglands. Ihnen steht nur die sakrale Landschaft der Ligurischen Alpen und der südskandinavischen Felsbildzone gleichwertig gegenüber.

Die sakrale Landschaft der Ligurischen Alpen (im Bereiche des Col di Tenda) liegt im östlichen Randgebiet der westeuropäischen Zone. In mehr als zweitausend Meter über dem Meer hat die Forschung in mühevoller Kleinarbeit weit über Zehntausende von Felsbildern entdeckt und gesichtet. Im Mittelpunkt steht der Bauer, wie er dem von zwei Rindern gezogenen Pflug folgt, oft in der erhobenen Hand einen langen Stock mit einem im rechten Winkel abstehenden Gerät, das als Dolchstab gedeutet wird. Trotz einer schablonenhaften Einfachheit ist das deutlich zu erkennen.

Andere Darstellungen sind in der Minderheit. So gibt es vereinzelte Bilder von Figuren in Bewegung; sie werden als Tänzer gedeutet. Dazu kommen Figuren, die in ein langes Horn blasen, und schließlich ist auch die maskierte Gesichtsdarstellung nachzuweisen. Es ist nicht uninteressant, daß der Rinderkopf als Maske dient, also wieder die Beziehung zu bäuerlichen Fruchtbarkeitsvorstellungen hergestellt erscheint. Gleich den paläolithischen Höhlenbildern sind auch die ligurischen Felsritzungen in der Abgeschiedenheit vom profanen Volk angefertigt worden, womit ihre Bindung an die Kraft des Übernatürlichen noch stärker betont erscheint.

In Westeuropa ist Südostspanien das einzige Gebiet, das während des Früh-Metallikums I eine gewisse Neuformung seines materiellen Besitztums durchgeführt hat. Die hier verbreitete »El-Argar-Form« mit ihren Körpergräbern, ihrer fein ausgeführten Keramik und einfachen Bronzen hebt sich von der mehr auf der Basis des späten Neolithikums von Megalith-Charakter verbleibenden Umgebung deutlich ab; sie kann aber trotzdem nicht die Bedeutung erreichen, wie sie schon früher Mitteleuropa erlangt hat.

In dem weit ausgedehnten, von großen Wäldern durchzogenen Areal der kammkeramischen Kultur vermag das anhebende Früh-Metallikum nichts zu ändern. Zu weit ist dieses Gebiet von den kupferproduzierenden Zonen entfernt, um davon überhaupt Kenntnis nehmen zu können. Die alte Jäger- und Fischerbevölkerung lebt ungestört weiter. Ob die Kupfererzlagerstätten im Ural zu dieser Zeit schon abgebaut wurden, wissen wir nicht.

Mitteleuropa steht also sichtlich im Zentrum des Geschehens, es bestimmt auch in der folgenden Zeit die weitere Entfaltung.

Das Früh-Metallikum II
(1500–1300/1250 v. Chr.)

Bei der Beurteilung des Früh-Metallikums II *Mitteleuropas* ist man fast versucht, Parallelen zur Gegenwart zu ziehen. Vergleiche hinken meist; aber sie geben doch oft eine plastische Vorstellung von den aus den stummen Funden abzulesenden Vorgängen. Heute spricht man von einer besonderen Hebung des Lebensstandards, sogar vom Wirtschaftswunder. In übertragener Bedeutung läßt sich dies auch für die Zeit zwischen 1500 und 1300/1250 sagen. Die nun in erdrückender Fülle vorliegenden Metallfunde zeigen nicht bloß eine mächtige Intensivierung der Kupferproduktion an, sie machen uns auch mit einer erstaunlich hohen Goldproduktion bekannt. Wohl wissen wir bis jetzt noch wenig über den Goldbergbau, besonders in den siebenbürgischen Goldlagerstätten; aber die zahllosen Goldgeräte, wie Zierbeile, Armringe, Fußringe und Zierscheiben, zeigen mit unmißverständlicher Deutlichkeit, daß das Gold nicht mehr ausschließlich Wertgegenstand war, sondern auch für den täglichen Bedarf in recht erheblichem Maße herangezogen wurde. Der Goldreichtum des südöstlichen Europas ist fast sprichwörtlich, und nicht weniger eindrucksvoll ist die Masse der Goldfunde aus dem südskandinavischen und norddeutschen Raum. Es besteht durchaus die Möglichkeit, daß auch dieses Gold aus Südosteuropa gekommen ist, genauso wie die mykenischen Burgherren ihr Gold von dort bezogen haben können. Auch in Westeuropa greift die Verwendung dieses Edelmetalles immer mehr um sich, wie goldene Lunulae (halbmondförmiger Halsschmuck) und andere Goldsachen beweisen.

Wesentlich eindrucksvoller ist die Steigerung der Kupferproduktion und das nun an den Fertiggegenständen ersichtliche Formwollen. Waren die täglichen Gebrauchsgegenstände während des Früh-Metallikums I noch einfach und zweckmäßig, so beginnt jetzt eine Art luxuriöse Ausgestaltung. Das einfache Lochbeil wird durch zierliche Knaufbeile ersetzt, der Knauf mit kunstvollen Linienmustern verziert. Den Kurzdolch mit dem einfachen Vollgriff und der meist nur geringfügig verzierten Klinge vertritt ein Langdolch mit Vollgriff und schön dekorierter Klinge. Die einfachen, ausschließlich auf ihre Verwendung hin geformten Nadeln werden größer, Kopf und Schaft prunkvoller ausgestattet, was den praktischen Gebrauch fast unmöglich macht. Das früher einfache Armband erhält eine feine Linearverzierung, die Enden werden spiralig eingedreht, mächtige Spiralfingerringe zieren ihre Träger, die sich dazu noch bronzene Gürtel und bronzenen Brustschmuck anfertigen.

Eine allgemeine Üppigkeit ergreift die Menschen, die sich jetzt auch nicht mehr mit einfachen, glatten Tongefäßen zufriedengeben. An ihrer Stelle schaffen sie sich eine oft mit Zierat überladene Ware, deren Buckeldekoration oft kaum mehr eine richtige Verwendung der Gefäße gestattet. Dazu kommt eine reiche Ritzdekoration; im ungarisch-siebenbürgischen Gebiet bevorzugt man die Einlage mit weißer Paste in waagerechten, verschieden breiten Streifen, durch die eine Bemalung der Oberfläche vorgetäuscht wird. Kein Zweifel, daß alles zur Hypertrophie hindrängt.

Wie der Lebende, soll auch der Tote seinen Reichtum mit sich tragen und durch seine letzte Ruhestätte den Wohlstand zu erkennen geben, der damals wohl Allgemeingut weiter

Zonen in Mitteleuropa gewesen ist. Man begnügt sich nicht mehr mit der Anlage einfacher Erdgräber. Über den Toten baut man aus Stein oder Erde mächtige Hügel und stattet sie reich mit Beigaben aus. Diese Bestattungsart ist für das mitteleuropäische Kerngebiet so kennzeichnend, daß man danach den Begriff Hügelgräberkultur schuf. Sie reicht von Ostfrankreich, das jetzt dem mitteleuropäischen Gebiet eingegliedert wird, bis nach Westungarn.

Die dörfliche Siedlung wird ausgebaut, die über Generationen reichende Siedlungstätigkeit an bevorzugten Punkten führt im ungarisch-siebenbürgischen Gebiet zu Siedlungshügeln mit oft mächtiger Ausdehnung. Die Seeufersiedlungen auf Pfählen oder Packwerken im schweizerischen Seengebiet werden fortgeführt und bergen einen großartigen Reichtum an metallischen und keramischen Objekten. Ähnliches ist in den Pfahlbaustationen und Packwerkbauten der oberitalienischen Seen anzutreffen und gilt auch für die südlich des Po bis an den Rand des Apennins angelegten sogenannten Terramaren, große Siedlungen auf Unterholzbauten zum Schutze gegen die häufigen Überschwemmungen. Auch in diesem Randbereich Mitteleuropas zeigt sich der gleiche Zug zum Prunk wie im Gebiet nördlich der Alpen.

Aber so reich die Funde aus diesem Gebiet sind, so wenig, ja sozusagen nichts haben sie über Religion und Kult dieser Zeit geliefert. Weder kündet eine besondere Idolplastik von der Verehrung einer weiblichen Fruchtbarkeitsgottheit, noch sind andere Zeugen kultischer Bindung vorhanden. Nur im südöstlichen Randgebiet Mitteleuropas, in Serbien und in Rumänien, dort also, wo sich die Verbindungen zum frühgriechischen Mykenai und seiner Kultur auswirken, tritt eine Idolplastik hervor, die ihrer ganzen Eigenart nach nur mit den Schlangenpriesterinnen des kretisch-mykenischen Gebietes verglichen werden kann. Mit Schmuck überladene Frauenfiguren in Glockenröcken sind die einzigen Zeugen eines Fruchtbarkeitsrituals, das dem Gedanken der Großen Erdmutter verbunden gewesen sein dürfte.

Im ganzen mitteleuropäischen Bereich gibt es nur eine einzige Zone, die kaum einen Anteil an dem Reichtum dieser Zeit hatte: die Zone nördlich der Sudeten, im lausitzisch-sudetischen Gebiet; am Rande gegen Nordosteuropa gelegen und anscheinend kaum vom Handelsverkehr der Zeit erfaßt. Welche Gründe dafür maßgebend waren, ist kaum festzustellen. Tatsache aber ist, daß in diesem Lausitzer Bereich eine Kultur emporzuwachsen beginnt, die aus den ärmlichen Anfängen des Früh-Metallikums I immer mehr an Kraft gewinnt und durch eine dichte Bevölkerung ausgezeichnet erscheint. Der Metallreichtum ist ihr fast unbekannt, aber an den Neuerungen der keramischen Gestaltung nimmt auch sie teil, wie die dem Früh-Metallikum II angehörende Lausitzer Buckelkeramik mit ihrer metallglatten Oberfläche kundtut. Doch so bescheiden sie noch geartet ist, so bedeutungsvoll wird sie für die weitere Geschichte des Früh-Metallikums.

Durchaus konform mit Mitteleuropa steigt im *südlichen Skandinavien*, vor allem in Dänemark ob seiner Nähe zum mitteleuropäischen Kraftzentrum, eine eigenwillige, ein ganz bestimmtes Formwollen ausdrückende Gestaltung empor: die nordische Art des Früh-Metallikums II. Die schon am Ende des Früh-Metallikums I sich anbahnende Eigengestaltung wird nun in sich gefestigt. Man fängt den Metallstrom aus dem Süden auf, und aus dem Rohstoff entstehen formschöne, fast möchte man sagen, elegante Gegenstände. Beile, Lanzenspitzen, Zierbuckeln für den Ledergürtel, halbmondförmige Halsgehänge und Dolche werden kunstvoll gegossen und viele von ihnen mit Spiraldekoration in minuziöser Feinarbeit versehen. Dieses Motiv ist dem Norden ursprünglich völlig unbekannt. Daß er es durch seine Beziehungen zu Südosteuropa kennengelernt hat, ist möglich, aber nicht zu beweisen. Wenn er es auch nicht selbst erfunden hat, so versteht er es, mit diesem Muster zu arbeiten und ein Kunsthandwerk zu begründen, das der nordischen Bronzezeit für lange Zeit seinen Stempel aufdrückt. In dieser Einzelheit zeigt sich der gestaltende Geist der Bewohner des südskandinavischen Raumes; er wird an einem weiteren Beispiel evident. Sie sind die Erfinder der Sicherheitsnadel, der Fibel. Aus einer Verbindung von Nadel und Draht entsteht die erste zweigliedrige Sicherheitsnadel zum Zusammenhalten der Kleider, besonders der großen Umhangmäntel, von denen wir durch Funde in den Eichensärgen Dänemarks ausreichende Kenntnis besitzen. Auch in diesem Gebiet geht man von der einfachen Erdbestattung zur Hügelbestattung über. Aber man bettet die Toten nicht einfach in ihren Kleidern zur Ruhe, sondern man legt sie in Särge aus mächtigen Eichenstämmen. Die Gerbsäure und die Huminsäure konservierten die Kleider und alle anderen Beigaben organischer Substanz. Die Erhaltungsbedingungen waren so gut, daß sie sogar das Kopfhaar vor dem Zerfall bewahrten und so einen einmaligen Einblick in die Haartracht der Zeit vermitteln. Damals kleideten sich die Männer in Röcke, die von der Achsel bis etwa an das Knie reichten, und hüllten sich in weite Überwürfe. Den Kopf bedeckte eine hohe Mütze, die Füße steckten in einer Art Opanken. Die Frauen trugen eine aus einem Stück gefertigte Bluse und dazu einen um die Hüften geschlungenen und mit einem Gürtel befestigten Rock. Das lange Haar schützten sie durch Netze; in den Gürtel wurden Zierscheiben und später auch noch kleine Bronzedosen eingezogen, in denen man wahrscheinlich die Toilettegeräte aufbewahrte. Genaue Untersuchungen haben mannigfache Aufklärung über die Webetechnik der Zeit und über die Anwendung eines einfachen Walkverfahrens gebracht. Die Sprangtechnik der Haarnetze ist heute unbekannt, für die Anfertigung der Gürtel wurde die Brettchenweberei angewendet. Aus keinem anderen Gebiet Europas gibt es gleichwertige Aufschlüsse zur Trachtengeschichte des Früh-Metallikums. Die wenigen Anhaltspunkte, die man beispielsweise zur Tracht der Knappen im Kupferbergbau besitzt, treten demgegenüber weit in den Hintergrund.

Den Bauern Südskandinaviens verdanken wir eine beachtliche Kenntnis ihrer religiösen Bindung. Weit über Südschweden und Südnorwegen verstreut, in vereinzelten Beispielen auch auf dänischem Boden anzutreffen sind zahllose, in die Felsen der Buckellandschaft eingeklopfte Bilder. Ihr Motivreichtum und die Kombination dieser Motive sind kaum zu überblicken. Doch lösen sich daraus mehrere, immer wieder feststellbare Darstellungen heraus, die geeignet sind, den religiösen Inhalt der Bilder näher zu umreißen. Besonders auffallend sind dabei die auf Schlitten montierten Schiffe, die mehrmals von Pferden gezogen werden. Auf diesen Schlitten erscheinen Personen, zuweilen mit erhobenen Armen, manchmal mit Beilen in den Händen, manchmal Hörner blasend. Daneben gibt es Schiffe mit Bäumen oder mit runden Scheiben auf Ständern. Oft sieht man springende Personen bei den Schiffen, und nicht selten sind Männer mit gehörnten Köpfen dargestellt. Hier handelt es sich um Krieger mit Rindermasken, also in kultischer Verkleidung wie auf den ligurischen Felsbildern. Dazu kommen pflügende Bauern mit einem kleinen Bäumchen in der Hand und Pferde vor einem radartigen Gebilde.

Es sind die bildlichen Entsprechungen zu dem schönsten Kultdenkmal des Nordens, dem Sonnenwagen von Trundholm. Aus Bronze gefertigt, steht eine runde Scheibe auf einem zweirädrigen Gestell, das von einem Pferd gezogen wird. Eine Seite der Scheibe ist mit einem spiraldekorierten Goldblech überzogen, die andere ist frei gelassen. Mit Recht sieht man in diesem Stück die Darstellung der von Pferden gezogenen und über den Himmel eilenden Sonne, und mit ebensolchem Recht bezieht man die gesamten skandinavischen Felsbilder gleich ihren ligurischen Entsprechungen auf das bäuerliche Frühjahrsbrauchtum, das der Erneuerung der Natur gewidmet ist. Ungeklärt ist nur die Frage, ob diese Bilder bloß die Wiedergabe von Umzügen sind oder ob das Anbringen der Bilder selbst schon die kultische Handlung darstellt. Sosehr das für die ligurischen Felsbilder anzunehmen ist, so wenig läßt es sich für die skandinavischen beweisen. Diese scheinen eher ein Bestandteil der ganzen kultischen Handlung zu sein, sozusagen das Festhalten des Geschehenen für das verehrte Numen. Eine bloß erzählende Bedeutung diesen Bildern beizumessen, würde ihnen wahrscheinlich nicht ganz gerecht werden.

Mehr als Mitteleuropa zeigt der südskandinavische Kreis eine ausgeprägte innere Geschlossenheit und ein ganz bestimmtes Formwollen, das sich im Laufe des Früh-Metallikums II und des darauffolgenden Früh-Metallikums III langsam nach Süden vorschiebt und so engere Kontakte mit Mitteleuropa aufnimmt. Es ist deshalb nicht von der Hand zu weisen, daß dieses spezifische Formwollen des südskandinavischen Bereiches einer in sich gefestigten, mehr oder minder geschlossenen Gemeinschaft entspricht. Dies festzuhalten ist für die Beurteilung der altstammeskundlichen Probleme des Früh-Metallikums entscheidend.

Weiter im Norden ändert sich die kulturelle Situation grundlegend. Die vom Neolithikum und Früh-Metallikum I her lebende Jäger- und Fischerbevölkerung wird auch jetzt noch kaum von den Fortschritten des Südens erreicht, die Kenntnis der Bronzegeräte ist weiterhin unbekannt, die alte Lebensweise wesentlich von landschaftlichen und klimatischen Faktoren bestimmt.

Auch der *Westen* weist während des ganzen Früh-Metallikums II keine besonderen Neuerungen auf. Wohl breitet sich die Kenntnis der Metallerzeugung weiter aus, und es entstehen auch eigene Formen im täglichen Gebrauchsgut, aber anregend und gestaltend wie der Norden oder Mitteleuropa ist Westeuropa immer noch nicht. Auch hier wirkt sich die Randlage dieses Kulturareales hemmend aus.

Das Früh-Metallikum III
(1300/1250 – 800/750 v. Chr.)

Wer die geschichtlichen Ereignisse dieser Zeit in ihrer Bedeutung für das gesamte Europa wenigstens andeutungsweise erfassen will, ist genötigt, auch jetzt wieder von *Mitteleuropa* auszugehen. Das Früh-Metallikum I und II dieses Gebietes war wie auf dem gesamten

Kontinent eine Zeit der Ruhe, der inneren Festigung, des kulturellen Aufstiegs und weit gespannter kommerzieller Verbindungen. Während ab 1400 v. Chr. in der Ägäis die mykenische Koine diese Beziehungen herstellt, drückt in Mitteleuropa der industrielle Reichtum dem Land und seinen Bewohnern den Stempel auf. Nur so ist es zu verstehen, wenn mykenischer Schmuck der Schachtgrabzeit bis nach Mähren vordringt oder wenn die bei Ödenburg gefundene Bronzetrommel (ein eigenartiges, wohl für kultische Zwecke angefertigtes und reichgeschmücktes Objekt von Trommelart) in Balkåkra in Schonen ein völlig gleiches Gegenstück besitzt, das nur durch Fernhandelsbeziehungen so weit hinauf nach Norden gekommen sein kann. Nicht anders ist es erklärbar, daß sich der Ostseebernstein sowohl in Mitteleuropa wie in Griechenland findet und in beiden Gebieten zu mehrfach gelochten Anhängern umgearbeitet wird. Diese »Bernsteinschieber« vom Typus Kakovatos stellen so ein wichtiges Bindeglied zwischen der Hügelgräberkultur Süddeutschlands und dem frühgriechischen (wohl achäischen) Gebiet dar.

Die gesamte kulturelle und geschichtliche Lage drängt zu der Annahme, daß sich in der Ruhezeit des Früh-Metallikums I und II die Bevölkerung Europas wesentlich vermehrt hat. In eindrucksvoller Weise wird dies an Hand zahlreicher Grabfunde im *Lausitzer Gebiet* greifbar. Obwohl die Verbrennung der Toten schon im Früh-Metallikum I vereinzelt im westungarischen Gebiet geübt wird, vermag diese neue Art der Bestattung damals kaum durchzudringen. Nur im Lausitzer Gebiet, sozusagen am Nordostrand Mitteleuropas, geht man schon während des Früh-Metallikums II allgemein zur Verbrennung über. Welche Gründe dafür maßgebend gewesen sein mögen, ist ungeklärt. Alles, was man bis jetzt an Erklärungen dafür vorgebracht hat, ist reine Spekulation. Tatsache aber ist, daß die Lausitzer große Urnenfriedhöfe anlegen, die Asche der Toten in der mit Buckeln verzierten schönen Keramik dem Boden anvertrauen und dem Toten noch Beigefäße mit in das Grab geben. So entsteht eine sehr kennzeichnende, immer wieder anzutreffende Gefäßformenreihe, den Doppelkonus, die Zylinderhalsurne und die konische Schale umfassend. Doppelkonus und Zylinderhalsurne werden mit der scharfen Buckeldekoration versehen, und soweit Bronzen mit in die Gräber gelegt wurden, zeigen sie, daß diese Ware dem Früh-Metallikum II angehört. Die Bronzen sind meist Import aus dem Gebiet der südlich und südwestlich anschließenden Hügelgräberkultur des sudetisch-süddeutschen Raumes, in dem der Reichtum des Früh-Metallikums II zu voller Entwicklung gekommen ist. Den am Rande dieses Reichtums lebenden Lausitzern ist er bekannt. Die Annahme ist deshalb nicht von der Hand zu weisen, daß er es war, der die ärmliche, aber dichte Bevölkerung des Lausitzer Gebietes veranlaßte, sich dieses Reichtums zu bemächtigen. Die Geschichte kennt genügend Beispiele, daß Völkerbewegungen aus dem Drang nach Besitztum entstanden sind.

Noch während des späten Früh-Metallikums II beginnt die Lausitzer Kultur sich langsam nach dem Süden auszubreiten. Es ist das große Verdienst der beiden tschechischen Forscher Jaroslav Böhm und Jan Filip, gezeigt zu haben, auf welchen Wegen sich die Lausitzer Kultur aus ihren Wohnräumen im Norden über die Sudeten nach Böhmen und Mähren vorschiebt. Die Glatzer Senke und die Elbe-Senke spielen dabei eine große Rolle, auch die Mährische Pforte dient der Lausitzer Kultur als Tor nach dem Süden. Gleichzeitig

Kopf einer Toten mit erhaltenem Haar. Fund von Skrydstrup/Dänemark
Früh-Metallikum II, 1500–1300 v. Chr.
Kopenhagen, Nationalmuseet

Felszeichnungen aus Rished, Bohuslän / Schweden
Vermutlich Früh-Metallikum II oder III, 1500–800 v. Chr.

beginnt sie sich aber auch nach dem Westen und Osten und sogar nach dem Norden auszudehnen, überall ihre Urnenfriedhöfe zurücklassend.

Diese ersten Vorstöße scheinen bald größere Gemeinschaften erfaßt zu haben, die ihre altangestammte Bestattungsweise (Körperbeisetzung unter Grabhügeln) aufgeben und die Brandbeisetzung übernehmen, ja, noch mehr, die neuen keramischen Formen verdrängen die alten und bewirken eine tiefgreifende Umstellung des kulturellen Gefüges. Das ist denn auch der Grund für die Forschung, diese Erscheinungen, die nicht auf ein kleines Gebiet beschränkt bleiben, sondern fast ganz Europa durchdringen, als *Urnenfelderkultur* zusammenzufassen und die damit in Verbindung stehenden dynamischen Ereignisse als *Urnenfelderwanderung* zu bezeichnen. Über sie ist viel diskutiert worden. In den Jahren nach dem zweiten Weltkrieg hat sich aber das Quellenmaterial nicht nur wesentlich vermehrt, sondern auch die regionale Forschung ist auf diese Fragen intensiver zurückgekommen.

Schon oben wurde auf die fast strahlenförmige Ausdehnung der Lausitzer Kultur hingewiesen, die von Mitteldeutschland aus die Elbe abwärts gegen Nordosten vordrang und auf dem Landweg ihre Einflüsse bis nach Dänemark und Südschweden ausübte. Die hier während des Früh-Metallikums III bemerkbare Umorientierung in der keramischen Produktion kann nur auf Einwirkungen der Urnenfelderkultur zurückgeführt werden. Doch sind sie gegenüber den anderen Gebieten verhältnismäßig schwach geblieben und haben im ganzen wohl nicht allzuviel an einer Umgestaltung der kulturellen Situation mitgewirkt. Gegen Nordosten aber konnte sich die Lausitzer Kultur weithin ausdehnen; Südpolen wurde erfaßt und mit einer dichten Lausitzer Bevölkerung besiedelt. Hier stellt sie den Grundstock für die weitere kulturelle Entfaltung, und von hier aus sind dann auch Erzeugnisse der jüngeren Urnenfelderkultur des späten Früh-Metallikums III bis tief in den Osten hinein verbreitet worden.

Für die historische Gesamtgestaltung Europas waren jedoch die nach dem Westen, Süden und Südosten gerichteten Einflüsse von wesentlich größerer Bedeutung. Hier stieß die Lausitzer Kultur auf ein dicht besiedeltes Gebiet, dessen Bewohner vielleicht wegen ihres materiellen Reichtums nicht sofort in der Lage waren, diesem Vordringen Einhalt zu gebieten. Jedenfalls sieht man, daß die vorströmende Lausitzer Kultur und die nun durch die Vermengung mit den bodenständigen Schichten entstandenen Spielarten der Urnenfelderkultur Europa ein neues Antlitz geben, eben jenes der europäischen Urnenfelderkultur, die von Nordostspanien über Frankreich, Belgien und die Niederlande, Süddeutschland, die Tschechoslowakei, Österreich und Ungarn, Jugoslawien bis auf den Balkan reicht und vom Ostalpenraum auch die Apenninische Halbinsel ergreift. Dadurch aber, daß sie im ägäischen Raum mit der spätmykenischen Kultur in Berührung kommt, ist es möglich, das Einwirken dieser Urnenfelderkultur bis nach Kreta absolutchronologisch zu bestimmen. Man ist heute allgemein der Auffassung, daß die ersten Einflüsse der Urnenfelderkultur den ägäischen Raum um 1250 bis 1220 erreichten. Auch glaubt man, daß dieses Vordringen nicht in langsamem Tempo vor sich ging, sondern daß es sich um schnell vorgetragene Bewegungen handelt. Darum denkt man auch daran, den Beginn dieser Urnenfelderwanderung im frühen 13. Jahrhundert v. Chr. anzusetzen und den Hauptereignissen einen nur verhältnismäßig kurzen Zeitraum einzuräumen.

Wie die urgeschichtlichen Quellen erkennen lassen, muß es sich bei der Urnenfelderwanderung um eine volkreiche Bewegung gehandelt haben, die selbst die kleinsten und entferntesten Siedlungsräume erfaßte. Selbstverständlich wurden auch die Industriezonen der Alpen erreicht. Manches spricht dafür, daß erst jetzt eine richtige Hochkonjunktur einsetzte, da selbst die ärmsten Kupferkies-Lagerstätten abgebaut wurden, nachdem man sich vorher auf die reichen Kupfererzzonen beschränkt hatte. Auch vor dem hochalpinen Gebiet scheuten die Urnenfelderleute nicht zurück, wie zahlreiche alpine Höhenfunde dieser Zeit beweisen. Das ist auch nicht verwunderlich, mußte doch die Urnenfelderkultur bei der ständigen Erweiterung ihres Lebensraumes auch das alpine Gebiet erfassen und überqueren.

Die Ausdehnung der Urnenfelderkultur läßt sich nicht so sehr durch die während des Früh-Metallikums III feststellbare Verbreitung der Brandbeisetzung nachweisen (die unabhängig von der Urnenfelderkultur auch innerhalb der norditalienischen Terramarenzone üblich gewesen ist). Entscheidend ist vielmehr das von ihr verbreitete Formwollen, wie es sich in den keramischen und metallischen Erzeugnissen manifestiert.

In ihrer Tonware baut die gesamte Urnenfelderkultur, gleichgültig ob es sich um westeuropäische oder südosteuropäische Erzeugnisse handelt, auf den drei Hauptformen der Lausitzer Kultur auf: dem Doppelkonus, der Zylinderhalsurne und der konischen Schale. Diese drei Grundtypen werden innerhalb der einzelnen Regionen der Urnenfelderkultur nur verschieden ausgestaltet und verziert. Die von der Lausitzer Grundschicht und der Hügelgräberkeramik her bekannte Buckelverzierung wird nun aufgegeben; an ihre Stelle tritt die Dekoration der Oberfläche durch breite Kannelüren, wodurch die Gefäße oftmals den Charakter von metallischen Gebilden erhalten. Dies wird noch durch die besondere Glätte der Oberfläche unterstrichen. Die Kannelürdekoration kann nun grundsätzlich in drei Arten angebracht werden: waagrecht, senkrecht und schief. Verfolgt man die Verbreitung dieser drei Kannelürarten innerhalb der Urnenfelderkultur, dann sieht man, daß die waagrechte Kannelür sich vom westlichen Lausitzer Gebiet (Lausitz und Mitteldeutschland) nach dem Westen (bis nach Nordostspanien) ausbreitet, die senkrechte über die sudetische Zone nach Süddeutschland und von hier in die Alpen reicht und daß schließlich die schiefe Kannelür im östlichen und südöstlichen Teil der Urnenfelderkultur besonders bevorzugt wird.

Damit wird es nicht mehr allzu schwierig, den Weg der Urnenfelderkultur und ihrer Hauptstämme durch Europa zu verfolgen. Beginnen wir dabei im Westen. Von der mitteldeutschen Zone ausgehend führt dieser Zug den Main abwärts in das Rheintal. Von hier aus dringt die Urnenfelderkultur rheinabwärts und erreicht, die Niederlande durchquerend, die Kanalküste. Da der Kanal kein Hindernis für ein weiteres Vordringen darstellt, gelangen Urnenfelderelemente nach Ostengland, hier freilich in schon deutlich abgewandeltem Kleid, dessen ursprüngliche Gestalt man nur noch bei einer so weiträumigen Übersicht rekonstruieren kann. Doch muß betont werden, daß Ostengland ziemlich spät, vielleicht im 11. und 10. Jahrhundert v. Chr., in einen ersten Kontakt mit Mitteleuropa kommt.

Rheinaufwärts dringt die Urnenfelderkultur in wesentlich geschlossenerer Form in das badensische und württembergische Gebiet vor und greift auf das westliche Rheinufer über.

DER URGESCHICHTLICHE HORIZONT DER HISTORISCHEN ZEIT

Sie besetzt weiterhin die gesamte Nordschweiz, ergreift auch von den Pfahlbaustationen der Schweizer Seen Besitz und stößt weiter gegen die Alpen vor. Über die Burgundische Pforte öffnet sich dann der französische Raum der Urnenfelderkultur. Das Rhônetal bietet dabei eine äußerst günstige Verbindung nach dem Süden, wo in der Provence eine reiche Urnenfelderkultur erblüht. Aber auch quer durch das Land gegen Westen hin kommt sie zur Wirkung und bewirkt damit in diesem Teil Westeuropas die erste Bekanntschaft mit dem mitteleuropäischen Geist. Diese weit im Westen liegenden Gebiete dürfte die Urnenfelderkultur erst im 10. und 9. Jahrhundert erreicht haben, also im vorgeschrittenen Früh-Metallikum III. Von der Provence kommt die Urnenfelderkultur dann weiter gegen den Westen, am Ostfuß der Pyrenäen, bis nach Ostspanien, und erfaßt von hier aus das ganze katalanische Gebiet. Es scheint sogar, daß Schwärme den Tajo abwärts bis an die Südwestküste gekommen sind. Zahlreiche Grabsteine von der Art Solana de Cabañas mit der Darstellung eines Kriegers neben dem pferdebespannten zweirädrigen Wagen mit Rundschild (vom Typus Herzsprung), Lanze, Schwert und Helm in dieser Zone könnten wohl als Beweis für ein Vordringen der Urnenfelderkultur in den äußersten Südwesten der Halbinsel gewertet werden. Gemeinsam mit diesen, mit Hilfe der keramischen Produktion nachgewiesenen weitreichenden Verbindungen entsteht im Westen eine neue Bronzegeräteformung, die die Grundlage für das Herausheben einer sogenannten atlantischen Bronzezeit bildet. Griffzungenschwerter mit einem eigenartig geformten Griff, Lanzenspitzen, Beile und Messer sind in zahlreichen und großen Depots anzutreffen. Sie zeigen, daß die allgemeine Konjunktur auch diese Teile der Urnenfelderwelt erfaßt hat.

Eine zweite, für die Ausweitung der Urnenfelderkultur wichtige Richtung führt aus dem Sudetenraum nach dem Süden. Innerhalb Böhmens formt sich aus der Vermengung der hier blühenden Hügelgräberkultur mit dem Urnenfeldersuperstrat die sogenannte Knovizer Gruppe, die sich über die Eger Senke nach Franken hin ausweitet. Von hier zieht die Knovizer Grundrichtung über Niederbayern in das bayerische Donautal, überschreitet es nach Süden, ergreift Oberbayern und schiebt sich längs der Flußtäler in die tirolischen Alpen vor. Auch hier bewirkt die Urnenfelderschicht eine Intensivierung des Kupferbergbaues.

Doch bieten die Alpen dem weiteren Vordringen keinen Halt. Durch das Oberinntal greift die Urnenfelderkultur in das Engadin aus, erreicht St. Moritz, überquert den Maloja-Paß und gelangt in das Tessin. Um Locarno sammelt sie sich, besetzt die Randgebiete des Comer Sees und dringt weiter in die oberitalienische Tiefebene vor. Hier stößt sie mit der seit dem Früh-Metallikum I bodenständigen Bevölkerung zusammen und übermittelt ihr die Formen der Urnenfelderkeramik und der Urnenfelderbronzen. Weiter über den Po nach dem Süden vorgehend, benützt sie die leicht begehbare Zone am Ostfuß des Apennin an der adriatischen Küste, hinterläßt ihre Toten in Friedhöfen bei Ancona und kommt schließlich in Apulien mit einer Bevölkerung in Berührung, die schon im 14. und 13. Jahrhundert ihre Handelskontakte mit dem mykenischen Bereich hergestellt hatte. So entsteht beispielsweise in Scoglio del Tonno ein interessantes Gemisch von einheimischem Kulturgut mit mykenischem Import und mit Urnenfelder-Einflüssen etwa zur gleichen Zeit, da auch diese den ägäischen Raum erreichen.

Die dritte Richtung der Urnenfelderkultur führt von Oberschlesien über die Mährische Pforte nach Nordmähren, weiter nach Südmähren und die Marchlinie entlang nach dem östlichen Österreich und in die Slowakei. Niederösterreich wird zum Schnittpunkt zwischen Knovizer Orientierung und schlesisch-mährischer Art, die über das Burgenland und Westungarn nach Nordjugoslawien vordringt und auch das östliche Oberitalien erreicht. Auch Mittelungarn wird von der Urnenfelderbewegung ergriffen, die selbst vor dem oft unwegsamen serbischen und makedonischen Raum nicht haltmacht. Von hier aus geht es dann nach Thessalien und Griechenland.

So sieht man also, daß die Urnenfelderbewegung faktisch ganz Europa in ihren Bann zieht. Nur der Norden Skandinaviens und Osteuropas sind von ihr nicht erfaßt worden, auch das siebenbürgisch-rumänische Gebiet hat nicht allzuviel davon abbekommen.

Alle Nachweise aber fußen, wie schon gezeigt, auf den typischen keramischen Erzeugnissen, die – mögen sie noch so individuell gestaltet sein – überall die gleiche Grundtendenz in Form und Dekoration erkennen lassen. Im Laufe des Früh-Metallikums III stellt sich allerdings ein Wandel ein, durch den sich der einheitliche Stil langsam auflöst. Das ist wohl das Ergebnis einer Auseinandersetzung mit den einheimischen Kulturen, aber auch eines neu aufkommenden Formwollens, das selbst das Produkt einer neuen in sich gefestigten Zeit ist. Da die keramischen Erzeugnisse kaum als Handelsgut verwendet werden, dienen sie in erster Linie dem Nachweis der Urnenfelderbewegung.

Hand in Hand mit der Ausbreitung kennzeichnender keramischer Formen verbreiten sich auch die typischen Metallgeräte. Sie dürfen aber nur dann als Beweis für die Urnenfelderkultur gewertet werden, wenn sie mit eindeutiger Keramik vergesellschaftet sind. Die Metallgeräte waren damals Gegenstand des Handels, weshalb typische Urnenfelderbronzen nicht immer das Vorhandensein der Urnenfelderkultur beweisen können. Zu ihnen zählen vor allem die Waffen, die nun weit mehr als im Früh-Metallikum II in den Vordergrund treten. Die kriegerische Zeit benötigt mehr als eine in sich gefestigte Periode der Waffen. Typische Schwertformen sind aufs engste mit der Urnenfelderkultur verbunden, so das Griffzungenschwert, bei dem der Griff in Form einer von der Klinge abgesetzten Zunge gebildet und mit einer Griffauflage versehen ist. Dazu kommt ein kennzeichnendes Vollgriffschwert, dessen Griff meist durch drei waagrechte, parallele Wülste gegliedert wird: das Dreiwulst- oder Liptauer Schwert. Es ist im ganzen mitteleuropäischen Urnenfelderbereich verbreitet und wird auch in die weitere Umgebung verhandelt; schließlich noch der Griffzungendolch und die Lanzenspitze, deren Blatt birnförmig gebildet ist. Als Schutzwaffe dient der runde Schild (nach einem wichtigen Fundort als Typus Herzsprung bezeichnet), auch der Helm aus Bronze wird immer reicher ausgestattet und gegen Ende des Früh-Metallikums III in einer ausgeprägten Form (mit Kamm und Wangenklappen) über weite Gebiete in Gebrauch genommen. Die Ledergürtel haben Gürtelschließen mit runder Heftscheibe, als Körperzierat verwendet man runde Bronzescheiben mit spiraloidem und Kreisschmuck, Hand und Fuß schmückt man mit kräftigen Ringen, eine Fülle von Nadeln mit den verschiedenartigsten Köpfen dient als Schmuck.

Noch im Frühstadium des Früh-Metallikums III setzt auch in Mitteleuropa die Erzeugung der Fibel ein. Sie wird nach einem bekannten Fundort am Südufer des Gardasees Peschiera-

Fibel genannt, doch soll damit nicht gesagt werden, daß sie hier auch entstanden ist. Die Kenntnis der Fibel verdankt die Urnenfelderkultur vielmehr dem nordischen Gebiet, dessen zweigliedrige Exemplare durch den Kulturkontakt mit der Lausitzer Form bis an die Grenze Mitteleuropas gekommen sind. Es handelt sich hierbei um die Spindlersfelder Fibel, die mit ihrem zweigliedrigen Schema (der Bügel wird in eine Öffnung des Nadelkopfes gesteckt) auch innerhalb der nördlichen Urnenfelderkultur vorkommt. Es liegt nahe, daß auch in diesem Gebiet die eingliedrige Fibel in Gestalt der Sicherheitsnadel entstanden ist. Sie gehört noch dem späten 13.Jahrhundert an, wohin sie durch ihre Vergesellschaftung mit mykenischer Keramik zu setzen ist. In dieser ältesten Form ist sie einfach und zweckmäßig gestaltet und sieht einem Violinbogen ähnlich; daher auch die Bezeichnung Violinbogenfibel. Als neuartiges modisches Gerät wird sie schnell den Wandlungen des Geschmacks unterworfen. Der vorerst gerade Bügel erhält eine wellige Form, und die Fußrast wird spiralig eingedreht. Dazu gesellen sich weitere Umgestaltungen, wie beispielsweise eine überdimensionierte Vergrößerung der Spirale am Kopfende: die in Mitteleuropa und auf dem Balkan weit verbreitete Harfenfibel. Und schließlich kann der Bügel auch wie eine Brille spiralig gedreht werden: die Brillenfibel. Sie steht in Mitteleuropa am Ende des Früh-Metallikums III und bildet ein gutes Bindeglied zum beginnenden Mittel-Metallikum, dessen Reichtum an Fibeln bekannt ist. Zur gleichen Zeit gibt es im Süden der Alpen die Bogenfibel, bei der der Bügel halbkreisförmig gebogen ist.

Während der Urnenfelderzeit, also im ganzen Früh-Metallikum III, erreicht die Bronzeschmiedekunst Mitteleuropas einen hohen Stand. Man beginnt mit der Erzeugung flacher Bronzeschalen in Anlehnung an die jetzt immer mehr um sich greifenden Henkelschalenformen aus Ton. Der Typus Fuchsstadt mit gedelltem Boden und niederer Wand ist eine der älteren Formen, an die sich eine etwas voluminösere Form, der Typus Kirkendrup, anschließt. Er ist Gegenstand eines weitreichenden Handels, der bis in das südliche Skandinavien führt. Gegen Ende des Früh-Metallikums III wird eine hohe konische Schalenform mit elegant geschwungenem Henkel üblich, der Typus Stillfried-Hostomitz, der von seinem donauländischen Erzeugungszentrum aus nach dem Nordosten ausstrahlt. Schließlich wird in diesen Bronzegefäßwerkstätten ein hochkonischer Eimer mit zwei kleinen englichtigen Bandhenkeln unter dem Mundsaum erzeugt, der Typus Kurd, der im Zuge der gleichen Handelsverbindungen entlang der Ostalpen bis nach Mittelitalien gelangt und hier die einheimische Bronzegefäßerzeugung des folgenden Mittel-Metallikums auslöst.

Bei der nahezu das gesamte europäische Festland erfassenden Ausdehnung der Urnenfelderkultur überrascht auch ein so weit gespannter Handel mit den Erzeugnissen der Bronzewerkstätten nicht. Mit der Darstellung dieser Zusammenhänge hat sich der große deutschsprachige Urgeschichtsforscher Gero von Merhart besondere Verdienste um die Aufhellung der geschichtlichen Vorgänge während der Urnenfelderzeit erworben. Mußte er doch gegen liebgewordene Auffassungen auftreten, wonach dieser gesamte Bronzegefäßhandel aus einem angeblich auf der Apenninenhalbinsel gelegenen Zentrum ausgegangen wäre. In Wirklichkeit aber erhielt auch Italien diese Erzeugnisse aus dem mittleren Donauraum des Voralpengebietes. Von dort kamen auch die oft in den Brandgräbern der Urnenfelderkultur nachweisbaren kleinen Ringperlen aus blauem Glas.

Heute wissen wir, daß die Kupferschmelzer Nordtirols nicht bloß große Mengen an Rohkupfer und Fertigprodukten für den Export bereitstellten, sondern daß sie in ihren Hütten auch kleine Glasperlen erzeugten, die sie durch Beigabe von Kupfer- oder Bronzestückchen blau oder rot färbten. Im Zuge der Urnenfelderwanderungen und der in ihrem Gefolge auftretenden Handelsverbindungen wurden diese blauen Glasperlen nicht bloß im Gebiet nördlich der Alpen verbreitet, sie gingen auch nach Italien, wo sie in dem Urnenfeld von Pianello bei Ancona festgestellt wurden. An solchen kleinen Beobachtungen erkennt man die fundamentale Bedeutung der Urnenfelderkultur für die gesamte Situation um die Wende vom zweiten zum ersten Jahrtausend.

Die im *norddeutsch-südskandinavischen Raum* während des Früh-Metallikums II emporgewachsene kulturelle Eigenart setzt sich in die Stufe III hinein fort. Die ihr zugehörenden Bronzegeräte, wie Schwerter, Lanzenspitzen, Beile, Messer, Rasiermesser, Ringe, die halbmondförmigen Halsanhänger, die Gürteldosen zeigen dies in unzweideutiger Form. Doch bleibt dieses Gebiet – wie schon erwähnt – nicht frei von den Einflüssen der Urnenfelderkultur. Schon das Aufgeben der klassischen Spiraldekoration scheint auf solche Einwirkungen zurückzuführen zu sein. Deutlicher werden sie bei der Keramik spürbar. Bis zum Früh-Metallikum II kam ihr in diesem Kulturbereich kaum eine Bedeutung zu. Nun aber tritt sie stärker hervor und behält ihre dominierende Stellung auch im folgenden Mittel-Metallikum. Die verwendeten Formen gehen auf die Urnenfelderware zurück, wie Doppelkonus und Zylinderhalsurne, auch mit der Kannelüre als Dekoration versehen, beweisen.

Schließlich wird auch die Übernahme der Leichenverbrennung auf Einflüsse aus dem Süden zurückgehen. Man erkennt das daran, daß zwar noch Grabhügel errichtet und die Toten in Holzsärgen beigesetzt werden, aber an die Stelle der prunkvollen Körperbestattung tritt nun die einfache Urnenbestattung. Die mit der Übernahme der Brandbestattung verbundene geistige Beeinflussung des nordischen Gebietes muß sehr tief gegangen sein. Es ist speziell dieser Bereich, der die neue Art der Totenbestattung das ganze Mittel- und Spät-Metallikum hindurch beibehält und sich dadurch streng von den übrigen Kulturgebieten unterscheidet.

Wohl läßt sich zum Beispiel für die Apenninenhalbinsel die Übernahme der Leichenverbrennung nachweisen. Aber im Gebiet südlich des Apennins dauert dieser Einfluß nur kurze Zeit; schon im Mittel-Metallikum geht man hier in weitem Umfang wieder zur Körperbestattung über. Ähnliches läßt sich in Mitteleuropa beobachten. Aber für die Bewohner des nordischen Gebietes ist die Brandbeisetzung so kennzeichnend, daß sie sogar als ethnisch gebundenes Unterscheidungsmerkmal gegenüber anderen sozialen Gemeinschaften gewertet werden kann.

Die für die skandinavischen Felsbilder gegebene Kennzeichnung gilt auch für das Früh-Metallikum III, da das Frühjahrsbrauchtum durch die Einwirkungen der Urnenfelderkultur nicht beeinflußt wurde. Aus dieser Zeit stammen auch die auf den Felsbildern dargestellten Hörner, die Luren. Bei ihnen handelt es sich, wie die besonders gut erhaltenen Exemplare des Mittel-Metallikums gelehrt haben, um aus mehreren Stücken zusammengesetzte gebogene Blasinstrumente, die aller Wahrscheinlichkeit nach die älteren aus organischer Substanz angefertigten Vorbilder fortsetzen und eine wahre Meisterschaft der Bronzegießer erkennen lassen. Kein Stück dieser Luren ist getrieben, alle Teile sind in dreiteiliger Form gegossen und kunstvoll zusammengesetzt. Die Luren werden stets paarweise gefunden, wie sie auch verwendet wurden; die gut erhaltenen sind sogar heute noch benutzbar. Auch die nordische Zone erzeugt neben Gebrauchsgeräten Bronzegefäße, die gleich den Luren stets gegossen sind. Findet man in Norddeutschland und Südskandinavien getriebene Bronzegefäße, so läßt sich schon an der Technik die Herkunft aus dem südlichen Urnenfelderbereich erkennen. Tatsächlich gibt es zahlreiche Beispiele von Schalen, Eimern und anderen Gefäßen, die als Import aus dem Süden auf die jütische Halbinsel gekommen sind. Hier aber werden sie in Gold nachgebildet und geben so weiterhin Kunde von den Anregungen, die der Norden dem Süden verdankt. Gegen Ende des Früh-Metallikums III schiebt sich die Zone des nordischen Formwollens langsam nach Süden vor und dringt während des Mittel-Metallikums bis an die Grenzen der Hallstattkultur.

Nun noch einen Blick nach dem *Westen*. Die früher gegebenen Hinweise haben gezeigt, daß sein ursprünglich weit gestecktes Siedlungsareal durch das Vordringen der Urnenfelderkultur eingeengt wurde. Man wird sagen dürfen, daß zumindest ganz Ostfrankreich, das Gebiet der Rhône-Senke und Südfrankreich dadurch aus dem westeuropäischen Verband gelöst wurden. Das katalanische Ostspanien schließt sich hier an. Auch das übrige Gebiet des westeuropäischen Kontinents spürt noch genug von den durch die Urnenfelderkultur verursachten Veränderungen, wie es das Bronzegerätinventar der atlantischen Bronzezeit beweist. Über ganz Zentral- und Westfrankreich sowie über die Iberische Halbinsel verbreitet, finden sich die gleichen oder doch sehr ähnliche Formen von Schwertern, Beilen, Lanzenspitzen und Messern; auch auf ostenglischem Boden tragen sie wesentlich zum Herausarbeiten dieses Zeithorizontes bei. Der große Reichtum der Bronzen auf französischem, spanischem und ostenglischem Boden scheint auf eine beachtliche Steigerung der einheimischen Kupferproduktion zurückzugehen. Die Kupfererzlagerstätten von Wales scheinen durch einen hohen Spurenanteil an Blei ausgezeichnet zu sein, der sich in den Fertigprodukten der ostenglischen Zone in gleicher Weise feststellen läßt.

Auf Infiltrationen vom Kontinent dürfte wohl die nun in Ostengland einsetzende Brandbeisetzung zurückgehen, und auch in der keramischen Produktion, die während des Früh-Metallikums II recht unansehnlich und ärmlich war, machen sich solche Tendenzen bemerkbar. Jedenfalls ist sicher, daß sowohl Frankreich wie die südöstliche Zone der Britischen Inseln während der Urnenfelderzeit manche Anregungen erhalten und damit ihre eigene, in der Tradition fast erstarrte Formenwelt wieder auffrischen.

Am wenigsten scheint davon das Zentrum der Iberischen Halbinsel abbekommen zu haben, und auch Nordengland und Irland dürften davon unberührt geblieben sein. So ist es durchaus möglich, daß die mächtigen Megalithbauten dieser Gebiete noch in die Spätzeit des Früh-Metallikums hineinreichen und damit eine gleiche Orientierung erkennen lassen, wie sie seit langem für die Balearen, Korsika, Sardinien und Malta bekannt ist.

Auch auf diesen Inseln lebt die Megalithbauweise weiter, sie gelangt hier sogar zu ganz spezifischen Ausprägungen. Außer für die Riesensteingräber mit Grundrissen in Schiff-Form (den *Navatas* und den *tombe dei giganti*) wird auf den Balearen und auf Korsika die Großsteinbautechnik auch für mächtige Siedlungsbauten herangezogen, den Talayot oder Nuraghen. Heute noch ragen die Rundtürme dieser Nuraghen in der sardinischen Landschaft gegen den Himmel. Neuere Ausgrabungen haben gezeigt, daß sie nicht allein stehen, sondern von steinernen Rundhäusern umgeben sind, oder daß mehrere solcher Türme zu mächtigen Befestigungen vereinigt sind. War man früher der Meinung, daß diese Bauten dem Neolithikum angehören, so zeigt sich nun immer mehr, daß sie dem Früh-, aber auch dem Mittel-Metallikum zuzuordnen sind und damit den großangelegten Palästen Kretas oder den Burgen Griechenlands an die Seite gestellt werden können.

Gleiches gilt wohl auch für die seit Jahrzehnten immer wieder untersuchten Steinbauten auf Malta und die hier angelegten unterirdischen Heiligtümer, wie Hal Saflieni und Hal Tarxien, die gleich den ostenglischen Sanktuarien dem Fruchtbarkeitsritus gedient haben. Fettleibige Frauenfiguren in Ton und Kalkstein dürften wohl kaum etwas anderes als die Darstellung eines Numens sein, das man in den höhlenartigen Kultplätzen verehrte.

Ein Blick auf den *Nordosten* und den *äußersten Norden Europas* belehrt uns, daß sich hier vom Neolithikum über das Früh-Metallikum I und II bis in die Stufe III kaum etwas geändert hat. Gegen Nordosten zu dient die Lausitzer Kultur als Vermittlerin mitteleuropäischen Denkens, das aber nicht allzu weit vorgedrungen sein mag. Und auf skandinavischem Boden wird manches dieser Zone, vor allem materielles Besitztum wie die neolithischen Feuersteinbeile, nach dem äußersten Norden weitergegeben. Der innere Kern der hier lebenden Jäger- und Fischerbevölkerung wird davon aber nicht berührt. So erscheinen auf finnischem Boden da und dort Bronzen aus dem südskandinavischen Raum, während aus der Bindung an das östliche Kernland die im Lagerstättenbereich des Urals erzeugten Bronzen langsam in dieses Gebiet verhandelt werden.

So rundet sich der Kreis der Darstellung um seinen mitteleuropäischen Zirkelstich. Was die chronologisch und formenkundlich fundierte urgeschichtliche Heuristik darzulegen vermag, ist die objektgebundene Manifestation von geschichtlichen Ereignissen, deren Eigenart zu rekonstruieren nun noch versucht werden soll. Kombination und Interpretation stehen dabei im Vordergrund. Persönlich geformte Meinungen sind daher nicht zu vermeiden, ja sogar notwendig, um durch gegenseitiges Abwägen zu einer der historischen Gesamtsituation annähernd gerecht werdenden Lösung zu gelangen.

Nach dem Gesagten bedarf es wohl keiner Begründung mehr, daß bei den folgenden Erörterungen wieder Mitteleuropa im Mittelpunkt steht. Was nun an Historisch-Dynamischem zu besprechen ist, steht in engster Verbindung mit den *altstammeskundlichen Problemen Europas*. Sie sind uns durch die Antike geläufig geworden und erfordern von dieser Sicht her eine Erklärung. Hand in Hand damit geht die sprachgeschichtliche Problemstellung, die wieder mit dem Indogermanischen verknüpft ist. So ergibt sich ungezwungen ein Anknüpfungspunkt an die Bemerkungen über das *Indogermanenproblem*. Bei der Behandlung des späten Neolithikums wurde gezeigt, daß die aus der Verbindung von nordischer Trichterbecherschicht und donauländischer Schicht entstandenen Mischformen, zu denen noch die Glockenbecherkultur kommt, mit größter Wahrscheinlichkeit mit dem ältesten Indogermanischen in Beziehung gesetzt werden können. Die Übersicht über das Früh-Metallikum I und II sollte zeigen, wie sich aus der Vermengung dieser Elemente in einer ruhigen, über mehrere Jahrhunderte sich erstreckenden Zeit eine Kulturform herauskristallisiert, der ein bestimmtes, klar ausgeprägtes Formwollen eigen ist. Besonderer Wert muß dabei auf die Tatsache gelegt werden, daß die Quellenkunde nichts ergibt, was auf eine Unruhe, auf ein Fluktuieren der dieses Formwollen tragenden Gemeinschaft hinweist. Gerade dieses Moment verdient besondere Beachtung, da es uns lehrt, daß sich von etwa 1800 bis rund 1300 v. Chr., also über rund fünfhundert Jahre, eine volksmäßige Gemeinschaft bilden kann, die großräumig vom Rhein über Mittel- und Süddeutschland bis tief nach Siebenbürgen und an die Nordgrenzen des Balkans reicht und Verbindungen mit dem Nordteil der Apenninenhalbinsel aufrechterhält. Daneben aber wächst auf der Grundlage der durch Mischung von Trichterbecher- und Einzelgräberkultur entstandenen Steinkistenzeit ein weiteres Formwollen, dessen ausgeprägte Eigenart gleichfalls eine eigene soziale Gemeinschaft zur Voraussetzung hat und mit jenem Mitteleuropas in enger Verbindung steht.

So stellt sich also die Frage nach der Bevölkerung dieser mitteleuropäischen Kerngebiete. Darauf kann man aber nur mit Begriffen der Sprachwissenschaft und der Altstammeskunde antworten. Beide lehren, daß das Indogermanische aufs engste mit Mitteleuropa verbunden ist. Es liegt daher nahe, das Früh-Metallikum I und II dieser mitteleuropäischen Zone mit dem Indogermanischen in Verbindung zu bringen. Das hat an sich schon einen hohen Grad an historischer Wahrscheinlichkeit.

Wie soll man sich das aber im einzelnen vorstellen? Der Tübinger Indogermanist Hans Krahe hat auf diese Frage eine Antwort zu geben versucht. Innerhalb der Indogermanistik fand sie nicht immer Anklang und Zustimmung. Das ist begreiflich, da Krahe den Versuch unternahm, das Indogermanische vor seiner Teilung, also vor dem Entstehen der indogermanischen Einzelvölker, zu erforschen und damit eine Brücke zwischen dem theoretisch erschlossenen Ur-Indogermanischen und den indogermanischen Einzelsprachen zu schlagen. Er tat dies an Hand mitteleuropäischer Gewässernamen und kam zu dem für die Urgeschichte höchst beachtenswerten Schluß, daß sie sich in einer Zeit der Ruhe und Ausgeglichenheit in einem breiten Streifen nördlich der Alpen während der ersten Hälfte des zweiten Jahrtausends gebildet haben mußten. Dort, wo sich die Belege dafür über das von ihm erschlossene ursprüngliche Verbreitungsgebiet hinaus nachweisen ließen, wies er sie der Zeit der Ausweitung der indogermanischen Schicht zu.

Wie weit die von Krahe aufgestellte Sprachschicht eine Realität ist, vermag die Urgeschichte nicht zu beurteilen. Aber auf seine Frage, ob es in der metallzeitlichen Geschichte Europas eine Zeit der Ruhe gegeben habe, kann sie eine klare und eindeutige Antwort geben: es ist die Zeit des Früh-Metallikums I und II. So liegt es nahe, in der kulturellen Hinterlassenschaft dieser Zeit im mitteleuropäischen und im norddeutsch-skandinavischen Raum die Werke dieser kontinental-europäischen, noch ungeteilten Indogermanen zu erblicken. Je allgemeiner man dabei die sprachgeschichtlich-altstammeskundliche Orientierung faßt, desto vorteilhafter ist es für das gesamte Indogermanenproblem Europas. Obwohl sich im mitteleuropäischen Bereich verschiedene Zonen mit je einem spezifischen Formwollen herausheben (wie das Nebeneinander von Hügelgräberform, der ungarisch-rumänischen Bronzezeitform und der Lausitzer Form, auch im norddeutsch-südskandinavischen Raum offenbart sich ein eigenes Formwollen), wird man sich doch davor hüten müssen, die altstammeskundliche Gliederung während des Früh-Metallikums I und II allzu weit zu treiben.

Soweit man heute zu urteilen vermag, scheint es verfrüht, die historisch bekannten Einzelvölker bis in diese Frühzeit zurückzuversetzen und schon von Kelten, Germanen, Italikern, Griechen des zweiten Jahrtausends v. Chr. zu sprechen. Als diese Einzelvölker im Lichte der Geschichte erscheinen, sind sie bereits durch die Zeit und durch den Raum, den sie einnehmen, geformt. Man wird sich höchstens zu einem Zugeständnis bereit finden können: daß sich während des Früh-Metallikums II jene Grundlagen herausbilden, die den Kern für die spätere Einzelvolkgestaltung darstellen. In diesem Sinne ist es daher auch nicht von der Hand zu weisen, daß das Formwollen des norddeutsch-südskandinavischen Gebietes einer sozialen Einheit zu verdanken ist, die man gerade mit Rücksicht auf die etwa fünfzehn Jahrhunderte währende Kulturtradition mit dem Grundstock der späteren Germanen in Verbindung bringen darf. Auch die im Hinterland des mitteleuropäischen Reichtums entstandene Kulturform der Lausitzer Zone wird einer im indogermanischen Verband stehenden Gemeinschaft zu danken sein. Schließlich soll auch nicht übersehen werden, daß die für den ungarisch-siebenbürgisch-rumänischen Raum nachweisbare kulturelle Eigenart des Früh-Metallikums I und II, durch Einflüsse der Urnenfelderkultur kaum wesentlich gewandelt, eine ähnliche Erklärung erfordert. Dies alles muß in Rechnung gestellt, darf aber nicht überbetont werden, um einseitige Geschichtsbilder zu vermeiden. Die Urgeschichte wird also der von Hans Krahe skizzierten sprachgeschichtlichen und altstammeskundlichen Situation aufgeschlossen gegenüberstehen und demgemäß annehmen, daß der Kern der europäischen Indogermanen in die Zeit des Früh-Metallikums I und II zurückreicht.

Nun erhebt sich eine andere, für die geschichtliche Dynamik des Früh-Metallikums III entscheidende Frage. Wie ist jene soziale Gemeinschaft zu bestimmen, die als Träger der Lausitzer Form dieses Gefüge zerbricht und an seiner Stelle nicht bloß eine neue Lage schafft, sondern weit über die Grenzen des indogermanischen Gebietes hinausgreift und mitteleuropäische Formen bis an die Grenzen des Kontinents trägt? Wer sind diese Lausitzer? Hält man an dem oben Gesagten fest, dann sind auch sie dem Indogermanischen zuzuordnen. Aber sind sie nur ein Teil dieses noch ungeteilten Indogermanischen, oder verbirgt sich hinter den Lausitzern schon ein bestimmtes Volkstum, dessen Name auch geschichtlich bekannt ist?

Bei diesem Punkt scheiden sich die Geister. Während die einen nicht geneigt sind, den Lausitzern ein bestimmtes indogermanisches Volkstum zuzuerkennen, wollen die anderen zeigen, daß eine so weiträumige Verbreitung doch nur dann möglich ist, wenn eine geschlossene Gemeinschaft sich in Bewegung setzt. Die Vergleiche mit der keltischen Wanderung, mit der germanischen Völkerwanderung, mit dem Vordringen der Hunnen, Awaren und Magyaren drängen sich vor allem deshalb auf, weil diese unerhört raschen Diffusionen ganz wie die Urnenfelderkultur ihre archäologisch greifbaren Spuren hinterlassen haben. Es ist also ein Schluß *per analogiam*, der sich da für die Urnenfelderwanderung im allgemeinen aufdrängt und der durch einen näheren Vergleich mit den genannten Diffusionen nur noch unterbaut wird. Auch für die keltische Wanderung läßt sich ebenso wie für die germanische oder hunnische oder awarische oder magyarische zeigen, wie ihre Träger durch das Vordringen in kulturell andersgeartete Zonen von diesen beeinflußt werden und so ihr eigenes materielles Besitztum durch die Aufnahme fremder Elemente bereichern. Durch solche Vergleiche werden auch die unterschiedlichen Gruppen und Formen der Urnenfelderkultur verständlich. Wie die Goten in Gefolgschaft der Hunnen durch Europa gezogen sind, so können und werden wohl auch Teile der von der Lausitzer Schicht erfaßten Vorbevölkerung mit ihr gewandert sein. Von dieser Sicht her ist die Urnenfelderwanderung leicht zu erklären. Aber nicht erklärt wird dadurch die Umschreibung des wandernden, das heißt die Wanderung auslösenden Volkstums. Die Urnenfelderkultur hat über sich selbst keine Mitteilung hinterlassen. Nur die Antike berichtet über Völkerbewegungen während des 13. und beginnenden 12. Jahrhunderts. Auf der einen Seite sind das die Kriegsberichte der ägyptischen Pharaonen über ihre Kämpfe mit den »Nord- und Seevölkern«, auf der anderen Seite ist es die dorische Wanderung, die für dieselbe Zeit die umwälzenden Ereignisse auf griechischem Boden auslöst und die spätmykenische Kultur vernichtet. Es mag kaum ein Zufall sein, daß diese Wanderungen mit den Auswirkungen der Urnenfelderkultur im ägäischen Raum zusammenfallen, daß die Zeit von 1250/1220 bis etwa 1100 v. Chr. durch den Sturz des Alten und das Emporwachsen des Neuen gekennzeichnet wird. Es hat daher nicht an Stimmen gefehlt, die diese Wanderungen der Nord- und Seevölker als die letzten Auswirkungen der Urnenfelderwanderung auffassen wollten und die auch die Annahme vertraten, daß die arische Wanderung nach Indien nur der schwache Ausfluß dieser weitgespannten Bewegungen wäre. Diese Annahme hat viel an Wahrscheinlichkeit in sich, da sie die sonst mehr oder weniger unzusammenhängend nebeneinanderstehenden Ereignisse zu einer Einheit verbindet.

Die ägyptische Überlieferung nennt für die Nord- oder Seevölker eine Reihe von Stammesnamen. Wir wissen nicht, wie weit diese Namen von den Ägyptern erst geschaffen oder übernommen wurden. Nur die Dorier als Teil der griechischen, also indogermanischen Einheit, sind hier von größerem Interesse. Sie führen uns wieder mit dem Indogermanenproblem zusammen, das es zu klären gilt. Versucht man, die dorische Schicht urgeschichtlich zu fassen, so kommt man wieder mit den Resten der Urnenfelderkultur auf griechischem und kretischem Boden in Berührung. Soll man aber deshalb die gesamte Urnenfelderkultur als dorisch ansprechen? Dies scheint uns nicht erlaubt. Man könnte eine solche volksmäßige Zuordnung wohl nur für die südbalkanische Form der Urnenfelderkultur aufrechterhalten. Wie ist aber dann die soziale Gemeinschaft der Urnenfelderkultur und damit der Lausitzer Form zu benennen?

Uns scheint darauf eine Antwort möglich, allerdings nicht von der Urnenfelderkultur selbst, sondern von der geschichtlichen Basis der Antike her, der wir die gesamte Kenntnis der alteuropäischen Völkerfamilie verdanken. Einen breiten Raum in den Auseinandersetzungen Roms mit den von ihm unterworfenen Völkern nehmen die Kämpfe mit den Illyrern auf dem Balkan ein. Die in ihrem Siedlungsbereich erhaltenen römischen Inschriften, die vor allem zahlreiche Personen- und Ortsnamen aufweisen, zeigen die Zugehörigkeit der Illyrer zum indogermanischen Sprachraum. An Hand der urgeschichtlichen Quellen kann man nun die kulturellen Zustände erkennen, die zur Zeit des beginnenden römischen Einflusses auf dem illyrischen Balkan herrschten. Hinzu kommt, daß sich die während des späten 4. und 3. Jahrhunderts v. Chr. in diesem Gebiet herrschende keltische La-Tène-Kultur von der einheimischen Kultur unschwer trennen läßt. Diese ist – worüber man sich heute einig ist – eine regionale Abart der in der älteren Eisenzeit (des Mittel-Metallikums) entstandenen Hallstattkultur, die sich auf dem Balkan über die Zeitgrenze zwischen älterer und jüngerer Eisenzeit hin (um etwa 400 v. Chr.) bis in die Zeit der römischen Okkupation ungebrochen fortsetzt. Wir werden später noch zu zeigen haben, daß diese Hallstattkultur ganz allgemein die jüngere Fortsetzung der späten Urnenfelderkultur des ausgehenden Früh-Metallikums III darstellt. Während diese Hallstattkultur in Mitteleuropa durch die vordringende La-Tène-Kultur entweder abgelöst oder verändert wird, hält sie sich auf dem Balkan ungebrochen weiter und wird hier erst durch die römische Okkupation in ihrem Kern getroffen.

So ist es keine bloße Theorie, wenn man diese jungeisenzeitliche (spätmetallzeitliche) Form der Hallstattkultur in der balkanischen Zone mit jenem Volkstum verbindet, das uns in der antiken Überlieferung als das illyrische entgegentritt. Selbstverständlich handelt es sich bei ihm um eine sehr späte, rund achthundert Jahre von der Urnenfelderkultur entfernte Ausprägung dieses Volkstums, das im Laufe dieser Zeit sicherlich manchen Umformungen unterworfen gewesen ist. Nun kommt aber gerade für den gesamten nord- und mittelbalkanischen Raum die Tatsache hinzu, daß sich diese späteisenzeitliche Form der Hallstattart in ungebrochener Linie über die ältere Eisenzeit (das Mittel-Metallikum) bis in die Urnenfelderzeit des Früh-Metallikums III zurückverfolgen läßt. Es ist noch gar nicht lange her, daß man von einer balkanischen Urnenfelderkultur kaum etwas wußte. In den letzten Jahren erst hat sich das Material so wesentlich vermehrt, daß an einer weiten Verbreitung der Urnenfelderkultur seit der Zeit ihrer Wanderung nicht mehr gezweifelt werden kann. So reicht eine immer dichter werdende Reihe von Urnenfelderfunden von der Marburger Drauzone gegen Südosten bis in das Amselfeld, das erst jüngst sehr wichtige Neufunde gebracht hat. Sie sind es auch, die die Richtung der auf den griechischen Boden hin sich bewegenden Urnenfelderschicht andeuten.

Es würde zu weit führen, eine Liste aller bis jetzt bekannten Urnenfelderfunde auf dem Balkan aufzustellen. Aber der Hinweis auf ein reiches Urnenfelderzentrum sei gestattet, die sogenannte Maria-Raster-Gruppe im Draugebiet, dann auf ein weiteres im Bereich um Agram, dem sich nach Ausweis der ältesten Hallstattfunde Krains ein krainisches Zentrum anschließt. Die weite Verbreitung der Urnenfelderkultur im kroatisch-dalmatinischen Raum ergibt sich auch daraus, daß der verdiente Erforscher der Insel Hvar (Lesina) Georg Novak in einer der vielen Höhlen dieses Eilandes Reste der Urnenfelderkultur feststellte. Dorthin konnte sie aber nur auf dem Seeweg gelangen. Und schließlich hat die jüngste, von Sarajewo ausgehende Forschung bereits mehrere Siedlungsaufschlüsse gesammelt, die in gleicher Weise dem Urnenfelderelement zuzuordnen sind. Ganz abgesehen von den überaus reichen Bronzedepotfunden des Früh-Metallikums III, die der Agramer Zdenko Vinski für das kroatische Gebiet zusammengetragen hat und die ihrer ganzen formenkundlichen Erscheinungsweise nach nur der Urnenfelderkultur angehören können. Diese Traditionsverbindung von der Zeit der römischen Okkupation bis in die Urnenfelderperiode zurück ist im bosnischen Raum durch die berühmte, Tausende von Grabhügeln umfassende Begräbnisstätte auf dem Glasinac schon vor Jahrzehnten von Moritz Hoernes aufgezeigt und durch die neue Forschung bestätigt worden. Es ist deshalb kein leeres Phantom, wenn man die Illyrer der römischen Zeit in die jüngere Eisenzeit, von hier in die ältere Eisenzeit bis in die Urnenfelderperiode zurückverfolgt. Es ist nicht einmal übertrieben, wenn man in dem illyrischen Problem das altstammeskundliche Problem des ganzen eisenzeitlichen Balkans sieht. Davon ist auch mancher jugoslawische Forscher überzeugt.

Doch was hat das mit der altstammeskundlichen Zuordnung der Urnenfelderkultur zu tun? Durch solche Überlegungen und Hinweise wird gezeigt, daß mit der Urnenfelderkultur des Früh-Metallikums III jenes volksmäßige Element auf den Balkan gekommen ist, aus dem sich dann während des Mittel- und Spät-Metallikums die Illyrer emporgearbeitet haben. Daraus ergibt sich jedoch eine bedeutungsvolle Konsequenz: daß nämlich die an die balkanische und krainische Hallstattkultur anschließende ostalpine, nordalpine und süddeutsche Hallstattkultur gleichfalls dem Illyrischen zuzuordnen ist. Auch darin ist sich die Forschung weitgehend einig. Sie wird vor allem dadurch unterstützt, daß sich im Gebiet der ost- und nordalpinen Hallstattkultur zahlreiche Orts- und Flußnamen nachweisen lassen, die weder mit dem Germanischen oder Slawischen noch mit dem Romanischen oder Keltischen in Verbindung gebracht werden können. Hingegen zeigt ein Vergleich dieser Namen mit denen des als illyrisch zu bezeichnenden Gebietes, daß sie mit diesen nicht bloß annähernd, sondern oft wörtlich übereinstimmen. Da nun bekannt ist, daß die keltischen Orts- und Flußnamen erst nach der großen keltischen Wanderung, also nach 400 v. Chr., in das Voralpenland und in das Gebiet der ostalpinen Hallstattkultur gekommen sein können, ergibt sich der zwingende Schluß, daß die als illyrisch anzusprechende Namensschicht dieses Gebietes älter als das 4. Jahrhundert v. Chr. sein muß, also in die Zeit der mittelmetallzeitlichen Hallstattkultur zu setzen ist. Aus solchen Hinweisen zeigt sich also, daß die Hallstattkultur ihrer Gesamtheit nach aufs engste mit dem illyrischen Volkstum zu verbinden ist, daß daher eine geschlossene illyrische Kulturzone von Süddeutschland bis auf den Balkan reichte.

Ist man einmal so weit gekommen, dann ist der Anschluß an die Urnenfelderkultur von selbst gegeben. Das heißt aber nichts anderes, als daß das Volkstum der Urnenfelderkultur und der sie bewirkenden Lausitzer Form eine enge Bindung an jenen Teil des Indogermanischen besessen haben muß, der uns im Licht der Geschichte als der illyrische mit ausgeprägter kultureller und sprachlicher Form entgegentrat.

Ist deshalb die Urnenfelderkultur und die Lausitzer Grundform ebenso als illyrisch zu bezeichnen wie die balkanische späte Eisenzeit? Ich glaube nicht, daß eine gleichwertige Verwendung dieses Begriffes für das Volkstum der Urnenfelderkultur gestattet ist. Wie schon früher gesagt, sind die durch die Antike bekanntgewordenen Völker Produkte eines historischen Prozesses, haben also ebenso wie ihre kulturellen Hinterlassenschaften eine formende Geschichte hinter sich. Die Hallstattkultur des Mittel-Metallikums als illyrisch zu bezeichnen wird daher kaum besondere Schwierigkeiten bereiten. Ihre Grundlage, die Urnenfelderkultur, dann als früh- oder prot-illyrisch zu benennen, ist bloß eine natürliche Folge davon, gegen die aber mancherlei Bedenken erhoben wurden.

Solche Bedenken ergeben sich – soweit sie sachlich fundiert sind – aus der Beobachtung, daß die wandernde Lausitzer Form verhältnismäßig rasch und auch in nicht unbeträchtlichem Umfang die von ihr überdeckten Substratkulturen in sich aufgenommen hat, wodurch mancherlei volksmäßige Veränderungen innerhalb der Urnenfelderkultur erfolgt sein werden. Solche Beobachtungen sind zweifellos richtig. Es führte aber zu weit, wenn etwa die Meinung vertreten würde, die westliche Urnenfelderkultur Frankreichs und Süddeutschlands wäre deshalb als frühkeltisch zu bezeichnen, weil in diesem Gebiet etwa fünfhundert Jahre später die Kelten historisch hervorgetreten sind. Diese Auffassung soll später kurz beleuchtet werden, wenn von der Entstehung der Kelten zu sprechen ist. Uns scheint jedenfalls schon viel gewonnen, wenn die Wurzeln des Illyrertums, an dessen Existenz niemand mehr zweifelt, bis in die Urnenfelderkultur zurück nachgewiesen werden können und wenn die Aktivität einer indogermanischen Gemeinschaft hervorgehoben wird, der Alteuropa die Grundlage der mittel- und spätmetallzeitlichen Geschichte verdankt.

Die Bedeutung des Illyrischen wird auch an einer anderen Stelle zur Sprache kommen müssen. Dann nämlich, wenn von den Kulturen der alpinen Beständigkeit die Rede sein wird und wenn es sich darum handelt, die Genese des Alpenillyrischen mit urgeschichtlichen Mitteln zu erörtern. Soviel läßt sich jedenfalls feststellen, daß nur die illyrische Theorie die Existenz der an ein bestimmtes Volkstum gebundenen Urnenfelderkultur erklären hilft.

Eine ebenso wichtige Frage beschäftigt sich mit der Bestimmung jenes Volkstums, dem der südskandinavische und norddeutsche Raum sein klar ausgeprägtes Formwollen verdankt. Auch hier ist eine direkte Antwort kaum möglich. Wie bei dem illyrischen Problem ist man genötigt, von der althistorischen Basis aus zurückzugehen und die Bindung einer bestimmten Kulturform an ein bestimmtes Volkstum anzuerkennen.

Der norddeutsch-südskandinavische Raum ist das Gebiet der Germanen. In dem Zeitpunkt, da sie in das Licht der geschriebenen Geschichte treten (im späten 2. Jahrhundert v. Chr.), ist ihre Herkunft aus dem Norden bereits ein historisches Faktum, ihre Kultur wie jene der balkanischen Illyrer dem Spät-Metallikum zuzuweisen. Gleich der balkanischen Hallstattkultur läßt sie sich in ungestörter Kontinuität vom Spät-Metallikum über das Mittel-Metallikum bis in das Früh-Metallikum III zurückverfolgen. Das wird in erstaunlicher Einmütigkeit von der Forschung immer wieder betont. Es ist daher naheliegend, die kulturelle Eigenart des norddeutsch-südskandinavischen Raumes während des beginnenden Spät-Metallikums und des Mittel-Metallikums dem germanischen Volkstum zuzuschreiben und seine Wurzeln im Früh-Metallikum zu suchen. Allerdings ist es bloß eine Vereinfachung, wenn man für diese Zeit überhaupt von einem germanischen oder frühgermanischen Volkstum spricht. Diese Bezeichnung soll nur ganz allgemein diese soziale Gemeinschaft benennen und die Verbindung zu den sprachlichen Gegebenheiten herstellen. In Wirklichkeit wird es sich damals ebenso wie bei den frühen Illyrern und Griechen um kleinere, einander verwandte Einheiten gehandelt haben, denen man der Einfachheit halber diese allgemeine Bezeichnung gibt. Die Geschlossenheit des im norddeutsch-südskandinavischen Raum nachweisbaren Formwollens setzt aber voraus, daß seine Träger sich der Zusammengehörigkeit bewußt waren, womit sie sich von ihrer Umgebung abzuheben vermochten.

Über die volksmäßige Zuordnung des Formwollens im Westen und Süden braucht nach den früheren Hinweisen nicht mehr viel hinzugefügt zu werden. Nur auf eines wäre noch aufmerksam zu machen: auf die Tatsache nämlich, daß das Vordringen der Urnenfelderkultur nach Frankreich, Spanien und Italien dem Indogermanischen neue Gebiete erschlossen hat. Man wird annehmen können, daß Ost- und Südfrankreich sich der mitteleuropäisch-indogermanischen Geisteswelt angeschlossen haben, zumindestens aber für ihr Verständnis erschlossen wurden. Der Norden der Apenninenhalbinsel jedoch wurde durch die Urnenfelderwanderung völlig indogermanisiert, während der Süden, der sich erst jetzt aus seiner seit dem frühen Neolithikum bestehenden mediterranen Bindung deutlicher löste, nur langsam den indogermanischen Einflüssen öffnete. Norditalien bis zu den Apenninen hatte sich schon während des Früh-Metallikums I und II enger an Mitteleuropa angeschlossen, und es besteht begründeter Anlaß anzunehmen, daß die hier lebende Bevölkerung der Pfahlbau-, Packwerk- und Terramaren-Siedlungen ein mit dem Indogermanischen verwandtes Idiom gesprochen haben. Die kulturelle Eigenart dieses Gebietes weist so viele mitteleuropäische Züge auf, daß eine andere Bindung kaum ernstlich erörtert werden kann. Durch die nun fast ganz Oberitalien erfassende Urnenfelderkultur wurde indogermanische Eigenart bis tief in die Liguria hinein verbreitet und damit ein Gebiet erfaßt, das bis dahin dem mediterran-westeuropäischen Bereich verbunden gewesen war. Freilich sind die altstammeskundlichen Probleme der Apenninenhalbinsel wesentlich komplizierter als die Mitteleuropas. Allein schon das ligurische Problem, das noch zu besprechen sein wird, zeigt dies zur Genüge, ganz zu schweigen davon, daß wir nicht den mindesten Anhaltspunkt dafür haben, wie die Bevölkerung der mittleren und südlichen Halbinsel altstammeskundlich zu bestimmen ist. Bezeichnet man sie als mediterran, so soll damit nichts anderes gesagt sein, als daß sie in diesem Raum seit Jahrtausenden ansässig war und sich hier weitergeformt hat. Dieses Volkstum aber nach einer von der Antike vorgezeichneten Richtung zu benennen, ist unmöglich, da auch die vielgenannten Pelasger als Bezeichnung für die vorindogermanische Urbevölkerung keinen Anschluß ermöglichen. Der Streit um die Frage der ethnischen Eigenart der Etrusker zeigt die Schwierigkeiten klar genug, die sich hier der Forschung stellen.

Wie weit sich in Ostengland Indogermanisches mit den dort greifbar werdenden Einflüssen der Urnenfelderkultur durchsetzen konnte, entzieht sich gleichfalls der Beurteilung. Doch kann es sich kaum um kräftige Elemente gehandelt haben, da hier erst mit der keltischen Wanderung eine intensive Indogermanisierung einsetzte.

Ältere Eisenzeit

Die ersten Nachweise eines *neuen Rohstoffes, des Eisens,* finden sich in der späteren Urnenfelderkultur. Das Eisen war damals noch so wertvoll, daß es nur als Schmuck verwendet wurde. So gibt es Bronzeschwerter der späten Urnenfelderzeit mit Eiseneinlagen im Griff. Noch im 9. Jahrhundert v. Chr. aber beginnt die Erzeugung von kleinen Eisengeräten, unter denen die Messer besonders hervortreten. In ihrer Form sind sie bloß eine Wiederholung ihrer bronzenen Vorbilder, der gleiche Vorgang also, wie er beim Aufkommen der Kupfer- und Bronzegeräte beobachtet wurde.

Man hat sich daran gewöhnt, die ersten Anzeichen der Eisenverwertung als den Beginn einer neuen Periode anzusehen und diese in Parallele zur Bronzezeit als Eisenzeit zu bezeichnen. Wie aber der Begriff Bronzezeit relativchronologisch gilt, so auch der Begriff Eisenzeit, da das Eisen wie die Bronze nicht überall in Europa zur selben Zeit in Gebrauch kam. Was etwa in Mitteleuropa jüngere Eisenzeit benannt wird, ist im Norden noch ältere Eisenzeit.

Es liegt deshalb nahe, die veraltete, den historischen Gegebenheiten in keiner Weise gerecht werdende Terminologie und die mit ihr verbundene Chronologie aufzugeben. Die Berechtigung dafür ergibt sich aus der Tatsache, daß die absolutchronologischen Grundlagen zunehmend an Bedeutung gewinnen, weshalb man ab etwa 800 bis 750 v. Chr. nicht mehr relativchronologische, sondern absolutchronologische Umschreibungen verwenden sollte. Die Berührung des urzeitlichen Europas mit den antiken Hochkulturen erlaubt nicht nur eine genauere Zeitbestimmung, sie bewirkt auch zahlreiche Kulturkontakte, die dieser Zeit in weitem Umfang ein eigenes Gepräge geben. Wir wollen daher an Stelle von älterer Eisenzeit den Begriff Mittel-Metallikum verwenden.

Die Verbindung des urzeitlichen Europas mit der schriftkundigen alten Welt ist auch für den Übergang vom Früh- zum Mittel-Metallikum entscheidend. Das große geschichtliche Ereignis, das diesen Einschnitt in weitem Umfang mitbestimmt, ist der Beginn der griechischen Kolonisation auf der Apenninenhalbinsel. Die Jahreszahl 750 v. Chr. als das Datum für die Gründung von Cumae stellt die theoretische Grenze dar, die zwischen dem Früh- und Mittel-Metallikum zu ziehen ist. Natürlich konnte sich dieses Ereignis nicht sofort in allen Teilen des urzeitlichen Europas auswirken. Aber es fällt auf, daß im 8. Jahrhundert v. Chr. sich allenthalben Neues in Europa formt, das für die Einflüsse aus dem griechisch-italienischen Raum empfänglich ist. So besteht die Berechtigung, die absolutchronologische Zeitgrenze zwischen dem Früh- und Mittel-Metallikum Europas um 800 bis 750 v. Chr. anzusetzen und von dieser Basis aus die einzelnen kulturellen Zonen miteinander zu vergleichen.

Das Ende des Mittel-Metallikums wird gleichfalls durch ein bedeutendes historisches Ereignis bestimmt, durch das faktisch ganz Europa betroffen erscheint: durch die keltische Wanderung. Entscheidend dabei ist das Datum für die Belagerung Roms durch die Kelten um 390. Da die keltische Wanderung allem Anschein nach schnell verlief – wahrscheinlich wesentlich schneller als die Urnenfelderwanderung, weil sie große Menschenmassen umfaßt haben dürfte –, ist ihr Beginn wohl um 400 v. Chr. anzusetzen. Demgemäß dauert das Mittel-Metallikum rund vierhundert Jahre.

Will man bei der alten Bezeichnung »ältere Eisenzeit« bleiben, kann sie nur in diesem Sinne verstanden werden. Hierbei fällt der Beginn der Eisenverwertung in Mitteleuropa auch annähernd mit dem Beginn des Mittel-Metallikums zusammen, ohne damit eine das kulturelle Gefüge der Zeit berührende Folge zu bezeichnen. Die Gewinnung und Verwertung des Eisens bestimmten in keiner Weise die kulturelle Struktur der Zeit, sie sind ein Akzidens, das nun ergänzend hinzukommt.

Wann und wo das erstemal das Eisen in der Alten Welt erzeugt wurde, ist noch immer ungeklärt. Als Beweis dafür, daß Kleinasien für sich in Anspruch nehmen kann, das erste eisenerzeugende Land gewesen zu sein, wertet man gern den Brief des Hethiterkönigs Hattusilis III. an den ägyptischen Pharao Ramses II., in dem er ihm schreibt, er habe zur Zeit keine Eisenobjekte zur Hand, sobald er solche wieder habe, wolle er sie ihm gern schicken. Dieser Brief fällt in das 13. Jahrhundert v. Chr. und ist das älteste Dokument, in dem das Eisen erwähnt wird. Sicher ist jedenfalls, daß das Eisen im 10. Jahrhundert innerhalb der Ägäis langsam an Verbreitung zunimmt. Und es scheint nicht unwahrscheinlich, daß seine Kenntnis über Kulturkontakte auf den illyrischen Balkan gekommen ist, dessen reiche Eisenerzlager dann abgebaut worden sein dürften. Für diese Möglichkeit spricht auch, daß das Wort für Eisen auf das illyrische *isarnon* zurückgeführt wird und sich im englischen *iron* bis auf den heutigen Tag erhalten hat.

Aber so viel man über die Technik der Kupfergewinnung weiß, so wenig ist von der Geschichte des urzeitlichen *Eisenbergbaues* bekannt. Erst aus dem letzten Jahrhundert v. Chr. und aus der frührömischen Zeit gibt es Geländeaufschlüsse, die der bergbaugeschichtlichen Betrachtung ausreichende Grundlagen bieten. Allgemein sei gesagt, daß die Erfahrungen des Kupferbergbaues Ausgangspunkt für den Eisenbergbau gewesen sein werden. Trotzdem finden sich in der Kupferbergbauzone, die ja auch Eisenerze führte, keine Hinweise darauf, daß man noch während der Urnenfelderzeit zur Erzeugung des Eisens übergegangen wäre. Zwischen den ältesten Spuren des mitteleuropäischen Eisenbergbaues und jenen des Kupferbergbaues bleibt eine zeitliche Lücke, wenn man nicht annimmt, daß der Kupferbergbau bis tief in das Spät-Metallikum hinein betrieben wurde. Jedenfalls weiß man noch nicht, wo im Mittel-Metallikum Eisen abgebaut und verhüttet wurde. Die Annahme, daß die Blüte der krainischen Hallstattkultur auf den hier betriebenen Eisenbergbau zurückzuführen wäre, läßt sich quellenkundlich nicht beweisen, hat aber eine gewisse Wahrscheinlichkeit für sich. Doch kann es kaum einen Zweifel geben, daß die zahlreichen, in Mitteleuropa gefundenen Eisengegenstände aus einheimischer Eisenproduktion stammen. Die für die Herkunft der Bronzegeräte so wertvolle spektralanalytische Untersuchungsmethode läßt sich für Eisengegenstände nicht anwenden, da den Eisenerzen eine typische Elementzusammensetzung fehlt. Es fehlen auch Hinweise, daß die ostalpinen Eisenerzlager während des Mittel-Metallikums nicht abgebaut worden wären. Die Tatsache, daß während des Spät-Metallikums das in Noricum gewonnene und von der römischen Geschichtsschreibung ob seiner Güte gepriesene Eisen bis nach Rom, ja sogar nach Afrika gekommen ist, spricht dafür, daß dieser Bergbau im Mittel-Metallikum entstanden ist. So kann es sein, daß Bergbauspuren dieser Zeit in der Folge verwischt wurden.

Für spätere Arbeiten gibt es ausreichende Belege, beispielsweise vom Eisenerzer Erzberg (Steiermark) in Gestalt von Schmelzöfen und vom Hüttenberger Erzberg (Kärnten) sogar Spuren in der Grube selbst. Eindrucksvoll sind auch die Massen von Eisenschlacke im Bereich der toskanischen Lagerstätten, die anscheinend von den Etruskern abgebaut wurden. Diesem Eisenbergbau mißt man allgemein große Bedeutung bei; man denkt sogar daran, daß die ab 750 v. Chr. einsetzende griechische Kolonisation in weitem Maße vom Metallreichtum dieser Zone verursacht wurde. Dies würde freilich voraussetzen, daß schon früher, also am Übergang zum Mittel-Metallikum, die toskanischen Lagerstätten abgebaut wurden und daß die Kunde davon bis nach Griechenland gedrungen war, das selbst kaum über Eisenerzlager verfügt. Die Tatsache, daß die ältesten griechischen Kolonien in der tyrrhenischen Küstenzone der Apenninenhalbinsel angelegt wurden und die adriatische Zone wesentlich später erschlossen wurde, könnte dieser Vermutung eine gewisse Wahrscheinlichkeit geben.

Die ersten datierten Nachweise für einen mitteleuropäischen Eisenbergbau stammen aus der Spätzeit des Spät-Metallikums, etwa aus dem ausgehenden 2. und 1. Jahrhundert v. Chr., und zwar aus dem Gebiet nördlich der Donau bei Kelheim, wo ausgedehnte Schlackenhalden und Abbaugruben auf intensiven Abbau cenomanischer Eisenerze schließen lassen. Die dort gefundene Spät-La-Tène-Ware bestätigt die genannte zeitliche Zuordnung. Etwa gleichzeitig, vermutlich aber schon früher beginnend, gab es einen ausgedehnten Eisenbergbau im Siegerland, in dem zahlreiche Reste von Schmelzöfen der verschiedenen Konstruktionen gefunden wurden. Bayerische Sumpferze dürfte man ebenso verhüttet haben wie die geringen Erzvorkommen im burgenländisch-westungarischen Gebiet.

Die schon verhältnismäßig zahlreich nördlich der Alpen freigelegten Schmelzöfen und auch sonst noch gefundene Eisenschlacke lassen erkennen, daß man damals eine recht einfache Technik der Eisengewinnung anwendete. Während die Kupferschmelzöfen sofort verwertbares Rohkupfer erbrachten, mußte bei der Gewinnung des Eisens die verhältnismäßig unreine Masse erst durch weiteres Glühen und Hämmern von den Nebenbestandteilen gereinigt werden. Die Öfen dafür sind über kleinen Gruben errichtet, in die man das Eisenerz mit Holzkohle gemischt einführte und mit entsprechender Luftzufuhr zum Glühen brachte. Die Luftzufuhr brachten einfache Blasbälge oder der natürliche Wind (Windöfen) an zugigen Hügelhängen. So wurde das Eisen zum »Rinnen« gebracht, es entstand eine zähflüssige Masse, auf der sich Schlacke absetzte. Die zähflüssige Masse (die Luppe) war stark mit Nebenbestandteilen durchsetzt. Gußeisen konnte auf diese Weise nicht erzeugt werden und ist auch nach allem, was wir bis jetzt wissen, während der Urzeit nicht produziert worden. Die Konstruktion dieser »Rennöfen« wurde erst später wesentlich verbessert. Die mit Schlacke durchsetzte Eisenmasse, die Luppe, mußte durch Glühen und Hämmern gereinigt werden. Während des ausgehenden Spät-Metallikums wurde in Süddeutschland das so gewonnene Roheisen zu doppelpyramidenartigen Barren mit einem Gewicht von bis zu zehn Kilogramm geschmiedet.

Es scheint, daß die Kenntnis der Eisengewinnung und Eisenverwertung während des Mittel-Metallikums auf Süd- und Mitteleuropa beschränkt geblieben ist. Weder der Norden noch der Westen haben diesen neuen Rohstoff in der ersten Hälfte des letzten Jahrtausends verwendet. Erst in der zweiten Hälfte dringt er langsam auch in diese Gebiete vor. Man wird mit der Annahme nicht fehlgehen, daß es sich dabei wie beim Kupfer um eine Handelsware aus Mitteleuropa handelt, die erst verhältnismäßig spät den südskandinavischen Raum erreicht hat. Ob aber der schwedische Eisenbergbau bis in diese Frühzeit zurückreicht, wird wohl kaum zu beweisen sein. Hingegen scheint der mitteleuropäische Raseneisenerz- und Sumpferzbergbau auch die Bewohner des norddeutschen Gebietes zu eigener

Erzgewinnung angeregt zu haben, wie die große Zahl der in diesem Gebiet verbreiteten Rennfeueröfen vermuten läßt. Anders als der Kupfererzbergbau hat der Eisenerzbergbau keine wesentliche Einwirkung auf die soziale Struktur der Bevölkerung ausgeübt. Die durch Gewinnung und Handel des Kupfers geschaffenen Einrichtungen haben sich ohne Veränderung bis in das Mittel- und Spät-Metallikum hinein erhalten. Dies schon deshalb, weil die große Zahl der in diesen Perioden erzeugten und verwendeten Bronzegeräte den Fortbestand des Kupferbergbaues voraussetzt. Daneben ist die bäuerliche Lebensform auch im Mittel-Metallikum die Grundlage der ökonomischen Struktur. Trotz mannigfacher Berührungen mit den antiken Stadtkulturen ist es in Europa, nicht einmal in der unmittelbaren Nachbarschaft Etruriens, zu Städtegründungen oder nur zu stadtartigen Siedlungen gekommen. Dieser bezeichnende Zug des europäischen Mittel-Metallikums ist um so mehr zu betonen, als wir beachtliche Menschenansammlungen auf verhältnismäßig kleinem Raum aus dieser Zeit kennen, deren soziale Gliederung gewisse Fortschritte gemacht haben muß.

Am deutlichsten zeigt sich dies an Hand eines anderen Industriezweiges, der im Mittel-Metallikum zu großartiger Blüte emporstieg, des *Salzbergbaues*. Über ihn hat wieder Mitteleuropa die meisten Aufschlüsse vermittelt. Deren Zentrum sind die Salzlager in den österreichischen Alpen. Die bekanntesten Bergbaugebiete liegen im Dürrnberg bei Hallein (Salzburg) und im Salzberg am Fuße des Plassen bei Hallstatt (Oberösterreich). Von diesen beiden Zonen ist Hallstatt bislang am besten erforscht. Hier scheint man schon im vorgeschrittenen Neolithikum die aus dem Berg austretenden salzhaltigen Quellen verwertet zu haben, wie Funde dieser Zeit andeuten. Die um Hallstatt sichergestellten urnenfelderzeitlichen Funde lassen einen gleichzeitigen Salzbergbau vermuten. Aus der Grube aber liegen erst Funde des Mittel-Metallikums vor. Damals ging man in Stollen und Schächten dem reinen Kernsalz nach, das man mit Hilfe von Bronzepickeln löste und in großen Fellbutten förderte.

Das kernsalzhaltige Haselgebirge hat die Eigenschaft, sich bei Luftzutritt wieder zu erneuern und die durch den Abbau entstandenen Hohlräume zu schließen. Salz erhält alle organischen Substanzen, die in der Grube zurückgeblieben sind. Das mit solchen Einschlüssen versehene Gestein nennt der Bergmann Heidengebirge. Er will damit sagen, daß schon lange vor ihm Bergbau getrieben wurde und seine Spuren in Gestalt von Verzimmerungsresten, Leuchtspänen, Holzstielen, Fellstücken, Fellmützen, Fellbutten, Holzschachteln im Bergesinneren zurückgelassen hat.

Das Gestein der Salzgruben ist sehr brüchig. Man mußte deshalb für eine ausreichende Verzimmerung der Einbaue Sorge tragen. Trotzdem sind Grubenunglücke vorgekommen, wie Leichen im Heidengebirge erwiesen haben. Da sie im 17. und 18. Jahrhundert n. Chr. gefunden wurden, als man die Eigenart dieser Funde noch nicht erkennen konnte (sie wurden als Leichen der damals im Berge arbeitenden Knappen angesehen), sind sie für die wissenschaftliche Auswertung verlorengegangen. Was das bedeutet, kann man erst ermessen, wenn man bedenkt, daß im Mittel-Metallikum fast überall die Leichenverbrennung üblich war und die Skelettreste von weit über zweitausend Gräbern des Friedhofs von Hallstatt bei den Grabungen im 19. Jahrhundert viel zuwenig beachtet wurden. Was davon erhalten geblieben ist, gibt kaum einen Einblick in die anthropologische Eigenart der Salzbergleute, über deren Beschäftigung man aber doch einiges aussagen kann.

Schon vor mehr als hundert Jahren begannen die Ausgrabungen des berühmten Friedhofes von Hallstatt. Rund zweitausend Gräber sind von dem damaligen Bergmeister Josef Ramsauer freigelegt worden. Der Steiger Isidor Engel fertigte glänzend ausgeführte Grabungsbilder an, während Josef Ramsauer alle seine Funde in einem Protokoll und einem Gräberfeldplan festhielt. Das vor kurzem erschienene Werk über den Hallstätter Friedhof – eine Gemeinschaftsarbeit österreichischer Urgeschichtler und Anthropologen – legt nun zum erstenmal die ganze Fülle dieser Funde vor und zeigt an Hand einer genauen Überprüfung der Grabinventare, daß die in dem Friedhof bestatteten Ur-Hallstätter verschiedenen Berufsgruppen entstammen. So sind neben Bergherren und Obersteigern auch der kleine, arme Knappe und der mit Wehr und Waffen versehene Krieger an seinen Beigaben zu erkennen. Was über die soziale Gliederung der Kupferbergleute schon angedeutet wurde, läßt sich hier noch näher fassen.

Der Hallstätter Friedhof hat manches ergeben, was nicht im Lande selbst erzeugt, sondern aus anderen Gebieten eingeführt worden ist. Dies weist auf einen intensiven Salzhandel hin, dessen Streuungsgebiet kaum verläßlich erschlossen werden kann, das aber nicht allzu weiträumig gewesen sein dürfte. Der Bedarf in der näheren Umgebung wird so groß gewesen sein, daß er das geförderte Salz aufnehmen konnte. So erkennt man auch daraus, daß die bäuerliche Wirtschaft mit ihrer gesteigerten Produktion an Feldfrüchten und Fleisch die Voraussetzung für einen so intensiven Salzbergbau abgab, wie er uns durch Hallstatt, Hallein, Hall in Tirol und Halle/Saale nahegebracht wird. Die Annahme bietet sich an, daß diese die Salzgewinnung kennzeichnenden Namen auf den mittel-metallzeitlichen Bergbaubetrieb zurückzuführen sind.

Vierhundert Jahre etwa umfaßt das Mittel-Metallikum; dieser gegenüber dem Früh-Metallikum verhältnismäßig kurze Zeitraum läßt sich aber noch weiter in ein Mittel-Metallikum I, II und III gliedern. Dies gilt nicht nur für die nun besonders hervortretende Zone auf der Apenninenhalbinsel, sondern auch für Mitteleuropa und abgeschwächt auch für den Norden. Die kulturellen Unterschiede zwischen diesen drei Stufen sind jedoch geringer als die zwischen dem Früh-Metallikum I, II und III. Das hängt damit zusammen, daß das Mittel-Metallikum weitaus mehr als die vorhergehende Zeit in sich gefestigt ist; der Kulturzyklus des Mittel-Metallikums erfuhr keine so umstürzenden Veränderungen, wie sie während der Urnenfelderperiode eingetreten waren. Als aber die keltische Wanderung Europa erschütterte, ging der mittel-metallzeitliche Kulturablauf zu Ende, und das völlig neuartige Spät-Metallikum setzte ein. So ist es für die vorliegende Darstellung nicht notwendig, die in erster Linie kleintypologischen Unterschiede zwischen den drei Stufen näher zu kennzeichnen. Wir können uns damit bescheiden, die einzelnen Kulturzonen in ihrer Gesamtheit zu umschreiben und ihren wesentlichen Inhalt hervorzuheben.

Vorerst aber noch ein Wort über die Beziehungen des urzeitlichen Europas zu seiner frühhistorischen Umgebung. Griechenland ist dabei der Kern, von dem alle Diffusionen ausgehen. Zuerst ist es die spätgeometrische Ware, die im Zuge der Kolonisation über die

Nuraghe von S. Antine bei Torralba
Sardischer Großsteinbau aus dem Früh- oder Mittel-Metallikum, um 1000 v. Chr. (?)

Figural verzierte Leichenbrandurne von Gemeinlebarn/Niederösterreich
Hallstatt-Kultur, etwa 6./5. Jahrhundert v. Chr. Wien, Naturhistorisches Museum, Prähistor. Abteilung

Griechischer Bronzekrater aus dem Frauengrab von Vix/Côte d'Or, um 520 v. Chr.
Châtillon-sur-Seine, Musée Archéologique

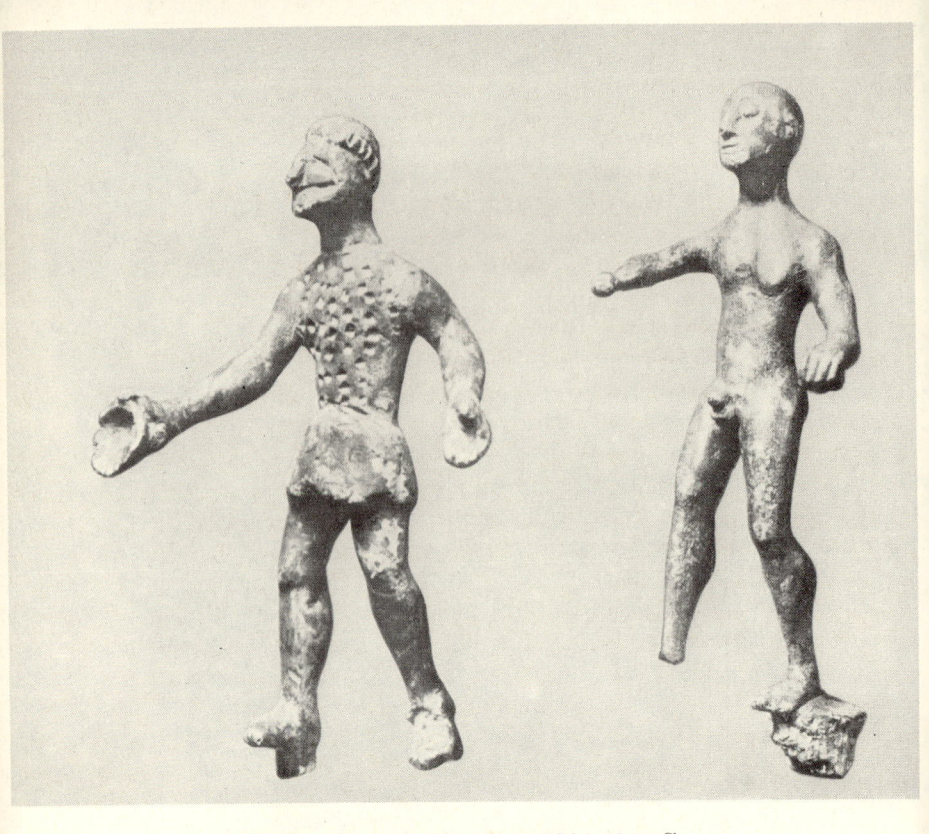

Weihefunde von Baratela, Este-Kultur, 5.–2. Jahrhundert v. Chr.
Este, Museo Nazionale Atestino

italienische Halbinsel verbreitet wird. Daran schließt sich ein Handelsgut an, dessen Herkunft aus dem phönikischen Bereich wahrscheinlich ist und das wohl gleichfalls durch griechische Handelsleute in den Westen gelangt. Es handelt sich dabei um wertvolle, verzierte Metallgefäße, deren Dekoration als orientalisierender Stil bezeichnet wird. Diese Objekte erreichen wieder in erster Linie die Westküste Mittelitaliens, geben sich deshalb als richtige Handelsware zu erkennen und können kaum mit anderen Bewegungen, etwa ethnischer Art, in Verbindung gebracht werden. Alle diese Handelsbeziehungen fallen etwa in die Zeit des ausgehenden 8. und des älteren 7. Jahrhunderts. Mit dem Aufblühen der griechischen Vasenmalerei im älteren schwarzfigurigen Stil beginnt eine intensive Einfuhr solcher Erzeugnisse sowohl in Mittelitalien wie vor allem – anscheinend zum erstenmal – über die Adria in den Norden. Das späte 7. und 6. Jahrhundert sind davon erfüllt. Gegen Ende des 6. Jahrhunderts wurde die schwarzfigurige Vasenmalerei von der rotfigurigen abgelöst, deren Produkte schnell den Weg aus ihrem Erzeugungsgebiet nach dem Westen finden. Mittel- und Norditalien werden direkt davon überschwemmt. So sind Tausende von rotfigurigen Vasen in den Riesenfriedhöfen von Spina geborgen worden.

Die absolutchronologische Bestimmung der griechischen Vasenmalerei ist nun ein unerläßliches Hilfsmittel für die zeitliche Einordnung der Objekte aus den Werkstätten des urzeitlichen Europas, die mit ihnen vergesellschaftet gefunden werden. Dabei geht es oft um Jahrzehnte. Das mag kleinlich erscheinen, erhält aber seinen besonderen Wert bei der absolutchronologischen Erschließung des urzeitlichen Hinterlandes südlich, nördlich und westlich der Alpen. Mittelitalien wird zu einem zweiten Kerngebiet der Diffusion, die mit der Ausdehnung der etruskischen Machtsphäre über den Apennin auf das nördlich von ihm liegende Gebiet einzuwirken beginnt.

Deshalb ist es keine Kleinlichkeitskrämerei, wenn man darüber diskutiert, ob das berühmte Frauengrab von Vix (in der Côte-d'Or) um 520, 510 oder erst um 500 v. Chr. angelegt worden ist. Ausschlaggebend für die feinere Datierung ist der Nachweis einer Fußschale griechischer Herkunft (vom Typus Droop), die auf Grund von Parallelen in ihrem griechischen Heimatgebiet um 520 v. Chr. entstanden sein muß. Dabei stellt sich die Frage, wie lange ein Exportstück brauchte, um an seinen Hinterlegungsort zu gelangen. Diese Frage ist um so interessanter, als mit der genannten Schale neben anderen Bronzegefäßen offenbar mittelitalischer Herkunft auch ein echter griechischer Riesenkrater vergesellschaftet ist, das bis jetzt größte Stück dieser Art. Es wiegt mehr als zweihundert Kilogramm, hat einen halbplastischen Reliefschmuck und ist ob seines Gewichtes sicher nicht leicht zu transportieren gewesen. Da er mit jener Schale gemeinsam in das Grab gelegt wurde, ist seine Erzeugung auf etwa dieselbe Zeit anzusetzen. Frei von Gebrauchsspuren, erweist er sich als reine Grabbeigabe, weshalb anzunehmen ist, daß er unmittelbar nach seinem Eintreffen in die Erde kam. Daraus dürfte sich ergeben, daß der Grabhügel von Vix nicht lange nach der Erzeugung der Schale, also kurz nach 520 v. Chr., errichtet worden ist.

Diese und ähnliche Beobachtungen lassen nicht nur den absolutchronologischen, sondern vielmehr noch den kulturgeschichtlichen Wert erkennen, der den Kontakten zwischen dem frühgeschichtlichen und dem urzeitlichen Europa beizumessen ist.

Bei der Beschreibung der einzelnen Kulturformen Europas aus dem Mittel-Metallikum beginnen wir wieder mit *Mitteleuropa*. Seine kennzeichnende Kulturform ist seit Hans Hildebrand als Hallstattkultur bekannt. Sie erstreckt sich von Ostfrankreich über Süddeutschland nördlich der Alpen über Bayern und die Sudeten bis nach Westungarn, greift von hier längs der Ostalpen nach Süden über, ist im krainischen und im mitteljugoslawischen Gebiet besonders reich ausgeprägt und stößt im makedonischen Bereich an die Ausläufer der griechischen Stadtkultur. Diese weite Verbreitung gestattet die regionale Gliederung in eine französisch-süddeutsche, sudetische, ostalpine, krainische und balkanische Hallstattkultur.

In ihrer Grundstruktur sind diese fünf Gruppen, von denen jede wieder einen verhältnismäßig großen Raum einnimmt, gleichartig orientiert; sie unterscheiden sich nur in Einzelheiten. Grund dafür sind die Art der Urnenfeldergrundlage und der geographische Raum, in dem sie groß werden. Je weiter sie von der Einflußsphäre Griechenlands entfernt liegen, desto stärker kommt ihr urtümlicher, bäuerlicher, ihr urzeitlicher Charakter zum Ausdruck. Alle aber bauen auf der späten Urnenfelderkultur auf.

Als im ausgehenden Früh-Metallikum III in Mitteleuropa das erste Eisen nachweisbar wird (in der von Paul Reinecke Hallstatt B benannten Stufe), ist die große Urnenfelderwanderung bereits längst abgeklungen. Die aufeinanderprallenden verschiedenartigen Komponenten sind zum Ausgleich gekommen, und neue Gemeinschaften wachsen empor. Schon in dieser späten Urnenfelderzeit zeigt sich eine unterschiedliche Detailorientierung, die es gestattet, die westlichen Formen von jenen des östlichen Gebietes deutlich zu trennen.

Am besten gelingt das an Hand der Keramik. Sie ist es auch, die die direkte Weiterführung von der späturnenfelderzeitlichen Basis deutlich veranschaulicht, die aber ähnlich auch an Hand des übrigen Gerätbestandes verfolgt werden kann. So geht eine ununterbrochene Linie von der frühen über die späte Urnenfelderkultur in die mittel-metallzeitliche Hallstattkultur, die, als Ganzes gesehen, nichts anderes darstellt als eine durch Zeit und Erfahrung verstärkte Anreicherung der Urnenfeldergrundlage. Auch die mittelmetallzeitliche Hallstattkultur ist eine mächtige Steigerung aller Potenzen, die sich in den vierhundert Jahren der inneren Ruhe allseitig entfalten konnten. Zeichnete sich die Töpferware der Urnenfelderkultur durch ihre schlichte Ausführung aus, so wird jene der Hallstattkultur manchmal ins Maßlose übersteigert. Schon die Schwarz-Rot-Bemalung der oft überdimensionierten Grab- und Gebrauchsgefäße läßt dies deutlich erkennen. Dazu kommen die oft höchst komplizierte Kerbschnittverzierung und die Riesenausmaße von Gefäßen, denen dadurch fast jede Handlichkeit genommen wird. Das gilt für die Grabkeramik ebenso wie für die im Hause verwendete Ware. Im ostalpinen Bereich der Hallstattkultur schmückt man die Grabkeramik oft noch besonders durch figurale Einritzungen oder figurale Aufsätze. Bekannt sind die großen Urnen aus den Hügelgräbern von Marz bei Ödenburg mit der Darstellung von tanzenden, musizierenden und spinnenden Frauen oder einer Fahrt auf einem vierrädrigen Wagen. Gegenüber der schönen Leichenbrandurne von Gemeinlebarn (Niederösterreich) mit ihrem plastischen Schmuck (Reiter und Gefäße tragende Frauen, auf dem Rand angesetzte kleine Entchen aus Bronze) wirken solche

Erzeugnisse fast primitiv. Beliebt sind im ostalpinen Bereich Rinderköpfe als figural gestaltete Henkel. Große und kleine Fußschalen, Henkelschalen, Töpfe und kleine Schälchen werden in gleicher Weise farbig oder plastisch verziert. Im ostalpinen Bereich gibt es Fußschüsseln, auf denen kleine, eigenartig geformte Tongebilde aufgesetzt sind. Da sie eine gewisse Ähnlichkeit mit einem Halbmond besitzen, tragen sie den Namen Mondidol; sie sind in Großausfertigung auch in Siedlungen und Gräbern anzutreffen. Ihre Bedeutung ist unbekannt, doch können sie mit dem Kult der Hallstätter in Verbindung gebracht werden, von dem man sonst kaum etwas weiß.

Die aus Metall angefertigten Waffen und Geräte nehmen an Zahl und Dimension zu. Besonders eindrucksvoll sind die aus den späten Urnenfelderschwertern entstandenen »Hallstattschwerter«, die zuerst in Bronze, dann in Eisen angefertigt werden und über einen Meter lang sind. Es sind richtige Hiebschwerter, die wohl nur von Reitern zu handhaben waren. Gegen Ende des Mittel-Metallikums werden sie von Stich-Kurzschwertern abgelöst, deren Griffe hufeisenartig gebildet sind. Dazu kommen langschmale Eisenlanzenspitzen, große und kleine Eisenmesser, Eisenbeile verschiedener Form, in weitem Umfang aber noch von Bronzegeräten ergänzt.

Breiten Raum widmet der hallstättische Bronzeschmied dem Schmuck. Nicht nur, daß er die Ledergürtel mit breiten Bronzeauflagen versieht, nachdem sie kunstvoll in Punkt-Buckelmanier geometrisch verziert worden waren: seine Hauptaufgabe ist die Erzeugung verschiedenster Fibelformen. Er geht dabei von einfacheren Vorformen der Urnenfelderzeit aus. So wird der früher aus einem Bronzestab bestehende Bügel entweder schlangenartig gebogen, mit einem ornamentalen oder figuralen Beiwerk versehen, oder er wird ausgehämmert und erhält kahnförmige Gestalt. Besonders beliebt aber ist ein flach ausgehämmerter Bügel, der zur Befestigung eines an Kettchen angebrachten Gehängeschmuckes dient. Diese Fibeln sind reiner Schmuck; sie können bei ihrem Gewicht kaum noch dem Zusammenhalten der Kleider dienen. Die ostalpine, die krainische und die mitteljugoslawische Art der Hallstattkultur bringen auf diesem Gebiet wahre Prachtstücke hervor. Die Vorliebe für diesen Hängeschmuck ist überhaupt ein Kennzeichen der südöstlichen Hallstattart.

Die Bronzeschmiede dehnen ihre Arbeit auch auf die Erzeugung von Gefäßen aus, von denen ein reicher Schatz im Hallstätter Gräberfeld erhalten geblieben ist. Wie weit sie dabei durch Anregungen aus dem nördlichen Italien gefördert wurden, läßt sich nicht leicht erkennen. Doch scheint es, daß die alten Traditionen der Urnenfelderkultur auch hier weitergewirkt haben. Man erkennt dies an der weiteren Erzeugung der hohen Bronzeeimer vom Typus Kurd, dem nun die mit zwei beweglichen halbkreisförmigen Henkeln versehene konische Situla (Eimer) an die Seite tritt. Dazu kommen kalottenförmige Schalen in Nachbildung von tönernen Vorlagen und hohe zylindrische, waagerecht gerippte Gefäße, die sogenannten Zisten. Fußschalen, Gefäßuntersätze ergänzen das Inventar. Innerhalb der ostalpinen und südöstlichen Hallstattkultur entsteht daneben noch ein anderer Zweig der Bronzegefäße, die figural verzierte Situla, aus der über Anregung aus dem nördlichen und nordöstlichen Italien manches echte Kunstwerk entsteht. Hier nur die Bemerkung, daß sich dieser Kunstrichtung auch die einfachen Kupferschmiede des »Hinterwäldlergebietes« bemächtigen und sie ganz in ihrem Sinne umgestalten. So gibt es köstliche, die Mentalität dieser hallstättischen Bauern offenbarende Erzeugnisse, von denen jene aus dem steirischen Sulmtalgebiet ob ihrer Naivität besonders wertvolle Belege darstellen.

Die soziale Gliederung der Hallstattkultur kommt im Bestattungsbrauch zum Vorschein. Das Grab des einfachen Bauern enthält neben seiner Asche in einer Urne nur wenige Beigefäße. Bessergestellte erhalten wertvollere Beigaben; es gibt Brandgräber, bei denen bis zu hundert Gefäße angetroffen werden, die wohl zur Aufnahme von Speise und Trank als Wegzehrung in das Jenseits gedient haben. Reiche Leute errichten ihren Toten Grabhügel aus Stein und Erde. Solche Grabhügelnekropolen können oft recht ansehnliche Ausdehnungen annehmen. Sozial Hochgestellte aber werden in prunkvollen Hügelgräbern beigesetzt. Man errichtet ein hölzernes Totenhaus, in das der Abgeschiedene samt seinen reichen Beigaben gelegt wird, und überdeckt das Haus mit einer riesigen Aufschüttung. Neben den zahlreichen Gefäßen finden sich in diesen Gräbern auch viele Bronzegegenstände, wie Helm, Schwert, Panzer und Beinschienen. Im sudetischen und süddeutsch-westfranzösischen Bereich ist es Sitte, den Toten auf einen vierrädrigen Wagen zu legen und auch das Pferdegeschirr beizugeben. Ein Beispiel dafür ist das reiche Frauengrab aus Vix (Côte-d'Or).

Das bäuerliche Leben der Hallstätter erkennt man auch an weit ausgedehnten Siedlungen, die im Flachland wie auf natürlich geschützten Höhen liegen. Sehr oft sind diese Höhensiedlungen von Wall und Graben umgeben. Zahlreiche Beispiele zeigen, daß die Siedlungen eine verhältnismäßig große Ausdehnung besitzen können, deren Befestigungswerke Einblicke in die Wehrtechnik der Zeit vermitteln. Untersuchungen der süddeutschen Heuneburg bei Riedlingen an der Donau ergaben ein bis dahin unbekanntes Bauverfahren. Der mächtige, mit Bastionen versehene Wall ist aus luftgetrockneten Ziegeln gebaut und durch Steinschutz befestigt. Wolfgang Dehn, der Leiter der Ausgrabungen, nimmt an, daß diese Bauweise durch den Kontakt der westlichen Hallstattleute mit der griechischen Baukunst nach Süddeutschland verpflanzt worden ist; er denkt sogar daran, daß ein griechischer Baumeister am Werke gewesen sein könnte. Das ist möglich, aber nicht erweisbar, solange Untersuchungen nicht gezeigt haben, daß es sich auf der Heuneburg tatsächlich um eine einmalige Ausnahme handelt. Trotzdem ist diese Möglichkeit nicht auszuschließen, da der Kontakt mit der griechischen Kulturzone durch schwarzfigurige Keramik auf der Heuneburg erwiesen ist. Gleiches gilt für die Siedlung auf dem Mont Lassois bei Châtillon-sur-Seine, jener Siedlung, zu der allem Anschein nach das Vixer Grab und die zahlreichen Hügelgräber seiner Umgebung gehören. Im übrigen erhebt sich gerade bei dieser Bestattung die Frage, wie der durch die zahlreichen importierten Beigaben erwiesene Reichtum der Vixer Bevölkerung zu erklären ist. Es ist bekannt, daß die Côte-d'Or reich an Eisenerzen ist. Es wäre daher möglich, daß die in dem Vixer Grab Bestattete die Frau oder Tochter eines Bergherrn gewesen ist, der sich einen solchen Schatz mühelos im Ausland besorgen konnte.

Die zahlreichen befestigten Siedlungen der Hallstattkultur dürfen aber nicht als Zeichen einer Zeit der Unruhe und des Kampfes gewertet werden. Viel eher wird man daran denken können, daß sie der Ausdruck einer gesteigerten Machtpotenz und daher – ähnlich den mittelalterlichen Ritterburgen – als Sitze der Territorialherren anzusprechen sind. Nur im Bereich der östlichen Hallstattkultur scheinen die befestigten Siedlungen einem Schutzbedürfnis entsprungen zu sein. Östlich dieser Befestigungen drangen die aus dem Osten vorstürmenden Skythen bis tief in die ungarische Tiefebene vor, ja es scheint, daß sie nördlich der Hallstattkultur, innerhalb der Lausitzer Kultur des Mittel-Metallikums, gegen das Herz Mitteldeutschlands vorgestoßen sind. Der Goldfund von Vettersfelde bei Guben (Brandenburg) wird jedenfalls gern mit solchen Ereignissen in Verbindung gebracht und auf die in Ungarn nachweisbare skythische Schicht zurückgeführt.

Nördlich der sudetischen Gruppe der Hallstattkultur schließt eine Zone an, die kulturell das *Erbe der Lausitzer Form* angetreten hat. Sie ist in Schlesien, in Brandenburg und Mecklenburg ebenso anzutreffen wie östlich der Oder bis tief nach Polen hinein. Diese mittelmetallzeitliche Lausitzer Form setzt jene des Früh-Metallikums III direkt fort und wird durch ihre Kontakte mit der südlich anschließenden Hallstattkultur auch bereichert. So ist wohl ein geringer Bestand an Eisenwaffen darauf zurückzuführen. In Schlesien findet die Bemalung der Gefäßoberfläche Eingang; die innere Verbindung zur Hallstätter Art ist dabei deutlich zu greifen. Auch in diesem Gebiet herrscht die dörfliche Siedlungsart vor, und die Holzbautechnik erreicht, wie das polnische Biskupin zeigt, zu dieser Zeit eine wahre Vollendung. Aber diese Zone am nordöstlichen Rande Mitteleuropas ist historisch nicht sonderlich hervorgetreten.

Nach den Einflüssen der Urnenfelderkultur auf den *nordwestdeutsch-südskandinavischen Raum* und das dadurch bedingte kulturelle Zwischenspiel besinnt sich die hier lebende Bevölkerung auf ihre im Früh-Metallikum geschaffene Eigenart. In dessen Frühstadium noch etwas ärmlich geartet, steigt sie aber in dieser Zeit zu neuer Blüte empor, wie zahlreiche Bronzegeräte und Waffen erweisen.

Träger einer ausgeprägten, wieder auf dem spiraloiden Element aufgebauten Dekoration sind die Schmuckstücke der Frauen; so die am Gürtel angebrachten Hängebecken, der halbmondförmige Halsschmuck, besonders aber die zweigliedrige Fibel, die jetzt zu wahren Monsterstücken entwickelt wird. Wie im hallstättischen Bereich der Bügel Träger der Dekoration ist, so wird es im Norden die an den Bügel angeschlossene Fußplatte, die eine besondere Ausgestaltung erfährt. Schwerter, Dolche, Lanzenspitzen und Rasiermesser sind aber verhältnismäßig einfach gehalten.

Die allein angewandte Beisetzungsart ist das Brandgrab mit Steinumstellung, die manchmal den Grundriß eines Schiffes zeigte. Darin äußert sich greifbar die Seetüchtigkeit dieser mit dem Meere verbundenen Menschen. Die ihnen während des Mittel-Metallikums gewährte Ruhe führt anscheinend zu einem Bevölkerungszuwachs, der es gestattete, das Siedlungsgebiet langsam, aber stetig nach dem Süden auszudehnen. Wieweit hierbei die Kunde von der Lebensart der Hallstattleute eine Rolle gespielt hat, weiß man nicht. Aber es ist nicht unwesentlich, festzustellen, daß gegen Ende des Mittel-Metallikums dieses im südskandinavischen Raum groß gewordene Formwollen seine Fühler bis an die Nordgrenze der Hallstattkultur ausgedehnt hat.

In diesem Zusammenhang ist eine andere Beobachtung erwähnenswert. Während die Hauptperiode des Mittel-Metallikums in diesem Raum über einen recht ansehnlichen Wohlstand zu verfügen scheint – so wenigstens kann man nach den zahlreich erhaltenen Bronzen schließen –, erweist sich das späte Mittel-Metallikum als eine Periode der Verarmung, wofür der geringe Bestand an Bronzegeräten in weniger wertvoller Ausgestaltung spricht. Was aber verbirgt sich dahinter?

Als die Forschung das erstemal kleinere Klimaschwankungen erkannt hatte, war man der Meinung, daß verschlechterte Lebensbedingungen diese Verarmung im südskandinavischen Raum ausgelöst hätten. Doch scheint diese Erklärung zu mechanistisch. Weitaus eher ist anzunehmen, daß sich hinter urgeschichtlichen Veränderungen historische Ereignisse verbergen. Wenn man bedenkt, daß noch das während des Mittel-Metallikums im nordwestdeutsch-skandinavischen Bereich verwendete Kupfer aus dem Gebiet der ostalpinen Kupfergruben bezogen werden mußte, dann klingt es nicht unmöglich, den Rückgang der Bronzeverwertung im nördlich anschließenden Gebiet auf einen geringeren Import des Rohstoffes zurückzuführen. Dies wird insofern verständlich, als im Hallstätter Kulturbereich neben dem Kupfer das Eisen immer mehr an Bedeutung gewinnt, aber nicht in dem Umfang vorhanden ist, um nach dem Norden ausgeführt werden zu können. Demgemäß sind hier auch keine Eisengeräte gefunden worden. Eisen scheint wirklich eine Kostbarkeit gewesen zu sein. Neben der Produktion von Eisen dürfte jene von Kupfer stark zurückgegangen sein, der Export nach dem Norden mußte daher notgedrungen eingeschränkt werden. Wir werden später sehen, wie die Rohstoffversorgung auf europäischem Boden durch die keltische Wanderung noch einschneidender beeinflußt wurde.

Das über die nordischen Felsbilder Gesagte gilt auch für das Mittel-Metallikum, mit dessen Ende auch die Bilder aufhören. Jedenfalls bieten sie selbst nichts, was auf eine Fortsetzung in das Spät-Metallikum hinwiese.

Dem nordwestdeutsch-südskandinavischen Raum nicht unähnlich liegen die kulturellen Verhältnisse im *Westen*. Ostfrankreich ist durch die westliche Hallstattkultur dem mitteleuropäischen Bereich eingegliedert worden. In der südlich anschließenden Rhône-Zone und in Südfrankreich erhebt sich auf der Basis der Urnenfelderkultur eine in der Auseinandersetzung mit der einheimischen Grundschicht entstandene Mischform, die eine gewisse Verwandtschaft mit dem mitteleuropäischen Gebiet erkennen läßt, sich von dessen kultureller Gestaltung aber doch unterscheidet. Die vorindogermanische Grundhaltung kommt hierbei wieder zum Durchbruch. Von Südfrankreich aus dehnt sich diese hallstattoide Kulturform bis an den Fuß der Pyrenäen aus, wo sie in zahlreichen Grabhügelfunden greifbar wird. Auch in Ostspanien entsteht in gewisser Relation zu Mitteleuropa eine Kulturform, die diese Janusköpfigkeit aufweist. Im Inneren und im Süden der Iberischen Halbinsel aber lebt die alteingesessene Bevölkerung nicht-indogermanischer Art weiter fort.

Mit der Gründung von Massilia um 600 v. Chr. macht sich auch im westeuropäischen Gebiet der griechische Einfluß bemerkbar. Das Rhône-Tal wird zur Handelsstraße in das Innere, während von der Rhône-Mündung aus sich weiter nach Westen der griechische Einfluß ausbreitet. Nachweisbar wird er in der dichtbesiedelten Provence an Hand griechischer Keramik verschiedener Art. Im ostspanischen Küstenbereich entstehen weitere Kolonien, von denen Ampurias immer mehr an Bedeutung gewinnt, bis es während des Spät-Metallikums zur Metropole Ostspaniens emporsteigt.

Im westlichen Frankreich setzt sich die kulturelle Orientierung des Mittel-Metallikums nur langsam durch, auch auf dem Boden der Britischen Inseln sind Einflüsse von dieser Seite erst gegen Ende der Periode spürbar. Man erkennt sie an importierten Bronzegefäßen (wie Situlen und Becken), die anscheinend auf dem Wege über Belgien (dessen mittel-metallzeitliche Erscheinungen enge Kontakte mit der westlichen Hallstattform zu erkennen geben) und die Niederlande über den Kanal gelangt sind. Während des 5. Jahrhunderts v. Chr. scheinen die ersten, vom Kontinent ausgehenden Bevölkerungsteile nach Ostengland gekommen zu sein. Die hier verbreitete Keramik des »Early Iron Age A« zeigt nämlich auffallende Ähnlichkeit mit der etwa gleichzeitigen Ware des nordostfranzösischen Gebietes, weshalb eine solche Annahme gerechtfertigt erscheint.

So wenig Bedeutung die auf der *Apenninenhalbinsel* im Früh-Metallikum lebenden Kulturen für die Gesamtentwicklung Europas hatten, so entscheidend werden sie im Mittel-Metallikum. Den Grund dafür haben wir schon genannt: Italien wird als erstes zum Exponenten Griechenlands und empfängt auf diesem Wege stärkste Anregungen, so daß es verhältnismäßig bald dank der im Kerngebiet griechischer Einflüsse (im westlichen Mittelitalien) entstehenden Stadtkultur (jene der Etrusker) manches nach dem Norden abzugeben vermag. Auch die Anfänge des italienischen Mittel-Metallikums sind mit der Urnenfelderkultur aufs engste verbunden.

Nach der durch die Urnenfelderwanderung bedingten Unruhe konsolidieren sich die Verhältnisse wieder und führen zum Emporwachsen wichtiger Kulturformen: im Nordosten als Nachbarin zur südlichen und südöstlichen Hallstattzone wächst die Este-Kultur empor, die nördlich des Po gegen Westen mit der dort aufblühenden Golasecca-Kultur und gegen Süden mit der im östlichen Po-Gebiet emporsteigenden Villanova-Kultur in ständiger Verbindung steht. Das Zentrum der Golasecca-Kultur ist die norditalienische Seenzone, besonders das Gebiet um den Comer See und den Lago Maggiore. Von hier dringt sie gegen Piemont und die Liguria vor und leitet dort eine stärkere Indogermanisierung ein. Die Villanova-Kultur ist die mittel-metallzeitliche Nachfolgerin der vor allem südlich des Po verbreiteten früh-metallzeitlichen sogenannten Terramaren-Kultur. Östlich des Apennins an der adriatischen Küste greift sie nach dem Süden über und tritt hier mit der Novilara-Kultur mit dem Zentrum in den Marken in Verbindung, hält aber Beziehungen zum westlichen Mittelitalien weiter aufrecht.

Dieses Gebiet ist für die historische Dynamik Italiens am wichtigsten. Vor ihr liegt die älteste griechische Kolonie, Cumae, die in ununterbrochener Folge das Hinterland beeinflußt. Im Süden der Halbinsel aber, wo die Einflüsse der Urnenfelderkultur nicht mehr so kräftig waren, kann die eingesessene Bevölkerung mehr ihre Eigenart betonen, wird aber gleichfalls durch griechische Einflüsse gewandelt. Die großen Nekropolen Kalabriens lassen diesen Prozeß der gegenseitigen Einflußnahme anschaulich erkennen.

Auf dem Boden des westlichen Mittelitaliens, in der Toskana und in Latium, treten zu Beginn des Mittel-Metallikums, also noch im späten 9. und im 8. Jahrhundert v. Chr., zwei größere Kulturareale deutlich hervor: im vorwiegend toskanischen Gebiet eine Form, die man nach der später so bedeutenden etruskischen Stadt Tarquinia bezeichnet, und im südlichen Bereich eine Form aus den Albaner Bergen, die nach einem Fundort als Grottaferrata-Form umschrieben werden kann. Beide Formen entstehen aus einer Mischung von der früh-metallzeitlichen Grundschicht (die man nach einem toskanischen Fundplatz als Belverde-Cetona-Kultur umschreibt; die italienische Forschung spricht von einer apenninischen Bronzezeit) mit der urnenfelderzeitlichen, also indogermanischen Oberschicht. Der ganze keramische Formenbestand dieser beiden Gruppen läßt diese Mischung unmißverständlich erkennen. Dabei zeigt die Tarquinia-Gruppe eine auffallende Ähnlichkeit mit der keramischen Eigenart der Villanova-Kultur, die Grottaferrata-Gruppe hingegen ist eigenständiger und läßt in Details die Anteilnahme der vorurnenfelderzeitlichen Grundlage durchleuchten. Als Erbe der Urnenfelderkultur kennen aber beide die Brandbestattung, wogegen die Körperbeisetzung, die während des ganzen Früh-Metallikums im Gebiet südlich des Apennins geübt wurde, im kampanisch-kalabrischen Bereich weiter beibehalten wird. Man sieht daraus, daß die Art der Totenbestattungen in diesem Gebiet mit einer bestimmten volksmäßigen Eigenart verbunden ist. Man wird sogar sagen dürfen, daß die Brandbestattung mit der neu in das Land gekommenen, indogermanisch orientierten Schicht verbunden ist, während die Körperbeisetzung die Tendenzen der im Lande groß gewordenen Schicht ausdrückt.

Das Formwollen der Tarquinia-Gruppe ist nun an allen Siedlungsstellen (Städten und Dörfern) der *Etrusker* anzutreffen. Das gilt für Populina ebenso wie für Vulci oder Cerveteri. Rom hingegen und die südlich davon gelegenen Siedlungen werden von dem Formwollen der Grottaferrata-Gruppe geprägt. Da ist es aufschlußreich zu beobachten, wie sich bereits zu Beginn des Mittel-Metallikums innerhalb dieser Grottaferrata-Gruppe die Körperbeisetzung immer mehr durchzusetzen beginnt. Die Forum-Nekropole zeigt dies ebenso unmißverständlich wie die große Esquilin-Nekropole und die in ihrem Hinterland nachgewiesenen Gräberfelder. Hier offenbart sich eine immer kräftiger werdende Teilnahme der bodenständigen, vorurnenfelderzeitlichen Schicht an der Neugestaltung des Mittel-Metallikums. Ein ähnlicher Prozeß läßt sich auch in der Zone der Tarquinia-Gruppe verfolgen. In ihrem Verbreitungsgebiet gibt es Gräber, die in der Anlage sogar diese divergierenden Orientierungen zum Ausdruck bringen. So legt man im Tuffboden dieser Zone mannslange Grabvertiefungen an, hebt aber für das Ossuarium eine eigene kleine Grube aus, verbindet also die Körperbestattung mit der Brandbeisetzung, die allein durchgeführt das Gefäß mit dem Leichenbrand in kleine schmale Schächte (*pozzi*) stellt und mit einer Steinplatte abschließt. Auf diese gegensätzlichen, aus der Vermischung von einheimischer, mediterran gebundener Bevölkerung mit der Urnenfeldergruppe entstandenen Sitten treffen die ersten griechischen Einflüsse in Gestalt der spätgeometrischen Keramik. Das bekannte Kriegergrab (*tomba del guerriero*) von Vetulonia ist das Paradebeispiel dafür. In dem reich ausgestatteten Männergrab findet sich neben Erzeugnissen der einheimischen Schicht spätgeometrische Ware in Gestalt von Skyphoi, Schalen und Henkelkrügen mit roter Bemalung in waagrechten Streifen. Nach Ausweis der gleichartigen Ware in den Friedhöfen von Cumae aus derselben Zeit ist kein Zweifel, daß hier der Umschlagplatz für die ersten Exporte gewesen ist und in die Wende vom 8. zum 7. Jahrhundert v. Chr. gehört.

Nachdem der griechische Handel zuerst seine eigenen Erzeugnisse ins Land gebracht hat, wendet er sich auch der Handelsware des Vorderen Orients zu. Beleg dafür ist die bekannte Fayence-Vase des ägyptischen Pharaos Bocchoris, der um 720 bis 715 regierte und während seiner Herrschaft einen Sieg über die Äthiopier erfocht. Sein Sieg ist auf der Vase dargestellt, ihre Entstehungszeit ist daher genau bestimmbar. Aber das nach Italien gekommene Exemplar ist kein Original, sondern eine phönikische Nachbildung, die die griechischen Handelsleute dort erstanden und wahrscheinlich als Seltenheit nach dem Westen verkauften. Das dürfte während der ersten Hälfte des 7. Jahrhunderts gewesen sein. Nicht viel später setzt dann der durch griechische Kaufleute geführte Handel mit Metallerzeugnissen ein, die im Sinne des damals im Nahen Osten üblichen orientalisierenden Stiles verziert sind. So kamen Silberschalen, silberne Skyphoi, Bronzebecken mit Greifenköpfen und anderer Zierat in das westliche Mittelitalien. Die ersten Spuren dieses Handels finden sich in der »tomba del duce« in Vetulonia, einem reich ausgestatteten Grab, dessen Toter noch verbrannt wurde und dessen Asche man mit den Beigaben in einer hausförmigen bronzenen Truhe beigesetzt hat. Auch dies dürfte noch vor 650 v. Chr. gewesen sein. Nicht viel später entstand das Frauengrab Regolini-Galassi, reich ausgestattet mit einem bronzebeschlagenen Thronsessel, zahlreichen wertvollen Beigaben, von denen ein auf hohem, orientalisierend verziertem Bronzefuß stehendes Becken, das mächtige goldene Pectorale der Toten und ihre goldenen Fibeln hervorgehoben seien.

Mit der tomba Regolini-Galassi tritt uns aber zum erstenmal wohl ausgeprägt eine Grabform entgegen, die etwa von der Mitte des 7. Jahrhunderts an im westlichen Mittelitalien allgemein verbreitet ist und durch den Tuffboden noch besonders begünstigt wird: das Kuppelgrab, das in dem küstennahen Bereich zum Träger eines prunkvollen Totenkultes wird. Mit ihm setzt sich die Körperbeisetzung immer mehr durch. Weiter im Inneren des Landes aber werden die Gräber ärmlicher, Felskammergräber, die an die Höhlenbestattung des Früh-Metallikums erinnern, sind hier ebenso anzutreffen wie die Brandbeisetzung, die in Chiusi als ärmlicher Ausklang des küstennahen Reichtums die bekannten Canopen, Leichenbrandbehälter mit dem Porträt des Toten, entstehen läßt.

In den Zentren des westlichen toskanisch-lazialen Gebietes sammelt sich der durch den Handel mit dem Vorderen Orient und Griechenland hereingekommene Reichtum und führt so zu einer städtischen Kulturform, die wohl nicht anders denn als provinzieller Ableger der griechischen Stadtkultur zu deuten ist. Ihr verdankt dieses Gebiet auch die Kenntnis der Schrift, die im weiteren Verlauf des Mittel-Metallikums durch die Handelsbeziehungen über den Apennin nach Norden in die Po-Ebene und weiter nach Este und in das Innere des Alpengebietes gelangt ist.

Die Betrachtung der im westlichen Mittelitalien emporsteigenden Stadtkultur als Ableger Griechenlands scheint am ehesten geeignet, die Eigenart dieses Gebietes zu verstehen. Aus dieser Sicht löst sich das ganze etruskische Problem wesentlich leichter, als wenn man dabei auf komplizierte Wanderungen zurückgreift.

Über die *Novilara-Kultur* in den Marken ist nicht allzuviel zu sagen. Hier ist gleichfalls die Auseinandersetzung zwischen bodenständiger und Urnenfelderschicht zu bemerken, mit dem Unterschied freilich, daß das Fehlen griechischer Importe einen wesentlich ärmeren Kulturbestand als im Westen der Halbinsel hinterlassen hat. Die Bewohner der adriatischen Küstenzone und ihres Hinterlandes haben anscheinend nähere Beziehungen zum gegenüberliegenden balkanischen Bereich aufgenommen. Auf diese Kontakte scheint der überaus reich verwendete Bernstein ebenso zurückzugehen wie die nachweisbare Vorliebe für den Hängeschmuck, auf den wir bereits bei der Hallstattkultur gestoßen sind.

Nördlich des Apennins schließt sich die *Villanova-Kultur* an. In ihren großen, eine dichte Bevölkerung anzeigenden Brandgrabfriedhöfen sind die seit dem späten Früh-Metallikum ansässigen Menschen begraben. Doch haben sie sich fast vollständig den durch die Urnenfelderwanderungen in das Land gekommenen Neuerungen unterworfen. Die keramischen Produkte des 8., 7. und des beginnenden 6. Jahrhunderts bauen ganz auf den Neuerungen der Urnenfelderkultur auf. Die Metallerzeugnisse zeigen gleichfalls die Beziehungen zu dieser Schicht und zur Hallstattart. Nur in der Bronzegefäßerzeugung scheint sich eine gewisse Eigenständigkeit entwickelt zu haben. Konische Situlen, zylindrische Zisten, Schalen und Büchsen geben Kunde von einer reichen Bronzeschmiedetätigkeit, deren bestes und bekanntestes Stück die Situla aus dem Friedhof bei der Certosa (Bologna) ist.

In diesem Prunkstück tritt uns das erstemal jene Kunstrichtung entgegen, die man als Situlenstil bezeichnet. Seine Entstehung ist noch nicht ganz geklärt. Doch ist es nicht unwahrscheinlich, daß seine Voraussetzungen im Kunstgewerbe des westlichen Mittelitaliens zu suchen sind. Man weiß, daß hier eine Motivik eigenständig nach orientalisierenden Vorbildern entstanden ist, die auch auf der Elfenbeinbüchse aus dem Pania-Grab des 6. Jahrhunderts v. Chr. zutage tritt. Hier erscheint zum ersten Male eine eigenartige, in Zonen übereinandergereihte Komposition, die szenische Darstellungen mit orientalisierenden Fabeltieren verbindet. Die im westlichen Mittelitalien entstandene Stadtkultur greift über den Apennin in das Gebiet der Villanova-Kultur über und macht dort diese kunsthandwerkliche Richtung bekannt. Die einheimischen Bronzeschmiede übernehmen sie, behalten aber nur die an der Basis der verzierten Gefäße angebrachte Reihe mit den orientalisierenden Fabeltieren bei. Die Reihen darüber füllen sie mit Darstellungen von Ereignissen und Sitten ihres Alltags und gestalten diese Kunstrichtung zu einem Spezifikum des nordapenninischen Raumes aus.

Durch enge Kontakte mit der östlich anschließenden Este-Kultur in Venetien geht die Kenntnis des Situlenstiles auch auf dieses Gebiet über, das sich mit aller Energie seiner bemächtigt. So scheint im Zentrum der Este-Kultur, im Gebiet des späteren Este, eine Reihe von Werkstätten bestanden zu haben, denen zahlreiche Erzeugnisse zu danken sind. Auch ihnen fehlt die Reihe der orientalisierenden Fabeltiere nicht, aber sie sind durchaus dem eigenen Kunstempfinden angepaßt. Die Ausbreitung der – nennen wir sie nur so – etruskischen Stadtkultur in die Po-Ebene war um etwa 500 v. Chr. erfolgt. An der Stelle der Villanova-Dorfsiedlung im Bereich des heutigen Bologna wurde eine Stadt gegründet, Felsina; weitere geschlossene Siedlungen entstanden, von denen Marzabotto westlich von Bologna die bekannteste ist. Diese Neugründungen dienen dann als Stützpunkte für den intensivierten Handel mit eigenen Erzeugnissen und dem weiteren Import griechischer Waren nach Norden. Spina an der Adria ist so ein griechisch-etruskischer Umschlagplatz, von dessen Bedeutung und Größe die erst langsam anlaufenden Ausgrabungen in beiden Nekropolen in der Umgebung der Stadt Zeugnis ablegen.

Die *Este-Kultur* Venetiens hat die Eigenart der Urnenfelderschicht am besten bewahrt. Das mag damit zusammenhängen, daß hier dieser Einfluß am stärksten wirken konnte, mag aber auch in der Nachbarschaft zur Hallstattkultur begründet liegen, von der weiterhin verschiedene Impulse ausgehen. Jedenfalls sieht man im ganzen keramischen und metallischen Bestand dieser Zone beachtenswerte Verwandtschaften mit dem mitteleuropäischen Gebiet. Auch das Beibehalten der Brandbeisetzung bis in die Zeit der römischen Okkupation zu Beginn des 2. Jahrhunderts v. Chr. mag ein Zeichen dafür sein, daß die Bewohner Venetiens ihrer indogermanisch-mitteleuropäischen Bindung treu geblieben sind.

Neben allen Aufschlüssen zum materiellen Besitztum oder zum Bestattungsbrauch hat die Este-Zone die meisten Belege für die Situlenkunst ergeben. In ihr zeigt sich ein besonderes Formwollen. Während die Vorbilder aus Mittelitalien und die neue Gestaltung der Certosa-Situla immerhin noch einen beachtlichen Naturalismus erkennen lassen, der das Vorbild soweit wie möglich getreu wiedergibt, hebt sich im estensischen Gebiet deutlich eine greifbare Abstraktion heraus. Tiere werden anatomisch unrichtig langgedehnt und die figuralen Darstellungen schematisiert dargestellt. Diese Eigenart ist geeignet, die Verbreitung der im estensischen Bereich entstandenen Erzeugnisse zu verfolgen. Sie gelangen nicht nur in die benachbarte Golasecca-Kultur, sondern kommen sogar bis nach Hallstatt, wo sie mit einem estensisch dekorierten Eimerdeckel nachweisbar sind. Die Beziehungen zur südöstlichen Hallstattkultur haben auch im krainischen Bereich eine neue Provinz der Situlenkunst entstehen lassen, von der die bekannte Watscher Situla oder jene vom Magdalenenberg bestes Zeugnis ablegen.

Nicht minder aufschlußreich für die geistige Orientierung des ganzen Mittel-Metallikums sind auch die zahlreichen Weihefunde aus dem estensischen Gebiet. Sie scharen sich um heilbringende Quellen und sind einer weiblichen Gottheit geweiht, die unter dem Namen Reitia bekannt ist. Da die Estenser vom 5. Jahrhundert an durch Vermittlung der Villanova-Kultur die Schrift übernahmen, finden sich an diesen Weiheorten zahlreiche Devotionalien-Inschriften. Die Göttin Reitia, die mit der griechischen Orthia und der norischen Noreia in eine Reihe zu stellen ist und nichts anderes als die regionale Ausgestaltung der allgemein verehrten weiblichen Fruchtbarkeitsgottheit darstellt, wird für alle Bresthaftigkeiten des Körpers angerufen. In ihren Heiligtümern, von denen jenes auf dem Fondo Baratela in Este am berühmtesten geworden ist, türmen sich die Weihegaben aus Bronze. Neben den Nachbildungen der Körperteile, deren Erkrankungen durch Opfergaben geheilt werden sollen, finden sich zahlreiche nagelartige Stücke mit Inschriften, Bronzebleche mit Darstellungen von Frauen, Männern und Reitern, dann Tierfiguren, besonders Pferde, da die Reitia auch bei Tierkrankheiten angerufen wurde. Diese Weihefunde trifft man in Heiligtümern an, deren Mauerreste erhalten geblieben sind. Manche liegen auf Anhöhen, wohin man wohl in Scharen gepilgert ist. Durch die Inschriften weiß man auch, daß neben der Reitia noch zwei andere weibliche Göttinnen verehrt wurden: Hekate und Louzera, denen wahrscheinlich die gleichen helfenden Eigenschaften zugeschrieben wurden. Der an heilbringende Gewässer gebundene Quellkult ist eine gemeineuropäische Erscheinung, findet aber im estensischen Bereich eine besonders kennzeichnende Ausprägung.

Gegenüber der Villanova-Kultur und der Este-Kultur ist die im Westen der Po-Ebene verbreitete *Golasecca-Kultur* von den Einwirkungen des Südens unberührt geblieben. Demgemäß ist ihr kultureller Gehalt verhältnismäßig ärmlich. Er zeigt sich in zahlreichen Grabfunden, in denen die Leichenbrände in einfachen, auf die Urnenfelderkultur zurückgehenden Gefäßen beigesetzt werden. Erst im Laufe des Mittel-Metallikums wird diese Ware feiner ausgeführt und mit eingeglätteten Dekorationen versehen. Gegen Norden zu scheint die Golasecca-Form über das Tessin und Engadin mit der westlichen Hallstattkultur Beziehungen unterhalten zu haben. Darauf weisen Grabinventare hin, die sich durch reichere Ausgestaltung von dem übrigen einfachen Bestand abheben. So gibt es aus Cà Morta ein dem älteren Mittel-Metallikum zugehörendes Grab, dem die Reste eines kleinen bronzenen Kultwagens mit typisch mitteleuropäischem Begleitinventar beigegeben waren. Aus dem fortgeschrittenen Mittel-Metallikum aber stammt eine Bestattung mit einem vierrädrigen Wagen, wie er in der westlichen Hallstattkultur üblich gewesen ist. Aus dem ausgehenden Mittel-Metallikum gibt es dann die zwei berühmten Kriegergräber von Sesto Calende, die durch mitteleuropäische Hufeisenschwerter (Dolche) ausgezeichnet sind und Bronzeeimer vom Typus Kurd enthalten, mit einer reichen, an die norditalienische Situlenkunst anschließenden figuralen Verzierung. Doch ist auch sie in einfacher, fast primitiver Art ausgeführt, die kein großes Künstlertum verrät.

Im Laufe des Mittel-Metallikums dehnt sich die Golasecca-Kultur, über deren Siedlungswesen man ebensowenig weiß wie über das der Este-Kultur, gegen Westen und Süden zu aus. In der Spätzeit des 5. Jahrhunderts entstehen in Ligurien bis an die Meeresküste neue kulturelle Zentren, von denen die nun intensiver einsetzende Indogermanisierung ausgeht. Hochgelegene, von Natur aus befestigte Siedlungen und bescheidene Grabfunde stellen mit ihrem einfachen Inventar die Verbindung zum Norden her.

Zwischen der im nördlichen Voralpenland lebenden Hallstattkultur und den Kulturen in Norditalien schiebt sich wie ein Riegel die Alpenkette ein, die zumindest in ihrem östlichen Teil bereits im Früh-Metallikum vom Kupferbergbau erschlossen worden war, während Tirol, Vorarlberg und die Schweiz in der gleichen Zeit nur gering besiedelt gewesen zu sein scheinen. Erst die Urnenfelderwanderung bringt hier einen Wandel. Die Alpenpässe werden jetzt der Südwärtsbewegung dienstbar gemacht, und von den Hauptverkehrslinien schiebt sich die Besiedlung langsam in das Innere des Landes vor. In diese Zeit fällt der Ursprung einer immer stärker hervortretenden kulturellen Schicht, die als Melauner oder *Melaun-Fritzenser Kultur* bekannt ist. Sie reicht vom westlichen Salzburg über Nord-, Ost- und Südtirol, das Trento und Graubünden bis in die östliche Schweiz und grenzt im Vorarlbergischen an die westliche Hallstattkultur. Die Melaun-Fritzenser Kultur ist eine typisch alpine Form: der Boden ist zu eng, um Siedlungen im frei bebaubaren Feld anzulegen; man zieht auf die Hügel und niederen Bergkuppen, die schon durch ihre Lage einen gewissen Schutz bieten, aber durch Errichten von Wall und Graben noch besser befestigt werden. Diese Siedlungsweise ist so kennzeichnend, daß man geneigt ist, von einer »Wallburgenkultur« oder einer »Castellieri-Kultur« zu sprechen. Ihre Träger sind Bergbauern mit intensiver Viehwirtschaft, deren Produkte noch von Plinius dem Älteren hervorgehoben werden.

Situla aus dem Friedhof bei der Certosa von Bologna, frühes 5. Jahrhundert v. Chr.
Bologna, Museo Civico

Gefäße aus dem Goldschatz von Valci Tran/Bulgarien, etwa 6. Jahrhundert v. Chr.
Sofia, Archäologisches Museum

In ihrem materiellen Besitztum aber schließt die Melaun-Fritzenser Kultur direkt an die jüngere Urnenfelderkultur an und wird durch Kontakte mit der im Norden lebenden Hallstattkultur und mit den Kulturen im Süden Norditaliens bereichert. Vom Norden kommen Neuerungen in der keramischen Eigenart herein, vom Süden aber übernimmt sie die Kenntnis der villanovisch-estensischen Situlenkunst, die sie dann ganz im Sinne ihres eigenen Formwollens weiterbildet. Dieser Prozeß beginnt gegen Ende des Mittel-Metallikums und wird im Spät-Metallikum besonders intensiviert. Noch in die Zeit des ausgehenden Mittel-Metallikums fällt der erste Nachweis von Quellheiligtümern, so jenes von Moritzing bei Bozen mit seinen mehreren tausend Fingerringen. Im späten 5.Jahrhundert beginnt sich die Kenntnis der Schrift auszubreiten, die aus dem etruskisch-griechischen Exportbereich ins Land kommt. Sowohl die Melaun-Fritzenser Kultur wie die Golasecca-Kultur spielten als Vermittler dieses Exportes eine entscheidende Rolle.

Schließlich ist noch ein Gebiet zu nennen, das im nördlichen Hinterland des klassischen Griechenlands gelegen, von dort mannigfache Impulse empfing und dessen Bewohner eine Art Mittlerstellung zwischen Westen und Osten einnahmen. Es ist die *bulgarisch-rumänische Zone* einschließlich Siebenbürgens, ein reiches Gebiet mit Kupfererz- und Goldlagerstätten, die seit dem Früh-Metallikum abgebaut wurden. Diese Zone ist eigenartigerweise von der Urnenfelderkultur kaum berührt worden. Daher konnte sich die vom Früh-Metallikum I langsam immer klarer sich abhebende Eigenart sich über die Zeit der Unruhe halten und im Mittel-Metallikum ungestört weiterentfalten. Allem Anschein nach ist der Goldbergbau damals weiter intensiviert worden, denn die Goldfunde reichen über die Urnenfelderzeit im späten Früh-Metallikum bis tief in das Mittel-Metallikum hinein. So hat Bulgarien in dem Goldschatz von Valci Tran, Ungarn in dem von Fokoru und Galizien in dem Schatz von Michalkov reiche und einmalige Belege für die Goldschmiedekunst dieser Zeit ergeben.

Sie stellt nicht nur Gefäße verschiedener Art her, sondern auch Schmuckstücke, wie Fibeln und Diademe. Diese Fibeln sind in der Art der hallstättischen Bogenfibeln mit geknotetem Bügel gehalten (schließen sich also an die balkanischen Formen an), zeigen aber auch eine eigene Note, die durch die Verwendung der abstrakt ausgeführten Tiergestalt als Fibelbügel betont wird; Hunde oder Wölfe scheinen damals gern dargestellt worden zu sein. Wie diese Kulturform zu dieser Darstellungsweise gelangte, ist unbekannt. Von griechischer Seite konnte sie kaum gekommen sein; was von dort in das bulgarische Randgebiet eindringt, ist an zahlreichen Grabhügelfunden dieser Zone gut zu erkennen. Es handelt sich wieder um griechische Keramik, aber auch um Bronzegefäße, wie Kratere, die sich jedoch in keiner Weise mit jenen von Vix (Côte-d'Or) vergleichen lassen. Auch der steinerne Grabbau, in dem solche Importgegenstände nachzuweisen sind, scheint auf griechische Vorbilder zurückzugehen. Trotzdem sind diese Einwirkungen nicht stark genug, um zu einer Stadtkultur zu führen.

Im rumänischen Donaubereich aber lebt die seit dem Früh-Metallikum seßhafte Bevölkerung weiter, wie aus zahlreichen Grabfunden dieser Zeit ersichtlich ist. In ihnen finden sich vereinzelt Objekte, die dank ihrer Eigenart als Fremdgut zu erkennen sind. Sie gehören dem skythischen Bereich an, der sich im 6.Jahrhundert nach dem Westen ausdehnt. Dazu gesellen sich zahlreiche Objekte aus der ungarischen Tiefebene, so die für den skythischen

Tierstil kennzeichnenden Hirschappliken aus Bronze, die uns als verläßliche Anzeichen eines skythischen Vorstoßes bis vor die Tore der östlichen Hallstattkultur dienen. Es mag sein, daß dieser Vorstoß das bisher ruhige Leben in diesem an Naturschätzen reichen Gebiet erschüttert hat.

Nach diesem Rundblick auf die verschiedenen mittel-metallzeitlichen Kulturformen Europas soll nun noch kurz über die damit verbundenen *altstammeskundlichen Fragen* gesprochen werden. Methodische Grundlage dabei ist wieder der Leitsatz, wonach einem ausgeprägten Formwollen auch ein geschlossenes Volkstum entsprochen haben wird. Die meisten der besprochenen Arten von kulturellem Formwollen haben im Laufe des Mittel-Metallikums ihre Gestalt, sozusagen ihr geistiges Antlitz erhalten. Das heißt also, daß jene sozialen Gemeinschaften, denen dies zu danken ist, gleichfalls ein Ergebnis des Ablaufs der vierhundert Jahre mittel-metallzeitlichen Geschichte darstellen.

Wieder in Mitteleuropa beginnend, braucht nur an das über das illyrische Problem Gesagte erinnert zu werden. Wir dürfen daran festhalten, daß die Hallstattkultur allgemein als illyrisch zu bezeichnen ist. Illyrisch ist wohl auch die im Nordosten an die Hallstattkultur anschließende Lausitzer Form. Alle Versuche, sie mit den ältesten Slawen in Verbindung zu bringen, scheitern an der gesamthistorischen Situation. Slawen des Mittel-Metallikums sind urgeschichtlich nicht nachweisbar. Es mag sein, daß die Slawen damals in östlichen Gebieten wohnten, die man urgeschichtlich noch zuwenig kennt, oder daß sie noch in engem Kontakt mit dem baltischen Element standen, das archäologisch gleichfalls nur schwer nachweisbar ist. Einiges aus dem ostpreußisch-baltischen Raum läßt sich vielleicht in dieser Richtung deuten.

Wenn in der Urnenfelderkultur der Kern des nachmaligen Illyrischen steckte, dann sind die altstammeskundlichen Wurzeln der Melaun-Fritzenser Kultur gleichfalls in dieser Richtung anzuschließen. Nicht umsonst spricht die Forschung von Alpenillyrern, die auch den Kern der im ausgehenden Mittel-Metallikum und im Spät-Metallikum sich heraushebenden Raeter darstellen.

Weiter im Süden stoßen wir zuerst auf die Este-Kultur. Ihr Formwollen ist das Werk der Veneter. Die ältere Forschung hat sie – sicherlich nicht zu Unrecht – mit den Illyrern in Zusammenhang gebracht. Die urgeschichtliche Betrachtungsweise kann dies bestätigen. Seitdem aber Hans Krahe den selbständigen Charakter des Venetischen hervorgehoben hat, neigt man dazu, die Veneter als eigenes indogermanisches Einzelvolk anzusehen. Auch dazu kann die Urgeschichtsforschung positiv Stellung nehmen, betont aber gleichzeitig, daß das venetische Formwollen erst im Gebiet der Este-Kultur, also nicht früher als im 8. Jahrhundert v. Chr. entstanden ist und sich erst im Mittel-Metallikum klarer heraushebt. Daraus ist die Lehre zu ziehen, daß die Veneter als indogermanisches Einzelvolk erst in dieser Zeit ihre endgültige Form und Ausprägung erhalten haben. Früh-metallzeitliche Veneter, die geschlossen in ihren nachmaligen Siedlungsraum hätten rücken können, gibt es nicht.

Ebensowenig gibt es früh-metallzeitliche Italiker, wie man früher immer wieder gemeint hat. Auch die Italiker sind nach ihrem im Lande entstandenen Formwollen ein Ergebnis aus Zeit und Raum innerhalb der Apenninenhalbinsel. Italiker als einwandernde Schicht hat es nie gegeben, sondern nur Italiker im Sinne einer dem Mittel-Metallikum verhafteten Schicht, in der sowohl Vorurnenfelderzeitliches wie die Urnenfelderkultur selbst in gleichem Maße wirksam geworden ist. Nur hat dort, wo die greifbare italische Schicht sich ausdehnte, das Indogermanische gegenüber dem Vorindogermanisch-Mediterranen das Übergewicht behalten und so zur Indogermanisierung des südlich des Apennins liegenden Teiles der Halbinsel beigetragen. Nicht leicht zu beantworten ist in diesem Zusammenhang die Frage, welche kulturelle Ausprägung den italischen Hauptgruppen, der latino-faliskischen und der umbro-sabellischen Gruppe, zuzuordnen ist. Für die latino-faliskische Gruppe liegt es nahe, jene Erscheinungen in Anspruch zu nehmen, die mit der Grottaferrata-Gruppe verbunden werden können. Der umbro-sabellischen Gruppe wird gern die nordapenninische Villanova-Kultur zugeteilt, ob mit Recht, müssen nähere Untersuchungen zeigen. Soweit man nach dem derzeitigen Quellenbestand urteilen darf, bereitet eine solche Verbindung Schwierigkeiten, es scheint sogar, daß es sich bei den Trägern der Villanova-Kultur um indogermanisches Volkstum handelte, das im Zuge der Etruskisierung und der späteren Ereignisse mehr oder weniger vom Blickfeld der Geschichte verschwunden ist. Das letzte Wort ist aber gerade über diese heikle Frage noch nicht gesprochen.

Bei der Erörterung der Etrusker-Frage geht man am besten wieder von den urgeschichtlichen Gegebenheiten aus. Sie haben uns gezeigt, daß in der tragenden Schicht des westlichen Mittelitaliens sowohl indogermanische, mit der Urnenfelderkultur verbundene, wie vorindogermanisch-mediterrane Elemente aus dem Früh-Metallikum zu fassen sind. Wir haben weiter gesehen, in welchem Umfang die griechische Komponente an dem kulturellen Aufbau beteiligt war. Franz Altheim hat sicher recht, wenn er die Stammesgeschichte der Etrusker in Anlehnung an den griechischen Städtebund zu erklären sucht und die sagenhafte Herkunft der Etrusker aus dem Nahen Osten nur als Beweis für ihr hohes Alter zu werten geneigt ist. Nach den Aussagen der urgeschichtlichen Quellen gibt es nicht den mindesten Anlaß zur Annahme einer geschlossenen Einwanderung der Etrusker aus irgendeinem Gebiet des Nahen Ostens. Der sprachlich faßbare nichtindogermanische Anteil am Etruskischen ist mühelos, da urgeschichtlich unterbaut, aus der Mitwirkung des frühmetallzeitlichen Substrates zu erklären. Doch mag nicht geleugnet werden, daß im Zuge der kommerziellen Verbindungen Etruriens mit dem Osten vereinzelte völkische Elemente dieser Zone im Kolonisationsgebiet seßhaft geworden sind. Das allein aber würde das Zwiespältige des Etruskischen in seiner Sprache und Kultur nicht zu erklären vermögen. Eine mögliche Erklärung wäre nur die, daß im Etruskischen das mediterran gebundene Volkstum besonders kräftig hervortrat, während das indogermanische, mit der Urnenfelderwanderung ins Land gekommene, im Hintergrund blieb. Im übrigen muß viel indogermanischer Geist auch durch die spätere griechische Kolonisation verbreitet worden sein – aber doch nicht ausreichend genug, um die mediterrane Geisteshaltung zu verdrängen.

Ein nicht minder heikles Problem betrifft die Ligurer. Sind sie Indogermanen oder handelt es sich bei ihnen gleichfalls um eine im Lande gewordene ethnische Einheit, die sich erst im Laufe des Mittel-Metallikums dem Indogermanischen angeschlossen hat? Die Sprachgeschichte kann hierzu kaum entscheidende Hinweise geben, da sie nicht in der Lage ist, die Verankerung einzelner sprachlicher Erscheinungen zeitlich zu bestimmen.

Die urgeschichtliche Betrachtung aber zeigt klar genug, daß das westliche Oberitalien, besonders die Landschaft Liguria, bis zum Eintreffen der ersten Urnenfelderschicht und dann bis zur Golasecca-Kultur dem westlichen Kulturbereich verbunden ist. Demgemäß können die Ligurer nur ähnlich wie die Etrusker beurteilt werden.

Noch im indogermanischen Bereich schließt sich die Frage nach dem Volkstum der im griechischen Hinterland Bulgarien-Rumänien-Siebenbürgen erschlossenen Gemeinschaft an. Diese Zone ist nach der antiken Geschichtsschreibung das Gebiet der Daker, die zur thrakischen Großeinheit gehören. Man ist daher der Meinung, daß die in Valci-Tran, Fokoru und Michałkov sich präsentierende Schicht dem thrakischen Volkstum zuzuordnen ist, das sich hier vom Früh-Metallikum an in kaum gestörter Kontinuität entfalten konnte. Ob aber die nach dem kleinasiatischen Raum vordringenden Kimmerier von hier kamen, muß offen bleiben. Denn der Versuch, innerhalb des ungarisch-siebenbürgischen Raumes ein vorskythisches Reitervolk an Hand einiger Grabfunde herauszuarbeiten, kann wenig Erfolg für sich buchen. Das Pferd spielt im Mittel-Metallikum so allgemein eine Rolle – die estensische Pferdezucht der späteren Zeit hat bekanntlich ihren Niederschlag in der antiken Geschichtsschreibung gefunden –, daß Pferdegeschirre in Gräbern oder Pferdebestattungen kaum eine besondere Bedeutung des Pferdes speziell in diesem Gebiet beweisen können.

Das Pferd als Reit- und Zugtier ist auch dem nordwestdeutsch-südskandinavischen Raum nicht fremd. Trotzdem denkt niemand daran, für diese Zone ein Reitervolk, wie es die Skythen durch ihren Aufenthalt in der östlichen Steppe geworden waren, anzunehmen. Die hier lebende frühgermanische Schicht ist ebenso bäuerlich orientiert wie ihre südlichen Nachbarn, für die alles andere als eine großräumige Bewegung nachgewiesen werden kann.

Bleibt schließlich nur noch der Westen. Dort, wo die Urnenfelderkultur und die jüngere Hallstattkultur spürbar wurden, wird sich auch die indogermanische Orientierung ausgewirkt haben, freilich ganz wie auf der Apenninenhalbinsel in enger Durchdringung mit dem bodenständigen Volkstum. In den von Einflüssen freien Gebieten aber lebt die alte westeuropäische Bevölkerung weiter. In Spanien tritt sie uns historisch mit den Iberern entgegen, aus dem südwestlichen Frankreich berichtete Julius Caesar von den Aquitaniern, und auf den Britischen Inseln wird jene Schicht anzusetzen sein, die durch die Antike als Pikten und Skoten in die urgeschichtliche Literatur eingegangen ist. Jedenfalls sind hier die Kelten die ersten Indogermanen gewesen, die dieses Volkstum tiefgreifend verändert haben.

Jüngere Eisenzeit

Die Wanderung der Kelten trennt das Mittel- vom Spät-Metallikum. Neben der Urnenfelderwanderung ist sie vielleicht das größte historische Ereignis des urzeitlichen Europas. Wie bei der Urnenfelderwanderung liegt auch ihr auslösendes Moment im dunkeln. Die Geschichte von der Übervölkerung im Bereich der Bituriger, wie sie Titus Livius erzählt, mag wohl einen Kern Wahrheit enthalten, ob sie aber entscheidend für die weltweite Ausdehnung des Keltentums gewesen ist, muß dahingestellt bleiben.

Wenn von der keltischen Wanderung gesprochen wird, ersteht sofort die Frage, wo das Keltentum beheimatet war und wie es sich gebildet hat. Damit wird wieder ein heikles Thema angeschnitten, denn, wie schon früher angedeutet, die Lokalisierung der Kelten ist umstritten.

Daß die westliche Urnenfelderkultur nicht die älteste faßbare kulturelle Ausprägung der Kelten ist, wird von urgeschichtlicher und linguistischer Seite immer energischer vertreten. Daneben hat man aber gern die westliche Hallstattkultur mit den älteren Kelten in Verbindung gebracht; doch besitzt eine solche Orientierung schwerwiegende Konsequenzen. Hallstatt mit seinem reichen Grabinventar zeigt deutliche Verbindungen zum westlichen Hallstattkreis, man wird sogar sagen dürfen, Hallstatt sei der bedeutendste Exponent dieser Gruppe. Nun liegt aber Hallstatt im ostalpinen Raum, den die Kelten erst mit der Wanderung des 4. Jahrhunderts erreicht haben. Außerdem ist der alpine Raum die Heimat der illyrischen Schicht. Allein schon deshalb läßt sich die westliche Hallstattform nicht als frühkeltisch bezeichnen.

Würde man es trotzdem tun, zerrisse man die kulturelle Einheit der Hallstattform und würde ihr zwei – wie die Geschichte des 4. und 3. Jahrhunderts zeigt – sehr verschiedenartige völkische Einheiten zuordnen. Daß dies kaum möglich ist, wird man bei der Gebundenheit des ausgeprägten Formwollens der Hallstattkultur leicht einsehen.

Doch gibt es einen noch schwerer wiegenden Einwand: die Kelten der Wanderungszeit hatten bereits einen klar ausgeprägten Kulturbestand mit einem spezifischen Kunststil, dem La-Tène-Stil. Mit Ausnahme der Kulturform im norddeutsch-südskandinavischen Raum des Früh- und Mittel-Metallikums findet sich in ganz Europa wohl keine ähnlich ausgeprägte Dekorationsart wie die der keltischen Kultur. Sucht man nach der zentralen Entstehungszone des keltischen Volkstumes, dann gelingt dies nur über die Bestimmung des Entstehungsgebietes dieses Stiles.

Dazu ist noch einmal ein Rückgriff auf das Mittel-Metallikum notwendig, und zwar in jene Zeit, da durch die Ausbreitung der etruskischen Schicht über den Apennin in die Po-Ebene sowohl etruskische als auch griechische Kunsterzeugnisse dort Eingang finden und durch den Handelsverkehr mit dem Norden während des vorgeschrittenen 5. Jahrhunderts den Weg dorthin finden. Spuren eines solchen Handelsverkehrs gibt es im Gebiet der mittelmetallzeitlichen Golasecca- und der Melaun-Fritzenser Kultur im Südraum der alpinen Zone in Gestalt von griechischer rotfiguriger Keramik, aber auch von Bronzeschnabelkannen, den *Oinochoën*, deren bis jetzt ältestes Exemplar nördlich der Alpen aus dem berühmten Grab von Vix (Côte-d'Or) stammt, wo es noch vor 510 v. Chr. in den Boden gekommen sein wird. Das bedeutet, daß die Bronzeschnabelkanne in etruskisch-griechischen Werkstätten Mittel- und Norditaliens schon im späten 6. Jahrhundert v. Chr. erzeugt wurde. Mit den Schnabelkannen kommen auch einfache Mischkrüge (*Stamnoi*) und flache Bronzebecken als Handelsgut nach dem Norden. Es scheint, daß es sich dabei um eine Art Tafelgeschirr der Reichen gehandelt hat.

Mischkrüge und Becken haben meist keine besondere Dekoration, die Schnabelkannen hingegen bieten in der Henkelattache einen beliebten Ansatz für dekorative Ausgestaltung. An den ältesten Stücken sind es verhältnismäßig einfache Palmetten, an deren Stelle die

Harpye, ein Vogelfabelwesen mit Menschenkopf, treten kann. Die klassische Palmette tritt immer wieder an der griechischen Keramik des späten 6. und 5. Jahrhunderts auf, hier sogar in Verbindung mit der die Palmetten verbindenden Ranke. Beide Motive sind dem urzeitlichen Europa fremd. Als Schöpfung der griechischen, unter östlichem Einfluß stehenden Kunst gelangten sie zuerst auf den Boden der Apenninenhalbinsel und im Zuge des weit ausgreifenden Handels über die Alpen nach Mitteleuropa; wie man heute allgemein annimmt, führten die Handelswege über den Großen St. Bernhard in das Rheingebiet und teilten sich dort nach Westen und Osten. Nun ist es interessant und durch viele Funde unterbaut, daß sich der greifbare Niederschlag dieses Handels in einem verhältnismäßig engen Raum nördlich der Alpen konzentriert, der etwa durch Mosel-Saar-Mittelrhein zu umschreiben ist und weiter westlich noch das Marne-Becken (die Champagne) einschließt. Östlich davon finden sich nur vereinzelte Vorkommen am Inn und in Südböhmen, von denen aber nicht erwiesen werden kann, daß sie zur selben Zeit dorthin gekommen sind.

In diesem Raum ist aber von der Hallstattkultur nichts zu finden. An die Nordgrenze der westlichen Hallstattkultur anschließend ist dies vielmehr der Lebensraum einer anderen mittel-metallzeitlichen Kulturform, der Hunsrück-Eifel-Kultur. Die Zone des zentrierten Schnabelkannenvorkommens nördlich der Alpen ist mit dem Gebiet der Hunsrück-Eifel-Kultur nahezu identisch. Sie ist wie die Hallstattkultur ein Produkt des Mittel-Metallikums und ebenfalls auf einer regionalen Urnenfelderbasis entstanden. Doch ist sie ihr gegenüber fast ärmlich, bringt aber ihr eigenes Formwollen im keramischen Bestand trotzdem zum Ausdruck. Fast wird man zu einem Vergleich mit der Lausitzer Kultur verleitet, die gleichfalls ein ausgeprägtes Formwollen in ihrer keramischen Produktion erkennen läßt.

Bei der Keramik der Hunsrück-Eifel-Kultur sind es besonders drei Formen, die deutlich in den Vordergrund treten: die Fußschale, die auf der Urnenfelderbasis erwachsen sein dürfte, das tonnenförmige und das konische Fußgefäß mit kräftiger Schulterbildung. Alle drei sind bereits gegen Ende des Mittel-Metallikums in ausgeprägter Eigenart vorhanden. Da diese Ware auch im östlichen Marne-Gebiet vorkommt, wird sie synonym als Marne-Keramik bezeichnet, was aber nichts über ihr Entstehungs- und Kerngebiet aussagt. Diese Keramik ist meist unverziert oder nur mit einfachen Liniendekorationen versehen, besonders schön ausgefertigte Stücke können bemalt sein. Vielleicht zeigt sich hier ein Einfluß von der im Süden benachbarten bemalten Hallstattware.

Jenes Volkstum nun, das diese Hunsrück-Eifel-(Marne-)Keramik erzeugt, kommt mit dem Import von Bronzegeschirr aus dem Süden in Berührung. Es zeugt von einer beachtenswerten geistigen Beweglichkeit, daß dieser Import nicht im Lande versiegt, sondern zu neuen Schöpfungen anregt. Nicht daß etwa die Bronze-Gefäßformen in Ton nachgebildet wurden, nein, die verhältnismäßig unscheinbare Verzierung auf den Bronzen reizt jetzt die einheimischen Handwerker. Ranke und Palmette werden aus ihrer Umgebung gelöst und verselbständigt. Ein bemerkenswerter Wandel geht dabei vor sich. Die beiden Dekorationselemente werden nicht schablonenhaft übernommen, sondern nach einem ausgeprägten Formwollen neu gestaltet. Dies ist ausdrücklich zu betonen, da Ranke und Palmette auch in alpinem Gebiet als Dekorationselemente auf Bronzegefäßen dienen, hier aber so verständnislos imitiert werden, daß sie zu ausdruckslosen Gebilden erstarren. Im

Gebiet der Hunsrück-Eifel-Kultur jedoch formt der einheimische Bronzeschmied – dessen Existenz in mittel-metallzeitlichen Funden kaum zu spüren war, der erst jetzt führend hervortritt – aus der Palmette und der Ranke zwei neue Dekorationselemente: das Fischblasenmuster und die S-Spirale. In geradezu genialer Weise verbindet er beide Elemente zu einer vollkommenen Einheit, mit der er nun sein dekoratives Spiel treibt.

Parallel dazu vollzieht sich auch in der figuralen Kunst ein kennzeichnender Wandel. Die aus dem Süden kommende kleinfigurale Plastik ist ihrer Herkunft entsprechend weitgehend naturnahe gestaltet. Hier im Norden, im Kerngebiet einer neuen abendländischen Kunstrichtung, wird diese Plastik ihrer Naturnähe entkleidet und in Parallele zur Palmette-Ranke in geometrische Gebilde aufgelöst. Kopf und Gesicht sind nicht mehr eine Einheit, sondern ein Konglomerat von abstrakten kugeligen Gebilden, die die Naturform allenfalls vortäuschen. Aus der Verbindung dieser geometrischen Gebilde mit den abstrakten Dekorationsmitteln von Fischblase und S-Spirale entstehen neue, phantastische Figuren, die an die Fabeltiere des orientalisierenden Stiles erinnern, mit diesen aber in keiner Relation stehen. Betrachtet man den Fundbestand an diesen neuen Kunsterzeugnissen, dann gewinnt man den Eindruck, daß er sehr schnell, fast explosionsartig entstanden sein muß. Da der Schnabelkannenexport erst kurz vor 500 v. Chr. begonnen haben dürfte, die keltische Wanderung aber um 390 bereits Rom erreicht hatte, steht – absolutchronologisch betrachtet – für das Entstehen des La-Tène-Stils nicht allzuviel Zeit zur Verfügung. Vierzig bis fünfzig Jahre müssen genügt haben, um aus den ersten Anregungen jenes gefestigte Formwollen entstehen zu lassen, das uns als keltischer Stil geläufig ist.

Seinen Niederschlag findet er fast auf jedem besseren Metallgegenstand, so auf Arm- und Fußringen, Fibeln, Halsringen, Fingerringen, auf Schwertscheiden, Zierplatten und Gefäßbelägen. Dieser ausgeprägten Form des La-Tène-Stils ist es auch angepaßt, daß nun die aus dem Süden importierte Schnabelkanne im Sinne des einheimischen Formwollens umgebildet wird. Dem tönernen tonnenförmigen Gefäß mit Standfuß entspricht jetzt die gleichartig geformte Bronzekanne mit Röhrenausguß und dem tönernen konischen Fußgefäß die Bronzekanne mit scharfer Schulter. Beide tragen Verzierungen im La-Tène-Stil und sind typische Neuschöpfungen jenes Volkstums, das widerspruchslos mit diesem Stil verknüpft wird: der Kelten.

Will man also das Entstehungs- und Herkunftsgebiet jener Kelten zu erfassen versuchen, die kurz vor 400 v. Chr. zu wandern begannen, dann wird die Aufmerksamkeit auf das Entstehungsgebiet des La-Tène-Stils im Bereich der Hunsrück-Eifel-Kultur innerhalb der Marne-Saar-Mosel-Mittelrhein-Zone gelenkt. Hier wird man auch das Ausgangsgebiet der Kelten anzusetzen haben; von hier aus haben sie die Struktur des Mittel-Metallikums, das europäische Gleichgewicht dieser Zeit, mit einem Schlage gewandelt.

Es würde zu weit führen, wollte man die Geschichte der keltischen Wanderung in Einzelheiten verfolgen. Schon die Tatsache, daß die für sie erreichbaren Daten von der antiken Geschichtsschreibung überliefert sind, zeigt, wie sehr der urgeschichtliche Horizont an die Schriftgeschichte herangerückt ist und wie sehr die antiken Kulturen von ihm beeinflußt werden. Rom, Delphi und die galatischen Kriege brauchen nur am Rande genannt zu werden, um dies zu verdeutlichen.

Jedenfalls legt die keltische Wanderung des 4. Jahrhunderts einen Riegel quer durch Europa. Er reicht von Ostengland bis auf den Balkan und nach Kleinasien, er erstreckt sich über Frankreich bis nach Ostspanien, in die Po-Ebene und über den Apennin bis nach Mittelitalien und dringt sogar bis in das Herzgebiet der balkanischen Hallstattkultur vor. Kein Wunder also, daß diese Ereignisse einen grundstürzenden Wandel hervorrufen.

Leidtragende davon sind nicht nur die hallstättischen Illyrer, die bald unter die keltische Herrschaft geraten. Das keltische Fürstengrab auf dem Salzburger Dürrnberg bei Hallein oder die keltischen Funde aus Hallstatt selbst zeigen eindringlich genug, in welcher Weise sich die neuen Herren des Landes bemächtigen. Die Folgen der keltischen Wanderung bekommen auch die im Osten der Hallstattkultur lebenden Gemeinschaften zu spüren, von denen sich die thrakisch-dakische Schicht noch am besten zu schützen vermag. Im Westen wird fast ganz Frankreich dem keltischen Willen untertan, der sich auch in Ostengland durchsetzt. In der Po-Ebene geht die etruskische Vormacht zugrunde, und Rom steht vor seinen ersten schweren Erschütterungen. Auch die Bevölkerung im Norden der Hallstattzone bleibt von diesen politischen Veränderungen nicht verschont. Wie mit einer Schere schneiden die Kelten das Band entzwei, das Mittel- und Nordeuropa im Mittel-Metallikum miteinander verband. Niemals sind die Bewohner dieser Nordzone so arm an metallischen Rohstoffen wie jetzt. Bronze erhalten sie nicht mehr und Eisen erst recht nicht. Beide bekommen Seltenheitswert, wie die verarmten Gräber des 5. und 4. Jahrhunderts v. Chr. in diesem Gebiet erkennen lassen.

Doch währt diese neue Situation nicht lange. Der Aufstieg Roms in den nach 390 v. Chr. einsetzenden Kelten-Kriegen in der Padana bezeichnet den weiteren historischen Werdegang. Die Tragik der keltischen Wanderung beruht auf zwei Tatsachen: daß auf den ersten Ansturm kein nennenswerter Nachschub aus dem Heimatgebiet folgt und daß die keltischen Wanderer nicht über jene innere Spannkraft verfügen, die es ihnen gestattet hätte, den unterworfenen Völkern in geschlossener Form zu widerstehen. Wenn Julius Caesar rund dreihundert Jahre später von dem beweglichen und nach Neuem begierigen Geist der Kelten erzählt, so stellt dies der geistigen Potenz dieses Volkes ein rühmliches Zeugnis aus (die Urgeschichtsforschung kann das voll bestätigen), ist aber gleichzeitig die Erklärung dafür, daß sich das Keltentum kaum irgendwo auf dem zentralen Festland längere Zeit rein erhalten konnte.

So kommt es verhältnismäßig schnell zu einem Absinken der keltischen Macht. Dort, wo ihr eine durchgebildete Organisation gegenübersteht (wie in Italien), ist sie bald dem Niedergang preisgegeben; wo die biologische Kraft der Unterworfenen stärker ist (wie im Bereich der Hallstattkultur), geht sie langsam in deren Lebensgefüge über. Eine rein keltische La-Tène-Kultur hat es daher – so eigenartig dies klingt – auf dem Festland wie auf den Britischen Inseln nur zur Zeit der Wanderung bis kurz vor den schon angedeuteten weiteren Ereignissen des späten 4. und des 3. Jahrhunderts gegeben. Die La-Tène-Kultur als solche aber gab es bis zu jenem Zeitpunkt, da das Spät-Metallikum Europas durch die vorrückende Macht Roms sein Ende findet. In dieser vorgeschrittenen Zeit wird die La-Tène-Kultur von verschiedenen völkischen Einheiten getragen, unter denen im westeuropäischen Bereich sogar nichtindogermanische Teile eine nicht unbeträchtliche Rolle gespielt haben mögen.

Silberkessel von Gundestrup/Dänemark, wahrscheinlich spätes 4. Jahrhundert v. Chr.
Kopenhagen, Nationalmuseet

Keltische Kopfplastik, sogen. Hermes von Roquepertuse, 3./2. Jahrhundert v. Chr.
Marseille, Musée Borély

Es ist allgemein gebräuchlich, das Spät-Metallikum (die jüngere Eisenzeit) in Europa mit dem Vordringen der Römer unter Drusus und Tiberius an die Donau 15 v. Chr. enden zu lassen. Tatsächlich ist zu dieser Zeit nur ein Teil des urzeitlichen Europas unter die Kontrolle des römischen Imperiums geraten. Das Gebiet nördlich der Donau, das freie Germanien, bleibt – von Ausnahmen im 2. und 4. Jahrhundert n. Chr. abgesehen – unberührt, auch der römische Handel vermag die kulturelle Struktur dieses Bereichs nicht zu wandeln. Trotzdem läßt sich das oben genannte Datum rechtfertigen, da seitdem der althistorische Horizont weit nach Norden – fast bis zur »ultima Thule« – reicht und alle Ereignisse der Frühgeschichte, vor allem die Völkerwanderungen, einbezieht.

Das Spät-Metallikum kann nun absolutchronologisch nach wichtigen Ereignissen gegliedert werden, wie die Schlacht von Telamon 225 v. Chr. mit ihrer weitreichenden Auswirkung auf die Geschichte der Festlandkelten oder die Gründung der Provincia Narbonensis 121 v. Chr. mit der ihr folgenden Einwirkung der römischen Reichskultur auf das nachmalige Gallien. Im Anschluß daran ergibt sich eine relativchronologische Gliederung in drei Stufen.

Wie bisher steht bei einer kurzen Kennzeichnung der einzelnen spät-metallzeitlichen Kulturformen auch jetzt wieder *Mitteleuropa* im Zentrum. Hier ist der Entstehungs- und Lebensbereich der keltischen La-Tène-Kultur anzusetzen. Dem kriegerischen Geist der Kelten entspricht eine gute Waffenausrüstung. Sie umfaßt vor allem das Schwert, das anfänglich als kurzes Stichschwert verwendet, später, immer länger werdend, zum Hiebschwert wird. Es ist aus weichem, im Rennfeuer gewonnenen Eisen erzeugt. Die Schwertscheide hängt an einer eisernen Gürtelkette. Sie ist aus Bronze oder Eisen angefertigt und oftmals mit verzierter Bronzeblechauflage versehen; sie endet in einem herzförmigen Ortband. Dazu kommen Lanzen mit eiserner Spitze, der große, annähernd rechteckige Schild mit Holzbuckel und eisernem Buckelbeschlag und der oft reichdekorierte Bronzehelm. Pferde und zweirädrige Streitwagen dienen als Fortbewegungsmittel.

Als Schmuck trägt der keltische Krieger den Halsring (*torques*) aus Bronze, manchmal aus Gold und später auch aus Eisen. Die Kleidung (Hose [*Gallia bracata*], Röcke und Überkleider) hält man mit Bronzefibeln zusammen, die zum Träger eines reichen Geschmackswandels werden. Die Veränderungen der Fibel geben daher wichtige relativchronologische Hinweise. Kennzeichen der weiblichen Tracht ist die bronzene, manchmal reichverzierte Gürtelkette.

An Hand der keramischen Produktion kann man die auf die wandernden Kelten wirkenden Einflüsse gut verfolgen. Sie wandern mit der auf der Drehscheibe erzeugten Marne-Keramik. Im Hallstattgebiet lernen sie in erster Linie die hier üblichen großen flaschenförmigen Typen kennen, die sich unter der Hand der Drehscheibentöpfer in flaschenförmige Gebilde verwandeln. Die »Linsenflasche« mit linsenartigem Körper und hohem Hals stellt dabei die besten Erzeugnisse dar. Daneben gibt es doppelkonische, einfache Formen, hinter denen die importierte Marne-Keramik fast völlig zurücktritt. Im französischen Gebiet wird die Marne-Ware weiter verwendet und manchmal mit dem keltischen Motivenschatz geschmückt, wie dies auch im ostenglischen Bereich üblich wird.

Dank den engen Beziehungen zu den antiken Stadtkulturen lernen die Kelten schon im ausgehenden 3. und 2. Jahrhundert die Münzprägung kennen, die jedoch nicht nach einheitlichem Muster, sondern nach verschiedenen Vorbildern gestaltet wird. Nach der geographischen Lage der einzelnen Münzstätten lassen sich in Verbindung mit historischen Nachrichten über die Sitze der keltischen Stämme besondere Münzprägungsgruppen herausarbeiten, die als Nachweis für Stammesbindungen gelten können. Die figuralen Münzvorbilder erleiden das gleiche Schicksal wie Palmette und Ranke; sie werden schematisiert und zu neuen, oft schwer verständlichen Gebilden umgewandelt.

Die Kelten sind es aus ihrer Heimat gewohnt, ihre Toten zu bestatten. In großen Gräberfeldern werden sie, manchmal in einem Holzsarg, mit ihrer Wehr geschmückt in den Boden gesenkt; sozial Höherstehende bestattet man mit ihrem zweirädrigen Streitwagen in Flachgräbern, oft auch unter einem Erd- oder Steinhügel. Dies hat zu der Annahme geführt, die westliche Hallstattkultur mit ihren reichen Hügelgräbern sei das Zentrum der Kelten gewesen. Hügelgräber sind aber nichts anderes als der Ausdruck für eine besonders geehrte Persönlichkeit.

Unter der Einwirkung der hallstättischen Bevölkerung gehen die Kelten bald zur Brandbeisetzung über, der Bestattungsritus kann daher nicht mehr für die volksmäßige Zuordnung verwertet werden. Den gleichen Einfluß üben im Norden die an die keltische Zone angrenzenden Germanen aus. Mitteldeutsche Früh-La-Tène-Brandgräber können daher keltisch oder germanisch sein. In Norditalien aber erkennt man die keltischen Gräber, in denen oft ein wahrer Reichtum an Beutegut zusammengetragen ist, weniger an den Beigaben als an der Körperbestattung, die zu der hier – außer in den etruskischen Gräbern – geübten Brandbeisetzung im Gegensatz steht.

Die Kelten siedeln als Bauern in geschlossenen Dörfern, die in ihrer Heimat wie in ihrem Kolonisationsbereich viele Jahrzehnte hindurch unbewehrt sind. Jedenfalls kennt man keine einzige früh- oder mittel-la-Tène-zeitliche (also dem Spät-Metallikum I und II angehörende) Befestigung. Erst gegen Ende des 2. und im 1. Jahrhundert v. Chr. scheinen sie langsam üblich zu werden. Der älteste Autor zur Urgeschichte Europas, Julius Caesar, hat für die ihm in Gallien bekannten befestigten Großsiedlungen den Begriff *oppidum* in die Literatur eingeführt. Danach hat man sich angewöhnt, die dem Spät-Metallikum III angehörenden Befestigungen mit entsprechendem Fundbestand als Oppidum zu bezeichnen. Das ist zwar bequem, braucht aber nicht richtig zu sein. Denn der *locus typicus*, nach dem Caesar den Namen prägte, Bibracte-Augustodunum in der Nähe des heutigen Autun, stellt eine spezifische Art dieser Höhensiedlung dar, wie die – wenn auch nicht befriedigenden – Grabungen auf dem mit Wällen befestigten Siedlungshügel gezeigt haben. Es handelt sich dabei zweifellos um eine Großsiedlung, in der anscheinend schon eine gewisse Gliederung nach Berufen üblich war. Die befestigten Höhensiedlungen in Mitteleuropa aber sind meist wesentlich kleiner, keine von ihnen ist schon so weit erforscht, daß man sagen könnte, ihre innere Struktur stimmte mit jener in Bibracte überein. Man wird annehmen können, daß sich in ihr ein Zug zu einem größeren Zusammenschluß manifestierte, für den man aber noch keinen Grund angeben kann. Bei den anderen befestigten Siedlungen hat man nach Größe wie Lage den Eindruck, daß äußere Gründe für ihre Anlage maßgebend waren. Die Zeit war – wie später noch auszuführen ist – alles andere als ruhig. Man hat diese außerhalb Frankreichs liegenden befestigten Höhensiedlungen – für die man den Namen Oppidum lieber vermeidet – als Anzeichen von Abwehrmaßnahmen gegen andrängende Gefahren gedeutet. Das scheint für Anlagen im Grenzbereich gegen die Germanen durchaus gerechtfertigt; auch für Anlagen im Osten ist das nicht unwahrscheinlich, da die im ungarisch-siebenbürgischen Raum aufsteigende dakische Macht sich gegen Westen ausdehnt und schon 60 v. Chr. mit den Bojern im östlichen Voralpenland in Kampf gerät und siegreich bleibt. Für die östlichen Gebiete liegen jedenfalls keine Anhaltspunkte vor, daß die befestigten Höhensiedlungen, wie der bekannte Hradischt bei Stradonitz oder der Oberleiserberg bei Ernstbrunn, einem Zug zur Städtegründung ihren Ursprung verdanken. Eher scheint es, daß die Befestigungen als leicht zu verteidigende Anlagen dem Sicherheitsbedürfnis entsprochen haben.

Schließlich noch ein Wort über die namengebende Fundstelle La-Tène am Neuenburger See (Schweiz). La-Tène ist der Name einer Untiefe am Rande des Sees, aus der eine riesige Menge von Waffen und anderen Ausrüstungsstücken, aber auch landwirtschaftlichen Geräten gehoben wurde. Da zu der Zeit des Auffindens keine systematischen Grabungen möglich waren, weiß man nichts Näheres über den Grund der Niederlegung dieser zahlreichen Geräte. Paul Vouga, der Erforscher der Fundstelle, dachte an ein Kriegslager der Helvetier, was viel für sich hat, da nahezu alle Gegenstände auf die Verwendung durch Männer oder Krieger hindeuten. Allerdings müßte man annehmen, daß dieses Arsenal zu jener Zeit auf trockenem Boden in unmittelbarer Seenähe oder auf einem Pfahlrost errichtet worden ist. Besondere Schutzmaßnahmen können eine so exponierte Anlage verständlich machen.

Man weiß aber, daß bei den Kelten wie bei anderen indogermanischen Völkern das Fluß-, See- und Wasseropfer üblich waren. Für die La-Tène-Kultur ist der Duxer Quellfund in Böhmen bekannt mit seinen vielen hundert Fibeln, die von Frauen in einer heilbringenden Quelle deponiert wurden. Man hat daher die Möglichkeit erwogen, die Anreicherung an Waffen und Geräten in La-Tène auf eine ähnlich religiöse Deposition zurückzuführen, und deshalb den Gedanken an ein Militärlager aufgegeben. Wäre dies zutreffend, dann müßten diese Gaben einem Kriegsgott geweiht worden sein, der den Kelten in Gestalt von Taranis, des Blitzschleuderers, bekannt war. Eine dritte Möglichkeit wäre, daß Kriegsbeute im See versenkt worden war, um sie den Besiegten für immer zu entziehen.

Mit diesen Fragen kommen wir zur keltischen Religion. Von ihr ist manches aus antiker Überlieferung wie aus Inschriften des gallo-römischen Gebietes bekannt. Hier interessiert sie nur, soweit sie mit den urzeitlichen Kelten in Verbindung zu bringen ist. Es fällt auf, daß in keltischen Friedhöfen oft Bestattungen von Ebern angetroffen werden und daß auch die Eberfigur aus Bronze mehrmals bezeugt ist. Das deutet auf eine besondere kultische Stellung dieses Tieres hin. Wieweit keltische Gräber um Menhire als Beleg für einen Ahnenkult gedeutet werden dürfen, muß offenbleiben. Von den keltischen Kunstwerken, die in diesem Zusammenhang vielleicht bedeutungsvoll sind, erhalten die im nordostfranzösisch-süddeutschen Raum mehrmals angetroffenen, mit einer ornamental-geometrischen Dekoration versehenen Steinstelen erhöhtes Interesse. Auf einigen von ihnen erscheint inmitten dieser

Verzierung eine schematische Gesichtsdarstellung; aus Frankreich liegt ein skulptierter Stein aus Effigneux mit einem Eber vor. Hier ist die religiös-kultische Bindung offenbar. Wesentlich wichtiger aber ist der berühmt gewordene große Silberkessel, der in Einzelteile zerlegt vor Jahren im dänischen Torfmoor bei Gundestrup gefunden wurde. Den Boden des Kessels bildet eine runde Platte, die Wände bestehen aus rechteckigen Doppelplatten, die wie die Bodenplatte mit einer figuralen Halbreliefdekoration versehen sind. Die Deutung der Darstellung bereitet Schwierigkeiten, aber auch der Erzeugungsort dieses einmaligen Kunstwerkes ist nicht leicht zu bestimmen. Unter den Tierfiguren auf den Platten stechen zwei Elefanten hervor. Die Kelten sind nur zweimal auf ihrer Wanderung mit Elefanten in Berührung gekommen: in Norditalien bei der Alpenüberquerung von Hannibal und bei ihren Kämpfen mit den kleinasiatischen Fürsten. Es ist daher nicht unwahrscheinlich, daß der Gundestruper Silberkessel in Norditalien von einem keltischen Silberschmied angefertigt wurde, von wo er dann in den germanischen Norden gelangt ist. Auf einer der Platten wird auch der keltische Horngott Kernunnos mit dem Hirschgeweih gezeigt, wodurch die religiöse Bindung des Gefäßes deutlich wird. Auf einer anderen Platte findet sich eine Szene, bei der ein Mann einen anderen über einen Kessel hält und ihn offenbar tötet.

Dies bringt uns auf eine andere religiöse Orientierung der Kelten, über die wir von den Sanktuarien von Roquepertuse und Entremont in Südfrankreich besser unterrichtet sind. Sie haben zahlreiche Belege für einen ausgeprägten Schädelkult erbracht, der nur als Folge von Menschenopfern erklärt werden kann. Wie Pierre Lambrechts zeigte, war bei den Kelten der Schädel als Sitz der geistigen Kräfte besonders geschätzt. Die »exaltation de la tête«, wie Lambrechts diesen Schädelkultus bezeichnete, scheint im Vergleich mit anderem indogermanischen Brauchtum eine Spezialität der Kelten gewesen zu sein. In Roquepertuse wurden die Schädel der Feinde oder besonders verehrten Toten in Vertiefungen von mächtigen Steinstelen hineingestellt, oder der Schädel diente als Vorwurf für vielleicht unter griechischer Anregung entstandene mächtige Plastiken, die in Roquepertuse ebenfalls gut erhalten sind. Ein in Böhmen gefundener, in der Manier der typischen La-Tène-Kunst verzierter Stein wird wohl auf die gleiche Orientierung zurückzuführen sein.

Neben dem Horngott und dem Schweinegott (Esus) gab es noch den Kriegs- oder Blitzgott Taranis, der auch in diesen Sanktuarien verehrt wurde. Gallo-römische Plastiken mit Inschriften zeigen eine Pferdegöttin Epona wie die immer zu dritt dargestellten *Matres* oder *Matronae*, nichts anderes als die späte Fassung der Fruchtbarkeitsgöttin, die man bei körperlichen Gebrechen um Hilfe anrief.

So weltweit einmal die Kelten verbreitet waren, so wenig ist von ihrer Macht und ihrem Glanz übriggeblieben. In ihnen spiegelt sich der im alten Europa großgewordene Geist wider, der sich gegen fremde Einflüsse zur Wehr setzt und der im Hinausgreifen über seine Grenzen dem Untergang geweiht ist. In den abgelegenen Randgebieten Europas, in der Bretagne, in Wales und in Irland, lebt heute noch ein Rest dieses Geistes fort, der besonders auf dem Boden der Britischen Inseln dank den durch die römische Eroberung Galliens bedingten Zuschüben wirksam geblieben ist. Die große Expansionskraft, die einst von den Kelten ausgegangen ist, hat unter christlichem Vorzeichen eine neue Blüte erlebt.

Irische Mönche kehrten im 8. und 9. Jahrhundert auf das Festland zurück und wurden die ersten Missionare des frühen Mittelalters.

Soweit auch einmal die Herrschaft der Kelten reichte, die *Bewohner der Alpen*, also das Volkstum der Melaun-Fritzenser Kultur und der ostnorischen Kultur, haben sie nicht zu überwinden vermocht. Deren Siedlungsraum stellte dem Vorwärtsdrängen der Kelten ein unüberwindbares Hindernis in den Weg. Wohl kommen durch Handelsbeziehungen nach dem Ende der keltischen Wanderung Erzeugnisse der La-Tène-Kultur in dieses Gebiet, eine keltische Oberschicht aber hat es hier niemals gegeben. Nur in Kärnten, in der südlichen Steiermark und im nördlichen Balkanbereich sind Spuren einer keltischen Bevölkerung zurückgeblieben, die bei der Vertreibung der Kelten aus Norditalien nach der Schlacht von Telamon hierher verschlagen wurden. So wird man annehmen dürfen, daß das im Gebiet der nachmaligen Provinz Noricum lebende Königsgeschlecht und seine Untertanen eine keltische Komponente in sich aufgenommen haben.

Die einheimische, bodenständige Schicht aber führt ihre von der Hallstattkultur her gewohnte Art weiter, lebt in geschlossenen Dörfern auf dem flachen Lande oder in Siedlungen, die mit Wall und Graben befestigt sind. Sie betreibt den Bergbau auf Eisen, dessen Produkte als norisches Eisen in Rom bekannt und begehrt sind. Die (keltischen?) Taurisker aber sind wegen ihres Goldbergbaues in die Geschichte eingegangen. Ihre Produktion soll so groß gewesen sein, daß der Goldpreis in Italien rapide sank. Kein Wunder daher, daß die römischen Kaufleute, die sich seit der Gründung von Aquileia um 180 v. Chr. in Nordostitalien niedergelassen hatten, ein großes Interesse an diesem Gebiet nehmen und ihre Vertreter in das norische Nachbarland entsenden. Schon gegen Ende des 2. Jahrhunderts v. Chr. scheint so der Metallreichtum des Osttiroler Gebiets Rom zugänglich geworden zu sein. Der Erinnerungsstein an den Senator Popaius in Bichl bei Matrei/Osttirol deutet darauf hin, und die bekannte Bronzefigur des »Jünglings vom Helenenberg« ist nur als Geschenk aquilejensischer Kaufherren zu verstehen.

In Tirol zu beiden Seiten des Brenners, in Vorarlberg und Graubünden lebt die alte Melaun-Fritzenser Kultur nahezu ungestört weiter. Die durch den Keltenvorstoß in Oberitalien zersprengte etruskisch-villanovianische Bevölkerung mag gemeinsam mit keltischen Splittern tief in das Alpengebiet vorgedrungen sein. Jedenfalls mehren sich seit dem 4. Jahrhundert die im Alpenalphabet verfaßten Inschriften auf Holz, Keramik, Stein und Bronze. Sie sind in raetischer Sprache abgefaßt und dienen in erster Linie kultischen Zwecken. Wie im estensischen Bereich wird nun auch hier die heilbringende Reitia verehrt. Ihr entspricht im Noricum die Noreia, die frucht- und heilbringende Göttin, der man auch den Bergsegen zuschreibt. Neben der Reitia finden sich noch Nachweise für die Verehrung eines Weingottes, der aber erst mit dem Bekanntwerden des Weines nach 200 bis 150 v. Chr. in diesem Gebiet in den Vordergrund zu treten scheint.

Der raetische Raum kennt zahlreiche Heiligtümer, von denen jene in Mechel und Sanzeno am Nonsberg durch ihre Fülle an Weihegaben an die Göttin Reitia und andere Gottheiten besonders bekannt sind. Wie in Este sind es in erster Linie Devotionalien, deren Bittcharakter aus ihrer Form sichtbar wird. Die im Mittel-Metallikum ausgeprägte Siedlungsweise auf befestigten Höhen wird beibehalten und weiterentwickelt. Nahezu jedes

Südtiroler Tal ist besetzt, und in Nordtirol-Vorarlberg-Graubünden mehren sich die Nachweise mit jedem Jahr. Dies gebirgige und nur mühsam zugängliche Gebiet hat der Eroberungslust der Römer sicherlich mehr Mühe gemacht als Noricum, mit dem schon lange kommerzielle Verbindungen bestanden haben. Die bekannte Freiheitsliebe der Alpenbewohner hat der römischen Herrschaft kräftigen Widerstand entgegengesetzt, und die stets freie Bevölkerung Tirols mag gerade diese Eigenschaft auf eine so lange Vergangenheit zurückführen.

Die *späte Melaun-Fritzenser Kultur* hat sich in ihrem äußeren Aspekt gegenüber dem Mittel-Metallikum kaum gewandelt. Nur dort, wo neue Formen aus den umliegenden Nachbargebieten eingeführt werden, zeigt sich ein gewisser Hang zur Neuerung, wie er an Fibeln und anderem Schmuckwerk hervortritt. Aber im allgemeinen ist die späte Melaun-Fritzenser Kultur ebenso traditionsgebunden wie ihre mittel-metallzeitliche Vorstufe. Diese Bindung geht so weit, daß sie fast sklavisch, man möchte fast sagen mit rührender Hingabe an den mittel-metallzeitlichen Grundformen festhält und dies auch in der kunsthandwerklichen Betätigung beweist. So wird die Zone der Melaun-Fritzenser Kultur zum letzten Hort der Situlenkunst, in deren Rahmen sie eigenartige, oft bizarre Dinge schafft, so auch als vielleicht bestes Beispiel den Gürtelbeschlag von Lothen bei St. Lorenzen im Pustertal. Mit einer Inschrift (an eine Unterweltsgottheit) versehen, zeigt er auf der Vorderseite zwei weidende Hirsche in barocker Überspitzung der natürlichen Vorlagen. Süd- und Nordtirol haben aber auch Beispiele dafür erbracht, daß die während des 5. und 4. Jahrhunderts bekanntgewordene griechisch-etruskische Palmette bis in das ausgehende Spät-Metallikum in traditionsgebundener Nachbildung als Dekorationselement von Bronzegefäßen verwendet wird.

Von der Zone der mittel-metallzeitlichen Golasecca-, Villanova- und Este-Kultur ist noch zu berichten, daß die *Golasecca-Kultur* am wenigsten von der keltischen Wanderung erfaßt wird. Lediglich ihr padanischer Südbereich scheint von dieser und der darauffolgenden Romanisierung getroffen worden zu sein. Im nördlichen gebirgigen Teil des Tessins aber lebt sie unbehindert von den verschiedenen, aus dem Süden kommenden Einflüssen weiter, bis auch sie unter die Herrschaft Roms gerät. Mit dem Ende des 2. Jahrhunderts v. Chr. setzt hier ein kräftiger Romanisierungsprozeß ein, der sich in den zahlreichen Grabfunden dieses Gebietes widerspiegelt. Die *Villanova-Kultur* und mit ihr die etruskische Kultur der Padana verschwinden völlig aus den Fundbeständen des Spät-Metallikums. Anscheinend sind sie in weitem Umfang von den einwandernden Kelten aufgesogen worden. Außerdem darf nicht vergessen werden, daß die nach 225 v. Chr. einsetzende Romanisierung der Padana schnell jede Erinnerung an die frühere Zeit gelöscht haben wird. Doch bedarf es gerade zu dieser Frage noch eingehender Untersuchungen, um das Werden der in der Gallia cis- und transpadana emporwachsenden Eigenart näher verfolgen zu können.

Leichter geschieht dies für Venetien. Hier haben die Kelten trotz mannigfachen Einflüssen auf die *Este-Kultur* kaum eine tiefgehende Wirkung auszuüben vermocht. Die Este-Kultur lebte bis weit in das Spät-Metallikum hinein fort; auch die nach 200 v. Chr. beginnende römische Kolonisationstätigkeit vermag sich erst langsam so weit durchzusetzen, daß eine der republikanischen Reichskultur entsprechende Eigenart aufzusteigen beginnt.

Mit der nach der keltischen Wanderung wieder einsetzenden Beruhigung und der in ihrem Gefolge aufgenommenen Verbindung Mitteleuropas zu den nördlichen Gebieten setzt auch für die *germanische Bevölkerung* Nordwestdeutschlands-Südskandinaviens ein neuer Aufstieg ein. Nördlich der durch den Main und die Nordgrenze der Sudeten etwa umschreibbaren Linie erholt sie sich langsam von dem ihr zugefügten Schock. Man erkennt dies daran, daß etwa von der Mitte des 3. Jahrhunderts v. Chr. an vereinzelt keltische oder auf keltischer Tradition aufbauende Erzeugnisse ihren Weg nach dem Norden finden. So kommen da und dort Mittel-La-Tène-Fibeln über Nordwestdeutschland nach Dänemark und Südschweden. Hier werden diese fremden Vorlagen nach dem eigenen Formwollen umgebaut, was sich entweder in anderer stilistischer Gestaltung oder im Umsetzen in ein für den Norden kennzeichnendes zweigliedriges Schema äußert. Auch vereinzelte keltische Waffen werden nach Skandinavien verhandelt, wo sich in den ersten Jahrhunderten des Spät-Metallikums die Bevölkerung nicht nur wesentlich vermehrt zu haben scheint, sondern nach ihrem Abstieg am Ende des Mittel-Metallikums wieder zu sich selbst findet.

So wenigstens wird man die nun klarer hervortretende Formtendenz im keramischen Bestand dieses Gebietes deuten dürfen. Dänemark hebt sich darin deutlicher hervor; ihm schließt sich südlich die schleswig-holsteinische und nordwestdeutsche Zone an. Auch in Südschweden und auf den vorgelagerten Inseln, besonders auf Gotland, macht sich die neue Orientierung bemerkbar. Die dem 3. und 2. Jahrhundert angehörenden Bestände zeigen dies deutlich. Es scheint, daß sich schon in dieser Zeit gewisse Stammesverbände aus einem großen Gesamtverband herauslösen. So ist es durchaus möglich, die im schleswig-holsteinischen und im südlich davon anschließenden Gebiet anzutreffende Ware mit der späteren suebischen Gruppe in engere Verbindung zu bringen.

Diese kleinregionale Eigenart der im gesamtgermanischen Bereich entstandenen keramischen Formengruppen näher zu kennen, hilft bei der Frage nach dem Weg, den die durch die Antike bekanntgewordenen *Kimbern und Teutonen* nach dem Süden gezogen sind. Ihre Heimat wird aus sprachlichen Gründen gern an der Nordspitze Jütlands in Hymbersyssel und Thytesyssel angenommen. Die hier im 2. Jahrhundert v. Chr. erzeugte Keramik kennt man aus zahlreichen Siedlungs- und Brandgrabfunden. Es handelt sich dabei um eine scharf profilierte, Töpfe und Schalen umfassende, freihändig geformte Ware, die ohne Mühe von der schleswig-holsteinischen und der nordwestdeutsch-mitteldeutschen zu unterscheiden ist.

Hier weist die Keramik gewisse Ähnlichkeiten mit der La-Tène-Ware auf, die anscheinend die einheimische Erzeugung angeregt hat. Was hier unter dem Begriff Jastorfer Keramik vom 4. Jahrhundert v. Chr. an bis in die Zeit um Christi Geburt gepflegt wird, entbehrt nicht einer besonderen Note, die noch durch den als Dekoration verwendeten Mäander betont erscheint. Als unter Marbod die Markomannen nach Böhmen einrücken, bedienen sie sich wie die weiter im Norden lebenden Gruppen der Sueben dieser Verzierungstechnik.

Die etwa in der Mitte des 2. Jahrhunderts von Nordjütland ausgehenden Kimbern und Teutonen sind anscheinend an der norddeutschen Küste gelandet. Von hier sind sie nach dem Süden vorgedrungen und dabei, wie die historische Überlieferung berichtet, auf die Bojer gestoßen, die sie aber nicht durch ihr Gebiet ließen. So scheinen sie sich nördlich der

Sudeten in das Odertal gewendet zu haben. Von hier aus zogen sie dann, vielleicht entlang der Marchsenke, nach Süden in das Gebiet der nordwestbalkanischen Skordisker. Da auch bei diesen kein Siedlungsland zu gewinnen ist, wenden sie sich nach Westen, gegen die Südsteiermark und Kärnten und stoßen dort auf die vereinigte militärische Macht der Noriker und Römer. Bleibendes Denkmal dieser Ereignisse ist die Schlacht von Noreia, bei der die Noriker-Römer den kürzeren zogen. Damit war für die Kimbern und Teutonen der Weg nach Westen frei. Sie gelangen nach Norditalien und werden schließlich bei Aquae Sextiae im Jahre 102 so empfindlich geschlagen, daß ihre letzten Reste nach dem Norden zurückkehren müssen. Ob sie es sind, die dabei einen keltischen Tempelschatz rauben und den Silberkessel (von Gundestrup) mitnehmen, ist eine Spekulation, die nicht so abwegig ist, wie sie vielleicht erscheinen könnte.

Wo aber war die Schlacht von Noreia? Der Name des Ortes, in dessen Nähe sie stattfand, bezeugt die Lage im Noricum, sagt aber sonst nichts aus. Der Name ist nach der Landesgöttin gewählt, hat also keine geographische Bedeutung. So heftig hier im Jahre 113 v. Chr. gekämpft worden ist, so intensiv ging auch der Gelehrtenstreit um die Lokalisierung des Schlachtortes. Die geographischen Angaben der Überlieferung sind so wenig zuverlässig, daß jede Möglichkeit innerhalb Kärntens und der Steiermark offenbleibt. Ist aber das Detail dieses Berichtes richtig, daß man versucht habe, die Kimbern-Teutonen mit verräterischen Führern durch unwegsames Gelände zu führen, dann kommt im Hinblick auf die Sitze der Skordisker an der Drau nur die Zone der Windischen Büheln im heutigen Slowenien in Betracht.

Da fügt es sich wie von selbst, daß im Gemeindegebiet von St. Benedikten in den Windischen Büheln, in dem Gebiet von Negau, schon vor mehr als hundert Jahren ein riesiges Helmdepot gefunden wurde, von dem auf Grund einzelner gut erhaltener Helme sicher ist, daß es auf kriegerische Ereignisse zurückgeht. Die Frage ist nur, auf welche. Erwartet man aus der Form der Helme einen zeitlichen Anhaltspunkt, so wird man enttäuscht. Die Helme gehören zu jenem einheimischen, norischen Kappenhelmtypus, der sich – dank der Traditionsgebundenheit der alpinen Bevölkerung – seit dem 5. Jahrhundert kaum merklich verändert hat. Sie sind daher für Zeitangaben wenig brauchbar, und die Datierung des Negauer Helmdepots schwankt infolgedessen beträchtlich. Nicht allein die Tatsache der sechsundzwanzig Helme, die hier beisammenlagen, erfordert besondere Aufmerksamkeit.

Sie werden vor allem dadurch interessant, daß man aus der Heimat der Kimbern-Teutonen von Weihedepots weiß, die nach kriegerischen Auseinandersetzungen von den Siegern dem Boden anvertraut wurden. Das bekannteste dieser Depots ist der Hjortspring-(Hirschsprung-)Fund in Dänemark. Im späten 3. oder im Übergang zum 2. Jahrhundert v. Chr. war hier in einem Holzboot am Rande eines kleinen Wassers die Beute deponiert worden, wie es auch vier- und fünfhundert Jahre später noch üblich war und in Moorfunden jener Zeit (wie etwa Nydam) belegt ist. Man weiß also, daß die Germanen ihre Kriegsbeute, im Hjortspring-Depot übrigens eine recht armselige, zu Ehren eines Kriegsgottes zu versenken pflegten. Die Parallele zum Negauer Helmfund, bei dem mehrere Stücke durch kräftige Schwerthiebe schwer beschädigt waren, liegt auf der Hand. Aber noch ein weiterer Umstand läßt dieses Depot besonders wertvoll erscheinen.

Der Harigasti-Helm von Negau, spätes 2. Jahrhundert v. Chr.
Wien, Kunsthistorisches Museum, Antikensammlung

Frauenbüste von Elche, 3./2. Jahrhundert v. Chr.
Madrid, Museo Arqueológico Nacional

Der schönste Helm trägt eine Inschrift im Alpenalphabet; sie lautet nach Carl Marstrander: »Harigasti teiva«, »dem Gotte Heergast gewidmet«. Diese Inschrift muß zweifellos dem germanischen Sprachbereich zugewiesen werden. So liegt hier das älteste germanische Sprachdenkmal vor, das wir bis jetzt kennen. Die Begeisterung über die Entdeckung verführte seinerzeit zu dem Versuch, von ihm auch die Runen herzuleiten, freilich ohne zu bedenken, daß eine so kurze Berührung mit einem Schriftsystem, dazu unter so kriegerischen Umständen, kaum geeignet sein konnte, eine eigene, dem germanischen Denken gemäße Schrift hervorzubringen. Das muß tiefer greifende Wurzeln haben, die hier nicht näher erörtert werden können. Immerhin dürfte das Runenalphabet seiner geistigen Grundkonzeption nach bis in das Mittel-, wenn nicht sogar bis in das Früh-Metallikum zurückzuverlegen sein. Auf alle Fälle erhält das Depot von Negau in Verbindung mit der Schlacht von Noreia 113 v. Chr. eine sinnvolle Deutung.

Nachdem gegen Ende des Mittel-Metallikums eine beträchtliche Südwärtsverlagerung der ursprünglich auf Nordwestdeutschland und Südskandinavien beschränkten Kulturform festzustellen ist, tritt der nordische Raum im vorgeschrittenen 2. Jahrhundert wieder fühlbarer aus seiner Reserve heraus. Wie es dazu gekommen ist, entzieht sich ebenso unserer Kenntnis wie bei der keltischen und der Urnenfelderwanderung. Zunahme der Bevölkerung und die Absicht, sich die Errungenschaften der im Süden lebenden Kulturformen zu eigen zu machen, mögen diese frühen *Germanen,* wie man sie nun auf Grund der antiken Nachrichten nennen darf, aus ihrer Heimat geführt haben. Wieweit dabei der erste Zusammenstoß mit den Kelten nördlich der Main-Linie als auslösendes Moment gewirkt hat, kann ebensowenig entschieden werden wie die Frage, ob die aus dem keltischen Gebiet kommenden Neuerungen der Anstoß dazu gewesen sind.

Jedenfalls hören seit der Mitte des 2. Jahrhunderts v. Chr. diese Züge nach dem Süden nicht mehr auf. Der nächste, der sich geschichtlich und fundmäßig nachweisen läßt, war der Zug der *Wandalen,* die, aus dem jütischen Vendsyssel kommend, gleichfalls die Ostsee überqueren und an der Odermündung landen. Hier ziehen sie flußaufwärts und hinterlassen auf schlesischem Boden ein reiches Inventar in Siedlungen und Gräbern. Sie kommen zu einer Zeit in dieses Gebiet, da die keltische Schicht oder ihr Erbe noch wirksam ist; deshalb ist von der wandalischen Kulturform mit Ausnahme gewisser keramischer Bestände nicht allzuviel zu finden. Sie wird von keltisch gearteten Formen verdeckt. Wie alle Germanen des Spät-Metallikums pflegen die Wandalen die Brandbestattung, wobei die keltisch geformten Schwerter mehrfach zusammengebogen werden, damit sie in die kleinen Grabgruben passen. Neben vereinzelten keltischen Formen verwenden sie die aus der Heimat mitgebrachten Töpfe und Schüsseln, die sich deutlicher von der La-Tène-Ware abheben. Auch die Wandalen können sich nicht lange in ihren neu eroberten Gebieten halten.

Ihnen folgen die *Burgunder* im Oder-Weichsel-Gebiet, die an einer neuen keramischen Eigenart zu erkennen sind. Schließlich scheinen um Christi Geburt die ersten *Goten* ihren Fuß auf kontinentalen Boden gesetzt zu haben. Sie kamen anscheinend mit einem recht armseligen Bestand an materiellem Besitztum herüber. Dort, wo in Schweden aus namenkundlichen Gründen der Ursprung der Goten anzusetzen ist, in Westergötland, lebt zur Zeit des letzten Jahrhunderts v. Chr. eine überaus ärmliche Bevölkerung, die ihre Toten in einfachen Brandgruben beisetzt und ihnen kaum nennenswerte Ausstattung mitgibt. Nicht einmal Tongefäße gehören immer zur Bestattung des Leichenbrandes, oft dienen einfache Holzschachteln als Ersatz. Ist Keramik überhaupt vorhanden, dann können kaum ihre grobe Ausführung und die Einfachheit ihrer Formen als Kennzeichen herangezogen werden. Eine ähnlich einfache Ware in Brandgruben erscheint nun nach der burgundischen Schicht auch im Oder-Mündungsgebiet, weshalb man daran denkt, sie den auswandernden Goten zuzuweisen. Es fehlen aber ausreichende Beweise für eine einwandfreie Bindung an dieses Volkstum.

Immerhin ist gesichert, daß im letzten Jahrhundert v. Chr. die germanische Völkerwelle langsam in Bewegung geraten ist. Von Schleswig-Holstein drängt sie nach Süden, erreicht den Rhein und scheint ihn damals schon in seinem Unterlauf überschritten zu haben. Das westdeutsche Küstengebiet bis hinunter nach den Niederlanden ist in jener Zeit von einer germanischen Schicht besetzt worden, die innerhalb der fruchtbaren meeresnahen Marschzone ihre Siedlungen errichtet. Hier entstehen die bis tief in das 4. und 6. Jahrhundert n. Chr. hinein blühenden Dorfanlagen, die ihre Spuren in mehrfach übereinanderliegenden Schichten hinterlassen haben. Es sind dies die germanischen Wurten, Warfen oder Terpen, die dank der guten Erhaltungsbedingungen im durchfeuchteten, moorigen Boden eine unerschöpfliche Quelle für die Kenntnis der germanischen Besiedlung und Kultur in dieser Zone sind.

Jener Teil der germanischen Schicht ist noch zu nennen, der über die Main-Rhein-Zone nach dem Süden zieht. Auch im Mittellauf des Rheins haben Germanen den Fluß überschritten und sind in das keltische Gebiet übergetreten. Es sind die *Germani cisrhenani* der historischen Überlieferung, die mit dem Stammesnamen Nemeter, Bructerer, Ussipeter und Tenkterer – um nur einige zu nennen – verbunden bleiben.

Sie archäologisch näher zu verfolgen ist nicht immer ganz leicht. Man ist geneigt, eine einfache, fast grobe Keramik mit diesen Stämmen in Verbindung zu bringen, die sich zu beiden Seiten des Rheins und westlich davon in Belgien und den Niederlanden nachweisen lassen. Demgegenüber liegen stichhaltige Hinweise vor, wonach die in das keltische Randgebiet eingedrungenen Germanen sich der Erzeugnisse der keltischen Wirtsschicht bemächtigen und sich wie die Wandalen hinter deren Kulturform verbergen. Vor allem betrifft dies die *Wangionen* im Rheingebiet um Mainz und die Sueben, die in den Grabfunden um Bad Nauheim hervortreten. Die in ihren Gräbern oft nachgewiesene »Nauheimer Fibel« ist jedenfalls ein typisches Erzeugnis der Spät-La-Tène-Zeit, das weit über diesen Raum hinaus verbreitet ist. Die Wangionen der Mainzer Gegend aber führen keltische Waffen und die typische spät-la-tène-zeitliche bemalte Keramik, wie sie bis weit nach Osten im ehemals keltischen Gebiet anzutreffen ist.

Diese einfache und grobe Ware der nach Westen vorstoßenden germanischen Einheiten zu erklären gelingt um so weniger, als ihre Ausgangsgebiete im südlichen Schleswig-Holstein eine recht ausgeprägte Keramik freigegeben haben. Doch schon im Unterlauf der Weser beginnt eine Zone mit groben, fast ausdruckslosen Gefäßen, die selten von Metallgegenständen in den Brandgräbern begleitet wird. Nur in der hannoveranischen und mitteldeutschen Zone führt die keramische Richtung zu den ausgeprägten Erzeugnissen des ausgehenden Spät-Metallikums in Gestalt der Mäander-Urnen. Über die Elbe-Senke scheinen schon im 3. Jahrhundert v. Chr. die ersten germanischen Scharen nach Böhmen vorgedrungen zu sein, wie die in der Bodenbacher Gegend verbreiteten Brandgräber erkennen lassen. Allerdings führten auch sie vielfach Objekte, die der La-Tène-Kultur entlehnt sind.

Jedenfalls verstärkt sich im 2. und 1. Jahrhundert v. Chr. der germanische Druck auf das ehemals rein keltische Gebiet in der Mainzone, im südlichen Mitteldeutschland und in Böhmen. In den ersten Jahrzehnten des letzten Jahrhunderts v. Chr. wird er so stark, daß sich die Hauptmasse der Bojer aus ihrem böhmischen Heimatbereich absetzt und über Mähren und das nördliche Niederösterreich an die Donau verlagert. Hier, im östlichen Niederösterreich und im Burgenland, treten sie mit den aus dem siebenbürgisch-rumänischen Raum nach Westen vorstoßenden Dakern in Berührung. Unter deren König Boirebistas kommt es um 50 v. Chr. mit den Kelten zu einer heftigen Auseinandersetzung, die nach antiker Überlieferung dabei geschlagen werden. Ein Großteil der Überlebenden wird vertrieben und der Rest ab 15 v. Chr. romanisiert; er erscheint noch in vereinzelten Inschriften des 1. und 2. Jahrhunderts n. Chr. innerhalb der sogenannten *deserta Boiorum*.

Diesen Romanisierungsprozeß genauer zu verfolgen ist freilich nicht leicht. In den ersten Jahrzehnten des 1. Jahrhunderts n. Chr. scheint er nicht allzu intensiv gewesen zu sein. Man erkennt dies daran, daß in den Gräbern der einheimischen Bevölkerung im ehemals norischen Bereich noch vereinzelt die auf der La-Tène-Tradition fußende Tonware auftaucht, neben der aber die Erzeugnisse der neuen Zeit langsam in den Vordergrund treten. Nicht uninteressant ist es dabei festzustellen, daß die einheimische Schicht nicht die von den Kelten übernommene Körperbestattung in Flachgräbern übt, sondern in der lange gepflegten Hallstatt-Tradition ihre Toten verbrennt und sie unter mächtigen Grabhügeln beisetzt. Daran vermag auch die in den Siedlungszentren der römischen Besatzung sichtlich stärkere Infiltration neuer Gedanken kaum etwas zu ändern. Nach Münzfunden dauert diese durchaus urzeitliche Bestattungsform bis in die Zeit der Markomannenkriege an. Erst danach, also vom frühen 3. Jahrhundert an, beginnt mit der Übernahme der Körperbestattung in Flachgräbern (mit Ziegel- oder Steinsarkophag-Schutz) der römische Einfluß stärker spürbar zu werden.

Der Zusammenstoß der Bojer mit den *Dakern* im niederösterreichisch-burgenländischen Grenzbereich lenkt nun die Aufmerksamkeit noch auf die östlich der La-Tène-Kultur befindliche Zone. Ihre Kultur ist – soweit dies zur Zeit beurteilt werden kann – eine direkte Fortsetzung der im Mittel-Metallikum im ungarisch-siebenbürgisch-rumänischen Bereich lebenden Kulturform, deren ethnische Zuordnung an die Daker durch antike Nachrichten gesichert erscheint. Diese sind – wie schon angedeutet – von der keltischen Invasion kaum betroffen worden. Wie sich die Raeter im alpinen Raum vor den Kelten sichern konnte so vermochten dies auch die Daker in ihrem wenig aufgeschlossenen Gebiet. Sie leben Vorliebe in befestigten Burgen und scheinen den Bergbau intensiv gepflegt zu haben. E metallgegenstände sind verhältnismäßig zahlreich in Gestalt von Fibeln und Ringen weisbar. So wäre es verständlich, daß diese wohlhabende Bevölkerung aus ihre sprünglichen Lebensraum nach Westen ausgreifen und sich mit Erfolg gegen die v drohenden Gefahren zur Wehr setzen kann. Für Rom scheint das dakische Herrschaftsgebiet nicht nur wirtschaftlich, sondern auch politisch interessant gewesen zu sein. Die Einverleibung in das römische Imperium und der damit einsetzende, archäologisch nachweisbare Aufschwung im Bergbau Siebenbürgens, vor allem im Bereich der Goldlagerstätten, scheinen diese Auffassung zu bestätigen.

Schließlich ist noch das Schicksal der *Iberischen Halbinsel* zu streifen. Auch sie steht bereits im Frühschein der Geschichte. Von den Veränderungen durch die griechische Kolonisation war schon die Rede. Im 4. Jahrhundert v. Chr. kommt auch im Nordosten Spaniens die keltische Wanderung zur Auswirkung. Ihr ist das Entstehen der historisch bekannten *Keltiberer*, der Veribraces, Cempsi und Saefes, zuzuschreiben. Ihre Kulturform tritt uns in den umfangreichen Brandgräberfeldern Nordostspaniens entgegen und erweist sich als eine Mischung von mittel-metallzeitlicher Tradition mit keltischem Kulturgut. Diese Friedhöfe gehören zu befestigten Hochsiedlungen, die ähnlich wie im raetischen Raum naturbedingt sind. Das übrige Gebiet der Iberischen Halbinsel ist der Siedlungsraum jener völkischen Schicht, nach denen sie ihren Namen erhalten hat, der Iberer. Da sich mit Ausnahme Nordostspaniens in dieser Zone kaum indogermanische Eigenart durchzusetzen vermochte, sind die Iberer die direkten Nachfahren der mittel- und früh-metallzeitlichen Bevölkerung, deren letzte Reste noch heute bei den Basken der Westpyrenäen greifbar zu sein scheinen. Berücksichtigt man die Tatsache, daß die Iberische Halbinsel seit dem vorgeschrittenen Paläolithikum, besonders aber im Neolithikum, mit dem nordwestlichen Afrika in enger Verbindung gestanden hat, dann ist es nicht unberechtigt, eine ethnische Verwandtschaft anzunehmen. In diesem Sinne läßt sich die auf der Halbinsel lebende Bevölkerung mit der hamitischen Eigenart in Nordafrika in nähere Relation setzen. Wie eng diese allerdings anzunehmen ist, bedarf noch näherer Untersuchungen.

Im Inneren des Landes sind die kulturellen Verhältnisse während des Spät-Metallikums verhältnismäßig einfach. Man kennt zahlreiche Siedlungen auf Bergkuppen wie das berühmte Numantia – weshalb man auch von einer Castro-Kultur spricht –, ihre Kultur ist aber noch zu wenig ausgeprägt, um eine besondere Eigenart erkennen zu lassen. Das gelingt erst in jenem Gebiet, das dank den von den griechischen Kolonien ausgehenden Anregungen eine eigene keramische Produktion entwickelt hat. Sie ist als iberische bemalte Keramik bekannt; sie dürfte bereits im 6. Jahrhundert v. Chr. begonnen haben und steigert sich dann 5. und 4. Jahrhundert zu aufschlußreichen Leistungen. Diese iberische bemalte Ware, Henkelkrügen, großen tonnenförmigen Gefäßen, zylindrischen Töpfen und konischen en belegt, tritt mit einer durchaus eigenständigen Kompositionsart hervor. Von der chen Seite übernimmt sie die Anregung zur figuralen Dekoration der Oberfläche, t aber ausschließlich einheimische Motive. Neben ornamental ausgestalteten ustern tritt die Vogeldarstellung besonders hervor; doch sind auch szenische em Leben der Bevölkerung beliebt. So gibt es Reiterzüge und Kampfdarstel- ber in einer oft recht unbeholfenen Art dargestellt, die ihrer Grundhaltung se Ähnlichkeit mit dem estensisch-alpinen Situlenstil aufweist. Erzeugnisse allem in Süd- und Ostspanien verbreitet, werden aber auch in das Innere ndelt und kommen sogar bis nach Südfrankreich, wo sie in den Gräbern der spätmetallzeitlichen Hochsiedlungen, wie etwa auf dem Oppidum Ensérune bei Béziers, gemeinsam mit Erzeugnissen der keltischen Schicht in Erscheinung treten.

Während des Mittel-Metallikums ist die Iberische Halbinsel künstlerisch kaum hervorgetreten. Nun entsteht unter griechischem Einfluß, vielleicht sogar unter Anleitung griechischer Meister, eine reiche figurale Plastik nach Vorbildern aus den verschiedensten Lebensbereichen. Neben Tierplastiken, denen eine gewisse Naturnähe eigen ist, sticht vor allem die Darstellung des Menschen hervor, wobei die bekannte Frauenbüste von Elche vielleicht der kostbarste Beleg dafür ist. Sie ist porträtgetreu gehalten und zeigt überaus reichen Hängeschmuck, von dem kaum etwas aus Funden bekannt ist. Wie weit es sich bei diesem Glanzstück und ähnlichen, weniger wertvollen Belegen um eine reine Profankunst oder um religiös gebundene Kunst handelte, ist kaum festzustellen.

Man kennt aber eine figurale Plastik in Stein, die in den Dienst der Religion gestellt wurde. Beweis dafür ist der umfangreiche Fundbestand aus einem hochgelegenen Heiligtum, dem Cigarralejo bei Murcia, mit Devotionalien in Gestalt von Pferdefiguren und Halbreliefs in der gleichen Motivik. Eine Inschrift in iberischer Sprache auf einem Silberblech beweist die Zugehörigkeit dieses Sanctuariums zum iberischen Kulturbereich.

Neben vollplastischen Pferdefiguren mit Zügel und Sattelzeug gibt es einfachere, roher ausgeführte Stücke, die zeigen, daß in den Bergen Ostspaniens eine Gottheit verehrt wurde, deren besonderem Schutz das Pferd anvertraut war. Es liegt nahe, auch in diesem Falle – wie bei Reitia oder der Epona – an eine weibliche Gottheit zu denken, die vielleicht sogar in der Dame von Elche personifiziert ist. Wenn die Noreia mit dem Füllhorn dargestellt wurde, warum sollte dann nicht im iberischen Raum die Landesgöttin als reichgeschmückte Frau gedacht worden sein. Die Elche-Plastik ist leider ohne datierende Beifunde geborgen worden, eine zeitliche Zuordnung ist daher nur schwer möglich. Vielleicht ist aber die Annahme, sie wäre im 4. Jahrhundert v. Chr. entstanden, nicht ganz falsch. In diese Zeit und in das folgende 3. Jahrhundert fällt jedenfalls die Hochblüte der iberischen Kultur, deren südspanische Zone wohl auch von karthagischer Seite manche Anregungen erfahren haben wird. Wie diese sich ausgewirkt hat, ist vorläufig noch kaum nachweisbar, kann aber nach dem Schicksal Hannibals nur im 4. und 3. Jahrhundert v. Chr. von Bedeutung gewesen sein.

Mit dem Vorwärtsdrängen Roms im nordmediterranen Raum gegen Westen am Ende des 2. Jahrhunderts v. Chr. kommt auch der iberische Bereich langsam in die Strahlungszone dieses Kraftzentrums. Nach der Eroberung Numantias im Inneren des iberischen Gebietes im Jahre 133 v. Chr. ist das Schicksal dieses Gebietes im Westen des urgeschichtlichen Horizontes der Antike besiegelt. Nach der Errichtung der Provinz Gallien 50 v. Chr. greift die Weltmacht Rom noch tiefer nach Westeuropa vor und schiebt damit die urzeitliche Ökumene bis auf die Britischen Inseln zurück. Kaum hundert Jahre später wird auch Südengland dem römischen Imperium einverleibt (43 n. Chr.). Nördlich dieses römischen Einflußbereiches beginnt dann jene schmal gewordene Zone Europas, die im Schatten Roms lebt: sie bezeichnet den frühgeschichtlichen Horizont, von dem später der An zum Werden des mittelalterlichen und modernen Europas auszugehen beginnt.

Geschichte
im Ullstein Taschenbuch

Otto-Ernst Schüddekopf
Nationalbolschewismus in Deutschland
1918-1933

Ullstein Buch 2996

Diese Studie über die mannigfachen Kontakte des revolutionären Nationalismus mit dem Kommunismus in der Epoche der Weimarer Republik stellt einen Beitrag zur Geschichte der Entstehung, der Krisen und der Auflösung dieses deutschen Staates dar. Potsdam und Moskau als die Antipoden Weimars: auf diese kurze Formel kann man das Thema dieser Untersuchung bringen.

Ernst Nolte
Der Nationalsozialismus

Ullstein Buch 2756

Einem breiten Leserkreis wird mit dieser Publikation ein wichtiger Beitrag zur Geschichte leicht zugänglich gemacht. Professor Nolte analysiert in seiner Studie, die dem großen Werk »Der Faschismus in seiner Epoche« entnommen wurde, das Wesen des Nationalsozialismus im europäischen Rahmen. Durch die vergleichende Betrachtungsweise tritt das Unvergeßliche ans Licht – der Kern der Hitlerschen Politik wird im Vernichtungswillen erkannt.

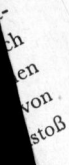